AF523006

Langenscheidt
Universal-Wörterbuch

Serbisch

Serbisch – Deutsch
Deutsch – Serbisch

Langenscheidt

Langenscheidt Universal-Wörterbuch **Serbisch**

Bearbeitet von: ACT Fachübersetzungen GmbH

Entwickelt auf Basis des
Langenscheidt Universal-Wörterbuchs Serbisch
ISBN 978-3-12-514291-6

Bearbeitet von: Prof. Dr. Jochen Raecke, Slavica Stevanović, Olivera Kosanović

1. Auflage 2023 (1,02 - 2024)

www.langenscheidt.com

Projektleitung: Ursula Martini
Satz: Claudia Wild, Konstanz
Druck und Bindung: L.E.G.O. S.p.A., Lavis
Printed in Italy

ISBN **978-3-12-514469-9**

Inhalt

Hinweise für die Benutzung

Die Tilde (~, bei Wechsel von Groß- zu Kleinschreibung oder umgekehrt ☊) ersetzt entweder das ganze Stichwort oder den vor dem senkrechten Strich (|) stehenden Teil davon:

> **jȇж** Igel *m*; **мо̀рскӣ ~** (= мо̀рскӣ jȇж) Seeigel *m*
>
> **abkürz|en** скраћѝвати; **☊ung** (= Abkürzung) *f Weg* прѐчица; *Wort* скраћѐница

Bei den serbischen Verben steht das perfektive Verb grundsätzlich in spitzen Klammern nach dem imperfektiven Verb. Der Bindestrich in spitzen Klammern steht für den Teil des perfektiven Verbs, der unverändert bleibt. Nur eine Form wird in den Fällen angegeben, wenn die jeweils andere Form entweder veraltet oder ungebräuchlich ist bzw. nicht existiert. Perfektive Verben werden mit PF gekennzeichnet: **допуто̀вати** PF. Imperfektive Verben bleiben dagegen unbezeichnet: **бау̏љати**. Verben, die sowohl imperfektiv als auch perfektiv sind, stehen mit dem Hinweis (IM)PF: **адапти́рати** (IM)PF.
Im serbisch-deutschen Teil werden die Verben folgendermaßen dargestellt:

> **чавр̏вати** ⟨про-⟩ plaudern; = **чавр̏љати** IMPF und **прочавр̏љати** PF
>
> **довики́вати** ⟨-ви́кнути⟩ zurufen = **довики́вати** IMPF und **дови́кнути** PF

Im deutsch-serbischen Teil wird in der Regel nur das imperfektive Verb angegeben:

gewinnen побеђивати

Die Akzente. Alle serbischen Wörter sind akzentuiert. Als Richtlinie dienten die folgenden Wörterbücher: Речник српскохрватскога књижевног језика III. Матица српска. Матица хрватска. Нови Сад. Загреб. 1967-1969. Речник српскохрватскога књижевног језика IV-VI. Матица српска. Нови Сад. 1971-1976. Речник српскога језика. Матица српска. Нови Сад 2007. Речник српскохрватског књижевног и народног језика, 1—21, Српска академија наука и уметности, Институт за српски језик, Београд, 1959—2019 und Srpskohrvatsko-engleski Rečnik. Morton Benson uz saradnju Biljane Šljivić-Šimšić. Drugo, prerađeno i popunjeno izdanje. Beograd 1979.

Deutschsprachige Benutzer orientieren sich bei mehrsilbigen Wörtern am besten allein an der Akzentstelle, die durch eines der vier Zeichen (hier am Beispiel des Buchstabens a) à, á, ȁ, â markiert ist. Diese Silbe sollte länger und stärker gesprochen werden als die anderen Silben desselben Wortes.

à kurz und mit steigendem Stimmton gesprochen
á lang und mit steigendem Stimmton gesprochen
ȁ kurz und mit fallendem Stimmton gesprochen
â lang und mit fallendem Stimmton gesprochen
ā nur nach einer akzentuierten Silbe, bezeichnet einen unbetonten langen Vokal (heute nur noch in Bosnien zu hören)

Bei der Aussprache von einsilbigen Wörtern, die nur fallende Akzente tragen können, sollte dagegen auf Kürze und Länge des Vokals geachtet werden. Ansonsten gleich lautende Wörter, wie z. B. **грâд** (langes a) Stadt und **грȁд** (kurzes a) Hagel, können nämlich nur dadurch unterschieden werden, dass der Vokal das eine Mal lang und das andere Mal kurz gesprochen wird, und damit Verschiedenes bedeuten. Betonungen auf der letzten Silbe eines Wortes sind zwar von serbischen Muttersprachlern inzwischen häufig zu hören. Nach der Norm darf die letzte Wortsilbe aber noch immer niemals betont sein.

Das Geschlecht wird bei den deutschen Substantiven grundsätzlich angegeben, bei den serbischen Substantiven im serbisch-deutschen Teil dagegen nur bei Abweichung von den folgenden allgemeinen Regeln:

a) Substantive auf Konsonant sind männlich (*m*). Die Ausnahme sind Abstrakta, die auf -ост, -ест, -аст enden und weiblich (*f*) sind, z. B. **ја́вно̄ст** *f*.
b) Substantive auf **-а** sind weiblich (*f*), wenn nicht ihr natürliches Geschlecht dagegen spricht, z. B. **та̏та** *m*.
c) Substantive auf -о oder -е sind sächlich (*n*), wenn sie nicht Internationalismen sind, z. B. **би̏ро̄** *m*.

Abkürzungen | Скраћенице

a	auch	такође, и
A	Akkusativ	акузатив
ADJ	Adjektiv	придев
ADV	Adverb	прилог
AER	Luftfahrt	авијација
AGR	Landwirtschaft	пољопривреда
ANAT	Anatomie	анатомија
ARCH	Architektur	архитектура
ART	Artikel	чланак
ASTR	Astronomie	астрономија
BAHN	Eisenbahn	железница
BIOL	Biologie	биологија
BOT	Botanik	ботаника
CHEM	Chemie	хемија
CJ	Konjunktion	везник
comp	Komparativ	компаратив
D	Dativ	датив
DRUCK	Druckwesen	штампарство
ECON	Wirtschaft	економија
EDV	Elektronische Datenverarbeitung	електронска обрада података
e-e	eine	једна
EL	Elektrizität, Elektrotechnik	електрицитет, електротехника
e-m	einem	једном
e-n	einen	једног
e-r	einer	једне, једној
e-s	eines	једног

et	etwas	нешто
evang	evangelisch	евангелистички
F	familiär, Umgangssprache	фамилијарни
F, *f*	weiblich, feminin	женски род (фемининум)
fig	figürlich, im übertragenem Sinne	фигуративно, пренесено (преносно) значење
FOLK	Folklore	фолклор
FOT	Fotografie	фотографија (фотографска уметност)
F/PL, *f/pl*	Femininum Plural	фемининум плурал (женски род/множина)
G	Genitiv	генитив
GASTR	Gastronomie	кулинарство (гастрономија)
GEO	Geografie	географија
GEOM	Geometrie	геометрија
Ggs	Gegensatz	супротност
GR	Grammatik	граматика
HIST	historisch, Geschichte	историјски, историја
I	Instrumental	инструментал
(IM)PF, *(im)pf*	imperfektives und perfektives Verb	имперфективни и перфективни глагол (несвршени и свршени глагол)
inf	Infinitiv	инфинитив
INT	Interjektion	усклик
j-m	jemandem	неком(е)
j-n	jemanden	неког(а)
JUR	Rechtswissenschaft	право
kath	katholisch	католички

KFZ	Kraftfahrzeugwesen	саобраћај
komp	Komparativ	компаратив
KUNST	Malerei, bildende Kunst	сликарство
L	Lokativ	локатив
M, *m*	männlich,€maskulin	мушки род (маскулинум)
MAR	Schifffahrt	поморство
MATH	Mathematik	математика
MED	Medizin	медицина
METEO	Meteorologie	метеорологија
MIL	Militär	војска
M/PL, *m/pl*	Maskulinum€Plural	маскулинум плурал (мушки род/множина)
MUS	Musik	музика
N	Nominativ	номинатив
N, *n*	sächlich, neutral	средњи род (неутрум)
neg!	wird oft als beleidigend empfunden	погрдно
N/PL, *n/pl*	Neutrum Plural	неутрум плурал (средњи род/множина)
od	oder	или
orth	orthodox	православни
örtl	örtlich	месни
österr	österreichisch	аустријски
P	populär, derb	популаран, груб
PART	Partikel	партикула (речца)
PF, *pf*	perfektives Verb	перфективни глагол (свршени глагол)
PHYS	Physik	физика
pl	Plural	плурал (множина)
POL	Politik	политика

POSS	Possessivpronomen	присвојна заменица (посесивна заменица)
präs	Präsens	презент
PRON	Pronomen	заменица
PRP	Präposition	предлог (препозиција)
räuml	räumlich	просторни
REL	Religion	религија
rel	Relativpronomen	релативна заменица
sg	Singular	једнина (сингулар)
SPORT	Sport	спорт
südd	süddeutsch	јужнонемачки
sup	Superlativ	суперлатив
TECH	Technik	техника
TEL	Fernmeldewesen	телефонија, телеграфија
THEA	Theater	позориште (театар)
TV	Fernsehen	телевизија
u	und	и
unpers	unpersönlich	нелични
usw	und so weiter	и тако даље
V	vulgär	вулгаран (простачки израз)
V/I	intransitives Verb	непрелазни глагол
V/T	transitives Verb	прелазни глагол
zeitl	zeitlich	временски
ZO	Zoologie	зоологија
Zssgn	(in) Zusammensetzungen	сложенице
→	siehe	види

Das serbische Alphabet

Buchstabe		Aussprache
А, а	A, a	a wie in Gast
Б, б	B, b	b wie in **beb**en; immer stimmhaft
В, в	V, v	w wie in **w**ollen; immer stimmhaft
Г, г	G, g	g wie in **G**abe
Д, д	D, d	d wie in **D**orf
Ђ, ђ	Đ, đ	ähnlich wie d+j
Е, е	E, e	e wie in h**e**ll
Ж, ж	Ž, ž	g wie in Gara**g**e
З, з	Z, z	s wie in **s**ummen; immer stimmhaft
И, и	I, i	i wie in M**i**tte
Ј, ј	J, j	j wie in **j**ung
К, к	K, k	k wie in blin**k**en; stets unbehaucht
Л, л	L, l	l wie in **L**iebe
Љ, љ	Lj, lj	ähnlich wie l+j
М, м	M, m	m wie in **M**ond
Н, н	N, n	n wie in **n**ichts
Њ, њ	Nj, nj	nj ähnlich wie n+j
О, о	O, o	o wie in **o**ffen
П, п	P, p	p wie in **p**icken; stets unbehaucht
Р, р	R, r	r, mit der Zungenspitze gesprochen; kommt auch als vokalisches, silbenbildendes r vor
С, с	S, s	s wie in Kla**ss**e; immer stimmlos
Т, т	T, t	t wie in brei**t**; stets unbehaucht
Ћ, ћ	Ć, ć	ähnlich wie t+j
У, у	U, u	u wie in **U**hu
Ф, ф	F, f	f wie in **F**undgrube

Х, х	H, h	h wie in **h**aben
Ц, ц	C, c	z wie in **z**anken
Ч, ч	Č, č	tsch wie in deu**tsch**
Џ, џ	Dž, dž	j wie in **J**ob
Ш, ш	Š, š	sch wie in **Sch**ule

Das Serbische wird völlig gleichberechtigt sowohl mit kyrillischen als auch lateinischen Buchstaben geschrieben.

Serbisch – Deutsch

A

а CJ aber, und; **~ кȁмоли** geschweige denn
абàжӯр Lampenschirm *m*
абецéда (lateinisches) Alphabet *n*
ȁбецēднӣ alphabetisch
абортúрати IM/PF abtreiben
абòртус Abtreibung *f*
àванс Vorschuss *m*
авант|ýра Abenteuer *n*; **~ỳрист(а)** Abenteurer *m*; **~урѝстичкӣ** Abenteuer...
àвгуст *Monat* August *m*
авèнија Prachtstraße *f*
авèрзија Abneigung *f*
áвет F Gespenst *n*
авèтӣњскӣ gespenstisch
авиј|àтичāр *Person* Flieger *m*; **~áција** Luftfahrt *f*
авѝōн Flugzeug *n*; **~скӣ** Flugzeug-; Flug-; **~скā компàнија** Fluggesellschaft *f*
агèнција Agentur *f*; **турѝстичкā ~** Reisebüro *n*
àгрāрнӣ Landwirtschafts-
ȁгр|есӣван aggressiv; **~èсија** Aggression *f*; Angriff *m*
àгресор Angreifer *m*
а.д. → акциòнāрскō дрӯштво

àда (Fluss)Insel *f*
адаптúрати IM/PF anpassen (**се** sich)
адвòк|āт M, **~àтица** F (Rechts)Anwalt *m*, (Rechts-)Anwältin *f*
ȁдминистр|атӣван: **~атӣвнā тȁкса** Verwaltungsgebühr *f*; **~áција** Verwaltung *f*
адрèс|а Adresse *f*; **~āр** Adressbuch *n*
àдресовати IM/PF adressieren (**на** *A* an *A*)
àдӯт Trumpf *m*
ȁеродром Flughafen *m*
аждàја Drache *m* (*a fig*)
ȁжӯран akkurat
àзбу|ка (kyrillisches) Alphabet *n*; **~чнӣ** alphabetisch
Áзија Asien *n*
Азѝјац Asiat *m*
Áзӣј|ка Asiatin *f*; **≈скӣ** asiatisch
àзил Asyl *n*
азѝлант Asylbewerber *m*
àзот Stickstoff *m*
àјвāр Ajvar *n* (*Paprika-Auberginensalat od -brotaufstrich*)
àјкула Hai(fisch) *m*
академ̀и|ја Akademie *f*; Fachhochschule *f*; **~к** Akademiemitglied *n*
акàдемскӣ akademisch
аклимàтизовати се IM/PF sich akklimatisieren

ȁкна Akne *f*
ȁко CJ falls, wenn; **па ~!** *part* und wenn schon!
аконта́ција Abschlagszahlung *f*
ȁкт¹ (*pl* **ȁктови**) *Handlung* Akt *m*
ȁкт² (*pl* **ȁкта**) Akte *f*
акти́ва Guthaben *n*
ȁкт|ӣван aktiv; **~иви́рати се** (IM)PF tätig werden; **~и́внōст** F Aktivität *f*
ȁктōвка Aktentasche *f*
ȁктуēлан aktuell
акумỳлāтор Akku(mulator) *m*; Autobatterie *f*
ȁкумулациōн|ӣ: **~ō jȅзеро** Stausee *m*
акỳшēр|(ка F) M Geburtshelfer(in *f*) *m*; **~скӣ**: **~скō оделље́ње** Entbindungsstation *f*
ȁкцен|(а)т Akzent *m*; **~товати** (IM)PF betonen
ȁкција Aktion *f*; ECON Aktie *f*
акциòнāр|(ка F) M Aktionär(in *f*) *m*; **~скӣ**: **~скō дру́штво** Aktiengesellschaft *f* (AG)
алармàнтан alarmierend
ȁлармнӣ Alarm-
ȁлāт Werkzeug *n*
Алба́нац Albaner *m*
Àлбāн|ија Albanien *n*; **~ка** Albanerin *f*; **℞ски** albanisch
ȁлга Alge *f*
ȁлев: **~ā пàприка** *Gewürz* Paprika *m od f*
але́ја Allee *f*
алèрг|ија Allergie *f*; **~ӣјскӣ** allergisch
али aber, doch
алимента́ција Allimente *pl*
ȁлкохол Alkohol *m*; **~ѝзам** Alkoholismus *m*
алкохòличāр|(ка F) M Alkoholiker(in *f*) *m*
ȁлкохōлнӣ alkoholisch
Ȃлп|е PL Alpen *pl*; **℞инѝзам** Bergsteigen *n*; **℞скӣ** alpin, Alpen-
алуди́рати (IM)PF anspielen (**на** *A* auf *A*)
алȳзија Anspielung *f* (**на** *A* auf *A*)
алỳмӣнијумск|ӣ: **~ā фо̂лија** Alufolie *f*
ȁљкав schlampig; **~ōст** F Schlamperei *f*
амàндмāн JUR Abänderungsantrag *m*
амàтēр Amateur *m*
амбала́жа Verpackung *f*
амбаса́да Botschaft *f*
амбàсāдор Botschafter *m*
ȁмбис Abgrund *m*
ȁмбӣција Ehrgeiz *m*
ȁмбициōзан ehrgeizig
амбул|àнта Ambulanz *f*; **~àнтнӣ** ambulant
Амèр|ика Amerika *n*; **~ика́нац** M, **~ѝкāнка** F Amerikaner(in *f*) *m*; **℞ички** amerikanisch
амортѝзēр KFZ Stoßdämpfer *m*
анали́за Analyse *f*
анàтема Kirchenbann *m*
ȁнгажов|āн engagiert; **~ати** (IM)PF engagieren, einsetzen (**се** sich)
ȁнђео Engel *m*
анèмија Blutarmut *f*
анèмичан blutarm
анестè|зија Narkose *f*; **~тик**

Betäubungsmittel *n*
анѝмӣранӣ:
~ фѝлм Trickfilm *m*
анкѐта (Meinungs)Umfrage *f*
анса́мбл (Künstler)Truppe *f*
анте́на Antenne *f*
антибиѐтик Antibiotikum *n*
а̀нтика Antike *f*
антѝкв|а̄рница Antiquariat *n*; **~ѝте̄т** Antiquität *f*
а̏нти|те̄ло Antikörper *m*; **~фрӣз** Frostschutzmittel *n*
антицѝклӧн METEO Hoch (-druckgebiet) *n*
а̀нтичкӣ antik
апа̀ра̄т Gerät *n*, Apparat *m*
апарату́ра Vorrichtung *f*
аплауди́рати (IM)PF applaudieren
апот|е́ка Apotheke *f*; **~ѐка̄р(ка** F) M Apotheker(in *f*) *m*
арлау́кати heulen, jaulen
а̀рмија Armee *f*
а̀рха̄нђео Erzengel *m*
архи- Erz-
а̀рх|ӣв Archiv *n*; **~и́ва** Registratur *f*
архиѐпископ Erzbischof *m*
архѝтект|(а) M Architekt(in *f*) *m*; **~у́ра** Architektur *f*
асѐптичан keimfrei
аспѝра̄тор Dunstabzug *m*
а̀сура (Stroh)Matte *f*
атери́рати (IM)PF landen
атлѐт|а M, **~ича̄р(ка** F) Athlet(in *f*) *m*
атмосфе́ра Atmosphäre *f*
ауди́ција Vorsingen *n*; Vorsprechen *n*
ау̀кција Versteigerung *f*
а̀успух KFZ Auspuff *m*
А̀устр|ија Österreich *n*; **~ија́нац** M, **~ѝја̄нка** F Österreicher(in *f*) *m*; **~ӣјскӣ** österreichisch
аутѐнтичан authentisch
а̀уто-: **~мо̏то дру́штво** Automobilclub *m*
аутобиогра̀фија Autobiografie *f*; Lebenslauf *m*
ауто́бус (Omni)Bus *m*
а̀утобуск|ӣ (Auto)Bus-; **~а̄ ста̀ница** (Auto)Bushaltestelle *f*; Omnibusbahnhof *m*
аутѐма̄т Automat *m*
аутома̀тик KFZ Automatik *f*
аутѐматскӣ automatisch
ауто|меха̀нича̄р Automechaniker *m*; **~мѐбӣл** Auto (-mobil) *n*; **~мѐбӣлскӣ** Auto-(mobil)-
аутоперионица Autowaschanlage *f*
аутопѐртре̄т Selbstporträt *n*
а̀утопӯт Autobahn *f*
а̀утор(ка F) M Autor(in *f*) *m*
а̏уторитатӣван autoritär
аутори̇̀те̄т Autorität *f*
а̀уто|-сѐрвис Autowerkstatt *f*; **~-шко̏ла** Fahrschule *f*
а̀уто-сто̄п: **путѐвати ~ом** per Anhalter fahren
а̀утсајдер Außenseiter *m*
афѝрмисати се (IM)PF Anerkennung finden
А̀фр|ика Afrika *n*; **~ика́нац** Afrikaner *m*; **~ѝка̄нка** Afrikanerin *f*; **~ичкӣ** afrikanisch
ацѐто̄н Aceton *n*; *F* Nagellackentferner *m*
а́шо̄в Spaten *m*

Б

ба̏б|а alte Frau *f*; Großmutter *f*; **~ица** Hebamme *f*
бабаро́га *Märchen* (alte) Hexe *f*
ба̏вити се sich beschäftigen (*l* mit *D*); **~ спо̏ртом** Sport treiben
багатѐла Spottpreis *m*
ба́г|ер Bagger *m*; **~ѐрисати** IM)PF baggern
ба̏гра (Lumpen)Pack *n*
ба̀грем Akazie *f*
бада́ва vergeblich
ба́дем BOT Mandel *f*
ба̏дњ|а̄к Weihnachtszweig(e *pl*) *m*; **2ё ве̏че̄** der Heilige Abend *m*
ба̀жда̄рен geeicht
ба́за Basis *f*; MIL Stützpunkt *m*
ба̀зе̄н (Schwimm)Bad *n*; **за̀творенӣ ~** Hallenbad *n*; **о̀творенӣ ~** Freibad *n*
бази́рати (се) (IM)PF gründen (**на** *L* auf *A*)
ба̑јан *fig* märchenhaft
ба̀јат abgestanden; **~ хле̏б** altes Brot *n*
ба̏јати *Wunde* besprechen; hexen
ба̑јка Märchen *n*
ба́ка *F* Oma *f*
бака̀ла̄р Kabeljau *m*; GASTR Stockfisch *m*
ба̀кар Kupfer *n*
ба̏кља Fackel *f*
ба̀кр|ен kupfern, Kupfer-; **~оре̄з** (Kupfer)Stich *m*
ба̀ксуз Pechvogel *m*; Pech *n*
ба̀кте̄рија Bakterie *f*
ба̀кшиш *F* Trinkgeld *n*
ба̑л *Fest* Ball *m*
ба̑ла *Waren* Ballen *m*
ба̑лавац Grünschnabel *m*; Rotzbengel *m*
ба̀лван Balken *m*
ба̑л|ега Kuhfladen *m*; **~ѐга̄р** Mistkäfer *m*
балери́на (Ballett)Tänzerin *f*
ба̀л|е̑т Ballett *n*; **~ѐта̄н** (Ballett)Tänzer *m*
ба̀лзам Balsam *m* (*a fig*); **~ за ко̑су** (Haar)Spülung *f*; **~овати** (IM)PF (ein)balsamieren
Ба̀лк|а̄н Balkan *m*; **~а́нац** M, **~а̄нка** F Einwohner(in *f*) *m* des Balkan; **2а̄нскӣ** balkanisch, Balkan-
ба̀ло̄н AER Ballon *m*
ба̀на̄лан banal
бана́на Banane *f*
ба̑нда (Gauner)Bande *f*
банде́ра (Telegrafen)Mast *m*
ба̑нка ECON Bank *f*
ба̀нка̄р *F* Banker *m*; **~скӣ** Bank-
банко̀ма̄т Bankautomat *m*
ба̀нкрот Bankrott *m*; **~и́рати** (IM)PF Pleite gehen
ба̀нути PF *in et* hineinplatzen
ба̑ња *Ort* Kurort *m*; **ва̏здушна̄ ~** Luftkurort *m*; **те̑рма̄лна̄ ~** Thermalbad *n*
ба̑р Bar *f*
ба̑р(ем) wenigstens
ба̑ра Pfütze *f*; Teich *m*
бара̀ба (übler) Nichtsnutz *m*

барàтати handhaben, umgehen mit *D*
барикáда Barrikade *f*
бáрити ⟨**о-**⟩ *im Wasser* kochen; *F j-n* anmachen
бàрјак Banner *n*
бáрмен Barmixer *m*
бàрокнӣ barock
бàромēтар Barometer *n*
бȁрскӣ Bar-
бáрут Schießpulver *m*
бàрш|ӯн Samt *m*; **~унаст** samtweich
бȁс Bass *m* (*a Instrument*)
бàсēн *Fluss* Einzugsgebiet *n*; GEO Becken *n*
бàсиста Bass(ist) *m*
бȁсн|а Fabel *f*; **~ослōван** fabelhaft
бáта Brüderchen *n*
бȁта|к GASTR Keule *f*; **жȁбљӣ ~ци** Froschschenkel *m/pl*
бàт|ēрија Batterie *f*; **~èрӣј-скӣ** Batterie-
бàт|ина Prügel *m*; **~ѝнати** prügeln
бȁӯк Spuk *m*
бауљати krabbeln; kriechen
бȁхат *F* großkotzig
бацàкати се strampeln
бàцāње Werfen *n*; **~ кýглē** Kugelstoßen *n*
бàцати ⟨**бáцити**⟩ werfen; **~ се на** (*A*) über (*A*) herfallen; sich in (*A*) stürzen
бàцил Bazillus *m*
бȁчва Fass *n*
бȁш ADV gerade
бáшта Garten *m*
бȁштина Erbe *n*
баштòв|āн M, **~āнка** F Gärtner(in *f*) *m*
бдéње (Nacht)Wache *f*
бдèти wachen
бéба Baby *n*
бебисѝтер M, **~ка** F Babysitter(in *f*) *m*
бêг Flucht *f*
бег|ýнац M, **~ỳница** F Flüchtige(r *m*) *f*
бéда Elend *n*
бêдан bedürftig; erbärmlich
бèдем Festungsmauer *f*; Damm *m*
бèдро (Ober)Schenkel *m*
бêж beige
бèжати ⟨**пòбећи**⟩ flüchten, fliehen
бèжичан drahtlos; *Telefon* schnurlos
без ohne; **~ дȁљ(њ)ēг** ohne Weiteres
безàзлен harmlos
безáкоње Gesetzlosigkeit *f*
бèзалкохōлан alkoholfrei
бèз|бедан sicher; **~бéднōст** F Sicherheit *f*; **~божан** gottlos; **~бōјан** farblos; **~бōлан** schmerzlos; **~брижан** unbekümmert
бȅзбрōј Unmenge *f*
бȅз|вōљан lustlos; **~врēдан** wertlos
бèз|времен zeitlos; **~вӯчан** lautlos; GR stimmlos; **~гласан** lautlos
безгòтовӣнскӣ bargeldlos
бȅзграничан grenzenlos
бèздан Abgrund *m*
бȅздушан herzlos
бȅз|изглēдан aussichtslos; **~излазан** ausweglos; **~из-**

ражājан ausdruckslos
бѐз|личан unpersönlich; ausdruckslos; **~мало** ADV fast
бѐзна́дежан hoffnungslos
бѐзначājан unbedeutend
бѐз|обзи̏ран rücksichtslos; **~облӣчан** formlos; **~о̀бра-зан** unverschämt; **~обра̀з-лук** Unverschämtheit *f*; **~оло̄внӣ** bleifrei; **~опа̄сан** ungefährlich; **~осећājан** gefühllos
бѐз|очан ruchlos; **~ра́зложан** grundlos
бѐз|укӯсан geschmacklos; **~усло̄ван** bedingungslos; **~успешан** erfolglos
бѐкство Flucht *f*
бел|а́нце Eiweiß *n*; **~а̀нчевина** BIOL Eiweiß *n*
бе́лац *Mensch* Weißer *m*; *Pferd* Schimmel *m*
Бѐлг|иjа̄ Belgien *n*; **~иjа́нац** M, **~и̏jа̄нка** F Belgier(in *f*) *m*; **≗и̏jскӣ** belgisch
бѐле|г(а) Mal *n*; **~жити** ⟨за-⟩ notieren; **~жница** Notizbuch *n*; **~шке** F/PL Notizen *f/pl*
бе̏лӣ weiß
бе́лити ⟨из-⟩ *Wäsche* bleichen
белу́так *weißer* Kiesel *m*
бѐнзӣн Benzin *n*; **~скӣ** Benzin-
Бео̀|град Belgrad; **≗градскӣ** ADJ Belgrader; **~грађанин** M, **~грађа̄нка** F Belgrader(in *f*) *m*
бе́рба (Obst)Ernte *f*; (Wein-)Lese *f*
бѐрберин Barbier *m*
бѐретка Baskenmütze *f*
бѐрз|а ECON Börse *f*; **црна̄ ~а** Schwarzhandel *m*; **~а̄нскӣ** Börsen-
бе̂с Wut *f*
бе́сан¹ tollwütig; *fig* wütend
бѐсан² schlaflos; **~ица** Schlaflosigkeit *f*
бѐсвестан bewusstlos
бѐскаматан zinslos
бѐс|коначан unendlich; **~користан** nutzlos
бѐс|кра̄јан *fig* unendlich; **~крупуло̄зан** skrupellos
бѐскӯћн|ик M, **~ица** F Obdachlose(r *m*) *f*
бѐс|мислен sinnlos; **~мислица** Unsinn *m*; **~мртан** unsterblich
бѐсн|ети ⟨по-⟩ toben; **~ило** Tollwut *f*
бесо̀мучан besessen
бѐспариц|а: **бити у ~и** knapp bei Kasse sein
бѐс|платан kostenlos; **~плодан** fruchtlos
бѐспомоћан hilflos
бѐспосл|ен müßig; arbeitslos; **~ица** Mußezeit *f*; **~ича̄р** Faulenzer *m*; **~ичити** herumlungern
бѐс|пра̄ван rechtlos; **~прекоран** einwandfrei
беспри́меран beispiellos
бѐспӯће Ausweglosigkeit *f*
бѐсра̄ман schamlos
бѐстӣдан schamlos
бѐстиjа *a fig* Bestie *f*
бѐстиjа̄лан bestialisch
бѐстра̄га spurlos; **иди ~!** scher dich zum Teufel!

бѐсцење Schleuderpreis *m*
Бе̂ч Wien *n*
бе̂чкӣ ADJ Wiener
Бѐчл|ија M, **~ӣјка** F Wiener(in *f*) *m*
бѐшика (Harn)Blase *f*
бѐшуман geräuschlos
бѐшчастан ehrlos
бѝбер Pfeffer *m*; **~ити ⟨за-, по-⟩** pfeffern
Бѝбл|ија Bibel *f*; **≗ӣјскӣ** biblisch
библиот|е́ка Bibliothek *f*; **~ѐка̄р(ка** F) M Bibliothekar(in *f*) *m*
би́вати werden; zu sein pflegen
бѝвшӣ ehemalig
бѝк Bulle *m*; ASTR Stier *m*
бѝланс Bilanz *f*; **тр̀говачкӣ ~** Handelsbilanz *f*
бѝлатера̄лан bilateral
бѝлдова̄ње Bodybuilding *n*
билѝја̄р Billard *n*
бѝло Puls *m*; **⟨ò⟩пѝпати кòме ~** j-m den Puls fühlen (*a fig*)
би́ло: **~ кȍ** wer auch immer; **~ штȁ** was auch immer
бѝљ|е Kräuter *n/pl*; **~ка** Pflanze *f*; **лековѝта̄ ~ка** Heilpflanze *f*; **~нӣ** pflanzlich; **~нӣ ча̂ј** Kräutertee *m*
би́на Bühne *f*
биогра̀фија Biografie *f*
биòлошкӣ biologisch; bio, Bio-
бѝоскоп Kino *n*
би́рати wählen (*a* POL)
бѝр|а̄ч M, **~а̀чица** F Wähler(in *f*) *m*; **~а̄чкӣ** Wahl-
бѝро̄ M Büro *n*; **~ за на̂ђе̄не̄ ства̂ри** Fundbüro *n*
бир|окра̀тија Bürokratie *f*; **~òкратскӣ** bürokratisch
бѝс MUS Zugabe *f*
бѝсер Perle *f*
бѝсквӣт Biskuit *n od m*
бѝскуп Bischof *m*
бѝста Büste *f*
бѝстар klar; *fig* scharfsinnig
бистр|ѝна, ~òћа Klarheit *f*; *fig* Scharfsinnigkeit *f*
бѝт F *Sache* Wesen *n*
бѝтан wesentlich
бѝта̄нга Schurke *m*
бѝти[1] sein; sich befinden
бѝти[2] V/I *Herz* schlagen; **⟨пò-⟩** prügeln (**се** sich)
бѝтка Schlacht *f*
бѝће (Lebe)Wesen *n*
бѝфе̄ M Büfett *n*
бѝфтек (Beef)Steak *n*
бицѝкл Fahrrad *n*; **вòзити ~** Rad fahren; **~ѝзам** Radsport *m*; **~иста** M, **~исткиња** F Radfahrer(in *f*) *m*; **~ѝстичкӣ** Rad-
бѝч Peitsche *f*
бла̂г mild; **~о речѐно** gelinde gesagt
бла̀га̄ј|на Kasse *f*; **~нӣк** M, **~ница** F Kassenwart(in *f*) *m*
бла̂го Schatz *m*
бла̏го|да̄ран erkenntlich; **~на́клон** wohlwollend; **~на́клоно̄ст** F Wohlwollen *n*
бла̏го|сло̄в Segen *m*; **~слòвити** PF segnen; **~слòвена̄ вòд(иц)а** Weihwasser *n*; **~ста́ње** Wohlstand *m*
бла́ж|ен (glück)selig; **~е́нство** Seligkeit *f*; **~ити ⟨у-⟩** lindern

бламѝрати ⟨**из-**⟩ blamieren
бла̑т|ња̄в schlammig; **~о** Schlamm *m*; *(feuchter)* Schmutz *m*; **~обра̄н** KFZ Kotflügel *m*; *Fahrrad* Schutzblech *n*
блебѐтати F plappern
бле̑д blass
бле́дети ⟨**по-**⟩ blass werden
блѐдило Blässe *f*
бле́јати blöken
бле̂нда FOT Blende *f*
бле̏нути ⟨**за- се**⟩ starren
бле̏сав blöd(e)
бле̂сак Aufblitzen *n*
бле̏скати се schimmern
бле̏ф Bluff *m*
бле́штати hell glänzen
бли̏жњӣ Nächster *m*
бли̏з|ак nah; **~анац** Zwilling *m*
близѝна Nähe *f*
бли́зу ADV nahe; PRP (*G*) (dicht) bei (*D*)
бли̏стати (се) glänzen, strahlen
бли̏тва Mangold *m*
бли̏ц FOT Blitz(würfel) *m*; Blitzlicht *n*
блок|а́да Blockade *f*; **~и́рати** ⟨**за-**⟩ blockieren
блу̑д Unzucht *f*; **~ан** unzüchtig
блу́за Bluse *f*; **~ без рука́ва̄** Top *n*
бљу̏вати ⟨**бљу̏нути**⟩ speien (*a fig*)
бљу̏тав *Speise* fad(e); *Getränk* schal
бо̏б[1] (Sau)Bohne *f*
бо̏б[2] *Gefährt* Bob *m*
бо̀бица Beere *f*
бо̂г Gott *m*; **хва́ла бо̏гу!** Gott sei Dank!
бо̏га̄љ *neg!* Krüppel *m neg!*
бо̀г|ат reich; **~а̀та̄ш** Reicher *m*; **~атити** ⟨**о-**⟩ **се** sich bereichern; **~а̀тство** Reichtum *m*; **ру̑дна ~а̀тства** *n/pl* Bodenschätze *m/pl*
бо̀гиња Göttin *f*
бо̀гиње F/PL: **ве̏лике̄ ~** Pocken *f/pl*; **ма̂ле̄ ~** Masern *f/pl*; **о̀вчје̄ ~** Windpocken *f/pl*
Бого|ја́вље̄ње Dreikönigsfest *n*; **~ро̀дица** Mutter Gottes
бого̀|слов Theologe *m*; **~служе́ње** Gottesdienst *m*
бо̂д Stich *m*; *Wertung* Punkt *m*
бо̏дар munter
бо́деж Dolch *m*
бо̀дљик|а Stachel *m*; **~ав** stachelig, Stachel-
бо̀дрити ⟨**о-**⟩ aufmuntern
божа̀н|скӣ göttlich; **~ствен** *fig* herrlich
Бо̀жић Weihnachten *n*; **сре̏ћан ~!** Fröhliche Weihnachten!; **≗нӣ** Weihnachts-
бо̏жјӣ Gottes-, göttlich
бо̂ј Schlacht *f*
бо̀ј|а Farbe *f*; **у ~и** farbig, Farb-
боја̀жљив ängstlich
бо̏ја̄зан F Befürchtung *f*
бо̀јати се Angst haben (**за** *A* um *A*)
бо̀ј|ити ⟨**о-**⟩ anmalen; V/T färben; **~ица**: **др̀вена̄ ~ица** Buntstift *m*
бо̏јиште Schlachtfeld *n*
бо̀јкотовати boykottieren
бо̀јлер Boiler *m*

бôк Flanke *f*; Seite *f*
бȍкс¹ *Zigaretten* Stange *f*
бȍкс² Box *f*
бȍкс³ Boxen *n*; **~-мȅч** Boxkampf *m*
бȍксер Boxer *m*
бȍксовати boxen
бôл Schmerz *m*; **~ан** schmerzhaft
болѐсн|ӣк M, **~ица** F Kranke(r *m*) *f*
бȍл|ēст F Krankheit *f*; **мòрскā ~ēст** Seekrankheit *f*; **~естан** krank; krankhaft
бòл|ети wehtun; **~ӣ ме глáва** ich habe Kopfweh; **~ѐшљив** kränklich
бóлни|ца Krankenhaus *n*; **~чȃр(ка** F) M Krankenpfleger(in *f*)
бȍловāње: **дȃти кòме ~** j-n krankschreiben
бȍље ADV besser; **свȅ ~** immer besser; **штȍ вӣше тô ~** je mehr, desto besser
бôмб|а Bombe *f*; **~àрдēр** Bomber *m*
бòмбардов|āње Bombenangriff *m*; **~ати** (IM)PF bombardieren
бòмбāшкӣ Bomben-
бомбóна Bonbon *m od n*
бôн Bon *m*, Gutschein *m*
бòнтōн Anstand *m*
бôр Kiefer *f*
бóра *Gesicht* Falte *f*
бòрав|ак Aufenthalt *m*; **~ити** sich aufhalten; **~ӣшнӣ**: **~ӣшнā тȃкса** Kurtaxe *f*; **~ӣште** Aufenthaltsort *m*
борàнија grüne Bohnen *f/pl*
бóрати ⟨**на-, из-**⟩ falten; *Stirn* runzeln
бóрац Kämpfer *m*
бòрб|а Kampf *m*; **~ен** kämpferisch, Kampf-
бóрдинг-пȃс AER Bordkarte *f*
бòрити се kämpfen (**за** *A* für, um *A*)
борóвница Heidelbeere *f*
бôс barfuß
Босáнац Bosnier *m*
Бòс|āнка Bosnierin *f*; **ꝯанскӣ** bosnisch
бòсиљак Basilikum *n*
Бȍсна Bosnien *n*
бòсти ⟨**у-**⟩ stechen
ботàни|ка Botanik *f*; **~чȃр(ка** F) M Botaniker(in *f*) *m*; **~чкӣ** botanisch
бȍца Flasche *f*
бȍчнӣ seitlich
Бòшњ|āк Bosniake *m*; **~àкиња** Bosniakin *f*; **ꝯāчкӣ** bosniakisch
брȃв|а (Tür)Schloss *n*; **~āр** Schlosser *m*; **~āрскӣ** Schlosser-
брáда Kinn *n*; Bart *m*
брàдавица Warze *f*; Brustwarze *f*
брàдат bärtig
брàзготина Schramme *f*
брáзда Furche *f*
брâк Ehe *f*; **~олóмство** Ehebruch *m*
брáна Wehr *n*
брàнӣк KFZ Stoßstange *f*
брàнилац Verteidiger *m*
брáнити ⟨**од-**⟩ verteidigen (**се** sich)
брȃнша Branche *f*

бра̏он braun
бра̑т Bruder *m*; **~ од тѐткē** *od* **стри́ца** *od* **ўјāка** Cousin *m*; **~ по ма̂јци** *od* **ѐцу** Stiefbruder *m*
брат|а́нац Neffe *m*; **~а̀ница** Nichte *f*
бра̏ти ⟨у̏-⟩ pflücken; ernten; *Wein* lesen
бра̏тимити ⟨з-⟩ се sich verbrüdern
бра̀тскӣ brüderlich
бра̂чн|ӣ ehelich, Ehe-; **~ӣ па̂р** Ehepaar *n*; **~ō ста́ње** Familienstand *m*
бра̏ш|но Mehl *n*; **~њав** mehlig
бр̏бљати schwatzen; **~ивац** M, **~ивица** F Schwätzer(in) *m*
бр́вно Steg *m*
бр̏д|о Berg *m*; **~ѐвит** bergig; **~скӣ** Berg-
бре̂г, **брежу́љак** Hügel *m*
бре́за Birke *f*
бре̏ме Last *f*
бре̏сква Pfirsich *m*
бретѐле F/PL *Kleider* (Spaghetti)Träger *m/pl*
бр̏же schneller; **~-бо̏ље** Hals über Kopf
бр̑з schnell; **~ на јѐзику** schlagfertig
брзѝн|а Geschwindigkeit *f*; KFZ Gang; **~ѐмер** Tacho (-meter) *m*
брзо̀плет voreilig
бри̏га (Für)Sorge *f*
бригѐдӣр Vorarbeiter *m*
бри̏дак schneidend
бри́дети kribbeln
бри̏ж|ан bekümmert; liebevoll; **~но̄ст** F (Für)Sorge *f*
бри̏жљив sorgfältig; **~во̄ст** F Sorgfalt *f*
бри̏згати *Wasser* spritzen
бри̏знути PF: **~ у пла̏ч** in Tränen ausbrechen
бри̏ј|ати ⟨о̀-⟩ се sich rasieren; **~а̄ње** Rasur *f*
бри̏ја̄ч Rasierer *m*
бриљ|а̀нтан *fig* bravourös; **~ирати** *fig* bravourös meistern
бри̏нути ⟨за̀-, по̀-⟩ се sorgen (**за** *A* für *A*); sich Sorgen machen (**о** *L* über *A*)
бри̏с MED Abstrich *m*
бри̏сати ⟨о̀-, и̏з-⟩ (ab-, weg-) wischen; EDV löschen; **~ но̂с** die Nase putzen; **~ пра̀шину** Staub wischen
бри̏са̄ч KFZ Scheibenwischer *m*
Брита́нац Brite *m*
Бри̏та̄нија: **Вѐлика̄ ~** Großbritannien *n*
Бри̏та̄н|ка Britin *f*; **≈скӣ** britisch
бр́кати ⟨по-⟩ durcheinander bringen
бр̏кови Schnurrbart *m*
бр̀ло̄г Suhle *f*
бро̑д Schiff *n* (*a* ARCH)
бро̀д|а̄р Schiffer *m*; **~а́рство** Schiffswesen *n*; **~о̀власнӣк** Reeder *m*; **~огра̀дилӣште** Werft *f*
бро̏д|олом Schiffbruch *m*; **~оло́мац** Schiffbrüchiger *m*; **~о̀ло̄мка** Schiffbrüchige *f*; **~скӣ** Schiff(s)-
бро̑ј (An)Zahl *f*, Nummer *f*; (Schuh)Größe *f*; **~ мо̏бӣлног**

телефо́на Handynummer *f*; **па̂рнӣ ~** gerade Zahl *f*; **свӣ на бро̀ју** vollzählig; **~ан** zahlreich; **~а̀нице** F/PL REL Rosenkranz *m*
бро̀ј|а̄ч TECH Zähler *m*; **~илац** MATH Zähler *m*
бро̀јити ⟨из-⟩ zählen
бро̂ј|ка Ziffer *f*; **~ча̀нӣк** Zifferblatt *n*
бру́јати ⟨за-⟩ brummen; dröhnen
бру̏ка Schande *f*; **~ти** blamieren (**се** sich)
бру̏ндати brummen
бру̂с Schleifstein *m*
бру́сити ⟨из-, о-⟩ wetzen; *Glas* schleifen
бру̏т|а̄лан brutal; **~а́лно̄ст** F Brutalität *f*
бру̏х Leistenbruch *m*
бршљан Efeu *m*
бу̏ба Insekt *n*, Käfer *m*; **~ма́ра** Marienkäfer *m*
бу̏бањ Pauke *f*; (*große*) Trommel *f*
бу́бати *fig* büffeln
бубашва́ба Kakerlake *f*
бу̏брег Niere *f* (*a* GASTR)
бу̏брити ⟨на̀-⟩ *Bohnen* quellen
бубу̀љица Pickel *m*
бу̀в|а Floh *m*; **~љӣ** Floh-; **~ља̄ пѝјаца** Flohmarkt *m*
Бу̏г|арин Bulgare *m*; **~а̄рка** Bulgarin *f*; **~арска̄** Bulgarien *n*; **ᵹарскӣ** bulgarisch
буда̀л|а Narr *m*; **~а́штина** Torheit *f*
бу́дан wach; wachsam; **бити ~** wach sein
бу̑дзашто spottbillig
бу̏дӣлнӣк Wecker *m*
бу́дити ⟨про-⟩ (auf)wecken; *Verdacht* erwecken; **~ се** aufwachen
бу̀дӯћи[1]: **~ да̀** *cj* da, weil
бу̀дӯћ|ӣ[2] ADJ (zu)künftig; **~ē вре́ме** GR Futur *n*
буду́ћно̄ст F Zukunft *f*
бу̂ђ F Schimmel(pilz) *m*
бу̂ђав schimmelig
бу̂ђати ⟨у-⟩ се schimmeln
буздо̀ва̄н Keule *f*
бу̏јан üppig
бу̏јати ⟨на-⟩ *Pflanzen* wuchern; *Fluss* (an)schwellen
бу̏јица Flut *f* (*a fig*)
бу̏ка Lärm *m*, Krach *m*
бу̀кв|а Buche *f*; **~а̄лан** buchstäblich; **~а̄р** Fibel *f*
бу̀ке̄т (Blumen)Strauß *m*
бу́кнути PF aufflammen (*a fig*); *Feuer* ausbrechen
бу̀кт|ати flackern; **~иња** Fackel *f*
бу́љити F (an)glotzen
бу̏мба̄р Hummel *f*
бу̀на̄р (*gebohrter*) (Zieh-) Brunnen *m*
бу̂нда Pelzmantel *m*
бу̀ндева Kürbis *m*
бу́нити ⟨по-⟩ anstiften; **~ се** protestieren; sich erheben
бу̀нто̄внӣк Aufständischer *m*
бу̀нцати irrereden
бу̏ран stürmisch
бу̏ргија Bohrer *m*
бу̏ре Fass *n*; **~ ба́рута** Pulverfass *n* (*a fig*)
бу̀рек GASTR (Fleisch-, Käse- *usw*)Strudel *m*

бу̏рма Trauring *m*
бу̑т Schenkel *m*; GASTR Keule *f*
бу̏тина (Ober)Schenkel *m*
бу̏цмаст pausbäckig
бу̏чан laut
бу̏џет Budget *n*
бу̏шилица Bohrmaschine *f*
бу̏шити ⟨**из-, про-**⟩ (durch-)bohren; (durch)löchern

В

ва́бити locken
ва́га Waage *f*; **~ти** wiegen
вагѝна ANAT Scheide *f*
вàго̄н (Eisenbahn)Wagen *m*, Waggon *m*
ва̏дити ⟨**ѝз-**⟩ herausziehen; *Blut* abnehmen; **~ ду̏шу кòме** *fig j-n* bis aufs Blut ärgern; **~ се** *F* sich herauswinden
вàдичеп Korkenzieher *m*
ва́ж|ан wichtig; **пра̏вити се ~ан** *od* **~ни̑м** wichtig tun; **~е̄ħи̑** gültig; **~ити** gelten; **ва̏жи̑!** abgemacht!; **~но̑ст** F Wichtigkeit *f*
ва̏зда̄н den lieben, langen Tag; (so) lange
ва̏зд|ӯх Luft *f*; **~ухòпло̄вни̑** Flug-; **~ухòпло̄вни̑ са̏обраħај** Flugverkehr *m*; **~ухопло́вство** Luftfahrt *f*; **~ӯшни̑** Luft-; **~ӯшни̑ jàстук** Airbag *m*
ва́з(н)а (Blumen)Vase *f*
ва̑јан quasi-

ва̀ја̄р M, **~ка** F Bildhauer(in *f*) *m*
вајáрство Bildhauerei *f*
ва̏јкада: **од ~** von jeher
ва̑ј-фа̑ј *m* IT WLAN *n*
вакцѝн|а Impfstoff *m*; **~áција** Impfung *f*; **пре̏вентӣвна̄ ~áција** Schutzimpfung *f*
вакцѝнис|а̄н geimpft; **~ати** (IM)PF impfen; **~ати се** sich impfen lassen
валерија́на Baldrian *m*
валòвит wellig
валу̏та Währung *f*
ва̀лӯтни̑: **~ ку̑рс** Umrechnungskurs *m*
ва́љак Walze *f*
ва̀ља̄н tauglich
ва̀љ|ати taugen (**за** *A* zu *D*); gut sein; **то̑ не ~а̄!** das taugt nicht(s)!; **~а̄ се!** das gehört sich so!
ва́љати wälzen; *Teig* rollen
ва̀љда wohl; hoffentlich
ва̏н außerhalb; heraus; **~ сѐбе** außer sich
ва̀н|брачни̑ außerehelich; **~земàљски** außerirdisch
ванѝла Vanille *f*
ва̀н|редан außerplanmäßig; außerordentlich; **~редно̑ ста́ње** POL Ausnahmezustand *m*; **~редно̑ студѝрање** Fernstudium *n*; **~па̀ртӣјски**, **~страна̀чки** außerparteilich
ва̏па̄ј Hilferuf *m*
ва̀р|алица Schwindler(in *f*) *m*; **~ати** täuschen; *Kartenspiel* mogeln; *Ehepartner* betrügen; **~ати се** sich täuschen

ва́рёње Verdauung *f*
вȁрӣво (Gemüse)Eintopf *m*
вàрилац Schweißer *m*
ва́рити[1] ⟨**за-**⟩ schweißen
ва́рити[2] ⟨**с-**⟩ verdauen
вàрјача (Holz)Kochlöffel *m*
вâрка Täuschung *f*
вàрљив täuschend, (be)trügerisch; **~ зàкључак** Trugschluss *m*
ва́рница Funke *m*
вас, **вâс** euch; ♀ Sie
вас|ио̀на Weltall *n*; **~ио̀нскӣ** kosmisch; **~ио̀нскӣ бро̑д** Raumschiff *n*
вас|пита́вати ⟨**~пи́тати**⟩ erziehen; **~пита́ње** Erziehung *f*; **~пѝта̄ч** M, **~питàчица** F Erzieher(in *f*) *m*
вȁта Watte *f*
вȁтерполо SPORT Wasserball *m*
вȁтр|а Feuer *n*; **~ен** feurig, hitzig; **~ено̄ о̀ру̑јје** Schusswaffe *f*
ватрога́сац Feuerwehrmann *m*
вȁтро|га̄снӣ: **~га̄сна̄ слу̀жба** Feuerwehr *f*; **~мет** Feuerwerk *n*; **~ста̄лан** hitzebeständig
вȁш euer; ♀ Ihr
вâш, **вȁшка** Laus *f*
ва́шар *fig* Rummel *m*; **~йште** Rummelplatz *m*
вȅверица Eichhörnchen *n*
вегетар|ија́нац M, **~ѝја̄нка** F Vegetarier(in *f*) *m*; **~ѝја̄нскӣ** vegetarisch
вȅд|ар heiter; **~рѝна** Heiterkeit *f*
вèдро Eimer *m*
вȅђа → **брва**
вȅжба Übung *f*; **~ти** üben
ве́жњача Bindehaut *f*
вêз Stickerei *f*
вȅз|а[1] Beziehung *f*; Zusammenhang *m*; TEL Leitung *f*; *Verkehr* Anschluss *m*; **нêма̄ ~ē!** das macht nichts!
вȅза[2] Bund *n*
вêза̄н gebunden; **~ за крêвет** bettlägerig
везѝвати, **ве́зати** (IM)PF binden; knüpfen; **~ се** KFZ sich anschnallen; **тô мо̀же̄ш ве́зати ма́чку о рêп!** das ist alles für die Katz!
вȅзивн|ӣ: **~о̄ тки́во** Bindegewebe *n*
вêзнӣк GR Konjunktion *f*
ве́зови M/PL Skibindung *f*
вȅја|вица Schneegestöber *n*; **~ти** (stark) schneien
вêк Jahrhundert *n*; **срȅдњӣ ~** Mittelalter *n*; **док је свȅта и ~а** für immer und ewig
вȅлегра̄д Großstadt *f*
велèиздаја Hochverrat *m*
велèлепан wunderschön
вȅле|ма̄јстор *Schach* Großmeister *m*; **~сила** Großmacht *f*; **~слалом** Riesenslalom *m*; **~тр̀говина** Großhandel *m*
велèчастан hochwürdig
вȅлик groß; hoch
велѝка̄н *fig* Größe *f*, Berühmtheit *f*
великòдушан großmütig
величàнств|ен großartig; **~о** Majestät *f*
велѝч|ати rühmen; verherrlichen; **~ѝна** Größe *f*; **кòја̄**

~йна? welche Größe?
вéнац Kranz *m*
венèрич|ан: **~нā бȍлēст** Geschlechtskrankheit *f*
Вѐнēција Venedig *n*
вентѝл|āтор Ventilator *m*; KFZ Gebläse *n*; **~áција** Belüftung *f*
вȅнути ⟨ỳ-⟩ (ver)welken
венчáвати се, вѐнчати се (IM)PF heiraten
вѐнч|āнӣ: **~āнӣ лȋст** Heiratsurkunde *f*; **~āнӣ кȳм** Trauzeuge *m*; **~àница** Brautkleid *n*
венчáње Heirat *f*, Trauung *f*
вȅо Schleier *m*
веòма ADV sehr, höchst
вȅпар Eber *m*
вȅра Glaube *m*
вȇран treu; gläubig
вѐрати се klettern (**на** *A* auf *A*)
вѐргл Drehorgel *f*
вȅрен verlobt; **~ӣк** Verlobter *m*; **~ица** Verlobte *f*; **~ӣчкӣ** Trau-
верѐсиј|а: **на ~у** auf Borg
вѐрзија Fassung *f*, Version *f*
вѐриге F/PL Kette *f*
вѐридба Verlobung *f*
вȅрити се sich verloben
вȇр|нӣк M, **~ница** F Gläubige(r *m*) *f*
вéрнōст F Treue *f*
вероватан wahrscheinlich
вȅроват|и ⟨**пò-**⟩ glauben; (ver)trauen; **~нòћа** Wahrscheinlichkeit *f*
веро|дóстōјан glaubwürdig; **~ӣсповēст** F Konfession *f*; **~нàука** Religionsunterricht *m*
вȅртикāлан vertikal
весѐлити се sich freuen
вȅс|елōст F Fröhlichkeit *f*; **~ѐљāк** Frohnatur *f*; **~éље** Freude *f*; **нáроднō ~éље** Volksfest *n*
вȅсео fröhlich, heiter
вѐсл|āње Rudern *n*, Paddeln *n*; **~ати** rudern, paddeln; **~āч** Ruderer *m*, Paddler *m*; **~о** Ruder *n*, Paddel *n*
вȅснӣк Bote *m*
вȇст F Nachricht *f*; **~и (дâна)** Nachrichten *f/pl*
вѐстерн Wildwestfilm *m*
вéсти sticken
вȅт|ар Wind *m*; **~ар у лéђа** Rückenwind *m*; **~ар у лѝце** Gegenwind *m*; **~рови** M/PL MED Blähungen *f/pl*
ветерѝнāр Tierarzt *m*
ветрѐњача Windmühle *f*
вȅтрити ⟨**прò-**⟩ lüften; ⟨**ӣз-**⟩ verdunsten
вȅтробрāн Windschutzscheibe *f*
ветрòвит windig
вѐтрōвка Windjacke *f*
вȅтропӣр unsteter Mensch *m*
вȅћ ADV bereits, schon; CJ vielmehr
вéћ|ати (sich) beraten; **~е** Ratsversammlung *f*, Rat *m*; **Сáвезнō ӣзвршнō ~е** (Bundes)-Exekutivrat *m*
вѐћӣн|а Mehrzahl *f*; **~ōм** meistens
вȅчан ewig
вȅчē Abend *m*
вѐч|ера Abendessen *n*; **~èрас** heute Abend; **~ерњӣ** Abend-

вечера́вати ⟨**вѐчерати**⟩ zu Abend essen
вѐчит ewig
вѐчно̄ст F̲ Ewigkeit *f*
вȅш Wäsche *f*; **дȍњӣ ~** Unterwäsche *f*
вȅша|ла N/PL Galgen *m*; **~лица** (Kleider)Bügel *m*; GASTR mageres gegrilltes Stück Fleisch; **~ти** ⟨**о̀бесити**⟩ (auf)hängen (*a* JUR)
вȅшт geschickt
вѐшт|а̄к Sachverständige *m, f*; **~а́чити** (fachmännisch) begutachten
вѐшта̄чк|и künstlich; Kunst-; **~о̄ ди́сање** künstliche Beatmung *f*
вешти̏на Geschicklichkeit *f*; Kunststück *n*
вȅштица Hexe *f*
вӣ ihr; ♀ Sie
ви́вак Kiebitz *m*
вӣд Sehvermögen *n*; GR Aspekt *m*; **изгу̀бити из ~а** außer Acht lassen; **ȍчнӣ ~** Augenlicht *n*; **пȍремећа̄ј ~а** Sehstörung *f*; **~ан** sichtbar
вӣдело: **иза́ћи на ~** ans Tageslicht kommen
вӣд|ети sehen; **~имо се** (**ка̀сније**)! bis später!
вӣд|ӣк Aussicht *f*; **бйти на ~и́ку** in Sicht sein; **~иковац** Aussichtspunkt *m*
вӣдљив sichtbar; **~о̄ст** F̲ Sicht(weite) *f*
вӣдно sichtlich
видо̀в|ит hellseherisch; **~ња̄к** M̲ Hellseher *m*
вӣдокрӯг Blickfeld *n*; *fig* Horizont *m*
вӣдра Fischotter *m*
вӣђ|ен angesehen; **ра̏до ~ен гȏст** ein gern gesehener Gast; **позна́вати кȍга из ~е̄ња** j-n vom Sehen kennen
ви́за Visum *n*; **у̀лазна̄ ~** Einreisevisum *n*
вија̀дукт Überführung *f*
вијо̀рити се *Fahne* flattern
вӣј|уга *Gehirn* Windung *f*; **~угав** gewunden; **~у̏гати** (**се**) sich winden
вӣка Geschrei *n*
ви́кати ⟨**ви́кнути**⟩ rufen; anschreien (**на** *A* j-n)
вӣкенд Wochenende *n*; **~ица** Wochenendhaus *n*
вӣклер Lockenwickler *m*
ви́ла Fee *f*
вӣла Villa *f*
вӣле F/PL *Landwirtschaft* Heugabel *f*
вилѐња̄к Elfenkönig *m*
ви́лин: **~ кȍњиц** ZO Libelle *f*
вӣлица Kiefer *m*; **вѐшта̄чка̄ ~** (künstliches) Gebiss *n*; **гȏрња̄ ~** Oberkiefer *m*
вӣљушка Gabel *f* (*a* TECH)
вӣме Euter *m*
вӣн|ара, **~а̄рница** Weinhandlung *f*; Weinlokal *n*
ви́но Wein *m*; **цр̑но̄ ~** Rotwein *m*
вӣнов: **~а лȍза** Weinrebe *f*
вӣно̄вн|ӣк M̲, **~ица** F̲ Urheber(in *f*) *m*, Schuldige(r *m*) *f*
вӣно|гра̄д Weinberg *m*; **~гра̀да̄р** Weinbauer *m*; **~града́рство** Weinbau *m*
вино̀пија Weintrinker *m*

вӣнскӣ: ~ **пòдрум** Weinkeller *m*
вӣња̄к Branntwein *m*
вӣол|а Bratsche *f*; **~и́на** Geige *f*, Violine *f*; **~ӣниста** Geiger *m*; **~ӣнисткиња** Geigerin *f*; **~òнчело** Cello *n*
вӣр (Wasser)Strudel *m*
вӣрити hervorschauen, hervorgucken
вӣршла *Wiener* Würstchen *n*
вӣсēћӣ Hänge-
вӣсибаба BOT Schneeglöckchen *n*
вӣсија Hochland *n*
вис|ӣна Höhe *f*; Körpergröße *f*; **~инòмер** Höhenmesser *m*
вӣсити hängen (*v/i*)
вӣски Whiskey *m*
вӣсок hoch; **~òпа̄ран** *Ausdrucksweise* geschwollen
вӣсора̄ван Hochebene *f*
вӣспрен gescheit
вӣтак schlank
вӣтēз Ritter *m*
вӣти се sich winden
вӣтлати ⟨**за-**⟩ schwingen; *Arme* fuchteln
витри́на Vitrine *f*
вӣхор Wirbelsturm *m*
вӣц Witz *m*; **~каст** witzig
вӣшак Überschuss *m*; **~ вре́дности** Mehrwert *m*
вӣш|е mehr; höher; **~е нèго** mehr als; **јо̂ш ~е** noch mehr; **нӣшта ~е** nichts mehr; **~е пу́та̄** *adv* mehrmals; **свē ~е** immer mehr; **~ебо̄ј** Mehrkampf *m*; **~èзначан** mehrdeutig; **~èстран** vielseitig; **~èструк** vielfach
вӣшӣ höher; Ober-
вӣшња (Sauer)Kirsche *f*; (Sauer)Kirschbaum *m*
вла̏га Nässe *f*; Feuchtigkeit *f*
вла́да Regierung *f*
влàдавина Herrschaft *f*
вла́да̄ње Benehmen *n*
влàда̄р M, **~ка** F Herrscher(in *f*) *m*
вла́дати regieren; (be)herrschen; **~ се** sich benehmen; **~ со̂бо̄м** sich beherrschen
влàдика (orthodoxer) Bischof *m*
вла̏ж|ан feucht; **~но̄ст** F Feuchtigkeit *f*
вла̏кнаст fas(e)rig
вла́кно Faser *f*
вла̏сн|ӣк M, **~ица** F Eigentümer(in *f*) *m*; **~ӣштво** Eigentum *n*; **прӣва̄тно̄ ~ӣштво** Privateigentum *n*
вла̏ст F Macht *f*; Gewalt *f*
влàстит eigen, Eigen-
властодр́жац Machthaber *m*
вла̂т Halm *m*
вла́шац Schnittlauch *m*
во̂ Ochse *m* (*a fig*)
вòда Wasser *n*; **òбична̄ ~ (из чèсмē)** Leitungswasser *n*; **òтпадна̄ ~** Abwasser *n*; **пӣјаћа̄ ~** Trinkwasser *n*
во̏де F/PL Gewässer *n*
во̏ден wässrig; Wasser-
водèни|ца (Wasser)Mühle *f*; **~ча̄р** Müller *m*
вòд|ēћӣ führend; **~ӣља**: **мӣсао ~ӣља** Leitgedanke *m*; **~итељ** M, **~итељка** F Moderator(in *f*) *m*; **~ити** führen; betreiben; **~ити емӣсију** TV

moderieren; **~ӣч** (Reise-, Fremden)Führer *m*
во̏до|во̄д Wasserleitung *f*; **~инстала̀те̄р** Klempner *m*; **~о̀тпо̄ран** wasserdicht; **~па̄д** Wasserfall *m*; **~ра̄ван** waagerecht; **~скок** Springbrunnen *m*; **~ста̄ј** Wasserstand *m*
во̏ђа (An)Führer(in *f*) *m*; **~ пу́та** Reiseleiter *m*
во̀ђство Führung *f*
во́жња Fahrt *f*
во̑з Zug *m*; **у̏брза̄нӣ ~** Eilzug *m*; **~ом** mit dem Zug
во́зати се ⟨про-⟩ spazieren fahren
во̀за̄ч (Auto)Fahrer(in *f*) *m*; **~кӣ**: **~ка̄ до̏звола** Führerschein *m*
во̀зило (Kraft)Fahrzeug *n*
во̀зити (се) fahren; **~ се са** (*I*) mitfahren mit (*D*)
во̑зн|ӣ Fahr-; **~а̄ ка̑рта** (Zug-) Fahrkarte *f*
во̏зовођа M Zugführer(in *f*) *m*
во̀јвод|а M Herzog *m*; **~скӣ** herzöglich
во̀јводина Herzogtum *n*
Во̀јводина Vojvodina *f*
во̏јвоткиња Herzogin *f*
во̑јн|ӣ militärisch; **~а̄ о̏бавеза** Wehrpflicht *f*; **~ӣ ро̑к** Wehrdienst *m*
во̀јнӣк Soldat *m*; **~ на о̀дсуству** Urlauber *m*
во́јска Heer *n*, Militär *n*; **~ СР Не̏мачке̄** Bundeswehr *f*
во̀ла̄н Lenkrad *n*, Steuer *n*
во̀лети lieben, mögen, gern haben
во̏љ|а Wille *m*; **не́мати ~е̄** keine Lust haben (**за** *A* zu *D*); **преко ~е̄** widerwillig
во̏сак Wachs *n*
во̏ћ|е Obst *n*; **~ка** Frucht *f*; Obstbaum *m*; **~нӣ** Obst-, Frucht-; **~на̄ сала́та** Obstsalat *m*; **~нӣ со̑к** Fruchtsaft *m*; **~њак** Obstgarten *m*
во̀шт|ан Wachs-; **~ити ⟨на-⟩** wachsen
вра́бац Spatz *m*
вра̑г Teufel *m*; **~о̀ла̄н** Schlingel *m*; **~о̀лија** (Schelmen-) Streich *m*
вра̏на Krähe *f*
вра́нац Rappe *m*
вра̑т Nacken *m*, Hals *m*
вра́та Tür *f*
вра̀та̄р Pförtner *m*
вра̀тило SPORT Reck *n*
вра̑тн|ӣ Hals-, Nacken-; **~а̄ а̀рте̄рија** Halsschlagader *f*; **~ӣ згло̏б** Genick *n*
вра̏ћ|ање Rückgabe *f*; **~ање но́вца** Rückzahlung *f*; **~ати ⟨вра́тити⟩** wiedergeben; zurückschicken; **~ати се** zurückkommen, zurückkehren
вра̑ч M, **вра̀чара** F Wahrsager(in *f*) *m*
вра́чати wahrsagen
вр́ба Weide *f*
вр̏вети wimmeln (**од** *G* von *D*)
вр̀га̄њ Steinpilz *m*
вр̏дати ⟨ӥз-⟩ ausweichen; *fig* kneifen
вре́бати lauern
вре̏ва Gewimmel *n*
вре́д|ан fleißig; wert(voll);

~ан пáжњē beachtenswert; **~ети** gelten; wert sein; **то нѝшта не ~й** es ist nichts wert; **~нòвати** werten; **~носнӣ** Wert-; **~нōст** F Wert *m*; **мањē ~ности** minderwertig; **~нòћа** Fleiß *m*

врéђати ⟨увредити⟩ beleidigen

врéжа Ranke *f*

врелѝна (sengende) Hitze *f*

врëло Quelle *f*

врéме Zeit *f*; Wetter *n*; **бу̏дӯ-ћē ~** GR Futur *n*; **нȅкō ~** eine Zeit lang; **про̏шлō ~** GR Vergangenheit *f*

врëменск|ӣ zeitlich, Zeit-; **~ā прогнóза** Wettervorhersage *f*; **~ā стѝска** Zeitnot *f*; **~и огрàничен** befristet

врéње Gärung *f*

врëо heiß

врêс Heidekraut *n*

врëти brodeln; V/I sieden

врëћа Sack *m*; **~ за спáвāње** Schlafsack *m*

врѝсак Schrei *m*

врѝштати kreischen

вр̀лēт Steilhang *m*; **~тан** schroff

врлѝна Tugend *f*

вр̏ло sehr; **~ ра̏до!** sehr gern!

вр̀пољити ⟨уз-⟩ се herumzappeln

вр̏пца Band *n*

вр́ста *Sorte* Art *f*; Gattung *f*; **нȅкā ~** ... eine Art (von ...)

вр̑т Garten *m*

вр̀т|ети drehen (**се** sich); **~й ми се у глáви** mir ist schwind(e)lig

вр̀т|ић Kindergarten *m*; **~лāр** M, **~лāрка** F Gärtner(in *f*) *m*; **~лáрство** Gartenbau *m*

вр̀т|лог Wirbel *m*; **~òглав** Schwindel erregend; **~òглавица** MED Schwindel *m*

вр̏ћи dreschen

вру̑ћ heiß; **~ѝна** Hitze *f*

вр̑х Gipfel *m*, Spitze *f*; **натòчити до вр̏ха** voll füllen; *Treibstoff* voll tanken

вр̀х|овнӣ oberster, Haupt-; **~у́нац** Höhepunkt *m*; **~ӯнскӣ** Spitzen-

вр̏цати *fig* sprühen; *Honig* schleudern

вр̑ч Krug *m*

вр̀шити leisten, tätigen; **~ ду́жнōст** ein Amt ausüben; seine Pflicht tun

ву̑к ZO Wolf *m*

ву̏лгāран vulgär

ву̑н|а Wolle *f*; **~ен** ADJ wollen, Woll-

ву́|ћи ziehen *v/t*; *Last* schleppen; **~чē про̏маја** es zieht; **~ћи сла̂мку** ein Los ziehen

ву̏ча Antrieb *m*; **пре̑дњā ~** Frontantrieb *m*; **за̑дњā ~** Hinterradantrieb *m*

ВЦ M WC *n*; **~-пàпӣр** Toilettenpapier *n*

Г

га̏вра̄н Rabe *m*
га̏д *fig* Ekel *n*; **~ан** ekelhaft; **~ити се** sich ekeln (**од** *G* vor *G*); **~ӣ ми се** es widert mich an
га́ђати zielen; werfen
га̏ђе̄ње Ekel *m*; Brechreiz *m*
га̑з Furt *f*
га́за Gaze *f*
га̏зд|а M, **~арица** F Hauswirt(in *f*) *m*; (Haus)Herr(in *f*) *m*; **~и́нство** Haushaltung *f*
га̏зити treten, stampfen
га̑јба Kasten *m*; *F* (Studenten-)Bude *f*
га̑јде F/PL Dudelsack *m*
га́јити *Pflanzen* anbauen; *Tiere* züchten; **~ на́ду** die Hoffnung hegen
га́јтан Schnur *f*; Kabel *n*
га́кати ⟨**-нути**⟩ schnattern
гала́м|а Lärm *m*; **~ити** lärmen
галантѐрија Accessoires *n/pl*; **ко̏жна̄ ~** Lederwaren *f/pl*
га̏леб Möwe *f*
га̀ле̄рија Galerie *f*; THEA Rang *m*
галѐта Waffel *f*
га̏ма̄д F Ungeziefer *n*
га̏нӯт gerührt
га̀нути PF *seelisch* rühren
га̏н|ӯтōст F, **~у́ће** Rührung *f*
га́њати jagen, hinterherlaufen
га̑р → **чађ**
гара́ж|а Garage *f*; **по̀дземна̄ ~а** Tiefgarage *f*; **~и́рати** KFZ in e-r Garage abstellen
га̀рант|нӣ: **~нӣ ли̑ст** Garantieschein *m*; **~нӣ ро̑к** Garantie (-zeit) *f*; **~овати** (IM)PF garantieren (**за** *A* für *A*)
гара̀нција Garantie *f*
гардеро̀ба Garderobe *f* (*a Kleider*)
гарсоње́ра kleine Einzimmerwohnung *f*
га̑с Gas *n*; **сма́њити ~** Gas wegnehmen; **прѝкључак на ~** Gasanschluss *m*
га́сити ⟨**у-**⟩ *Feuer* löschen; *Geräte* ausschalten; *Motor* abstellen; **~ се** ausgehen
га́сови PL Gase *pl*; MED Blähungen *pl*
га̏совод Gasleitung *f*
гастарба̀јтер(**ка** F) M, Gastarbeiter(in *f*) *m*
гастроно̀мија Gastronomie *f*
га̀тара Handleserin *f*
га́тати weissagen
га̏ћ|е F/PL Unterhose *f*; **ку̀паће ~е** Badehose *f*; **~ице** F/PL Slip *m*
га́цати waten
гво̑жђе Eisen *n*
гво̏зден eisern
гдѐ wo
гелѐндер Treppengeländer *n*
генера̀лизовати (IM)PF verallgemeinern
ге̏нера̄лн|ӣ General-; **~а̄ про́ба** Generalprobe *f*; **~а̄ ску̏пштина** Generalversammlung *f*
генѐра̄тор Generator *m*; KFZ Lichtmaschine *f*
генѐтичкӣ genetisch

ге̏нија̄лан genial
ге̑није M Genie *n*
геогра̀фија Erdkunde *f*
гео̀графскӣ geografisch, Land-
германѝстика Germanistik *f*
ге̏сло Motto *n*
ге̏ст(а) Geste *f*
гѝбак geschmeidig; gelenkig
гѝбаница *Art* Blätterteig-(käse)kuchen *m*
гѝбати bewegen (**се** sich)
гѝгантскӣ gigantisch
гѝмна̄зија Gymnasium *n*
гимна̀сти|ка Turnen *n*; Gymnastik *f*; **~ча̄р** M, **~ча̄рка** F Turner(in *f*) *m*; **~чкӣ** Turn-; Gymnastik-
гинеко̀л|ог Frauenarzt *m*, Frauenärztin *f*; **~о̀гија** Gynäkologie *f*; **~ошкӣ** frauenheilkundlich; **~ошко-аку̏шер̄ска̄ клѝника** Frauenklinik *f*
гѝн|ути ⟨**по̀-**⟩ ums Leben kommen; *im Kampf* fallen; **не ~е̄ ми ...** daran komme ich nicht vorbei
гѝпко̄ст F Geschmeidigkeit *f*
гѝпсанӣ gipsern, Gips-
гит|а́ра Gitarre *f*; **~а̀рист-(кињ)а** Gitarrist(in *f*) *m*
гла́в|а Kopf *m*; **без кро̏ва над ~о̄м** obdachlos; **па̏мет у гла̑ву!** sei vernünftig!; **по ~и** pro Kopf
гла̀вић ANAT Eichel *f*
гла̀вн|ӣ Haupt-, Ober-; **~а̄ сезо́на̄** Hochsaison *f*
главо̀боља Kopfschmerz *m*
гла́гол GR Verb *n*; **~скӣ** Verbal-; **~скӣ вӣд** Verbalaspekt *m*
гла̑д F Hunger *m*; **уто̀лити ~** Hunger stillen; **умѝрати од ~и** verhungern
гла̏дак glatt
гла́дан hungrig
гла̏дити[1] ⟨**ѝз-**⟩ glätten; *fig* Streit schlichten
гла̏дити[2] ⟨**по̀-**⟩ streicheln
гладо̀вати Hunger leiden
глазу́ра Glasur *f* (*a* GASTR)
гла̑с (Sprach)Laut *m*; Stimme *f*; **из свѐг ~а** aus vollem Halse; **ни ~а** ohne einen Laut; **на гла́су** bekannt; **на ло̏шем гла́су** verrufen; **пра́во ~а** Stimmrecht *n*
гла̏сан laut
гла̀сати ⟨**из-**⟩ (ab)stimmen; POL wählen
гла̀с|а̄ч M, **~а̀чица** F Wähler(in *f*) *m*; **~а̄чкӣ**: **~а̄чкӣ лѝстић** Wahlzettel *m*; **~а̄ње** Abstimmung *f*
гла̀син|а, *meist* PL **~е** Gerücht(e *pl*) *n*
гла́сити PF lauten, heißen
гла̏сн|ӣ: **~е̄ жѝце̄** Stimmbänder *pl*
гла̏сник Bote *m*
гла̀со̄внӣ Laut-
гла̏тко ADV reibungslos, glatt
гла̀чати ⟨**из-, у-**⟩ glätten; polieren
глѐда|лац M, **~те̄љка** Zuschauer(in *f*) *m*
гле̏д|ати (zu)schauen; auf *et* sehen *od* achten; **~а̄ј сво̀ја по̀сла** kümmere dich um deine (eigenen) Sachen; **~ала̏ште** Publikum *n*
гле̑ђ F Schmelz *m*
гле̏жањ ANAT Fessel *f*, Knö-

chel *m*
глѝна Lehm *m*, Ton *m*
глѝсер Gleitboot *n*
глѝста Wurm *m*; **кѝшнӣ ~** Regenwurm *m*
глѐба Bußgeld *n*
глѐбāлан global
глóбус Globus *m*
глȍдāр Nagetier *n*
глòдати nagen
глòмазāн unförmig, unhandlich
глŷв taub
глŷвонēм taubstumm
глукóз|а Glukose *f*; **бȅз ~ē** glukosefrei; **интолерàнција на ~у** Glukoseunverträglichkeit *f*
глýм|ац Schauspieler *m*; **~ити** schauspielern; vorspielen
глу̏мица Schauspielerin *f*
глŷп, **глŷпав** dumm, blöd(e)
глŷпōст F Dummheit *f*, Blödsinn *m*
глу̏тēн Gluten *n*; **бȅз глутéна** glutenfrei; **интолерàнција ~** Glutenunverträglichkeit *f*
гљѝв|а Pilz *m*; **~ице** F/PL MED Pilz *m*
гмѝза|вац Kriechtier *n*; *fig* Kriecher *m*; **~ти** kriechen
гнêв Zorn *m*; **~ан** zornig
гнéзд|ити ⟨у-⟩ се nisten; **~о** Nest *n*
гнôј Eiter *m*
гнȍј|ав eitrig; **~ӣво** Dünger *m*
гнòјити ⟨за-⟩ (се) eitern
гну̏|сан abscheulich; **~шати се** (*G*) verabscheuen (*A*)
гњавáжа Quälerei *f*, langweilige Arbeit *f*
гњáвити quälen, belästigen
гњéчити ⟨з-, у-⟩ (zer)drücken, (zer)quetschen
гњѝлети ⟨угњѝлити⟩ (се) (ver)faulen, verwesen
гњѝо faul, verfault
гњýр|ац Taucher *m*; **~ати ⟨загњýрити⟩** tauchen
гô nackt; **~ гòлцат** splitter(faser)nackt F
гòве|дина Rindfleisch *n*; **~до**, **~че** Rind *n*; **~ђӣ** Rind-, Rinder-
гóвно V (Stück) Scheiße *f*
гȍвōр Rede *f*; **⟨о⟩др̀жати ~** e-e Rede halten
говòрити sprechen, reden
гòвōр|нӣк Sprecher *m*, Redner *m*; **~ница** Rednertribüne *f*
гôд Jahresring *m*
гȍдин|а Jahr *n*; **~ама** ADV jahrelang; **~а рођéња** Geburtsjahr *n*; **Нȍвā** ~**а** Neujahr *n*; **òвē ~ē** dieses Jahr; **прéступнā ~а** Schaltjahr *n*
гòдиш|њӣ jährlich, Jahres-; **~њē дôба** Jahreszeit *f*; **~њица** Jahrestag *m*; Jubiläum *n*; **~њица брáка** Hochzeitstag *m*
гòдӣште Jahrgang *m*
гòзб|а Schmaus *m*; **~òвати** schlemmen, schmausen
гȍјāзнōст F Fettleibigkeit *f*
гòјити ⟨у-⟩ се zunehmen, dick werden
гôл[1] → г
гôл[2] Tor *n*; **без ~а** torlos; **стрéлац ~а** Torschütze *m*
гòлем riesig, gewaltig
голѝц|ати kitzeln; **~љив** kitzlig

го̏лман Torwart *m*
голо̀|брад (noch) bartlos; **~глав** barhäuptig; **~рук** unbewaffnet, wehrlos
го̏лӯб Taube *f*
голу̀ждрав federlos
го̑лф SPORT Golf *n*; **па̏лица за ~** Golfschläger *m*; **тѐрен за ~** Golfplatz *m*
го̀мила Haufen *m*; Menge *f*
гомѝлати ⟨**на-**⟩ stapeln, häufen (**се** sich)
го̀нити ⟨**про-**⟩ treiben; verfolgen
гонорѐја Tripper *m*
го̀ра Berg *m*; Wald *m*
го́рак bitter, herb
го̑рд hochmütig; **~о̄ст** F Hochmut *m*
го̏ре[1] ADV oben; **на ~** nach oben; **~ навѐдēни** oben genannt
го̏ре[2] *comp zu* **зло̏** schlechter; **свѐ ~ и ~** immer schlechter
го̏ре-до̏ле auf und ab
го̀рети ⟨**из-**⟩ (ab)brennen
го̏рӣво Brennstoff *m*; *F* Sprit *m*
го̑рњӣ oberer, Ober-
горо̀стас Hüne *m*
го̀рскӣ Berg-, Gebirgs-
гору̏шица Sodbrennen *n*
горчѝна Bitterkeit *f*; *fig* Verbitterung *f*
го̏спод Herrgott *m*
господ̀|а Herr(schaft)en *pl*; **~а̄р** Herr *m*, Gebieter *m*; **~а̀рица** Herrin *f*, Gebieterin *f*; **~ин** Herr *m*
го̀сподскӣ herrschaftlich; vornehm
го̏спођ|а Dame *f*; *Anrede* Frau *f*; **Вѐлика̄ ~а** Mariä Himmelfahrt; **~ица** Fräulein *n*
го̑ст Gast *m*; **бити у го̀стима** zu Besuch *od* zu Gast sein
го̀сти|нскӣ: **~нска̄ со̏ба** Gästezimmer *n*; **~о̀ница** Gaststätte *f*
го̏стова̄ње SPORT Auswärtsspiel *n*; Gastspiel *n*
госто|при́мство Gastfreundschaft *f*; **~љу̀бив** gastfreundlich; **~љу̀биво̄ст** F Gastfreundschaft *f*
го̀т|ика Gotik *f*; **~скӣ** gotisch
го̀тов fertig; **у ~о̄м** in bar; **~ӣна** Bargeld *n*
го̀тово ADV beinahe
го́шћа weiblicher Gast *m*
гра́б|еж Gerangel *n*; **~ѐжљив** raubgierig
гра̏бити ⟨**з-**⟩ packen; raffen; **~ се** sich reißen (**о** *A* um *A*)
гра̀бљив raffgierig; **~ица** Raubtier *n*
гра̀буље F/PL Harke *f*, Rechen *m*
гравита́ција Schwerkraft *f*
гра̑д[1] Stadt *f*
гра̑д[2] *Alkohol* Prozent *n*
гра̑д[3] Hagel *m*; **па̄да̄ ~** es hagelt
гра̏дӣво Lehrstoff *m*
гра̀ди|лӣште Baustelle *f*; **~тељ** Erbauer *m*; Bauherr *m*
гра́д|ити ⟨**из-, са-**⟩ bauen, erbauen; **~ња** Bau *m*; **ста̑ра̄ ~ња** Altbau *m*
градона́че̄л|ник M, **~ница** F Bürgermeister(in *f*) *m*
гра̀дскӣ städtisch, Stadt-
гра̑ђа (Bau)Material *n*; **тѐ-**

лесна̄ ~ Körperbau *m*
гра̏ђ|анин M, **~а̄нка** F Bürger(in *f*) *m*; **~анскӣ** bürgerlich, Bürger-
гра̀ђев|ина Bau *m*, Bauwerk *n*; **~ӣнскӣ** Bau-
гра́ја Radau *m*
гра̀ктати ⟨гра́кнути⟩ krächzen
грама̀ти|ка Grammatik *f*; **~чкӣ** grammatisch
гра̀мзив habgierig
гра̏мофо̄н Plattenspieler *m*
гра́на Ast *m*, Zweig *m*
гра̀нати се abzweigen
гра̏ндио̄зан überwältigend
гра̀ни|ца: **др̀жа̄вна̄ ~ца** Staatsgrenze *f*; **~чити (се) са** (*I*) grenzen an (*A*) (*a fig*); **~чнӣ** Grenz-
гра̀нути PF *Sonne* aufgehen
гра̀фитн|ӣ: **~а̄ о̀ло̄вка** Bleistift *m*
гра̏цио̄зан graziös
гра́ш|ак Erbsen *f/pl*; **зр̏но ~ка** Erbse *f*
гра̏шка: **~ зно̏ја** Schweißperle *f*
гр̂б Wappen *n*
гр̂б|а Buckel *m*; **~ав** bucklig
гр̀ге̄ч Barsch *m*
гр̂дан ungeheuer (viel); hässlich
гр́дити ⟨из-⟩ schelten
грѐбе̄н Bergkamm *m*
гре́да Balken *m*; Pfosten *m*
гре̏ј|алица Heizlüfter *m*; **~а̄ње** Heizung *f*; **~ати** heizen; wärmen; *Sonne* scheinen
грѐпсти kratzen; scharren
гре̂х Sünde *f*
гре̏шан sündhaft
гре́шити ⟨по-⟩ e-n Fehler machen; falsch liegen
гре̏ш|ка Fehler *m*; **без ~ке̄** fehlerfrei; **~нӣк** M, **~ница** F Sünder(in *f*) *m*
гри̏ва Mähne *f*
гри̏жа: **~ са́вести** Gewissensbisse *m/pl*
гри̏з[1] Grieß *m*
гри̏з[2] Bissen *m*
гри̏знути PF abbeißen
грима̀са Grimasse *f*
гри̏п Grippe *f*
гриси́на Salzstange *f*
гри̏сти ⟨у̀-⟩ beißen; *fig* nagen
гри̏цкати knabbern; **~ но̏кте** (die) Nägel kauen
Гр̏|к Grieche *m*; **~киња** Griechin *f*; **~чка̄** Griechenland *n*; **⁓чкӣ** griechisch
гр̀кљан Kehlkopf *m*
гр̏лити ⟨за̀-⟩ umarmen
гр̏ло Hals *m*; **бо̏лӣ ме ~** ich habe Halsweh
гр̂м Busch *m*
гр̀м|ети donnern; **~љавина** Donnern *n*
гр̀нча̀рија Töpferei *f*; Steingut *n*
гро̏б Grab *n*
гро̀ба̄р Totengräber *m*
гро̂бље Friedhof *m*
гро̏бница Grabmal *n*; **ма̀со̄вна ~** Massengrab *n*
гро̀жђанӣ: **~ шѐћер** Traubenzucker *m*
гро̂жђ|е Trauben *f/pl*; **бе́рба ~а** Weinlese *f*; **зр̏но ~а** (Wein-)Beere *f*; **су̂во̄ ~е** Rosinen *f/pl*
гро̂зан *fig* grässlich

гро̑зд (Wein)Traube *f*
гро̀зни|ца Schüttelfrost *m*; **~чав** fieberhaft
гро̑зно ADV grausig, furchtbar
грозо̀та Grauen *n*; Gräuel *m*
гро̀ктати grunzen
гро̑м Donner *m*; **у̀био га је ~** er wurde vom Blitz erschlagen
грома́да Massiv *n*; Brocken *m*
гро̑мобра̄н Blitzableiter *m*
гро̀тло Schlund *m*
гро̑ф Graf *m*
гро̀ф|ица Gräfin *f*; **~о̀вија** Grafschaft *f*
гро̑хот gellendes Gelächter *n*
гру̑б grob
гру́б|о̄ст F, **~о̀ћа** Grobheit *f*; Härte *f*
гру́вати ⟨гру̑нути⟩ dröhnen
гру̑д|а (Erd)Scholle *f*; **~ва** Klumpen *m*; **~ва сне̂га** Schneeball *m*; **~вати се** e-e Schneeballschlacht machen
гру̑д|и F/PL Brust *f*; Busen *m*; **~нӣ**: **~нӣ ко̑ш** Brustkorb *m*; **~ња̄к** BH *m*, Büstenhalter *m*
гру̑ме̄н Stück *n*, (kleinerer) Brocken *m*
гру̑п|а Gruppe *f*; MUS Band *f*; **~нӣ** Gruppen-
гру̀шати ⟨з-, у-⟩ се gerinnen
гр̏цати schluchzen
гр̏ч Krampf *m*; **~ѐвит** krampfhaft
гу̑ба Lepra *f*
губи́так Verlust *m*; **~ на те-жи̂ни** Gewichtsabnahme *f*
гу̀би|ти ⟨из-⟩ verlieren; **~ти се** verschwinden; **~ се!** hau ab!; **~тни̑к** M, **~тница** F Verlierer(in *f*) *m*
гу̑бица Maul *n*
гувѐрна̄л Lenkstange *f*
гу̑гутка Turteltaube *f*
гу̑д|ало (Geigen)Bogen *m*; **~а̄ч** Geiger *m*; **~а̄чкӣ** Streich-
гу̑жва Gedränge *n*
гу̑жв|ати ⟨из-, з-⟩ zerknüllen; zerknittern; **ко̀јӣ се не ~а̄** bügelfrei
гу́за Popo *m*
гу́ја Schlange *f*
гу́кати ⟨-нути⟩ girren, gurren
гу̑ла̄ш Gulasch *n od m*
гу́лити ⟨о-⟩ pellen, schälen
гу̑м|а Gummi *n od m*; KFZ Reifen *m*; **спо̀љнā ~а** *e-s Reifens* Mantel *m*; **у̀нутрашња ~а** Schlauch *m*
гу̀менӣ Gummi-, aus Gummi
гу̑мица: **~ за бри̏са̄ње** Radiergummi *m*
гунгу́ла Tumult *m*
гу̑нђати ⟨про-⟩ murren
гу́рати ⟨гу̑рнути⟩ schieben, stoßen; **~ се** (sich) drängen; **~ под но̑с** *fig* unter die Nase halten
гу̀рма̄н Feinschmecker *m*, Gourmet *m*
гу̀рњава Gedränge *n*
гу̑са̄р Seeräuber *m*
гу̑сени|ца Raupe *f*; **~ча̄р** KFZ Kettenfahrzeug *n*
гу̑ска Gans *f*
гу̑сле F/PL Gusla *f* (*balkanisches Saiteninstrument*)
гу̑ст dicht; dickflüssig
гу̑стӣн GASTR Stärke *f*
густи̂на Dichte *f*
гу̑тати ⟨про-⟩ (ver)schlucken
гу̑тља̄ј Schluck *m*

гȕша Kehle *f*; *Vogel* Kropf *m*; **~во̄ст** F MED Kropf *m*
гу́ш|е̄ħӣ *fig* beklemmend; **~ити** ⟨у-⟩ erdrücken; (er)würgen; **~ити** ⟨у-⟩ **се** ersticken *v/i*
гȕшт|ер Eidechse *f*; **~ѐрача** ANAT Bauchspeicheldrüse *f*
гȕшчјӣ Gänseblind

Д

дȁ PART ja; CJ dass, damit; **~ би** um zu, damit; **~ ли** ob; **тàко ~** sodass
дȁбар Biber *m*
дабòме freilich, jawohl
да́валац: **~ кр̏ви** Blutspender *m*
да́вати ⟨**дȁти**⟩ geben; *Blut* spenden; *modal* lassen
да́вити ⟨**за-, у-**⟩ (er)würgen; ⟨**у-**⟩ **~ се** ertrinken
дàвнашњӣ, дâвнӣ längst vergangen
давнѝна Urzeit *f*
да́вно ADV vor langem
дȁгња Miesmuschel *f*
дȁдӣља Kinderfrau *f*
дȁжбина Abgabe *f*
дȁклē also
дàл|ек weit, fern; **~ѐко од ȍчијӯ, ~ѐко од ср̏ца** aus den Augen, aus dem Sinn; **~екòвид** weitsichtig; **~екòвод** Fernleitung *f*; **~екòсежан** weit reichend
далтòниста: **ôн је ~** er ist farbenblind
дȁљ|ē ADV ferner; **и тàко ~ē** (**итд.**) und so weiter (usw.); **~ӣ рȍђāк** entfernter Verwandter *m*; **~ѝна** Ferne *f*; **~инòмер** Entfernungsmesser *m*
дȁљинск|ӣ: **~ӣ упрàвљāч** Fernbedienung *f*
дâљњ|ӣ ADJ weit; **без ~ēг(а)** ohne Weiteres
да́м|а Dame *f*; **~е и гȍсподо!** meine Damen und Herren!
дâн Tag *m*; **из ~а у ~** tagaus, tagein; **прȅко ~а** tagsüber
да́нак HIST Tribut *m*; **~ у кр̏ви** Blutzoll *m*
дàнас heute
Да́нац Däne *m*
дàнашњ|ӣ heutig; **~ица** Gegenwart *f*
дàнгуб|а Nichtstuer *m*; **~ити** herumlungern
дâн|-дàнас bis zum heutigen Tag; **~има** tagelang
Дȁница Morgenstern *m*
Дâн|ска Dänemark *n*; **~киња** Dänin *f*; **℗скӣ** dänisch
дȁњу tagsüber
дâр Geschenk *n*; Gabe *f*
дȁра Tara *f*; **прев́ршила ~ мȅру!** was zu viel ist, ist zu viel!
дарѐжљив spendabel; **~о̄ст** F Freigebigkeit *f*
дàрма̄р Wirrwarr *m*
дарò|вати (IM)PF bescheren; **~вит** begabt
дàска Brett *n*
да́тум Datum *n*; **кòјӣ је дàнас ~?** den Wievielten haben wir heute?
дâħа Totenmahl *n*

да̀х Atem *m*; Hauch *m*
да̀хтати keuchen
да́шак Hauch *m*
да̀шчан ADJ Bretter-
два̂ zwei; *Uhrzeit* **~ и пе̂т** fünf nach zwei; **~ пу́та** zweimal
два́десе̄т zwanzig
два́наест zwölf; **~опа̀лачнӣ**: **~опа̀лачно̄ цре́во** Zwölffingerdarm *m*
ДВД M EDV DVD *f*
две̏ста zweihundert
дво̏гле̄д Fernglas *n*
двого̀дишњӣ zweijährig
дво̀значан doppeldeutig
дво̏је zwei (*verschiedengeschlechtig*)
двојѐзичан zweisprachig
дво̂јк|а Zwei *f*; **~е** Zwillinge *m/pl*
дво̏јнӣк Doppelgänger *m*
двокрѐветн|ӣ: **~а̄ со̀ба** Doppelzimmer *n*
дво̀|личан heuchlerisch; **~пек** Zwieback *m*; **~по̄лан** zweipolig
дво̂р (Fürsten)Hof *m*; **~а̀на** Saal *m*; SPORT Halle *f*
дво́рац Palast *m*
дво̀редан *Jacke* zweireihig
дво́рити *Gästen* aufwarten
дво̏рӣште Hof *m*
дво̀|сед Zweisitzer *m*; **~смисл**ен zweideutig; **~собан** Zweizimmer-; **~спратнӣ** zweistöckig; **~стран** zweiseitig; **~струк(ӣ)** zweifach; **~фа̄зан** EL zweiphasig
дво̀умити се unschlüssig sein
деба̀та Debatte *f*
дѐбелӣ, **дѐбео** dick
дебе́љко Dicker *m*
дѐбљ|ати се dick werden; **~ӣна** Dicke *f*
девалва́ција ECON Abwertung *f*
дѐве̄р *Bruder des Mannes* Schwager *m*; Brautführer *m*
девѐруша Brautjungfer *f*
дѐв|е̄т neun; **на ~е̄то̄м нѐбу** im siebten Himmel; **~едѐсе̄т** neunzig; **~етѝна** Neuntel *n*; **~ѐтнаест** neunzehn; **~е̄тсто̄** neunhundert
деви́з|а Devise *f*; **~е** PL ECON Devisen *pl*
дѐвица Jungfrau *f*
дѐв|ојачкӣ Mädchen-; **~ојачко̄ пре́зиме** Mädchenname *m*; **~о̄јка** junge Frau *f*; **~о̀јчица** Mädchen *n*
дегажи́ра̄ње *Fußball* Abschlag *m*
дегуста́ција: **~ ви́на** Weinprobe *f*
де̏д|а alter Mann *m*; Großvater *m*; **~а Мра̏з** Weihnachtsmann *m*; **~овина** Erbe *n* (der Vorfahren)
дѐж|ӯран dienstbereit; **~у̀рати** Dienst haben; **~ӯрнӣ** der Dienst habende; **~у́рство** Bereitschaftsdienst *m*
дѐзе̄н Muster *n*; Dessin *n*
дезѐрте̄р Deserteur *m*
дезѝнфиковати (IM)PF desinfizieren
дезодо̀ранс Deodorant *n*
де́јство Wirkung *f*
де́ка M Opa *m*
деклара́ција Erklärung *f*

декòлте̄ M Ausschnitt *m*
дѐко̄ра́ција THEA Dekoration *f*
декстро́за Traubenzucker *m*
дѐлат|но̄ст F Tätigkeit *f*; **у̏служне̄ ~ности** Dienstleistungen *f/pl*
делега́ција Delegation *f*
дѐлика̄т|ан delikat; **~ѐса** Delikatesse *f*; **прòда̄вница ~е́са̄** Feinkostgeschäft *n*
дѐлимичан ADJ teilweise
делѝнквент Verbrecher *m*
де́лити ⟨**по-**⟩ teilen; verteilen; MATH dividieren
дѐлӣћ Bruchteil *m*
дѐл|о Werk *n*; **крѝвично̄ ~о** Straftat *f*; **на ~у** auf frischer Tat; **~овати** wirken; **~окрӯг** Wirkungskreis *m*
де̑лом teils; **на̂јвећӣм ~** größtenteils
дѐлотво̄ран wirksam
дѐљати schnitzen
де́ље̄ње Teilen *n*; MATH Dividieren *n*
дѐљив teilbar
дѐмантовати (IM)PF dementieren
дембѐлија: **зѐмља ~** Schlaraffenland *n*
дем|окрàтија Demokratie *f*; **~òкратскӣ** demokratisch
демонстр|а́ција Demonstration *f*; **~и́рати** (IM)PF demonstrieren
демонта́жа Demontage *f*
дѐо Teil *n od m*; Stück *n*; **рѐзѐрвнӣ ~** Ersatzteil *n*; **сто̑тӣ ~** Hundertstel *n*
деòба Teilung *f*
деòни|ца Aktie *f*; **~ча̄р** M, **~ча̄рка** F Aktionär(in *f*) *m*
дѐпоновати IM(PF) deponieren
депр|ѐсија Depression *f*; **~ѝмӣра̄н** deprimiert; **~ими́рајӯћӣ** deprimierend
дѐран Lausbub *m*
деранжи́рати (IM)PF stören
дѐсант Landung *f*
дѐсерт Dessert *n*
де̏се̄т zehn; **~е́рац** *Versmaß* Zehnsilber *m*
дѐсе̄т|ѝна Zehntel *n*; **~ка** Zehn *f*; **~òбој** Zehnkampf *m*
дѐснӣ[1] rechter
де̑сни[2] F/PL Zahnfleisch *n*
дѐсни|ца rechte Hand *f*; POL Rechte *f*; **~ча̄р** Rechtsgerichteter *m*
де̏сно (nach) rechts
дѐстилова̄н: **~а̄ вòда** destilliertes Wasser *n*
дѐта̄љ Detail *n*; **~ан** gründlich; **~но** detailliert
де́те Kind *n*; **~ у по́воју** Wickelkind *n*; **ма̑ло̄ ~** Kleinkind *n*
де̏телина Klee *m*; *Kartenspiel* Kreuz *n*
детѐрџент Waschmittel *n*
дѐт|ињаст kindisch; **~и́њство** Kindheit *f*
де̏тлӣћ Specht *m*
дефѝнисати (IM)PF definieren
де̏финитӣван verbindlich
де̏фицит Fehlbetrag *m*; **~а̄ран** defizitär; **~а̄рна̄ ро̏ба** Mangelware *f*
деформа́ција Deformation *f*
дѐце̄мбар Dezember *m*
дѐце̄нија Jahrzehnt *n*

дѐцимāлан Dezimal-
дѐчā|к Junge *m*; **~чкӣ** jungenhaft
дѐч(и)j|ӣ Kinder-; kindlich; **~ā парали́за** Kinderlähmung *f*
деша́вати ⟨дѐсити⟩ се geschehen, passieren; **штȁ се тô дѐшāва?** was ist da los?
дѐшифровати IM(PF) entschlüsseln
дѐшњ|āк M, **~ àкиња** F Rechtshänder(in *f*) *m*
дȉв Riese *m*
дȉвāн herrlich
ди́вити се bewundern
дѝвљ|āк M, **~àкиња** F Wilde *m/f*; **~ати** wüten
дȉвљāч F Wild *n*
ди́вљēње Bewunderung *f*
дѝвљ|ӣ wild, Wild-; **~ӣна** Wildnis *f*
дȉвокоза Gämse *f*
дивòта Herrlichkeit *f*
дȉгитāл|ан: **~на кȁмера** Digitalkamera *f*; **~нӣ сâт** Digitaluhr *f*
дȉгитрон Taschenrechner *m*
дȉзāјн Design *n*
дизàјнер M, **~ка** F Designer(in *f*) *m*
дȉз|алица Kran *m*; Hebevorrichtung *f*; **~ати ⟨дȉћи⟩** aufheben; TEL abnehmen; **~ати рŷке** *fig et* aufgeben (**од** *G A*); **~ати у вȁздӯх** sprengen; **~ати цéне** die Preise erhöhen; **дȉжи се!** steh auf!
дѝзгӣн Zügel *m*
ди́зел-|мòтōр Dieselmotor *m*; **~ŷље** Dieselöl *n*
дизентѐрија Ruhr *f*
дијабѐтичāр M, **~ка** F Diabetiker(in *f*) *m*
дијагно́за Diagnose *f*
дȉјагонāлан diagonal
дијàлек(а)т Dialekt *m*
дијàлог Dialog *m*
дијàмант Diamant *m*
дија|пòзитӣв Dia *n*; **~фрàгма** ANAT Zwerchfell *n*; MED Diaphragma *n*
дије́т|а Diät *f*; **би̏ти на ~и** auf Diät sein
дȉјетāл|ан Diät-; **~нā хра́на** Schonkost *f*
дијѐтетскӣ diätetisch
ди́ка Zierde *f*
дȉкт|афōн Diktiergerät *n*; **~и́рати ⟨из-⟩** diktieren
дȉм Rauch *m*
димѐнзија Dimension *f*
дȉм|ити (се) rauchen; *Fleisch* räuchern; **~љен** geräuchert; **~ничāр** Schornsteinfeger(in *f*) *m*; **~њāк** Schornstein *m*
динàми|т Dynamit *n*; **~чан** dynamisch
дȉнст|āн gedünstet; **~ати ⟨из-⟩** dünsten
дȉња (Honig)Melone *f*
дипло́ма Diplom *n*
диплòмат|а M, **~киња** F Diplomat(in *f*) *m*; **~скӣ** diplomatisch
ди́рати ⟨ди́рнути⟩ anfassen
дȉрект|ан direkt; **~и́ва** Direktive *f*; **~ор(ка** F**)** M Direktor(in *f*) *m*
дирѐкција Direktion *f*
дȉриговати MUS dirigieren
дȉрӣнчити schuften
дȉрка Taste *f*

дѝрљив rührend; **~ōст** F Rührung *f*
дѝрнӯт gerührt
дѝс|а̄ње Atmung *f*; **~ати** atmen
дѝск Scheibe *f*; Diskus *m*
дисквàлификовати IM/PF disqualifizieren
дискèта Diskette *f*
дѝско, ~тéка Disko *f*, Diskothek *f*
дѝскретан diskret
дискримѝнисати IM/PF diskriminieren
дѝск|ӯсија Diskussion *f*; **~утовати** IM/PF diskutieren
дѝск-џòкēј Diskjockey *m*
дѝсплеј Digitalanzeige *f*
дистрибýција Vertrieb *m*
дѝсциплиновāн diszipliniert
дѝхтовати *Gegenstände* (ab-) dichten
длàк|а Haar *n*; **за ~у** um ein Haar; **~ав** behaart
длàн Handfläche *f*; **дȍк ~ом ò ~** im Handumdrehen
длéто Meißel *m*
днêвн|ӣ täglich; Tages-; **~ā сȍба** Wohnzimmer *n*; **~ӣк** Tagebuch *n*; TV Tagesschau *f*; **~ица** Tageslohn *m*; **~о** täglich *adv*
днȍ Boden *m*; **на сáмом ~ӯ** ganz unten
до (*G*) *örtl u zeitl* bis; **од** (*G*) **... ~** (*G*) von ... bis; **~ кàда** bis wann?
дôба N Zeit(raum *m*) *f*; **кăменō ~** Steinzeit *f*; **у свăкō ~** zu jeder Zeit
дòбављати ⟨**дòбавити**⟩ besorgen; *Ware* beziehen
добàвљāч Lieferant *m*
дȍбар gut; **~ дâн!** guten Tag!
добѝјати ⟨**дòбити**⟩ bekommen; **~ на пȍклōн** geschenkt bekommen
дȍб|ӣт F Profit *m*; **~ѝтак** Gewinn *m*
дòбӣт|нӣ Gewinn-; **~нӣк** M, **~ница** F Gewinner(in *f*) *m*
добòвати trommeln (*a Regen*)
дôбош Trommel *f*
добрѝчина M gutmütiger Mensch *m*
дòбро[1] Wohl *n*; Gut *n*
дòбро[2] ADV gut; **~ сам** es geht mir gut; **тô би ми ~ дòшло** das käme mir sehr gelegen
дȍбро|вōљан freiwillig; **~вȯљац** Freiwilliger *m*; **~дòшао** willkommen; gelegen; **~дòшли!** seien Sie (seid) willkommen!
добрò|душан gutmütig; **~нáмеран** wohlmeinend
дȍбро|твōр M, **~твōрка** F Wohltäter(in *f*) *m*; **~твōран** wohltätig, Wohltätigkeits-; **~ћӯдан** gutmütig; **~чѝнство** Wohltat *f*
дȍвде bis hierher
дȍвēка für immer und ewig
довиђéња auf Wiedersehen
довикѝвати ⟨**-вѝкнути**⟩ zurufen
довѝтљив erfinderisch
довлáчити ⟨**-вýћи**⟩ herbeischleppen
дóвод Zufuhr *f*; (Zu)Leitung *f*
довòдити ⟨**-вèсти**[1]⟩ (her-) bringen; **~ са сȍбōм** mitbrin-

gen; **~ у рêд** in Ordnung bringen

довòзити ⟨**-вèсти**[2]⟩ (hin-) bringen, (hin)fahren

дȍвол̄|ан ausreichend; **бѝти ~ан** genügen; **~но** ADV genug; *Note* genügend

довршáвати ⟨**-вр̏шити**⟩ vollenden

дȍгађāј Ereignis *n*

догáђати ⟨**-гòдити**⟩ **се** sich ereignen, geschehen

дȍглēд|ан absehbar; **у ~нō врéме** in absehbarer Zeit

договáрати ⟨**-говòрити**⟩ **се** sich absprechen; sich verabreden

дȍговōр Absprache *f*, Vereinbarung *f*

договòрено! abgemacht!

дòгодинē nächstes Jahr

догорéвати ⟨**-гòрети**⟩ abbrennen; *erlöschen* ausgehen; **догòрело му је до нокáтā** ihm steht das Wasser bis zum Hals

дограђѝвати ⟨**-грáдити**⟩ anbauen

догýрати PF heranschieben; *fig* es zu *et* bringen

додáвати ⟨**дòдати**⟩ hinzufügen; **~ гâс** Gas geben

додáтак Anhang *m*; Zusatz *m*; **дѐчјӣ ~** Kindergeld *n*

дȍдатнӣ zusätzlich; **~ прѝход** Nebenverdienst *m*

додворáвати ⟨**-двòрити**⟩ **се** (*D*) heuchlerisch reden zu *j-m*

додељѝвати ⟨**-дéлити**⟩ zuteilen; *Preis* verleihen

дòдиј|ати PF: **~ало ми је ...** ich habe es satt ...

дȍдӣр Berührung *f*; **~ѝвати** ⟨**-дѝрнути**⟩ berühren

додýшē zwar

доживљáвати ⟨**-жѝвети**⟩ erleben; *Alter* erreichen

дȍжив|љāј Erlebnis *n*; **~отан** lebenslänglich

дóза Dosis *f*; **прѐвеликā ~** Überdosis *f*

дȍзвола Zulassung *f*; **~ бòрāвка** Aufenthaltserlaubnis *f*; **~ за (из)грáдњу** Baugenehmigung *f*

дозвољáвати ⟨**-òлити**⟩ erlauben

дозѝвати ⟨**дòзвати**⟩ herbeirufen

дозѝрати (IM)PF dosieren

дознáвати ⟨**дòзнати**⟩ herausbekommen

дȍзнака *Post* Anweisung *f*; Überweisung *f*

дозрéвати ⟨**дòзрети**⟩ heranreifen

дòјадити PF überdrüssig werden

дòј|ēнче Säugling *m*; **~ити** ⟨**по-**⟩ stillen, säugen

дôјка (weibliche) Brust *f*

дȍк[1] Dock *n*

док[2] indem, während; **~ не** bis; **свȅ ~** solange

дóказ Nachweis *m*; Beweis *m*

доказѝвати ⟨**-кáзати**⟩ beweisen

дȍклē bis wann; wie lange; bis wo(hin)

дòколеница Kniestrumpf *m*

дòколица Muße *f*

до̏ко̄н untätig
докȍпати се PF (G) (mit Mühe) erlangen; F *et* packen; **~ вла̏сти** die Macht ergreifen
до̏ктор Doktor *m*; **по̀ча̄снӣ ~** Ehrendoktor *m*
докỳмен|(а)т Urkunde *f*; **~та** PL *Dokumente* Papiere *pl*; **~ти** PL Unterlagen *pl*; **~та́ција** Dokumentation *f*
докусу́рити PF *fig j-m* den Rest geben
до̀ла|зак Ankunft *f*; **вре́ме ~ска** Ankunftszeit *f*; **~зити** ⟨**до́ћи**⟩ kommen; **то̂ не ~зи у о̏бзи̑р!** das kommt nicht in Frage!
до̏ле unten
доле́тати ⟨**-лѐтети**⟩ anfliegen (*a* AER)
доли́вати ⟨**до̀лити**⟩ nachgießen
доли́јати PF in die Falle geraten
долѝна Tal *n*
до̀лич|ан gehörig; **~ити** sich ziemen
до̏м Heim *n*; **студѐнтскӣ ~** Studentenheim *n*
до̀мак: **на ~у** (zum Greifen) nahe
домамљи́вати ⟨**-ма́мити**⟩ herbeilocken
до̀ма̄р M, **~ка** F Hausmeister(in *f*) *m*
до̀м|а̄ћӣ (ein)heimisch; hausgemacht; **~а̄ће тр̀жӣште** Binnenmarkt *m*; **~а̄ћӣ ле́тови** *m/pl* Inlandsflüge *m/pl*
дома̀ћ|ин Hausherr *m*; Gastgeber *m*; **~и́нство** Haushalt *m*; **~ица** Hausfrau *f*; Gastgeberin *f*
до̏маша̄ј Reichweite *f*
до̀ме̄н Domäne *f*
до́мет Tragweite *f*
домѝшљат findig
до̀мовина Vaterland *n*
домо|ро́дац M, **~ро̀ткиња** F Eingeborene(r *m*) *f*
до̀на̄тор Stifter *m*
до̏нде̄ ADV bis dahin
донѐда̄вно ADV bis vor kurzem
до̀некле̄ einigermaßen
донȍсилац Überbringer *m*
донȍсити ⟨**до̀не̄ти**⟩ (mit-, her)bringen; *Urteil* fällen; **~ о̏длуку** e-n Entschluss fassen; **~ за̀кон** ein Gesetz erlassen
до̂њӣ untere(r)
д.о.о. (**дру́штво са огра̀ниче-но̄м одговóрношћу**) GmbH *f* (Gesellschaft mit beschränkter Haftung)
до̀п|адати ⟨**до̀пасти**⟩ **се** gefallen; (**не**) **~ада̄ ми се** es gefällt mir (nicht); **~а̀дљив** gefällig
допѐћи PF zu Ende backen; nachbacken
до̀пинг Doping *n*; **~-контро́ла** Dopingkontrolle *f*; **~овати се** (IM)PF sich dopen
до̀пирати ⟨**до̀пре̄ти**⟩ reichen; gelangen
до́пис Schreiben *n*; **~и́вање** Briefwechsel *m*; **~и́вати се** korrespondieren; **~нӣ** korrespondierend; **~нӣк** Berichterstatter *m*; **~ница** Postkarte *f*; Berichterstatterin *f*

до̏плата Nachzahlung *f*
доплаћи́вати ⟨**-пла́тити**⟩ nachzahlen
доплива́вати ⟨**до̀пливати**⟩ heranschwimmen
допловља́вати ⟨**допло̀вити**⟩ *Schiff* heranfahren
до̀пратити PF hinbegleiten
до̏принос Beitrag *m*
доприно̀сити ⟨**-при̏не̄ти**⟩ beitragen
до̂пун|а Ergänzung *f*; **~ски̑** Ergänzungs-
допуња́вати ⟨**до̀пунити**⟩ ergänzen; nachfüllen
допу̀стив zulässig
допуто̀вати PF anreisen
допу́штати ⟨**-пу̀стити**⟩ zulassen, gestatten
до̀ра̄стао gewachsen (sein); *fig* ebenbürtig
дора́стати ⟨**-ра́сти**⟩ heranwachsen
до̀руч|ак Frühstück *n*; **~ковати** IM(PF) frühstücken
до̀сад(а) bis jetzt, bisher
до̏с|ада Langeweile *f*; **~адан** langweilig; lästig
доса̀дашњи bisherig
до̏садно: **~ ми је** mir ist langweilig
дос|ађи́вати ⟨**~а́дити**⟩ belästigen; **~а́дило ми је...** ich habe es satt...; **~ађи́вати се** sich langweilen
до́сег Reichweite *f*
досе́зати ⟨**-се́гнути**⟩ erreichen; *örtl* reichen
досељ|а́вати ⟨**досѐлити**⟩ **се** zuwandern; **~ѐни̑к** M, **~ѐница** Einwanderer *m*, Einwanderin *f*
до̀сет|ка Einfall *m*; **~љив** einfallsreich; **~љиво̄ст** F Erfindungsgabe *f*
до̀сипати ⟨**до̀сӯти**⟩ nachgießen; hinzuschütten
доско̀ра ADV, **~шњи** bis vor kurzem
до̀скочица (witziger) Einfall *m*
до́следан konsequent
до́сло̄ван wörtlich
до̀слух: **бити у ~у са** (*I*) mit j-m unter einer Decke stecken
досо̀лити PF nachsalzen
доспе́вати ⟨**до̀спети**⟩ gelangen
до̏ста genug; **са̏д је ~!** jetzt reicht es!; **не зна̏ти за ~** keine Grenzen kennen
до̏става Lieferung *f*
до̀ст|ављати ⟨**-авити**⟩ (be-)liefern; **~а̀вља̄ч** Lieferant *m*
достигну́ће Errungenschaft *f*
до̏стӣжан erreichbar
до̀стизати ⟨**до̀стићи**⟩ erreichen; einholen
до́сто̄ј|ан würdig; **~а̀нствен** würdevoll; **~а́нство** Würde *f*
до̀ступан zugänglich
досуђи́вати ⟨**-су́дити**⟩ JUR zusprechen
до̀|тад(а) bis dann; bis dahin; **~та̀дашњи̑** damalig
дота́ција Dotierung *f*
дотери́вати ⟨**до̀терати**⟩ hintreiben; *Uhr* (ein-, nach-)stellen; *fig* feilen; **~ се** sich zurechtmachen
доти́рати IM(PF) dotieren
доти́цати ⟨**-та̀ћи**⟩ berühren

до́тичнӣ besagt
дȍтлē *zeitl u örtl* bis dahin; **свȅ ~ дȍк** ... so lange bis ...
дòтраја|о abgenutzt; **~ти** PF sich abnutzen
дотрча́вати ⟨-тр̏чати⟩ zulaufen, angerannt kommen
доту́рати ⟨дòтурити⟩ *j-m et* (heimlich) zuschieben
доту́ћи PF totschlagen; *fig j-m* den Rest geben
дòушнӣк Spitzel *m*
дȍхва̄т Reichweite *f*; **на ~(у) ру́кē** griffbereit
дòхватати ⟨-атити⟩ greifen, erfassen
дòходак Einkommen *n*; **мѝнима̄лнӣ лѝчнӣ ~** Mindesteinkommen *n*
дòцент M, **~киња** F Dozent(in *f*) *m*
дочара́вати ⟨-ча́рати⟩ herbeizaubern
дòчек Begrüßung *f*; **~ Нȍвē гȍдинē** Neujahrsfeier *f*
дочекѝвати ⟨дòчекати⟩ empfangen; *nur* PF (er)warten; erleben
дочѐпати се PF (*G*) sich bemächtigen (*D*), ergreifen (*A*)
дошапта́вати ⟨дошàпнути⟩ zuflüstern
дошколова́вати ⟨дòшколовати⟩ fortbilden, weiterbilden (**се** sich)
дòшља̄к Ankömmling *m*; Zugezogener *m*
доштампа́вати ⟨дòшта̄мпати⟩ nachdrucken; fertig drucken
дошу́њати се PF sich heranschleichen
др (дȍктор) Dr. (Doktor)
дра̑г lieb, teuer; **дра́гē вȍљē** sehr gern; **~о ми је!** freut mich! **~а̄!, ~ӣ!** *Anrede* Liebste(r *m*) *f*; **~а̄ гȍспођо** ... liebe Frau ...; **вра́тити мѝло за ~о** Gleiches mit Gleichem vergelten; **ра́ди штȁ ти је ~о!** mach, was du willst!; **~òцен** wertvoll; **~òценōст** F Wertsache *f*
дра̑ж F Reiz *m*; Anmut *f*
дра́жити ⟨раз-⟩ reizen, irritieren
дра́м|а Drama *n*; **~àтичан** dramatisch
дра̑мскӣ Dramen-
дра́ње Geschrei *n*
дра̏п sandfarben
дра̏ти[1] ⟨ò-⟩ scheuern; *Tier* abhäuten; *fig* neppen
дра̏ти[2]: **~ се** schreien, grölen
др̀ва N/PL Holz *n*; **~ за òгрев** Brennholz *n*
др̀в|ен hölzern, Holz-; **~енаст** holzig
др̏в|о Baum *m*; Holz *n*; **~орēд** Allee *f*; **~орēз** Holzschnitt *m*; **~òсеча** Holzfäller *m*
дрêван altertümlich
дрêка Geschrei *n*
дре́м|ати ⟨дрȅмнути⟩ schlummern; **~еж** Schlummer *m*
дрѐмљив schläfrig
дрêн[1] *Baum* Kornelkirsche *f*; **здра̏в као ~** kerngesund
дрêн[2] Drain *m*
дрѐњина *Frucht* Kornelkirsche *f*
дрѐс|ēр Dompteur *m*; **~ӣра̄н**

dressiert; **~у́ра** Dressur *f*
дрѐчав *Farbe* grell
дре́чати ⟨**дре́кнути**⟩ schreien
др̀ж|ава Staat *m*; **~а́вљанин** M, **~а́вља̄нка** Staatsbürger(in *f*) *m*; **~авља́нство** Staatsangehörigkeit *f*
др̀жа̄вн|ӣ staatlich, Staats-; **~а̄ вла̑ст** Staatsgewalt *f*; **~ӣ у̏да̄р** Putsch *m*; **~ӣк** Staatsmann *m*
држа́вно̄ст F Staatlichkeit *f*
др̀жа̄ње (Körper)Haltung *f*
др̀жати halten; *Ware* führen; *Unterricht* halten; **~ го̑во̄р** eine Rede halten; **~ jѐзик за зу́бима** den Mund halten; **~ кòга у ша̏ци** j-n in der Hand haben; **~ кòме свѐћу** Mittäter sein
др̀же̄ћӣ rüstig
др̀зак frech
дри̏кер Druckknopf *m*
др̀м|ати schütteln; **~а̄ га грòзница** er hat Schüttelfrost
дрòбити ⟨**из-**⟩ bröckeln; ⟨**на-**⟩ brocken
дро́г|а Droge *f*; **~ѐра̄ш** Drogenabhängiger *m*
дрòге̄рија Drogerie *f*
дро́њак Lumpen *m*
др̀ско̄ст F Frechheit *f*
дру̑г, **дру̏га̄р** Freund *m*; Genosse *m*
дру̏г|а̀рица Freundin *f*; Genossin *f*; **~а̄рскӣ** freundschaftlich; **~а́рство** Freundschaft *f*
другàчијӣ anders
дру̏где woanders
дру̏г|ӣ anderer; zweiter; **~ӣм ре́чима** mit anderen Worten; **jѐдан за ~ӣм** einer nach dem anderen; **~ора́зредан** zweitrangig
дру̏го zweitens
дру̏ж|ељу́бив gesellig; **~ељу̏биво̄ст** F Geselligkeit *f*
дру́жити се befreundet sein
дру̏м (Land)Straße *f*; **што̏ на у̏му то̑ на ~у** er (sie) sagt alles freiheraus (ohne nachzudenken)
дру̏штвен gesellschaftlich; gesellig; **~е̄ на̀уке** Sozialwissenschaften *f/pl*
дру́штво Gesellschaft *f*; Verein *m*; **пра̀вити кòме ~** j-m Gesellschaft leisten
др̀хтати zittern
др̏шка Stiel *m*; *Messer* Griff *m*; *Tasse* Henkel *m*
дубѝна Tiefe *f*
ду́бити (aus)höhlen
ду̏бл *Tennis* Doppel *n*
ду̏бл|ер M, **~ѐрка** F *Film* Double *n*
дубли́рати (IM)PF *Film* doubeln
ду̏бок tief; *Schlaf* fest; *Alter* hoch; **ѝмати ~ џѐп** viel Geld haben; **~òӯман** tiefsinnig
ду̏боре̄з KUNST Schnitzarbeit *f*
дув|а̑н Tabak *m*; **~а̀нџӣница** Tabakladen *m*
ду́вати ⟨**ду́нути**⟩ pusten; *Wind* wehen
дува̄чкӣ Blas-
ду̑г[1] *Geld* Schuld *f*
ду̑г[2] lang
ду́га Regenbogen *m*
ду̏гачак → дг[2]
ду̏гме Knopf *m*; Taste *f*

дӯг|о ADV lange; **~òвечан** langlebig
дуго̀вати schulden
дугого̀дишњӣ langjährig
дуго̀рочан langfristig
дӯготрāјан dauerhaft
дугу̀љаст länglich
дӯд Maulbeerbaum *m*
дуе̑т Duett *n*
дӯж PRP *(G)* längs; **~ ӯлицē** die Straße entlang
ду́жан schuldig; **колѝко сам ~?** was bekommen Sie?
ду́жѝна Länge *f*
ду̀жица ANAT Iris *f*
дуж|нӣк M, **~ница** F Schuldner(in *f*) *m*
ду́жно̄ст F Dienst *m*; Pflicht *f*
ду̀ксер(ица) Sweatshirt *n*
Дӯнав Donau *f*
дӯња Quitte *f*
дӯпе Gesäß *n*
ду̀пкē: **~ пӯн** knallvoll *F*
дӯпл|ӣ doppelt, Doppel-; **~ō вѝше** doppelt so viel
ду́пља Hohlraum *m*, **вѐљӯснā ~** Kieferhöhle *f*
ду̀рбӣн Feldstecher *m*
ду́рити се ⟨на-⟩ schmollen
дӯх Geist *m*; **Свѐтӣ ~** der Heilige Geist; **о̀дсутан ~ом** geistesabwesend; **кло̀нути ~ом** den Mut verlieren; **~о̀вит** humorvoll
ду̀хо̄внӣ geistig, geistlich
дӯш|а Seele *f*; **бе̏з жѝвē ~ē** menschenleer; **ѝмати ко̀га на ~и** j-n auf dem Gewissen haben; **испу̀стити дӯшу** den Geist aufgeben; **мѝрнē ~ē** ruhigen Gewissens
душѐбрижнӣштво Seelsorge *f*
дӯшēв|ан seelisch, Seelen-; **~но бо̏лēстан** geisteskrank
ду̀шек Matratze *f*
ду̀шман, дӯшманин Erzfeind *m*
ду̀шнӣк ANAT Luftröhre *f*

Ђ

ђа̏в|о̄ M Teufel *m*; **до ~ола** zum Teufel
ђаво̀лскӣ teuflisch, Teufels-
ђа̑к Schüler *m*
ђа̏кон Diakon *m*
ђако̀није F/PL Leckerbissen *m/pl*
ђа̑чкӣ Schüler-
ђѐврек ringförmiges, salziges Gebäckstück *n*
ђе́рам HIST (Brunnen)Schwengel *m*
ђо̏н (Schuh)Sohle *f*; **ста̏вити ~ове** besohlen
ђӯбр|е Müll *m*; **о̀двожēње ~ета** Müllabfuhr *f*; **~ѐта̄р** Müllmann *m*; **~ѝво** Dünger *m*; **~ити ⟨на-⟩** düngen
ђу̀бро̄внӣк Kehrschaufel *f*
ђу̀веч Reisfleisch *n*
ђурђе́вак Maiglöckchen *n*
Ђу̑рђевда̄н St. Georgstag *m* *(6. Mai)*
ђу́скати *F* tanzen
ђӯтурē *F* alles zusammen

E

ѐ: **~ ка̏д је та̏ко** … nun, wenn das so ist …
евакуисати IM/PF evakuieren
евангелистичкӣ evangelisch
ѐвентуа̄лан eventuell
евид|ентирати IM/PF eintragen; **~ѐнтно** ADV offensichtlich; **~ѐнција** Übersicht *f*
ѐво (G) hier ist *od* sind; **~ ме!** da bin ich!; **~ ру́ке̄!** ich gebe dir die Hand darauf!; **~ ти** … hier hast du …
еволу́ција Evolution *f*
евоцирати IM/PF hervorrufen
ѐвро *Geld* Euro *m*
Евро́п|а Europa *n*; **~ља̄нин** M, **~ља̄нка** F Europäer(in *f*) *m*
ѐвро̄пск|и europäisch; **~а̄ мо̀нета̄рна̄ ӯнија** Europäische Währungsunion (EWU)
ѐгзактан exakt
ѐгземпла̄ран exemplarisch
егзибиција Exhibition *f*
ѐгзил Exil *n*
егзистѐнција Existenz *f*
ѐгзистенција̄лан existentiell, Existenz-
егзисти́рати IM/PF bestehen
егзо̀тичан exotisch
его̀|ист(а) M, **~исткиња** F Egoist(in *f*) *m*; **~ѝстичан** egoistisch
ѐди̑ција Edition *f*
ЀЗ (**Евро̄пска̄ за̏једница**) EU *f* (Europäische Union *f*)
ѐква̄тор Äquator *m*
еки́па Mannschaft *f*; Team *n*
еко̀л|ог Umweltschützer *m*; **~о̀гија** Ökologie *f*; **~ошкӣ** ökologisch, Umwelt-
еконо̀м|ија Volkswirtschaft *f*; Betriebswirtschaft *f*; **~иста** Betriebswirt *m*; **~ичан** sparsam
еко̀номскӣ ökonomisch, Wirtschafts-
ѐкр|а̄н Bildschirm *m*; **~а̄низа́ција** Verfilmung *f*; **~а̀низовати** IM/PF verfilmen
ѐкс: **ѝспити на ~** in einem Zug leer trinken
ѐксер Nagel *m*
екску̀рзија Exkursion *f*
експери̇̀м|ен(а)т Experiment *n*; **~ѐнтисати** IM/PF experimentieren
ѐксперт Experte *m*; **~и́за** Gutachten *n*
експлѝцитно ADV ausdrücklich
експло|ата́ција Ausbeutung *f*; *Erz* Abbau *m*; **~а̀тисати** IM/PF ausbeuten; *Erz* abbauen
експло̀зи̑в Sprengstoff *m*
ѐксплози̑ван explosiv
ѐкспло̄зија Explosion *f*
експози́ција FOT Belichtung *f*
експо̀на̄т Ausstellungsstück *n*
екстравага̀нтан ausgefallen
ѐкстракт Auszug *m*
ѐкстр|е̄ман extrem; **~ѐмист(а)** Extremist(in *f*) *m*
екстремѝте̄т Extrem *n*; **~и** PL ANAT Gliedmaßen *pl*
ексцелѐнтан hervorragend

ела̀стичан elastisch
елега̀нтан elegant
електра̀на Kraftwerk *n*
елѐктри|чан elektrisch, Elektro-; **~ча̄р** Elektriker *m*
електро̀ника Elektronik *f*
елѐктро̄нск|ӣ elektronisch; **~а̄ о̏брада по̀да̄та̄ка̄** Elektronische Datenverarbeitung *f*; **~а̄ по̏шта** Mail *f*
електротѐхни|ка Elektrotechnik *f*; **~ча̄р** Elektrotechniker(in *f*) *m*
елѐмен(а)т Element *n*
елими̏нисати (IM)PF beseitigen
ели̏са Propeller *m*
ѐлитан elitär
елоквѐнтан wortgewandt
ѐмајл Email *n*
еманципа́ција Emanzipation *f*
ема̀нциповати (IM)PF emanzipieren
еми̏гр|ант M, **~анткиња** F Auswanderer(in *f*) *m*; **~а́ција** Emigration *f*; **~и́рати** (IM)PF auswandern
еми̏сиј|а: **~а у̀жӣво** Live-Sendung *f*; **во̀дити ~у** eine Sendung moderieren
ѐмитовати (IM)PF *TV* senden, ausstrahlen
ѐмотӣван emotional
Ѐнгле̄з Engländer *m*
Ѐнгле̄ск|а̄ England *n*; **&ӣ** englisch; **~иња** Engländerin *f*
енѐрги|ја Energie *f*; **~чан** energisch
ѐно (*G*) sieh dort; **~ га!** dort (hinten) ist er!

енциклопѐдија Enzyklopädie *f*
ȇп Epos *n*
епидѐмија Epidemie *f*
епизо́да Episode *f*; TV Folge *f*
епилѐпсија Epilepsie *f*
ѐпископ Episkopus *m*
епи̏таф Grabinschrift *f*
епо̀ха Epoche *f*
епрувѐта Reagenzglas *n*
е́ра Ära *f*
ергѐла Gestüt *n*
ѐротскӣ erotisch
еру̀пција (Vulkan)Ausbruch *m*
ескиви́рати (IM)PF *F et* umgehen
ѐсцајг Besteck *n*
етике́та Etikett *n*
ѐтичкӣ ethisch
ѐто (*G*) da; **~ их!** da sind sie (ja)!
еутана̀зија Sterbehilfe *f*
ефи̏касан wirksam
ѐхо Echo *n*
ѐша̄рпа (langes) Halstuch *n*; Schärpe *f*

Ж

жа̏б|а Frosch *m*; **~а кра̀стача** Kröte *f*; **~љӣ** Frosch-
жа̂гор Stimmengewirr *n*
жа̂лан traurig; in Trauer
жа̀лб|а Beschwerde *f*; **уло̀жити ~у** JUR Berufung einlegen
жа̏л|ити bedauern; trauern (um *A*); **~ити се** sich beschweren; **~о̄ст** F Traurigkeit *f*;

~остан traurig; bedauerlich
жалузи́на Jalousie *f*
жа́лфија Salbei *m*
жа̏љење Bedauern *n*; **за ~** bedauernswert; **са ~м** mit Bedauern
жа̂мор Gemurmel *n*
жа̏ндар|(м) *Spielkarte* Bube *m*; **~мѐрија** Gendarmerie *f*; Spezialeinheit der Polizei
жа̏о: **~ ми је** es tut mir leid
жа̏ока *Insekten* Stachel *m*
жа̂р Glut *f*
жа̀рго̄н Jargon *m*
жардињѐра Blumenkasten *m*
жа́рити се glühen
жа̏рӣште Brennpunkt *m*, Herd *m* (*a fig u* MED)
жа̂ркӣ feurig
жа̏цнути се PF zurückschaudern
жбѝца (Rad)Speiche *f*
жбу̂н Strauch *m*
жбу̂ње Gebüsch *n*
жва́ка *F* Kaugummi *m*; **~ти** kauen
жва̀каћ|ӣ: **~а̄ гу̑ма** Kaugummi *m*
жвр̏љати kritzeln
жгро̀љав schmächtig
ждѐрати fressen, verschlingen
ждра̂л Kranich *m*
ждре̂бе Fohlen *n*
ждре́ло Rachen *m*
жѐга (glühende) Hitze *f*
жѐд|ан durstig; **~нети** ⟨о-⟩ durstig werden
же̂ђ *F* Durst *m*
жела̀тӣн Gelatine *f*
жѐле̄ Gelee *n*
жѐл|езан eisern; **~ѐзара** Eisenwerk *n*
жѐлезни|ца (Eisen)Bahn *f*; **~ча̄р** Eisenbahner *m*; **~чкӣ** Bahn-
жѐлезо Eisen *n*
жѐле|ти wünschen; **~о** *m* (**~ла** *f*) **бих** ... ich möchte (hätte) gern ...
жѐлу|дац Magen *m*; **чи̑р на ~цу** Magengeschwür *n*
жѐљ|а Wunsch *m*; Anliegen *n*; **по ~и** auf Wunsch; **по̀следња ~а** der letzte Wille
же̂љан lüstern *nach* (*D*); begierig; **~ зна́ња** wissbegierig; **~ сла̂ве̄** ruhmsüchtig; **о̏стати ~** (*G*) et missen
жѐна Frau *f*; Ehefrau *f*; **нѐуда̄та ~** Junggesellin *f*; **по̀сло̑вна̄ ~** Geschäftsfrau *f*
жѐнидба Heirat *f* (*eines Mannes*)
жени́рати се (IM)PF sich genieren
жѐнити се *vom Mann* heiraten
же̂нка ZO Weibchen *n*
женомр́зац Frauenfeind *m*
жѐнскӣ weiblich; GR feminin
жѐнствен feminin
жести́на Heftigkeit *f*
жѐсток heftig; *Getränke* hochprozentig
жѐтва Ernte *f*; **ло̏ша̄ ~** Missernte *f*
жѐти ernten
жѐто̄н Spielmarke *f*
жѐћи *Sonne* sengen
жи̑в lebend(ig); lebhaft; **~о̄ би́ће** Lebewesen *n*; **ни за ~ӯ гла̑ву** nicht um alles in der

Welt; **нѝко ~** kein Mensch
жи̑ва Quecksilber *n*
жи̏ваљ Bevölkerung *f*
жи̏ва̄хан lebhaft, rege
жи́в|ац Nerv *m*; **и̏де̄ ми на ~це** das geht mir auf die Nerven; **сло̏м ~а̄ца̄** Nervenzusammenbruch *m*
жи́ве|ти leben; wohnen; **~ли!** prosit!
живѝна *Tiere* Geflügel *n*
жи̑вица Hecke *f*
жи̏внути aufleben
жи̏вопи̑сан *Gegend* malerisch
жи̑вот Leben *n*; **~а́рити** dahinleben
живо̀т|иња Tier *n*; **до̀ма̄ħа̄ ~иња** Haustier *n*; **~и̑њски̑** tierisch, Tier-
жи̏вотни̑ Lebens-
жи̏вчан Nerven-; *F* nervös
жи̑г: **по̏штански̑ ~** Poststempel *m*; **у̀дарити ~** (ab)stempeln; **во̏дени̑ ~** Wasserzeichen *n*
жи́г|аjӯħи̑ stechend; **~ати** stechen
жи̏госати IM/PF (ab)stempeln; *Tiere* brandmarken (*a fig*)
жи̏дак zähflüssig
жи̏жа Fokus *m*
жи́жак Holzwurm *m*; Kornkäfer *m*
жи̏жн|и̑: **~а̄ даљѝна** Brennweite *f*
жи̏ла Ader *f*; Wurzel *f*; **из пе̑тни̑х жи̏ла̄** aus Leibeskräften; **~ ку̑цавица** Schlagader *f*; **~в** zäh
жи̏ле̄т *F* Rasierklinge *f*
жи̑р BOT Eichel *f*
жира̀фа Giraffe *f*
жи̏ри̑ M Jury *f*
жи̏ро̄: **~ ра̀чӯн** Girokonto *n*
жита̀рица Getreide *n*
жи̏т|ељ M, **~е̄љка** F Bewohner(in *f*) *m*
жи̏т|ница Getreidekammer *f*; **~о** Weizen *m*; Getreide *n*
жи̏ца Saite *f*; Draht *m*
жи̏чан|и̑: **~и̑ инстру̀мент** Saiteninstrument *n*; **~а̄ о̏града** Maschendrahtzaun *m*
жѝчара Seilbahn *f*
жле̂б Rille *f*
жле́зда Drüse *f*; **ли̏мфна̄ ~** Lympfknoten *m*
жма́рци M/PL: **подѝлазе̄ ме ~** ein Schauder befällt mich
жми̏гавац KFZ Blinker *m*; **да̏ти ~** blinken
жми̏ркати zwinkern; flackern
жму́рити die Augen zuhaben
жму́рке̄: **ѝграти ~** Verstecken spielen
жре̂б Verlosung *f*; **извла́чити до̀би̑тни̑ка ~ом** e-n Gewinner auslosen
жрѐбати auslosen
жр̏тва Opfer *n*
жр̏твовати IM/PF opfern (**се** sich)
жу̏б|ор Plätschern *n*; **~о̀рити** plätschern
жу́дети sich sehnen (**за** / nach *D*)
жу̏дно gierig; sehnlich
жу̑љ Blase *f*; Schwiele *f*
жу́љати *Schuh* drücken
жума́н|ац, **~це** Eigelb *n*
жу̑ран hastig
жу̏рба Eile *f*

жу́рити ⟨по-⟩ (се) sich beeilen, eilen; **жу̑рӣм се** ich bin in Eile
жу̑рка Party *f*, Fest *n*
жу̑стар behände
жу̑т gelb; **~ā шта̑мпа** Boulevardpresse *f*
жу̀тица Gelbsucht *f*
жутòкљун ADJ *fig* unerfahren
жу̀ћаница Endivie *f*
жу̑ч F Galle *f*
жу̀чнӣ Gallen-

З

за PRP (*A*) für (*A*); *zeitl* in, innerhalb von (*D*); *örtl* nach (*D*); (*I*) hinter (*D*); **~ ку̑ћōм** hinter dem Haus; **~ ōсам да́на̄** in *od* innerhalb von acht Tagen; **~ сва̏кӣ слу̑ча̄ј** sicherheitshalber; für alle Fälle; **~ сèбе** für sich; **~ спо̏љнӯ у̑потребу** äußerlich anwenden
за̑бава Spaß *m*; Party *f*
за́бав|ан amüsant, unterhaltsam; **~иште** Kindertagesstätte *f*
за̀бављати ⟨за̀бавити⟩ amüsieren (**се** sich); **~ се** sich vergnügen
забáдати ⟨за̀бости⟩ hineinstecken; **~ нōс у нèшто** seine Nase in et stecken
забарикадѝрати PF verbarrikadieren (**се** sich)
зáбат Giebel *m*
забацѝвати ⟨-бáцити⟩ zurückwerfen; zurücklehnen
за̀ба̄чен abgelegen
забашу́рити PF *F* vertuschen
забѐзё̄кнӯт stutzig
забѝјати ⟨за̀бити⟩ (hin)einschlagen
за̏бӣт F abgeschiedener Ort *m*
заблѝстати PF **(се)** erstrahlen
за̑блуда Irrtum *m*
за̏бога: **~ (мѝлōга)!** um Gottes willen!
забòлети PF schmerzen; zu schmerzen beginnen
за̏бора̄в Vergessen *n*; **па̏сти у ~** in Vergessenheit geraten; **~ан** vergesslich
забòрављати ⟨-бòравити⟩ vergessen; **~ на̀учено̄** verlernen
зáбран *Wald* Schonung *f*
за̑брана Verbot *n*; **~ за̀устављања и паркѝра̄ња** *Verkehrsschild* Halte- und Parkverbot *n*; **~ прѐтица̄ња** Überholverbot *n*
забрањѝвати ⟨-бра́нити⟩ verbieten
за̀бринӯт besorgt; **~ōст** F Besorgnis *f*
забрињáвајӯћӣ Besorgnis erregend
забр́љати PF *F* vermasseln
забрòјати се PF sich verzählen
за̑бун|а Verwirrung *f*; **~ōм** aus Versehen
забу̀шант Drückeberger *m*
за̑вада Zwist *m*
заварáвати ⟨за̀варати⟩ *j-n* ablenken; *j-m* Sand in die Au-

gen streuen
завари́вати ⟨**-ва́рити**⟩ schweißen
за̀вежља̄ј Bündel *n*
завези́вати ⟨**-ве́зати**⟩ (fest-)binden; **~ (у) чво̂р** (zusammen)knoten
за̀веја̄н verschneit
за̂вер|а Verschwörung *f*; **~ити се** PF sich verschwören; **~ѐнӣк** M, **~ѐница** F Verschwörer(in *f*) *m*
за̂вес|а Gardine *f*, Vorhang *m* (*a* THEA); **ди̏ћи ~у** den Vorhang aufziehen
за́вет Gelöbnis *n*; **~овати се** (IM)PF geloben
за́ветрина windgeschützter Platz *m*, Lee *f*
завешта́вати ⟨**завѐштати**⟩ *Erbe* hinterlassen
за́вид|ан neidisch; beneidenswert; **~ети** beneiden (**ко̀ме на** *L* j-n um et)
зави̏дљив neidisch
зави́јати[1] jaulen, heulen (*a vom Wind*)
зави́јати[2] ⟨**за̀вити**⟩ einwickeln; *Schraube* zudrehen; *Zigarette* drehen
зави̏ја̄ч TECH Schraubenzieher *m*
завију́так Knick *m*; Windung *f*
завири́вати ⟨**-ви́рити**⟩ hineinspicken
за́вис|ан abhängig; süchtig; **~ан од дро́га̄** drogenabhängig; **~ити** abhängen (**од** *G* von *D*); **~и̑!** es kommt darauf an!; **~но̄ст** F Abhängigkeit *f*
за́вист F Neid *m*

завитла́вати *j-n* auf den Arm nehmen; **~ се** Scherze treiben
за̂вича̄ј Heimat *f*; **~нӣ** Heimat-
завла́чити ⟨**-ву́ћи**⟩ (hin)einstecken; **~ се** kriechen; sich verkriechen
за́вод Institut *n*; **~ за запошља́вање** Arbeitsamt *n*; **~ за за̂штиту здра̂вља** Gesundheitsamt *n*; **ка̏зненӣ ~** Strafanstalt *f*; **по̀гребнӣ ~** Bestattungsinstitut *n*
заво̀дити ⟨**-вѐсти**⟩ verführen; *ins Buch* eintragen
заво̀дљив verführerisch
за́водн|ӣк M, **~ица** F Verführer(in *f*) *m*; **~ӣчкӣ** verführerisch
за́во̄ј Kurve *f*; MED Verband (--stoff) *m*; **ги̏псанӣ ~** Gipsverband *m*; **~ од га́зе̄** Mullbinde *f*; **ста̏вити ~** e-n Verband anlegen
завојѐва̄ч Eroberer *m*
за́во̄ј(н)ица TECH Gewinde *n*
заво̀лети PF *j-n* lieb gewinnen
заврзла̀ма Verwicklung *f*
за̀вр̄та̄њ Schraube *f*
за̀вртати ⟨**-вр́нути**⟩ verdrehen; zudrehen
завр́те|ти (hinein)drehen; **~ти ко̀ме мо̏зак** j-m den Kopf verdrehen; **~ти се** *pf* sich zu drehen anfangen; **~ло ми се у гла̏ви** mir wurde schwindlig
заврша́вати ⟨**-вр́шити**⟩ abschließen, beenden; **~ се** zu Ende gehen
за̀вр̄ш|ен beendet; *zeitl* vorbei; **~е́так** Ausgang *m*; (Ab)-

Schluss *m*

за́вршн|и̅ Schluss-; Abschluss-; **~ица** Endphase *f*

за̀гађено̅ст F Verschmutzung *f*

загађ|е́ње Verschmutzung *f*; **~е́ње жѝвотне̅ среди̏не̅** Umweltverschmutzung *f*; **~и́вати** ⟨**за̀гадити**⟩ verunreinigen, verschmutzen

за̏гасит dunkel(farbig)

за́гла̅вље (Text)Kopf *m*

заглављи́вати ⟨**-гла́вити**⟩ verkeilen; versperren; **~ у за́твору** im Gefängnis landen; **~ се** feststecken

загле́дати genau anschauen, mustern

за̀гледати се anstarren; sich vergucken (**у** *A* in j-n)

загли́бити се PF im Schlamm stecken bleiben; *fig* in der Klemme sitzen

за̀глу(х)ну|ти: **~ле су ми у̏ши** meine Ohren sind wie taub

заглу̀шујӯћи̅ ohrenbetäubend

за̀гн|оjен eitrig, vereitert; **~о̀јити се** PF (ver)eitern

загњури́вати ⟨**-гњу́рити**⟩ V/T eintauchen (**се** *v/i*)

загова́рати *et* befürworten; *j-n* mit e-m Gespräch aufhalten *u* ablenken

загово̀рни̅к Befürworter *m*

за̏гоне̅т|ан rätselhaft; **~ка** Rätsel *n* (*a fig*)

загоре́вати ⟨**-го̀рети**⟩ *Essen* anbrennen

заго̀рео angebrannt

заго̀рчати ⟨**-го̀рчити**⟩ *j-m et* vergällen

за̑града Klammer *f*

заграђи́вати ⟨**-гра́дити**⟩ einklammern; einzäunen

загре́вати ⟨**за̀грејати**⟩ erhitzen (*a fig*), erwärmen (**се** sich)

за̀грижен verbissen

за̀гристи PF (an)beißen; **~ у̏дицу** an die Angel gehen (*a fig*)

за̀грлити PF umarmen

за̏грља̄j Umarmung *f*

за̀гробни̅: **~ жѝвот** das Leben nach dem Tode

за̀грцнути се PF sich verschlucken

загуши́вати ⟨**-гу́шити**⟩ ersticken (*a fig*)

загу̀шљив stickig

зада́вати ⟨**за̀дати**⟩ zufügen; *Hausaufgabe* aufgeben

зада́вити PF erwürgen, erdrosseln

зада́так Aufgabe *f*; **до̀ма̄ћи̅ ~** Hausaufgabe *f*

за̏да̄х *schlechter* Geruch *m*

задебља́ње Verdickung *f*

за̀десити PF zustoßen, widerfahren (**ко̀га** j-m)

за̀д|и̅вљено ADV begeistert; **~ѝвљујӯћи̅** bewundernswert

за̀димљен verraucht

задирки́вати necken, sticheln

за̀дићи PF anheben

за̀ди̅ха̄н außer Atem

за̏дњ|и̅ letzt...; Hinter-; **у ~е̄ вре́ме** in der letzten Zeit; **~ица** F Hintern *m*

задоби́јати ⟨**-до̀бити**⟩ erlangen; *Verletzungen* davontragen

задовољáв|ajӯħи befriedigend; **~ати** ⟨**задовòљити**⟩ befriedigen, zufrieden stellen; **~ати** ⟨**задовòљити**⟩ **се** sich begnügen; sich abfinden (*I* mit *D*)

зȁдо|вōљан zufrieden (*I* mit *D*); vergnügt; **~вољéње** Befriedigung *f*; **~вóљство** Vergnügen *n*, Zufriedenheit *f*; **причѝњāвā му ~вóљство** er findet Gefallen an ..., es macht ihm Spaß, ...; **са ~вóљством** mit Vergnügen; **~вóљштина** Genugtuung *f*

задрéмати PF einnicken

задржáв|āње Anhalten *n*; BAHN Aufenthalt *m*; **~ати** ⟨**задр̀жати**⟩ aufhalten; behalten; **~ати дȃх** den Atem anhalten

зàдригао feist

зȁдр̄т starrköpfig

зȃдруга Genossenschaft *f*

зàд|ӯбљен vertieft; **~убљѝвати** ⟨**~ýбити**⟩ **се** *fig* sich vertiefen

зáдужбина Stiftung *f*

зàдӯжен verschuldet

задужѝвати ⟨**-дýжити**⟩ beauftragen; *zu Dank* verpflichten; belasten (*a* ECON)

зáдушнице F/PL REL Allerseelentag *m*

зàжалити PF bereuen; bedauern

зажмýрити PF die Augen schließen

зàзирати sich vor *et* scheuen

зàзубица|a: **рáстӯ му ~e** ihm läuft das Wasser im Munde zusammen

заинáтити се PF hartnäckig *auf et* beharren

зàинтересовати PF Interesse wecken; **~ се** Interesse zeigen (**за** *A* für *A*)

зàиста ADV in der Tat

зájам Darlehen *n*; **др̀жавнӣ ~** Staatsanleihe *f*

зàjāмчити PF bürgen *für* (*A*); garantieren

зajàпӯрен *Gesicht* feuerrot

зajèдљив *fig* bissig

зȁједн|ица Gemeinschaft *f*; **мȅснā ~ица** Gemeindebezirk *m*; **~ичкӣ** gemeinsam; **~о** ADV zusammen

зàкāз|āн: **бѝти ~āн** feststehen; **ѝмати ~āно** *beim Arzt* e-n Termin haben; **~ѝвати** ⟨**закáзати**⟩ *Termin* ausmachen; TECH den Dienst versagen

закамуфлѝрати PF tarnen

закàчињати ⟨**зàкачити**⟩ aufhängen; **~ се** hängen bleiben; *fig* sich in die Haare bekommen

зàкачка Haken *m*, Häkchen *n*

закашњéње Verspätung *f*

закéр|ало F Meckerfritze *m*; **~āње** F Mäkelei *f*; **~ати** PF F meckern

закѝдати ⟨**зàкинути**⟩ (ab-) brechen; *fig j-n um et* prellen

зàкиселити PF *Salat* mit Essig würzen

зàкитити PF schmücken (**се** sich)

зàклањати ⟨**-клòнити**⟩ (ver)decken
заклáпати ⟨**-клòпити**⟩ (zu-)klappen; zumachen
зáклетв|а Schwur *m*, Eid *m*; **под ~ōм** unter Eid
зàклињати ⟨**зàклēти**⟩ anflehen; vereidigen; **~ се** *et* (be)schwören
зáклон Deckung *f*
закључáвати ⟨**-кључати**⟩ *mit dem Schlüssel* (ab)schließen
зàкључ|ак (Schluss)Folgerung *f*; **~ан** abschließend
зȁкључ|āн abgeschlossen; **~ивати** ⟨**закљу̏чити**⟩ (er-)schließen, folgern
зàкључно ADV abschließend; einschließlich
закòвати PF festnageln
зáкон Gesetz *n*; **~ӣк** Gesetzbuch *n*; **~ӣк грȁђанскōг прáва** bürgerliches Gesetzbuch *n*; **крѝвичнӣ ~ӣк** Strafgesetzbuch *n*; **~ит** rechtmäßig; **~итō дéте** eheliches Kind *n*
зȁконо|дāван gesetzgeberisch, gesetzgebend; **~дáвац** Gesetzgeber *m*; **~дáвство** Gesetzgebung *f*
зáконскӣ gesetzlich
закопáвати ⟨**-кòпати**⟩ vergraben
закопчáвати ⟨**-кòпчати**⟩ (zu)knöpfen
закорачѝвати ⟨**-корáчити**⟩ hineintreten (**у** *od* **на** *A* in *A*)
закóчити PF bremsen; **~ се** stehen bleiben
закржљáвати ⟨**зàкржљати**⟩ verkümmern
зáкрп|а Flicken *m*; **нàшла врȅћа ~у** Gleich und Gleich gesellt sich gern
закрч|éње Stau(ung *f*) *m*; **~ивати** ⟨**закр̏чити**⟩ versperren; aufhalten, stoppen
зáкуп Pacht *f*; **~ац** Pächter *m*; **~љѝвати** ⟨**закýпити**⟩ pachten; **~ница** Pächterin *f*
зáкуска *meist* kalte Zwischenmahlzeit *f*
закуцáвати ⟨**зàкуцати**[1]⟩ *Nagel* einschlagen
зàкуцати[2] PF anklopfen
залагаòница Leihhaus *n*
залáгати ⟨**-лòжити**⟩ verpfänden; **~ се** sich einsetzen (**за** *A* für *A*)
зàлаз|ак: **~ак су̑нца** Sonnenuntergang *m*; **~ити** ⟨**зáћи**⟩ *Sonne* untergehen
заламати ⟨**-лòмити**⟩ V/T knicken; V/T abbrechen; **~ се** *v/i* abbrechen
залèдити (се) PF zufrieren, gefrieren
зáлеђе Rückhalt *m*
залéпити PF **(се)** kleben bleiben; hängen bleiben (**за** *A* an *A*)
зáл|ет SPORT Anlauf *m*; **у̀хватити ~ет** anlaufen; **~éтати** ⟨**~èтети**⟩ **се** e-n Anlauf nehmen; *fig et* überstürzen
зáлив GEO Bucht *f*
залѝвати ⟨**зàлити**⟩ (be)gießen
зáли|зак, ~сци PL Backenbart *m*
зáлистак ANAT (Herz)Klappe *f*
зáлиха Vorrat *m*

за́лог Pfand *n*
за̏логāј Bissen *m*, Happen *m*
зало̀жити[1] → зала́гати
зало̀жити[2] PF *Feuer* anzünden
за́луд ADV vergebens; **~ан** vergeblich
за̀лупити PF V/T zuknallen
залу́тати PF sich verlaufen
за̀љубљ|ен verliebt; **~и́вати** ⟨**заљу́бити**⟩ **се** sich verlieben
за̀маз|āн verschmiert; **~и́вати** ⟨**за̀мазати**⟩ verschmieren
за̏мак Schloss *n*, Burg *f*
за̀мало fast, beinah(e)
зама́рати ⟨**-мо̀рити**⟩ (**се**) ermüden
за̀мах Schwung *m*; Bewegung *f*
за̂мен|а (Um)Tausch *m*; Ersatz *m*; Verwechslung *f*; **~а у̂ља** Ölwechsel *m*; **~ӣк** (Stell)Vertreter *m*
за̂меница (Stell)Vertreterin *f*; GR Pronomen *n*; **ли̑чнā ~** GR Personalpronomen *n*
замењи́вати ⟨**-ме́нити**⟩ umtauschen; vertauschen; ersetzen; *im Amt* vertreten
заме́рати ⟨**за̀мерити**⟩ übel nehmen (**ко̀ме** *A* j-m *A*)
за́мерка Beanstandung *f*
заме́сити PF *Teig* anrühren (*a fig*)
за̏м|ӣсао F Einfall *m*; **~и́слив** denkbar
зами́шљати ⟨**за̀мислити**⟩ sich *et* vorstellen
за̀мишљен nachdenklich
за̂мка Schlinge *f*; Falle *f*
замо̀лити PF bitten (**ко̀га за** *A* j-n um *A*)
за́мор Ermüdung *f*; **~ан** ermüdend
замота́вати ⟨**-мо̀тати**⟩ *in Papier* einwickeln
замрачи́вати ⟨**-мра́чити**⟩ verdunkeln
замрза́вати ⟨**за̀мрзнути**⟩ (ein)frieren; **~ се** (ge)frieren
замрзи̏вāч Gefriertruhe *f*
за̀мрз|нӯт vereist; **ду̀боко ~нӯт** tiefgefroren
замр́сити PF verwirren
за̀мр̄шен *Geschichte* verworren; *Angelegenheit* verwickelt
замуцки́вати stammeln
за̀н|āт Handwerk *n*; Gewerbe *n*; **у̀чити ~āт** ein Handwerk erlernen; **~а̀тлија** M Handwerker *m*; **~а̀тлӣјскӣ** Handwerker-; **~āтскӣ** Handwerk(s)-, Gewerbe-
занемари́вати ⟨**-нема́рити**⟩ vernachlässigen; nicht beachten
зане́м|ео sprachlos; **~ети** PF verstummen
за̀нēти се PF sich *in et* vertiefen; *Richtung* abkommen von (*D*)
зан|и́мање Beruf *m*; Interesse *n*; **~и́мати** interessieren (**се** sich) (**за** *A* für *A*); **~и́мљив** interessant
занове́тати nörgeln
за̀ноктица Nagelhaut *f*
за́нос Rausch *m*, Euphorie *f*; **~ан** hinreißend
зано̀сити ⟨**за̀нēти**⟩ schwenken; hinreißen; *Frau* schwanger werden
за̏о böse, boshaft

заобѝлазити ⟨**-обѝћи**⟩ *Hindernis* umgehen; umfahren
за̏обилазница Umleitung *f*
за̀обљен rundlich
за̏ова *Schwester des Mannes* Schwägerin *f*
за̏окрēт Wendung *f*
заокругљѝвати ⟨**-кру́гли-ти**⟩ abrunden; aufrunden
заокружѝвати ⟨**-кру́-жити**⟩ einkreisen; MATH aufrunden
заòкупљен beschäftigt (*l* mit *D*)
заòс|тајати ⟨**~тати**⟩ zurückbleiben; nicht Schritt halten; *Uhr* nachgehen; **~талōст** F Rückständigkeit *f*; **~тао** *Person* zurückgeblieben; **~та́так** Rückstand *m*
заоштра́вати ⟨**-òштрити**⟩ zuspitzen; verschärfen (**се** sich)
за̀оштрен verschärft
за̂пад Westen *m*; **~нӣ** westlich; **~но** PRP westlich (**од** *G* von *D*); **~ноèврōпскӣ** westeuropäisch
запа́ж|а̄ње Beobachtung *f*; **мо̂ћ ~а̄ња** Beobachtungsgabe *f*; **~ати** ⟨**за̀пазити**⟩ bemerken, wahrnehmen
за̀пажен bemerkt; beachtlich
запа́лити PF anzünden; **~ се** Feuer fangen
запаље́ње Entzündung *f*; **~ сре̏дњēг у̑ва** Mittelohrentzündung *f*
запа̀љив *leicht* brennbar
за̀па̄њ|ен verdutzt; **~ѝвати** ⟨**запа́њити**⟩ (**се**) verblüffen
запа̀њујӯћӣ verblüffend
за́паран dunstig; schwül
за̀пећи PF GASTR überbacken
запѐчатити PF versiegeln
запѐчен GASTR gratiniert; überbacken; **~ō је̏ло** Auflauf *m*
за̀пињати ⟨**за̀пēти**⟩ stocken; *F* nicht ablassen
за́пис Eintrag(ung *f*) *m*; **~ѝвати** ⟨**запѝсати**⟩ aufschreiben; **~нӣк** Protokoll *n*; **~ничар** Protokollant *m*
за̂плена Pfändung *f*
запленѝвати ⟨**-пле́нити**⟩ beschlagnahmen; pfänden
за̀пл|итати ⟨**~ести**⟩ verwickeln; **~ѐтен** *fig* knifflig
за̏пов|ед F Gebot *n*; **дȅсēт ~е̄дӣ** die Zehn Gebote; **~е́дати** ⟨**запòведити**⟩ befehlen (**кòме** *A* j-m *A*); **~еднӣ**: **~еднӣ на́чин** GR Imperativ *m*
запòденути PF anstiften; **~ ра̏зговōр** ein Gespräch anknüpfen; **~ сва̏ђу** e-n Streit anzetteln
запома́г|а̄ње Hilferuf *m*; **~ати** um Hilfe rufen
за̀посл|ен berufstätig; tätig; **~е́ње** Beschäftigung *f*
запòстављ|а̄ње Vernachlässigung *f*; **~ати** ⟨**запòстави-ти**⟩ vernachlässigen
запòчињати ⟨**-пòчēти**⟩ anfangen
запошља́вати ⟨**-пòслити**⟩ *Personal* einstellen; beschäftigen
за̏пра̄во eigentlich
запрашѝвати ⟨**-пра́шити**⟩ verstauben; **~ во̏ће** AGR Obst

(--bäume) spritzen
за̂прега Pferdegeschirr *n*
за̂премина Volumen *n*; **ра̂дна̄ ~ мото́ра** Hubraum *m*
запрѐпа̄шħен bestürzt; **~ō̄ст** F Bestürzung *f*
запрепашħ|е́ње Erstaunen *n*; **~и́вати ⟨запрепа́стити⟩ (се)** erstaunen, verwundern
запре́тити PF androhen
запржа́вати ⟨за̀пржити⟩ mit Mehlschwitze (und Paprika) andicken
за̂пршка Mehlschwitze *f*
запт|и́ва̄ње TECH Dichtung *f*; **~и́вати ⟨за̀птити⟩** → дхтовати
запуша́вати ⟨за̀пушити⟩ zustopfen
запу̀ша̄ч Stöpsel *m*; TECH Zapfen *m*
за̀пушен verstopft
запу́штати ⟨-пу̀стити⟩ verkommen lassen
за̀пуштен verwahrlost, verkommen
за̂р PART etwa; **~ нѐ?** nicht wahr?
за̂рада Verdienst *m*
зарађи́вати ⟨-ра́дити⟩ *Lohn* verdienen
заража́вати ⟨-ра́зити⟩ anstecken (**се** sich)
за̀ра̄жен infiziert
за̂раза Ansteckung *f*, Seuche *f*
за̏разан ansteckend
зара́стати ⟨-ра́сти⟩ zuwachsen; *Wunde* verheilen
зарачуна́вати ⟨-рачу̀нати⟩ in Rechnung stellen
за̏рђао rostig, verrostet
за̀рђати PF Rost bekommen, verrosten
за́рез Ritze *f*; GR Komma *n*
зарези́вати ⟨за̀резати⟩ einschneiden; *Bleistift* spitzen; **не зарези́вати** F nicht beachten
зари́цати ⟨за̀рећи⟩ се schwören
заробља́вати ⟨-ро̀бити⟩ gefangen nehmen
за̀робљ|ен gefangen; **~ѐнӣк** Gefangener *m*; **~ени́штво** Gefangenschaft *f*
заро̀нити PF eintauchen
за̀сад(а) ADV vorerst
засађи́вати ⟨-са́дити⟩ anpflanzen
за̀свагда: **јѐдно̄м ~** ein für alle Mal(e)
засвођа́вати ⟨-сво̀дити⟩ wölben
за́себан gesondert
за̂седа Hinterhalt *m*
засе́д|а̄ње Tagung *f*; **~ати** tagen
за́сек Kerbe *f*
засе́цати ⟨за̀сећи⟩ aufschneiden
за̀сић|ен übersättigt; **~ено̄ст** F (Über)Sättigung *f*; **~и́вати ⟨за̀ситити⟩** sättigen
заслађи́вати ⟨-сла́дити⟩ süßen; *fig* versüßen; **~ се** et Süßes essen
заслепљи́вати ⟨-сле́пити⟩ blenden
за̂слуга Verdienst *n*
заслужи́вати ⟨-слу́жити⟩ verdienen (*fig*)
засмеја́вати ⟨-смѐјати⟩ *j-n*

zum Lachen bringen
заснѝвати 〈заснѐвати〉 V/T gründen; **~ се** basieren (**на** L auf A)
за̏снова̄но̄ст F Begründung f
за̀спати PF einschlafen
за̂става Flagge f, Fahne f
застајкѝвати öfter einmal Halt machen
за̀старе|ло̄ст F JUR Verjährung f; **~о** veraltet; JUR verjährt
за́стој Stagnation f; **~ у са̏обраћају** Verkehrsstockung f
застрањѝвати 〈-стра́нити〉 (vom richtigen Weg) abkommen
застр|ашѝвати 〈за̀страшити〉 einschüchtern; **~а̀шујӯћӣ** beängstigend
засту́пати 〈засту́пити〉 vertreten
за́ступ|нӣк M, **~ница** F Vertreter(in f) m
засу́кати PF hochkrempeln
за́сун Riegel m
зата́јити PF *Motor* versagen
зата́мнити PF verdunkeln
заташка́вати 〈за̀ташкати〉 vertuschen
затв|а́ра̄ње Schließung f; **~а́рати 〈~о̀рити〉** schließen; *Wasser* abdrehen; **~а̀ра̄ч** Verschluss m
за́твор Gefängnis n; MED Verstopfung f
за̀творен geschlossen
затворѐн|ӣк M, **~ица** F Gefangene(r m) f
за̀те̄гнӯт (an)gespannt, straff
за́тез|ан: **~на̄ ка̏мата** Verzugszinsen m/pl
зате́зати 〈-те́гнути〉 (an-) spannen; *Schraube* anziehen; **~ ка̀иш** *fig* den Gürtel enger schnallen
за̀тиљак Hinterkopf m
за̀тӣм *zeitl* darauf, danach
за̀тицати 〈-тѐћи〉 antreffen, vorfinden
за́тишје Windstille f; Stillstand m
за̀то̄ deshalb, darum; **~ што̀** dadurch, dass; weil
затра́жити PF ersuchen; auffordern
за̏трова̄н vergiftet; **~о̄ст** F Vergiftung f
затрпа́вати 〈-т̀рпати〉 zuschütten
затру́днети PF schwanger werden
зат̏рчати се PF (e-n) Anlauf nehmen; *fig* sich vergaloppieren
зату́рати 〈за̀турити〉 *et* verlegen
за̀увек für immer
за̀ударати müffeln
за̀узвра̄т ADV als Gegenleistung
зауздა́вати 〈-у̀здати〉 zügeln
за̏узе̄т besetzt; *Telefon* belegt
за̀узим|а̄ње Eroberung f; **~ати 〈зау̀зети〉** *Platz* nehmen, belegen; erobern; **~ати 〈зау̀зети〉 се** sich einsetzen (**за** A für A)
зау̀стављ|ати 〈зау̀ставити〉 *Auto* (an)halten, (auf)hal-

ten; **~ати** 〈**заӯставити**〉 **се** (an-) halten *v/i*, stehen bleiben
заӯстити PF *et* sagen wollen
за̀ушке F/PL MED Mumps *m*
за̏хва̄лан dankbar (**за** *A* für *A*)
захва́лно̄ст F Dankbarkeit *f*; **дуго̀вати ко̀ме ~** j-m Dank schulden
захваљи́вати 〈**-хва́лити**〉 danken (**за** *A*, **на** *L* für *A*); verdanken (*j-m et*); **~ се** sich bedanken
захва̀љујӯћи PRP (*D*) dank (*D*)
за̏хва̄т (Ein)Griff *m*
за̀хватати 〈**за̀хватити**〉 ergreifen (*a fig*); *Wasser* (heraus)-schöpfen
захлађ|и́вати 〈**-хла́дити**〉 V/I kalt werden; **~е́ње** *Wetter* Abkühlung *f*
за́хт|ев Antrag *m* (**за** *I* auf *A*), Forderung *f*; **по̀днети ~ев** e-n Antrag stellen; **~еван** anspruchsvoll; **~е́вати** verlangen
зацељ|е́ње *Wunde* (Ver)Heilung *f*; **~и́вати** 〈**заце́лити**〉 *Wunde* heilen
зацењи́вати 〈**-це́нити**〉 **се** (vor Weinen *od* Lachen) keine Luft mehr kriegen
зацепљи́вати 〈**-це́пити**〉 **се** splittern, einreißen
за̀ча̄ран verzaubert
за̀час (blitz)schnell
зачепљи́вати 〈**-чѐпити**〉 verstopfen, zupfropfen
заче́так Anfang *m*
за̀чет|нӣк M, **~ница** F Urheber(in *f*) *m*
заче́ће Empfängnis *f*
за́ч|ин Gewürz *n*; **~ињáвати** 〈**~и́нити**〉 würzen; *Salat* anmachen; **~ињен** gewürzt
за̀чкољица *fig* Haken *m*
за̀чудо seltsamerweise
за̀чуђен verwundert
заши́вати 〈**за̀шити**〉 annähen; zunähen
зашкри́пати PF (los)knarren
зашрафљи́вати 〈**за̀шрафити**〉 anschrauben; festschrauben
за̂штита Obhut *f*; Schutz *m*; **~ жѝвотне̄ средѝне̄** Umweltschutz *m*
за́штитнӣ Schutz-
за̀штӣћ|ен geborgen; **~и́вати** 〈**зашти́тити**〉 (be)schützen
за̂што warum, wieso
збаци́вати 〈**зба́цити**〉 abwerfen
збе̏г Zufluchtsort *m*
зби́вати 〈**зби́ти**[1]〉 **се** geschehen
зби́јати 〈**зби́ти**[2]〉 zusammendrängen; zusammentun; **зби́јати ша́лу** e-n Scherz machen
збѝјен zusammengepfercht; komprimiert
збѝља ADV wahrhaftig, tatsächlich
зби́р Summe *f* (*a* MATH); **~ка** Sammlung *f*; **~нӣ** GR kollektiv; **~на̄ ѝменица** Kollektivum *n*
због PRP (*G*) aufgrund, wegen; **~ ва̂с** euretwegen; **~ ме̏не** meinetwegen; **~ то̀га** deswegen; **~ чѐга** weswegen
збо̏гом leb(en Sie) wohl!

збо̂р Versammlung *f*; **~нӣк** Sammelband *m*
збо́рница Lehrerzimmer *n*
збр̏да-здо̏ла durcheinander
збр̀исати PF *fig F* abhauen; *fig F Essen* wegputzen
збр̏ка Gewirr *n*, Verwirrung *f*
збр̏ка̄н konfus, wirr
збу̂њен *adj im Kopf* verwirrt
збуњѝвати ⟨збу́нити⟩ *geistig* verwirren; **~ се** unsicher *od* verwirrt werden
зва̏ница Gast *m*; **по̏часна̄ ~** Ehrengast *m*
зва̀ничан offiziell, förmlich
зва́ње Titel *m*, Rang *m*
зва̏ти (an)rufen; **~ ко̀га у̀ помо̄ћ** j-n zu Hilfe rufen; **~ се** heißen; **ја се зо̀ве̄м** ... ich heiße ...
зве́зда Stern *m*; **мо̀рска̄ ~** Seestern *m*
звѐздара Sternwarte *f*
звекѐтати rasseln, klimpern
зве̂р(ка) F (Wild)Tier *n*; **кру̏пна̄ ~** *fig* hohes Tier *n*
зве̏рскӣ bestialisch
зве̏цкати ⟨зве̏цнути⟩ klimpern, klingeln
зве́чати ⟨зве́кнути⟩ klirren, rasseln
звѝжда̄љка (Triller)Pfeife *f*
звѝждати pfeifen
звѝждӯк Pfiff *m*
зво̏нак ADJ *Stimme* glockenhell, klangvoll
зво̀нӣк Glockenturm *m*
зво̀нити klingeln; *Glocke* läuten
зво̏но Glocke *f*; (Tür)Klingel *f*; **у̀дарити на сва̏ зво̀на** *fig F* an die große Glocke hängen
звр̀јати *Geräusch* schwirren, surren
звр̂к *Spielzeug* Kreisel *m*
зву̂к Klang *m*; Laut *m*; **бр̏зина ~а** Schallgeschwindigkeit *f*; **ја̀чина ~а** Lautstärke *f*
зву̂чан klangvoll; GR *Laute* stimmhaft
зву́чати klingen, sich anhören
зву̂чнӣк Lautsprecher *m*
зга̏зити PF (zer)treten, niedertrampeln
зга̏рӣште Brandstätte *f*
згло̏б Gelenk *n*, Knöchel *m*
згње́чити PF zerquetschen
зго̏дан handlich; *Mensch* gut gebaut
згра̏да Gebäude *n*
згра̂нӯт verblüfft
згру̏двати се PF (ver)klumpen
згруша́вати ⟨згру̏шати⟩ се *Blut* gerinnen
згр̀чити PF ballen; **~ се** sich verkrümmen; *Gesicht* (sich) verzerren
згу̀жв|а̄н zerknittert; **~ати** PF zerknittern
згушња́вати ⟨згу̏снути⟩ andicken
зда́ње Bauwerk *n*
здѐла Schale *f*
здѐпаст *Figur* untersetzt
здѝпити PF *F* klauen
здра̂в gesund, heil; **~ица** Toast *m*
здра̂вље Gesundheit *f*; **у ~!** zum Wohl!
здра̂во *Begrüßung* hallo!
здра̀вств|енӣ gesundheitlich, Gesundheits-; **~о** Gesund-

heitswesen *n*
зе́ба Fink *m*
зе́бња Frösteln *n*; Besorgnis *f*
зе̏бра Zebra *n*
зе́вати ⟨зе́внути⟩ gähnen
зе̏зати F sich lustig machen *über j-n*; **~ се** Spaß machen; (herum)albern
зе́јтин Speiseöl *n*
зе̏лен F Suppengrün *n*
зѐлен grün; **~ӣ та̏ла̄с** *Verkehr* grüne Welle *f*; **2ӣ** POL die Grünen *pl*
зелена́штво Wucherei *f*
зелѐнӣш Kraut *n*, das Grüne
земàљскӣ irdisch; Erd-
зѐмичка Brötchen *n*, Semmel *f*
зѐмљ|а (In)Land *n*; Erdboden *m*; Erde *f*; **2а** *Planet* Erde *f*; **нѝчија̄ ~а** Niemandsland *n*; **~а у ра́звоју** Entwicklungsland *n*; **~а̄к** Landsmann *m*; **~àкиња** Landsmännin *f*; **~àрина** Grundsteuer *f*; **2ина те́жа** Schwerkraft *f*
зе̏мљӣште Erdboden *m*, Grund *m*
земљопо́седн|ӣк M, **~ица** F Grundbesitzer(in *f*) *m*
земљòра̄д|нӣк M, **~ница** F Landwirt(in *f*) *m*; **~ничкӣ** landwirtschaftlich
земљора́дња Landwirtschaft *f*
зе̏мљотре̄с Erdbeben *n*
зе̏мнӣ: **~ гâс** Erdgas *n*
зе̏ниц|а Pupille *f*; **чу́вати као ~у о̏ка** *et* hüten wie seinen Augapfel
зе́псти frösteln; **зе́бе̄м** mich fröstelt

зе̏т Schwiegersohn *m*; Schwager *m* (*Ehemann der Schwester der Frau*)
зе̂ц Hase *m*
зѐче|вина, ~тина Hasenfleisch *n*
зи̏д Mauer *f*, Wand *f*; **пре̏граднӣ ~** Trennwand *f*
зи̏да̄р Maurer *m*
зи́дати bauen; mauern
зи̏дн|ӣ Wand-; **~а̄ пло̏чица** (Wand)Fliese *f*
зи̏јати gaffen
зи́ма Winter *m*; *fig* Kälte *f*; **~ ми је** mir ist kalt
зи̏мзеле̄н ADJ immergrün
зи́мниц|а Wintervorrat *m*; **спре́мати ~у** *Obst, Gemüse* einmachen; Wintervorräte anlegen
зим|òвање Überwintern *n*; Winterurlaub *m*; **~огрòжљив** verfroren
зи̏мскӣ Winter-, winterlich
зи̏мӯс diesen *od* letzten Winter
зи̏нути den Mund aufmachen
зихѐра̄ш j-d, der auf Nummer Sicher geht
зи̏херна̄дла Sicherheitsnadel *f*
зја́пити *Abgrund* gähnen
зла́тан golden (*a fig*)
златàр Goldschmied *m*
зла̏таст goldfarbig
зла̏то Gold *n*
зли́ковац Übeltäter *m*
зло̏ Übel *n*, Unheil *n*; ADJ übel, schlecht
злòба Bosheit *f*
зло̏|бан gemein, boshaft; **~во̄љан** griesgrämig

злòгласан berüchtigt, verrufen
злòдело Übeltat *f*
злòдух Unhold *m*
злȍ|кобан Unheil verkündend; **~нáмеран** böswillig; **~пàмтив** nachtragend
злòслутан unkend
злòстављ|а̄ње Misshandlung *f*; **~ати** ⟨**злòставити**⟩ misshandeln
злȍтвор Missetäter *m*
злòћудан bösartig (*a* MED)
злòупо|треба Missbrauch *m*; **~трeбљáвати** ⟨**~трéбити**⟩ missbrauchen
злòчин Verbrechen *n*; **~ац** Verbrecher *m*; **~ачкӣ** verbrecherisch
злу̀рад hämisch, schadenfroh; **~ōст** F Schadenfreude *f*
зма̂ј Drache(n) *m*
змѝј|а Schlange *f*; **~у̀гав** in Schlangenlinien
зна̂к Zeichen *n*; Kennzeichen *n*; **~ пи́та̄ња** Fragezeichen *n*; **са̏обраћа̄јнӣ ~** Verkehrsschild *n*; **~ упозорéња** Warnschild *n*
зна̏ла|ц Könner *m*, Experte *m*; **~чкӣ** gekonnt, sachkundig
зна̏м|ēн Mal *n*; **~енит** bedeutend, berühmt; **~енитōст** F Sehenswürdigkeit *f*; **~ēње** Vorzeichen *n*; Wahrzeichen *n*
зна̂н bekannt
знáње Wissen *n*, Kenntnis *f*
зна̏|тан beträchtlich, beachtlich; **~ти** wissen; beherrschen; **~ти се** sich kennen; **~тижēљан** neugierig
зна̏ча̄ј Wichtigkeit *f*; **~ан** wichtig, bedeutend
знáч|ēње Bedeutung *f*; **~ити** bedeuten
зна̏чка Anstecknadel *f*
зно̂ј Schweiß *m*
зно̏јав verschwitzt
знòјити се schwitzen
зо̂б Hafer *m*
зòбати *Körner* (auf)picken
зóва Holunder *m*
зóна Zone *f*; **индỳстрӣјска̄ ~** Industriegebiet *n*; **~ нѝско̄г ва̏здӯшно̄г прѝтӣска** Tiefdruckgebiet *n*
зоолòгија Zoologie *f*
зоòлошкӣ zoologisch; **~ вр̑т** Zoo *m*
зòра Morgenrot *n*; Tagesanbruch *m*
зра̂к Strahl *m*
зрáч|ēње Bestrahlung *f*; **~ēћӣ** strahlend; **~ити** strahlen; bestrahlen; *Röntgen* durchleuchten
зре̏|лōст F Reife *f*; **~о** reif; **~ти** reifen
зрѝкав schielend, schieläugig; **~ац** Grille *f*
зр̏наст körnig
зр̏но Korn *n*; **~ кàфē** Kaffeebohne *f*; **~ гро̂жђа** Weinbeere *f*
зу̂б Zahn *m*; **јèзик за ~е!** halt's Maul!; **бòлӣ ме ~** ich habe Zahnschmerzen
зу̀ба̄р M, **~ка** F Zahnarzt *m*, Zahnärztin *f*
зу́бац Zacke *f*, Zahn *m*
зу̂бнӣ Zahn-
зубòбоља Zahnschmerzen *m/pl*

зу́ј|ање: **~ање у у̀шима** Ohrensausen *n*; **~ати** summen
зу̏мбалица Locher *m*
зу̏мбул Hyazinthe *f*
зупча̀ни̅к Zahnrad *n*; **ди̏ференција̄лни̅ ~** Differenzialgetriebe *n*
зу́рити (an)starren (**у** *A A*)

И

и und, auch; **и ... и ...** sowohl ... als auch ...; **~ та̀ко ~ та̀ко** ohnehin; **~ те ка̏ко** und ob; **~ то̂** und zwar
ѝако CJ obwohl; **ча̏к ~** selbst wenn
ѝбри̅к Kanne *f*; **~ за ка̀фу** Kaffeekanne *f*
ѝверица Sperrholz *n*
ѝви|ца Kante *f*; Rand *m*; **~чња̄к** Bordstein *m*
ѝгде irgendwo
ѝгла Nadel *f*
игно̀рисати (IM)PF ignorieren
ѝгр|а Spiel *n*; Tanz *m*; **~а ка̂ртама** Kartenspiel *n*; **~а на срѐћу** Glücksspiel *n*; **~ати** spielen (*a* THEA); tanzen; **~ати се** spielen; **~али̅ште** Spielfeld *n*; Spielplatz *m*; **~а̄ч** M, **~а̀чица** F Spieler(in *f*) *m*; Tänzer(in *f*) *m*; **~ачка** Spielzeug *n*
ѝдеа̄лан ideal
иде́ја Idee *f*
идѐнти|фиковати (IM)PF identifizieren; **~чан** identisch
идео̀лошки̅ ideologisch
иди̏личан idyllisch
иди̏отски̅ idiotisch
ѝду̑ћи̅ kommend
из PRP (*G*) aus; **~ ви̏ђе̄ња** vom Sehen; **~ почѐтка** von Anfang an; **~ то̀га слѐди̅** daraus folgt
иза PRP (*G*) hinter; nach; **скре́нути ~ у̏гла** um die Ecke biegen
ѝзаби́рати ⟨**иза̀брати**⟩ (aus)wählen
ѝза|зва̄н verursacht; **~зи́вати** ⟨**иза̀звати**⟩ bewirken; herausfordern (*a* SPORT); **~зѝва̄ч** Herausforderer *m*; **~зѝва̄чки̅** herrausfordernd; **~зо̄в** Herausforderung *f*
изасл|а̀ни̅к M, **~а̀ница** Delegierte(r *m*) *f*; **~а́нство** Delegation *f*
ѝзбављати ⟨**-вити**⟩ (er)retten, erlösen (*a* REL)
избա̀вље́ње Rettung *f*; REL Erlösung *f*
избаци́вати ⟨**-ба́цити**⟩ hinauswerfen (*a fig*); **~ ко̀га из равноте́же̄** j-n aus dem Gleichgewicht bringen
избега́вати ⟨**ѝзбећи**⟩ vermeiden; **~ ко̀га** j-n meiden
ѝзбегли|ца M, F Flüchtling *m*; **~чки̅** Flüchtlings-
избезумљи́вати ⟨**-безу́мити**⟩ wahnsinnig machen
изби́јати ⟨**ѝзбити**⟩ V/T ausschlagen; V/I *Zahn* durchbrechen
ѝзбли̅за aus der Nähe
ѝзбор (Aus)Wahl *f*; **~и** M/PL POL Wahlen *f/pl*

избòрити (**се за** *A*) PF erkämpfen
ѝзбочина Ausbuchtung *f*
ѝзвадити PF herausholen; *Zahn* herausziehen
ѝзван PRP (*G*) außerhalb (*D*), außer (*D*)
изванредан außerordentlich; hervorragend
ѝзвежбāн geübt
ѝзвеснōст F Gewissheit *f*; **~тан** bestimmt; gewiss
ѝзветрео abgestanden; verdunstet
ѝзвешт|āј Bericht *m*; **~áвати** ⟨**извéстити**⟩ berichten
извèштāч Berichterstatter *m*
извèштāчен gekünstelt; unnatürlich
ѝзвиђāч Pfadfinder(in *f*) *m*
извињ|áвати ⟨**извѝнити**⟩ entschuldigen (**ce** sich); **~éње** Entschuldigung *f*
ѝзвирати *Fluss* entspringen; *Wasser* quellen
извирѝвати ⟨**-вѝрити**⟩ hervorlugen
извитòперен verdreht
извлáч|ēње *Lottozahlen* Ziehung *f*; **~ити** ⟨**извýћи**⟩ (heraus)ziehen
ѝзвод *schriftlicher* Auszug *m*
извòд|ити ⟨**ѝзвести**⟩ hinausführen; *et*, *j-n* ausführen; THEA aufführen; **~љив** machbar; ausführbar
ѝз|воз Export *m*; **~вòзити** ⟨**~вèсти**⟩ ECON exportieren, ausführen
извојèвати PF erkämpfen, erfechten
извòли(те) bitte; **да, (сāмо) ~!** ja, bitte, nur zu!
ѝзвор Quelle *f*; *Mineralwasser* Brunnen *m*; **~ан** ursprünglich
изврáвати ⟨**ѝзвргнути**⟩ *Gefahr* aussetzen (**ce** sich)
ѝзврстан vorzüglich
ѝзвртати ⟨**изврнути**⟩ verdrehen, umdrehen (*a fig*)
изврш́авати ⟨**извр́шити**⟩ durchführen; begehen
изврш́илац Vollstrecker *m*; **сýдскӣ ~** Gerichtsvollzieher *m*
ѝзвршнӣ exekutiv, Vollzugs-
извýћи се PF davonkommen
ѝзгазити PF zertrampeln
изглађѝвати ⟨**ѝзгладити**⟩ glätten; ausgleichen; **~ нèспоразум** ein Missverständnis ausräumen
ѝзглēд Aussehen *n*; Aussicht *f*
ѝзглēда anscheinend
изглéдати aussehen
ѝзгн|āнӣк M, **~āница** F Vertriebene(r *m*) *f*; **~áнство** Exil *n*
изгњéчити PF ausquetschen, auspressen
изговáрати ⟨**-вòрити**⟩ aussprechen; ausreden; **~ ce** *nur impf* sich herausreden
ѝзговōр Aussprache *f*; Ausrede *f*
изгòрети PF V/T *u* V/I verbrennen; V/I ausbrennen
изгòрети PF niederbrennen
изгрáдњ|а Aufbau *m*; Bau *m*; **~а пýтēвā** Straßenbau *m*
изграђѝвати ⟨**-áдити**⟩ aufbauen, bebauen
изгрèбати PF auskratzen

изгри́зати ⟨**ѝзгристи**⟩ zerbeißen; zernagen (*a fig*)
изгу̏бити PF verlieren; **~ се** verschwinden; sich verirren
ѝзгужва̄н zerknittert
изгу́рати PF hinausschieben
изда́в|ати ⟨**ѝздати**⟩ (her-)ausgeben; *Bestätigung* ausstellen; *Buch* verlegen; *Wohnung* vermieten; *Geheimnis* verraten
издава̑ч Herausgeber *m*; **~кӣ** Verlags-
ѝздаја Verrat *m*
ѝзда̄j|нӣк M, **~ница** F Verräter(in *f*) *m*; **~нӣчкӣ** verräterisch
издале̏ка von weitem
ѝзданак Spross *m*, Trieb *m*
из|да́ње *Buch* Auflage *f*; **~да́так** (Geld)Ausgabe *f*
издва́јати ⟨**-двѐјити**⟩ aussondern; absondern (**се** sich); **~ се** sich abheben
изде́јствовати PF verschaffen
ѝздисати ⟨**-да̀хнути**⟩ ausatmen; *nur* PF den Geist aufgeben
издржа́в|а̄ње Unterhalt *m*; Aushalten *n*; **~ати¹** ernähren; **~ати²** ⟨**издр̏жати**⟩ aushalten; *Strafe* verbüßen
издр̏жљив durchhaltefähig; **~о̄ст** F Ausdauer *f*
издува́вати ⟨**-ду́вати**⟩ durchblasen, ausblasen; *Luft, Gas* ausstoßen
ѝздӯвнӣ: **~ га́сови** Abgase *n/pl*
изигра́вати ⟨**-ѝграти**⟩ vorspielen; ausspielen

изиски́вати (er)fordern
ѝзјав|а Äußerung *f*; JUR Aussage *f*; **~љи́вати** ⟨**изја́вити**⟩ erklären; JUR aussagen
изјашњи́вати ⟨**-ја́снити**⟩ **се** sich äußern über (*A*); sich aussprechen (für *od* gegen *et*)
изједнач|а́вати ⟨**-на́чити**⟩ ausgleichen; **~е́ње** Ausgleich *m* (*a* SPORT)
изла́га̄ње Ausführung *f*
изла́гати ⟨**-лѐжити**⟩ darstellen; *Ware* ausstellen; **~ опа́сности** e-r Gefahr aussetzen; **~ се** sich ausetzen
изла̀г|а̄ч M, **~а̀чица** F Aussteller(in *f*) *m*
ѝзлаз Ausgang *m*; Ausweg *m*; **~ак** Ausstieg *m*; *Sonne* Aufgang *m*
ѝзлазити ⟨**иза́ћи**⟩ (hin)ausgehen; *Zeitung* erscheinen; *Sonne* aufgehen; **~ на кра̑ј** auskommen (**са** / mit et)
ѝз|лет Ausflug *m*; **~ле́тати** ⟨**~лѐтети**⟩ hinausfliegen; hinauseilen
из|лѐчив heilbar; **~ле́чити** PF ausheilen
ѝзл|ив *Gefühle* Ausbruch *m*; *Fluss* Überschwemmung *f*; **~и́вати** ⟨**ѝзлити**⟩ ausgießen; **~и́вати** ⟨**ѝзлити**⟩ **се** überströmen
ѝзл|иза̄н abgenutzt; abgetragen; **~и́зати** PF abnutzen, abwetzen (**се** sich)
ѝзлишан überschüssig
ѝз|лог Schaufenster *n*; **~ложба** Ausstellung *f* **~ложен**: **бйти ~ложен чѐму** *et*

ausgesetzt sein
излучѝвати ⟨**-ӯчити**⟩ aussondern, ausscheiden (*a* MED)
ѝзмак: **бѝти на ~у** knapp sein; am Ende sein
измамљѝвати ⟨**-мáмити**⟩ herauslocken; entlocken
између PRP (*G*) zwischen (*D*); **~ о̀ста̄ло̄г** unter anderem
ѝз|мена Änderung *f*; Wechsel *m*; **~мењѝвати** ⟨**~мéнити**⟩ auswechseln; verändern
ѝзмет Kot *m*, Ausscheidungen *f/pl*
измѝгољити се PF entschlüpfen, sich *j-m* entwinden
измир|ѝвати ⟨**измѝрити**⟩ aussöhnen (**се** sich); **~éње** Aussöhnung *f*
ѝзмицати ⟨**ѝзмаћи**⟩ wegschieben
измѝшљати ⟨**ѝзмислити**⟩ sich *et* ausdenken; *fig* erfinden
ѝзмишљ|ен ausgedacht; **~о̀тина** Hirngespinst *n*
измо̀лити PF erbitten; erbeten
измо̀рити PF ermüden, erschöpfen
измотáвати се Faxen machen
изнад PRP (*G*) über (*D*), oberhalb (*G*)
ѝзна̄јмљен ausgeliehen; gemietet; **~а̄ ко̏ла** Mietwagen *m*
изнајмљѝв|а̄ње Verleih *m*; Vermietung *f*; **~ати** ⟨**изнáјмити**⟩ mieten, ausleihen; vermieten
изневерáвати ⟨**-нѐверити**⟩ verraten; *Erwartungen* enttäuschen
изнѐмогао ermattet
ѝзнена̄д|а ADV plötzlich; **~ан** ADJ unerwartet, überraschend
изнѐна̄ђ|ен erstaunt, überrascht; **~éње** Überraschung *f*; **~ѝвати** ⟨**изненáдити**⟩ überraschen; ertappen (**при** *D* bei *D*)
ѝзнова erneut, neu; **у̏вēк ~** immer wieder (aufs Neue)
ѝзнос Betrag *m*
изно̀сити¹ ⟨**ѝзнēти**⟩ *Summe* betragen; sich belaufen *auf* (*A*)
изно̀сити² ⟨**ѝзнēти**⟩ hinaustragen; *Kleider* abtragen; darstellen
ѝзношен abgetragen
ѝз|нӯтра von innen; **~нутрица** Eingeweide *n*; **~нутрице** PL GASTR Innereien *f/pl*
ѝзобӣље Überfluss *m* (*G* an et)
из|обличáвати ⟨**~облѝчити**⟩ deformieren; **~о̀блӣчен** unförmig; verzerrt
изолáција Isolierung *f*; **то̀плотна̄ ~** Wärmedämmung *f*
ѝзолов|а̄н isoliert; **зву̑чно ~а̄н** schalldicht; **~ати** (IM)PF isolieren
изо̀па̄чен abartig, entartet
изо̀стављати ⟨**-о̀ставити**⟩ weglassen, auslassen
изо̀|стајати ⟨**~стати**⟩ wegbleiben; *Zahlung* ausbleiben; **~станак** Fernbleiben *n*
ѝзра|да Herstellung *f*; **ру̑чна̄ ~да** Handarbeit *f*; **~ђѝвати** ⟨**изрáдити**⟩ herstellen
ѝзраж|а̄ј Ausdruck *m*; **~áвати** ⟨**изрáзити**⟩ ausdrücken (**се** sich); **~а̄јан** ausdrucksvoll

ѝзраз Ausdruck *m*; **~ лѝца** Gesichtsausdruck *m*; **~ит** ausdrucksvoll; ausgeprägt; **~ито** ADV ausdrücklich
изра́њати ⟨-рòнити⟩ auftauchen
изра́стати ⟨-ра́сти⟩ auswachsen; herauswachsen (*a fig*)
израчуна́вати ⟨-рачу̀нати⟩ (aus)rechnen, berechnen
ѝзраштāј MED Wucherung *f*
ѝзрез *Kleid* Ausschnitt *m*
ѝзрека Redensart *f*
изрѝбати PF ausreiben, ausscheuern
ѝзричит ausdrücklich
изруч|е́ње Auslieferung *f*; **~ѝвати ⟨изру́чити⟩** aushändigen; *Grüße* ausrichten
изу́вати ⟨ѝзӯти⟩ *Schuhe* ausziehen
изу̀зēв, ~ши ausgenommen
изузе́так Ausnahme *f*
ѝзузēт|ан außerordentlich; **~но** ADV höchst, außerordentlich
изу̀зимати ⟨-у̀зēти⟩ ausnehmen; ausschließen
ѝз|ум Erfindung *f*; **~у̀мети** PF erfinden
изу̀мирати ⟨-у̀мрēти⟩ aussterben
изу́стити PF aussprechen, äußern
изуча́вати ⟨-у̀чити⟩ lernen, erlernen
ѝк|ад(ā) irgendwann; je; **вѝшē нѐго ~ад(ā)** mehr denn je; **~акав** irgendeiner; **~āко** irgendwie; **~о** irgendjemand; **~ојӣ** irgendein
ѝкона Ikone *f*
ѝкра Fischrogen *m*
ѝкуд(ā) irgendwohin
ѝл|егāлан illegal; **~ега́лац** M, **~лѐгāлка** F Untergrundkämpfer(in *f*) *m*
или oder; **~ па̏к** oder aber; oder auch; **~ … ~ …** entweder … oder …
ѝловача Lehm(erde *f*) *m*
ѝлӯзи|ја Illusion *f*; **~òнист(а)** M, **~òнисткиња** F Zauberkünstler(in *f*) *m*
ѝлустратӣван illustrativ
илустра́ција Illustration *f*
ѝлустров|ан illustriert; **~ати** (IM)PF illustrieren
имàлӣн Schuhcreme *f*
има́ње *Land* Gut *n*, Grundbesitz *m*
ѝмати haben; besitzen; **~ да** … sollen; haben zu (+ *inf*); **~ … го̑дӣнā** … Jahre alt sein; **~ на сѐби** *Kleidung* anhaben; **~ чѐга преко гла́вē** et satt haben
ѝмбецӣлан schwachsinnig
ѝме Vorname *m*; **~ и прѐзиме** Vor- und Nachname; **у ~** im Namen; im Auftrag
ѝмēјл EDV E-Mail *f*; **⟨на⟩пѝсати, ⟨пò⟩слати ~** mailen
ѝмен|дāн Namenstag *m*; **~ѝк**: **телѐфо̑нскӣ ~ѝк** Telefonbuch *n*
имѐнилац MATH Nenner *m*
ѝменица GR Substantiv *n*
ѝме|новāње Ernennung *f*; **~новати** (IM)PF benennen; er-

nennen; **~њāк** Namensvetter *m*
имéтак Habe *f*, Vermögen *n*
имигрáција Einwanderung *f*
имит|áција Fälschung *f*; **~ӣрати** (IM)PF nachahmen
ӣмиџ Image *n*
ӣмовина *Besitz* Vermögen *n*
ӣмператӣв Gebot *n*; Imperativ *m* (*a* GR)
ӣмперфек(а)т Imperfekt *n*, Präteritum *n*
импо|зàнтан beeindruckend, imposant; **~тèнтан** impotent
ӣмпоновати (IM)PF imponieren
импрèгн|ӣрāн imprägniert; **~ӣрати** (IM)PF imprägnieren
импрòвизовати (IM)PF improvisieren
ӣмпулсӣван impulsiv
ӣмун immun (**на** *A* gegen *A*); **~ӣтēт** Immunität *f*
ӣмӯћан vermögend
ӣн|āт Trotz *m*; **за ~āт** zum Trotz; **~áтити се** trotzen
ӣнāче andernfalls, sonst
ӣнвāзија Invasion *f*
инвàлӣд Invalide *m*/*f*; **тêшкӣ ~** Schwerbehinderte(r *m*) *f*; **~скӣ** Behinderten-; **~скā колúца** *pl* Rollstuhl *m*
инвèнт|āр Inventur *f*; **~àрисати** (IM)PF inventarisieren
инвест|ӣрати (IM)PF investieren; **~ӣција** Investition *f*
ӣндекс Index *m*; Studienbuch *n*
индивӣдуа Individuum *n*
ӣн|директан indirekt; **~дискрēтан** indiskret
ӣндӣција Anhaltspunkt *m*
индỳстр|ија Industrie *f*; **~ијализáција** Industrialisierung *f*; **~ӣјскӣ** Industrie-; **~ӣјскā и прӣвреднā кòмора** Industrie- und Handelskammer *f*; **~ӣјскӣ синдѝкāт** Industriegewerkschaft *f*
инèр|тан träge, unbeweglich; **~ција** Trägheit *f* (*a* PHYS); **по ~цији** gewohnheitsmäßig
инжèњēр(ка F) M Ingenieur(in *f*) *m*
иницијатúва Initiative *f*; **лӣчнā ~** Eigeninitiative *f*
инјèкција MED Spritze *f*
инкỳбāтор ZO Brutapparat *m*; MED Brutkasten *m*
инòстр|ан ausländisch, Auslands-; **~áнство** Ausland *n*
ӣнсек(а)т Insekt *n*
инсистӣрати (IM)PF bestehen auf, insistieren
инспèкција Inspektion *f*
инстал|àтēр(ка F) M Installateur(in *f*) *m*; **~áција** Installation *f*
инстѝт|ӯт Institut *n*; **~ӯција** Institution *f*
ӣнструктор(ка F) M Ausbilder(in *f*) *m*; **~ вóжњē** Fahrlehrer(in *f*) *m*
инструмент Instrument *n* (*a* MUS)
интелект|уáлац M, **~ỳалка** F Intellektuelle(r *m*) *f*
интелигèнтан intelligent
ӣнтензӣван intensiv
интервèнисати (IM)PF einschreiten
интèрвј|ӯ Interview *n*; **~ỳи-**

сати IM/PF interviewen
ѝнтерес Interesse *n*; **~а̀нтан** interessant; **~ова̄ње** Interesse *n*; **~овати** interessieren (**се** sich)
интерѝјēр Innenraum *m*
ѝнтернациона̄лан international
ѝнтернет Internet *n*; **бѐжичнӣ ~** WLAN *n*; **прѝступ ~у** Internetzugang *m*
ѝнтēрнӣ inner, intern
интѐрниста M Internist(in *f*) *m*
интерпрѐта̄тор(ка F) M Interpret(in *f*) *m*
интерпу̀нкција Zeichensetzung *f*
ѝнтерфо̄н Sprechanlage *f*
ѝнтӣман intim
ѝнтрига Intrige *f*
ѝнфаркт Infarkt *m*
ѝн|фектӣван infektiös; **~фѐкција** MED Infektion *f*; Entzündung *f*
ѝнфери|о̄ран minderwertig; **~о̄рно̄ст** F Minderwertigkeit *f*
инфицѝрати IM/PF MED (**се**) entzünden; anstecken (**се** sich)
инфла́ција Inflation *f*
ѝнформатӣван informativ
информа̀ти|ка Informatik *f*; **~ча̄р(ка** F) M Informatiker(in *f*) *m*
информа́ција Information *f*
инфо̀рмисати IM/PF informieren (**се** sich)
ѝнфӯзија Infusion *f*
инхалѝрати IM/PF inhalieren
инцѝдент Zwischenfall *m*
ѝње Raureif *m*
иона̀ко ohnehin
ѝпа̄к doch; immerhin
Ѝрац Ire *m*
ѝрва̄с Rentier *n*
Ѝркиња Irin *f*
ѝр|о̄нија Ironie *f*; **~о̀нисати** IM/PF ironisieren, ironisch sein; **~о̀ничан** ironisch
Ѝрск|а̄ Irland; **ⓢӣ** irisch
исељ|а́вати ⟨**исѐлити**⟩ **се** ausziehen; **~ѐнӣк** M, **~ѐница** F Auswanderer *m*, Auswanderin *f*
исе́цати ⟨**ѝсећи**⟩ ausschneiden; (zer)schneiden
ѝсецкати PF (klein) schneiden
ѝсечак Ausschnitt *m*
ѝсисати PF aussaugen (*a fig*)
ѝсказ Aussage *f*
исказѝвати ⟨**-ка́зати**⟩ (aus-) sagen; *j-m et* erweisen; **~ се** sich hervortun; sich herausstellen
иска́кати ⟨**-ко̀чити**⟩ herausspringen; abspringen
искашља́вати ⟨**-ка̀шљати**⟩ aushusten, abhusten; **~ се** sich aushusten; sich räuspern
ѝскидати PF zerreißen, in Stücke reißen; **~ се од смѐха** sich totlachen
искѝпети PF überkochen, übersprudeln
ѝсклизнути PF ausrutschen; *Zug* entgleisen
ис|кључе́ње Ausschluss *m*; **~кључив** ausschließlich; **~кључѝвати** ⟨**-у́чити**⟩ ausschalten
ѝсконскӣ ursprünglich

ископа́вати **⟨искòпати⟩** ausgraben
ѝскопина Ausgrabung *f*; Fund *m*
искорењѝвати **⟨-коре́ници⟩** ausrotten
искоришћа́вати **⟨искòристити⟩** ausnützen
ѝскоса schräg, schief
ѝскра Funke *f*
искрва́рити PF verbluten
ѝскрен aufrichtig, ehrlich; **~ōст** F Ehrlichkeit *f*
искре́тати **⟨-кре́нути⟩** verdrehen; *Fuß* (um)knicken
искривља́вати **⟨-кри́вити⟩** verdrehen, verbiegen
ѝскрӣвљен schief, verbogen (*a fig*)
ѝскрити funken; *fig* sprühen
искрса́вати **⟨ѝскрснути⟩** auftauchen; **ако нѝшта не ѝскрснē** wenn nichts dazwischenkommt
искрца́в|āње MAR Landung *f*; **~ати** **⟨ѝскрцати⟩** MAR entladen, löschen; **~ати се** landen, sich ausschiffen
ѝскр̄чен gerodet
искува́вати **⟨ѝскувати⟩** auskochen
искупљѝвати **⟨-ку́пити⟩** freikaufen, auslösen
ѝс|кӯсан erfahren *in et*; **~ку́сити** PF erfahren; **~ку́сити на влàститӣм ле́ђима** am eigenen Leib spüren; **~ку́ство** Erfahrung *f*
искуш|а́вати **⟨ѝскушати⟩** versuchen; **~е́ње** Versuchung *f*
ѝслāмскӣ islamisch
ѝсле|днӣ Ermittlungs-; **~днӣк** Ermittler *m*; **~ђѝвати** **⟨исле́дити⟩** ermitteln
исме́вати **⟨-èјати⟩** auslachen
испа́вати се PF (sich) ausschlafen
ѝспад Ausschreitung *f*; **~ати** **⟨ѝспасти⟩** herausfallen; *fig* ausfallen; SPORT ausscheiden
испаљѝвати **⟨испа́лити⟩** abschießen
испар|а́вање Ausdünstung *f*; **~а́вати** **⟨ѝспарити⟩** verdunsten; verdampfen; **~е́ње** Dunst *m*; Dampf *m*
испа́штати büßen; verbüßen
испѝјати **⟨ѝспити⟩** austrinken
испѝјен abgezehrt
испѝлити се PF aus dem Ei schlüpfen
испѝрати **⟨ѝспрати⟩** (aus-)spülen; **~ гр̑ло** gurgeln
ѝспис Auszug; Exmatrikulation *f*; *Mitgliedschaft* Löschung *f*; **~ѝвати** **⟨испѝсати⟩** exmatrikulieren; voll schreiben
ѝспит Prüfung *f*, Examen *n*; **пријемнӣ ~** Aufnahmeprüfung *f*; **~àнӣк** Prüfungskandidat *m*
испит|ѝвāње Umfrage *f*; MED Durchsuchung *f*; **~ѝвāње ја̂внōг мње́ња** Meinungsumfrage *f*; **~ѝвати** **⟨испѝтати⟩** prüfen; nachforschen; **~ѝвати кòга** j-n ausfragen; j-n abfragen; **~ѝвāч** M, **~ивàчица** F Prüfer(in *f*) *m*

ѝспл|ата Auszahlung *f*; **нȁлог за ~ату** Zahlungsanweisung *f*; **~àтив** lohnend
испла́тити се IMPF *fig* sich auszahlen, sich rentieren; **ѝсплāтӣ се** es lohnt sich
исплаћѝвати ⟨**-пла́тити**⟩ auszahlen
испло̀вити PF *Schiff* auslaufen
ѝспљунути PF ausspucken
ѝспо|вēд F Beichte *f*; **~вé-дати** ⟨**-о̀ведити**⟩ die Beichte abnehmen; beichten; **~ведао̀ница** Beichtstuhl *m*; **~вѐднӣк** Beichtvater *m*
испод PRP (*G*) unter (*D*), unterhalb (*G*)
испољáвати ⟨**испо̀љити**⟩ zeigen; zutage bringen; **~ се** sich äußern; zutage treten
испомáгати ⟨**-помо̀ћи**⟩ aushelfen
ѝспомōћ F Hilfe *f*; *Person* Aushilfskraft *f*
ѝспорука Lieferung *f*; *Post* Zustellung *f*
испоручѝвати ⟨**-ру́чити**⟩ aushändigen; zustellen
ѝспос|нӣк M, **~ница** F Asket(in *f*) *m*; Einsiedler(in *f*) *m*
ѝспостава Außenstelle *f*
испо̀стављати ⟨**-по̀стави-ти**⟩ ausstellen; zustellen; **~ се** sich herausstellen
ѝсправ|а Ausweis *m*; **~е** PL Ausweispapiere *n/pl*
ѝспрāван korrekt
ѝспрāвка Korrektur *f*
ѝсправљати ⟨**ѝсправити**⟩ verbessern (**се** sich); begradigen; wieder gutmachen; **~ се** sich aufrichten
испра̀вљач TECH Regler *m*
ѝспрāвнōст Richtigkeit *f*
ѝспрāжњен leer, entleert
ѝспраћāј Verabschiedung *f*
ѝспраћати ⟨**ѝспратити**⟩ verabschieden; begleiten
испребѝјати PF durchprügeln
испред PRP (*G*) *örtlich* vor (*D*); ADV davor
ис|пре́дати ⟨**ѝспрести**⟩ spinnen; **~пре́зати** ⟨**~пре́гнути**⟩ *Tiere* ausspannen; **~прѐкӣдāн** unterbrochen; **~прѐплетати** PF verflechten
испрѐт|ӯрано durcheinander; **~у́рати** PF durcheinander bringen
испре́чити се PF sich quer stellen
ис|прѝчати PF erzählen; **~пробáвати** ⟨**~про́бати**⟩ anprobieren; ausprobieren
ѝспружити PF ausstrecken; **~ се** sich (hin)strecken
испуњáвати ⟨**ѝспунити**⟩ *Formular* ausfüllen; erfüllen (**се** sich)
ѝспупч|ен gewölbt, bauchig; **~éње** Ausbuchtung *f*; Wölbung *f*; **~ити** PF (aus)wölben (**се** sich)
ѝспуц|āн rissig, aufgesprungen; **~áвати** ⟨**ѝспуцати**⟩ abfeuern, abschießen; *Lack* aufspringen
испу́штати ⟨**-пу̀стити**⟩ (heraus)lassen; fallen lassen; **~ из вȋда** außer Acht lassen
ѝспуштен *Reifen* platt

иста́кати ⟨**-тѝчити**⟩ *Wasser* ablassen
ѝстакнӯт herausragend
ѝстанчāн *Gehör* scharf; **~ōст** F Feinheit *f*
истегну́ће, **исте́зāње** MED Zerrung *f*
исте́зати ⟨**-те́гнути**⟩ (aus-, vor)strecken; dehnen; SPORT zerren
ѝстек Ablauf *m*; **по ~у** (*G*) nach Ablauf (*G*) *od* von (*D*); **~ао** *Pass* abgelaufen
истери́вати ⟨**ѝстерати**⟩ vertreiben
ѝст|ӣ derselbe; **у ~ō вре́ме** zur gleichen Zeit; **~ӣх гōдӣнā** gleichaltrig; **~ō тȁко** ebenso, genauso; **~ō тô** dasselbe
ѝстин|а Wahrheit *f*; **~ит** wahr (-heitsgemäß)
исти́скати ⟨**ѝстиснути**⟩ ausdrücken, auspressen
ѝстицати[1] ⟨**-тȁћи**⟩ hervorheben; *Plakat* anschlagen
ѝстицати[2] ⟨**-тѐћи**⟩ ausströmen; *Frist* ablaufen; *Fahrkarte* verfallen; *Gas* entweichen
истовари́вати ⟨**-тѝвари-ти**⟩ *Güter* entladen, abladen
истȍ|ветан identisch; **~врē-дан** gleichwertig; **~времен** gleichzeitig; **~добан** gleichzeitig; **~имен** gleichnamig
ѝсток Osten *m*; **Бли̏скӣ ~** Naher Osten *m*
истȍмишљенӣк Gleichgesinnter *m*
истȍпити ausschmelzen; *Speck* auslassen
ѝст|ōрија Geschichte *f*; **~орѝјāт** Chronologie *f*; Geschichte *f*; **~ȍрӣјскӣ** historisch, geschichtlich; **~ори-чāр(ка** F) M Historiker(in *f*) *m*
ѝсточн|ӣ östlich; **~о од** (*G*) östlich von (*D*); **~оѐврōпскӣ** osteuropäisch
ѝстра|га Ermittlung *f*; JUR Untersuchung *f*; **спрȍвести ~гу** e-e Ermittlung durchführen; **~жѝвāње** Forschung *f*; **~жѝвати** ⟨**истра́жити**⟩ (er)forschen; **~жѝвāч**, **~живàчица** Forscher(in *f*) *m*; **~жѝвāчкӣ** forschend; Forschungs-
ѝстрāжнӣ Untersuchungs-
ѝстрāј|ан beharrlich; **~нōст** F Ausdauer *f*; **~а́вати** ⟨**ѝстрајати**⟩ durchhalten
ѝстргати ⟨**-ргнути**⟩ ausreißen; entreißen
истребљи́вати ⟨**-тре́бити**⟩ ausrotten
истре́сати ⟨**-тре́сти**⟩ ausklopfen
истрȍшити PF abnutzen; verbrauchen
истрча́вати ⟨**-тр̏чати**⟩ SPORT *Mannschaften* auflaufen
исту́пати ⟨**-ити**⟩ hervortreten; austreten
исту́рати ⟨**ѝстурити**⟩ herausstrecken, hinausstrecken
Ѝсус: **~ Хрѝст** Jesus Christus
исуши́вати ⟨**ису́шити**⟩ austrocknen
ѝсфлекан fleckig
исфру̏стрӣран frustriert
ѝсход Ergebnis *n*
ѝсхрана Ernährung *f*; Verpfle-

gung *f*
ѝсцр̄пљ|ен erschöpft; **~еност** F Erschöpfung *f*; **~ѝвати** 〈**исцр́пити**〉 erschöpfen; ausschöpfen
исцр̀пљуjӯћи erschöpfend
ѝсцрпно ADV erschöpfend
Ѝта̄л|иjа Italien *n*; **~ѝjа̄н(ка** F) M Italiener(in *f*) *m*; **&ѝjа̄нскӣ** italienisch
итд. (**и тȁко дȃље**) usw. (und so weiter)
итѝсо̄н Teppichboden *m*
ѝћи gehen; **~ кòме у сýсрет** j-m entgegengehen; **~ на рȗку** begünstigen; **~ по** (*A*) abholen; **~ са кúме** *F* mit j-m gehen
ѝшиjас MED Ischias *m od n*
ѝшта irgendetwas
ѝшчашити PF *Arm* ausrenken, verrenken
ѝшчез|ао verschollen; **~áвати** 〈**~нути**〉 verschwinden
ишчекѝв|ање Erwartung *f*; **~ати** (er)warten
ишчекѝрати auschecken

J

jа̂ ich; **и ~** ich auch
jȁбла̄н Pappel *f*
jȁбу|ка Apfel(Baum) *m*; **~чица** ANAT Adamsapfel *m*
jáва wacher Zustand *m*
jа̂в|ан öffentlich; **~на̄ кӯћа** Bordell *n*
јавȁшлук Missstand *m*
jáвљати 〈**jáвити**〉 berichten; melden; **~ се** sich melden
jáвно̄ст F Öffentlichkeit *f*
jȁво̄р Ahorn *m*
jȁгње Lamm *n*
jàгњетина Lammfleisch *n*
jȁгода Erdbeere *f*
jȁд Leid *n*; **на jèдвӣтē ~е** mit Müh und Not; **~ан** bedauernswert; **~ати се** (sich be-) klagen
jàди|ковати jammern; **~ко̄вка** Klage *f* (*a Lied*)
jȁдн|ӣк M, **~ица** F Bedauernswerte(r *m*) *f*
Jȁдра̄н Adria *f*; **&скӣ** adriatisch
jа̂з Kluft *f*
jȁзав|ац Dachs *m*; **~ича̄р** Dackel *m*
jȁзбина Tierbau *m*
jáje Ei *n*; **~ на ȍко** Spiegelei *n*; **рȍвито̄ ~** weich gekochtes Ei *n*
jȁјнӣк ANAT Eierstock *m*
jȁјово̄д ANAT Eileiter *m*
jа̂к stark; heftig
jàкна Jacke *f*
jа̂ко ADV sehr
jȁма Grube *f*
jа̂мчити haften, bürgen
jȁо! o weh!, aua!
jáрак Graben *m*
jȁрац Ziegenbock *m*; ASTR Steinbock *m*
jàрбол Mast *m*
jȁре Zicklein *n*
jȁс|ан deutlich; klar; **крȁтко и ~но** kurz und bündig
jȁсл|е F/PL Krippe *f*; **~ице** F/PL Kinderkrippe *f*
jаснòћа Klarheit *f*
jȁстог Hummer *m*

јастрёб Habicht *m*
јасту|к (Kopf)Kissen *n*; **~чница** Kissenbezug *m*
јато Schar *f*; Schwarm *m*
јаук (Auf)Schrei *m*
јаукати ⟨-кнути⟩ (auf)schreien, jaulen
јахати reiten
јах|ач M, **~ачица** F Reiter(in *f*) *m*
јач|ање Stärkung *f*; **~ати ⟨о-⟩** (ver)stärken; kräftiger werden
јачина Stärke *f*
јеати V ficken
јеванђеље Evangelium *n*
Јевр|ејин Jude *m*; **~ејка** Jüdin *f*; **2ејски** jüdisch
јегуља Aal *m*
јёдак (v)erbittert
један eins; einer; **~ и по** anderthalb, eineinhalb; **~ мој пријатељ** ein Freund von mir; **~ по ~** einer nach dem anderen; **~ (те) исти** ein und derselbe
једанаест elf; **~ерац** *Fußball* Elfmeter *m*
једанпут einmal
једва ADV kaum; **~ чекам** ich kann es kaum erwarten
једини einzig, alleinig
јединица Eins *f*; einzige Tochter *f*; MIL Einheit *f*
једин|ка Individuum *n*; **~о** nur, lediglich
јед|инствен einmalig; einheitlich; **~инство** Einheit *f*
једињење CHEM Verbindung *f*
једнак gleich
једнакомеран gleichmäßig
једн|акост F Gleichheit *f*; **~ачина** MATH Gleichung *f*; **~ина** Singular *m*
једно ADV ungefähr, etwa
једно|бојан einfarbig, uni; **~гласан** einstimmig; **~годишњи** einjährig; **~душан** einmütig; **~личан** eintönig
једном einst; einmal; **~ом за свагда** ein für allemal
једнопартијски einparteiisch
једносмер|ан: **~на струја** Gleichstrom *m*; **~на улица** Einbahnstraße *f*
једно|ставан einfach; **~ставност** F Einfachheit *f*
једностран einseitig
једњак ANAT Speiseröhre *f*
једр|ење Segeln *n*; Segelsport *m*; **~ење на дасци** Windsurfen *n*; **~илица** Segelflugzeug *n*; Segelboot *n*; **~ити** segeln
једро Segel *n*
јеж Igel *m*; **морски ~** Seeigel *m*
јежити се schaudern, e-e Gänsehaut bekommen
језа Schauder *m*
језгр|о Kern *m*; **~овит** *fig* kernig; knapp
језеро See *m*
језив gruselig; *fig* grauenhaft
језик Sprache *f*; ANAT Zunge *f*; **матерњи ~** Muttersprache *f*
језички sprachlich, Sprach-
језични Zungen-
јека Hall *m*
јелен Hirsch *m*
јелка Tanne *f*

ję̀ло Speise *f*; Gericht *n*
jѐло̄вни̑к Speisekarte *f*; Menü *n*
jе́м|ац Bürge *m*; **~ство** Bürgschaft *f*
јења́вати ⟨јѐњати⟩ nachlassen, abflauen
јер CJ denn, weil
јѐсе̄н Herbst *m*
јѐсе̄њи̑ herbstlich, Herbst-
јѐсте ja, jawohl
јѐсти ⟨по̀-⟩ essen; **~ се** in sich hineinfressen
јѐстив essbar; **~о̄ у̑ље** Speiseöl *n*
јѐтра ANAT Leber *f*
је́трва *Ehefrau des Bruders des Mannes* Schwägerin *f*
јѐтрен|и̑ Leber-; **~а̄ паште́та** Leberpastete *f*
јѐфтин billig; **~ ле̑т** Billigflug *m*
јѐц|а̄ј Schluchzer *m*; **~ати** schluchzen
јѐчам Gerste *f*
је́чати ⟨за-⟩ (wider)hallen; stöhnen
јо́га Yoga *m od n*
јо̀гунаст störrisch
јо̀гурт (Trink)Jog(h)urt *m od n*
јо̑ј INT aua, o weh
јо̀рган Steppdecke *f*; **пѐрјани̑ ~** Daunendecke *f*
јо̀ргова̄н Flieder *m*
јо̀ш noch; mehr; **~ ка̏ко** und ob; **~ не̏што?** sonst noch etwas?
јуби̏ле̄ј Jubiläum *n*
ју̏г Süden *m*
југо|за́пад Südwesten *m*; **~за́падни̑** südwestlich; **~и̏сток** Südosten *m*
ју̏жни̑ südlich, Süd-
ју̑л Juli *m*
ју̑н Juni *m*
ју̏н|а̄к M, **~а̀киња** F Held(in *f*) *m*
ју̀на̄чки̑ heldenhaft; Helden-
ју̏не|тина Fleisch vom jungen Rind; **~ћи̑** Jungbullen-
ју́рити ⟨-нути⟩ eilen, (los)rasen; *j-n* jagen
ју̏р|и̏ш MIL Sturm *m*; **~и̏шати** MIL stürmen
ју̏та̄рњи̑ Morgen-; morgentlich
ју̏тр|о Morgen *m*; **до̀бро ~о!** guten Morgen!; **~о̄с** heute morgen; **~ошњи̑** von heute morgen
ју̀ч|е̄ gestern; **~ѐрашњи̑** gestrig

К

к(а) PRP (*D*) zu, gegen
каба̀ница Mantel *m*; **ки̏шна̄ ~** Regencape *n*
ка̏баст sperrig
каби́на Kabine *f*; **пи̏лотска̄ ~** *Flugzeug* Cockpit *n*
ка́бл Kabel *n*; **про̀дужни̑ ~** Verlängerungskabel *n*; **~овски̑** Kabel-
ка̀вгаџија M/F Raufbold *m*
ка̀вез Käfig *m*
ка̏д, ка̀да wann, wenn, als; **би́ло** ~egal wann; **до ~** bis

wann?; у̑ве̄к ~ immer wenn
ка́да (Bade)Wanne *f*
ка́дар[1] Kader *m*
ка́дар[2] *Film* Einstellung *f*
ка́дар[3] fähig, imstande (**за** *A* zu)
кадио̀ница Weihrauchfass *n*
ка̀жипрст Zeigefinger *m*
кажња́вати ⟨ка̏знити⟩ (be-)strafen
кажњѐнӣк Sträfling *m*
ка̀жњив strafbar
ка̀за̄љка Zeiger *m*
ка̀зан (Wasser)Kessel *m*
ка́зати IM)PF sagen; **да та̀ко̄ ка̂же̄м** sozusagen
кази́вати erzählen
ка̏зн|а Strafe *f*; JUR Bestrafung *f*; **но̀вча̄на̄ ~а** Bußgeld *n*; **смр̑тна̄ ~а** Todesstrafe *f*; **~а за́твором** Freiheitsstrafe *f*
ка̀иш Gürtel *m*; **~ за са̂т** Uhr(arm)band *n*
ка̏јак Kajak *m*
ка̏ј|а̄ње Reue *f*; **~ати ⟨по̀-⟩ се** bereuen (**због** *G A*)
ка̏јгана Rührei *n*
ка̀јмак *Milch* Haut *f*; Rahm *m*
ка́јсија Aprikose *f*
ка̀кав was für (ein); wie
ка̀кви: **ма̏ ~** *adv* keinesfalls
ка̏ко wie; CJ dass; **и те ~** und ob, erst recht; **~ би** damit; **~ се у̑зме̄** wie man's nimmt
ка̏лдрма Kopfsteinpflaster *n*
ка̀лемити ⟨на-⟩ BOT veredeln
калѐнда̄р Kalender *m*; **~скӣ** Kalender-
калку̀лисати ⟨ис-; у-⟩ kalkulieren
ка̀л|орија Kalorie *f*; **~о̀ричан** kalorienreich; Kalorien-
ка̀луђер Mönch *m*; **~ица** Nonne *f*; **~скӣ** mönchisch, Mönchs-
ка̀луп Model *m*
ка̏љав F dreckig
ка̂љев *Ofen* gekachelt; **~а̄ пе̂ћ** Kachelofen *m*
ка̏мат|а Zinsen *m/pl*; **~нӣ** Zins-; **~на̄ сто̀па** Zinsfuß *m*
ка̏ме̄н Stein *m*; **~ спо̀тица̄ња** Stein des Anstoßes; *fig* Stolperstein *m*; **~ темѐљац** Grundstein *m*
каме́н|ац *Ablagerung* Kalk *m*; **зу̂бнӣ ~ац** Zahnstein *m*
ка̏м|енӣ Stein-; **~енит** steinig; **~еновати** IM)PF steinigen; **~ено̀лом** Steinbruch *m*; **~еноре́зац** Steinmetz *m*
ка̀мера Kamera *f*
ками̏лица Kamille *f*
ками̏|о̄н Kraftfahrzeug *n*, Lkw *m*; **~о̀нџија** M Fernfahrer *m*; Lkw-Fahrer *m*
ка̏мо wohin
камоли CJ: **а ~** geschweige denn
ка̏мп Campingplatz *m*; **~овати** IMPF campen
кампа̀ња Kampagne *f*
ка̀мпинг-бу̑с Wohnmobil *n*
ка̏мп-о̄према Campingausrüstung *f*
ка̏мп-при̏колица Wohnwagen *m*
камуфл|а́жа Tarnung *f*; **~и́рати** IMPF **⟨за-⟩** tarnen
ка̀н|а̄л Kanal *m*; **~а̀лисати** IM)PF kanalisieren

ка̀на̄п Schnur *f*; Bindfaden *m*
канарѝнац Kanarienvogel *m*
кандѝда̄т M, **~кѝња** F Kandidat(in *f*) *m*
ка̀ндидовати (се) (IM)PF kandidieren
ка̀ндило REL Lampe vor einem Heiligenbild
ка̂нта Eimer *m*; **~ за ђу̏бре** Mülleimer *m*
кантарѝо̄н Johanniskraut *n*
ка̀нӯ Kanu *n*
канцѐл|а̄р Kanzler *m*; **~а̀рија** Kanzlei *f*, Büro *n*
ка̏нцероге̄н Krebs erregend
ка̂нџа Kralle *f*; *Vogel* Klaue *f*
ка̀њо̄н Gebirgsschlucht *f*, Canyon *m*
ка̏о *Vergleich* wie; *Eigenschaft* als; **~ да** als ob; **~ и** sowie; **~ што̏** *cj* wie (schon)
ка̂п F Tropfen *m*; MED Schlag *m*
ка̏па Mütze *f*, Kappe *f*
ка̀пак (Fenster)Laden *m*; **о̏чнӣ ~** (Augen)Lid *n*
ка̏пар|а Anzahlung *f*; **пла́тити ~у** anzahlen
ка̏пати ⟨**-нути**⟩ tropfen; träufeln
капе́ла Kapelle *f*; (kleinerer) Chor *m*
капѐта̄н Hauptmann *m*; Kapitän *m*
ка̀пија Tor *n*
капѝрати ⟨**у-**⟩ *F* kapieren
капѝта̄л Kapital *n*
ка̏п|ита̄лан Haupt-; kapital; **~ѝте̄н** SPORT Kapitän *m*; **~итулѝрати** (IM)PF kapitulieren
ка̏прицио̄зан kapriziös
ка̏псула MED Kapsel *f*
капу̀љача Kapuze *f*
ка̀пӯт (Winter)Mantel *m*
кара̀ва̄н Karawane *f*; *Wagen* Kombi(wagen) *m*
кара̀кт|ер Charakter *m*; **~ѐрисати** ⟨**о-**⟩ charakterisieren; **~ерѝстичан** charakteristisch
кара̀нтӣн Quarantäne *f*
кара̀нф|ил Nelke *f*; **~ѝлић** Gewürznelke *f*
кара̀ула MIL Grenzturm *m*
карбу̀ра̄тор KFZ Vergaser *m*
ка̏рдина̄лан grundlegend, kardinal
карије́ра Karriere *f*; *Beruf* Laufbahn *f*
ка̀рика Kettenglied *n*
карикѝрати ⟨**ис-**⟩ karrikieren
ка̀рӣра̄н kariert
ка̂рлица ANAT Becken *n*
ка̀рмӣн Lippenrot *n*; Lippenstift *m*
карнѐва̄л Fasching *m*, Karneval *m*
каросѐрија Karosserie *f*
ка̂рта Karte *f*; **гео̀графска̄ ~** Landkarte *f*; **лѝчна̄ ~** Personalausweis *m*; **по̀вратна̄ ~** Rückfahrkarte *f*
ка̂рт|а̄ње Kartenspiel *n*; **~ати се** Karten spielen
ка̀рта̄(ро)ш Kartenspieler *m*
ка̀рто̄н Karton *m*; Pappe *f*; **цр̀венӣ ~** SPORT rote Karte *f*
картоте́ка Datei *f*, Kartei *f*
карфѝо̄л Blumenkohl *m*
ка̀са Kasse *f*

кȁсан spät
кàсап|ин Metzger *m*; **~ити** zerstückeln; **~ница** Metzgerei *f*
кàса̄рна Kaserne *f*
кȁсати traben
каскàде̄р(ка F) M Stuntman *m*, Stuntwoman *f*
кȁско-осигура́ње Kaskoversicherung *f*
кȁсн|ити ⟨зà-⟩ sich verspäten; *nur* IMPF *Uhr* nachgehen; **~о** spät
кàтанац Vorhängeschloss *n*
катàракта MED grauer Star *m*
кàтастар Grundbuch *n*
кȁтастрофа̄лан katastrophal
кàтедр|а Lehrstuhl *m*; **~а́ла** Kathedrale *f*
кàткад(а) hin und wieder
кàто̄дн|ӣ: **~а̄ цȇв** Bildröhre *f*
катòл|ик M, **~киња** F Katholik(in *f*) *m*; **~ичкӣ** katholisch
кàтран Teer *m*
кȁубо̄ј Cowboy *m*; **~скӣ**: **~скӣ фӣлм** Western *m*
кàуција Leihgebühr *f*; Flaschenpfand *n*
кȁуч (Bett)Couch *f*
кàф|а Kaffee *m*; **бȇла̄ ~а** Milchkaffee *m*; **лèдена̄ ~а** Eiskaffee *m*; **~а̀на** Gastwirtschaft *f*; Kneipe *f*; **~ӣћ** Café *n*
кȁца Kübel *m*
кàцига Sturzhelm *m*
качàмак Maisbrei *m*
кȁчити ⟨ò-⟩ (an-, auf)hängen; **~ се** hängen bleiben (**за** *A* an); sich anklammern (*a fig*)
качкàва̄љ fester Schnittkäse *m*
кàчке̄т Schirmmütze *f*
кȁша Brei *m*
кȁшаљ Husten *m*; **вѐлӣкӣ ~** Keuchhusten *m*
кàши|ка Löffel *m*; **~ка за ципеле** Schuhlöffel *m*; **~чица** Teelöffel *m*
кàшљати husten
квàдра̄т|ан quadratisch; **~нӣ мȇтар** Quadratmeter *m*
квȁка (Tür)Klinke *f*
квал|ѝте̄т Qualität *f*; **~ѝте̄тан** hochwertig; Qualitäts-; **~ификáција** Qualifikation *f*; **~ѝфиковати** IM/PF qualifizieren
квантѝте̄т Quantität *f*
квȃр Panne *f*; Defekt *m*; **бити у квáру** defekt sein
квáр|ан verdorben; *Zahn* von Karies befallen; **~ити ⟨по-⟩** kaputtmachen; **~ити ⟨по-⟩ се** kaputtgehen; *Lebensmittel* verderben
квàрљив *Speisen* verderblich
квáсац Hefe *f*
квȁсити ⟨пò-, ỳ-⟩ befeuchten; nass machen
квȁчило KFZ Kupplung *f*
квѝз Quiz *n*
квѝт: **сȁд смо ~!** nun sind wir quitt!
квȍ|цати glucken; *fig* herumnörgeln; **~чка** Glucke *f*
квр̏га *am Kopf* Beule *f*; *Holz* Knoten *m*; **~в** knotig, knorrig
ке́зити ⟨ис-⟩ се grinsen
кȇј Kai *m*
кȅкс Keks *m*
келера́ба Kohlrabi *m*
кȅљ Wirsing(kohl) *m*

кѐнгур Känguru *n*
кѐњк|ав quengelig; **~ати** quengeln
кѐпēц Kleinwüchsige(r *m*) *f*, Knirps *m*
кѐс|а Tüte *f*; **~а за ђу̑бре** Müllbeutel *m*; **жу̏чнā ~а** Gallenblase *f*; **одрéшити ~у** *F* blechen
кѐст|ēн Kastanie *f*; **~ењаст** kastanienbraun
кêц Ass *n* (*a fig*)
кѐцеља Kittel *m*; Schürze *f*
кѐчап Ketschup *n od m*
кѝван erzürnt
кѝви Kiwi *f*
кѝдати[1] ⟨**-нути**⟩ *fig F* abhauen
кѝд|ати[2] ⟨**пò-**⟩ abreißen; **~ати кòме жѝвце** *fig* j-m auf die Nerven gehen; **~ати се** (auseinander) brechen (*v/i*), zerreißen (*v/i*)
кѝднап|ēр Entführer *m*; **~овати** IM/PF *Personen* entführen
кѝјави|ца Schnupfen *m*; **~чав** ADJ verschnupft
кѝјати ⟨**кѝнути**⟩ niesen
кѝка Zopf *m*
кикирѝки Erdnuss *f*
кѝкòтати ⟨**закикòтати**⟩ **се** kichern
кѝла MED (Leisten)Bruch *m*
кѝло Kilo *n*; **~грам** Kilogramm *n*; **~метар** Kilometer *m*; **~метрáжа** Kilometerzahl *f*
кѝм Kümmel *m*
кѝоск Kiosk *m*
кѝп Statue *f*
Кѝпар Zypern *n*
кѝп|ети ⟨**ис-**⟩ sieden; *Milch* überkochen; **~у̑ћи** kochend heiß
кѝрија → станàрина
киселѝна CHEM Säure *f*; **сôна ~** Salzsäure *f*
кѝсе|лити ⟨**ỳ-, зà-**⟩ GASTR sauer einlegen; **~лити** ⟨**ỳ-**⟩ **се** sauer werden; **~о** sauer; **~лā вòда** Sprudel(wasser *n*) *m*; **~лō млéко** Jog(h)urt *m od n*; **~òнӣк** Sauerstoff *m*
кѝснути ⟨**пò-**⟩ nass *od* durchnässt werden (*vom Regen*)
кѝт Wal(fisch) *m*
кѝтити ⟨**ò-, нà-**⟩ schmücken (**се** sich)
кѝч Kitsch *m*; **~аст** kitschig
кѝчм|а Wirbelsäule *f*; **~енӣ** Rücken-; **~енā мòждина** Rückenmark *n*; **~енӣ дѝск** Bandscheibe *f*
кѝш|а Regen *m*; **па̏дā ~а** es regnet; **по ~и** bei *od* im Regen; **~ница** Regenwasser *n*; **~обрāн** Regenschirm *m*; **~òвит** regnerisch, Regen-
клавијату́ра Klaviatur *f*
кла̏дӣво SPORT Hammer *m*
кладиòничāр SPORT Buchmacher *m*
кла̏дити ⟨**òп-**⟩ **се** wetten
клáнац Engpass *m*, Klamm *f*
клáница Schlachthof *m*
кла̏њати се sich verbeugen; sich neigen (beim Beten)
кларѝнēт Klarinette *f*
кла̂с Ähre *f*
кла̏са Klasse *f*; **срȅдњā ~** *sozial* Mittelstand *m*

класѝфиковати (IM)PF einstufen
клàсичан klassisch
клȁти ⟨**зà-**⟩ (ab)schlachten; *Lebewesen* abstechen
клá|тити (се) schwingen, pendeln; **~тно** Pendel *n*
клȁцк|алица Wippe *f*; **~ати (се)** wippen
клѐв|ета Verleumdung *f*; **~ѐтати** ⟨**о-**⟩ verleumden
клѐка Wacholder *m*
клѐмпав: **~ē ӱши** *bei Tieren* Hängeohren *n/pl*; *bei Menschen* abstehende Ohren *n/pl*
клепѐтати klappern
клê|тва Fluch *m*; **~ти** ⟨**прò-**⟩ verfluchen; **~ти** ⟨**зà-**⟩ **се** schwören
клѐцати wanken, schwanken; *Knie* zittern, schlottern
кле́чати ⟨**клѐкнути**⟩ (sich) (hin)knien, niederknien
кле́шта N/PL (Kneif-, Flach-) Zange *f*
клѝзав glitschig; *Straße* glatt, rutschig; **~ица** Eisglätte *f*; Glatteis *n*
клӣз|ăлӣште Eislaufbahn *f*; **~ăљка** Schlittschuh *m*; **~āње на лѐду** Schlittschuhlaufen *n*; **ỳметничкō ~āње** Eiskunstlauf *m*; **~ати се** rutschen; Schlittschuh laufen; **~āч** M, **~àчица** F Schlittschuhläufer(in *f*) *m*; Eisläufer(in *f*) *m*
кли́зити dahingleiten; *Erde* rutschen
клӣзн|и gleitend; **~ō рâднō вре́ме** *Arbeitszeit* Gleitzeit *f*
клѝјати ⟨**про-**⟩ keimen; sprießen
клѝјент|(киња F) M Mandant(in *f*) *m*; **~ѐла** Klientel *f*
кли́ма Klima *n*; *F* Klimaanlage *f*
клӣмав wackelig; locker
клӣмак|с, **~тѐријум** Wechseljahre *n/pl*
клӣмати ⟨**-мнути**⟩ wackeln; **~ глáвōм** nicken; IMPF **~ се** wackeln
кли́ма-ӯређāј Klimaanlage *f*
клӣн Metallstift *m*, Keil *m*
клӣнаст keilförmig; Keil-
клӣнац Knirps *m*
клѝника Klinik *f*
клӣнка Mädel *n*
клӣп Kolben *m* (*a* TECH)
клѝпан Lümmel *m*
клѝсура Schlucht *f*
клӣца Keim *m*
клӣцати jubeln
кло́вн Clown *m*
кло́мпе F/PL Clogs *pl*
клòнити се ⟨**у-**⟩ (*G*) meiden (*A*), ausweichen (*D*)
клòн|улōст F Ermattung *f*; Mutlosigkeit *f*; **~уо** geknickt; **~ути** ermatten; mutlos werden; **~ӯће** Niedergeschlagenheit *f*
клȍпка Falle *f*
клòшāр Penner *m*
клу́па Bank *f*
клӯпко Knäuel *m od n*
кљӯкати ⟨**нà-**⟩ *Geflügel* stopfen, mästen (*a fig*)
кљӯн Schnabel *m*
кљӯцати ⟨**-цнути**⟩ picken; *Vogel* hacken
кљӯч Schlüssel *m*; **~аòница** Schlüsselloch *n*

кљу̀ч|а̄ње Sieden *n*; **та̀чка ~а̄ња** Siedepunkt *m*; **~ати ⟨про-⟩** V/I sieden, kochen
кљу̀чнӣ Schlüssel-; Haupt-
кнѐгиња Fürstin *f*
кне́дла Knödel *m*
кне́жевина Fürstentum *n*
кне̂з Fürst *m*
књи̏г|а Buch *n*; **џе̏пна̄ ~а** Taschenbuch *n*; **~ове́зац** Buchbinder *m*; **~ово̀ђа** Buchhalter(in *f*) *m*; **~ово̀дство** Buchhaltung *f*
књи̏жара Buchhandlung *f*
књи̏же̄в|ан literarisch; Literatur-; **~ни̏к** M, **~ница** F Schriftsteller(in *f*) *m*; **~но̂ст** F Literatur *f*
књи̏жити ⟨у̀-⟩ ECON buchen; eintragen
књи̏жица вакцина́ције̄ Impfpass *m*
ко̏ wer; **~ је?, ~ и̏де̄?** wer ist da?
ко̂бан fatal
коба̀сица Wurst *f*; Salami *f*; **ро̀шти̑љска̄ ~** Grillwurst *f*
ко́бац Sperber *m*
ко̀била Stute *f*
ко̀в|ати ⟨(и)с-⟩ schmieden; prägen; **~а̀ница** *Wort* Neubildung *f*; **~а̄ч** Schmied *m*; **~а̄чница** Schmiede *f*
ко̀в|ерат, ~е̄рта Briefumschlag *m*
ко̀вид 19 Covid-19, COVID-19 *f* (*corona virus disease 2019*)
ко̀в|рџа Locke *f*; **~̏рџати ⟨у-⟩** *Haar* kräuseln (**се** sich); **~рџав** kraus
ко̀вчег Truhe *f*; **мр̏твачкӣ ~** Sarg *m*
ко̀га wen, dessen; **бити уз ~** bei j-m sein; zu j-m halten
код zu, bei; **ко̀д ку̏ће̄** zuhause; **~ ме̏не** bei mir
ко̂д Code *m*
ко̀дӣра̄н verschlüsselt
ко̏ж|а Haut *f*; Leder *n*; **~ан** Haut-; Leder-
ко̀за Ziege *f*
ко̏з|јӣ Ziegen-; **~јӣ си̏р** Ziegenkäse *m*; **~ли̏ћ** *Gerät* Bock *m*
козмѐти|ка Kosmetik *f*; **~ча̄р(ка** F) M Kosmetiker(in *f*) *m*; **~чкӣ** kosmetisch, Kosmetik-
којѐшта dies und jenes; Unsinn *m*
ко̀јӣ welcher; mancher
кокети́р|а̄ње Flirt *m*; **~ати** flirten
ко̏кице F/PL Popcorn *n*
кокода́кати ⟨-да́кнути⟩ gackern
ко̏кос Kokos(nuss) *f*
коко̀шијӣ Hühner-
ко̀кош|ка Henne *f*, Huhn *n*; **~и́њац** Hühnerstall *m*
ко̀ктел Cocktail *m*
ко̀ла[1] Cola *f*
ко̏ла[2] N/PL Wagen *m*; **спа̀ва̄ћа̄ ~** Schlafwagen *m*; **по̏ло̄вна̄ ~** Gebrauchtwagen *m*
ко̏лапс Zusammenbruch *m*
ко́лати umlaufen; *Gerüchte* kursieren
ко̀л|а̄ч Kuchen *m*; **си̏тнӣ ~а̄чи** Plätzchen *n/pl*, Kleingebäck *n*; **~а̄ч са ја̏букама** Apfelkuchen *m*

колѐб|ати ⟨по-⟩ се wanken; *fig* schwanken; **~љиво̄ст** F Wankelmut *m*
кѐлӯвка Wiege *f*
колéга Kollege *m*
ко̏легија̄лан kollegial
колéгиница Kollegin *f*
ко̏лектив Belegschaft *f*; Kollegium *n*
кòлектор: **сòла̄рнӣ ~** Sonnenkollektor *m*
колѐкци|ја Kollektion *f*; **~òна̄р(ка** F) M Sammler(in *f*) *m*
кòлено Knie *n*; Generation *f*
колéра Cholera *f*
кòлиба Hütte *f*
кòлӣзија Zusammenstoß *m*
кòлика MED Kolik *f*
колѝко wie viel; **~ је са́тӣ?** wie spät ist es?; **~ сам ду́жан?** was bin ich schuldig?; **~ ѝма̄ш гòдӣна̄?** wie alt bist du?; **~ то̏лико** (so) einigermaßen
колѝца N/PL Karre(n *m*) *f*; Einkaufswagen *m*
количѝна *Maß* Menge *f*
ко̏ло Reigen(tanz) *m*; SPORT Runde *f*; **~вођа** *fig* Anführer *m*
ко̏л|овоз Fahrbahn *f*; **~òвознӣ** Fahrbahn-; **~òвозна̄ тра̀ка** Fahrspur *f*
коло́на Kolonne *f*; (Druck-) Spalte *f*
кòло̄нија Kolonie *f*
ко̏лосе̄к Gleis *n*; **са jѐднӣм ~ом** BAHN eingleisig
ко̏лӯт Ring *m*; Scheibe *f*; SPORT Rolle *f*; **~ на̀пре̄д** Rolle vorwärts
колу̀тати herumkreisen; **~ òчима** mit den Augen rollen
ко̏ма MED Koma *n*
ко̏ма̄д Stück *n*; THEA Stück *n*
кòм|а̄нда Kommando *n*; **~а̀ндӣр** Kommandeur *m*; **~а̄ндовати** IM/PF kommandieren
кома́р|ац (Stech)Mücke *f*; **у̀јед ~ца** Mückenstich *m*
ко̏мбајн Mähdrescher *m*
комбинѐзо̄н Monteuranzug *m*; Unterrock *m*
кòмбиновати IM/PF kombinieren
кòме̄дија Komödie *f*
комемора́ција Gedenkfeier *f*
комѐса̄р Kommissar *m*
комѐшати се sich bewegen, sich rühren
кòми|ка Komik *f*; **~ча̄р(ка** F) M Komiker(in *f*) *m*; **~чан** komisch
ком|ѝсија Ausschuss *m*; **~ѝте̄т** Komitee *n*
комо́да Wäscheschrank *m*
кòмора Kammer *f*
ко̏мо̄тан bequem
кòмо̄ција Bequemlichkeit *f*
кòмпакт-дѝск Compactdisk *f*, CD *f*
компа̀нија ECON Gesellschaft *f*
компара́ција GR Steigerung *f*
ко̏мпатибѝлан kompatibel
компетѐн|тан kompetent; **~ција** Kompetenz *f*
компју̀тер Computer *m*, PC *m*
кòмплекс Komplex *m*; ARCH Anlage *f*; **~ нѝже̄ вре́дности** Minderwertigkeitskomplex *m*;

~ вӣше вре́дности Größenwahn *m*
кòмпл|ет vollständige Sammlung *f*; *Mode* (Damen)Kostüm *n*; Hosenanzug *m*; **~èтан** komplett
кòмпликова̄н kompliziert
компо̀зӣтор(ка F) M Komponist(in *f*) *m*
компози́ција Komposition *f*
кòмпоновати (IM)PF komponieren
кòмпромис Kompromiss *m*
компрòмитовати ⟨**ис-**⟩ kompromittieren
кȍмун|ала̄н kommunal; **~икатӣван** kommunikativ
кòмфо̄р Komfort *m*; **~ан** komfortabel
кòмш|ија M Nachbar *m*; **~иница** F Nachbarin *f*; **~ӣлук** Nachbarschaft *f*
кòнац Faden *m*; **~ за кр̏пље́ње** Stopfgarn *n*; **~ за шӣвење** Nähgarn *n*
кòнач|ан endgültig; **~но** ADV endlich
кȍн|венциона̄лан konventionell; **~верза́ција** Konversation *f*
кòндензова̄н kondensiert, Kondens-
кòндӣција SPORT, ECON Kondition *f*
кòндо̄м Kondom *n*
кондỳктēр(ка F) M (Bahn-)Schaffner(in *f*) *m*
кòнз|ēрва Dose *f*; **~èрванс** Konservierungsmittel *n*
кȍнзерватӣван konservativ
конзèрви|са̄н konserviert; **~сати** konservieren
конзỳмент Verbraucher(in *f*) *m*
коњ|уга́ција Konjugation *f*; **~уги́рати** (IM)PF konjugieren; **~ỳнкција** Konjunktion *f*
кòнкретан konkret
конкурèн|ција Konkurrenz *f*; ECON Wettbewerb *m*; **~тан** Konkurrenz-, konkurrenzfähig
конкỳрисати (IM)PF konkurrieren (*D* mit *D*); sich bewerben (**за** *A* um *A*)
кòнкурс Ausschreibung *f*
кòноб|а̄р M, **~арица** F Kellner(in *f*) *m*
кòноп|ац Seil *n*; Strang *m*; **~ља** Hanf *m*
консеквèн|тан konsequent; **~ц(иј)а** Konsequenz *f*; **~тно̄ст** Konsequenz *f*
конста̀|нтан konstant; **~та́ција** Feststellung *f*
кòнстатовати (IM)PF feststellen
конститу́ција Konstitution *f*
констр|ỳкција Konstruktion *f*; *Fahrrad* Rahmen *m*; **~ỳисати** (IM)PF konstruieren
консулта́циј|а Sprechstunde *f*; **ӣмати ~е** Sprechstunde halten
кòнсултовати (се) *(im)pf* konsultieren
кòнтакт Kontakt *m*; **~на̄ со̏чива** *n/pl* Kontaktlinsen *f/pl*
конте́јнер Container *m*
контѝнент Kontinent *m*
континуӣра̄н kontinuierlich
кòнтра[1] kontra; dagegen
кȍнтра[2] *F* Rücktrittbremse *f*

контрацѐпција Verhütung *f*
контрóла Kontrolle *f*; **ра̏дарска̄ ~** Radarkontrolle *f*
контрòлисати ⟨пре-⟩ kontrollieren
контрòло̄р(ка F) M Kontrolleur(in *f*) *m*
кòнтӯзија MED Quetschung *f*
конферѐнција Konferenz *f*
кòнфисковати (IM)PF beschlagnahmen
кòн|фликт Konflikt *m*; **~фӯзан** konfus; **~центрáција** Konzentration *f*
концѐнтрисати (IM)PF **⟨с-⟩** konzentrieren (**на** *A* auf *A*) (**се** sich)
кòнцерт Konzert *n*
кȍњ Pferd *n*; *Schach* Springer *m*; **~скӣ** Pferde-; **~áрство** Pferdezucht *f*
коордѝнисати (IM)PF koordinieren
кòп|ати graben; (durch)wühlen; **~а̄ч** (Aus)Gräber *m*; **~а̄чка** Stollenschuh *m*
кôпија Kopie *f*
копи́рати kopieren
кòпито Huf *m*
кòпље Speer *m*
кòпн|ети: **снê̄г (лê̄д) ~ӣ** es taut
кȍпно (Fest)Land *n*; **и́ћи на ~** MAR an Land gehen
кòприва Brennnessel *f*
копр̀цати ⟨за-⟩ се strampeln, zappeln
кȍпча *Schuh* Spange *f*; Klammer *f*; *Kleidung* Häkchen *n*
кòпчати ⟨за-⟩ (zu)knöpfen
кȍра *Brot* Rinde *f*; *Obst* Haut *f*; *Banane* Schale *f*
кȍра̄к Schritt *m*
корàчати ⟨-áкнути⟩ schreiten
корѐкт|ан korrekt; **~ýра** Korrektur *f*
кȍре̄н Wurzel *f*
кореогрàфија Choreografie *f*
кореспòнд|ент Korrespondent *m*; **~енткиња** Korrespondentin *f*; **~ѐнција** Korrespondenz *f*
кȍрзо Promenade *f*
кòриговати (IM)PF korrigieren
кòрисн|ӣк M, **~ица** F Benutzer(in *f*) *m*
кȍрӣст F Nutzen *m*; Vorteil *m*; **у ~** zugunsten
кòрист|ан nützlich; **~ити** nützen, nutzen; **~ити при́лику** die Gelegenheit nutzen; **~ити се** benutzen, Gebrauch machen (*I* von et); **~ољу̀бив** eigennützig
кòрити ⟨у-⟩ rügen
кòрито Trog *m*; **рѐчно̄ ~** Flussbett *n*
кȍрица Kruste *f*; Rinde *f*; Tortenboden *m*
кȍрице F/PL (Buch)Deckel *m*; *Schwert* Scheide *f*
кòришћен gebraucht
кòрмило MAR Steuer *n*
кòрнер SPORT Ecke *f*; Eckball *m*
кòрнет (Eis)Tüte *f*
кóрњача Schildkröte *f*
кóров Unkraut *n*
коронави́рус MED Coronavirus *m*, *n*

кóрпа Korb *m*; **~ за òтпатке** Abfalleimer *m*
корпулѐнтан beleibt
кôс[1] schräg, schief
кôс[2] Amsel *f*
кȍса[1] Sense *f*
кòс|а[2] Haar *n*; **~(м)ат** haarig, stark behaart
кòс|āч Mäher *m*; **~àчица** F Mäherin *f*; Mähmaschine *f*; **~илица**: **~илица за трâву** Rasenmäher *m*
косѝна Böschung *f*
кòсити ⟨**по-**⟩ mähen
космонàут(киња F) M Astronaut(in *f*) *m*
кôст F Knochen *m*; **рȉбљā ~** Gräte *f*
кòстӣм Kostüm *n* (*a* THEA)
кострéшити ⟨**на-**⟩ **се** sich sträuben
кȍстӯр Gerippe *n*
кòтао TECH Kessel *m*
кòтити ⟨**о-**⟩ **(се)** *von Tieren* (Junge) werfen
кòтлина GEO Kessel *m*, Becken *n*
котр̀љати rollen; wälzen **(се** sich)
кȍтӯр Rolle *f*; Scheibe *f*
кофè|ӣн Koffein *n*; **без ~ѝна** koffeinfrei
кòфер Koffer *m*
кȍцк|а Würfel *m*; **бàцати ~у** losen, würfeln; **стȁвити жѝвот на ~у** sein Leben aufs Spiel setzen; **~āр** *Glücksspiel* Spieler *m*; **~ати се** *Glücksspiele* spielen
кòцкāрница Spielkasino *n*
кȍцкаст würfelförmig
кòч|ија Kutsche *f*; **~ѝјāш** Kutscher *m*
кóч|ити[1] ⟨**у-**⟩ (ab)bremsen (*a fig*); **~ница** Bremse *f*; **нȍжнā ~ница** Fußbremse *f*; Rücktrittbremse *f*
кóчити[2] ⟨**у-**⟩ **се** erstarren
кȍчо|пēран prahlerisch; rüstig; **~пѐрити се** großtun, sich brüsten
кȍш Scheune *f*; SPORT Korb *m*
кòшава Südostwind *m*
кòш|āрка *Spiel* Basketball *m*; **~àркāш** M, **~аркàшица** F Basketballspieler(in *f*) *m*; **~àркāшкӣ** Basketball-
кòшмāр Albtraum *m*
кȍшница Bienenstock *m*
кòштан: **~ā ср̂ж** Knochenmark *n*
кóштати kosten
кòштица *Steinobst* Kern *m*; *Frucht* Stein *m*
кòшуља Hemd *n*; Bluse *f*
кòшута Hirschkuh *f*
кòшчат knochig
кр̏ава Kuh *f*
кравàта Krawatte *f*
крáвити ⟨**от-**⟩ **се** (auf)tauen (*v/i*)
кр̏ављӣ Kuh-; **~ сӣр** Kuhmilchkäse *m*
крáгн|а Kragen *m*; **мȁјица са ~ōм** Polohemd *n*
крâдом ADV heimlich
кра̏ђа Diebstahl *m*
крâј Ende *n*, Schluss *m*; Gegend *f*; **на крàју крàјēвā** letzten Endes; **сàстављати ~ с крâјем** gerade noch auskommen
крàјн|ӣк ANAT Mandel *f*;

ŷпала ~úка Mandelentzündung *f*
крájнōст F Extrem *n*
крâјњ|ū ADJ End-, letzt-; **у ~ēм слŷчају** notfalls
крâк Schenkel *m* (*a* MATH)
крâљ König *m*
крáљев|ина Königreich *n*; **~скū** königlich
крáљица Königin *f*; *Schach* Dame *f*
крâн Kran *m*
крáсити ⟨у-⟩ verschönern
крâста Schorf *m*; **~в** schorfig
крâставац Gurke *f*
крâсти ⟨ŷ-⟩ stehlen
крâт|ак kurz; **~ак спôј** Kurzschluss *m*; **бити ~ак** sich kurz fassen
крáтер Krater *m*
крáтити ⟨с-⟩ kürzen
краткò|вид kurzsichtig; **~рочан** kurzfristig
крâткотрājан für kurze Zeit
крâх Zusammenbruch *m*
кр̑в F Blut *n*
кр̑в|ав blutig; **~áрēње** Blutung *f*; **~áрити** bluten
кр̑внū Blut-; **~ сŷд** Blutgefäß *n*
крвò|лочан blutrünstig; **~пролúће** Blutvergießen *n*
кр̑вотōк (Blut)Kreislauf *m*
кр̑до Herde *f*
крèатūван kreativ
крèāтор M, **~ка** F Schöpfer(in *f*) *m*; **мôднū ~** Modeschöpfer *m*
кревéљити ⟨ис-⟩ **(се)** Fratzen schneiden
крèвет Bett *n*; **~ на спрâт** Etagenbett *n*; **нàместити ~** *morgens* das Bett machen
кревéтац Bettchen *n*, Gitterbett *n*
крéда *zum Schreiben* Kreide *f*
крèдит Kredit *m*
крекèтати ⟨за-⟩ quaken
крêм[1] ADJ cremefarben
крêм[2], **крéма** (Torten)Creme *f*; (Haut)Creme *f*
крèмāција Feuerbestattung *f*
крèмпита GASTR Cremeschnitte *f*
крêпак rüstig
крéпити ⟨о-⟩ sich stärken (**се** sich)
крèсати ⟨пот-⟩ (be)schneiden
крéт|āње Bewegung *f*; **слобòда ~āња** Bewegungsfreiheit *f*; **~ати** ⟨**-нути**⟩ losgehen; *Zug* abfahren
крèтēн Kretin *m*
крêч Kalk *m*; **~ити** ⟨ò-⟩ streichen; **~њāк** Kalkstein *m*
кréштати ⟨за-⟩ krächzen
кр̀жљав verkümmert
кр̀зн|āр Kürschner *m*; **~ен** Pelz-; **~о** Pelz *m*; Fell *n*
крûв[1] krumm
крûв[2] schuldig; **бити ~** schuld sein (**за** *A* an et)
крûвā MATH Kurve *f*
крûв|ац Schuldiger *m*; **~úна** Biegung *f*; *Straße* Kurve *f*; **~ити** ⟨ис-⟩ verbiegen; **~úца** Schuld *f*
крûв|ичнū Straf-; **~ичнō дêло** Straftat *f*; **~оклèтство** Meineid *m*
кривŷдати sich schlängeln
крûгла (Bier)Krug *m*

кри́за Krise *f*
крйзнӣ krisenhaft, Krisen-
кри̏јумч|а̄р Schmuggler *m*; **~а́реће** Schmuggel *m*; **~а́рити** schmuggeln
кри̑к Schrei *m*
кри̏лат geflügelt
кри́ло Flügel *m*; Schoß *m*
крими̏на̄л Kriminalität *f*
кри̏м|ина̄лан kriminell; **~ина̄лац** M, **~и̏на̄лка** F Kriminelle(r *m*) *f*
кри̏тӣријум *fig* Maßstab *m*
кри̏ти ⟨са̏-⟩ (ver)bergen, verstecken
кри̏ти|ка Kritik *f*; Rezension *f*; **~ковати** IM)PF kritisieren; **~чан** kritisch; **~ча̄р**(**ка** F) M Kritiker(in *f*) *m*
кри̏шка Schnitte *f*; **~ хлѐба** e-e Scheibe Brot
кри̏шом ADV verstohlen
кр̏љӯшт F *Fisch* Schuppe *f*
кр̀мача Sau *f* (*a fig*)
крменáдла GASTR Kotelett *n*
кр̀нтија F *Auto* Klapperkasten *m*
кр́њити ⟨о-⟩ anbrechen; (be-) schädigen
кро̑в Dach *n*; *Bus* Deck *n*
кроз PRP (*A*) *örtlich* (hin)durch (*A*); *zeitlich* in (*D*), während (*G*); **~ о̏сам да́на̄** in acht Tagen
кро̑ј *Kleidung* Schnitt *m*, Zuschnitt *m*
кро̀ј|а̄ч M, **~а̀чица** F Schneider(in *f*) *m*; **~а̄чкӣ** Schneider-; **~ити ⟨с-⟩** *Kleidung* (zu-) schneiden
кро̑јнӣ Schnitt-; **~ лѝст** Schnittmuster(bogen *m*) *n*

кроко̀дӣл Krokodil *n*
кро̀мпӣр Kartoffel *f*; **пр̏женӣ ~** Bratkartoffeln *f/pl*
кро̀тити ⟨у-⟩ zähmen
кро́шња Baumkrone *f*
кр̏па Lappen *m*
кр̀пељ Zecke *f*
кр̏пити ⟨за̀-⟩ (zu)stopfen; flicken
кр̏с|нӣ Kreuz-; Tauf-; **~нō и̂ме** Taufname *m*
кр̏ст Kreuz *n*; Kruzifix *n*
кр̀ста N/PL ANAT Kreuz *n*
крста́р|ēње Kreuzfahrt *f*; **~ити ⟨про-⟩** *Schiff* durchkreuzen
кр̀стити IM(PF) taufen; **~ ⟨пре-⟩ се** sich bekreuzigen
кр̏т brüchig, spröde
кр̀тица Maulwurf *m*
кр̀тола Knolle *f*
кру̑г Kreis *m*; *fig* Zirkel *m*
кру̑ж|ан kreisförmig; **~нӣ то̑к** Kreisverkehr *m*
кру́жити kreisen; kursieren
кру̑н|а Krone *f* (*a fig*); **~ица** Zahnkrone *f*
кру̀нисати IM)PF krönen
кру́п|ан groß; *Kaffee* grob (--körnig)
кру̑т steif
кру́т|ити ⟨у-⟩ steif machen; **~ити ⟨у-⟩ се** steif werden; **~ōст** F Starre *f*; Steifheit *f* (*a fig*)
кру̏шка Birne *f*; Birnbaum *m*
кр̏хак brüchig; *fig* zierlich
кр̀хотина Scherbe *f*
кр̀цат überfüllt
кр̏цк|алица Nussknacker *m*; **~ати ⟨с-⟩** (zer)knacken

кр̀ча̄г Krug *m*
кр́чати **⟨за-⟩** *Magen* knurren
кр́чити **⟨ис-⟩** roden; **⟨про-⟩** ebnen, bahnen (*a fig*)
кр̏ш Karst *m*; Schutt(haufen) *m*; **~ан** stämmig; **~ѐвит** felsig, steinig
кр̏шити **⟨прѐ-⟩** verstoßen, zuwiderhandeln; *Gesetz* brechen
кршт|ѐница Geburtsurkunde *f*; **~éње** Taufe *f*
ксенòфо̄бскӣ ausländerfeindlich
кћѐр F, **кћéрка**, **кћӣ** F Tochter *f*
кубика́жа KFZ Hubraum *m*
ку̂бнӣ Kubik-; **~ мѐтар** Kubikmeter *m*
ку̏в|а̄н gar, gekocht; **~а̄нō вѝно** Glühwein *m*; **~а̄р** Koch *m*; Kochbuch *n*; **~арица** Köchin *f*
ку̏вати **⟨с-⟩** *Essen* kochen
ку̏га Pest *f*
ку́гл|а Kugel *f*; **~а̀на** *Anlage* Kegelbahn *f*
ку̏гласт kugelförmig
ку̏глати се kegeln
ку̏д, **ку̏да̄** wohin; in welche Richtung; **мȁ ~** irgendwohin
кудѝкамо bei weitem, weitaus
ку̏ја Hündin *f*
ку̏к Hüfte *f*
ку̏ка Haken *m*
ку̏кав|а̄н jämmerlich; **~ица** Kuckuck *m*; *fig* Feigling *m*; **~ичкӣ** feige; **~ѝчлук** Feigheit *f*
ку̏кати **⟨зà-⟩** heulen, jammern
кукурѝкати **⟨-ѝкнути⟩** *Hahn* krähen
куку̀руз Mais *m*; **клѝп ~а** Maiskolben *m*; **~нӣ** Mais-
ку́ла Turm *m*
ку̏лт Kult *m*; **~ѝвисати** (IM)PF kultivieren
култу́ра Kultur *f*
ку̏лтӯр|ан kultiviert; kulturell; Kultur-
ку̂м (Tauf)Pate *m*; **вѐнча̄нӣ ~** Trauzeuge *m*
ку́м|а Patin *f*; **~ити** **⟨о-⟩** zum Paten nehmen; anflehen; **~òвати** Pate sein, bei *j-m* Pate stehen; **~ство** Patenschaft *f*; **~че** Patenkind *n*
ку́на Marder *m*
ку́нић Kaninchen *n*
ку́њати schlummern, dösen
ку̏п *Trophäe* Pokal *m*; **у̀такмица за ~** Pokalspiel *n*
ку̏па MATH Kegel *m*
ку́п|алѝште Badeanstalt *f*; **~ати** **⟨о-⟩** baden (**се** sich); **~àтило** Bad *n*
ку̀п|аћӣ Bad(e)-; **~аћӣ кòстӣм** Badeanzug *m*; **~аћē га̂ће** Badehose *f*; **~а̄ч** M, **~àчица** F Badende(r *m*) *f*
ку́пац Käufer(in *f*) *m*
ку̏пē (Bahn)Abteil *n*
ку̏пина Brombeere *f*
ку̏пити[1] **⟨с-⟩** auflesen; (ver-)sammeln (**се** sich)
купòвати **⟨ку́пити**[2]**⟩** (ein-)kaufen
ку̀п|овина Ankauf *m*; Einkauf *m*; **~ōвнӣ** gekauft; Kauf-
ку̏пола Kuppel *f*

кӯпо̄н Coupon *m*
купопрòд|аја Kauf und Verkauf *m*; **~а̄јнӣ**: **~а̄јнӣ ӯгово̄р** Kaufvertrag *m*
кỳпус Kohl *m*
кӯрва *F* Nutte *f*
кӯрио̄зан kurios
куриозѝтет Kuriosum *n*
кỳрӣр Kurier *m*
кӯрј|ӣ: **~е̄ о̏ко** Hühnerauge *n*
кӯрс Kurs *m*; **днѐвнӣ ~** Tageskurs *m*; **пòчетнӣ ~** Anfängerkurs *m*
кӯсӯр Restgeld *n*
кỳтија Schachtel *f*; Dose *f*; **цр̑нā ~** Flugschreiber *m*
кỳтлача (Schöpf)Kelle *f*
кӯтња̄к Backenzahn *m*
кỳћ|а Haus *n*; **~а у вла̏снӣштву** Eigenheim *n*
кућепàзи|тељ M, **~тē̄љка** Hausmeister(in *f*) *m*
кӯћ|иште TECH Gehäuse *n*; **~нӣ** häuslich, Haus-
кӯхињ|а Küche *f*; **~скӣ** Küchen-; **~ска̄ сô** Kochsalz *n*
кӯц|ати klopfen; *Herz* schlagen; *Schreibmaschine* tippen; **нѐко ~а̄** es klopft
кӯчка (läufige) Hündin *f*; V unmoralische Frau *f*
кỳшет-кȯла Liegewagen *m*

Л

ла̏б|ав locker; **~áвити** ⟨о-, раз-⟩ lockern; (allmählich) lösen
ла̏бӣлан labil
лаб|òрант(киња F) M Laborant(in *f*) *m*; **~ора̀то̄рија** Labor *n*
ла̏бӯд Schwan *m*
ла̏в Löwe *m*
лавàбо̄ M Waschbecken *n*
лàва̄нда Lavendel *m*
ла́веж Gebell(e) *n*
лàвина Lawine *f*
лавѝринт Labyrinth *n*
ла̏ган leicht; langsam
лàгати ⟨с-⟩ (an)lügen
ла̏год|ан behaglich; **~но̄ст** F Behaglichkeit *f*
ла̏дица Schubfach *n*
ла̑ђа Schiff *n*
ла̑ж F Lüge *f*; **~ан** falsch; unecht
лàжљив verlogen; **~ац** M, **~ица** F Lügner(in *f*) *m*
лàик Laie *m*
ла̏јати ⟨зà-⟩ bellen
лàјс(т)на Leiste *f*
ла̏к[1] leicht; **~у нôћ!** gute Nacht!
ла̏к[2] Lack *m*
ла̏кат Ellbogen *m*
лакѝрати (IM)PF lackieren
ла̏к|нути PF sich erleichtert fühlen; **~овѐран** leichtgläubig

ла̏ком begehrlich (**на** *A* auf *A* *od* nach *D*)
лакòмислен leichtsinnig; **~о̄ст** F Leichtsinnigkeit *f*
лакòћа Leichtigkeit *f* (*a fig*)
ла̏ксатӣв MED Abführmittel *n*
лактóз|а Laktose *f*; **бȅз ~е** laktosefrei; **интолерàнција на ~у** Laktoseunverträglichkeit *f*
лáла Tulpe *f*
ла̂мпа Lampe *f*; **батèрӣјска̄ ~** Taschenlampe *f*
лампѝон Laterne *f*
ла̏н Flachs *m*; *Stoff* Leinen *n*
лáн|ац Kette *f*; **~ци за снȇг** KFZ Schneeketten *f/pl*
ла̏не Rehkitz *n*
ла̏нен linnen, Lein(en)-
лансѝрати (IM)PF *Rakete* abschießen
ла̀нч|ан Ketten-; **~ић** Halskette *f*
ла̏павица Schneeregen *m*
ла̏птоп → лптоп
ла̑рва ZO Larve *f*
ла̀сер Laser *m*
ла̏сица Wiesel *n*
ла̏ска|в schmeichelhaft; **~ти** schmeicheln
лáста, ла̏ставица Schwalbe *f*
ла̀стиш Gummiband *n*
латѝница Lateinschrift *f*
ла̏тити се PF (*G*) et in Angriff nehmen; *Waffen* ergreifen
ла̏тица (Blüten)Blatt *n*
лѐбдети schweben
лȇвак Trichter *m*
лѐв|а̄к M, **~àкиња** F Linkshänder(in *f*) *m*
лȇвӣ linker
лѐвица *Hand* Linke *f* (*a* POL)
лȇв|о links; **~òрук** linkshändig
лѐ̄га̄лан legal
лéгати ⟨**лѐћи**⟩ sich (hin)legen
лѐге̄нда Legende *f*
лѐ̄гит|ӣман legitim; **~имáција** (Personal)Ausweis *m*; **~ӣмисати** (IM)PF (**кòга** j-n) seinen Ausweis zeigen lassen
лéгло Brutstätte (*a fig*)
лȇд Eis *n*; **хлáдан као ~** eiskalt
лèден eisig; eisgekühlt
лèдити ⟨**за-**⟩ einfrieren
лéђ|а PL Rücken *m*; **бóлови у ~има** Rückenschmerzen *m/pl*; **~нӣ** Rücken-
лѐ̄жа̄ј Liege *f*; TECH Lager *n*
лѐжа̄љка Liege(stuhl *m*) *f*
лèжати liegen; **~ на јáјима** brüten
лѐ̄же̄ран leger
лèжӣште Lager *n*; Lagerstätte *f*
лѐзбе̄ј|ка Lesbe *f*; **~скӣ** lesbisch
лéја Beet *n*
лȇк Medikament *n*; **ни за ~** kein bisschen
лèка̄р|(ка F) M Arzt *m*, Ärztin *f*; **~ о̀пште̄ прȁксе̄** Allgemeinmediziner *m*; **дȇчјӣ ~** Kinderarzt *m*; **~скӣ** ärztlich, Arzt-; **~ско̄ уверéње** ärztliches Attest *n*
лекòвит heilsam, Heil-
лектѝра Lektüre *f*
лѐкција Lektion *f*
лелу̀јати ⟨**за-**⟩ (**се**) schwanken; wogen
лéма *Wörterbuch* Stichwort *n*

лѐмити löten
лѐнствовати, ленча́рити faulenzen
ле́нштина Faulenzer *m*
лѐњ faul
лѐњив|ац M, **~ица** F Faulpelz *m*; **~ōст** F Faulheit *f*
лѐњи̑р Lineal *n*
лѐп schön
ле́пак Klebstoff *m*
лепе́за Fächer *m*
лепѐтати *mit den Flügeln* flattern
лѐпиња kleines Fladenbrot *n*
ле́пити ⟨**за-**⟩ V/T (ver)kleben; **~ тапе́те** tapezieren; **~ се** *v/i* kleben; hängen bleiben
лѐпљив klebrig; Klebe-
лѐпо ADV schön; **~ се провѐди(те)!** viel Spaß!
лепо̀т|а Schönheit *f*; **~ица** *Frau* Schönheit *f*
лѐпти̑р Schmetterling *m*; **~-ма̀шна** *Krawatte* Fliege *f*
лѐптоп EDV Laptop *m*
лѐстви|ца Skala *f* (*a fig*); **то̂нска̄ ~ца** Tonleiter *f*; **~це** F/PL Leiter *f*
лѐт Flug *m*; **до̀ма̄ħи̑ ~** Inlandsflug *m*; **међуна́родни̑ ~** Auslandsflug *m*
лѐтак Flugblatt *n*
лѐтва Latte *f*
лѐтети fliegen
лѐти im Sommer
лѐтилица Flieger *m*
лѐтимичан flüchtig
лѐтина (Gesamt)Ernte *f*
лѐт|њи̑ sommerlich, Sommer-; **~о** Sommer *m*; **~овали̑ште** (Sommer)Urlaubsort *m*; **~овати** den (Sommer)Urlaub verbringen; **~опи̑с** Jahrbuch *n*; **~ōс** diesen Sommer
лѐħи[1] → ле́гати
ле́ħи[2] ⟨**из-**⟩: **~ ја́ја** Eier (aus-)brüten
леукѐмија Leukämie *f*
лѐцнути се zusammenfahren (*fig*)
ле́че̄ње MED Behandlung *f*
лѐчили̑ште Heilanstalt *f*
ле́чити MED behandeln; **~ се** in Behandlung sein
лѐш Leiche *f*
лѐш|ина Kadaver *m*; **~ѝна̄р** Geier *m*
лешка́рити liegen und ausruhen
лѐшни̑к Haselnuss *f*
ли *Fragepart*: **да ~ …** ob; **хо̀ħеш ~ …** willst du …?; **и̏ма̄ ~ …?** gibt es …?
либѐла[1] Wasserwaage *f*
либѐла[2] Libelle *f*
ли̏бера̄лан liberal
ли́бити се sich scheuen, zögern
лѝвада Wiese *f*
ли́вница *Betrieb* Gießerei *f*
ли́га Liga *f* (*a* SPORT); **са́везна̄ ~** SPORT Bundesliga *f*
ли̏гња Tintenfisch *m*
ли́дер *Partei* Führer *m*
ли́залица Lutscher *m*
ли́зати ⟨**ли̏знути**⟩ lecken (*a von Flammen*)
ли̑к Figur *f*; Gestalt *n*
ликвиди́рати (IM)PF liquidieren
ли̏ке̄р Likör *m*
ли̏ковати triumphieren

лѝко̄вн|ӣ darstellend; Kunst-; **~а̄ ѝметно̑ст** *f* bildende Kunst *f*
ли̑м Blech *n*; **~а̄р** Klempner *m*; **~ен** Blech-
ли̏ме̄нка Blechdose *f*
ли̏мӯн Zitrone *f*; **со̑к од ~а** *Getränk* Zitronensaft *m*; **~а́да** (Zitronen)Limonade *f*; *fig* Schnulze *f*
ли̏мфнӣ Lymph-
лѝнгвиста M Linguist(in *f*) *m*
ли́нија Linie *f*
ли́нути PF *Flüssigkeit* plötzlich (hervor)schießen
лѝнцура Enzian *m* (*a Schnaps*)
ли̏нчовати (IM)PF lynchen
ли̏па Linde *f*
липса́вати ⟨**ли̏псати**⟩ *F* abkratzen
лѝптати *Blut* strömen
лѝси|ца Fuchs *m*; **~це** PL Handschellen *f/pl*
лѝснат: **~о̄ те̑сто** Blätterteig *m*
ли̑ст Blatt *n*; ANAT Wade *f*; ZO Scholle *f*; *Karte* Pik *n*
ли̏ста Liste *f*
ли̏стати ⟨**пре-**⟩ (durch)blättern
ли̏стопа̄дн|ӣ: **~о̄ др̏во** Laubbaum *m*
ли̏тар Liter *m*
ли̏ти gießen (*a* TECH)
ли̏тица Klippe *f*
литу̀ргија Liturgie *f*
ли̏фт Aufzug *m*
ли́ц|е Gesicht *n*; GR Person *f*; *Stoff* Vorderseite *f*; **~ем у ~е** Auge in Auge; **на ~у ме̏ста** an Ort und Stelle; **нѐстати са ~а зѐмље̄** von der Bildfläche verschwinden; **пра̑вно̄ ~е** JUR juristische Person *f*; **фи̏зичко̄ ~е** JUR natürliche Person *f*
лицѐм|ер Heuchler *m*; **~е̄ран** scheinheilig; **~е̄рје** Heuchelei *f*; **~е̄рка** F Heuchlerin *f*
лицѐнца Lizenz *f*
лицита́ција Versteigerung *f*
ли̏чан persönlich
ли́чити ähneln (**на ко̀га** j-m)
ли̏чно̄ст F Persönlichkeit *f*
лиша́вати ⟨**ли́шити**⟩ entziehen (**ко̀га** *G* j-m *A*); **~ се** verzichten (*G* auf *A*)
ли̏ша̄ј Flechte *f*
ло̀бања Schädel *m*
ло̑в Jagd *f*
ло́вац Jäger *m*; *Schach* Läufer *m*
ло̀в|ачкӣ Jagd-; **~ити** ⟨**у-**⟩ jagen; fangen (*a Fische*)
ловѐкрадица Wilderer *m*
ло̏в|о̄р Lorbeer *m*; **~о̀рика**: **почи́вати на ~о̀рикама** sich auf seinen Lorbeeren ausruhen; **~оров** Lorbeer-
ло̏воста̄ј *Jagd* Schonzeit *f*
ло̀гичан logisch
ло̑гор Lager *n*
ло́жа THEA Loge *f*
ло̀жити ⟨**за-, на-**⟩ heizen; *fig* anheizen; **~ ва̏тру** ein Feuer anzünden
ло̑ж-у̂ље Heizöl *n*
ло̑з *Lotterie* Los *n*
ло̀за Rebe *f*; *Adel* Geschlecht *n*
ло̀зи̑нка Passwort *n*
ло̑ј Talg *m*; **ѝћи као по ло̀ју** laufen wie geschmiert
ло̀ја̄лан loyal

лѐкāл Lokal *n*; **~нӣ** lokal
лѐкати *Tiere* saufen
лȍква Lache *f*
лѐквāњ Seerose *f*
лȍкна Locke *f*
лȍкдāун Lockdown *m*
локомоти́ва Lokomotive *f*
лȍм Krach *m*; Unordnung *f*
лѐмача HIST Scheiterhaufen *m*
лѐмити ⟨**по-, с-**⟩ V/T (ab-, zer-) brechen; **~ се** *v/i* (zer)brechen
лѐмљив brüchig, zerbrechlich
лѐнац Topf *m*
лѐпат|а Schaufel *f*; **~ица** ANAT Schulterblatt *n*
ло́пōв Dieb *m*
лȍпта Ball *m*
лосѝōн Lotion *f*; **~ послē бр̀ијāња** After-Shave-Lotion *f*
лȍсос Lachs *m*
лȍш schlecht; übel; **~е ми је** mir ist schlecht
лубѐница Wassermelone *f*
лу̑д verrückt (*a fig*)
лу̀д|āк Irrer *m*; **~āчкӣ** ADV irre; **~ило** Wahnsinn *m*
лу́дница Irrenhaus *n*
лу̀дōрија Albernheit *f*
лу̏дōст F Unfug *m*, Blödsinn *m*
лу̑к Bogen *m*
лу̑к: **бȅлӣ ~** Knoblauch *m*; **цр̑нӣ ~** Zwiebel *f*
лу́ка Hafen *m*
лу̏кав listig
лу̏ковица (Blumen)Zwiebel *f*
лу̀ксузан luxuriös
лу̏ла (Tabaks)Pfeife *f*
лумба́го Hexenschuss *m*
лу́на-па̏рк Vergnügungspark *m*
лу̏па Lupe *f*
лу̏пати ⟨**лу̏пити**⟩ klopfen; *Herz* pochen
лу̀стер Kronleuchter *m*
лу́та|ти (herum)irren; **~лица** Landstreicher *m*
лу̏тка Puppe *f*
лу̏трија Lotterie *f*
лу́ч|ēње MED Ausscheidung *f*; **~ити** MED ausscheiden
лу̑чкӣ Hafen-

Љ

ља̏га Schandfleck *m*
љи̏гав schlüpfrig; *fig* schleimig
љу́бав Liebe *f*; **кѐме за ~** j-m zuliebe; **~и!** *Anrede* Liebste(r *m*) *f*!
љу̏бāвн|ӣ Liebes-; **~ā афе́ра** Seitensprung *m* (*fig*); **~ӣк** M, **~ица** F Geliebte(r *m*) *f*
љу̏баз|ан nett, freundlich; **~нōст** F Freundlichkeit *f*
љуби́мац Liebling *m*
љу̏би|тељ M, **~тēљка** F *Kunst* Liebhaber(in *f*) *m*
љу́бити ⟨**по-**⟩ küssen (**се** sich)
љу̏бич|аст lila; **~и́ца** Veilchen *n*
љубо̀мора Eifersucht *f*
љу̏бомōран eifersüchtig
љу̏ди M/PL Leute *pl*
љу̏дск|ӣ menschlich, Menschen-; **~ā пра́ва** *n/pl* Menschenrechte *n/pl*
љу̏љати (се) schaukeln

љу̀љāшка Schaukel *f*
љу̑пкōст F Anmut *f*
љу̑ска Schale *f*; **~ од jájeта** Eierschale *f*; **~ од лу̑ка** Zwiebelhaut *f*
љу̑скати ⟨из-⟩ *Eier* schälen
љу̑т GASTR scharf; *fig* **бйти ~ на** (*A*) j-m böse sein; **~йна** GASTR Schärfe *f*
љу̏тит verärgert
љу̏т|ити ⟨на-⟩ ärgern (**се** sich); **~ња** Ärger *m*
љу̏штити ⟨о-⟩ schälen, häuten (**се** sich)

M

ма̏ aber, doch; **~ да̑!** sicher doch!; **~ ка̀кви!** ach was!; **~ нѐмōј!** (aber) nicht doch!; **~ шта̏** was auch immer
магàзӣн Zeitschrift *f*
мàгарац Esel *m*
магàцӣн (Waren)Lager *m*; Magazin *n* (*a Schusswaffe*)
мàг|иjа Magie *f*; **~ӣјскӣ** magisch
мàгистар Magister *m*
магистрáла Schnellstraße *f*
мàгичан magisch
мàгл|а Nebel *m*; **~а je** es ist neblig; **~ити ⟨за-⟩ се** sich beschlagen; **~òвит** neblig
мàгнēт Magnet *m*; **~нӣ** magnetisch, Magnet-
ма̏гнетофōн Tonbandgerät *n*; **~скӣ** Tonband-
ма̏да obwohl
мàдрац (Feder)Matratze *f*
Мађ|āр M, **~àрица** F Ungar(in *f*) *m*; **~āрскā** Ungarn *n*; **♀āрскӣ** ungarisch
мађиòничāр(ка F) M Zauberkünstler(in *f*) *m*
мáза Schoßkind *n*
ма̏зати ⟨на̀-⟩ *Brot* (be)streichen; *Creme* auftragen
мàзга Maulesel *m*
мáзити ⟨по-⟩ streicheln; **~ се** (miteinander) kuscheln
ма̑j Mai *m*
ма̏jица T-Shirt *n*
ма̑jка Mutter *f*; **рòђенā ~** leibliche Mutter *f*
мàјмун Affe *m*
маjòнēз Mayonnaise *f*
ма̑јст|ор(ица F) M Meister(in *f*) *m*; Heimwerker(in *f*) *m*; **~òрија** Meisterstück *n*; **~орскӣ** meisterhaft; Meister-
ма̑јч|ин mütterlich; Mutter-; **~ӣнскӣ** mütterlich
ма̏к Mohn *m*
мàказе F/PL Schere *f*
мàкар zumindest; immerhin
макарóни M/PL Nudeln *pl*; Makkaroni *pl*
Мак|едóнац M, **~ѐдōнка** F Mazedonier(in *f*) *m*; **~ѐдōнија** Mazedonien *n*; **♀ѐдōнскӣ** mazedonisch
макѐта ARCH Modell *n*
ма̏ксимāлан maximal
малàкса|лōст F Schwäche *f*; **~о** kraftlos
малверзáција Unterschlagung *f*
малéнкōст F Kleinigkeit *f*;

мо̀ја̄ ~ meine Wenigkeit *f*
ма̀ле̄р Missgeschick *n*; **бӣје̄ ме ~** ich bin vom Pech verfolgt
ма̑лӣ klein
ма̀лигнӣ bösartig
ма̀лина Himbeere *f*
ма̀лӣћ → млӣ пст
малѝша̄н kleiner Junge *m*
ма̏ло (*G* von *D*) (ein) wenig
ма̏лобро̄јан wenig zahlreich
малѝграђ|анин M, **~а̄нка** F Kleinbürger(in *f*) *m*; **~а̄нскӣ** kleinbürgerlich
малѝдушан kleinmütig
ма̏локр̄ван blutarm
мало̀лет|ан minderjährig; **~нӣк** M, **~ница** Minderjährige(r *m*) *f*
ма̏ло|-по̀мало nach und nach; **~пре̄** vor kurzem; **~про̀даја** Einzelhandel *m*; **~час** gerade eben
ма̏лтене fast
ма̀лт|ер Mörtel *m*; ARCH Putz *m*; **~ѐрисати** ⟨о-⟩ verputzen
малтретѝр|ати ⟨из-⟩ misshandeln; **~ати** ⟨из-⟩ **се** sich abmühen
ма̏љ|а: (*meist* PL) **~е** Haar *n*; Flaum *m*; **~ав** behaart
ма̏ма Mama *f*
ма́м|ац Köder *m*; **~ити** locken (*a fig*)
ма̏м|ӯран verkatert; **~у̀рлук** Kater *m* (*fig*)
ма́н|а Makel *m*; **без ~е̄** makellos; **ср̀чана̄ ~а** Herzfehler *m*
ма̏настӣр Kloster *n*
ма̀нгуп Lausbub *m*
мандарѝна Mandarine *f*
манѐке̄нка Mannequin *n*
манжѐтна Manschette *f*; *Kleidung* Aufschlag *m*
ма̀ниј|а Manie *f*; **~а̄к** Besessener *m*; **сѐксуа̄лнӣ ~а̄к** Sexualtäter *m*
манѝкӣр Maniküre *f*
манипу̀лисати ⟨из-⟩ manipulieren
ман|ифеста́ција Kundgebung *f*; **~ѝфестовати** (IM)PF bekunden; manifestieren (**се** sich)
ма̀нтија Kutte *f*
ма̀нтӣл Mantel *m*
ма́нути се (*G*) die Finger von et *od* j-m lassen
ма́њак Fehlbetrag *m*
ма̏ње weniger; MATH minus; **~ од** (*G*) weniger als; **~вѝше** mehr oder weniger
ма̏њѝна Minderheit *f*
ма̏па Mappe *f*; Landkarte *f*
ма̀рам|а (Kopf- *od* Hals)Tuch *n*; **~ица** Taschentuch *n*; **плу̂ћна̄ ~ица** ANAT Rippenfell *n*
марга̀рӣн Margarine *f*
маргѝна *Schriftstück* Rand *m*
ма̏ргин|а̄лнӣ Rand-; **~а́лац** Außenseiter *m*
марѝна MAR Bootshafen *m*
марина́да Marinade *f*
марионѐта Marionette *f*
ма́рити sich kümmern (**за** *A* um *A*); **не ма̂рӣ!** macht nichts!
ма̏рк|а Marke *f*; **по̏штанска̄ ~а** Briefmarke *f*
маркѝрати (IM)PF markieren
ма̀рљив tüchtig
мармела́да Marmelade *f*
ма̏рт März *m*
ма̏рш[1] Marsch *m*

ма̏рш[2] los!, marsch!
ма̏са Masse *f*
маса́жа Massage *f*
маса̀кри́рати ⟨**из-**⟩ massakrieren
ма̀се̄р(ка F) M Masseur(in *f*) *m*
ма̏сӣва̄н massiv
ма̏ска Maske *f*; ~ **за гњу́ра̄ње** Schnorchel *m*; **за̀штитна̄ / за̀штитна̄ ~ (за лѝце)** MED Atemschutzmaske *f*; **хѝруршка̄ ~** MED Mundschutz *m*
ма̀скара Wimperntusche *f*
маски́рати IMPF ⟨**за-**⟩ maskieren (**се** sich)
ма̀слац → **птер**
масла́чак BOT Löwenzahn *m*
ма̀слин|а Olive *f*; Ölbaum *m*; **~аст** olivgrün; **~ов** Oliven-
ма̂сн|ӣ fett(ig); *fig* Witz schlüpfrig
ма́сн|ица Strieme *f*; **~о̀ћа** Fett *n*; Fettgehalt *m*
ма̏со̄в|ан massenhaft, Massen-
ма̂ст F Schmalz *n*; Salbe *f*
ма́стан → **мснӣ**
ма̀стило Tinte *f*
ма̂т FOT matt
матема̀ти|ка Mathematik *f*; **~ча̄р(ка** F) M Mathematiker(in *f*) *m*
ма̀те̄р|ија Materie *f*; **~ѝја̄л** Material *n*; Stoff *m*
ма̏теријал|ан materiell; **~на̄ штѐта** Sachschaden *m*
ма̏т|ерӣнскӣ Mutter-; **~ери́нство** Mutterschaft *f*; **~ерица** Gebärmutter *f*; **~е̄рњӣ** Mutter-
ма̏ти|ца Bienenkönigin *f*; *Wasser* Strudel *m*; TECH (Schrauben)Mutter *f*; **~ча̄р** Standesbeamter *m*
ма̏тор bejahrt
мат|у́ра Abitur *n*; **~у̀рант** (**-киња** F) M Abiturient(in *f*) *m*; **~ури́рати** (IM)PF das Abitur machen
ма̏ћеха Stiefmutter *f*
мау́кати ⟨**-кнути**⟩ miauen
ма̏х: **у йстӣ ~** zugleich; **у̀зе̄ти ~а** überhand nehmen
ма́хати ⟨**-хнути**⟩ (zu)winken
ма̏хер F durchtriebener Mensch *m*
ма̏хина̄лан mechanisch; ungewollt
ма̀ховина Moos *n*
ма̏хом meistens
ма̀хуна *Frucht* Hülse *f*; **~стӣ** Hülsen-
ма̂ч Schwert *n*
ма́чак Kater *m*
мачѐвалац Fechter *m*
ма̏ч|јӣ Katzen-; **~ка** Katze *f*
маши́на Maschine *f*; **пѝса̄ћа̄ ~** Schreibmaschine *f*
ма̀шӣн|о̀вођа Lokführer *m*; **~огра́дња** Maschinenbau *m*; **~скӣ** maschinell; Maschinenbau-
маши́нство *Lehrfach* Maschinenbau *m*
ма̀шна Schleife *f*
ма̏шт|а Fantasie *f*; **~ати** *von et* träumen; **~о̀вит** fantasievoll
ме́бл Möbelstoff *m*
мегало̀ма̄н(ка F) M Größenwahnsinnige(r *m*) *f*
ме̂д Honig *m*
мѐдаља Medaille *f*
мѐдвед Bär *m*

мё̑д|ен Honig-; honigsüß; **~енӣ мѐсе̄ц** Flitterwochen *f/pl*; **~ѐња̄к** Lebkuchen *m*

Медитѐра̄н Mittelmeer *n*; **⁀скӣ** Mittelmeer-; mediterran

мед|ици́на Medizin *f*; **~йцӣнскӣ** medizinisch; **~йцӣнска̄ сѐстра** Krankenschwester *f*

меду́за Qualle *f*

мѐђу PRP (*I*) unter, (da)zwischen; **~ сѐбо̄м** untereinander; **~вре́ме** Zwischenzeit *f*; **~гра̀дскӣ** TEL regional; Fern-; **~љу̀дскӣ** zwischenmenschlich

међуна́родн|ӣ international; **~а̄ у̀такмица** Länderspiel *n*; **~о̄ пра́во** Völkerrecht *n*

међу̀собан gegenseitig

међу̀тӣм jedoch

мѐзе Imbiss *m*; **~тити** *zu e-m Getränk* dazuessen

мези́мац Nesthäkchen *n*

мё̑к(ан) weich

меку́шац Weichtier *n*; *fig* Weichling *m*

меланхо̀ли|ја Melancholie *f*; **~чан** melancholisch

мѐлем Heilmittel *n*

мѐл|о̄дија Melodie *f*; **~о̀дичан** melodisch; **~о̀дично̄ст** F Wohlklang *m*

мѐм|о̄рија Gedächtnis *n*; EDV Speicher *m*; **~о̀рисати ⟨у-⟩** sich einprägen; EDV speichern

мё̑наџер(ка F) M Manager(in *f*) *m*

мѐнӣ Speisekarte *f*; EDV Menü *n*

менструа́ција Periode *f*

ментали̇̀те̄т Mentalität *f*

мéњати ⟨проме́нити⟩ ändern; wechseln; GR beugen; **~ брзи́ну** KFZ schalten; **~ се** sich abwechseln; sich ändern

мѐња̄ч Schaltknüppel *m*; TECH Getriebe *n*; **~ница** Wechselstube *f*

мё̑р|а[1] Maß *n*; **једѝница ~е̄** Maßeinheit *f*

мё̑р|а[2] Maßnahme *f*; **предѐзе̄ти ~е** Maßnahmen ergreifen

мѐра̄ч *Gerät* Messer *m*

мё̑рдевине PL Leiter *f*

мё̑р|е̄ње Messung *f*; **~ило** *fig* Maßstab *m*; **~ити ⟨йз-⟩** (aus-) messen; wiegen

мѐрмер Marmor *m*

мё̑рода̄ван maßgeblich

мѐс|а̄р Fleischer *m*; **~ара** Fleischerei *f*

Мё̑се̄ц[1] Mond *m*

мё̑с|е̄ц[2] Monat *m*; **~ечан** monatlich, Monats-; **~ечина** Mondlicht *n*

ме́сити ⟨у-⟩ kneten; *Kuchen* machen

мё̑снӣ[1] örtlich, Lokal-

мё̑снӣ[2] Fleisch-

мё̑со Fleisch *n*

месо̀ждер Fleischfresser *m*

мѐсти ⟨по-⟩ fegen

мё̑стими|це̄, ~чно ADV stellenweise

мё̑сто[1] Ort *m*; Platz *m*; Stelle *f*; **сачу́вати кѐме ~** j-m e-n Platz freihalten

мё̑сто[2] PRP → у̀место

ме́та Zielscheibe *f*

мё̑так (Gewehr)Kugel *f*

мѐта̄л Metall *n*

мêтар Meter *m*
метèōр Meteor *m*; **~òлошкӣ** meteorologisch
мèтл|а Besen *m*; **пòчистити ~ōм** fegen
метóд(а) Methode *f*
мèтрāжн|ӣ: **~ā рõба** Meterware *f*
мèћава Schneesturm *m*
мех|анѝзам Mechanismus *m*; **~àника** Mechanik *f*; **~àничāр(ка** F) M Mechaniker(in *f*) *m*; **~àничкӣ** mechanisch
мёхӯр (Luft)Blase *f*
мецéна Mäzen *m*
мêч (Wett)Kampf *m*; SPORT Spiel *n*
мèшавина Mischung *f*
мéшати ⟨**про-**⟩ umrühren; ⟨**из-, по-**⟩ (ver)mischen; verwechseln; **~** ⟨**у-**⟩ **се** sich einmischen
мешòвит gemischt
мêшт|анин M, **~āнка** F Einheimische(r *m*) *f*
мӣ wir; **свӣ ~** wir alle
мигрéна Migräne *f*
мѝзēран miserabel
мѝзēрија Misere *f*
микроталасн|ӣ: **~а пêћница** Mikrowellenherd *m*
мѝксер Mixer *m*
милѝјарда Milliarde *f*
мѝлиметар Millimeter *m*
милѝна Wonne *f*
милѝōн Million *f*
мѝлӣција → **полѝција**
милициòнēр(ка F) M Polizist(in *f*) *m*
мѝло lieb, angenehm; **~вати** ⟨**пò-**⟩ streicheln
милòсрдан barmherzig
мѝл|ōст F Gnade *f*; **~òстиња** Almosen *n*
мѝље¹ M *gehäkelte* Tischdecke *f*
мѝље² M Milieu *n*
мѝљен|ӣк M, **~ица** F Liebling *m*
мимо PRP (G) vorbei; **~ѝлазити** ⟨**~ѝћи**⟩ vorbeigehen; **~ѝћи се** aneinander vorbeigehen, sich verfehlen
мѝна Mine *f* (*a Bergwerk*)
мѝнђуша Ohrring *m*
мѝнерāлнӣ Mineral-
мѝни- Mini-; **~вâл** Dauerwelle *f*; **~лѝнија** TECH (kleinere) Hi-Fi-Anlage *f*
минѝрати IM/PF sprengen; *fig* unterminieren
мѝнист|ар M, **~āрка** F Minister(in *f*) *m*; **~арскӣ** Minister-
министàрство Ministerium *n*; **~ правòсӯђа** Justizministerium *n*; **~ ӯнутрашњӣх пòслōвā** Innenministerium *n*
мѝни-сӯкња Minirock *m*
мѝнус minus; *Konto* Soll *n*
мѝнӯт Minute *f*
мѝо lieb, niedlich
мѝр Friede (*n*) *m*; Ruhe *f*; **из чѝста ~а** *fig* aus heiterem Himmel
мѝрāз Mitgift *f*
мѝран friedlich; ruhig
мѝр|ѝс Duft *m*; **~ѝсан** duftend; **~ѝсати** ⟨**за-**⟩ duften, riechen (**на** *A* nach *A*)
мѝрити ⟨**по-**⟩ versöhnen (**се** sich)

ми̏рно ADV ruhig; **стàјати ~** stillstehen
миро̀в|а̄ње Ruhe(stand *m*) *f*; Stillstand *m*; **~ати** ruhen
ми̏ро̄внӣ Friedens-
мирољѐубив friedliebend
ми̏сао F Gedanke *m*; **~н** gedanklich; GR abstrakt
ми̏сија Mission *f*
ми̏сл|илац Denker *m*; **~ити** 〈**пò-**〉 denken
ми̏стерио̄зан mysteriös
ми̂т Mythos *m*
ми̏тинг (Massen)Kundgebung *f*
ми́то Schmiergeld *n*
ми̏цати 〈**мàкнути**〉 rühren (**се** sich)
ми̂ш Maus *f* (*a* EDV)
ми̏шӣћ Muskel *m*
ми̏шићав muskulös
ми̏шље̄њ|е Meinung *f*; **по мо̂м ~у** meiner Meinung nach
мишо̀ло̄вка Mausefalle *f*
мла̑д jung; **~а** Braut *f*
мла̀далачкӣ jugendlich
мла̏деж Muttermal *n*
мла̏де̄нци M/PL Neuvermählte *pf*
мла̀д|ӣћ junger Mann *m*; **~о̀жења** Bräutigam *m*; **~о̀лик** *Aussehen* jugendlich
мла̏д|о̄ст F Jugend *f*; **~у́нац**, **~у́нче** *Tier* Junge *n*
мла̑з Strahl *m*; **~нӣ** Düsen-; **~ња̄к** Düsenflugzeug *n*
мла̂к lau (*a fig*)
мла́тити 〈**из-, пре-**〉 verprügeln
млѐвен gemahlen; **~о̄ ме̂со** Hackfleisch *n*
млѐкара Molkerei *f*
мле́ко Milch *f*
мле̏ти 〈**сà-**〉 mahlen; *Fleisch* durchdrehen
мле̂чња̄к Milchzahn *m*
мли̏н Mühle *f*
мли̏тав schlaff
мља̏цкати schmatzen
мно̏го viel; **~ пу́та̄** vielmals
много̀|стран vielseitig; **~струк** vielfach
мно̀ж|е̄ње Vermehrung *f*; MATH Multiplikation *f*; **~и̏на** GR Mehrzahl *f*; **~ити** 〈**по-**〉 multiplizieren
мно̀штво Menge *f*
мо̏бӣл|ан tragbar; mobil; **мо̀бӣлна апликáција** EDV App *f*; **~нӣ (теле̏фо̄н)** Handy *n*
моби̏лисати IM/PF MIL einziehen; mobilisieren
мо̀гӯћ möglich
могу́ћно̄ст F Möglichkeit *f*
мо́да Mode *f*
мо̏дар blau
мо̀де̄л Modell *n*
мо̀де̄ран modern; Mode-
модѐрнизовати IM/PF modernisieren
моди̏фиковати IM/PF modifizieren
мо̂дн|ӣ Mode-; **~а̄ пи̏ста** Laufsteg *m*; **~а̄ ре̂вија** Modenschau *f*
мо̀дрица blauer Fleck *m*
мо̀жда vielleicht
мо̏жданӣ Hirn-
мо̏з|ак (Ge)Hirn *n*; **по̀трес ~га** Gehirnerschütterung *f*; **~гати** grübeln
мо̂ј mein; **с мо̀је̄ стра́не̄** meinerseits

мо̏кар nass
мо̀краћ|а F Harn *m*; **~нӣ** Harn-; **~нӣ ка̀на̄л** Harnröhre *f*
мо̀крити ⟨по- се⟩ Wasser lassen
мо̀лба Bitte *f*
мо̀лер Maler *m*
мо̀л|итва Gebet *n*; **~ити ⟨за-⟩** bitten
мо̀лити се beten
мо́љац Motte *f*
мо̀ма|к Jüngling *m*; Geselle *m*; *e-s Mädchens* Freund *m*; **~чкӣ** Junggesellen-; **~чко̄ ве̏че̄** Polterabend *m*
мо̀мен(а)т Moment *m*; **са̏мо ~!** einen Moment!
мо̀н|ах Mönch *m*; **~а̀хиња** Nonne *f*
мо̏нета̄рнӣ Währungs-
моното̀нија Monotonie *f*
монта́жа Montage *f*; *Film* Schnitt *m*
мо̀нта̄жн|ӣ Montage-; **~а̄ ку̏ћа** Fertighaus *n*
мо̏нумента̄лан monumental
мо̀ра Albtraum *m*
мо̀ра̄л Moral *f*
мо̏ра̄лан moralisch
мо́рати müssen
мо̂р|е Meer *n*; **на ~у** am Meer; **~ѐуз** Meerenge *f*
мо̏рж Walross *n*
мо̀рн|а̄р Matrose *m*; **~а̀рица** Marine *f*
мо̀рск|ӣ Meeres-
мо̂ст Brücke *f* (*a Zahnersatz*)
мо̀тати ⟨на-, с-⟩ (auf)wickeln
моти̏висати (IM)PF motivieren
мо̀тика Hacke *f*
мо̏тк|а Stange *f*; **ско̂к са ~о̄м** Stabhochsprung *m*
мо̀то̄р Motor *m*; Motorrad *n*
мо̀то̄рн|ӣ Motor-; **~о̄ во̀зило** Kraftfahrzeug *n*
мотоци̏кл Mofa *n*
мо̀трити belauern
мо̂ћ F Macht *f*; Vermögen *n*
мо̏ћан mächtig
мо̀ћи können; **мо̏же̄ би̏ти** (es) kann sein
мо̀чвара Sumpf *m*
мо̏чва̄р|ан sumpfig; **~но̄ зе̏мљӣште** Morast *m*
мо̀шти F/PL REL Reliquie *f*
мра̂в Ameise *f*
мра̀виња̄к Ameisenhaufen *m*
мра̏з Frost *m*
мра̂к Dunkelheit *f*; **по мра́ку** im Dunkeln
мра́чан dunkel
мр̏в|а Krümel *m*; **~ити ⟨на̀-, и̏з-⟩** V/T verbröseln; **~ити се** (ab)bröckeln
мр̏година *Miene* finster
мр̀годити ⟨на-⟩ се finster dreinschauen
мре̏жа Netz *n*; Netzwerk *n*
мре́жњача ANAT Netzhaut *f*
мре̏на MED Star *m*
мр́жња Hass *m*
мр̏жње̄њ|е: **та̂чка ~а** Gefrierpunkt *m*
мр̏зак verhasst
мр́зети ⟨за-⟩ hassen
мр́знути ⟨за̀-⟩ (се) frieren
мр́зово̄љан mürrisch
мр̂к dunkel(braun); **~ӣ у̑гаљ** Braunkohle *f*
мр̀мљати ⟨про-⟩ murmeln
мр́сити ⟨с-, у-⟩ (се) verwirren; *Haare* zerzausen

мр̀тав tot; **~ у̑мо̄ран** todmüde
мр̀тв|ац Tote(r *m*) *f*; **~ачкӣ** Toten-, Leichen-; **~ачкӣ сàндук** Sarg *m*; **~а̄чница** Leichenschauhaus *n*; **~ило** Lethargie *f*
мрцва́р|е̄ње Quälerei *f*; **~ити ⟨из-⟩** quälen (**се** sich)
мр̑ш|ав dünn; **~а́вити** *Körpergewicht* abnehmen; **~а́вље̄ње** Gewichtsabnahme *f*
мр̑штити ⟨нà-⟩ се die Stirn runzeln
му̀ва Fliege *f*
му̑вати schubsen; F *j-n* anmachen; **~ се** sich drängeln; überall dabei sein
му́дар weise
му́др|ац Weiser *m*; **~òвати** IMPF philosophieren
му̑дро̄ст F Weisheit *f*
му̑ж (Ehe)Mann *m*
му̑жја̄к *Tiere* Männchen *n*
музе̄ј Museum *n*
му̀зика Musik *f*
му̑зика̄лан *Mensch* musikalisch
му̀зича̄р(ка F) M Musiker(in *f*) *m*
му̀зичкӣ Musik-; musikalisch; **~ у̑ређа̄ј** Stereoanlage *f*
му̀к|а Mühe *f* (*a fig*); Übelkeit *f*; **без ~е̄** mühelos; **~а ми је** mir ist schlecht
му́кати muhen
му̑котр̄пан beschwerlich
му̑љ (Fluss)Schlamm *m*
му́њ|а Blitz *m*; **~èвит** blitzartig
мусàка GASTR Auflauf *m*
Муслѝма̄н|(ка F) M Moslem(in *f*) *m*; **~скӣ** moslemisch
му̑сти ⟨пò-⟩ melken
му́т|ан *Flüssigkeit* trübe; **~ити ⟨у-⟩** (um)rühren; *Sahne* schlagen; **⟨по-⟩** trüben (*a fig*); **⟨за-⟩** verunklaren (**се** sich)
му̑ћкати ⟨прò-⟩ *Flüssigkeit* schütteln
му̑цати stottern
му̑ч|ан mühsam; unangenehm; **~енӣк** M, **~еница** F Märtyrer(in *f*) *m*; **~е̄ње** Qual *f*; Folter *f*; **~ити ⟨ѝз-⟩** foltern; plagen (**се** sich)
му̑чкӣ hinterhältig
мучнѝн|а Übelkeit *f*; **изазѝвати ~у** Brechreiz erzeugen
му̀шица Fliege *f*
мушка́рац Mann *m*
мушкàтла Geranie *f*
му̑шк|ӣ Herren-; männlich; GR maskulin; **~и** ADV mannhaft
муштèрија M/F Kunde *m*, Kundin *f*

Н

на PRP (*wo? L D, wohin? A A*) auf, an; **~ при́мер** zum Beispiel
нàба̄вка Besorgung *f*
нàбављати ⟨-бавити⟩ besorgen
наба́дати ⟨-бости⟩ aufspießen
набàцати PF aufhäufen
набаци́вати ⟨-ба́цити⟩ (über)werfen; *Frage* aufwerfen;

~ **се** *F* anmachen (*D* j-n)
наб|ѝјати ⟨**нàбити**⟩ (voll) stopfen; *Erde* (fest)stampfen; **~ијен** prall
нáбōј EL Ladung *f*
нáбор Falte *f*, Knick *m*
нàб|ōран *Gesicht* runzelig; **~óрати** PF *Stirn* runzeln
набрáјати ⟨**-òјити**⟩ aufzählen
нàбрéкнути PF (an)schwellen
набýбати PF einpauken
нàбубрити PF aufquellen
нàбусит *Umgang* barsch
нàвадити се PF sich gewöhnen (**на** *A* an *A*)
нâвала Andrang *m*; SPORT Angriff *m*
наваљѝвати ⟨**-вáлити**⟩ angreifen; drängeln
навèден angeführt; **гȍре ~ӣ** oben genannt
навѝјати ⟨**нàвити**⟩ aufwickeln; *Uhr* aufziehen; *nur* IMPF SPORT Fan eines Teams sein
навѝјāч SPORT Fan *m*
нâвика Gewohnheit *f*
навикáвати ⟨**нàвикнути**⟩ (an)gewöhnen (**на** *A* an *A*) (**се** sich)
нȁвишē ADV nach oben
нȁвлака Überzug *m*
навлáчити ⟨**-вýћи**⟩ überziehen; *Vorhang* zuziehen; *Krankheit* sich zuziehen
нá|вод Anführung *f*; **знâк ~вода** Anführungszeichen *n*
навòдити ⟨**-вèсти**⟩ *j-n* verleiten; *Text* anführen
нáводно ADV angeblich
наводњáвати ⟨**-вòднити**⟩ bewässern
нáврат: **у вѝшē нâврāтā** wiederholt
наврáтити PF vorbeikommen
нȁврāт-нȁнōс Hals über Kopf
нàврх ganz oben; **~ ми је јèзика** es liegt mir auf der Zunge
навршáвати ⟨**-вр́шити**⟩ **се** *Jahre* verstreichen
нâг nackt
нагáђати[1] mutmaßen
нагáђати[2] ⟨**нагòдити**⟩ **се** sich einigen (**око** *G* auf *A*)
нàгазити PF treten (**на** *A* auf *A*)
нâгао plötzlich; jäh(zornig)
нáгиб Gefälle *n*
нàгињати ⟨**-гнути**⟩ **се** sich beugen (**над** *I* über *A*); sich hinauslehnen (**кроз** *A* aus *D*)
наглавàчкē kopfüber
нȁглāс ADV laut; **чѝтати ~** laut (vor)lesen
нàгласак Akzent *m*
наглашáвати ⟨**-глáсити**⟩ betonen (*a fig*)
нàгледати се PF sich satt sehen *F*
нȁглӯв schwerhörig
нȁгнӯт geneigt
наговáрати ⟨**-вòрити**⟩ überreden (**на** *A* zu *D*)
наговештáвати ⟨**-говéстити**⟩ andeuten
нȁговештāј Andeutung *f*
нàгодба Einigung *f*; JUR Vergleich *m*
нагомилáвати ⟨**-гомѝлати**⟩ (an)häufen (**се** sich); hamstern (*fig*)
нáг|он Instinkt *m*; **~òнити** ⟨**нàгнати**⟩ antreiben; **~он-**

скӣ instinktiv
нȁгоре¹ aufwärts, nach oben
нȁгорē² zum Schlechteren
нȃграда Preis *m*
нáграднӣ Preis-; **~ кòнкурс** Preisausschreiben *n*
нагр|ȃђен preisgekrönt; **~ађѝвати** ⟨**-áдити**⟩ auszeichnen; belohnen (**за** *A* für *A*)
нагр̏дити PF verunstalten
нагрѝзати ⟨**нȁгристи**⟩ anbeißen; CHEM ätzen
нагýрати PF voll stopfen
над PRP (*wohin? A A, wo? I D*) über; oberhalb
нáда Hoffnung *f*
нȁдалеко ADV weitaus; **~ и нȁшироко** weit und breit
нȁдаље ADV weiter(hin)
нȁдāрен begabt (**за** *A* für *A*); **~ōст** F Begabung *f*
надàсве überaus
нȁдати¹ се PF: **~ у бȅкство** die Flucht ergreifen
нáдати² се ⟨**по-**⟩ hoffen (*D* auf *A*)
нȁдахнӯт inspiriert;
надахњѝвати ⟨**-дȁхнути**⟩ inspirieren
надвикѝвати се einander überschreien
надвисѝвати ⟨**-вѝсити**⟩ höher *od* größer sein, überragen
нȁдвожњāк *Verkehr* Überführung *f*
нȁдвоје ADV entzwei
надглàсати PF überstimmen
надглéдати überwachen
надгрáдња Überbau *m*
нȁдгробнӣ Grab-; **~ спȍменӣк** Grabmal *n*
наджививљáвати ⟨**-жѝвети**⟩ überleben, überdauern
нȁдземнӣ oberirdisch
нáд|зор Aufsicht *f*; **~зōрнӣк** Aufseher *m*; *Schule* Inspektor *m*
нáдимак Spitzname *m*
надѝм|āње Blähung(en *pl*) *f*; **~ати** (auf)blähen (**се** sich)
нȁдирати vordringen
надјачáвати ⟨**-јȁчати**⟩ überwältigen
нȁдлактица Oberarm *m*
нȁдланица Handrücken *m*
нáдле|жан zuständig; **~жнōст** F Zuständigkeit *f*; **~штво** Dienststelle *f*
надмашѝвати ⟨**нȁдмашити**⟩ übertreffen
нȃдмен herablassend
нȁдмет|āње Wettstreit *m*; **~ати се** rivalisieren, wetteifern
нáдморскӣ See-, Meeres-
нȃд|мōћ F Überlegenheit *f*; **~моћан** überlegen
надмудрѝвати ⟨**-мýдрити**⟩ überlisten
нȃдни|ца *Saisonarbeit* Tageslohn *m*; **~чāр** Tagelöhner *m*
надно PRP (*G*) am Boden, am Ende (*G*)
надовезѝвати ⟨**-вéзати**⟩ (**се**) anknüpfen (**на** *A* an *A*)
нȁдокна|да (Schaden)Ersatz *m*; **~ђѝвати** ⟨**-дȍкнадити**⟩ *Schaden* ersetzen
надòлазити ⟨**надóћи**⟩ steigen; aufgehen
нȁдоле abwärts, herab
надòмак PRP (*G*) nahe bei (*D*)

надоме́штати ⟨**-дòмести-ти**⟩ ersetzen; JUR kompensieren
нȁдражāj Reiz *m*
нàдрāженōст F Gereiztheit *f*
надражи́вати ⟨**-дра́жити**⟩ reizen
надри- Schein-, Pseudo-
нàдстрешница Vordach *n*
надува́вати ⟨**-ду́вати**⟩ aufblasen; ~ **се** anschwellen
нȁдугачко ADV weitläufig; ~ **и нȁшироко** lang und breit
нàђубрити PF düngen
наелѐктрисāн *Atmosphäre* geladen
нȁжалōст ADV leider
нȁжао ADV: **учи́нити кòме нȅшто** ~ j-m et zuleide tun
нажвр̏љати PF aufkritzeln
нажи́вети се PF zur Genüge gelebt haben
нȁзāд zurück
нàзад|овāње Rückschritt *m*; ~**овати** zurückgehen (*fig*)
нàздрављати ⟨**-здравити**⟩ anstoßen
нàздрāвље! *beim Trinken* zum Wohl!; *beim Niesen* Gesundheit!
на́зеб Erkältung *f*
нàзēпсти PF sich erkälten
на́зив Bezeichnung *f*
нази́вати ⟨**нàзвати**⟩ (be-)nennen; heißen
назначи́вати ⟨**-зна́чити**⟩ kennzeichnen
назòви- Quasi-, Pseudo-
нȁӣван naiv
наивчина Naivling *m F*
наизмѐнич|ан abwechselnd; ~**нā стру́ја** Wechselstrom *m*
наилазити ⟨**-и́ђи**⟩ (**на** *A*) j-m begegnen; ~ **на пȍзитӣван òдјек** *fig* gut ankommen
нàиме ADV nämlich; ~**новāње** Ernennung *f*; ~**новати** PF *in ein Amt* ernennen
нàискāп: **пòпити** ~ ex trinken *F*
нȁјава (Vor)Anmeldung *f*; ~ **прòграма** TV Vorschau *f*
најављи́вати ⟨**-јáвити**⟩ ansagen; ~ **се** sich ankündigen
на́јам Miete *f*; ~**ни́на** Mietpreis *m*
нâј|ближӣ *örtl* nächst; ~**бољē** ADV am besten; **свȅ** ~**боље!** alles Gute!; **у** ~**бољēм слу̑чāју** bestenfalls; ~**верòвàтније** höchstwahrscheinlich; ~**већӣ** größte(r); ~**већӣм дȇлом** größtenteils; ~**вишӣ** höchst; ~**горӣ** *sup von* **зȁо** schlimmste(r); ~**драже** ADV am liebsten; ~**дуже** ADV am längsten
наједнàпут auf einmal
најéжити се PF e-e Gänsehaut bekommen
нȁјезда Invasion *f*
нàјести се PF sich satt essen
нȁјзāд ADV schließlich
нâј|мање am wenigsten; **ни** ~**мање** nicht im Geringsten; ~**мањӣ** kleinste(r); ~**млађӣ** jüngste(r); ~**нижӣ** unterste(r); niedrigste(r); ~**новијӣ** neueste(r)
нâј|прē zuerst; ~**раније** frühestens
нају́рити PF verjagen
нâјчешће am häufigsten

на́каза Missgestalt *f*
накашља́вати ⟨-ка̀шљати⟩ се sich räuspern
на̀квасити PF nass machen, anfeuchten
на́кит Schmuck *m*
на́клон Verbeugung *f*; **~о̄ст** F Zuneigung *f* (**према** *D* zu *D*)
на̏кнадно ADV nachträglich
након PRP (*G*) *zeitl* nach; **~ то̀га** danach; **~ што̀** nachdem
накостре́шити се PF sich sträuben
на̀кра̄ј: **ни̏је ми ни ~ па̏ме̄ти** das fällt mir nicht im Traum ein
накре́тати ⟨-кре́нути⟩ neigen; (hinunter)kippen
на̏кри̅в schief
на̀купац Ankäufer *m*
на̀купити PF anhäufen, ansammeln (**се** sich)
накупо̀вати PF aufkaufen
нала̀гати[1] PF zusammenlügen
нала́гати[2] **⟨нало̀жити⟩** auferlegen
на́лаз MED Befund *m*
на̀лазити ⟨на́ћи⟩ finden; **~ се** sich befinden; sich treffen
на̀лази̅ште Fundort *m*
на̏ле̄во nach links
нале́пити PF aufkleben
на́лепница Aufkleber *m*
на́л|ет Ansturm *f*; **~е́тати ⟨~ѐтети⟩** auflaufen (**на** *A* auf *A*); (her)anstürmen; prallen (**на** *A* an *A*)
нали́вати ⟨на̀лити⟩ aufgießen
на́лив-пѐро Füller *m*
на́лик: **бѝти ко̀ме ~** j-m ähnlich sein; **~овати ⟨на́личити⟩** *j-m* gleichen
на́личје *Stoff* Innenseite *f*; Kehrseite *f* (*a fig*)
на́лог Auftrag *m*; **~ за ха̏пше̄ње** Haftbefehl *m*; **по ~у** (*G*) im Auftrag von (*D*)
на́маз Aufstrich *m*; **хле̏бни̅ ~** Brotaufstrich *m*
нама́кати ⟨-мо̀чити⟩ einweichen; tränken
нама́мити PF (heran)locken
на̑м|ена Zweck *m*; **~енски̅** Zuwendungs-, Zweck-; **~ењи́вати ⟨~е́нити⟩** *für et od j-n* bestimmen
на̑мера Absicht *f*
на́мер|авати ⟨на̀мерити⟩ beabsichtigen (**да** ... zu ...); **~но** ADV mit Absicht
на́месни̅к Statthalter *m*
на̀метати ⟨-метнути⟩ aufdrängen; durchsetzen (**се** sich)
намѐтљив aufdringlich; **~о̄ст** F Aufdringlichkeit *f*
на̏мешта̄ј Möbel *n/pl*
наме́штати ⟨на̀местити⟩ (auf)stellen; *Wohnung* einrichten
на̀мештен eingerichtet; **~а̄ со̏ба** möbliertes Zimmer *n*
намештѐн|ӣк M, **~ица** F (Büro)Angestellte(r *m*) *f*
намиги́вати ⟨на̀мигнути⟩ (zu)zwinkern
намири́вати ⟨-ми́рити⟩ begleichen; *Tiere* versorgen
намири̏сати PF wittern; parfümieren; **~ се** sich parfümieren
на́мирнице: **био̀лошке̄~** *pl* Bio-Lebensmittel *n/pl*; **жи̏вотне̄ ~** *pl* Lebensmittel *n/pl*

нàмицати ⟨-мàкнути⟩ aufsetzen; *Vorhang* zuziehen
намотáвати ⟨-мòтати⟩ aufwicklen
нàмр̄тво ADV zu Tode
нáн|а *Kosename* F Oma *f*; Mama *f*; BOT Pfefferminze *f*
нàнижē abwärts; herab
нàново aufs Neue
нáнос Anschwemmung *f*; **снȇжнӣ ~** Schneewehe *f*
нанòсити ⟨нàнēти⟩ auftragen; *Schaden* zufügen; *Leid* antun
нањýшити PF wittern
наобл|ачéње Bewölkung *f*; **~ачи́вати ⟨~áчити⟩ се** sich bewölken
наòвамо *örtl* hierher
нȁоко scheinbar
нȁопāк verkehrt
наоружáвати ⟨~ỳжати⟩ bewaffnen; MIL rüsten (**се** sich)
нȁочāре F/PL, **нȁочāри** M/PL Brille *f*
наòштрити PF schärfen; spitzen
нáпад Angriff *m*; MED Anfall *m*
нàпадати ⟨нàпасти⟩ angreifen; *Ungeziefer* befallen; SPORT stürmen
напàдāч Angreifer *m* (*a* SPORT)
напáјати ⟨напòјити⟩ tränken, trinken lassen
нȁпамēт auswendig
нáпаст F Plage *f*; **~овати** belästigen; *sexuell* missbrauchen
нȁпēт (an)gespannt; spannend; **~ōст** F Spannung *f*
напи́јати ⟨нàпити⟩ се sich betrinken; sich satt trinken
нàпињати ⟨нàпēти⟩ anspannen; anstrengen (**се** sich)
нàпипати PF ertasten
напи́сати PF aufschreiben; niederschreiben
нȁписмено schriftlich
напи́так Getränk *n*
нȁплата Bezahlung *f*
наплáтити PF abkassieren
нáпōјница Trinkgeld *n*
нȁпокōн ADV endlich
наполѝтāнка Neapolitanerschnitte *f*
нȁпољ|е nach außen; hinaus; **~у** draußen
нȁпомена Bemerkung *f*; Fußnote *f*
напòмињати ⟨-помéнути⟩ erwähnen
нáпон EL Spannung *f*
нáпор Aufwand *m*; **~ан** anstrengend
нȁпоредан parallel
напòслѐтку ADV am Ende
нȃправа Vorrichtung *f*
нàпрасит aufbrausend
нàпр|ēд voran; vorwärts; **~едак** Fortschritt *m*; **~едан** fortschrittlich; **~едовати** (IM)PF vorankommen; *im Beruf* aufsteigen
напрéзати ⟨-прéгнути⟩ anstrengen, anspannen (**се** sich)
нȁпротив im Gegenteil
нàпрслина Riss *m*
нàпрстак Fingerhut *m*
нàпукао gesprungen
нàпући PF (zer)springen
напýштати ⟨-пýстити⟩ ver-

lassen; *aus e-m Amt* ausscheiden; *Kräfte* versagen
на́рав F Natur *f* (*fig*); **~но** ADV natürlich
нарамѐница Schulterpolster *n*
нѐра̄нџаст orange(farben)
нара́стати ⟨-ра́сти⟩ (her)anwachsen; *Teig* aufgehen
на̏раштā̄ј Nachkommenschaft *f*
на́редан nächst
на́редб|а Befehl *m*; **~ода́вац** Auftraggeber(in *f*) *m*
нарећи́вати ⟨-ре́дити⟩ anordnen, befehlen (**кȍме** *A* j-m *A*)
на́резак GASTR Aufschnitt *m*
нàрезати PF *Wurst* aufschneiden
на́речје Mundart *f*
нарко́за Narkose *f*
на́род Volk *n*; **~нӣ** volkstümlich; **~но̄ст** F Nationalität *f*
на́рочит besonder(er); **~о** besonders
на́руквица Armband *n*
наручи́вати ⟨-ру́чити⟩ bestellen
на́ручје: **ỳзе̄ти кȍга у ~** j-n in die Arme nehmen
нàруџб|еница Bestellschein *m*; **~ина** Bestellung *f*
наруша́вати ⟨нàрушити⟩ *Gesetz* verletzen; *Ruhe* stören
насама́рити PF *fig* hereinlegen
на̏са̄мо unter vier Augen
насе́дати ⟨нàсести⟩ (*D*) *fig* hereinfallen auf (*A*)
насеља́вати ⟨-сѐлити⟩ besiedeln
на́сеље Siedlung *f*
на́сеобина Siedlung *f*
на́си|лан gewaltsam; **~лнӣк** Gewalttäter *m*; **~лнӣчкӣ** gewalttätig; **~ље** *Brutalität* Gewalt *f*
на́сип Damm *m*
нàсипати ⟨нàсӯти⟩ (hin)einschütten, (hin)eingießen
на̑слаг|а Ablagerung *f*; **~е** MED Belag *m*
на̑слада Genuss *m*
нàслањати ⟨-сло̀нити⟩ (an)lehnen, zurücklehnen (**се** sich)
на́сл|едан erblich; **~еднӣк** M, **~едница** F Erbe *m*, Erbin *f*; **~едство**, **~е̄ђе** Erbe *n*; **~еђи́вати ⟨~е́дити⟩** (be)erben
на̏сле̄по auf gut Glück
на́слов Titel *m*
на́сл|он (Rücken)Lehne *f*; **~он за гла̏ву** KFZ Kopfstütze *f*
наслући́вати ⟨-слу́тити⟩ (er)ahnen
насмѐјати PF *j-n* zum Lachen bringen; **~ се** (an)lachen
нàсме́шити се PF (an)lächeln
нàсмрт zu Tode; unsterblich (*fig*)
наспа́вати се PF ausschlafen
насред PRP (*G*) mitten, in der Mitte
нàс|ртати ⟨~р̑нути⟩ angreifen, anfallen; **~̑ртљив** aufdringlich
на̏става Unterricht *m*
на́ставак Fortsetzung *f*; GR

Endung *f*
на̀стављати ⟨**-ставити**⟩ fortfahren (**са** / mit *D*); **~ се** sich fortsetzen
на́став|нӣ Lehr-, Unterrichts-; **~нӣк** M, **~ница** F Lehrer(in *f*) *m*
на̀стајати ⟨**на̀стати**⟩ entstehen; **~нак** Entstehung *f*
настањѝвати ⟨**-ста́нити**⟩ bewohnen; **~ се** sich niederlassen
на́стојати sich bemühen
на́стōјн|ӣк M, **~ица** F Hausmeister(in *f*) *m*
настра́дати PF verunglücken
на̀стран abartig; pervers
на̀стројен veranlagt
на́ст|уп THEA Auftritt *m*; **~у́пати** ⟨**~у́пити**⟩ antreten; THEA auftreten
насу́кати се PF *Schiff* stranden
на̀сумицē blindlings
насу̀прот ADV im Gegenteil; PRP (*D od G*) gegenüber (*D*)
ната́пати ⟨**-то̀пити**⟩ einweichen; (durch)tränken
на̀тек|ао geschwollen; **~лина** Schwellung *f*
натена́не ADV gemächlich
на̀терати PF zwingen (**на** *A* zu *D*)
на̀тицати[1] ⟨**-та̀ћи**⟩ aufstecken; *Hut* aufsetzen
на̀тицати[2] ⟨**-тѐћи**⟩ (an-)schwellen
на̀тмурен düster
нато̀варити PF beladen; aufbürden
на̀топљен durchnässt
на́тпис Aufschrift *f*
натпри́родан übernatürlich
на̀трāг zurück
натра̀шкē ADV rückwärts
натр́љати PF einreiben
нат̀рпати PF voll stopfen
нату́цати: **~ѐнглēскӣ** ein paar Brocken Englisch können
на̀туштен finster
на̀удити PF *j-m* Schaden zufügen
на̀ука Wissenschaft *f*; **при́роднā ~** Naturwissenschaft *f*
на̀умити PF sich *et* vornehmen
на̀уч|нӣ wissenschaftlich; **~нā фанта̀стика** Science-Fiction *f*; **~нӣк** M, **~ница** F Wissenschaftler(in *f*) *m*; **~ноистра-жѝвāчкӣ** Forschungs-
на̀филовати PF *mit Füllung* füllen; *Torte* bestreichen
на̀фт|а Erdöl *n*; **~ово̄д**Ölleitung *f*
на̀хођēњ|е *Meinung* Befinden *n*; **по со̀пственōм ~у** nach eigenem Ermessen
на̀хушкати PF aufhetzen
на̀ција Nation *f*
на̀цион|ālан national; **~алѝстичкӣ** nationalistisch; **~а̀лнōст** F Nationalität *f*
на́црт Skizze *f*; Entwurf *m*
на́ч|елан ADJ grundsätzlich; **~елнӣк** Vorsteher *m*; **~е́ло** Grundsatz *m*, Vorsatz *m*
на́чин Art *f*, Weise *f*
начѝнити PF anfertigen
на̀чињати anschneiden; *Packung* anbrechen
на̀читāн belesen
на̀чути PF *j-m* zu Ohren kom-

men
на̑ш unser
на̑широко ADV weit(läufig)
на̀шкодити PF Schaden zufügen
на̀штимовати PF *Klavier* stimmen
на̑штину auf nüchternen Magen
не nein, nicht
нѐбескӣ himmlisch, Himmel-
нѐбитан unbedeutend
нѐбо Himmel *m*; **~дер** Wolkenkratzer *m*
нѐбрига Sorglosigkeit *f*
нѐбројен unzählig
нѐва̄жан unwichtig
не|ва́жећӣ ungültig; **~ва̀љао** unartig; **~ва̀спӣта̄н** *Kind* ungezogen
нѐвен BOT Ringelblume *f*
нѐвер|ан untreu; **~ица** Zweifel *m*; **~ѐватан** unglaublich
нѐвешт ADJ ungeschickt
невѝдљив unsichtbar
нѐвин unschuldig; **~а́шце** Unschuldsengel *m*; **~о̄ст** F Unschuld *f*
нѐвољ|а Not(lage) *f*; **у ~и** in der Not; **~но** unwillig
нѐвре̄ме Unwetter *n*
нѐга Pflege *f*
нѐгатӣв Negativ *n*; **~ан** negativ
нега́ција Negation *f*
нѐгде irgendwo; **~ дру̏где** woanders
негѝрати (IM)PF verneinen
нѐго *comp* als; denn; sondern; **~ шта̏!** was denn sonst!; **пре̂ ~ што̏ ...** bevor ...
негѐва|тељ M, **~тѐљица** F Pfleger(in *f*) *m*
нѐговати pflegen
нѐгодо|ва̄ње Protest *m*; **~вати** protestieren
нѐда̄вно neulich
нѐдалеко unweit (**од** *G* von *D*)
нѐдаћа Unglück *n*
недвѐсмислен unmissverständlich
нѐдело Missetat *f*
нѐдељ|а Sonntag *m*; Woche *f*; **~о̄м и пра̑знӣцима** an Sonn- und Feiertagen; **пре̂ ~у да́на̄** vor einer Woche
недѐљив untrennbar; *a* MATH unteilbar
нѐде̄љно wöchentlich
нѐдӣрнӯт unversehrt
нѐ|дово̄љан ungenügend; *Note* mangelhaft; **~дѐвр̄шен** unvollendet; **~догле̄д** unendliche Weite *f*; **~дѐзвољен** unerlaubt; **~дѐличан** ungehörig
недѐношче F Frühchen *n*
не|допу̀стив unzulässig; **~дѐпуштен** unerlaubt
недѐра̄стао halbwüchsig
нѐдосе̄жан unerschwinglich
нѐдоследан inkonsequent
недѐст|ајати vermissen; **~а́так** Mangel *m*; **у ~а́тку** (*G*) mangels (*G*)
нѐ|достӣжан unerreichbar; **~досто̄јан** unwürdig; **~до́ступан** unerreichbar
недѐумица Bedenken *n/pl*
недружељу̀бив ungesellig
нѐдӯжан unschuldig
не̂жан zart; zärtlich

нѐжељен unerwünscht
нѐжења Junggeselle *m*
нȇжност F Zärtlichkeit *f*
нȅ|заборāван unvergesslich; **~зáвидан** nicht beneidenswert; **~зависан** unabhängig; **~задовољáвајӯћи** unbefriedigend
нȅзадо|вољан unzufrieden; **~вóљство** Unzufriedenheit *f*
не|задр̀жив unaufhaltsam; **~зàинтересовāн** unbeteiligt; **~зајàжљив** unersättlich; **~зáконит** gesetzwidrig; **~замѐњљив** unersetzlich; **~замѝслив** unvorstellbar; **~занѝмљив** uninteressant; **~зàпажен** unbeachtet; **~запàљив** feuerfest
незàпослен arbeitslos; **~ōст** F Arbeitslosigkeit *f*
нез|áситан unersättlich; **~àсиħен** CHEM nicht gesättigt
нȅз|ахвāлан undankbar; **~àштӣħен** schutzlos
нȅзв|āн *Gast* ungeladen; **~аничан** inoffiziell
нȅзгод|а Missgeschick *n*; **~а на рâднōм мѐсту** Betriebsunfall *m*; **~ан** ungelegen; unhandlich
нȅзгрāпан plump
нѐзналица Banause *m*
нȅзнāн unbekannt
незнáње Unwissenheit *f*
нѐ|знатан unwesentlich; **~зрео** unreif
нȅиз|бежан unvermeidlich; **~вѐдив** unausführbar; **~весност** F Ungewissheit *f*; **~вестан** ungewiss; **~вѐштāчен** ungekünstelt; **~др̏жив** unausstehlich; **~лѐчив** unheilbar
нȅ|измēран unermesslich; **~изостāван** unerlässlich; **~изрѐцив** unaussprechlich; **~искòрӣшħен** unverbraucht; **~искрен** unaufrichtig; **~искусан** unerfahren; **~ѝспāвāн** unausgeschlafen; **~испрāван** kaputt; **~истина** Unwahrheit *f*; **~исцрпан** unerschöpflich
нȅ|јāк kraftlos; **~јасан** unklar; **~једнāк** ungleich; **~јѐстив** nicht essbar
нȅка lass (es); auf dass; es möge; **~!** lass gut sein!; **~ бӯдē тàкō!** so soll es sein!; **~ се jâвӣ!** er *od* sie soll sich melden
нȅкад|(а) irgendwann; manchmal; **~ашњӣ** ehemalig
нѐкажњен unbestraft
нȅкакав irgendein
нȅкако irgendwie
неквàлификовāн ungelernt; unqualifiziert
нȅк|ӣ ein gewisser, irgendein(er); **у ~ӯ рӯку** gewissermaßen
нȅко (irgend)jemand
нȅколико mehrere
неконсеквѐнтан inkonsequent
некретнѝна Immobilie *f*
некрòлог Nachruf *m*
нектарѝна Nektarine *f*
нȅкуд(ā) irgendwohin
нȅлаг|одан unbehaglich; **~óдност** F Unbehagen *n*

нѐлегāлан illegal
нѐ|ликвѝдан zahlungsunfähig; **~љубазан** unfreundlich; **~људскӣ** unmenschlich
нêм stumm
нѐмāн F Scheusal *n*
нѐмāр JUR Fahrlässigkeit *f*; **~ан** lässig; JUR fahrlässig
нѐмāстан *Milch* fettarm
нéмати nicht haben, kein … haben; **нêмā вȅзē** das macht nichts; **нêмā на чѐму!** keine Ursache!; **нêмā проблéмā** kein Problem
Нéмац Deutscher *m*
нѐмачк|ӣ deutsch; **говòрити ~ӣ** Deutsch sprechen; **°̄ā** Deutschland *n*
нѐмилицē ADV schonungslos
нȅмил|осрдан gnadenlos; **~ōст** F Ungnade *f*
нȅминōван zwangsläufig
нѐмио unliebsam
нȅмӣр Unruhe *f*; **~ан** unruhig
Нѐмица Deutsche *f*
нȅмогӯћ unmöglich
нѐмōј(те)! nicht (doch)!
нȅморāлан unsittlich
нȅ|мōћ F Schwäche *f*; **~моћан** schwach
нѐ|нāдāн unverhofft; **~надокнàдив** unersetzlich
нȅ|надмāшан unübertroffen; **~надмàшив** unübertrefflich; **~нáмеран** unabsichtlich; **~намѐтљив** unaufdringlich; **~нàмештен** natürlich; *Wohnung* unmöbliert; **~нарӯшив** unverbrüchlich; **~нàстāњен** unbewohnt
нȅ|обавезан unverbindlich; **~обичан** außergewöhnlich; **~објàшњив** unerklärlich; **~обòрив** unwiderlegbar; **~òбрāђен** unbearbeitet; unbebaut; **~òбразовāн** ungebildet
нȅ|обријан unrasiert; **~обуздāн** unbändig; **~òбучен[1]** ungelernt; **~обýчен[2]** unbekleidet; **~òвлāшћен** unbefugt; **~огрàничен** unbegrenzt
нȅ|одговōран unverantwortlich; **~одлōжан** unverzüglich; **~одлӯчан** unentschlossen
не|одобрáвāње Missbilligung *f*; **~одòљив** unwiderstehlich; **~òдрēђен** unbestimmt; **~одр̀жив** unhaltbar; **~òжењен** *Mann* ledig; **~òкрњен** unversehrt
неòмēтан ungestört
нèōн|ка Neonröhre *f*; **~скӣ** Neon-
не|òпажен unbemerkt; **~опѝсив** unbeschreiblich; **~òпрāвдан** unberechtigt; *Fehlen* unentschuldigt
неопрѐдēљен unentschieden
нȅопрēзан unvorsichtig
неопрòстив unverzeihlich
нȅопхōд|ан unentbehrlich; **нѝје ~но** es ist nicht nötig (**да** zu …)
неопхóднōст F Notwendigkeit *f*
неосѐтљив unempfindlich
нȅ|оснōван unbegründet; **~оспōран** unumstritten; **~оспòрив** unanfechtbar; un-

bestreitbar; **~оствàрив** nicht realisierbar
нё|отпōран anfällig; **~очèкӣван** unerwartet; **~ȍштећен** unbeschädigt; **~пàжљив** unaufmerksam; **~пāран** *Zahl* ungerade
нè|писмен analphabetisch; **~плàнӣран** außerplanmäßig
неплѝв|āч M, **~āчица** F Nichtschwimmer(in *f*) *m*
не|побèдив unbesiegbar; **~пòбитан** unwiderlegbar; **~пòвēзāн** *Buch* ungebunden; *Rede* unzusammenhängend
непов|ерéње Misstrauen *n*; **~èрљив** misstraurisch
нё|повōљан ungünstig; **~повредивōст** F Unverletzlichkeit *f*; JUR Unantastbarkeit *f*; **~погрèшив** unfehlbar; **~подесан** ungeeignet; **~подмѝтљив** unbestechlich; **~поднòшљив** unerträglich; **~познāт** unbekannt; **~поколèбљив** fest entschlossen
нё|покрēтан unbeweglich; **~покрѝвен** ungedeckt; **~помичан** regungslos; **~поправљив** irreparabel; unverbesserlich; **~популāран** unbeliebt; **~попȕстљив** unnachgiebig; **~послȳшан** ungehorsam; **~пòсредан** unmittelbar; **~постōјан** unbeständig; **~пòтпун** unvollständig; **~потребан** unnötig; **~поуздāн** unzuverlässig; **~поштен** unehrlich
нèпрāвда Ungerechtigkeit *f*
нё|праведан ungerecht; **~правӣлан** unregelmäßig; **~практичан** unhandlich; **~пребрòдив** unüberwindlich; **~превàзӣђен** unübertroffen; **~превòдив** unübersetzbar; **~прегле̄дан** unübersichtlich; **~предвѝдив** unvorhersehbar; **~прèдвиђен** unvorhergesehen; **~прекӣдан** ununterbrochen; **~премòстив** unüberbrückbar; **~препознàтљив** unkenntlich; **~престāн** unaufhörlich; **~прецӣзан** ungenau; **~привлачан** unansehnlich
нèпријāтан unangenehm
нèпријa|тељ Feind *m*; **~тèљскӣ** feindlich; **~тéљство** Feindschaft *f*
непријáтнōст F Unannehmlichkeit *f*
не|прѝкладан ungeeignet; **~прикоснòвен** hochheilig
непрѝмеран unangebracht
нё|приметан unmerklich; **~припрāван** unvorbereitet; **~прѝпремљен** unvorbereitet; **~пристōјан** unanständig; **~прѝстра(ста)н** unvoreingenommen; **~пробōјан** undurchdringlich; **~провӣдан** undurchsichtig; **~пróлазан** unvergänglich; **~промèнљив** unveränderlich; *Wetter* beständig; GR nicht flektierbar; **~проветан** unbefahrbar; **~прòмишљен** unüberlegt; **~промòчив** wasserdicht; **~пróписан** unvorschriftsmäßig; **~пропȕст-**

љив undurchlässig; **~прòходан** unwegsam; **~процèњив** unschätzbar
нèпун nicht ganz (voll)
непу̏ш|а̄ч M, **~а̀чица** F Nichtraucher(in *f*) *m*
нèпце Gaumen *m*
нȅ|ра̄ван uneben; **~равномē̑ран** ungleichmäßig; **~равнопра̄ван** ungleich
нȅра̄д|ан: **~нӣ да̑н** Ruhetag *m*
нȅ|радо ADV widerwillig; **~развѝјен** unterentwickelt; **~разговѐтан** undeutlich; **~раздво̄јан** unzertrennlich; **~разу̑ман** unvernünftig; **~разу̀мљив** unverständlich
нерасполо|жен schlecht gelaunt; **~же́ње** schlechte Laune *f*
нераст|вòрљив, **~òпив** unlöslich
нȅрв Nerv *m*; **~и́рати** ⟨**из-**⟩ auf die Nerven gehen; **~и́рати** ⟨**из-**⟩ **се** die Nerven verlieren; **~óза** Nervosität *f*; **~о̄зан** nervös
нèрђајӯћӣ rostfrei
нȅ|ре̄д Unordnung *f*; **~ре̄ди** PL Unruhen *f/pl*; **~редо̄ван** unregelmäßig
нè|ре̄шен unentschieden (*a* SPORT); **~рѐшив** *Frage* unlösbar; **~са́вестан** gewissenlos; **~савлàдив** unbezwingbar; **~сàвр̄шен** unvollkommen
несà|гла̄сан uneinig; **~лòмив** unzerbrechlich
нȅсамоста̄лан unselbstständig
нèсаница Schlaflosigkeit *f*
несвàрљив unverdaulich
нȅсве̄ст F: **па̏сти у ~** das Bewusstsein verlieren
нèсвестан unbewusst
нèсебичан uneigennützig
несèсе̄р Kulturbeutel *m*
нȅсиг|ӯран unsicher; **~у́рно̄ст** F Unsicherheit *f*
нȅсклад Missklang *m*
нескривен unverhüllt
нȅсла̄н ungesalzen; *fig* abgeschmackt
нȅсложан uneinig
нè|службен inoffiziell; **~слу̑ћен** ungeahnt; **~смотрен** unachtsam; **~сносан** unerträglich; **~спòјив** unvereinbar
нȅ|споразум Missverständnis *n*; **~способан** unfähig (**за** *A* zu *D*)
нèспрет|ан ungeschickt; **~ња́ковић** Trottel *m*
нè|спута̄н fessellos; **~сра̄ман** schamlos
нèсрећ|а Unglück *n*; Unfall *m*; **~ан** unglücklich
нȅстабӣлан schwankend
нèст|ајати ⟨**-ати**⟩ (ver-)schwinden; ausgehen; **~ало је** (*G*) … ist alle *od* aus
нȅста̄лан veränderlich; *Wetter* unbeständig
нèстанак Verschwinden *n*
нèста̄шан spitzbübisch
нèсташица (*G* an *A*) Mangel *m*
нестàшлук Streich *m*
нȅства̄ран unwirklich
нест|рпљéње Ungeduld *f*; **~р̏пљив** ungeduldig

не|су̀гласица Meinungsverschiedenheit *f*; **~су̀мњиво** zweifellos; **~схва̀тљив** unbegreiflich
нѐ|такнӯт unberührt; **~та̀ктичан** taktlos
нѐтачан unrichtig; unpünktlich
нѐто netto
не|толера̀нтан intolerant; **~трпѐљив** unduldsam
неубѐдљив nicht überzeugend
нѐу|виђа̄ван einsichtslos; **~глѐдан** unansehnlich; **~го̄дан** unangenehm
нѐ|уда̄та̄ *Frau* ledig; **~удо̀бан** unbequem; **~ук** ungebildet; **~укӯсан** geschmacklos (*a fig*); **~уљудан** unhöflich; **~у̀мерен** maßlos; **~уме̄стан** unangebracht; **~умо̀љив** unerbittlich; **~умо̄ран** unermüdlich
не|уни̏штив unverwüstlich; **~уобича̄јен** ungewöhnlich; **~упа̀дљив** unauffällig; **~упорѐдив** unvergleichlich; **~употрѐбљив** unbrauchbar; **~у̀пӯћен** uneingeweiht; **~уравно̀тё̄жен** unausgeglichen; **~урачу̀нљив** unzurechnungsfähig
нѐ|уредан unordentlich; **~у̀сиљен** ungezwungen; **~успео** misslungen; **~успех** Misserfolg *m*; **~устра̀шив** furchtlos; **~утешан** trostlos
нѐутра̄лан neutral (*a fig*)
нѐ|учтив unhöflich; **~фор̄малан** informell
нѐха̄т Fahrlässigkeit *f*
нехигѝјё̄нскӣ unhygienisch
нѐхотицē ADV aus Versehen
нѐчијӣ jemandes
нѐчисто̀ћа Unsauberkeit *f*
нѐ|читак unleserlich; **~чу̀вен** unerhört; **~чу̑јан** geräuschlos; **~шко̀дљив** unschädlich
нѐшто etwas
ни: ~ … ~ … weder … noch …; **ча̑к** ~ nicht einmal
нѝво̄ M Niveau *n*
нѝгде nirgends
нѝжē niedriger; PRP (*G*) unterhalb
нѝз[1] *Reihe* Folge *f*; *fig* Reihe *f*
нѝз[2] PRP (*A*) abwärts, hinunter
нѝзак niedrig; *Absatz* flach; *Mensch* klein
нѝзати ⟨**на-**⟩ aneinander reihen
нѝзбрдица Abstieg *m*
нѝз|брдо bergab, abwärts; **~водно** flussabwärts
нѝз|ија GEO Niederung *f*; **~ѝна** GEO Flachland *n*
нија̀нса Farbton *m*
нијѐдан (gar) keiner
нѝ|кад(а̄) nie; **~какав** kein (-erlei); **~ка̄ко** (ganz und) gar nicht; **~камо** nirgendwohin
нѝко niemand; **~ дру̑гӣ** kein anderer
нѝкуд(а̄) → нкамо
нѝмало kein bisschen
ниподашта̀вају̑ћӣ abfällig
нѝпошто keineswegs
нискокало̀рича̄н kalorienarm
нѝт F Faden *m*

ни̏ти → ни
ни̏тна *aus Metall* Niete *f*
ни̏цати ⟨**ни̏ћи**⟩ sprießen
ни̏чијӣ niemandes
нишáнити ⟨**на-**⟩ zielen (**у** *A* auf *A*)
ни̏шта nichts
но *conj* aber; → *a* него
но̑в neu; **срѐћна̄ ∼а!** gutes Neues!; **шта̏ и̏ма̄ ∼о?** was gibt es Neues?
нòвац Geld *n*; **си̏тан ∼** Kleingeld *n*
новѝна Neuigkeit *f*; Neuerung *f*
но̏вин|а̄р(ка F) M Journalist(in *f*) *m*; **∼áрство** Journalismus *m*; *Studienfach* Journalistik *f*; **∼е** F/PL Zeitung *f*
ново|грáдња Neubau *m*; **∼рòђенче** Neugeborene *n*
но̏во̄ст F Neuheit *f*, Neuigkeit *f*
нòвч|анӣ Geld-; **∼àнӣк** Geldbeutel *m*; **∼àница** Geldschein *m*
нòг|а Bein *n*; Fuß *m*; **од ма̑лӣх но̏гӯ** von klein auf; **∼авица** Hosenbein *n*
но̑ж Messer *n*
но̏жнӣ Fuß-; **∼ пр̑ст** Zeh(e *f*) *m*
но̏здрва Nasenloch *n*
но̑ј ZO Strauß *m*
но̏кат (Finger-, Fuß)Nagel *m*
нòминовати (IM)PF nominieren
ноншалàнтан nonchalant
Норвéж|анин M, **∼а̄нка** F Norweger(in *f*) *m*
Нòрве̄ш|ка̄ Norwegen *n*; **∼кӣ** norwegisch
нòрма̄л|ан normal; **∼изáција** Normalisierung *f*
нòрмӣра̄н genormt
но̑с Nase *f*; ⟨**ò**⟩**бри̏сати ∼** (sich) die Nase putzen
нòс|а̄ч Gepäckträger *m*; (Lasten)Träger *m*; **∼е̄ћӣ** tragend; **∼ив** tragbar; **∼ила** N/PL (Trag)-Bahre *f*; **∼илац** Träger *m*
нòсити tragen (*a Kleider*); **∼ jája** Eier legen
но̏соро̄г Nashorn *n*
нòстàлгија Nostalgie *f*
нóта MUS Note *f*
нóтес Notizblock *m*
но̑ћ F Nacht *f*; **ла̏ку ∼!** gute Nacht!
нòћас heute Nacht
нòћ|ење Übernachtung *f*; **∼ити** ⟨**пре-**⟩ übernachten
но̏ћ|нӣ nächtlich; **∼у** ADV nachts
нóш|а *F Kinder* (Nacht)Topf *m*; **∼ња** Tracht *f*
нпр. (**на при́мер**) z.B. (zum Beispiel)
нуди̏стичкӣ Freikörperkultur-; Nackt-
ну̏дити ⟨**пò-**⟩ (an)bieten; vorsetzen
ну̏ж|ан nötig, notwendig; **∼да** Not *f*; Notdurft *f*; **за ∼ду** zur Not
ну̏ла null; Null *f*
нумѐрисати ⟨**из-**⟩ nummerieren

ња́кати 〈**-кнути**〉 *Esel* schreien
њѐгов sein; dessen
њѐн ihr (gehörig)
њи̏ва Acker *m*
њи́хати се schwingen; pendeln
њи̏хов ihr (*ihnen gehörig*)
њи́штати 〈**за-**〉 *Pferd* (auf-) wiehern
њу̑х Geruchssinn *m*; **и̏мати ~а** Gespür haben (**за** *A* für *A*)
њу́шити 〈**на-**〉 wittern; schnuppern
њу́шка Schnauze *f* (*a fig*)
њу̑шкати *fig* schnüffeln

О

о PRP (*L*) von (*D*), über (*A*), um (*A*); **~ чѐму** wovon, worüber
о̏ба M *od* N (alle) beide
о̏бавез|а Verpflichtung *f*; **~ан** obligatorisch; **~и́вати** 〈**-ве́зати**〉 verpflichten; **~ пријављи́вања** MED Meldepflicht *f*
обавешта́вати 〈**-ве́стити**〉 benachrichtigen
о̏бавешта̄јн|ӣ: **~а̄ слу̀жба** Nachrichtendienst *m*
обавеште́ње Auskunft *f*
обави́јати 〈**оба̀вити**[1]〉 umwickeln; umhüllen
о̀бављати 〈**о̀бавити**[2]〉 erledigen
о̏ба̄д ZO Bremse *f*
оба̀зирати 〈**оба̀зрети**〉 **се** sich umschauen; *nur* IMPF Rücksicht nehmen (**на** *A* auf *A*)
оба̀зриво̄ст F Umsichtigkeit *f*
о̏бала *Fluss* Ufer *n*; *Meer* Küste *f*
о̏ба̄лнӣ Küsten-; Ufer-
оба́рати 〈**обо̀рити**〉 umwerfen; *Flugzeug* abschießen; *Kopf* hängen lassen
оба̀сипати 〈**оба̀сӯти**〉 überschütten
обасја́вати 〈**оба̀сјати**〉 bestrahlen, bescheinen
о̀бданӣште Kindertagesstätte *f*
о̀бда̄рен begabt; **~о̄ст** F Begabung *f*
обезбеђи́вати 〈**-бе́дити**〉 sicherstellen
обезвређи́в|ање Entwertung *f*; **~ати** 〈**-вре́дити**〉 *Geld* entwerten
обѐз|гла̄вљен kopflos; **~личен** gesichtslos; **~на̄њен** außer sich
обележа́вати 〈**обѐлежити**〉 kennzeichnen
обѐлѐжје Merkmal *n*
обелодањи́вати 〈**-да́нити**〉 an den Tag bringen
о̀бесити → **вшати**
обесна́жити PF entkräften
обеспокоја́вати 〈**-покѐјити**〉 beunruhigen

обѐспра̄вљен entrechtet
ȍбе̄ст F Übermut *m*; **~ан** übermütig
обесхрабри́вати ⟨**-хра́брити**⟩ entmutigen
обећ|а́вати ⟨**обѐћати**⟩ versprechen; **~а́ње** Versprechen *n*
обештећ|е́ње Entschädigung *f*; **~и́вати** ⟨**обѐштетити**⟩ entschädigen
обѐшчашћен entehrt
ȍбзи̑р Rücksicht *f*; **без ~а на тô** ungeachtet dessen; **ѝмати ~а** Rücksicht nehmen (**према** *D* auf *A*); **с ~ом на** (*A*) in Anbetracht (*G*)
оби́јати ⟨**ȍбити**⟩ einbrechen; *Tür* aufbrechen; *Auto* knacken
оби̏лаз|ак Rundgang *m*; **~ити** ⟨**оби́ћи**⟩ umgehen (*a fig*); *Museum* besuchen
ȍби̑лан reichlich
ȍбиловати reich sein (*I* an et)
ȍби̑ље Überfluss *m*
ȍби̑м Umfang *m*; **~ан** umfangreich
ȍбистинити се PF sich als wahr erweisen
ȍбича̄ј Brauch *m*; **ѝмати ~** die (An)Gewohnheit haben
ȍбичан gewöhnlich
ȍбјава Bekanntmachung *f*
објављи́вати ⟨**-ја́вити**⟩ veröffentlichen; verkünden
објашњ|а́вати ⟨**обја́снити**⟩ erklären; **~е́ње** Erklärung *f*
ȍбјек(а)т Objekt *n*
ȍбјекти̑ван objektiv
обла́гати ⟨**-лȍжити**⟩ belegen
ȍбла̑к Wolke *f*; **~ȍдер** Wolkenkratzer *m*
ȍбла̄ст F Gebiet *n*
ȍблачан bewölkt
obла́чити[1] ⟨**обу́ћи**⟩ anziehen (**се** sich)
обла́чити[2] ⟨**на-**⟩ **се** sich bewölken
ȍближњи̑ umliegend
ȍбли̑к Form *f*
ȍбликовати IM(PF) formen
обли̏на Rundung *f*
ȍблог(а) Belag *m*; MED Wickel *m*
ȍбложен *Zunge* belegt
ȍбма|на Illusion *f*; Täuschung *f*; **~њи́вати** ⟨**обма́нути**⟩ hintergehen
обна́вљати ⟨**-нȍвити**⟩ erneuern
обнѐвидети PF erblinden
ȍбнова Erneuerung *f*; Renovierung *f*
обогаћи́вати ⟨**обȍгатити**⟩ bereichern (**се** sich)
ȍбо̄д Umrandung *f*
обожѐва|лац M, **~те̄љка** Verehrer(in *f*) *m*
обожа́вати verehren
ȍбоје beide(s) (*von verschiedenen Geschlechtern*)
обȍјити PF bemalen
оболе́вати ⟨**обȍлети**⟩ erkranken (**од** *G* an *D*)
обољѐње Erkrankung *f*
ȍборен abgesenkt; **~а̄ свѐтла** KFZ Abblendlicht *n*
обȍстран gegenseitig
ȍбрада *Thema* Behandlung *f*;

Land Bewirtschaftung *f*
ȍбрадовати PF *j-m* e-e Freude machen
обрађивати ⟨-рáдити⟩ bearbeiten; *Land* bewirtschaften; *Thema* behandeln
ȍбраз Wange *f*; *fig* Ehre *f*
обрáзац Formular *n*; MATH Formel *f*
образл|áгати ⟨~ȍжити⟩ begründen; **~ожéње** Begründung *f*
ȍбразов|āн gebildet; **~áње** Bildung *f*; **~ати** (IM)PF (aus-)bilden (**за** *A* in *D*)
ȍбрāн *Milch* entrahmt
ȍбрāстао ADJ bewachsen
ȍбрати *Wein* lesen; *Obst* pflücken; *Milch* entrahmen
ȍбраћати ⟨обрáтити⟩: **~ пáжњу** beachten (**на** *A A*); **~ се кȍме** sich an j-n wenden
ȍбрачӯн Bilanz *f*; **плāтнӣ ~** Gehaltsabrechnung *f*; **~áвати ⟨-чу̀нати⟩** abrechnen
ȍбрва Augenbraue *f*
ȍбрēд REL Ritus *m*
обрезивати ⟨ȍбрезати⟩ REL beschneiden
ȍбрис Umriss *m*
ȍбрнут umgekehrt
ȍброк Mahl(zeit *f*) *n*
ȍбронак (Ab)Hang *m*
ȍбрт *fig Veränderung* Wendung *f*
ȍбртāј Umdrehung *f*
ȍбртати ⟨обр́нути⟩ wenden
ȍбрукати се PF sich blamieren
ȍбрӯч Reifen *m*; MIL (Belagerungs)Ring *m*
обу́вати ⟨ȍбути⟩ *Schuhe* anziehen (**се** sich)
обуздáвати ⟨-у̀здати⟩ bändigen; **~ се** sich beherrschen
обу̀зимати ⟨-у̀зēти⟩ ergreifen
ȍбука Fortbildung *f*; MIL (Grund)Ausbildung *f*
обу̀ставити ⟨-у̀стављати⟩ einstellen
ȍбућ|а Schuhe *m/pl*; **~āр** Schuhmacher *m*
обу̀хватати ⟨-у̀хватити⟩ umfassen
обучáвати ⟨-у̀чити⟩ ausbilden
ȍбучен[1] ausgebildet
обу́чен[2] angezogen
ȍв|ā die; diese; **~āј** der; dieser; **~àко** so
ȍвāлан oval
ȍвāмо hierher; **дóђи ~!** komm her!
óван Hammel *m*; ASTR Widder *m*
ȍвас Hafer *m*
ȍвдашњӣ hiesig
óвде hier
ȍвер|а Beglaubigung *f*; **~áвати ⟨ȍверити⟩** beglaubigen
ȍвлашан *fig* flüchtig
ȍвлāшћ|ен beauftragt; **~éње** Ermächtigung *f*; **~ивати ⟨овлáстити⟩** bevollmächtigen
оволѝкӣ so groß
ȍвуда hier entlang
óвца Schaf *n*
ȍвч|āр Schäfer *m*; **~етина** Schafsfleisch *n*; **~ијӣ** Schafs-
ȍглāс Anzeige *f*

оглашáвати ⟨**оглáсити**⟩ inserieren; ~ **се** sich melden
ȍглēд Versuch *m*
огл|èдало Spiegel *m*; **~éдати се** sich spiegeln (**у** *L* in *D*); sich im Spiegel betrachten
òгњиште Herd *m* (*a fig*)
оговáрати lästern
огòл|ео kahl; **~ити** PF entblößen
òгōрчен verbittert
ȍгра|да Zaun *m*; **~ђи́вати** ⟨**огрáдити**⟩ umzäunen
òгран|ак ECON Zweigstelle *f*; **~ичáвати** ⟨**огрàничити**⟩ begrenzen (**се** sich)
огрàнич|éње Einschränkung *f*; **~éње брзи́нē** Tempolimit *n*
огрèботина Kratzer *m*
òгрев Heizmaterial *n*
òгрејати PF erwärmen (**се** sich); *Sonne* aufgehen
огрéшити се PF sich vergehen (**о** *A* an *D*); *Gesetz* übertreten
òгрлица Halskette *f*
ȍгрōман riesig
òгртати ⟨**огр̀нути**⟩ *Mantel* umhängen
огр̀тāч Umhang *m*; **кȳћнӣ ~** Morgenrock *m*
од PRP (*G*) *örtl* ab (*D*), von (*D*); *zeitl* seit (*D*), ab (*D*); *Stoff* aus (*D*); **мȁње ~** weniger als; **у ròку ~** binnen (*G*)
ȍдаб|ӣр Auswahl *f*; **~и́рати** ⟨**одàбрати**⟩ auswählen
ȍдабрāн erlesen
одáвати ⟨**òдати**⟩ verraten; *Ehre* erweisen; **~ се** *dem Alkohol* verfallen
ȍдāвдē von hieraus
ȍдāвно längst
одàгнати PF vertreiben
ȍдāклē woher; **~ сте?** woher kommen Sie?
ȍдāн ergeben; **~ōст** F Ergebenheit *f*
ȍдāндē von dort
òдар (Toten)Bahre *f*
ȍдāтлē von dort
одàхнути PF aufatmen
одàшиљāч Sender *m*
одбаци́вати ⟨**-бáцити**⟩ verwerfen; PF *F* **~ kòга до** (*D*) j-n (im Auto) hinbringen *od* mitnehmen
òдбећи PF entlaufen
одби́ј|ати ⟨**òдбити**⟩ ablehnen; *Schlag* abwehren; **~ати** ⟨**òдбити**⟩ **се** abprallen
одби́так ECON Abzug *m*
òдбōјан abstoßend
òд|бōјка Volleyball *m*; **~бòјкāш** M, **~бојкàшица** F Volleyballer(in *f*) *m*
òдбōјнōст F Abneigung *f* (**према** *D* gegen *A*)
òдбор *Komitee* Ausschuss *m*
òдбрамбен Abwehr-
ȍд|брана Verteidigung *f*; **~брáнити** PF verteidigen (**се** sich)
одбрусити *fig j-m* barsch antworten
ȍдв|āжан kühn; **~áжити се** PF wagen
одвáјати ⟨**одвòјити**⟩ aussortieren; **~ се** sich lösen; *Straße* abzweigen
одвези́вати ⟨**-вéзати**⟩ losbinden; **~ се** *Knoten* aufgehen
одви́јати ⟨**òдвити**⟩ auspa-

cken; aufschrauben; ~ **се** sich abspielen
одвика́вати ⟨**о̀двиħи**⟩ abgewöhnen (**се** sich)
одвла́чити ⟨**-ву́ħи**⟩ wegschleppen
о̀двод Abfluss *m*
одво̀дити ⟨**-ве̏сти**⟩ abführen; *j-n* mitnehmen *od* hinbringen
о̀двод|нӣ: **~нā це̑в** Abflussrohr *n*; **~ња́вāње** Entwässerung *f*
одво̀зити ⟨**-ве̏сти**⟩ hinfahren
о̀двратан ekelhaft
о̀двраħати ⟨**-вра́тити**⟩ *j-n von et* abbringen; entgegnen
о̀двртати ⟨**-вр̀нути**⟩ *Wasser usw* aufdrehen
одга́ђати ⟨**-го̀дити**⟩ verschieben; ~ **пла̀ħāње** die Zahlung stunden
одга́јати ⟨**-го̀јити**⟩ *Kind* aufziehen
одгова́рати[1] entsprechen; *Zeit* passen; verantworten (**за** *A* für *A*)
одгова́рати[2] ⟨**-гово̀рити**⟩ (be)antworten
о̏дговōр Antwort *f*; **~ан** verantwortlich (**за** *A* für *A*)
одгово́рнōст F Verantwortung *f* (**за** *A* für *A*)
одгоне́тати ⟨**-нути**⟩ *fig* entziffern; *Rätsel* lösen
одгри́зати ⟨**о̀дристи**⟩ abbeißen
одгу́рати ⟨**-гу́рнути**⟩ wegschieben
о̀дēвнӣ: ~ **пре́дмет** Kleidungsstück *n*
оде́ло Anzug *m*
о̀дељак Abteil *n*
одеље́ње Abteilung *f*; *Krankenhaus* Station *f*; *Schule* Klasse *f*
о̀деħа (Be)Kleidung *f*
одзва́њаjӯħӣ hallend
о̏дзӣв Reaktion *f*
одигра́вати ⟨**-и̏грати**⟩ vorspielen; ~ **се** sich abspielen
одјављи́вати ⟨**-ја́вити**⟩ (**се** sich) abmelden; ~ **се** auschecken
одјѐднōм auf einmal
о̏дјēк Widerhall *m*
одјеки́вати ⟨**-је́кнути**⟩ widerhallen
одла́гāњ|е: **без ~а** *adv* umgehend
одла́гати ⟨**-ло̀жити**⟩ beiseite legen; *Akten* ablegen; aufschieben
о̀длаз|ак Abreise *f*; **~ити** ⟨**оти́ħи**⟩ weggehen
одла́мати ⟨**-ло̀мити**⟩ V/T abbrechen
одлѐжати PF *Strafe* verbüßen
одлепљи́вати ⟨**-ле́пити**⟩ ablösen
одле́тати ⟨**-ле̏тети**⟩ davonfliegen
о̏длик|а Merkmal *n*; Auszeichnung *f*; **~ова́ње** Auszeichnung *f*
о̀дли|ковати IM(PF) auszeichnen (**се** / sich durch *A*); **~чан** ausgezeichnet; *Speise* vorzüglich
о̀дломак *Buch* Abschnitt *m*
о̏длука Entscheidung *f*

òдл|учан entschlossen; **~учѝвати** ⟨**~ýчити**⟩ beschließen; **~учнōст** F Entschlossenheit *f*; **~ỳчујӯћӣ** entscheidend

ȍдмазда Vergeltung *f*

òдмакао *Stadium* fortgeschritten

одмáр|алӣште Erholungsheim *n*; Rastplatz *m*; **~ати** ⟨**одмòрити**⟩ (sich) ausruhen

ȍдмāх sofort

ȍдмена Ablösung *f*

одмерáвати ⟨**ȍдмерити**⟩ (ab)messen; mustern

òдмерен *fig* abgewogen

òдмицати ⟨**òдмаћи**⟩ V/T wegrücken

òдмор Erholung *f*,

òдморӣште Raststätte *f*

одмотáвати ⟨**-мòтати**⟩ abwickeln

одмрзáвати ⟨**ȍдмрзнути**⟩ V/T auftauen

одмр́сити PF entwirren

однѐдāвно seit kurzem

òднеклē von irgendwoher

òдн|ос Verhältnis *n*; Beziehung *f*; **у ~осу** in Bezug (**на** *A* auf *A*); **~òсити** ⟨**~ѐти**⟩ wegbringen; mitnehmen; **~òсити се** sich beziehen; *Person* sich verhalten; **~осно** beziehungsweise

одобр|áвāње Zustimmung *f*; **~áвати** ⟨**одòбрити**⟩ *amtlich* genehmigen; gutheißen; **~éње** Genehmigung *f*

одȍз|гō von oben (herab); **~дō** von unten

одолéвати ⟨**одòлети**⟩ widerstehen

одомаћѝвати ⟨**-мáћити**⟩ **се** heimisch werden

одражáвати ⟨**одрáзити**⟩ (wider)spiegeln (**се** sich)

ȍдрāз Spiegelbild *n*; Reflex *m*

òдр|āслӣ PL Erwachsene *pl*; **~áстати** ⟨**~áсти**⟩ aufwachsen

òдрати (се) PF sich wund reiben

ȍдрēда: **свӣ ~** allesamt

òдред|ба Verordnung *f*; **~ӣште** Bestimmungsort *m*; **~ница** Stichwort *n*

òдр|ēђен bestimmt; **~еђѝвати** ⟨**~éдити**⟩ bestimmen

òдрез|ак Abschnitt *m*; Steak *n*; **~ѝвати** ⟨**òдрезати**⟩ abschneiden

одржáвати ⟨**одр̀жати**⟩ *Versprechen* (ein)halten; *nur* IMPF TECH warten; **~ се** stattfinden

одр̀жив haltbar

одрѝц|āње Verzicht *m*; **~ати** ⟨**одрѐћи**⟩ abstreiten; **~ати се** verzichten (*G* auf *A*)

òдрон, одроњáвāње: **~ зе̏мљӣшта** Erdrutsch *m*

ȍдр̄пāн zerlumpt

одсéдати ⟨**òдсести**⟩ *im Hotel* absteigen

одсѐдети PF absitzen

òдсек Abteilung *f*

одсѐлити (се) PF wegziehen

одсéцати ⟨**òдсећи**⟩ abschneiden

òдсечак Abschnitt *m*

одскáкати ⟨**-скòчити**⟩ abprallen

òдскок Absprung *m*

одслужи́вати **〈-слу́жити〉** ableisten
ȍдстō Prozent *n*
одстоја́ње Abstand *m*
одстрањи́вати **〈-стра́нити〉** beseitigen
одсту́пати **〈-сту́пити〉** (ab-)weichen
ȍдступница Rückzug *m*
ȍдсудан entscheidend
ȍдсу|ство Abwesenheit *f*; MIL Beurlaubung *f*; **~ствовати** abwesend sein; **~тан** abwesend
ȍдувēк seit jeher
одуговла́чити hinauszögern; **~ се** *zeitlich* sich hinziehen
оду̏дарати sich abheben (**од** *G* von *D*)
одужи́вати[1] **〈оду́жити**[1]**〉** **(се)〉** Schuld(en) begleichen
одужи́вати[2] **〈оду́жити**[2]**〉** **се** *zeitl* sich hinziehen
ȍдузēт gelähmt; **~ōст** F Lähmung *f*
оду̏зимати **〈оду̏зēти〉** abnehmen; MATH abziehen
оду̏мирати **〈оду̏мрети〉** absterben
оду̏пирати се **〈-у̏прēти〉** sich (entgegen)stemmen; sich widersetzen
ȍдӯран widerwärtig
оду̏стајати **〈оду̏стати〉** aufgeben, abspringen
одуча́вати **〈-у̏чити〉** abgewöhnen (**кȍга од** *G* j-m *A*)
одушевља́вати **〈-ше́вити〉** begeistern (**се** sich)
оду̏шēвље́ње Begeisterung *f*
одшрафљи́вати **〈ȍдшрафити〉** (ab)schrauben
ȍдштета Entschädigung *f*
ожалȍстити PF traurig stimmen
ожа̀лошћен in Trauer
ожѐнити PF *Mann* verheiraten (**се** sich)
ȍжењен *Mann* verheiratet
оживља́вати **〈оживе́ти〉** aufleben; wieder beleben
ȍжиљак Narbe *f*
оза́конити PF legalisieren
ȍзб|иљан ernst(haft); **~иљнōст** F Ernst *m*
ȍздрављ|ати **〈-дравити〉** genesen; **~е́ње** Genesung *f*
ȍзледа Verletzung *f*
ȍзлēђи́вати **〈озле́дити〉** verletzen
озлȍ|гла̄шен berüchtigt; **~јēђен** empört
ȍзна|ка Bezeichnung *f*; **~ча́вати** **〈озна́чити〉** bezeichnen
ȍзнојен verschwitzt
ȍзōн Ozon *n*; **~скӣ** Ozon-
окаја́вати **〈ȍкајати〉** Buße tun
ока̀мењен versteinert
ȍквӣр *Bild* Rahmen *m*; *Brille* Gestell *n*; **у ~у** im Rahmen; **~нӣ** Rahmen-
окѐа̄н Ozean *m*; **Ти̏хӣ ~** Pazifik *m*
оки́да̄ч FOT Auslöser *m*
ȍкићен geschmückt
окле́вати zögern
оклевѐтати PF verleumden
ȍклизнути се PF ausrutschen
ȍклоп Panzer *m*; Rüstung *f*;

~нӣ gepanzert
òкно Fenster(scheibe) *f*; *Bergbau* Stollen *m*
око (*G*) um (*A*) (herum)
ȍко Auge *n*
òк|ов Fessel *f*; **~òвати** PF fesseln
окòвратнӣк Kragen *m*
околѝн|а Umgebung *f*; Umwelt *f*
околѝшāњ|е: **без ~а** *fig* unumwunden
òкōлнӣ umliegend
окóлнōст F Umstand *m*
ȍколо herum, um … herum
окончáвати ⟨**окòнчати**⟩ abschließen
окòрео krustig; *fig* hartgesotten
òкрајак Zipfel *m*; *Brot* Kanten *m*
окрепљѝвати ⟨**окрéпити**⟩ erfrischen, stärken (**се** sich)
ȍкрēт Wendung *f*; (Um)Drehung *f*; **~ан** flink, wendig
òкрет|ати ⟨**окрéнути**⟩ (um-) drehen (**се** sich); **~ница** Wendeplatz *m*; **~нōст** F Gewandtheit *f*
òкрзнути PF streifen
окривљáвати ⟨**окрѝвити**⟩ beschuldigen
окр́њити PF abbrechen; verstümmeln
ȍкрӯг (Verwaltungs-, Land-) Kreis *m*
òкрӯгао rund
окруж|éње Umkreis *m*; **~ѝвати** ⟨**окрýжити**⟩ umkreisen
òкрут|ан grausam; **~нōст** F Grausamkeit *f*
ȍкршāј Gefecht *n*
òксѝдисати IM(PF) oxydieren
òкуп Zusammenkunft *f*; **свѝ су на ~у** alle sind da
окýпљати ⟨**òкупити**⟩ versammeln (**се** sich)
ȍлако leichtfertig
олакшáв|ајӯћӣ: **~áвајӯћē окóлности** JUR mildernde Umstände *m/pl*; **~ати** ⟨**олàкшати**⟩ erleichtern
ȍлакш|áње Erleichterung *f*; **~ица** Vergünstigung *f*
ол|импијáда Olympiade *f*; **~ѝмпӣјскӣ** olympisch
олич|áвати ⟨**олѝчити**⟩ verkörpern; **~éње** Verkörperung *f*
òлōвка Stift *m*; **хèмӣјскā ~** Kugelschreiber *m*
ȍлово Blei *n*
òлтāр Altar *m*
олýја Sturm *m*
òлук (Dach)Rinne *f*
òлупина Wrack *n*
òмакнути се abrutschen; *unpers* unbeabsichtigt sagen
омаловажáвати ⟨**-вáжити**⟩ gering schätzen
òмāмљ|енōст F Betäubung *f*; **~ѝвати** ⟨**омáмити**⟩ betäuben
ȍмашк|а Versehen *n*; **~ōм** ADV irrtümlich
омекш|áвати ⟨**омèкшати**⟩ weich machen; weich werden; **~ѝвāч** Weichspüler *m*
омéтати ⟨**òмēсти**⟩ behindern
òмиљен beliebt; Lieblings-;

~ōст F Beliebtheit *f*
òмл|адина Jugend *f*; **~адѝнац** M, **~àдӣнка** Jugendliche(r *m*) *f*; **~àдӣнскӣ** jugendlich
омогућáвати ⟨-гу́ћити⟩ ermöglichen
ȍморина Schwüle *f*; **~ je** es ist schwül
òмот Umhüllung *f*
омòтāч TECH Mantel *m*; *Umhüllung* Hülle *f*
òмр|āжен verhasst; **~знути** PF (zu) hassen (beginnen)
ȏмча Öse *f*, Schlinge *f*
ȏн er
òна sie (*sg*)
òнāј jener
онàк|ав solch; **~о** so; *fig* so lala
òнāмо dorthin, dahin
ȍндā dann; damals
òндашњӣ damalig
óнде dort
онемогућáвати ⟨-гу́ћити⟩ vereiteln
онерасполòжити PF die Laune verderben
онесвешћѝвати ⟨-свéсти-ти⟩ се ohnmächtig werden
онеспособљáвати ⟨-спо-сòбити⟩ lahm legen
òно es
онолѝко *betont* so
òнуда dorthin
òпад|āње Rückgang *m*; **~āње кòсē** Haarausfall *f*; **~ати ⟨òпасти⟩** abfallen; zurückgehen
опáж|āње Beobachtung *f*; **~ати ⟨òпазити⟩** wahrnehmen
ȍпāк bösartig
опаљѝвати ⟨опáлити⟩ versengen; *Schusswaffen* (ab-) feuern
опамéтити PF zur Vernunft bringen; **~ се** zur Vernunft kommen
ȍпāсан gefährlich
опàсāч Gürtel *m*
ȍпаска Bemerkung *f*
опáсн|ōст F Gefahr *f*; **у слу̑чāју ~ости** bei Gefahr
опѐкотин|а MED Brandwunde *f*; **мâст за ~е** Brandsalbe *f*
опéло Totenmesse *f*
ȍпера Oper *f*
оперáција Operation *f*
опѐрисати IM(PF) operieren
ȍперскӣ Opern-
òпēт wieder
опѝјати ⟨òпити⟩ MED betäuben; **~ се** sich betrinken
опѝјенōст F Rausch *m*
опипáвати ⟨òпипати⟩ (be-) tasten
опѝпљив fühlbar; *fig* konkret
óпис Beschreibung *f*; **~ѝвати ⟨опѝсати⟩** beschreiben
ȍпклада Wette *f*
òпкладити се PF wetten
опкољáвати ⟨-кòлити⟩ umzingeln
оплакѝвати ⟨òплакати⟩ beweinen
оплемењѝвати ⟨оплѐменити⟩ veredeln
оплођáвати ⟨оплòдити⟩ befruchten
òпна Häutchen *n*; MED Membrane *f*; **бу̑бнā ~** ANAT Trom-

melfell *n*
оповргáвати ⟨**опòвргнути**⟩ *Behauptung* widerlegen
ȍпоз|ив Widerruf *m*; **~йвати** ⟨**опòзвати**⟩ widerrufen
опозúција Opposition *f*
ȍпōјан berauschend
ȍпомена (Er)Mahnung *f*
опòмињати ⟨**опомéнути**⟩ (er)mahnen
опонáш|āње Nachahmung *f*; **~ати** nachahmen
ȍпор ADJ unwirsch; *Wein* herb
опòрављати ⟨**опòравити**⟩ **се** sich erholen, genesen
опорезúвати ⟨**опòрезовати**⟩ besteuern
ȍпорука Testament *n*
оправдáвати ⟨**òпрāвдати**⟩ rechtfertigen
òпрāвдáње Entschuldigung *f*; *Schule* Attest *n*
опрашúвати ⟨**опрáшити**⟩ BOT bestäuben
опрáштати ⟨**опрòстити**⟩ vergeben; **~ се** sich verabschieden (**од** *G* von *D*)
опредељ|éње Entscheidung *f*; **~йвати** ⟨**опредéлити**⟩ **се** sich entscheiden
ȍпрēзан wachsam
ȍпрема Ausrüstung *f*
опрéмати ⟨**-ити**⟩ ausstatten (*I* mit *D*)
ȍпроштāј Abschied *m*; **~ан** Abschieds-
ȍпруга TECH Federung *f*, Feder *f*
ȍпсада Belagerung *f*
опсéдати ⟨**òпсести**⟩ belagern
òпседнӯт (*I*) besessen von (*D*)
ȍпсēжан umfangreich
опсервàтōријум Sternwarte *f*
опскрбљúвати ⟨**-скр́бити**⟩ versorgen
опслужúвати ⟨**-ýжити**⟩ bedienen
òпста|нак Fortdauer *f*; Überleben *n*; **~јати** ⟨**òпстати**⟩ bestehen bleiben
оптерећ|éње Belastung *f* (*a fig*); **~йвати** ⟨**оптèретити**⟩ belasten
ȍптика Optik *f*
оптимѝстичан optimistisch
ȍптицāј Umlauf *m*
òптичāр(ка F) M Optiker(in *f*) *m*
òптуж|ба Anklage *f*; **~ѐнӣк** M, **~ѐница** F Angeklagte(r *m*) *f*; **~йвати** ⟨**оптýжити**⟩ beschuldigen
опуномоћ|áвати ⟨**-мòћити**⟩ JUR bevollmächtigen; **~ѐнӣк** Bevollmächtigter *m*
опýстошити PF verwüsten
òпушак Zigarettenkippe *f*
опýшт|āње Entspannung *f*; **~ати** ⟨**опу̀стити**⟩ **се** sich entspannen
опхòдити се umgehen (**према** *D* mit *D*)
òпхођење *Menschen* Umgang *m*
опчињáвати ⟨**-чѝнити**⟩ *fig* verzaubern
опшúвати ⟨**òпшити**⟩ einfassen
ȍпшӣран ausführlich
ȍпште ADV allgemein

о̀пштѐње Verkehr *m*
о̑пштӣ allgemein, generell
о̑пшти|на Gemeinde *f*; **~нскӣ** Gemeinde-
о̀ра̄лан oral
о̀рао M Adler *m*
орасполо̀жити PF aufheitern; **~ се** in Stimmung kommen
о̀рати pflügen
о̀рах Walnuss *f*; Walnussbaum *m*; **кр̑цкалица за ~е** Nussknacker *m*
о̀рбит(а) Umlaufbahn *f*
орга̀зам Orgasmus *m*
о̀рга̄н Organ *n*; **~ѝзам** Organismus *m*; **~ѝза̄тор** Veranstalter *m*; **~иза́ција** Organisation *f*
о̀рга̄нскӣ bio, Bio-
о̑рганизацио̄нӣ organisatorisch
орга̀низовати (IM)PF organisieren
о̀ргуље F/PL Orgel *f*
о̑рдина̄ран ordinär
ордина́ција Arztpraxis *f*
оригѝна̄л Original *n*
о̑ригина̄лан originell; original
о̑ријента̄лан orientalisch
оријента́ција Orientierung *f*
оријѐнтисати се IM(PF) sich orientieren
о̀рма̄н Schrank *m*
оро̀нути *fig* herunterkommen
о̀рочен befristet
о̀рта̄к(иња F) M ECON Teilhaber(in *f*) *m*; F Kumpel *m*
орто̀пе̄дскӣ orthopädisch
о̀руђе Werkzeug *n*
о̑ружа̄н bewaffnet; **~е̄ сна́ге** Streitkräfte *f/pl*
о̀ру̑жје Waffe *f*
о̀са[1] Wespe *f*
о́са[2] MATH Achse *f*
оса̀ка|тити PF verstümmeln; **~ћен** verstümmelt
о̑сам acht; **~дѐсе̄т** achtzig
оса̀мнаест achtzehn
осва́јати ⟨**осво̀јити**⟩ erobern
осва̀ја̄ч Eroberer *m*; **~кӣ** Eroberungs-
освеж|а́вајӯћӣ erfrischend; **~а́вати** ⟨**о̀свежити**⟩ erfrischen; **~е́ње** Erfrischung *f*
о̑света Rache *f*
освѐтити[1] PF rächen (**се** sich)
освѐтити[2] PF REL weihen
осветља́вати ⟨**освѐтлити**⟩ belichten (*a* FOT); (be)leuchten
осветље́ње Beleuchtung *f*
о̀свет|нӣк M, **~ница** F Rächer(in *f*) *m*; **~љу̀бив** rachsüchtig
освешћи́вати ⟨**освѐстити**⟩ **се** wieder zu Bewusstsein kommen
о̑свит Tagesanbruch *m*
о̀свр̄т Rückblick *m*
о̀свртати ⟨**освр́нути**⟩ **се** sich umsehen (**за** / nach A)
о̑сека Ebbe *f*
о̑сетан spürbar
осѐтљив sensibel; **~о̄ст** F Empfindlichkeit *f*
о̀се̄ћ|а̄ј Gefühl *n*; **~а̄јан** gefühlvoll; **~а́ње** Empfindung *f*
о̀се̄ћати ⟨**о̀сетити**⟩ empfinden; **~ се** sich fühlen
осигура́в|ајӯћӣ: **~ајӯће дру́штво** Versicherungsgesellschaft *f*; **~ати** ⟨**осигу́рати**⟩

(ver)sichern (**се** sich)
ȍсигур|ȁнӣк M, **~ȁница** Versicherte(r *m*) *f*; **~áње** Versicherung *f*
осигу̀ра̄ч EL Sicherung *f*
ȍсим PRP (*G*) außer (*G*), bis auf (*A*); **~ што̏** außer dass; **~ то̀га** außerdem
ȍсип MED (Haut)Ausschlag *m*; **~ати ⟨ȍсӯти⟩ се** einen Ausschlag bekommen; *Stoff* fasern
осиро̀маш|ити PF verarmen; **~éње** Verarmung *f*
ȍскуд|ан spärlich; **~éвати** mangeln an (*unpers*)
ȍслабити PF schwächen; V/I abnehmen (*a fig*)
ȍслањати ⟨осло̀нити⟩ се sich stützen; sich verlassen (**на** *A* auf *A*)
ослéпети PF erblinden
ȍслић Dorsch *m*, Kabeljau *m*
ослобáђати ⟨-бо̀дити⟩ befreien; JUR entlasten
осло̀бођ|ен befreit; **~éње** Befreiung *f*
ословљав|ȁње Anrede *f*; **~ати ⟨осло̀вити⟩** anreden
ȍслонац Stütze *f*
ослушки́вати ⟨ȍслушнути⟩ horchen
ȍсме̄х Lächeln *n*; **~и́вати ⟨осмéхнути⟩ се** (an)lächeln
ȏсмӣ der Achte
осми̏на Achtel *n*
ȍсмишљен durchdacht
оснажи́вати ⟨оснáжити⟩ bekräftigen
осн|и́ва̄ње Gründung *f*; **~и́вати ⟨осно̀вати⟩** gründen; begründen; **~и̏ва̄ч** Begründer *m*
ȍснов|(а) Grundlage *f*; GR Stamm *m*; **из ~а** von Grund auf; **на ~у** (*G*) aufgrund (*G*)
ȍсно̄ва̄н begründet
ȍсно̄внӣ grundlegend
ȍсоб|а Person *f*; **по ~и** pro Person; **тра̏нсродна ~** Transgender *m*, *f*; **~ен** sonderbar; **~е̄но̄ст** F Eigenart *f*; **~ѐња̄к** Sonderling *m*; **~и̏на** Eigenschaft *f*
ȍсо̄бље Personal *n*
осо̀вина KFZ Achse *f*
оспо̀р|а̄ва̄н umstritten; **~áвати ⟨оспо̀рити⟩** leugnen
оспособљáвати ⟨оспо̀собити⟩ befähigen
ȍсредњӣ mittelmäßig
ȍстава Abstellraum *m*
ȍста̄вк|а Kündigung *f*; POL Rücktritt *m*; **да̀ти ~у** kündigen; POL zurücktreten
оставља̀ти ⟨ȍставити⟩ lassen; **~ да дȅлује** einwirken lassen; **~ у̀тисак** Eindruck hinterlassen; beeindrucken
остáвштина *Erbschaft* Nachlass *m*
ȍстајати ⟨ȍстати⟩ bleiben
ȍста̄лӣ die übrigen
остáтак Rest *m*
оств|арéње Verwirklichung *f*; **~а̀рив** machbar; **~ари́вати ⟨оствáрити⟩** verwirklichen
ȍстрво Insel *f*
ȍсуда Verurteilung *f*
осуђ|ѐнӣк M, **~ѐница** F Verurteilte(r *m*) *f*; **~и́вати ⟨осýдити⟩** verurteilen

осујећѝвати ⟨**осујѐтити**⟩ vereiteln
осу́шити се PF verdorren
ѐтад(ā) von da an; seitdem
ота́пати ⟨**отѐпити**⟩ V/T auftauen
отѐрасити се PF (G) loswerden (A); *fig* abschütteln
ѐта|ц Vater *m*; **~џбина** Vaterland *n*
отва́р|ање (Er)Öffnung *f*; **~ати** ⟨**отвѐрити**⟩ aufmachen; eröffnen
отвѐрāч Öffner *m*
ѐтвор Öffnung *f*; **~ен** offen
отежа́вати ⟨**отѐжати**⟩ erschweren; schwerer werden
оте́зати ⟨**оте́гнути**⟩ dehnen; *zeitl* ausdehnen (**се** sich)
ѐтек|ао geschwollen; **~лина** Schwellung *f*
отелотвора́вати ⟨**-твѐрити**⟩ verkörpern
ѐтерати PF vertreiben
ѐтимати ⟨**ѐтēти**⟩ rauben; entführen; **~ се** sich reißen (**за** *A* um *A*)
отѝрāч (Fuß)Abtreter *m*
ѐтӣс|ак Abdruck *m*; **~кѝвати** ⟨**ѐтиснути**⟩ e-n Abdruck machen; *Boot* wegstoßen
ѐтицати[1] ⟨**отѐћи**[1]⟩ abfließen
ѐтицати[2] ⟨**отѐћи**[2]⟩ anschwellen
ѐткад(ā) seit wann; CJ seit (--dem)
ѐтказ Kündigung *f*
ѐтказѝвати ⟨**-ка́зати**⟩ absagen
ѐтако CJ seit
ѐтк|ачен *fig* irre; **~ѐчињати** ⟨**ѐткачити**⟩ abhängen; abkoppeln
откѝдати ⟨**ѐткинути**⟩ V/T abreißen (**се** *v/i*)
ѐткла́њати ⟨**-клѐнити**⟩ beheben
откла́пати ⟨**-клѐпити**⟩ aufklappen
откључа́вати ⟨**-кљу̀чати**⟩ aufschließen
откопча́вати ⟨**-кѐпчати**⟩ aufknöpfen
открѝвати ⟨**ѐткрити**⟩ entdecken; *Denkmal* enthüllen; *verraten* preisgeben
открѝће Entdeckung *f*
ѐткуд(ā) woher
ѐткуп Abkauf *m*
откуп|љѝвати ⟨**отку́пити**⟩ abkaufen; **~нѝна** Lösegeld *n*
откуца́вати ⟨**ѐткуцати**⟩ abtippen; *Uhr* schlagen; *F* verpfeifen
ѐтмен vornehm
ѐтми|ца Entführung *f*; **~ча̄р(ка** F) M Entführer(in *f*) *m*
ѐток Schwellung *f*
ѐтпад Schrott *m*; **~нӣ** Abfall-; **~нā вѐда** Abwasser *n*; **~ати** ⟨**ѐтпасти**⟩ abfallen; **~нӣк** M, **~ница** F Abtrünnige(r *m*) *f*
ѐтпаци M/PL Abfall *m*
отпѝјати ⟨**ѐтпити**⟩ abtrinken
отписѝвати ⟨**-пѝсати**⟩ abschreiben (*a fig u* ECON)
ѐтпла|та Abzahlung *f*; **на ~ту** auf Abzahlung; **~ћѝвати** ⟨**отпла́тити**⟩ abzahlen
отпоза́ди von hinten

ѐтпор Widerstand *m* (**према** *D* gegen *A*)
ѐтпōран widerstandsfähig (**на** *A* gegen *A*)
отпóрнōст F Widerstandsfähigkeit *f*
отпо̀чинути PF ausruhen
ѐтпраћати ⟨**ѐтпратити**⟩ begleiten
отпрéмати ⟨**-прéмити**⟩ abfertigen
отпри́ликē ungefähr
ѐтпусница Entlassungsschein *m*
отпу́штати ⟨**отпу̀стити**⟩ entlassen
ѐтргнути PF entreißen
отрежњáвати ⟨**отрéзнити**⟩ ausnüchtern; *fig* ernüchtern; ~ **се** nüchtern werden
отрежњéње Ausnüchterung *f*; Ernüchterung *f*
отрéсати ⟨**отрéсти**⟩ abschütteln (*a fig*)
ѐтров Gift *n*
ȍтрōван giftig, Gift-
ѐтр̄цāн schäbig; *fig* abgedroschen
ѐтуд(ā) daher
отуђ|и́вати ⟨**оту́ђити**⟩ entfremden; JUR enteignen; **~éње** Entfremdung *f*
ѐтужан *Geschmack* widerlich, ranzig
оту́пео stumpfsinnig
отцепљи́вати ⟨**-цéпити**⟩ (**се**) (sich) abspalten
оћу́тати PF nichts (mehr) sagen
ѐфāрбати *Haare* färben; *Zaun* anstreichen
ѐфсајд SPORT Abseits *n*
ȍхол überheblich
охрабри́вати ⟨**охрáбрити**⟩ ermutigen; ~ **се** Mut fassen
ȍцена Note *f*; Einschätzung *f*
оцењи́вати ⟨**-цéнити**⟩ bewerten; benoten
оцртáвати ⟨**ѐцртати**⟩ **се** sich abzeichnen
ȍчāј Verzweiflung *f*; **~ан** verzweifelt; *fig* jämmerlich; **~áвати** IMPF verzweifeln; **~áње** Verzweiflung *f*
ȍчāјнӣчкӣ verzweifelt
очарáвати ⟨**-áрати**⟩ *fig* verzaubern
ȍчāран entzückt
ȍчев väterlich, Vater(s-)
очѐ|видан offensichtlich; **~ви́дац** Augenzeuge *m*
очеки́в|āње Erwartung *f*; **~ати** erwarten
ȍчиглēдан offensichtlich
ȍчӣн|скӣ väterlich; **~ство** Vaterschaft *f*
ȍчит offenbar
очи̏тати PF vorlesen; *Gebet* sprechen
ȍчнӣ Augen-
очу́вати PF erhalten
ȍчӯх Stiefvater *m*
ȍџа|к Schornstein *m*; **~чāр** Schornsteinfeger(in *f*) *m*
ошамýћ|енōст F Benommenheit *f*; **~и́вати** ⟨**ошаму́тити**⟩ benommen machen
ȍштар scharf, spitz
ȍштећ|ен beschädigt; **~éње** Beschädigung *f*; **~и́вати**

⟨ȍштетити⟩ (be)schädigen
оштрѝна Schärfe *f* (*a* FOT)
ȍштр|ити ⟨на-⟩ *Messer* schleifen; **~ица** Klinge *f*; **~ȍвид(ан)** scharfsichtig; **~ȍӯман** scharfsinnig

П

па und; aber; **~ дȃ!** ja doch!; **~ дȍбро** also gut!; **~ гдȇ је ȏн?** wo ist er denn? **~ йпа̑к** und doch
па̏влака Rahm *m*; **сла̏тка̄ ~** Schlagsahne *f*; *süße* Sahne *f*
пѐг|анин M, **~а̄нка** F Heide *m*, Heidin *f*; **~а̄нскӣ** heidnisch
па̑д Fall *m*; (Ab)Sturz *m*
па̏давине F/PL Niederschlag *m*
па̏дави|ца MED Fallsucht *f*; **~ча̑р(ка** F) M Epileptiker(in *f*) *m*
па̏д|ати ⟨па̏сти⟩ fallen; *Temperatur* sinken; abstürzen (*a* EDV); **~а̄ кѝша** es regnet
па́деж GR Kasus *m*
пàдина Abhang *m*
па̏до|бра̄н Fallschirm *m*; **~бра́нац** Fallschirmspringer *m*
пàжљив aufmerksam; vorsichtig
па́жњ|а Aufmerksamkeit *f*; Achtung *f*; **врéдан ~ē** beachtenswert; **обрáтити ~у на** (*A*) beachten (*A*)
па̏зити ⟨прѝ-⟩ achten, aufpassen (**на** *A* auf *A*); **~ се** sich in Acht nehmen (**од** *G* vor *D*)
па̏зух Achsel(höhle) *f*
па̏к CJ aber; **или ~** oder auch
пàкао Hölle *f*
пàкēт Paket *n*
пàклен höllisch, Höllen-
па̏кл|ица *Zigaretten* Schachtel *f*; **~о** Päckchen *n*
па̏ковати ⟨зà-, ỳ-⟩ *in Papier* einpacken; *Koffer* packen
па̏к|ост F Bosheit *f*; **~остан** boshaft
па̏кт Bündnis *n*
палàта Palast *m*
па̏лац (*G* **па̑лца**) Daumen *m*; großer Zeh *m*
палачѝнка Pfannkuchen *m*
пàликућа Brandstifter *m*
па́лити ⟨у-⟩ *Licht* anmachen; *Geräte* einschalten; *Motor* zünden; **~ се** *Licht* angehen; *Motor* anspringen
па̏лица Stab *m*; *Golf* Schläger *m*
пàлуба *Schiff* Deck *n*
пàљба *Schießerei* Feuer *n*
па́љēње KFZ Zündung *f*
па̏м|ēт F Klugheit *f*; Vernunft *f*; **~етан** klug; vernünftig
пàмтивēк: **од ~а** seit Menschengedenken
па̏м|тити ⟨зà-⟩ sich *et* merken; in Erinnerung haben; **~ħēње** Gedächtnis *n*
пàму|к Baumwolle *f*; **~чан** Baumwoll-
пандѐмија MED Pandemie *f*
пàника Panik *f*
панталóне F/PL Hose *f*
пáнтљика Band *n*

пантљѝчара Bandwurm *m*
пантомѝма Pantomime *f*
пȃњ (Baum)Stumpf *m*
пȃпа M Papst *m*
папàгāј Papagei *m*
пàпēрје Flaum *m*; Daunen *f/pl*
папилòтна Lockenwickler *m*
пàпӣр Papier *n*; **~нӣ** Papier-; **~ница** Schreibwarenhandlung *f*
пȁпрāт F Farn(kraut *n*) *m*
пȁпрен GASTR scharf; gepfeffert (*a fig*)
пàприка Paprika *m*
пȁприкāш *Art* Gulasch *n od m*
пàпуча Schlappen *m*; Pantolette *f*
пȃр[1] Paar *n*; *Tennis* Doppel *n*
пȃр[2] ADJ ein paar; einige; **~ пý-тā** ein paar Mal
пȁра[1] Dampf *m*; Dunst *m*
пàр|а[2] Para *m* (*hundertster Teil eines Dinar*); **~е** Geld *n*
парàвāн Wandschirm *m*
парàдајз Tomate *f*
парàзит Schmarotzer *m* (*a fig*)
паралѐл|а Parallele *f*; **~ан** parallel
паралѝза Lähmung *f*
парàлис|āн gelähmt; **~ати** (IM)PF lähmen
пȃран *Zahl* gerade
пáрати ⟨**о-**⟩ *Saum* auftrennen; aufschneiden
пȁрити[1] ⟨**пò-**⟩ brühen; abbrühen
пáрити[2] paaren (**се** sich)
пȁрк Park *m*
пàркēт Parkett *n*
пàркинг Parkplatz *m*
паркѝр|алӣште Parkplatz *m*; **~ати** ⟨**у-**⟩ (ein)parken
пȁрламентāран parlamentarisch
пȃрнӣ Dampf-; → *a* пран
пáрни|ца JUR Rechtsstreit *m*; Prozess *m*; **~чити се** prozessieren
парóла Spruchband *n*
парòхија REL Pfarrei *f*
пàртēр Erdgeschoss *n*; THEA Parkett *n*
пàртија Partei *f*; Spiel *n*; Partie *f*
партнéрство Partnerschaft *f*
пàрфēм Parfüm *n*
парфимѐрија Parfümerie *f*
парцѐла Parzelle *f*
пáрче Teil *m*, Stück *n*
пȁс Hund *m*; **мòрскӣ ~** Hai (--fisch) *m*
пàсāж Passage *f*
пасѝва Soll *n*
пȁсӣван passiv
пȃсош (Reise)Pass *m*; **~кӣ** Pass-
пȁста Paste *f*; **~ за зȗбе** Zahnpasta *f*
пàстелнӣ pastell(farben)
пастѐризовати (IM)PF pasteurisieren
пȁсти[1] → падати
пáсти[2] weiden
пàстӣр Schäfer *m*; **~ка** F Schäferin *f*
пȁстор *evang* Pfarrer *m*
пȁст|орак Stiefsohn *m*; **~ōрка** Stieftochter *f*
пȁстрмка Forelle *f*
пàсуљ *weiße* Bohne *f*
пȁсус *Text* Absatz *m*
пàтика Turnschuh *m*; **кȕћнā ~**

Hausschuh *m*
пати̏ти leiden (**од** *G* an *D*)
па̏тка Ente *f*
патлиџа̑н *F* Tomate *f*; **пла̂ви̑** ~ Aubergine *f*
па̀тња Leiden *n*
пато̀лошки̑ pathologisch
па̀тос[1] Fußboden *m*
па̀тос[2] Pathos *n*
пато̀фна Pantoffel *m*; Hausschuh *m*
патрѝја̄рх Patriarch *m* (*a* REL)
патрија̀ршија REL Patriarchensitz *m*
па̏тријаха̄лан patriarchalisch
патрѝотски̑ patriotisch
патро́ла Streife *f*
па̀тро̄л|ни̑: **~на̄ ко̏ла** Streifenwagen *m*
патро̀на̄т Schirmherrschaft *f*
пату́љак Zwerg *m*
па̀уза (Ruhe)Pause *f*
па̏ук Spinne *f*
па̀ун Pfau *m*
па̏учина Spinnennetz *n*
па̀хуљ|а Flocke *f*; **~аст** flockig
пахỳљиц|а Flöckchen *n*; **~е** Cornflakes *pl*
пацѝјент(киња F) M Patient(in *f*) *m*
па́цов Ratte *f*
па̏шња̄к Weide *f*
пашта́та Pastete *f*
пѐв|а̄ње Gesang *m*; **~ати** ⟨**о̀т-**⟩ singen
пѐв|а̄ч M, **~а̀чица** F Sänger(in *f*) *m*; **~а̄чки̑** Sänger-; Gesang(s)-
пѐг|а Sommersprosse *f*; **~ав** sommersprossig
пе́гл|а Bügeleisen *n*; **~а на па̏ру** Dampfbügeleisen *n*; **~ати** ⟨**ис-**⟩ bügeln
пед|аго̀гија Pädagogik *f*; **~а̀гошки̑** pädagogisch
педа́ла Pedal *n*
педа̀нтан sauber; ordentlich
пе́дер *F* Schwuler *m neg!*
пе́дерски̑ *m* schwul *m neg!*
педѐсе̄т fünfzig
педѝја̄тар Kinderarzt *m*
педѝкӣр Fußpfleger *m*; Fußpflege *f*; **~ка** Fußpflegerin *f*
пѐјсме̄јкер Herzschrittmacher *m*
пѐка̄р Bäcker *m*
пѐкара Bäckerei *f*
пѐкмез Marmelade *f*
пѐлена Windel *f*
пелери́на Umhang *m*
пѐна Schaum *m*
пѐна̄л SPORT Strafstoß *m*
пѐнаст schäumend, Schaum-
пѐндрек Gummiknüppel *m*
пе́нзиј|а Rente *f*; **у ~и** im Ruhestand (i.R.), pensioniert
пензио̀не̄р(ка F) M Rentner(in *f*) *m*
пензио̀нисати (IM)PF pensionieren
пѐнити ⟨**за̀-**⟩ (**се**) schäumen
пенка́ло Füllfederhalter *m*
пѐнтрати ⟨**ус-**⟩ **се** klettern
пенỳш|ав schäumend; Schaum-; **~ати** ⟨**за-**⟩ (**се**) perlen; *Sekt* schäumen
пѐњати ⟨**по̀пе̄ти**⟩ **се** klettern, (be)steigen
пепѐљ|ара Aschenbecher *m*; **~аст** aschgrau
пѐпео M Asche *f*

пера́је N Flosse *f*; SPORT Schwimmflosse *f*
первѐрзан pervers
пѐрец, пере́ца Brezel *f*
пѐрика Perücke *f*
перѝ|од Zeitraum *m*; Periode *f*; **~о̀дичан** periodisch
перио̀ница Wäscherei *f*
перифѐрија Peripherie *f*
пѐрнат gefiedert; Feder-
пѐро Feder *f*
пѐро̄н Bahnsteig *m*
перспекти́ва Perspektive *f*; *fig* Aussicht *f*
пе̏рспектӣван aussichtsreich
пѐртл|а Schnürsenkel *m*; **~ати** ⟨**за-**⟩ *Schuhe* schnüren
пе̏рӯт F Schuppen *f/pl*
пѐрфектан perfekt
пе́ршун Petersilie *f*
пе́сак Sand *m*; MED Grieß *m*
песимѝстичан pessimistisch
пе̏сма Lied *n*; Gedicht *n*
пе̏сн|ӣк M, **~икиња** F Dichter(in *f*) *m*
пе́сница Faust *f*
пе̏сн|ӣчкӣ dichterisch; **~ӣштво** Dichtung *f*
пе̑т fünf; **~ сто̏тӣна̄** fünfhundert
пе́та Ferse *f*
пе́так Freitag *m*; **Ве̏ликӣ ~** Karfreitag *m*
пе́тао Hahn *m*
пе̑тӣ fünfte
петѝна Fünftel *n*
пѐтица *Zahl* Fünf *f*; *Schulnote* sehr gut
пе̏тљ|а Masche *f*; Laufmasche *f*; **ѝмати ~у** Mumm haben
пѐтнаест fünfzehn; **~ мину́та̄** Viertelstunde *f*; **једа̀наест и ~** *Uhrzeit* Viertel nach elf
пе̏тобој Fünfkampf *m*
пето̀рица männliche Fünfergruppe *f*
петро̀ле̄ј Erdöl *n*
пе̑тсто̄ fünfhundert
пе̑ћ F Ofen *m*
пѐћи backen; *Wunde* brennen
пѐћин|а Grotte *f*, Höhle *f*; **~скӣ** Höhlen-
пе̏ћница (Back)Ofen *m*; Backröhre *f*
пе̏х *fig* Pech *n*
пе̏ха̄р Kelch *m*; *Trophäe* Pokal *m*
пѐца̄љка Angel *f*
пѐца̄рош Angler *m*
пе̏цати ⟨**у̀-**⟩ angeln
пе̏цӣво Gebäck *n*
пѐчат Stempel *m*; **у̀дарити ~** (ab)stempeln
пѐчен gebacken, (im Ofen) gebraten
пѐче̄нка, пече́ње Braten *m*
пѐчӯрка Pilz *m*
пѐша̄к Fußgänger *m*; *Schach* Bauer *m*
пеша́чити ⟨**от-**⟩ zu Fuß gehen
пѐша̄чкӣ Fußgänger-
пе̏шице̄, пе̏шке zu Fuß
пѐшкӣр Handtuch *n*, Badetuch *n*
пѐшчан sandig, Sand-
пѝвара Brauerei *f*
пи́вница Bierlokal *n*
пи̏во Bier *n*
пижа́ма Schlafanzug *m*
пѝјавица Blutegel *m*
пѝјан betrunken

пија́нац Trinker *m*
пија̀нист|а M, **~киња** F Pianist(in *f*) *m*
пија́нство Trunkenheit *f*
пѝјаћ|ӣ: **~ā вȍда** Trinkwasser *n*
пѝјац(а) Markt *m*
пѝјӯк Spitzhacke *f*
пȉк *Karte* Pik *n*
пȉкавац (Zigaretten)Kippe *f*
пика̀нтан pikant, herzhaft
пѝксла *F* Aschenbecher *m*
пила̀на Sägewerk *n*
пȉле Küken *n*; GASTR Hähnchen *n*
пѝлетина Hühnerfleisch *n*
пѝлећӣ Hühner-
пѝлōт Pilot *m*
пилоти́рати *Flugzeug* lenken, fliegen
пȉлула Pille *f*
ПИН: **~ кôд** PIN *f*
пѝнгвӣн Pinguin *m*
пинцѐта Pinzette *f*
пѝōн *Schach* Bauer *m*
пȉпав umständlich
пȉпати ⟨**-нути**⟩ tasten, berühren
пѝрē Püree *n*
пѝринач Reis *m*
пѝсāн schriftlich
пѝсāр Schreiber *m*; **~ница** Schreibstube *f*
пи́сати ⟨**на**⟩ schreiben
пи́сац Schriftsteller *m*
пȉскав *Ton* grell, schrill
писка̀рати *schreiben* kritzeln
пȉсмен schreibkundig; schriftlich; **~ӣм пу́тем** auf schriftlichem Wege; **~ōст** F Schreibkenntnis *f*; Schrifttum *n*
пи́смо Schrift *f*; Brief *m*; **ћирѝлично̄ ~** kyrillische Schrift *f*
пȉснути PF aufmucken
пȉста SPORT Piste *f*; AER Landebahn *f*; **мо̂днā ~** Laufsteg *m*
пѝстāћ Pistazie *f*
пȉта Pitta *f*, *Art* Blätterteigkuchen *m*
пȉтак trinkbar
пи́т|āње Frage *f*; **пѐставити ~āње** eine Frage stellen; **~ати** ⟨**у-**⟩ fragen
пȉти ⟨**по̀-**⟩ trinken; *Tier* saufen
пи̏т|ом zahm; *Gegend* lieblich; **~о́мац** Zögling *m*
пито̀мити ⟨**при-**⟩ zähmen
пи́ћ|е Getränk *n*; **жѐстокā ~а** Spirituosen *f/pl*
пѝхтије F/PL Sülze *f*
пи̏ца Pizza *f*
пи́шкити ⟨**у-**⟩ *F* pinkeln
пишко́та (Löffel)Biskuit *m od n*
пи̏штāљка (Triller)Pfeife *f*
пи́штати ⟨**за-**⟩ piepsen, pfeifen
пи̏штōљ Pistole *f*
пла̂в blau; *Haare* blond
пла́вѐтнило Blau *n*
пла̏вити ⟨**по̀-**⟩ überschwemmen
пла́вити blau färben; **~ се** blau sein; blau schimmern
плаво̀|кос blondhaarig; **~ок** blauäugig
пла̀вуша Blondine *f*
пла́жа (Bade)Strand *m*
пла̏зити ⟨**ѝс-**⟩ **се** die Zunge herausstrecken
пла̀кāр Einbauschrank *m*
пла̀кāт Plakat *n*

пла̏кати weinen
пла̏ме̄н[1] Flamme *f*
пла̏мен[2] ADJ feurig
пла̀мтети flammen (*a fig*)
пла̂н Plan *m*; **~ гра̂да** Stadtplan *m*; **пр̂вӣ ~** *fig* Vordergrund *m*
планéта Planet *m*
планѝн|а Berg *m*; **~а̄р|ка** F M Bergsteiger(in *f*) *m*; **~áрење** (Berg)Wanderung *f*; **~áрити** bergsteigen; **~а̄рскӣ** Berg-; Bergsteiger-
пла̀нӣнскӣ Berg-, Gebirgs-
планѝрати ⟨ис-⟩ planen
пла̂нскӣ planmäßig, Plan-
пла̀нути PF aufflammen; *fig* aufbrausen
пласѝрати (IM)PF platzieren (**се** sich)
пла̀сма̄н Platzierung *f*; ECON Placement *n*
пла̀сти|ка Kunststoff *m*; Plastik *f*; **~чан** plastisch; Plastik-
пла́та Gehalt *n*
пла̂тнӣ Gehalts-
пла́тно Leinwand *f*; Stoff *m*
пла̀то̄нскӣ platonisch
пла́ħање (Be)Zahlung *f*
пла́ħати ⟨пла́тити⟩ (be)zahlen
пла̏ħенӣк Söldner *m*
пла̀ф|о̄н Zimmerdecke *f*; **~оњéра** Deckenlampe *f*
пла̏х scheu; *fig* hitzig
плахо̀вит hitzig
пла̏ц Grundstück *n*
пла̀це̄нта Mutterkuchen *m*
пла̏ч Weinen *n*; **~ан** verweint
пла̀чљив weinerlich
пла̏шити ⟨у̏-⟩ erschrecken; **~ се** *nur impf* sich fürchten
пла̀шљив ängstlich
плéвити ⟨о-⟩ jäten
пледоа̀је̄ Plädoyer *n*
пле̏ме (Volks)Stamm *m*
пле̏менит edel; **~о̄ст** F Edelmut *m*
пле̏м|ић Ad(e)liger *m*; **~ић̂кӣ** ad(e)lig, edel; **~кињa** Ad(e)lige *f*
плѐмство Adel *m*
пле̂н Beute *f*
плéнити *fig* in seinen Bann ziehen
пле̂с Tanz *m*
пле̂сан F Schimmel *m*
плéсати tanzen
плѐс|а̄ч M, **~а̀чица** F Tänzer(in *f*)
пле̂сн|ӣ Tanz-; **~а̄ шко̂ла** Tanzschule *f*
пле̂сти ⟨ис-⟩ stricken; flechten
плѐтен geflochten; gestrickt
плетѐница Zopf *m*
плѐħ|а N/PL Schulter(n *pl*) *f*; **~ат** breitschultrig
пле̏х Blech *n*; Backblech *n*
плѝв|а̄ње Schwimmen *n*; Schwimmsport *m*; **пр̂сно̄ ~а̄ње** Brustschwimmen *n*; **~ати** schwimmen
плѝв|а̄ч M, **~а̀чица** Schwimmer(in *f*) *m*
плѝк *Haut* (kleinere) Blase *f*
плѝма *Gezeiten* Flut *f*
плѝн Gas *n*
плѝнскӣ Gas-
плѝсӣра̄н plissiert
плѝтак flach; *Wasser* seicht; oberflächlich

плѝћак seichte Stelle *f*
плѝшан Plüsch-
плôван schiffbar
плòв|идба Schifffahrt *f*; **~ити** *Schiff* fahren
плôд Frucht *f*
плȍд|ан fruchtbar; **~нōст** F Fruchtbarkeit *f*; **~òносан** fruchtbar
пломб|а Plombe *f*; **~ѝрати** 〈**за-**〉 plombieren
плȍч|а Platte *f*; **~ица** Fliese *f*, Kachel *f*; **~нӣк** Pflaster *n*
плу̏с plus
плу̑та Kork *m*
плу̀тати *auf dem Wasser* treiben; *Holz* schwimmen
плу́ћа N/PL Lunge *f*
плу̑ћнӣ Lungen-
пља̏чк|а (Raub)Überfall *m*; **~ати** 〈**ò-**〉 plündern; *Bank* überfallen
пљȅсак Klatschen *n*
пљȅскавица Pleskavica *f* (*Hackfleischfladen vom Grill*)
пљȅскати 〈**-снути**〉 (in die Hände) klatschen
пљȍснат flach, platt
пљу̀вати 〈**пљу̏нути**〉 (aus-) spucken
пљу̀ва̄чка Spucke *f*
пљу̏сак (Regen)Schauer *m*
по[1] PRP (*L od A*) bei (*D*); nach (*D*); auf (*D*); durch (*A*); pro (*A*); um zu (+ *inf*); **ѝћи ~** (*A*) j-n abholen; et holen; **ко̀ра̄к ~ ко̑ра̄к** Schritt für Schritt
пô[2] halb; **jèдан и ~** eineinhalb; → *a* пла
по̏бача̄ј MED Fehlgeburt *f*
по̏беда Sieg *m*
пòбед|нӣк M, **~ница** F Sieger(in *f*) *m*; **~òносан** siegreich
побеђѝвати 〈**-бéдити**〉 (be-) siegen; SPORT schlagen (*A*), gewinnen *gegen* (*A*)
побèснео toll(wütig)
побѝјати 〈**пòбити**〉 (einen nach dem anderen) umbringen; *fig* widerlegen
по̏ближе̄ genauer
пòбож|ан fromm; **~нōст** F Frömmigkeit *f*
побољш|á(ва̄)ње Besserung *f*; **~áвати** 〈**побо̀љшати**〉 verbessern; **~áвати** 〈**побо̀љшати**〉 **се** sich bessern
пòбо̄рнӣк Verfechter *m*
пòбрат|им Blutsbruder *m*; **~ѝмство** Blutsbrüderschaft *f*
по̏буда Trieb *m*
побуђѝвати 〈**-бýдити**〉 (er-) wecken, erregen; **~ пáжњу** Aufsehen erregen
по̏буна Meuterei *f*
побуњенӣ|к Rebell *m*; **~чкӣ** rebellisch
пóвез Einband *m*; Verband *m*
пòве̄за̄н zusammenhängend; **бѝти ~ са** (*I*) verbunden sein mit (*D*)
повезѝвати 〈**-вéзати**〉 (ver-) binden, verknüpfen
пòвеља Urkunde *f*; Charta *f*
повер|áвати 〈**пòверити**〉 anvertrauen; **~èнӣк** **~èница** Vertrauensperson *f*; **~éње** Vertrauen *n*
повèрилац Gläubiger(in *f*) *m*
повèрљив vertraulich; vertrauensvoll

повѐсти PF (an)führen
поветáрац Brise *f*
повећ|áвати ⟨**-вѐћати**⟩ vergrößern (**се** sich); erhöhen (**се** sich)
повúјати ⟨**пòвити**⟩ *Wunde* verbinden; *Kind* wickeln; **~ се** sich beugen
пȍвӣк Zwischenruf *m*
пòвиновати се sich fügen (*D D*)
повишáвати ⟨**повúсити**⟩ *Preis* erhöhen
пòвишица *Betrag* Gehaltserhöhung *f*
пòвластица Vergünstigung *f*
повлáчēње Rückzug *m*
повлáчити ⟨**-вýћи**⟩ zurücknehmen; **~ се** sich zurückziehen
пòвлāшћ|ен privilegiert; **~úвати** ⟨**повлáстити**⟩ bevorzugen, begünstigen
пóвод Anlass *m*
повòдљив fügsam, lenkbar
пóводом PRP (*G*) anlässlich
пȍвōљан günstig, vorteilhaft
пóворка Prozession *f*; **пòгребнā ~** Leichenzug *m*
пòврат|ак Rückkehr *f*; **~ан** Rück-; GR reflexiv
пòвратнӣк Heimkehrer *m*; GEO Wendekreis *m*
пòвраћ|ање Erbrechen *n*; **~ати** ⟨**поврáтити**⟩ (sich) (er)brechen
пȍвреда Verletzung *f*
пòврēђен verletzt
повређúвати ⟨**-врéдити**⟩ verletzen
пòвремен gelegentlich; **~о** ADV ab und zu
повртáрство Gemüseanbau *m*
пòврће Gemüse *n*
поврх PRP (*G*) oberhalb; **~ свѐта** obendrein
пòвршн|ан oberflächlich; **~úна** Oberfläche *f*; **~нōст** F Oberflächlichkeit *f*
повýчен zurückgezogen
погáђати ⟨**-гòдити**⟩ erraten; *Ziel* treffen; **~ се** *nur impf* feilschen; **~ се** *nur pf* sich (handels)einig werden
пòгазити PF zertreten; *Wort* nicht halten
пòгача (ungesäuertes) Fladenbrot *n*
пòгӣбија halsbrecherisches Unternehmen *n*
пòглавица M Häuptling *m*
пòглāвље Kapitel *n*
пȍглēд (An)Blick *m*; Ausblick *m*; **у свȁком поглéду** in jeder Hinsicht
пȍгнӯт gebeugt; **~ē глáвē** mit gesenktem Kopf
пòгнути PF beugen, senken (**се** sich)
пȍговōр Nachwort *n*
пòгод|ак Treffer *m*; **~ан** geeignet; **~ба** Übereinkunft *f*; **~бен** vertraglich; **~бенӣ** GR Konditional-
пòгодовати begünstigen
пòгођен betroffen; getroffen
пóгон Antrieb *m*; AER Triebwerk *n*
погорш|áвати ⟨**погòршати**⟩ verschlechtern (**се** sich); **~áње** Verschlechterung *f*

погòтово zumal
пȍграничан angrenzend; Grenz-
пòгрбити се PF sich krümmen; einen Buckel bekommen
пȍгрд|а Beschimpfung *f*; **~ан** Schimpf-
пòгреб Bestattung *f*; **~нӣ** Bestattungs-
пòгрешан fehlerhaft, falsch
погу̏б|ити PF hinrichten; **~љéње** Hinrichtung *f*
под[1] PRP (*I od A*) *örtl* unter (*D od A*)
пȏд[2] (Fuß)Boden *m*
пòда̄нӣчкӣ untertänig
пȍдао niederträchtig
подáрити PF beschenken, mit *et* bedenken
подá|так Angabe *f*; **~ци** PL Daten *n/pl*
пȍда̄тан *Sachen* geschmeidig; schmiegsam; *Menschen* gefügig
подбáдати ⟨**-бòсти**⟩ anstacheln
подбòчити PF stützen (**се** sich)
пòдбрадак Doppelkinn *n*
подбуњѝвати ⟨**-бýнити**⟩ aufwiegeln
пòдбуо aufgedunsen
пȍдвала Mogelei *f*
подваљѝвати ⟨**-вáлити**⟩ (be)mogeln (**кòме** j-n)
пȍдвӣг Heldentat *f*
подвлáчити ⟨**-вýћи**⟩ unterstreichen (*a fig*); hervorheben
пòдводан Unterwasser-
пòдвожња̄к Unterführung *f*
подвргáвати ⟨**пòдвргнути**⟩ unterwerfen, unterziehen (**се** sich)
подгрéвати ⟨**пòдгрејати**⟩ aufwärmen, warm machen
пȍдела Verteilung *f*
пòдесан zweckmäßig; geeignet (**за** *A* für *A*)
подèтињити PF kindisch werden
подешáвати ⟨**пòдесити**⟩ einstellen; anpassen
пòдзе̄мље Unterwelt *f*; Untergrund *m*
пòдземн|ӣ unterirdisch; **~а̄ жèлезница** U-Bahn *f*
подѝвљати PF wild werden
пòдизати ⟨**пòдићи**⟩ *vom Boden* aufheben; *Klage* erheben; *Denkmal* setzen
пòдкаст Podcast *m*
пòдлактица Unterarm *m*
пòдлац (mieser) Schurke *m*
подлéгати ⟨**-лèћи**⟩ unterliegen; **~ тȇшкӣм пȍвредама** schweren Verletzungen erliegen
пòдлив Bluterguss *m*
пȍдлога (Unter)Grund *m*; Unterlage *f*
пòдложан *fig* empfänglich (*D* für *A*)
пȍдло̄ст F Niedertracht *f*
подмазѝвати ⟨**пòдмазати**⟩ einfetten, ölen; TECH schmieren (*a fig*)
пòд|метати ⟨**пòдметнути**⟩ unterstellen; *fig* unterschieben; **~мèта̄ч** Untersetzer *m*
подмирѝвати ⟨**-мѝрити**⟩ ausgleichen, befriedigen
подмѝтљив bestechlich
подмићѝвати ⟨**подмѝтити**⟩ bestechen

пòд|младак Nachwuchs *m*; **~млађѝвати** ⟨**~млáдити**⟩ verjüngen (**се** sich)
пòдмо̄рница Unterseeboot *n*, U-Boot *n*
пòдмӯк|ао tückisch; **~ло̄ст** F Heimtücke *f*
по̏днапи̑т: **бѝти ~** einen Schwips haben
поднáслов Untertitel *m*
пóдн|е Mittag *m*; **после ~е** am Nachmittag
пóдне̄бље Klima *n*; Gegend *f*
пòдно̄жје Fuß *m* eines Berges
поднòсилац: **~ зáхтева** *od* **мòлбе̄** Antragsteller *m*
поднòсити ⟨**пòдне̄ти**⟩ ertragen; *Bericht* erstatten; **~ зáхтев** beantragen; **не мòћи ~** nicht ausstehen können
подозр|éвати misstrauen; **~éње** Misstrauen *n*
подòзрив misstrauisch
по̏доста ziemlich viel
по̏дофици̑р Unteroffizier *m*
пòдочња̑к Augenring *m*
подразумéвати се sich (von selbst) verstehen
подређѝвати ⟨**-рéдити**⟩ unterordnen
подржáвати ⟨**-др̀жати**⟩ unterstützen, befürworten
подрѝвати ⟨**пòдрити**⟩ untergraben (*a fig*); unterminieren
подригѝвати ⟨**пòдригнути**⟩ aufstoßen
по̏дробан ausführlich
подругѝвати ⟨**пòдругнути**⟩ **се** verspotten (*D A*)
подру̀гљив spöttisch
пòдрум Keller *m*
пòдрӯчје Bereich *m*
пòдршка Unterstützung *f*
пòдсве̄ст F Unterbewusstsein *n*
пòдсетни̑к Gedächtnishilfe *f*
пòдсећати ⟨**пòдсетити**⟩ erinnern (**кòга на** *A* j-n an *A*)
подсмéвати ⟨**пòдсмехнути**⟩ **се** spotten (*D* über *A*)
пòдсмех Spott *m*
пòдстана̑р(ка F) M Untermieter(in *f*) *m*
пòдстица̑ј Anregung *f*, Anstoß *m*
пòдстицати ⟨**-стàћи**⟩ ermuntern, anspornen
по̏дстре̑к Antrieb *m*
пòдсукња Unterrock *m*
поду̀дарати ⟨**-у̀дарити**⟩ **се** sich decken; *Angaben* übereinstimmen
поду̀пирати ⟨**-у̀пре̄ти**⟩ stützen, unterstützen
по̏духва̑т Unternehmen *n*
подучáвати ⟨**-у̀чити**⟩ Unterricht erteilen
пòе̄зија Poesie *f*
пòе̑н (Wertungs)Punkt *m* (*a* SPORT)
поèнта Pointe *f*
поèтичан poetisch
пòетски̑ poetisch, dichterisch
по̏жа̑р Brand *m*; **~ни̑** Feuer-
по̏же̄љан wünschenswert
пòжртвова̄н aufopferungsvoll
по̏|жуда Begierde *f*; **~жӯдан** begierig
пожу́тео vergilbt
позàбавити се PF sich befas-

sen (*I* mit *D*)
позáди hinten
пòзадина Hintergrund *m*
пòзајмица Anleihe *f*
позајмљи́вати ⟨-зájмити⟩ (ver)leihen; (sich) ausleihen
позамантèрија Kurzwaren *f/pl*
пȍзан spät
пȍздрāв Gruß *m*
пòздрављати ⟨пòздравити⟩ (be)grüßen (**се** sich)
пóзив Einladung *f*; TEL Anruf *m*; Beruf *m*; **по ~у** von Beruf
пози́вати ⟨пòзвати⟩ rufen; einladen; **~ се** sich berufen (**на** *A* auf *A*)
пóзивн|ӣ Ruf-; **~ӣ брȏј** Vorwahl(nummer) *f*; **~ица** Einladung *f*
пȍзитӣван positiv
пòзӣција Position *f*
пȍзицио̄н|ӣ Positions-; **~ō свèтло** Standlicht *n*
пòзлāћ|ен vergoldet; **~и́вати ⟨позлáтити⟩** vergolden
пòзлити PF *j-m* übel werden
познàвалац Kenner *m*
познáвати kennen (**се** sich)
пòзна|нӣк M, **~ница** F Bekannte(r *m*) *f*
познáнство Bekanntschaft *f*
пȍзнāт bekannt
пòзнати PF erkennen
пòзор Achtung *f*
пóзор|ишнӣ Theater-; **~ӣште** Theater *n*
пóзо̄рница Bühne *f*; *fig* Schauplatz *m*
поимèнцē ADV namentlich
поистовећи́вати ⟨-истòветити⟩ gleichsetzen
пȍјав|а Erscheinung *f*; **~љи́вати ⟨појáвити⟩ се** erscheinen
пóј|ам Begriff *m*; **нȇмāм ~ма!** (ich habe) keine Ahnung!
пȍјāс Gürtel *m* (*a* GEO); (Hosen-, Rock)Bund *m*; **~ за спасáвāње** Rettungsring *m*
појачáвати ⟨-jàчати⟩ verstärken; *Radio* aufdrehen; **~ се** zunehmen, sich verstärken
појàчало Verstärker *m*
пȍјачáње Verstärkung *f*
појед|и́нац der Einzelne; **~и́начан** vereinzelt
поједи́ност F Einzelheit *f*
поједностављи́вати ⟨-стáвити⟩ vereinfachen
појефтињ|и́вати ⟨-јефти́нити⟩ billiger werden; billiger machen; **~éње** Preissenkung *f*
пòјити ⟨на-⟩ tränken
пóјмовнӣ begrifflich
пòказ|ан: **~нӣ зȃменица** GR Demonstrativpronomen *n*
покàзатељ Indiz *n*; Anzeiger *m*
покази́вати ⟨-кáзати⟩ zeigen (**на** *A* auf *A*); **~ се кȁо** sich erweisen als
пòкајнӣк Büßer *m*
пòквāр|ен defekt; *Charakter* verdorben; **~енōст** F Verdorbenheit *f*; **~èњāк** Fiesling *m*
пòкисао (vom Regen) durchnässt
пòклањати ⟨-клòнити⟩ schenken, verschenken
пòклањати ⟨-клòнити⟩ се

sich verbeugen
покла́пати ⟨-клòпити⟩ се sich überschneiden; sich decken
пòклекнути PF auf die Knie fallen; *fig* nachgeben
пŏклōн[1] Geschenk *n*
пŏклōн[2] Verbeugung *f*
пòкл|онӣк M, **~òница** F Verehrer(in *f*) *m*
пòклопац Verschluss *m*; *Topf* Deckel *m*
пòкōј (ewige) Ruhe *f*; Ausruhen *n*
покòјӣ manch(er)
пòкōј|нӣ verstorben; **~нӣк** Verstorbener *m*
поколе́ње Generation *f*
пòкољ Gemetzel *n*
покòпати PF beerdigen, begraben
покора́вати ⟨-кòрити⟩ unterwerfen; **~ се** sich unterordnen
пŏкōран gehorsam
покрај PRP (*G*) neben (*D od A*)
пòкрајӣнскӣ Provinz-
пŏкрēт Bewegung *f*; **~ан** beweglich
покре́тати ⟨-кре́нути⟩ in Gang setzen; *Verfahren* einleiten; TECH antreiben
покрèтљив beweglich; **~ōст** F Beweglichkeit *f*
покри́вати ⟨пòкрити⟩ zudecken; verdecken
покрѝвāч (Bett)Decke *f*
покри́ћ|е: **без ~а** *Scheck* ungedeckt
покрòви|тељ M, **~тèљица** F Schirmherr(in *f*) *m*; **~те́љство** Schirmherrschaft *f*
поку́њити се PF den Kopf hängen lassen
пòкућство Hausrat *m*
покуша́вати ⟨пòкушати⟩ versuchen
пŏкушāј Versuch *m*
пôл[1] (natürliches) Geschlecht *n*
пôл[2] Pol *m*; **Jу̏жнӣ ~** Südpol *m*
пŏла halb; **у ~ це́нē** zum halben Preis
пола́гати ⟨-лòжити⟩ hinlegen; *Prüfung* bestehen
пòлаз|ак Start *m*; Abfahrt *f*; **~ити ⟨по́ћи⟩** losfahren, losgehen; **~ити од** (*G*) ausgehen von (*D*); **~нӣ** Ausgangs-; **~нӣк** M, **~ница** F *Kurs* Teilnehmer(in *f*) *m*
пола́ко ADV langsam
пòледица Glatteis *n*
пòлеђина *Schriftstück* Rückseite *f*
полèми|ка Polemik *f*; **~сати** polemisieren
по́лет Schwung *m* (*fig*); **~ан** schwungvoll
поле́тати ⟨полèтети⟩ abfliegen
поли́вати ⟨пòлити⟩ *Blumen* gießen
поли́рати ⟨ис-⟩ polieren
полѝса *Versicherung* Police *f*
полѝти|ка Politik *f*; **спо̂љнā ~ка** Außenpolitik *f*; **~чāр(ка** F) M Politiker(in *f*) *m*; **~чкӣ** politisch
пòлица Regal *n*
пол|ица́јац M, **~ѝцāјка** F Polizist(in *f*) *m*
полѝц|ија Polizei *f*; **~ӣјскӣ**

Polizei-; **~ӣјскā стàница** Polizeirevier *n*
пôлнӣ geschlechtlich; Geschlechts-
пȍлōван gebraucht
полòвина Hälfte *f*
пȍложāј Lage *f*; Stellung *f*
пȍлуврēме SPORT Halbzeit *f*
пȍлуга Hebel *m*
полугòдӣште, **пȍлугōђе** Halbjahr *n*
полу́дети PF verrückt werden
пȍлу|днēвнӣ halbtägig; **~крȳг** Halbkreis *m*; **~острво** Halbinsel *f*; **~пансиōн** Halbpension *f*
полу́пати PF zerschlagen
пȍлупречнӣк MATH Halbmesser *m*
Пòљ|āк M, **~àкиња** F Pole *m*, Polin *f*
пољàна Wiese *f*
пȍље Feld *n*
пољопрѝвред|а Landwirtschaft *f*; **~нӣ** landwirtschaftlich; **~нӣк** Landwirt *m*
Пȍљск|ā Polen *n*; **~ӣ** polnisch
пòљубац Kuss *m*
пољу́љати *fig* ins Schwanken bringen
пома́гати ⟨-мòћи⟩ helfen
помàг|āч M, **~àчица** F Helfer(in *f*) *m*
пома́да Creme *f*
пòмак Fortschritt *m*
пòмало ein wenig
пȍмама Versessenheit *f*; Begierde *f*
помањкáње Mangel *m*
пȍмēн Erwähnung *f*; REL Seelenmesse *f*
помéрати ⟨пòмерити⟩ verstellen; wegstellen; **~ унàпрēд** *Termin* vorziehen; *Uhr* vorstellen; **~ се** rücken *v/i*; Platz machen
помéтња Verwirrung *f*
помиловáње Begnadigung *f*
пòмиловати[1] PF begnadigen
пòмиловати[2] → мловати
пòмињати ⟨помéнути⟩ erwähnen
помѝрљив versöhnlich
пȍмӣсао F Gedanke *m*
пòмисли|ти PF die Idee haben; **ко би ~о?** wer hätte das gedacht?
пòмицати ⟨-мàкнути⟩ (vor-) rücken, (ver)schieben
помòранџа Orange *f*
пòмор|ац Seemann *m*; **~скӣ** Meeres-, See-
пȍмōћ F Hilfe *f*; **уз ~** (*G*) mit Hilfe (*G*, von *D*); **хӥтнā ~** Rettungsdienst *m*
пȍмоћнӣ Hilfs-
помòћ|нӣк M, **~ница** F Helfer(in *f*) *m*, Aushilfe *f*; **ку̏ћнā ~ница** Dienstmädchen *n*
помоћу PRP (*G*) mit Hilfe von (*D*), mittels (*G*)
помрачéње Verfinsterung *f*; **~ Мȅсеца** Mondfinsternis *f*
пȍмрачина Finsternis *f*
пòмфрит Pommes frites *pl*
понáвљати ⟨-нòвити⟩ wiederholen; *Schule* sitzen bleiben
понаòсоб ADV einzeln
понáш|āње Benehmen *n*; **~ати се** sich benehmen
пòнегде hie und da
понèдељак Montag *m*

пòне|кад hin und wieder; **~кӣ** (so) manch(er)
пòнёти PF mitbringen; mitnehmen; **~ се** sich benehmen
пòнешто so manches
пониж|áвāње Demütigung *f*; **~áвајӯћӣ** erniedrigend; **~áвати ⟨понѝзити⟩** erniedrigen; **~éње** Erniedrigung *f*
пȍнӣзан unterwürfig
поништáвати ⟨пòништити⟩ entwerten; annullieren
пóнор Abgrund *m*
пò|нос Stolz *m*; **~носан** (**на** *A*) stolz (auf *A*); **~нòсити се** (*I*) stolz sein (auf *A*)
пóноћ F Mitternacht *f*; **~нӣ** mitternächtlich
пȍнуда Angebot *n*
поȍдмакао vorgerückt
пòочим Adoptivvater *m*
пооштрáвати ⟨-ȍштрити⟩ verschärfen (**се** sich)
пȍп Pope *m*
пóпис Bestandsaufnahme *f*; **~ ӯлӣцā** Straßenverzeichnis *n*
пȍплава Überschwemmung *f*
поплочáвати ⟨-плòчати⟩ pflastern
попóдне Nachmittag *m*
пò|прāвка Reparatur *f*; **~прављати ⟨пòправити⟩** ausbessern; reparieren
пȍпрēко ADV quer
пȍпрӣличан erheblich
пȍпрӣште Schauplatz *m*
попр́скати PF (be)sprühen
пȍпул|āран populär; **~àрисати** (IM)PF popularisieren
попуњáвати ⟨пòпунити⟩ *Lücke* ausfüllen; vervollständigen
пóпуст ECON Nachlass *m*
попу̀ст|љив nachgiebig; **~љивōст** Nachgiebigkeit *f*
пòпӯт PRP (*G*) gleich (*D*), wie (*N*)
пòпуцати PF zerplatzen
попу́штати ⟨-пу̀стити⟩ nachgeben; *Schmerz* abklingen
пóра Pore *f*
порáђати ⟨-рòдити⟩ се MED entbinden
пòрāжáвати ⟨порáзити⟩ *Gegner* besiegen
пȍрāз Niederlage *f*; **~ан** niederschmetternd
поразбѝјати PF (nacheinander) zerschlagen
поразговáрати PF ein Gespräch führen
пòранити PF früh aufstehen
пȍрāст Wachstum *n*; Anstieg *m*
поред PRP (*G*) neben (*wo D*, *wohin A*); **~ òстāлōг** unter anderem
пòред|ак Ordnung *f*; **~ити** (IM)PF vergleichen
порéђати PF anordnen, aufreihen (**се** sich)
пòређēње Vergleich *m*
пòрез ECON Steuer *f*
порéкло Herkunft *f*
пȍ|ремећāј Störung *f*; **~рèмећен** gestört; **мèнтāлно ~рèмећен** geistig behindert
пòрескӣ steuerlich, Steuer-
пóрив Trieb *m*; Impuls *m* (von innen)
порѝцати ⟨порèћи⟩ be-

streiten; widerrufen

поро̀д|илӣште Entbindungsstation *f*; **~ӣља** Wöchnerin *f*

по́роди|ца Familie *f*; **~чнӣ** familiär; Familien-

по̏рођај MED Entbindung *f*; Geburt *f*

по̏ро̄зан porös, spröde

по̀рок Laster *n*

по̏рот|а die Geschworenen *pl*; **~нӣ**: **~нӣ су̂д** Schwurgericht *n*; **~нӣк** M, **~ница** F Geschworene *f/m*

по̀ртикла (Kinder)Lätzchen *n*

по̀ртӣр Pförtner *m*; **~ка** Pförtnerin *f*; **~ница** Pförtnerloge *f*

порт-па̀ро̄л POL Sprecher *m*

по̀ртр|е̄т Porträt *n*; **~ѐтиса-ти** (IM)PF porträtieren

Порт|уга́лац Portugiese *m*; **~у̀га̄лија** Portugal *n*; **~у̀га̄лка** Portugiesin *f*; **~у̀га̄лскӣ** portugiesisch

по̀руб Naht *f*; Saum *m*; **~љи́вати ⟨пору́бити⟩** einsäumen, einfassen

по̏руга Hohn *m*

по̏рука Nachricht *f*; **го̏во̄рна̄ ~** Sprachnachricht *f*; **СМС/ те̏кстуа̄лна ~** Textnachricht *f*

порумѐнети rosig werden; GESICHT erröten

поручи́вати ⟨-ру́чити⟩ bestellen

по̀ручнӣк Oberleutnant *m*

по̀руџбина Bestellung *f*

по̀рција Portion *f*

по̏сада Besatzung *f*

по̀с|ао M Arbeit *f*; **гле̏дај сво̀ја ~ла!** kümmere dich um deine Sachen!

по̀свађ|а̄н zerstritten; **~ати се** PF in Streit geraten

посведо̀чити PF bezeugen

по̏свe|та Widmung *f*; REL Einweihung *f*; **~ћи́вати ⟨посве́тити⟩** widmen (**се** sich); REL (ein)weihen

по́себ|ан besonder; **~но** ADV besonders; gesondert

по́сед (Grund)Besitz *m*; **~нӣк** Besitzer *m*; **~овати** besitzen

посе́зати ⟨-се́гнути⟩ greifen (**за** / nach *D*)

посѐкотина Schnittwunde *f*

посе́ло FOLK Dorfkränzchen *n*

по̏сесӣван GR possessiv

по̏сета Besuch *m*

посѐти|лац M, **~те̄љка** F Besucher(in *f*) *m*

по̀сећи PF umhauen, fällen; **~ се** sich schneiden

посећи́вати ⟨по̀сетити⟩ besuchen

по̀сипати ⟨по̀сӯти⟩ (be-)streuen (*I* mit *D*)

поскупљ|е́ње Preiserhöhung *f*; **~и́вати ⟨поску́пети⟩** teurer werden

по̀сла̄н|ӣк M, **~ица¹** F Abgeordnete *m/f*; **~ица²** Sendschreiben *n*

посла́нство Gesandtschaft *f*

по̀сласт|ица Delikatesse *f*; Leckerbissen *m*; **~ӣча̄рница** Konditorei *f*

по̏сле̄ ADV später; PRP *zeitl* nach

по̀след|ица Folge *f*; **~њӣ** letzt

послепо́дне̄внӣ Nachmittags-

послѐратнӣ Nachkriegs-
пòслōван geschäftlich; beruflich
послòв|āње Wirtschaftsweise *f*; **~ати** Geschäfte machen
пòсловица Sprichwort *n*
пòслōв|нӣк Geschäftsordnung *f*; **~ница** Geschäftsstelle *f*
пȍсло|вођа Geschäftsführer *m*; **~дáвац** Arbeitgeber *m*
пȍслуга Bedienung *f*
послужи̏вати ⟨**-слу̏жити**⟩ bedienen
пȍслушан gehorsam; *Kind* artig
посмáтр|āње Beobachtung *f*; **~ати** beobachten
посмàтр|āч M, **~àчица** F Beobachter(in *f*) *m*
пȍснӣ Fasten-; *Fleisch* mager
пȍсп|āн ADJ schläfrig; **~áнко** *fig* Schlafmütze *f*; **~āнōст** F Schläfrigkeit *f*
поспеши̏вати ⟨**пòспешити**⟩ antreiben; beschleunigen
поспрéмати ⟨**-спрéмити**⟩ aufräumen; *Tisch* abräumen
пòсребрен versilbert
пòсредан mittelbar
пòсред|нӣк Vermittler *m*; **~овати** vermitteln
пòсртати ⟨**-ср̏нути**⟩ stolpern
пôст Fastenzeit *f*
пȍстава[1] *Kleidung* Futter *n*
пȍстава[2] Besetzung *f*
пò|стāвка Aufstellung *f*; Annahme *f*; **~стављати** ⟨**пòставити**⟩ aufstellen; *Frage* stellen; *Kleid* füttern
пòстајати ⟨**пòстати**⟩ werden; entstehen
пòстанак Entstehung *f*
пòстељ|а Bett *n*; **~ина** Bettwäsche *f*
пȍстепено ADV allmählich
постигну̑ће Leistung *f*
пòстизати ⟨**пòстићи**⟩ erreichen, erzielen
пòстити fasten
пȍстō Prozent *n*
пȍстој|ān beständig; **~āње** Existenz *f*
постòјати bestehen, existieren; **~ēћӣ** vorhanden
пóстōље Ständer *m*
пòстотак Prozentsatz *m*
построј|áвати ⟨**-стрòјити**⟩ (in Reih und Glied) aufstellen; **~éње** TECH Anlage *f*
пòступак Handlungsweise *f*; TECH Verfahren *n*
посту́пати ⟨**-сту́пити**⟩ verfahren, vorgehen
пȍсуда Gefäß *n*
пòсӯђе Geschirr *n*
посу̏стајати ⟨**-су̏стати**⟩ nicht mehr können
пȍтāјно ADV im Geheimen
пȍтаман ADV gut genug
пȍтанко ADV sehr genau
потáпати ⟨**-тòпити**⟩ untertauchen (*v/t*); *Schiff* versenken
пȍтвр|да Bescheinigung *f*; Bestätigung *f*; **~ђи̏вати** ⟨**потвр̏дити**⟩ bescheinigen; bestätigen (**се** sich)
пȍ|тēз Strich *m*; (Schach-, Spiel)Zug *m* (*a fig*); **~тéзати** ⟨**~тéгнути**⟩ hervorholen; einen Zug machen
потѐн|тан potent; **~ција** Po-

tenz *f* (*a fig*); **~цѝјāл** Potenzial *n*
пȍтенцијāлан potenziell
пȍтера Verfolgung *f*
пòтēрница Steckbrief *m*
потешкòћа Schwierigkeit *f*
пòтиљак Hinterkopf *m*
потискѝвати ⟨пòтиснути⟩ unterdrücken; verdrängen
пòтицати ⟨-тèћи⟩ stammen, herkommen
пòтӣштен schwermütig
пòтковица Hufeisen *n*
пȍткошуља Unterhemd *n*
поткрáдати ⟨пòткрасти⟩ bestehlen
пòткрасти се PF sich einschleichen
поткрепљѝвати ⟨-крéпити⟩ bekräftigen; **~ се** sich stärken
пòткрōвље Dachgeschoss *n*
поткўп|љив bestechlich; **~љѝвати ⟨-кýпити⟩** bestechen
пòтмуо dumpf
пòток Bach *m*
пòтом ADV danach
пòт|омак Nachkomme *m*; **~óмство** Nachkommenschaft *f*
пòтоп Versenkung *f* (e-s Schiffs); Sintflut *f*
пȍтпаљѝвати ⟨-пáлити⟩ anzünden; *fig* anheizen
пòтпетица *Schuh* Absatz *m*
пòтпис Unterschrift *f*; **~ѝвати ⟨-пѝсати⟩** unterschreiben; **~нӣк** M, **~ница** F Unterzeichner(in *f*) *m*
потпомáгати ⟨-пòмоћи⟩ *j-m* aushelfen; *j-n* unterstützen
пȍтпора Unterstützung *f*
пȍт|поручнӣк Leutnant *m*; **~председнӣк** Vizepräsident *m*
пòтпун vollständig
пȍтрага Suche *f*; Fahndung *f*
потраж|ѝвāње ECON Forderung *f*; **~ѝвати ⟨потрáжити⟩** einfordern; **~ѝвāч** ECON Gläubiger *m*
потрáжња ECON Nachfrage *f*
пȍтреб|а Bedarf *m* (**за** *G* nach *D*); **~ан** erforderlich
потрéпштине F/PL Utensilien *n/pl*
пòтрес Erschütterung *f*; **~ан** rührend
потрéс|ати ⟨-трéсти⟩ erschüttern; **~ен** ergriffen
потрòшāч Verbraucher *m*; **~кӣ** Konsum-
потрòшња Verbrauch *m*; Konsum *m*
потýжити се PF sich beklagen
потцењѝв|ати ⟨-цéнити⟩ unterschätzen; **~ачкӣ** abschätzig
потчињáвати ⟨-чѝнити⟩ unterordnen, unterwerfen (**се** sich)
пȍћēрка Adoptivtochter *f*
пȍуздāн zuverlässig
поуздáње (Selbst)Vertrauen *n*
пòуздати се PF vertrauen (auf *A*)
поузéћ|е: **~ем** per Nachnahme
пȍу|ка Lehre *f*; **~чáвати ⟨поýчити⟩** unterweisen; (be)lehren

пòучан lehrreich
пòхабāн abgetragen; verschlissen
похáђати besuchen
пȍ|хвала Lob *n*; **~хвáлан** lobenswert; **~хвāлница** Belobigung *f*
пȍ|хлепа Gier *f*; **~хлēпан** (hab)gierig
пȍхов|āн paniert; **~ати** panieren
пȍхота Wollust *f*
похòтљив lüstern, *F* geil
поцр́н|ео sonnengebräunt; **~ети** *von der Sonne* braun werden
пȍчаснӣ Ehren-
пȍчāст F Ehrung *f*
пòчаствовати PF (be)ehren
почàстити PF bewirten; **~ се** *F* sich etwas (Leckeres) gönnen
почéтак Anfang *m*
пòчетн|ӣ Anfangs-; Anfänger-; **~ӣк** M, **~ица** F Anfänger(in *f*) *m*
почи́вати ruhen
пòчинак Ruhe *f*
почѝнилац Täter *m*
пòчињати ⟨**пòчēти**⟩ beginnen
пошѝљалац Absender(in *f*) *m*
пòшиљка Sendung *f*
пȍшта Post® *f*; **авѝонскā ~** Luftpost *f*; **елèктрōнскā ~** E-Mail *f*
пȍштанскӣ Post-; **~ брôј** Postleitzahl *f*
пȍшт|āр Postbote *m*; **~àрина** Porto *n*; **~āрка** F Postbotin *f*
пȍште|да Schonung *f*; **~ђи́вати** ⟨**поштéдети**⟩ verschonen
пòшт|ен ehrlich; **~éње** Ehrlichkeit *f*
пȍшто[1] CJ da, weil; nachdem
пȍшто[2] ADV: **~ je?** was kostet?; **~-пòтō** koste es, was es wolle
поштòвалац Verehrer *m*
поштòв|āње Verehrung *f*; **с ~áњем** hochachtungsvoll; **~ати** respektieren
пошумљав|āње Aufforstung *f*; **~ати** ⟨**пòшумити**⟩ aufforsten, bewalden
прȁ- Ur-
прȁбаба Urgroßmutter *f*
прȁв gerade
прȁва GEOM Gerade *f*
прàвац Richtung *f*
прȁвд|а Gerechtigkeit *f*; **~ати** ⟨**ò-**⟩ rechtfertigen (**се** sich)
прȁвед|ан gerecht; **~нӣк** Gerechter *m*; **~нōст** F Gerechtigkeit *f*
прȁвӣ echt, richtig
прȁвӣлан regelmäßig; vorschriftsmäßig; symmetrisch
прàвӣлнӣк Dienstvorschrift *f*, Satzung *f*
прȁвил|о Regel *f*; **по ~у** in der Regel
прȁвити ⟨**нà-**⟩ machen, anfertigen; **~ кòме дрýштво** j-m Gesellschaft leisten; **~ се вáжан** wichtig tun
прàвичан gerecht
прȁв|нӣ juristisch; Rechts-; **~нӣк** M, **~ница** F Jurist(in *f*) *m*
прȁво[1] ADV geradeaus
прáв|о[2] Anspruch *m* (**на** *A* auf

A); Jura *n*; **ймати ~о** Recht haben
правовремен rechtzeitig
прâвопи̑с Rechtschreibung *f*; **~ни̑** Rechtschreib-
прâво|слâван orthodox; **~слáвац** Orthodoxer *m*
правòслâвка Orthodoxe *f*
прâвослâвље Orthodoxie *f*
прâво|снâжан rechtskräftig; **~сӯђе** Justiz *f*
правòугаон rechteckig; **~ӣк** Rechteck *n*
пра̏г Schwelle *f*
прâдеда Urgroßvater *m*
прáзан leer; **~ хôд** *Motor* Leerlauf *m*
пра̏зилук Lauch *m*
прâзни̑к Feiertag *m*
празнѝна Leere *f*
прáзнити ⟨ис-⟩ leeren (**се** sich)
прâзничан feierlich; Fest-
пра̏зновати (IM)PF feiern
пра̏зновēр|ан abergläubisch; **~је** Aberglaube *m*
пра̏кса Praxis *f*; Praktikum *n*
практѝк|ант M, **~а̀нткиња** F Praktikant(in *f*) *m*
пра̀кт|иковати praktizieren; **~ичан** praktisch
прáмац *Wasserfahrzeug* Bug *m*
прâмēн Strähne *f*
прáње *Vorgang* Wäsche *f*
прâсак Knall *m*, Krach *m*
прâсе Ferkel *n* (*a fig*); **мòрскō ~** Meerschweinchen *n*
прâтēћӣ begleitend, Begleit-
пра̏ти ⟨ò-⟩ waschen; *Zähne* putzen; *Geschirr* spülen; **~ се** sich waschen
пра̀т|илац Begleiter *m*; **~иља** Begleiterin *f*; **~ња** Begleitung *f* (*a* MUS)
пра̏тити begleiten (*a* MUS); *et* verfolgen; das Geleit geben
пра̏|унук M, **~унука** F Urenkel(in *f*) *m*; **~унуче** Urenkelkind *n*
пра̏х Pulver *n* (*a* MED)
пра́шак Pulver *n* (*a* MED)
пра́шēње BOT Bestäubung *f*
пра̀шина Staub *m*
пра̀шњав staubig
пра́штати vergeben
пра̏шума Urwald *m*
пр̀в|а̏к M, **~а̀киња** F Meister(in *f*) *m* (*a* SPORT); *Schule* Erstklässler(in *f*) *m*
пр̏венац Erstlingswerk *n*; Erstgeborener *m*
првèнствено vor allem
првéнство Vorrang *m*; SPORT Meisterschaft *f*; **~ прóлаза** Vorfahrt *f*
пр̂в|ӣ erster; **ка̏о ~о** erstens
првò|битан ursprünglich; **~класан**, **~рáзредан** erstklassig; **~степени** JUR erstinstanzlich
пр́дети ⟨пр̏днути⟩ *F* pupsen
прê ADV zuvor; **што̏ ~** so bald wie möglich; **~ н(ег)о што̏** *cj* ehe, bevor
пре PRP (*G*) *zeitl* vor; **~ свèга** vor allem
пребацѝвати ⟨-бáцити⟩ werfen über; TECH umschalten; *fig* vorwerfen
прèбећи PF überlaufen
пребѝвалӣште Wohnsitz *m*
прèбити durchprügeln

прêбогат steinreich
преболéвати **⟨-бòлети⟩** verschmerzen (*a fig*)
пребројáвати **⟨-брòјати⟩** durchzählen
прê|вага Übergewicht *n* (*fig*); **~вáгнути** PF überwiegen
превàзӣђен überholt
превазѝлазити **⟨-вàзӣћи⟩** übertreffen; überwinden
прêвара Betrug *m*
превàр|ант M, **~àнткиња** F Betrüger(in *f*) *m*
прèварити PF betrügen
преваспитáвати **⟨-васпи́тати⟩** umerziehen
прêвејāн durchtrieben
прêвелик zu groß
превенти́ва Vorsorge *f*
прêвентӣван vorbeugend
превèнција Vorbeugung *f*
преви́ђати **⟨прèвидети⟩** übersehen
преви́јати **⟨прèвити⟩** verbinden; *Baby* wickeln
превладáвати **⟨-влáдати⟩** überwiegen
прêвлака Bezug *m*; (dünne) Schicht *f*
прêвлāст F Oberhand *f*; **брòјчанā ~** Überzahl *f*
превлáчити **⟨-вýћи⟩** überziehen; ziehen (über)
прé|вод Übersetzung *f*; **~вòдилац** Übersetzer(in *f*) *m*; **~вòдити** **⟨~вèсти⟩** *Text* übersetzen; dolmetschen
пре́|воз Transport *m*; **~вòзити** **⟨~вèсти⟩** fahren, befördern; **~вознӣк** Spediteur *m*
прéвōј (Gebirgs)Pass *m*
прèврāт Umsturz *m*; **др̀жāвнӣ ~** Staatsstreich *m*
прèвремен vorzeitig
прè|вр̑нӯт umgedreht; **~вртати** **⟨~вр́нути⟩** umdrehen; verdrehen; **~вртати** **⟨-вр́нути⟩ се** sich überschlagen; umstürzen
превр̀тљив wankelmütig
прèгазити PF überschreiten; überfahren
прéгиб ANAT Beuge *f*
прéглед Übersicht *f*; MED Untersuchung *f*; **~ан** übersichtlich
прегле́дати **⟨прèгледати⟩** durchsehen; MED untersuchen
преговáрати IMPF verhandeln
прêговōри M/PL Verhandlungen *f/pl*
прегорéвати **⟨-гòрети⟩** *Sicherung* durchbrennen; *Braten* verbrennen
прêграда Trennwand *f*
прêграднӣ Trenn-, Scheide-
преграђи́вати **⟨-грáдити⟩** trennen; umbauen
прегрéвати **⟨прèгрејати⟩** überhitzen
прêгр̄шт F eine Hand voll (*a fig*)
пред PRP (*I*) *örtl* vor (*D*); (*A*) *örtl* vor (*A*); (*A*) *zeitl* vor (*D*); *zeitl* gegen (*A*); **~ кŷћōм** vor dem Haus; **~ вêчē** gegen Abend
предáв|āње Vortrag *m*, Vorlesung *f*; **~ати**[1] unterrichten
предáвати[2] **⟨прèдати⟩** übergeben; abgeben; **~ се** sich ergeben; aufgeben
предàв|āч M, **~àчица** F

Vortragende(r *m*) *f*
прѐдаја Übergabe *f*; Auslieferung *f*
прѐдак Vorfahr *m*
прѐдалеко zu weit
прѐда̄н ergeben; **~о̄ст** F Ergebenheit *f*
преда́ње Überlieferung *f*
прѐ|да̄х Atempause *f*; **~да̀хнути** PF verschnaufen
прѐдбра̄чнӣ vorehelich
прѐдвече̄(рје) Vorabend *m*
пред|вѝд(љ)ив vorhersehbar; **~вѝђати ⟨прѐдвидети⟩** voraussehen
предвѐдити anführen
прѐдвод|нӣк M, **~ница** F Anführer(in *f*) *m*
прѐдво̄рје Vorhalle *f*
прѐдгово̄р Vorwort *n*
прѐдгра̄ђе Vorstadt *f*
пре́део Gegend *f*
прѐд|зна̄к Vorzeichen *n*; **~зна́ње** Vorkenntnisse *f/pl*; **~игра** Vorspiel *n*
прѐдиз|бори M/PL Vorwahlen *f/pl*; **~бо̄рнӣ** Vorwahl-; Wahlkampf-; **~бо̄рна̄ кампа̀ња** Wahlkampf *m*
предис|пози́ција Veranlagung *f* (**за** *A* zu *D*); **~пòнӣра̄н** veranlagt
прѐдјело Vorspeise *f*
предла́гати ⟨-лòжити⟩ vorschlagen
пре́длог Vorschlag *m*; GR Präposition *f*
пре́дмет Gegenstand *m*; *Unterricht* Fach *n*; JUR Fall *m*; **~нӣ** Sach-
прѐдно̄ст F Vorteil *m*; Vorrang *m*
предња́чити vorangehen; *fig* anführen
прѐдњӣ Vorder-; **~ по́гон** Frontantrieb *m*
предодређи́вати ⟨-одре́дити⟩ vorherbestimmen, vorentscheiden
предоми́шљати ⟨-дòмислити⟩ се umdenken; überdenken
прѐд|осећа̄ј Vorahnung *f*; **~òсећати ⟨-òсетити⟩** vorausahnen
прѐдостр|о̄жан umsichtig; **~о́жно̄ст** F Umsicht *f*
предоча́вати ⟨-òчити⟩ veranschaulichen
прѐдрасуда Vorurteil *n*
прѐдратнӣ Vorkriegs-
прѐдрачӯн (Kosten)Voranschlag *m*
председа́в|ајӯћӣ Vorsitzende *m*; **~ати** den Vorsitz führen
пре́дсед|нӣк M, **~ница** F Präsident(in *f*) *m*; **~нӣштво** Präsidium *n*
пред|сказа́ње Prophezeiung *f*; **~сказѝвати ⟨~ска́зати⟩** prophezeien
пре́дсобље Diele *f*
прѐдстава Vorstellung *f* (*a* THEA)
прѐдстављати ⟨прѐдставити⟩ vorstellen, darstellen (**се** sich)
прѐдста̄в|нӣк M, **~ница** F Vertreter(in *f*) *m*; **~нӣштво** ECON Niederlassung *f*
предстòј|ати bevorstehen; **~е̄ћӣ** bevorstehend

предубеђе́ње Voreingenommenheit *f*
пред|узе́ће Unternehmen *n*; **~у̏зимати ⟨-у̏зе̄ти⟩** unternehmen; **~узѝма̄ч** Unternehmer *m*; **~узѝмљив** unternehmungslustig; **~узѝмљиво̄ст** F Unternehmungsgeist *m*
прѐдумишља̄ј Vorsatz *m*; **с ~ем** JUR vorsätzlich
предупређи́вати ⟨-пре́дити⟩ vorbeugen
преду́слов Voraussetzung *f*
предусрѐтљив entgegenkommend; **~о̄ст** F Entgegenkommen *n*
предѝхитрити PF zuvorkommen (**ко̏га** j-m)
прѐђашњӣ vormalig
прѐжалити PF verschmerzen
пре|жѝва̄р Wiederkäuer *m*; **~жи́вати** wiederkäuen (*a fig*)
преживља́вати ⟨-жи́вети⟩ durchmachen; überleben
преза̀|дӯжен überschuldet; **~сиће́н** übersättigt
пр̏езати (zurück)scheuen *v/i*
прѐзент GR Präsens *n*; **~а́ција** Präsentation *f*
прѐзентовати (IM)PF präsentieren
прѐзӣдијум Präsidium *n*
прѐзиме Nachname *m*
пре́зир Verachtung *f*; **~ан** verächtlich
прѐзирати ⟨прѐзрети⟩ verachten
пре́зла Paniermehl *n*
прѐзрео überreif
прѐзрив verächtlich
преиму́ћство Vorsprung *m*
преина́чити PF umändern
преиспити́вати ⟨-пи́тати⟩ überprüfen; *et* nachgehen (*fig*)
прѐјести се PF sich überessen
прѐкаљен abgehärtet; *fig* eingefleischt
пр̏екасно zu spät
преква̀лификовати (IM)PF umschulen
пр̏ек|ӣ: **~о по̏требан** dringend nötig
пре́|кид Unterbrechung *f*; Abbruch *m*; **~ки́дати ⟨прѐкинути⟩** V/T unterbrechen; abbrechen (*v/i* **се**); **~ки̏да̄ч** (Licht)Schalter *m*
пр̏екјуче vorgestern
прекла́пати ⟨-кло̀пити⟩ umklappen; zusammenlegen
прѐклињати anflehen (*et* zu tun)
пр̂еко ADV *zeitl* hindurch; hinüber; **та̑мо ~** dort drüben
преко (G) über; mehr als; durch; **~ да̑на** tagsüber; **~ во̀ље** *adv* widerwillig
пр̏ек|обро̄јан überzählig; **~о̀времен**: **~о̀временӣ са̑ти** Überstunden *f/pl*; **~оме̄ран** übermäßig; **~о̀морскӣ** überseeisch, Übersee-
прекопа́вати ⟨-ко̀пати⟩ umgraben; umhacken
пре́кор Rüge *f*, Vorwurf *m*; **~е́вати ⟨прекѐрити⟩** rügen
пре́коран vorwurfsvoll
прекорач|е́ње Überschreitung *f*; **~и́вати ⟨прекора́чити⟩** überschreiten
пр̏екосутра übermorgen

прекраћи̏вати ⟨-кра́тити⟩ verkürzen
прѐкретница Wendepunkt *m*
пре|кри́вати ⟨прѐкрити⟩ bedecken, überziehen (*a fig*); **~крѝва̄ч** Überwurf *m*; (Bett-)Decke *f*; **~крѝвен** überzogen; bedeckt
прекроја́вати ⟨-кро̀јити⟩ *Kleidung* (um)ändern
прȅкрша̄ј Verstoß *m*
прекр́штати ⟨-кр̀стити⟩ umtaufen; *Beine* kreuzen
прекуца́вати ⟨прѐкуцати⟩ *Text* abtippen
пре́лаз Übergang *m*
прѐлаз|ак Übertritt *m*; **~ити ⟨пре́ħи⟩** überqueren; *Grenze* überschreiten
пре́лазнӣ Übergangs-
прела́мати ⟨-ло̀мити⟩ V/T durchbrechen, abbrechen
пре́лѐтати ⟨-лѐтети⟩ überfliegen (*a fig*)
пре́|лив *Salat* Dressing *n*; *Torte* Guss *m*; *Haare* Tönung *f*; **~лѝвен** übergossen; überzogen (*I* mit *D*); **~ли́вати ⟨прѐлити⟩** umgießen; GASTR übergießen; überziehen; **~ли́вати ⟨прѐлити⟩ се** *Flüssigkeit* überlaufen; *nur* IMPF *Farben* ineinander fließen
прȅлиминāран vorläufig
прелиста́вати ⟨-ли̏стати⟩ durchblättern; umblättern
пре́лом Bruch *m*; Umbruch *m*
пре́ломан entscheidend
прȅљуба Ehebruch *m*
прѐљуб|нӣк M, **~ница** F Ehebrecher(in *f*) *m*

према PRP (*L*) *örtl* gegen (*A*); laut (*D*), zufolge (*D*); **~ то̀ме** demnach
пре́маз Aufstrich *m*; **~ѝвати ⟨прѐмазати⟩** überstreichen; beschmieren
прѐмало zu wenig
према́рати ⟨-мо̀рити⟩ über die Maßen ermüden
пре́м|ац: **без ~ца** ohnegleichen
премаши̏вати ⟨прѐмашити⟩ überragen; übersteigen
прȅмда obwohl
премера́вати ⟨прѐмерити⟩ vermessen; abmessen
прȅ|мешта̄ј Versetzung *f*; **~ме́штати ⟨прѐместити⟩** umstellen, versetzen
прȇмија Prämie *f*
премијѐра Premiere *f*
преми̏нути PF verscheiden
премлаћи̏вати ⟨премла́тити⟩ verprügeln; durchprügeln
прѐморен übermüdet; **~о̄ст** F Übermüdung *f*
премота́вати ⟨-мо̀тати⟩ *Film* vorspulen; zurückspulen
прена́глити PF überstürzen, übereilen
прѐнапе̄т überspannt (*a fig*)
пренàсељен übervölkert; **~о̄ст** F Übervölkerung *f*
прѐнатрпа̄н voll gestopft
пренема́гати се zimperlich tun; jammern
пренѐра̄женōст F Bestürzung *f*
пренѐсен ADJ übertragen
пре́нос Übertragung *f*; **~ан**

übertragbar
пренòс|ити **⟨прѐнēти⟩** übertragen; überbringen; **~ив** (über)tragbar
прѐноħӣште Übernachtung (-smöglichkeit) *f*
прѐобиље Überfluss *m*
пре|облáчити **⟨-обу́ħи⟩** umziehen (**се** sich); **~обрáжáвати** **⟨~обрáзити⟩** verwandeln
прѐображāј Verwandlung *f*
преовлаħи́вати **⟨-овлáдати⟩** überhand nehmen; überwiegen
прѐокрēт Umbruch *m*, Wende *f*
преоптереħ|éње Überforderung *f*; Überlastung *f*; **~и́вати** **⟨-тѐретити⟩** überfordern; überlasten
преосѐтљив überempfindlich
пре|òстајати **⟨~òстати⟩** übrig bleiben; **~òстāлӣ** übrig, restlich
пре́пад Überfall *m*; Anschlag *m*
прѐпадати **⟨прѐпасти⟩** überfallen; erschrecken; **~ се** sich erschrecken
препечѐница doppelt gebrannter Schnaps *m*
прѐ|пирати се sich zanken; **~пӣрка** Auseinandersetzung *f*
пре́|пис Abschrift *f*; **~писи́вати** **⟨препи́сати⟩** abschreiben; MED verschreiben; JUR überschreiben
прѐписка Korrespondenz *f*
прѐплавити PF überfluten, überschwemmen (*a fig*)
преплàн|уо sonnengebräunt; **~ути** PF *von der Sonne* braun werden
прѐплашен erschrocken
преповиjати **⟨-пòвити⟩** wickeln
препóдн|е Vormittag *m*; **~ēвнӣ** vormittäglich, Vormittags-
препознáвати **⟨-пòзнати⟩** (wieder) erkennen
преполòвити PF halbieren
прѐпон|а Hürde *f*; ANAT Leiste *f*; **тр̂ка с ~ама** Hürdenlauf *m*
прѐпорōд Wiedergeburt *f*; Renaissance *f*
прѐпорука Empfehlung *f*, Tipp *m*
препòру̑чен|ӣ: **~ō пи́смо** Einschreiben *n*
препо|ручи́вати **⟨-пору́чити⟩** empfehlen; **~ру̀чљив** ratsam
препотѐнт|ан anmaßend; **~нōст** F Anmaßung *f*
прѐправљати **⟨-правити⟩** umarbeiten; umändern
препрѐден gerissen
прѐ|према Hindernis *n*; **~пре́чити** PF *Weg* (ver)sperren
препричáвати **⟨-при́чати⟩** nacherzählen
препродáвац Wiederverkäufer *m*
прѐпу|н übervoll, überfüllt; **~њáвати** **⟨прѐпунити⟩** überfüllen
препу́штати **⟨-пу̀стити⟩**

überlassen
прѐрада Umarbeitung *f*
прерађѝв|ати ⟨**-ра́дити**⟩ überarbeiten; verarbeiten; **~а̄чкӣ** verarbeitend, Verarbeitungs-
прѐран verfrüht; **~о** ADV zu früh
прѐраспо|дела Umverteilung *f*; **~дѐлити** PF umverteilen
прера́стати ⟨**-ра́сти**⟩ hinauswachsen über
прерачуна́вати ⟨**-ра̀чунати**⟩ nachrechnen; *Kosten* überschlagen; **~ се** sich verrechnen
прерушáвати ⟨**прѐрушити**⟩ **се** sich verkleiden
прѐса *Gerät* Presse *f*
пресађѝвати ⟨**-са́дити**⟩ umpflanzen; verpflanzen (*a fig*)
пресàхнути PF *Quelle* versiegen
прѐсвлака Schonbezug *m*
пресвла́ч|ити ⟨**пресву́ћи**⟩ überziehen; **~ити** ⟨**пресву́ћи**⟩ **се** sich umziehen
пресѐд|а̄н Präzedenzfall *m*; **без ~а́на** beispiellos
пресéдати ⟨**прѐсести**⟩ umsteigen
пре́сек Querschnitt *m*; **та̑чка ~а** Schnittpunkt *m*
пресељáвати ⟨**-сѐлити**⟩ **се** umziehen
пресéцати ⟨**прѐсећи**⟩ durchschneiden; **~ се** sich überschneiden
прѐсија Druck *m*
прѐсипати IM(PF) abfüllen; umfüllen
прескáкати ⟨**-скòчити**⟩ überspringen (*a fig*)
прѐ|скӯп überteuert; **~сла̄н** versalzen
преслишáвати ⟨**прѐслишати**⟩ *Schüler* abfragen
преслушáвати ⟨**прѐслушати**⟩ abhören; anhören
преснимáвати ⟨**-сни́мити**⟩ überspielen
прѐсовати (IM)PF pressen
преспáвати PF verschlafen; *fig* überschlafen
прѐстајати ⟨**прѐстати**⟩ aufhören; aufgeben
прѐсти ⟨**йс-**⟩ spinnen; *nur* IMPF *Katze* schnurren
прѐстӣж Prestige *n*
прѐстизати ⟨**прѐстићи**⟩ überholen
пре́ст|о̄ Thron *m*; **~олонá-следнӣк** Thronfolger *m*; **~о̄ница** Hauptstadt *f*
прѐстраш|ен erschrocken; **~ити** PF erschrecken
престројáвати ⟨**-стрòјити**⟩ **се** *Autofahrer* sich einordnen
пре́|ступ Vergehen *n*; **~сту́пити** PF überschreiten, übertreten
пре́ступ|нӣ: **~на̄ го̏дина** Schaltjahr *n*; **~нӣк** M, **~ница** F Delinquent(in *f*) *m*
прѐсуда JUR Urteil *n*
прѐсудан entscheidend
пресуђѝвати ⟨**-су́дити**⟩ urteilen
пре|сушѝвати ⟨**-су́шити**⟩ **(се)** versiegen; vertrocknen;

~та́кати ⟨-тòчити⟩ abfüllen; umgießen; **~та́пати ⟨-тòпити⟩** umschmelzen
претва́р|ати ⟨претвòрити⟩ verwandeln; **~ати ⟨претвòрити⟩ се** sich verwandeln; sich verstellen
пре́|тежан überwiegend; **~те́зати ⟨прете́гнути⟩** höheres Gewicht haben
прѐтек: **на ~** im Überfluss
прѐ|тендовати Anspruch erheben; **~тѐнзија** Anspruch *m*
прѐтенциōзан prätentiös
прѐтер|āн übertrieben; **~и́вāње** Übertreibung *f*; **~и́вати ⟨прѐтерати⟩** übertreiben
пре́тēħӣ *Gefahr* drohend
прѐтеча M Bahnbrecher *m*
пре́тити ⟨при-⟩ drohen, bedrohen
прѐтицати ⟨прѐтеħи⟩ *beim Fahren* überholen; *j-m* zuvorkommen; übrig bleiben
пре́тња Drohung *f*
прѐтовāр Umladung *f*
претòвар|ен überladen (*adj*); **~и́вати ⟨-тòварити⟩** umladen; überladen
прѐтплата Abonnement *n*
прѐтплатнӣк Abonnent *m*
претплаħи́вати ⟨-пла́тити⟩ (се) abonnieren
прѐтпостāвка Vermutung *f*
претпòстављ|ати ⟨-пòставити⟩ vermuten; **~енӣ** Vorgesetzte *m*
претпра́ње Vorwäsche *f*
прѐтпродаја Vorverkauf *m*
прѐтпрошлӣ vorvergangen
претражи́в|āње Untersuchung *f*; **~ати ⟨претра́жити⟩** durchsuchen
пре́трес Erörterung *f*; Durchsuchung *f*
претре́сати ⟨-тре́сти⟩ durchsuchen; (gründlich) erörtern
претрпа́вати ⟨-тр̀пати⟩ überhäufen
претр́пети PF erleiden, erdulden
претсказѝвати ⟨-ска́зати⟩ vorhersagen
прету́рати ⟨прѐтурити⟩ umwerfen; *fig* durchwühlen
прѐт|ходан vorherig; **~ходнā гòдина** Vorjahr *n*; **~хòдити** vorausgehen; **~ходнӣк** Vorgänger *m*; **~ходница** Vorgängerin *f*; MIL Vorhut *f*
прѐ|ħутан stillschweigend; **~ħутки́вати ⟨~ħу́тати⟩** verschweigen
прѐувел|ичāн übertrieben; **~ича́вати ⟨~ѝчати⟩** übertreiben
преуда́вати ⟨-ỳдати⟩ се *von Frauen* wieder heiraten
преỳзимати ⟨-ỳзēти⟩ übernehmen
преỳрањен verfrüht
преуређи́вати ⟨-уре́дити⟩ umgestalten
преферѝрати (IM)PF bevorzugen
прѐфӣњен vornehm; **~ōст** F Vornehmheit *f*
прѐхлада Erkältung *f*
прѐхлāђ|ен erkältet; **~и́вати ⟨прехла́дити⟩ се** sich

erkälten
прѐхрамбен Nahrungs-
прѐхра|на Ernährung *f*; **~њѝвати** ernähren
прецвѐтати PF verblühen
прецењѝвати ⟨**-цѐнити**⟩ überschätzen
прѐц|ӣзан präzise; **~ѝзнōст** F Genauigkeit *f*
прецртáвати ⟨**прѐцртати**⟩ durchstreichen; *Bild* abzeichnen
прѐчица *Weg* Abkürzung *f*
пречишħáвати ⟨**прѐчистити**⟩ klären, filtern
прѐч|ка Sprosse *f*; *Fußballtor* (Quer)Latte *f*; **~нӣк** Durchmesser *m*
прѐчути PF überhören
прѐшколовати PF umschulen
прештампáвати ⟨**прѐштāмпати**⟩ nachdrucken
пр̏ж|ен gebraten; *Kaffee* geröstet; **~енӣ кро̀мпӣр** Bratkartoffeln *f/pl*; **~ити** ⟨**ѝс-**⟩ rösten, braten
при (*L*) *zeitl, räuml* bei (*D*); **~ то̑м** dabei
прија́њати ⟨**прио̀нути**⟩ anhaften; **прио̀нути на по̀сао** sich an die Arbeit machen
прѝбављати ⟨**прѝбавити**⟩ verschaffen
прибáдати ⟨**-бо̀сти**⟩ anstecken, anheften
прибегáвати ⟨**прѝбећи**⟩ sich flüchten zu
прѝбежӣште Zuflucht *f*
прибѐлежити PF notieren
прибѝјати ⟨**прѝбити**⟩ annageln, anschlagen
приближáвати ⟨**-блѝжити**⟩ **се** sich nähern
прѝближан annähernd
прѝбор Werkzeug *n*; Zubehör *n*; **~ за jѐло** Essbesteck *n*
прѝбрāн *geistig* gefasst; **~ōст** F Konzentration *f*
прѝбрати се PF sich fassen
прѝвāт|ан privat; **~нӣк** Privatunternehmer *m*
прѝвез|ак Anhänger *m*; **~ѝвати** ⟨**привéзати**⟩ (an)knüpfen, festbinden
прѝвид Anschein *m*; **~ан** scheinbar
привѝђати ⟨**прѝвидети**⟩ **се**: **~ ко́ме** j-m *als Vision* erscheinen
привиђéње Erscheinung *f*; Vision *f*
привѝјати ⟨**прѝвити**⟩: **~ уз себе** an sich drücken
привикáвати ⟨**прѝвићи**⟩ **се** sich (ein)gewöhnen
привѝ|лēгија Privileg *n*; Begünstigung *f*; **~леговати** (IM)PF bevorzugen
прѝвлāчан einladend; attraktiv
привлáчити ⟨**-ву́ћи**⟩ zu sich heranziehen; anziehen
приво̀дити ⟨**-вѐсти**⟩ zuführen; **~ нѐшто кра̏ју** et zu Ende führen
прѝвред|а Wirtschaft *f*; **~нӣ** Wirtschafts-; **~нӣк** Geschäftsmann *m*
прѝвремен zeitweilig, vorläufig
прѝвржен anhänglich; loyal

пригње́чити PF drücken, quetschen
пригова́рати ⟨-говòрити⟩ einwenden, beanstanden
прѝговōр Einwand *m*
прѝградскӣ Vorort-, Vorstadt-
прѝгӯш|ен *Laut* gedämpft; **~ѝвати ⟨-гу́шити⟩** dämpfen; **~ѝвāч** Schalldämpfer *m*
прида́вати ⟨прѝдати⟩ (hin-) zugeben; *Bedeutung* beimessen
при́дев GR Adjektiv *n*
прѝдиковати Vorhaltungen machen
придоби́јати ⟨-дòбити⟩ für sich gewinnen
прѝдошлица Neuankömmling *m*
придржа́вати ⟨-др̀жати⟩ halten; **~ се** sich an *et* halten
придружи́вати ⟨-дру́жити⟩ се sich anschließen (an *A*)
прѝзēмље Erdgeschoss *n*
призи́вати ⟨прѝзвати⟩ herbeirufen; *Geister* beschwören
призна́вати ⟨прѝзнати⟩ anerkennen; zugeben
прѝ|зницa Empfangsbestätigung *f*; **~зна́ње** Anerkennung *f*; Geständnis *n*
при́зор Anblick *m*
прѝјав|а Anmeldung *f*; Bewerbung *f*; **пòднēти ~у** Anzeige erstatten; **~љи́вати ⟨-ја́вити⟩** melden; anzeigen; **~ се** einchecken
прѝјāт|ан angenehm; **~но!** guten Appetit!; *Abschiedsgruß* e-n schönen Tag noch!
прѝја|тељ Freund *m*; **~тѐљица** Freundin *f*; **~тѐљскӣ** freundschaftlich; **~тѐљство** Freundschaft *f*
прѝјати VI *j-m* gut tun
прѝјāтнōст F angenehme Art *f*; Behaglichkeit *f*
прѝјем Empfang *m* (*a Radio*, TV); **~нӣ** Aufnahme-; Empfangs-; **~нӣ ѝспит** Aufnahmeprüfung *f*; **~нӣк** (Radio-, Fernseh)Empfänger *m*
при́каз Darstellung *f*
прикази́вати ⟨-ка́зати⟩ schildern; THEA darstellen; *nur* IMPF **~ се** *Film* laufen, gegeben werden
прѝкачити PF anhängen
прѝкладан angemessen
прѝклањати ⟨-клòнити⟩ *Tür* anlehnen
прикле́штити PF sich *et* (ein-) klemmen
прѝкључ|ак Anschluss *m* (*a* TEL); **~ѝвати ⟨-кључити⟩** EL anschließen
прѝкòвати PF (an)nageln; *fig* fesseln
прѝколица *Wagen* Anhänger *m*
прикра́дати ⟨прѝкрасти⟩ се (sich) (her)anschleichen
прѝ|крајак: **из ~крāјка** *adv* heimlich, von der Seite
прикри́вати ⟨прѝкрити⟩ verheimlichen
прику́пљати ⟨прѝкупити⟩ zusammentragen
прила́гати ⟨-лòжити⟩ beilegen; *Geld* spenden

прилагòдљив anpassungsfähig
прилагоħáвати ⟨-гòдити⟩ anpassen (**ce** sich)
пр́илаз Zugang *m*; Zufahrt *f*
прѝлазити ⟨прѝħи⟩ sich nähern; sich anschließen (*fig*)
прилепљѝвати ⟨-лéпити⟩ ankleben, aufkleben
пр́илив Zulauf *m*
пр́или|ка Gelegenheit *f*; **по свôј ~ци** *adv* höchstwahrscheinlich
пр́илич|ан beachtlich; **~ити** sich gehören; **~но** ADV ziemlich
пр́илог Beitrag *m*; *zu e-m Brief* Anlage *f*; GR Adverb *n*; GASTR Beilage *f*; EDV Attachment *n*
приљубљѝвати ⟨-љýбити⟩ (**ce**) sich anschmiegen
прѝмалац Empfänger *m*
примàмљ|ив verlockend; **~ѝвати ⟨-мáмити⟩** anlocken
пр́имāња N/PL Einkünfte *f/pl*
прѝмāран primär
пр́имати ⟨пр́имити⟩ empfangen; *Gast* aufnehmen
прѝмедба Anmerkung *f*
прѝ|мена Anwendung *f*; *Maschinen* Einsatz *m*; **~мèнљив** anwendbar; **~мењѝвати ⟨~мéнити⟩** anwenden
пр́имер Beispiel *n*; **на ~** zum Beispiel; **~ак** Exemplar *n*; **~ан** beispielhaft
прѝмерен sachgemäß, geeignet
прѝмеса Beimischung *f*
прѝ|метан merklich; **~меħѝвати ⟨~мéтити⟩** bemerken; feststellen
примирѝвати ⟨-мúрити⟩ beruhigen; **~ ce** zur Ruhe kommen
прѝмӣрје Waffenstillstand *m*
прѝмитӣван primitiv
прѝмицати ⟨прѝмаħи⟩ ce (heran)rücken (*v/i*)
примопрѐдаја Übergabe *f*
приморáвати ⟨-мóрати⟩ zwingen
прѝмōрје Küste *f*
прѝнова Neugeborenes *n*; Neues *n*
пр́и|нос Ertrag *m*; **~нòсити ⟨прѝнēти⟩** erbringen; Opfer bringen
прѝнуд|а Zwang *m*; **~ан** Zwangs-; **~нō слéтāње** Notlandung *f*
принуħѝвати ⟨прѝнудити⟩ zwingen
прѝнц M Prinz *m*
прѝнцéза Prinzessin *f*
прѝнципијēлан prinzipiell
прѝпад|ати ⟨прѝпасти⟩ (dazu)gehören; angehören; **~нӣк** M, **~ница** F Angehörige(r *m*) *f*; **~нōст** F Zugehörigkeit *f*
припáјати ⟨-пòјити⟩ anschließen; annektieren
приписѝвати ⟨-пѝсати⟩ (da)zuschreiben
прѝпӣт angetrunken
припитомљáвати ⟨-питòмити⟩ zähmen
пр́иплод Zucht *f*; **~ан** Zucht-
приповéдати erzählen
прѝповēтка Erzählung *f*

прѝпра̄ван vorbereitet (**на** *A* auf *A*)
прѝ|правнӣк (Amts)Anwärter *m*, Assessor *m*; **~пра́вно̄ст** F Bereitschaft *f*
прѝ|према Vorbereitung *f*; Zubereitung *f*; **~пре́мати** ⟨**~пре́мити**⟩ vorbereiten; bereitmachen (**се** sich)
прѝ|ра̄ст ECON Zuwachs *m*; **~раштā̄ј** (Geburten)Zuwachs *m*; **~рашћи́вати** ⟨**~ра́сти**⟩ anwachsen
прѝре|дба Darbietung *f*; Veranstaltung *f*; **~ђи́вати** ⟨**прире́дити**⟩ veranstalten; bereiten
прѝрод|а Natur *f*; **мр̀тва̄ ~а** Stillleben *n*; **~ан** natürlich, Natur-; **~ња̄к** Naturforscher *m*
прѝручнӣк Handbuch *n*
прѝсан innig, intim
присва́јати ⟨**-сво̀јити**⟩ sich aneignen
прѝсеб|ан geistesgegenwärtig; **~но̄ст** F Besinnung *f*; **сачу́вати ~но̄ст** Ruhe bewahren
прѝсила Zwang *m*
прѝ|сӣлан unfreiwillig; **~сиља́вати** ⟨**прѝсилити**⟩ nötigen
прѝслањати ⟨**-сло̀нити**⟩ (an)lehnen
прислушк|и́вати (be)lauschen; *Gespräch* abhören; **~ѝва̄ч** Wanze *f* (*fig*)
прѝсмотра Aufsicht *f*
приспе́вати ⟨**прѝспети**⟩ ankommen
прѝстајати ⟨**прѝстати**⟩ einwilligen; *Schiff* anlegen
прѝста|лица *Person* Anhänger *m*; **~нак** Zusage *f*
прѝстанӣште Kai *m*
прѝстизати ⟨**прѝстићи**⟩ eintreffen
прѝст|о̄јан anständig; artig; **~ојати се** sich schicken; **~о̄јно̄ст** F Anstand *m*
прѝстрас|но̄ст F Voreingenommenheit *f*; JUR Befangenheit *f*; **~(т)ан** parteiisch; voreingenommen
прѝступ Zugang *m*; Beitritt *m*
присту́пати ⟨**-сту́пити**⟩ beitreten; *fig* an *et* (heran)gehen
прѝступачан zugänglich; erschwinglich
прѝсу|ство Anwesenheit *f*; **~ствовати** teilnehmen, anwesend sein; **~тан** anwesend; **~тно̄ст** F Anwesenheit *f*
прита́јити се PF sich verstecken
притва́рати ⟨**-тво̀рити**⟩ *Tür* anlehnen; *j-n* inhaftieren
прѝтвор Haft *f*
прѝтво̄ран scheinheilig
при|те́зати ⟨**-те́гнути**⟩ festziehen; *Schraube* anziehen; **~те́снити** PF bedrängen
прѝ|тӣсак Druck *m*; **кр̑внӣ ~тӣсак** Blutdruck *m*; **~ти́скати** ⟨**~тиснути**⟩ drücken; pressen
прѝтицати ⟨**-тѐћи**⟩ herbeieilen
прѝтока Nebenfluss *m*
прѝтужба Beschwerde *f*
приу́штити PF gönnen
прѝхватати ⟨**~ити**⟩ akzep-

tieren; *Gast* aufnehmen; **~ се** (*G*) *fig* anpacken
прихвàтљив akzeptabel
при́ход Einkommen *n*
при̂ча Geschichte *f*
при́чати ⟨ис-⟩ erzählen
причвршћи́вати ⟨-чвр́стити⟩ befestigen, festmachen (**за** *A* an *A*)
при̏чекати PF abwarten
причиња́вати ⟨-чи̇̀нити⟩ anrichten; *fig* bereiten; *unpers* **~ се** *j-m* (so) vorkommen
при̏чљив gesprächig
причу́вати PF aufbewahren; *Kind* hüten
пр̀кос Trotz *m*; **~ан** trotzig; **~ити** trotzen
пр̏љ|ав schmutzig; **~а́вштина** Schmutz *m*
пр́љати ⟨ис-⟩ verschmutzen
про́ба Probe *f*
проба́дати ⟨-бòсти⟩ (durch-) stechen
про́бати IMPF versuchen; *Speise* kosten; *Kleidung* anprobieren
проби́јати ⟨прòбити⟩ durchbrechen (*v/t*); **~ се** sich durchschlagen
про|би́рати ⟨прòбрати⟩ auslesen; **~бѝрљив** wählerisch
прòблēм Problem *n*; **не̂ма̄ пробле́ма̄** kein Problem!; **~àтичан** problematisch
про̂бнӣ Probe-
про́бој Durchbruch *m*
прòбо̄јан durchschlagend
про̏бра̄н erlesen
прòвала Einbruch *m*; **~ о̏бла̄ка** Wolkenbruch *m*
провàлија Abgrund *m*
прò|ва̄лнӣк M, **~ва̄лница** F Einbrecher(in *f*) *m*; **~ваљи́вати ⟨~ва́лити⟩** einbrechen
прòвер|ен bewährt; **~а́вати ⟨прòверити⟩** überprüfen; *prüfend* durchsehen
проветра́вати ⟨прòветрити⟩ *Zimmer* (durch)lüften
про̏вӣдан durchsichtig (*a fig*)
прòвидети се IMPF durchsichtig sein (*a fig*)
провиђе́ње Vorsehung *f*
прòвӣзија Provision *f*
про̏визо̄ран provisorisch
провѝнција Provinz *f*
провири́вати ⟨-ви́рити⟩ hervorgucken
провла́чити ⟨-ву́ћи⟩ (hin-) durchziehen; **~ се** davonkommen; (mit Mühe) durchkommen
про́вод Vergnügen *n*
провòдити ⟨-вèсти⟩ *örtl* (hin)durchführen; *Zeit* verbringen; **~ се** sich amüsieren
про́воднӣк TECH Leiter *m*
провòзити ⟨-вèсти⟩ (hin-) durchfahren
провòци́рати IMPF provozieren
провр̀тети PF (durch)bohren
прога́њати IMPF verfolgen
про̏|гла̄с Aufruf *m*; **~глаша́вати ⟨~гла́сити⟩** (öffentlich) verkünden
прòгледати[1] PF: **~ кòме кроз пр̂сте** j-m *et* nachsehen
прòгледати[2] PF die Augen öffnen (um sehen zu können); das Augenlicht (wieder) gewin-

nen

прòгн|анӣк M, **~аница** F Verbannte(r *m*) *f*; **~áнство** Verbannung *f*

прогнó3|а Prognose *f*; **~úрати** (IM)PF vorhersagen; tippen

проговòрити PF zu sprechen anfangen

прó|гон Verfolgung *f*; **~гòнити** ⟨**прòгнати**⟩ vertreiben; *nur* IMPF verfolgen

прòграм Programm *n*

програ̀м|ēр(ка F) M Programmierer(in *f*) *m*; **~úрати** programmieren

прòгрес Fortschritt *m*

прȍгресӣван progressiv

прогу́рати durchschieben; durchdrängen (**се** sich)

продáв|ац M, **~а̀чица** F Verkäufer(in *f*) *m*; **~ати** ⟨**прòдати**⟩ verkaufen

прòдāвница Laden *m*

прȍ|даја Verkauf *m*; Vertrieb *m*; **на ~дају** zu verkaufen; **~дāјнӣ** Verkaufs-

прòдирати ⟨**прòдрēти**⟩ durchdringen

прó|дор Durchbruch *m*; **~дōран** durchdringend; *fig* zielbewusst

прòдрмати PF durchschütteln

продубљúвати ⟨**-ду́бити**⟩ vertiefen

про|дужáвати ⟨**~ду́жити**⟩ verlängern; **~дужéње** *zeitl*, **~дужéтак** Verlängerung *f*

прȍ|дуктӣван produktiv; **~дуктúвнōст** F Produktivität *f*; **~ду̀кција** Produktion *f*; **~ду̀цент** Produzent *m*

прòждирати ⟨**прòждрēти**⟩ verschlingen

прождр̀љив gefräßig

проживљáвати ⟨**-жúвети**⟩ durchleben

прожúмати ⟨**прòжēти**⟩ durchdringen

прóза Prosa *f*

прозúвати ⟨**прòзвати**⟩ aufrufen

прȍзӣран durchsichtig

прòзирати ⟨**прòзрēти**⟩ durchschauen (*a fig*)

прóзор Fenster *n*; **~скӣ** Fenster-

проигрáвати ⟨**-ùграти**⟩ verspielen

проѝз|вод Produkt *n*; **~вòдити** ⟨**~вèсти**⟩ herstellen; **~вóдња** Produktion *f*; **~вòђāч** ECON Hersteller *m*

прȍизвōљан willkürlich, beliebig

произѝлазити ⟨**-изáћи**⟩ hervorgehen; folgen aus (*D*)

проѝстицати ⟨**-истèћи**⟩ *fig* entspringen; sich ergeben aus (*D*)

прóја Maisbrot *n*

прòјек(а)т Projekt *n*

проју́рити PF vorbeieilen

прòкељ Rosenkohl *m*

прòкламовати (IM)PF verkünden, proklamieren

прòклéтство Fluch *m*

проклѝјати PF hervorsprießen; auskeimen

прòклињати ⟨**прòклēти**⟩ → клти

прòкопáвати ⟨**прокòпати**⟩ durchgraben

прòкоцкати PF verspielen
прокријумчáрити PF durchschmuggeln
прокрстáрити PF (mit e-m Schiff) durchkreuzen
прòкувáвати ⟨прòкувати⟩ *Gefäß* auskochen; *Wasser* abkochen
прóлаз Durchgang *m*
прóлазан flüchtig, vorübergehend
прòлазити ⟨прóћи⟩ vorbeigehen (*a Zeit*); *Ort* passieren
прóлаз|нӣк M, **~ница** F Passant(in *f*) *m*
пролепшáвати ⟨-лѐпшати⟩ се schöner werden; *Wetter* sich bessern
пролéтати ⟨-лѐтети⟩ vorbeifliegen
прò|летōс im vergangenen Frühjahr; **~леће** Frühling *m*
прó|лив MED Durchfall *m*; **~ли́вати ⟨прòлити⟩** vergießen, verschütten
пролонги́рати (IM)PF hinausschieben
прȍмаја *Luftzug* Durchzug *m*; **вýчē ~** es zieht
прȍмашāј Fehlschlag *m*
прòмаш|ен misslungen; **~и́вати ⟨~ити⟩** vorbeischießen (*a fig*); verfehlen
прȍмена Veränderung *f*; Wechsel *m*
промѐнљив veränderlich; *Wetter* wechselhaft
прóмет Verkehr *m* (*a* ECON); Umsatz *m*; **пòрез на ~** Umsatzsteuer *f*; **~ан** stark befahren
прòмил Promille *n*
прòмислити PF durchdenken
прòмицати ⟨прòмаћи⟩ vorbeigehen; entgehen
промòвисати promovieren
прòмōција Vorstellung *f* (*e-s Buches*); Promotion *f*
промòчив undicht (*gegen Wasser*)
прòмрзлина Erfrierung *f*
прòмук|ао heiser; **~лōст** F Heiserkeit *f*; **~нути** PF heiser werden
прòмућкати PF *Flüssigkeit* durchschütteln
прона̀|лазак Erfindung *f*; **~лàзāч** Erfinder(in *f*) *m*; **~лазити ⟨-нáћи⟩** finden; erfinden
прȍневер|а Veruntreuung *f*; **~áвати ⟨-нѐверити⟩** veruntreuen
пронѝцљив scharfsinnig; **~ōст** F Scharfsinn *m*
прòњушкати PF durchschnüffeln
прòпа|дати ⟨прòпасти⟩ verfallen; scheitern; **~лица** M/F Nichtsnutz *m*
прȍпāст F Untergang *m*
прòпевати PF singen; F *fig* auspacken
прóпис Vorschrift *f*; **по ~има** vorschriftsmäßig; **~ан** vorgeschrieben; **~и́вати ⟨прописати⟩** vorschreiben
прòпити се PF dem Trunk verfallen
прòпланак Lichtung *f*
прȍповéдати predigen
пропòрција Proportion *f*
прȍпорционāлан proporti-

onal
прòпрат|нӣ Neben-, Begleit-; **~нā пȍјава** Nebenwirkung *f*
прò|пусница Passierschein *m*; **~пуст** Versäumnis *n*
пропут|овáње Durchreise *f*; **~òвати** PF durchreisen
пропу́штати ⟨**-пу̀стити**⟩ vorbeilassen; versäumen
прорáдити[1] PF seinen Betrieb aufnehmen
прорађи́вати ⟨**-рáдити**[2]⟩ durcharbeiten
прȍрач|ӯн Voranschlag *m*; **~унāт** berechnend; **~унáвати** ⟨**~у̀нати**⟩ (voraus)berechnen
проређи́вати ⟨**-рéдити**⟩ verdünnen; ausdünnen
пр́орез Schlitz *m*
прори́цати ⟨**-рѐћи**⟩ prophezeien
пр́оро|к Prophet *m*; **~чàнскӣ** prophetisch; **~чàнство** Weissagung *f*; **~чица** Wahrsagerin *f*
прȍсвета Schulwesen *n*
просвѐтитељ Aufklärer *m*; **~ство** Aufklärung *f*
прȍсветнӣ Bildungs-
прòсвећи́вати ⟨**просвéтити**⟩ aufklären
прȍсēд *Haare* angegraut
просеја́вати ⟨**прòсејати**⟩ durchsieben
прòсек Durchschnitt *m*
прòсеч|ан durchschnittlich; **~но** im Schnitt
прòсипати ⟨**прòсӯти**⟩ verschütten; wegschütten
прòсити ⟨**за-**⟩ e-n Heiratsantrag machen; *nur* IMPF betteln
прȍсј|āк M, **~àкиња** F Bettler(in *f*) *m*; **~áчити** betteln
прȍслава Feier *f*
прòслављати ⟨**прòслави-ти**⟩ feiern
прȍст einfach; ungehobelt
прòстāк Flegel *m*, Rüpel *m*
простàта ANAT Prostata *f*
прòстāчкӣ flegelhaft, ordinär
прòстирати ⟨**-стрēти**⟩ ausbreiten; **~ се** sich erstrecken
прòстӣрка Matte *f*
простѝтӯтка Prostituierte *f*
простòдушан naiv; treuherzig
прóстор Platz *m*; **кàзненӣ ~** SPORT Strafraum *m*
простòрија Raum *m*
прòстран weitläufig, geräumig
просуђи́вати ⟨**-сýдити**⟩ beurteilen
протéза Prothese *f*
протéзати ⟨**-тéгнути**⟩ *Körperglieder* (aus)strecken; **~ се** *Ebene* sich strecken
протерúв|āње Vertreibung *f*; **~ати** ⟨**прòтерати**⟩ vertreiben; POL abschieben
протѐст|ант M, **~àнткиња** F Protestant(in *f*) *m*
прòтестовати (IM)PF protestieren
против PRP (*G*) gegen, wider; **~ чѐра** wogegen
прȍтӣв ADV dagegen; **за и ~** für und wider; **~ан** ADJ (*D*) zuwider (*D*); **~врéднōст** F Gegenwert *m*; **~зáконит** gesetzwidrig

проти́в|ити ⟨ус-⟩ се sich widersetzen; **~љѐње** Weigerung *f*
про̀тив|нӣк M, **~ница** F Gegner(in *f*) *m*; **~ничкӣ** gegnerisch
противречан widersprüchlich; **~речити** widersprechen; **~те́жа** Gegengewicht *n*
про̀|тицати ⟨~тѐћи⟩ verlaufen; fließen; **~ток** Verlauf *m*
протре́сати ⟨-тре́сти⟩ durchschütteln
протр́љати PF reiben
протрча́вати ⟨-тр̏чати⟩ vorbeilaufen
протума́чити PF deuten
про̀турити PF durchschieben
проу̀зроковати (IM)PF erzeugen; verursachen
проуча́вати ⟨проу̀чити⟩ erforschen
профѐсија Beruf *m*
про̏фесио|нāлан professionell; **~на́лац** SPORT F Profi *m*
про̀фесор(ка F) M (Gymnasial)Lehrer(in *f*) *m*; **универзѝтетскӣ про̀фесор** (Hochschul)Professor *m*
профила̀кса Vorbeugung *f*
про̀фињен verfeinert
про̀фит Profit *m*; **~и́рати** profitieren
про̀|ходан begehbar; fahrbar; **~хо́дати** *Kinder* zu laufen beginnen
про́хтев Verlangen *n*
про̀хтети се PF Lust bekommen (auf *A*)
прохӯјати PF vorbeisausen
про̏цена Schätzung *f*
про̀ценат Prozent *n*
процењѝвати ⟨-це́нити⟩ schätzen; begutachten
про̏цēп Riss *m*; *fig* Zwiespalt *m*
про̀цес Prozess *m*
про̀чеље ARCH Front *f*
прочѐшљати PF durchkämmen
прочѝтати PF durchlesen
прочишћа́вати ⟨про̀чистити⟩ säubern
про̀чути се PF berühmt werden
проширѝвати ⟨-шѝрити⟩ erweitern; **~ се** sich verbreiten
про̏шл|ӣ vergangen; **~ō вре́ме** GR Vergangenheit *f*; **~ого̀дишњӣ** letztjährig; **~ōст** F Vergangenheit *f*
пр̏са N/PL Brust *f*
пр́скалица Zerstäuber *m*; Wunderkerze *f*
пр̏скати[1] ⟨пр̏снути⟩ platzen
пр́скати[2] ⟨пр́снути⟩ spritzen (*v/i*)
пр̀сл|ук Weste *f*; **~уче** *Volkstracht* Mieder *n*; BH *m* (Büstenhalter)
пр̏снӣ Brust-
пр̏ст Finger *m*; **но̏жнӣ ~** Zehe *f*; **~ēн** *Schmuck* Ring *m*; **~охвāт** Prise *f*
пр̀тљ|āг Gepäck *n*; **~āжнӣк** *Auto* Kofferraum *m*
пру́га Gleis *n*
пру̏гаст gestreift
пру́жати ⟨пру̏жити⟩ (aus-) strecken; (an)bieten
пру̏т Rute *f*
пр̏шљēн ANAT Wirbel *m*
пр̀шута Räucherschinken *m*

псѝх|а Psyche *f*; **~ичкӣ** psychisch; **~ија̏тар** Psychiater(in *f*) *m*; **~о̀лошкӣ** psychologisch
псо̀вати fluchen
птѝ|ца Vogel *m*; **~чјӣ** Vogel-
пу̏блика Publikum *n*
пу̑дер Puder *m*; **те̏чнӣ ~** Make-up *n*
пу̏динг Pudding *m*
пу̑ж Schnecke *f*; **~ев** Schnecken-
пу̑зав Kriech-; *fig* kriecherisch; **~ац** Kriechtier *n*; *fig* Schleimer *m*; **~ица** Kletterpflanze *f*
пу̏зити kriechen; *Kleinkind* krabbeln
пу̏зла Puzzle *n*
пу̑к (gemeines) Volk *n*; Regiment *n*
пу̑к|ӣ: **~ӣм слу̑ча̄јем** durch Zufall
пу̀ко̄внӣк Oberst *m*
пу̀котина Riss *m*
пу̑мп|а Pumpe *f*; **бѐнзӣнска̄ ~а** Tankstelle *f*; **~ати ⟨на̀-⟩** (auf)pumpen
пу̑н voll; *Hotel* belegt; **~ити ⟨на̀-⟩** füllen; EL laden
пу̏ња̄ч, ~ за мо̄бӣлнӣ, акуму̀ла̄тор EL Ladegerät *n*
пу̑но ADV viel; **~вре̄дан** vollwertig
пуно̀летан volljährig
пу̑н|омо̄ћ F Vollmacht *f*; **~о̀ћа** Fülle *f*
пу̑пак (Bauch)Nabel *m*
пу̏пити knospen; *Bäume* ausschlagen
пу̑пољак Knospe *f*
пу̑пч|анӣ Nabel-; **~ана̄ вр̑пца** Nabelschnur *f*
пу̑ст leer, öde
пу̑стара GEO Heide *f*
пу̑стиња Wüste *f*
пу̑сто|ло̄ван abenteuerlich; **~ло̀вина** Abenteuer *n*
пу̀стошити ⟨о-⟩ verwüsten
пу̑т[1] F Haut *f*
пу̑т[2] Weg *m* (*a fig*); Fahrt *f*; **слу̑жбенӣ ~** Dienstreise *f*; **сре̑ћан ~!** gute Reise!
пу̑т[3] mal; **дру̑гӣ ~** ein andermal; **по пр̑вӣ ~** zum ersten Mal
пут|а̑ња (Umlauf)Bahn *f*; **~а̀рина** *österr* Maut *f*; **~е́љак** Pfad *m*
пу̑тем PRP per, mittels
пу̑тен sinnlich; **~о̄ст** F Sinnlichkeit *f*
пу̑тер Butter *f*
пу̑т|нӣ Reise-; **~нӣк** M, **~ница** F Passagier(in *f*) *m*; **~нӣчкӣ** Reise-; **~нӣчкӣ ауто̀мо̀бӣл** Pkw *m*
путова́ње Reise *f*
путо̀вати ⟨от-⟩ reisen, fahren
пу̑тока̄з Wegweiser *m*
пу̑цањ Schuss *m*
пу̑ц|ати ⟨пу̏кнути⟩ schießen (*nur impf*); platzen, knallen; **ку̑д пу̑кло да пу̑кло** komme, was wolle
пуцкѐтати *Feuer* knistern; knallen
пу̀цњава Schießerei *f*
пу̀чина Hochsee *f*
пу̏ша̄ч Raucher *m*
пу̑ш|е̄ње Rauchen *n*; **за̀бра̄њено ~е̄ње!** Rauchen verboten!; **~ити** IMPF *Tabak* rau-

chen; **~ити се** dampfen, rauchen (v/i)
пу̂шка Gewehr *n*
пу́штати ⟨пу̀стити⟩ lassen; loslassen
пчѐл|а Biene *f*; **~а̄р** Imker *m*; **~а́рство** Bienenzucht *f*
пшѐни|ца Weizen *m*; **~чнӣ** Weizen-

Р

ра̂ван[1] F Fläche *f*
ра́ван[2] flach, eben; egal
ра̀внати ⟨по-⟩ ebnen; gleichstellen; *Rechnung* begleichen; **~ се** sich (aus)richten (**према** *D* nach *D*)
равнѝца GEO (Tief)Ebene *f*
равнòднев(н)ица Tagundnachtgleiche *f*
равнòдушан gleichgültig
ра̂вно|ме̑ран gleichmäßig; **~пра̄ван** gleichberechtigt; **~пра́вно̄ст** F Gleichberechtigung *f*; **~те́жа** Gleichgewicht *n*
ра̑д Arbeit *f*; **~ од ку̑ħе̄** Homeschooling *n*; **тӣмскӣ ~** Teamarbeit *f*
ра́да: **бе́ла ~** Gänseblümchen *n*
ра̑дан arbeitsam; Arbeits-
ра̂дар Radar *m od n*; **~скӣ** Radar-
ради PRP (*G*) zwecks, um willen
рад|ѝја̄тор Heizkörper *m*; **~ија́ција** Strahlung *f*
ра̂дика̄лан radikal
ра̀дино̄ст F: **ку̑ħна̄ ~** *Handwerk* Heimarbeit *f*
ра̂дио M Radio *n*; **~акти̑ван** radioaktiv; **~-апа̀ра̄т** Rundfunkgerät *n*; **~-дра́ма** Hörspiel *n*; **~-емѝсија** Rundfunksendung *f*
радиòница Werkstatt *f*
ра̂дио-ста̑ница Rundfunksender *m*
ра́дити arbeiten; tun; *Geschäft* aufhaben; TECH gehen (*a Uhr*); **ра̂дӣ се о тòме да …** es geht darum, dass …
ра̂дн|ӣ: **~а̄ сòба** Arbeitszimmer *n*; **~ӣ да̂н** Werktag *m*; **~ӣ ста̑ж** Dienstzeit *f*; **~о̄ вре́ме** Arbeitszeit *f*; *Laden* Öffnungszeiten *f/pl*
ра̂дн|ӣк M, **~ица** F Arbeitnehmer(in *f*) *m*
ра́дња Geschäft *n*; *Drama* Handlung *f*
ра̂до gern; **~вати ⟨òб-⟩ се** sich freuen (*D* auf *A*, über *A*)
радòзна|ло̄ст F Neugier(de) *f*; **~о** neugierig
ра̂д|о̄ст F Freude *f*; **~остан** froh (**збо̑г** *G* über *A*)
ра́ђати ⟨рòдити⟩ gebären; BOT Frucht tragen; **~ се** geboren werden
ра̑ж F Roggen *m*
ражалòстити се PF traurig werden
ра́ж|а̄њ: **на ~њу** am Spieß
ра̀жњӣħ GASTR (Fleisch-)Spieß(chen *n*) *m*
разазна́вати ⟨раза̀знати⟩ erkennen

разапињати ⟨**разапе̄ти**⟩ (auf)spannen
разáр|āње Zerstörung *f*; **~ати** ⟨**разòрити**⟩ zerstören
разбàрӯшен zerzaust
разбацѝвати ⟨**разбàцати**⟩ zerstreuen; **~ се** verschwenden (*I A*)
разбàштинити PF enterben
разбѐжати се PF davonlaufen
разбѝјати ⟨**рàзбити**⟩ zerbrechen
разблажѝвати ⟨**-блáжити**⟩ verdünnen; mildern
рáзбōјнӣк Räuber *m*
разбољѐвати ⟨**-бòлети**⟩ **се** krank werden, erkranken
рàзборит besonnen
разбу́дити PF aufwecken; **~ се** aufwachen
разбỳктати се PF aufflammen
ра̏звађивати ⟨**развáлити**⟩ eintreten; (gewaltsam) aufmachen
развѐден geschieden
разведрá|вāње METEO Aufheiterung *f*; **~вати** ⟨**развѐдрити**⟩ **се** METEO sich aufheitern
развезѝвати ⟨**-вéзати**⟩ aufbinden
развесељáвати ⟨**-весѐлити**⟩ aufheitern; **~ се** fröhlich werden
развѝјати ⟨**рàзвити**⟩ entwickeln (*a* FOT); *fig* entfalten (**се** sich)
развлáчити ⟨**-вýћи**⟩ *Stoff* dehnen; *Tisch* ausziehen (**се** sich)
рáзв|од (Ehe)Scheidung *f*; **~òдити** ⟨**~ѐсти**⟩ scheiden; **~òдити** ⟨**~ѐсти**⟩ **се** sich scheiden lassen
рàзводњен verdünnt
развòзити ⟨**-вѐсти**⟩ *Waren* ausfahren; *nacheinander* fahren
рáзвој Entwicklung *f*
рàзврāтан unzüchtig
развр̏стати PF sortieren
рàзгазити PF *Schuhe* einlaufen
разглашáвати ⟨**-глáсити**⟩ bekannt machen
разглéд|āње Besichtigung *f*; **~ати** *Sehenswürdigkeit* besichtigen
рáзгледница Ansichtskarte *f*
разговáрати sich unterhalten (**о** *L* über *A*)
рàзговēтан *Aussprache* deutlich
рàзговōр Unterhaltung *f*; Besprechung *f*; **међугрàдскӣ ~** Ferngespräch *n*
разголѝтити PF entblößen (**се** sich)
разгорéвати ⟨**-гòрети**⟩ entfachen; **~ се** entflammen; (lichterloh) brennen
рàзграбити PF *Ware* aufkaufen
разгрáдити PF abbauen
разграничáвати ⟨**-грàничити**⟩ abgrenzen
рàзгртати ⟨**рàзгр́нути**⟩ auseinander scharren
ра̏здаљина Entfernung *f*
раздвáјати ⟨**раздвòјити**⟩ trennen
раздéлити PF aufteilen
рáздељак (Haar)Scheitel *m*

ра́здо̄бље Zeitraum *m*
ра̏здор Zwietracht *f*
ра̀здрага̄н beschwingt
ра̀здр|а̄жен gereizt; **~ажи́вати** ⟨**~а́жити**⟩ *ärgern* reizen; **~а̀жљив** reizbar
ра̀здрмати PF aufrütteln
ра̏зигра̄н verspielt
рази́лазити ⟨**-и́ћи**⟩ **се** auseinander gehen
ра̀ја̄рен wütend
разјашња́вати ⟨**-ја́снити**⟩ (auf)klären (**се** sich)
разједи́нити PF entzweien
разју́рити PF auseinander treiben
разла́гати ⟨**-ло̀жити**⟩ *j-m et* darlegen
ра́злаз Auseinandergehen *n*
разли́вати ⟨**ра̀злити**⟩ **се** zerfließen
ра́злик|а Unterschied *m*; **за ~у од ...** im Gegensatz zu; **сви̏ без ~е̄** alle ohne Ausnahme; **~овати** (IM)PF unterscheiden (**се** sich)
ра́зличит verschieden; **~о̄ст** F Verschiedenheit *f*
ра́злог Grund *m*
ра́зломак MATH Bruch *m*
ра̀зма̄жен *Kind* ungezogen
размази́вати ⟨**ра̀змазати**⟩ verschmieren
разма́зити PF verziehen
ра́змак Abstand *m*
разма́тр|а̄ње Erwägung *f*; **~ати** ⟨**размо̀трити**⟩ erwägen
разма́хати се PF (mit den Armen) wedeln; *fig* in Schwung geraten
ра̂змена Austausch *m*; (Um-)Tausch *m*; **~ ма̀те̄рије** Stoffwechsel *m*
размењи́вати ⟨**-ме́нити**⟩ (aus)tauschen (**за** *A* gegen *A*)
ра́змера (Aus)Maß *n*; GEO Maßstab *m*
размѐтати се aufschneiden (*I* mit *D*)
ра̂зм|ешта̄ј Anordnung *f*; **~е́штати** ⟨**ра̀зместити**⟩ anordnen; *Bett* machen (*abends*)
ра̀змирица *Streit* Meinungsverschiedenheit *f*
ра̀змицати ⟨**-ма̀кнути**⟩ auseinander rücken
разми́шљ|а̄ње Überlegung *f*; **~ати** ⟨**ра̀змислити**⟩ überlegen
размножа́вати ⟨**-мно̀жити**⟩ vermehren (**се** sich) (*a* BIOL)
размрси́вати ⟨**-мр́сити**⟩ entwirren (**се** sich)
размр́скати PF zerschmettern
разму́тити PF verquirlen
разне́жити се PF milde gestimmt werden
ра̂зн|ӣ verschieden(artig); **~о** *Tagesordnung* Verschiedenes *n*
ра̏знобо̄јан verschiedenfarbig
разно̀врс|но̄ст F Vielfalt *f*; **~тан** vielfältig
разно̀лик mannigfaltig
ра̏знора̄знӣ verschiedenartig
разно̀родан heterogen
разно̀сити ⟨**ра̏зне̄ти**⟩ sprengen; *Zeitungen* austragen
ра̏зонода Zeitvertreib *m*

ра́зоран zerstörerisch
разоружа́|ва̄ње, ~ње Abrüstung *f*; **~вати ⟨-ру̀жати⟩** abrüsten
разотки́вати ⟨-о̀ткрити⟩ aufdecken
разочара́вати ⟨-оча́рати⟩ enttäuschen
разочара́ње Enttäuschung *f*
разрађи́вати ⟨-ра́дити⟩ ausarbeiten
ра́зред *Schule* Klasse *f*
разређи́вати ⟨-ре́дити⟩ verdünnen
разређѝва̄ч Lösungsmittel *n*
разреша́вати ⟨-ре́шити⟩ entbinden (**ко̀га** *G* j-n von *A*)
разро̀вати PF zerwühlen
ра́зрок: **бѝти ~** schielen
ра̀зрушити PF zerstören
разувера́вати ⟨-у̀верити⟩ vom Gegenteil überzeugen (**ко̀га** j-n)
ра̀зӯђен GEO gegliedert
ра̏зузда̄н zügellos
ра̏з|ӯм Verstand *m*; **~ӯман** vernünftig; **~уме́ва̄ње** Verständnis *n*; **~у̀мети** (IM)PF verstehen; **~у̀мљив** verständlich; **~ӯмно̄ст** F Vernünftigkeit *f*
ра̂ј Paradies *n*; **~скӣ** Paradies-, paradiesisch
ра̀јснадла Reißnagel *m*
ра̀јсфершлус Reißverschluss *m*
ра̏к Krebs *m* (*a* MED)
ра̏ка Gruft *f*
раке́та Rakete *f*
ра̀кија Schnaps *m*
ра̂м (Bilder)Rahmen *m*
ра̏ме Schulter *f*
ра̂мпа Rampe *f*; Schranke *f*
ра̏на Wunde *f*
ра́нац Rucksack *m*
ра̂нӣ früh
ра̀није̄ früher, einst
ра̏нити[1] → рањა́вати
ра̏н|ити[2] **⟨по-⟩** früh aufstehen; **~ора̀нилац** Frühaufsteher *m*
ра̏њав wund
рања́вати ⟨ра̏нити⟩ verwunden
ра̏њен verwundet; **~ӣк** M, **~ица** F Verwundete(r *m*) *f*
ра̀њив verwundbar
ра̏са Rasse *f*
ра́сад Setzling *m*; **~нӣк** Baumschule *f*
ра̏сан rassig
ра̀санити се PF den Schlaf abschütteln
ра̂света Beleuchtung *f*
ра̀сеја̄н *fig* zerstreut; **~о̄ст** F *fig* Zerstreuung *f*
расеља́вати ⟨расѐлити⟩ umsiedeln
расе́цати ⟨ра̀сећи⟩ zerschneiden
ра́сипан[1] verschwenderisch
ра̀сип|а̄н[2] verschüttet; **~ати** verschütten
ра́сипнӣштво Verschwendung *f*
ра̏скала̄шан liederlich
ра́скид *Beziehung* Bruch *m*
раски́дати ⟨ра̀скинути⟩ brechen; *Vertrag* auflösen; *Beziehung* auseinander gehen
ра̀склањати ⟨-кло̀нити⟩ abräumen

раскла́пати **‹-клòпити›** aufklappen; *Maschine* zerlegen
рàсклиман wackelig
расклòпив aufklappbar
ра́скол REL Schisma *n*
раскомо́тити се PF es sich bequem machen
раскопча́вати **‹-кòпчати›** aufknöpfen
рȁскорāк Grätsche *f*; *fig* Diskrepanz *f*
ра́скош F Pracht *f*; **~ан** prächtig
раскре́чити PF spreizen, grätschen
раскринка́вати **‹рàскрӣнкати›** entlarven
ра́скрсница Kreuzung *f*; *fig* Schnittpunkt *m*
раскр̀стити PF *Beziehung* brechen (**са** / mit j-m)
раскр́чити PF ausroden
ра́спад Zusammenbruch *m*
распаки́вати **‹рàспаковати›** auspacken
распаљи́вати **‹-па́лити›** entzünden
распа́рати PF auftrennen
распа́рити PF (ein Paar) trennen
распарча́вати **‹-пàрчати›** zerstückeln
рàспасти се PF zerfallen
распетља́вати **‹-пѐтљати›** entwirren
распе́ће REL Kruzifix *n*
распири́вати **‹-пи́рити›** entfachen; *Hass* schüren
ра́с|пис Ausschreibung *f*; **~писи́вати** **‹~пи́сати›**: **~пи́сати кòнкурс за рȃднō мȅсто** eine Stelle ausschreiben
распити́вати **‹-пи́тати› се** sich erkundigen, nachfragen
рàсплакати PF *j-n* zum Weinen bringen; **~ се** in Tränen ausbrechen
распламса́вати **‹-плàмсати›** entfachen; schüren
ра́сплет (Auf)Lösung *f*
рȁсплӣнут verschwommen
рàсплитати **‹-плѐсти›** entwirren; *Sache* aufklären (**се** sich)
ра́сплод Zucht *f*; **~нӣ** Zucht-
рȁсподела Verteilung *f*, Aufteilung *f*
расподељи́вати **‹-дѐлити›** verteilen
распозна́вати **‹-пòзнати›** erkennen, identifizieren
располаг|ање: **ста̏вити кòме штȁ на ~ање** j-m et zur Verfügung stellen; **~ати** verfügen (*I* über *A*)
распòл|ожен gut gelaunt; **~оже́ње** Stimmung *f*, Laune *f*; **~òжив** verfügbar; **~òживōст** F Verfügbarkeit *f*
ра́спон Spannweite *f*
рȁспо|рēд Anordnung *f*; **~рēд ча̏сōвā** Stundenplan *m*; **~ређи́вати** **‹-ре́дити›** verteilen; einstufen; *Zeit* einteilen
распòрити PF aufschlitzen
рȁсправа Abhandlung *f*; Debatte *f*; JUR Verhandlung *f*
рàсправљати **‹-правити›** diskutieren; **~ се** sich auseinander setzen (**о** *L* über *A*)
рȁспродаја Ausverkauf *m*; **сѐзōнскā ~** Schlussverkauf *m*

распрòстрāњенōст F Verbreitung *f*
ра̀спрснути се PF zerplatzen
распрш|ѝвати ⟨**-р̏шити**⟩ zerstäuben; *fig* zerstreuen (**се** sich); **~ѝвāч** Zerstäuber *m*
ра́спуст Ferien *pl*
ра̀спући се PF zerspringen, zerbersten
распу́штати entlassen (*a* MIL); *Parlament* auflösen
ра̀спуштен aufgelöst; ausgelassen; *Kind* ungezogen
ра̑ст Wachstum *n*; Wuchs *m*
ра̀стављати ⟨**-тавити**⟩ auseinander nehmen
ра̀стајати ⟨**ра̀стати се**⟩ auseinander gehen
ра̀станак Abschied *m*
растáњити PF dünner machen; *Teig* dünn ausrollen
растáпати ⟨**-тòпити**⟩ auftauen; *in Wasser* auflösen; *Fett* auslassen
раствáрати ⟨**-твòрити**⟩ öffnen; *in Wasser* auflösen (**се** sich)
раствàрāч Lösungsmittel *n*
ра́с|твор CHEM Lösung *f*; **~твòрљив** löslich
раст|èгљив dehnbar; **~éзати** ⟨**~éгнути**⟩ dehnen
растерећѝвати ⟨**-тèретити**⟩ entlasten (**од** *G* von *D*)
растерѝвати ⟨**ра̀стерати**⟩ verjagen
рáсти ⟨**на-, по-**⟩ (an)wachsen; *Preise* steigen; *Teig* aufgehen
рáстӣње Bewuchs *m*; Gewächs *n*
растоја́ње Abstand *m*
растòпљив löslich
ра̀стргати ⟨**-тргнути**⟩ zerreißen (*v/t*)
растрèсен *fig* zerstreut
ра̀стресит *Boden* locker
ра̀стрзāн hin und her gerissen
ра̀стужѝвати ⟨**~у́жити**⟩ in Trauer versetzen
расту́рати ⟨**ра̀стурити**⟩ auseinander nehmen
расуђѝвāњ|е Beurteilung *f*; **мо̑ћ ~а** Urteilsvermögen *n*
расу́ло Chaos *n*
ра́схладнӣ Kühl-
расхлађѝвати ⟨**-хла́дити**⟩ abkühlen (**се** sich)
ра́сход ECON Ausgaben *f/pl*
ра́сходовати PF *Unbrauchbares* aussondern
расцвѐтати се PF aufblühen
ра́сц|еп Riss *m* (*a fig*); Spaltung *f*; **~éпити** PF spalten (**се** sich) (*a fig*)
ра̑т Krieg *m*; **свѐтскӣ ~** Weltkrieg *m*
ра̑та Rate *f*; **у ~ма** in Raten
ра̑тáрство Ackerbau *m*
ра̑т|ӣште Kriegsschauplatz *m*; **~нӣ** Kriegs-; **~нō ваздухоплóвство** Luftwaffe *f*; **~нӣк** Krieger *m*; **~обо̄ран** kriegslustig; **~овати** Krieg führen
ра̑ф Ladenregal *n*
рафѝ|нӣрāн raffiniert; **~нисати** (IM)PF raffinieren
ра̑ција Razzia *f*
ра̑цио|нāлан rationell; rational; **~нàлизовати** (IM)PF rationalisieren; **~нѝрати** (IM)PF

rationieren
рàчӯн Rechnung *f*; (Bank-) Konto *n*; **вòдити рачýна** Acht geben (**о** *L* auf *A*); **на ~** (*G*) auf Kosten von (*D*); **полáгати ~** Rechenschaft ablegen (**о** *L* über *A*)
рачӯн|āр EDV Rechner *m*; **~ати** rechnen; **~ица** (Be-) Rechnung *f*; *fig* Eigennutz *m*; **~овòдство** Buchhaltung *f*; **~òвођа** Buchhalter(in *f*) *m*
рàчӯнскӣ Rechen-; Rechnungs-
рачӯнџија berechnender Mensch *m*
рашѝвати ⟨**рàшити**⟩ auftrennen; **~ се** *Naht* aufgehen
раширити PF ausbreiten; verbreiten
рàшрафити PF aufschrauben
рàштимовāн MUS verstimmt
рашчешљавати ⟨**-чèшљати**⟩ durchkämmen
рашчишћавати ⟨**рàшчистити**⟩ bereinigen; aufräumen; **~ се** *Nebel* sich auflösen
`рв|āње Ringkampf *m*; **~ати се** ringen; **~āч** Ringer *m*
`рђа Rost *m*; **~в** verrostet; *fig* schlimm; **~ти** rosten
рèаговати ⟨**од-**⟩ reagieren (**на** *A* auf *A*)
реàкција Reaktion *f*
рȇāл|ан real; **~изáција** Ausführung *f*
реàл|изовати (IM)PF realisieren; **~ѝстичан** realistisch
реáлнōст F Realität *f*
реанимáција Wiederbelebung *f*
рèбро Rippe *f*
ревалв|áција *Währung* Aufwertung *f*; **~ѝрати** (IM)PF aufwerten
рèванш Revanche *f*; SPORT Rückspiel *n*; **~ѝрати се** (IM)PF sich revanchieren (**за** *A* für *A*)
ревидѝрати (IM)PF revidieren
рèвӣз|ија Revision *f*; **~ор** Buchprüfer *m*
рȇвија Revue *f*; **мôднā ~** Modenschau *f*
рéвностан eifrig
рèволт Revolte *f*
револýција Revolution *f*
рȇволуционāран revolutionär
рèгāл Regal *n*
регѝōн Region *f*
рȇгионāлан regional
рèгист|ар Register *n*; **~арскӣ**: **~арскӣ брôј** KFZ Kennzeichen *n*
регѝстрāтор *Hefter* Ordner *m*
рèгист|рáција Registrierung *f*; KFZ Zulassung *f*; **~ровати** (IM)PF registrieren; KFZ zulassen
реглáжа TECH Einstellung *f*
рèгрес Regress *m*; ECON Zuzahlung *f*; Urlaubsgeld *n*
рèгр|ӯт Rekrut *m*; **~утáција** Musterung *f*; **~утовати** (IM)PF *Wehrdienst* einberufen
рȇг|улāран regulär; **~ӯлāтор** TECH Regler *m*; **~ӯлисāње** Regelung *f*; **~ӯлисати** (IM)PF *Verkehr* regeln; *Fluss* regulieren
рȇд Reihe *f*; Ordnung *f*; REL Orden *m*; *Text* Zeile *f*; **дóћи**

на ~ an die Reihe kommen; ~ **во́жњē** Fahrplan *m*; **по ре́ду** der Reihe nach; **ста̑јати у ре́ду** anstehen; **ста̑ти у ~** sich anstellen; **у ре́ду!** in Ordnung!
ре́дак selten; *Haar* dünn
редàкција Redaktion *f*
рèда̄р *Schulklasse* Ordner *m*
рêднӣ: ~ **бро̂ј** Ordnungszahl *f*
рèдо̄ван regelmäßig; regulär; *Titel* ordentlich
рêдом ADV der Reihe nach
рȅдослē̄д Reihenfolge *f*
ре́ђати ⟨**по-**⟩ nebeneinander stellen; aufzählen
рêжањ *Stück von et* Scheibe *f*
ре́жати *Hund* knurren
рêжија Regie *f*
рèжӣм Regime *n*
режѝсēр Regisseur *m*
рêз (Ein)Schnitt *m*
рȅзак *Laut* schneidend; *Geschmack* prickelnd
реза́нац Nudel *f*
рȅзати ⟨**из-**⟩ (aus)schneiden; ⟨**зà-**⟩ *Bleistift* spitzen
рèза̄ч (Bleistift)Spitzer *m*
резба́рење (Holz)Schnitzerei *f*
рèз|ēрва Reserve *f*; Vorrat *m*; Vorbehalt *m*; **~ерва́ција** Buchung *f*; BAHN Platzkarte *f*; **ỳзēти ~ерва́цију** BAHN eine Platzkarte lösen; **~èрвиса̄н** zurückhaltend; reserviert; **~èрвисати** (IM)PF reservieren; **~ēрвнӣ** Ersatz-; **~ервòа̄р** Speicher *m*; KFZ Tank *m*
резигнѝрати (IM)PF resignieren
резидèнција Residenz *f*
резѝм|ē Zusammenfassung *f*; **~ѝрати** (IM)PF zusammenfassen
ре́зити *Wein* prickeln
резу̏лта̄т Ergebnis *n*
ре́ка Fluss *m*, Strom *m*
рȅкет SPORT Schläger *m*
рекла́м|а Werbung *f*; **нèо̄нска̄ ~а** Neonreklame *f*; **~а́ција** Reklamation *f*; **~ѝрати** (IM)PF reklamieren; Werbung *od* Reklame machen
рèкла̄мн|ӣ Werbe-; **~а̄ агèнција** Werbeagentur *f*; **~ӣ спо̏т** Werbespot *m*
рèкорд Rekord *m*; **свèтскӣ ~** Weltrekord *m*; **~нӣ** Rekord-
рȅкре|атӣван Erholungs-; **~а́ција** Erholung *f*
релакса́ција Entspannung *f*
рȅлатӣван relativ; verhältnismäßig
рела́ција Relation *f*; *Transport* Strecke *f*
рèлēј Relaisstation *f*
рèлӣгија Religion *f*
рȅлигио̄зан religiös
рȅљеф Relief *n*
рèмек-дēло Meisterwerk *n*
рȅмēн Riemen *m*
рèметити ⟨**по-**⟩ stören
рèмонт KFZ Überholung *f*
рèндген Röntgen *n*; **ѝћи на ~** sich röntgen lassen; **~-апàра̄т** Röntgenapparat *m*; **~скӣ**: **~скӣ сни́мак** Röntgenaufnahme *f*
рèнд|е Reibe *f*; Hobel *m*; **~исати** ⟨**из-**⟩ reiben, raspeln, hobeln
реновѝр|а̄ње Renovierung *f*; **~ати** (IM)PF renovieren

рѐнтабӣлан rentabel
реоргàнизовати (IM)PF umorganisieren
рêп Schwanz *m*
рѐпа Rübe *f*
репертòāр Spielplan *m*
репети́рати (IM)PF Gewehr neu *od* wieder laden
реп|ортáжа Reportage *f*; **~òртēр(ка** F) M Reporter(in *f*) *m*
репрезентáција Repräsentation *f*; **др̏жа̄вна̄ ~** SPORT Nationalmannschaft *f*
репрѐзентовати (IM)PF repräsentieren
репри́за TV Wiederholung *f*
репрòд|уковати (IM)PF reproduzieren; **~ỳкција** Reproduktion *f*
рѐпроматерѝја̄л ECON Produktionsgüter *n/pl*
репỳблика Republik *f*
ре́рна Backofen *m*
ре́са Franse *f*; *Getreide* Granne *f*
рѐсати се fransen, fasern
рѐсица ANAT Zäpfchen *n*; **у̏шна̄ ~** Ohrläppchen *n*
рѐсо̄р Amtsbereich *m*, Ressort *n*
респѝра̄тор MED Atemmaske *f*, Respirator *m*
рестаỳрисати (IM)PF restaurieren
рестòра̄н Restaurant *n*
рѐстриктӣв|ан: **~нē мѐре** Restriktionsmaßnahmen *f/pl*
рѐсурси M/PL Ressourcen *f/pl*
ре́тк|о ADV selten; **~о̄ст** F Seltenheit *f*
рѐтроактӣван rückwirkend
ретрòвӣзор KFZ Rückspiegel *m*
рѐтрогра̄дан rückläufig
рѐћи PF sagen; **кô би рѐкао!** wer hätte das gedacht!; **тàко ~** sozusagen
рèума Rheuma *n*
рефѐра̄т Referat *n*
рефѐр|ент M, **~ѐнткиња** F Referent(in *f*) *m*; Sachbearbeiter(in *f*) *m*; **~исати** (IM)PF referieren, vortragen
рѐфлекс Reflex *m*
рѐфлексӣван GR reflexiv
рѐфлект|овати (IM)PF reflektieren; **~ор** Scheinwerfer *m*
рѐф|о̄рма Reform *f*; **~òрмисати** (IM)PF reformieren
рѐфрēн Refrain *m*
рецѐнзија Rezension *f*; *Artikel* Kritik *f*; *Benotung* Gutachten *n*
рѐцепт Rezept *n* (*a Kochrezept*); **са̏мо уз ~** nur auf Rezept; **без ~а** rezeptfrei
рецѐпција *Hotel* Empfang *m*
рецѝдӣв *Krankheit* Rückfall *m*
рецикла́жа Recycling *n*
рецѝпрочан reziprok
рецитовати (IM)PF rezitieren
рêч Wort *n*; Vokabel *f*; **у̀зēти ~** das Wort ergreifen; **у̀пасти кòме у ~** dazwischenreden
рѐч|ен gesagt; **у̏згрēд бу̏ди ~èно** übrigens, nebenbei gesagt
речѐница GR Satz *m*
рѐчит wortgewandt
рѐчнӣ Fluss-
рѐчнӣк Wörterbuch *n*; Wortschatz *m*
рêш knusprig, rösch

реша́вати ⟨**ре́шити**⟩ beschließen; *Rätsel* lösen; **~ се чѐга** et loswerden
рѐшен geklärt; entschlossen; **~ōст** F Entschlossenheit *f*
реше́ње (Auf)Lösung *f* (*a Rätsel*); (amtlicher) Beschluss *m*
решѐтати ⟨**из-**⟩ durchlöchern
рѐш|ēтка Gitter *n*; **~ето** Sieb *n*
рѐшō Kocher *m*, Rechaud *m od n*
рйб|а Fisch *m*; **~āр** Fischer *m*; **~а́рити** fischen
ри́бати reiben; schrubben
рйбӣзла Johannisbeere *f*
рйб|љӣ Fisch-; **~њāк** (Fisch-)Teich *m*; **~олōв** Fischfang *m*
ри́гати Brechreiz haben, würgen
ри́дати schluchzen
рйђ *Haare* rot
рйђ|ан *Pferd* Fuchs *m*; **~òкос** rothaarig
рйз|ик Risiko *n*; **~иковати** (IM)PF riskieren; **~ичан** riskant
рйзница Schatzkammer *f*
рйка Gebrüll *n*
рѝкверц KFZ Rückwärtsgang *m*
рйло *Insekten* Rüssel *m*
ри́љати (mit dem Spaten) umgraben
рймовати (IM)PF reimen (**се** sich)
рйнг (Box)Ring *m*
рѝнгишпӣл Karussell *n*
ри́нгла Herdplatte *f*
рйс[1] Luchs *m*
рйс[2] ANAT Spann *m*
рискàнтан riskant
рйт Ried *n*
рйтам Rhythmus *m*
рйти wühlen, stochern
рȏб Sklave *m*
рȏба Ware *f*, Güter *n/pl*
рòб|ија Zuchthaus(strafe *f*) *n*; **~ѝјāш** Zuchthäusler *m*
рȍбиња Sklavin *f*
рȍбн|ӣ: **~ā кӯћа** Kaufhaus *n*
рȍбот Roboter *m*
рòбустан robust
рôв MIL Graben *m*
рȍвит *Ei* weich
рôг Horn *n*
рогу́шити ⟨**на-**⟩ sträuben (**се** sich)
рôд Geschlecht *n*; Verwandtschaft *f*; GR Genus *n*
ро́да Storch *m*
рòдбина Verwandtschaft *f*
рòдитељ Elternteil *m*; **~скӣ** Eltern-; **~скӣ сàстанак** Elternabend *m*
рȍдн|ӣ Geburts-; **~ō мȅсто** Geburtsort *m*
рȍдољ|уб Patriot *m*; **~у̀бив** patriotisch
рȍдом gebürtig (**из** *G* aus *D*)
родона́челнӣк Stammvater *m*; Gründer *m*
рȍдослōв (Familien)Stammbaum *m*
рȍђ|āк M, **~ака** F Verwandte(r *m*) *f*
рȍђен geboren; **~дāн** *Fest* Geburtstag *m*
рòђенӣ leiblich; **~ брȁт** leiblicher Bruder *m*
рође́ње Geburt *f*
рòжнат Horn-, hörnern

ро́за rosa
ро̀зē *Wein* Rosé *m*
рôј *Insekten* Schwarm *m*, Schar *f*
ро̏к[1] Frist *f*; Termin *m*; **~ ўпотребē** Haltbarkeitsdatum *n*; **~ за да̏вāње о̀тказа** Kündigungsfrist *f*; **у ро̀ку од** (*G*) *zeitl* in (*D*), binnen (*G*)
ро̏к[2] MUS Rock *m*; **~-му̀зика** Rockmusik *f*
ро̀кōвнӣк Terminkalender *m*
ро̀ктати grunzen
ро̀лāт (Teig)Rolle *f*
ролѐтна Rollladen *m*
ро́лна Rolle *f*
ро̏лшуа Rollschuh *m*
ро̀мāн Roman *m*; **~скӣ** romanisch; **~ти̏зам** Romantik *f*
рома̀нти|ка Romantik *f*; **~чан** romantisch
роми̇̀њати *Regen* rieseln
ро̀ни|лац Taucher(in *f*) *m*; **~лаштво** Tauchsport *m*; **~ти** tauchen
ро̀пство Sklaverei *f*
ро̀са Tau *m*; **па̑дā ~** es fällt Tau
рот|а́ција Rotation *f*; **~и́рати** IMPF rotieren
ро̏тква Rettich *m*
ро̏тквица Radieschen *n*
ро̏чӣште Termin *m*; JUR Gerichtsverhandlung *f*
ро̀штӣљ Grill *m*; **са роштѝља** vom Grill, gegrillt
р̑т Kap *n*
р̑уб Saum *m*
р̑убље Wäsche *f*; **до̂ње ~** Unterwäsche *f*
ру́г|āње Spott *m*; **~ати ⟨на-⟩ се** (ver)spotten; **~ло** Gespött *n*
ру́да Erz *n*
ру̀д|āр Bergarbeiter *m*; **~а́рство** Bergbau *m*
ру̑днӣк Bergwerk *n*
ру̑ж: **~ за ў̑сне** Lippenstift *m*
ру́жа Rose *f*
ру́жан hässlich
ру̑жичаст rosa, rosig
ру̑змарин Rosmarin *m*
ру́ка Arm *m*; Hand *f*; **ди̏ћи ру̑ке** aufgeben (**од** *G A*); **и̏ћи од ру́кē** von der Hand gehen; **на сво̀ју ру̑ку** auf eigene Faust; **по̀шло ми је за ру́кōм ...** es ist mir gelungen ...; **у не̏кӯ ру̑ку** gewissermaßen
ру̀кāв Ärmel *m*; **без ру́ка́ва** ärmellos; **кра̏тки̑х ру́ка́ва** kurzärmelig
ру́кавац *Fluss* Arm *m*
рука̀вица Handschuh *m*; **~ за једно̀кратну ў̑потребу** Einweghandschuh *m*, *meist pl*
руко̀вāње Händeschütteln *n*
руководѝ|лац Leiter *m*; **~ство** *Leitung* Führung *f*
ру̑ко|мēт Handball *m*; **~пи̑с** Handschrift *f*; Manuskript *n*
ру̑ља *fig* Meute *f*
рум|ен *Wangen* rosig; **~ѐнило** Röte *f*; **~ѐнети ⟨за-⟩ (се)** rosig *od* rötlich sein; erröten
Ру̀мӯн Rumäne *m*; **~ија** Rumänien *n*; **~ка** Rumänin *f*; **⩍скӣ** rumänisch
ру̑нда Runde *f* (*a Boxen*)
ру̑нск|ӣ: **~ā ву̑на** Schurwolle *f*
ру̑п|а Loch *n*; **~ица** Grübchen *n*; **~ица за ду̏гме** Knopfloch *n*; **~ичаст** löchrig
Ру̑с Russe *m*
Ру̑сија Russland *n*

ру̏ск|ӣ russisch; **≗иња** Russin *f*
ру́та Route *f*
рутѝна Routine *f*
ру̏хо Gewand *n*
ручá|ва̄ње Mittagessen *n*; **стô за ~ва̄ње** Esstisch *m*; **~вати**, **ру́чати** IM PF zu Mittag essen
ру̀чак Mittagessen *n*
ру̀чица Henkel *m*, Griff *m*; **~ мењáча** Schaltknüppel *m*; Schalthebel *m*; **~ управља́ча** Steuerknüppel *m*
ру̑чн|ӣ Hand-; **~ӣ зглôб** Handgelenk *n*; **~ӣ пр̀тља̄г** Handgepäck *n*; **~ӣ ра̂д** Handarbeit *f*; **~ӣ са̂т** Armbanduhr *f*
ру̑чно manuell
ру̏ш|евина Ruine *f*; **~е̄ње** Einsturz *m*; Zerstörung *f*; **~илачкӣ** zerstörerisch; **~ити** ⟨**пò-, с-**⟩ abreißen, einreißen, niederreißen; **~ити** ⟨**пò-, с-**⟩ **се** *Gebäude* einstürzen, einfallen; EDV *System* abstürzen

C

с(а) PRP (*I*) mit (*D*); (*G*) von (*D*) (herab); **~ тӣм** damit; **~ jèдне̄ стра́не̄** einerseits
сабѝјен zusammengepresst; verdichtet
саби́рати ⟨**сàбрати**⟩ sammeln; versammeln; MATH addieren
саблажња́вати ⟨**-бла́знити**⟩ *j-s* Anstoß erregen
саблàжњив anstößig
са̏бла̄зан F Anstoß *m*
са̏бла̄ст F Gespenst *n*
са̏бља Säbel *m*
са́бор (Volks)Versammlung *f*; **~нӣ** Synodal-
саб|ота́жа Sabótage *f*; **~òте̄р** Saboteur *m*
са̏бра̄н gefasst; **~а̄ дѐла** gesammelte Werke *n/pl*
са̏в all, ganz(er)
са́вез Bund *m*; Verband *m*; **~нӣ** Bundes-; **~нӣк** M, **~ница** F Verbündete(r *m*) *f*
са́в|есно̄ст F Gewissenhaftigkeit *f*; **~ест** F Gewissen *n*; **~естан** gewissenhaft
са́вет Ratschlag *m*; Rat *m* (*a Gremium*); **~нӣк** M, **~ница** F Berater(in *f*) *m*; **~овалӣште** Beratungsstelle *f*; **~ова̄ње** Beratung *f*; **~овати** ⟨**по-**⟩ (be)raten; **~ода́вац** Ratgeber *m*
савѝјати ⟨**сàвити**⟩ biegen; beugen
савѝтљив biegsam, gelenkig
савлађѝвати ⟨**-вла́дати**⟩ meistern; bewältigen; **~ се** sich beherrschen
сàвремен zeitgemäß; **~ӣк** M, **~ица** F Zeitgenosse *m*, Zeitgenossin *f*
сàвр̑ш|ен vollkommen; **~éнство** Vollkommenheit *f*
сàгињати ⟨**-гнути**⟩ **се** sich bücken
сà|гласан einig; einverstanden; **~гласно** in Übereinstim-

mung mit; **~гласнōст** F Übereinstimmung *f*; Zustimmung *f*
саглаша́вати **⟨-гла́сити⟩** **се** übereinkommen
сагледа́вати **⟨са̀гледати⟩** erblicken; einsehen
са̀говōрн|ӣк M, **~ица** F Gesprächspartner(in *f*) *m*
сагоре́в|а̄ње Verbrennung *f*; **~ати** **⟨сагòрети⟩** V/T *u* V/I niederbrennen; abbrennen
сагра́дити PF erbauen
САД **(Сје̏дињенē Амѐричкē Државе)** USA *pl* (Vereinigte Staaten von Amerika)
са̑д, са̀да jetzt, nun; **баш ~** gerade eben; ausgerechnet jetzt
са̀дашњ|ӣ gegenwärtig; **~ōст** F Gegenwart *f*
са́д|ити **⟨по-⟩** (an)pflanzen; **~ница** Setzling *m*
садржа́вати **⟨-др̀жати⟩** enthalten
са̏држа̄ј Inhalt *m*; Inhaltsverzeichnis *n*; Gehalt *m*
са́ђēње AGR Anbau *m*
сажаљ|е́вати **⟨са̀жалити⟩** bemitleiden; **~е́ње** Mitleid *n*
сажа̀љив mitleidig
сажва́кати PF durchkauen
са̏ж|ēт zusammengefaßt; **~е́так** Zusammenfassung *f*
са̀звēжђе Sternbild *n*
сази́в|а̄ње *Sitzung* Einberufung *f*; **~ати** **⟨са̀звати⟩** *Sitzung* einberufen; zusammenrufen
сазна́|ње Erkenntnis *f*; **~вати** **⟨са̀знати⟩** erfahren, herausbekommen
сазре́в|а̄ње Reifung *f*; **~ати** **⟨са̀зрети⟩** reifen
са́јам ECON Messe *f*; **~ски̑** Messe-
са̏јла (Abschlepp)Seil *n*
са̀јмӣште Messegelände *n*
са̀кат verkrüppelt
са̀кō Sakko *n*
сакри́вати **⟨са̀крити⟩** verstecken; verheimlichen
са̀ксија Blumentopf *m*
саку́пљати **⟨са̀купити⟩** sammeln; einsammeln
са́ла Saal *m*
сала́ма (Frisch)Wurst *f*; Salami *f*
сала́та Salat *m*
са̀ла̄ш Bauernhof *m*
салве́та Serviette *f*
сале́тати **⟨-лѐтети⟩** *fig* belagern; *fig* bestürmen
са̏ло Fett *n*; Schmalz *n*
са̀лōнке F/PL Pumps *pl*
са̑м ADJ allein; selbst; **~ по се̏би** von selbst; an (und für) sich
са́мац Junggeselle *m*
са̀мит Gipfelkonferenz *f*
са̀мица Junggesellin *f*; *Gefängnis* Einzelzelle *f*
са̏м|о ADV nur; lediglich; **не ~о …, нѐго и …** nicht nur …, sondern auch …; **~о̀воља** Willkür *f*; **~ово̄љан** willkürlich
само̀|гласнӣк Vokal *m*; **~допа̀дљив** selbstgefällig; **~жив** selbstsüchtig; **~за̏довōљан** selbstgefällig; **~зва̄нӣ** selbst ernannt; **~кри̏тичан** selbstkritisch
само̀|љӯбље Eigenliebe *f*;

~ӧбмана Selbsttäuschung *f*; **~ӧдбрана** Selbstverteidigung *f*; **~определење** Selbstbestimmung *f*; **~пӧслуга** Selbstbedienungsladen *m*; **~послужѝвāње** Selbstbedienung *f*; **~поуздáње** Selbstvertrauen *n*

сāмо|стāлан selbstständig; **~стáлнōст** F Selbstständigkeit *f*

сāм|отан zurückgezogen; einsam; **~о̀ћа** Einsamkeit *f*

само|у̏билачкӣ selbstmörderisch; **~убѝца** M Selbstmörder(in *f*) *m*; **~убѝство** Selbstmord *m*; **~у̀верен** selbstbewusst; **~у̀веренōст** F Selbstbewusstsein *n*

само̀|ук Autodidakt *m*; **~у̑права** Autonomie *f*; **~у̑прављање** Selbstverwaltung *f*; **~финансѝрāње** Eigenfinanzierung *f*; **~хран** allein stehend

сáмрт: **бити на ~и** auf dem Totenbett liegen; **~нӣчкӣ** Toten-

са̂н Schlaf *m*; Traum *m*

санàтōријум Sanatorium *n*

сандáла Sandale *f*

са̀нду|к Truhe *f*; **~че**: **пӧштанскō ~че** Briefkasten *m*

санѝр|āње Sanierung *f*; **~ати** (IM)PF instand setzen

са̂нк|āње Rodeln *n*; **~ати се** Schlitten fahren; **~е** F/PL (Rodel)Schlitten *m*

са̀нкциј|а Sanktion *f*; **у̀кинути ~е** die Sanktionen aufheben

са̂нта: **~ лӗда** Eisscholle *f*

сáњ|алица Träumer *m*; **~àрēње** Träumerei *f*; **~áрити** schwärmen, träumen; **~ати** träumen

са̀њив schläfrig; verschlafen

са̏обраћ|āј Verkehr *m*; **у̑личнӣ ~āј** Straßenverkehr *m*; **~áјац** Verkehrspolizist *m*; **~ājнӣ** Verkehrs-; **~ājнā до̏звола** KFZ Zulassung(spapiere *n/pl*) *f*; **~ājнā тра̏ка** Fahrspur *f*

саȍбраћати *Verkehrsmittel* verkehren

саопшт|áвати ⟨**-о̀пштити**⟩ verkünden; mitteilen; **~éње** Mitteilung *f*

саосећáње Mitgefühl *n*

са̀плитати ⟨**-плѐсти**⟩ **се** stolpern

са̀п|ӯн Seife *f*; **~у̀ница** Seifenlauge *f*

са̀путн|ӣк M, **~ица** F Mittreisende(r *m*) *f*; **жѝвотнӣ ~ӣк, жѝвотнā ~ица** Lebensgefährte *m*, Lebensgefährtin *f*

са̀радн|ӣк M, **~ица** F Mitarbeiter(in *f*) *m*

сарáдња Zusammenarbeit *f*, Mitarbeit *f*

сарађѝвати zusammenarbeiten

са̀рма GASTR Krautwickel *m*

са̀свӣм gänzlich

саслушáвати ⟨**са̀слушати**⟩ verhören; anhören

саслушáње Verhör *n*

сáстав Fuge *f*, Zusammensetzung *f*; **пѝсāнӣ ~** *Schule* Aufsatz *m*

са̀стављати ⟨**са̀ставити**⟩

zusammensetzen; *Schreiben* aufsetzen
са́ставнӣ wesentlich, integrierend; **~ дѐо** Bestandteil *m*
са̀ста|јати ⟨са̀стати⟩ се sich treffen, zusammenkommen; **~нак** Treffen *n*
са́стојак Zutat *f*
састо̀јати се bestehen aus
са̂т Stunde *f*; Uhr *f*; **колѝко је са́тӣ?** wie viel Uhr ist es?; **на сва̏кӣ ~** stündlich; **ру̀чнӣ ~** Armbanduhr *f*
са̀тара Beil *n*
сатѐлӣт Satellit *m*; **~скӣ** Satelliten-
сатѝричан satirisch
са́тница Stundenplan *m*; Stundenlohn *m*
са̂ће Wabe *f*
са̏учесн|ӣк M, **~ица** F Komplize *m*, Komplizin *f*; **~ӣштво** JUR Beihilfe *f*
са̏учѐшће Beileid *n*
са̏храна Bestattung *f*
сахрањѝвати ⟨-хра́нити⟩ bestatten
сва̏дба Hochzeit *f*
сва̀дбенӣ Hochzeits-
сва̀дљив streitsüchtig
сва̏ђ|а Streit *m*; **~ати ⟨по̀-⟩ се** (sich) streiten
сва̏|какав allerlei; **~ка̄ко** selbstverständlich
сва̏к|ӣ ein jeder; **~ӣ пу̑т** jedesmal; **у ~ко̄ до̂ба** jederzeit
свакѝдашњ|ӣ alltäglich; **~ица** Alltag *m*
сва̏ко jeder
сваљѝвати ⟨сва́лити⟩ *fig Arbeit* abladen; *fig Schuld* abwälzen
свану́ће (Morgen)Dämmerung *f*
свањѝвати ⟨сва̀нути⟩ *morgens* dämmern
сварѝвати ⟨сва́рити⟩ verdauen
сва̀рљив verdaulich
сва̀стика Schwägerin *f* (*Schwester der Ehefrau*)
сва̑т Hochzeitsgast *m*
сва̏шта alles Mögliche, allerlei
свѐ PRON N *zu* → **св**; **~ на̂јбоље!** alles Gute!; **~ до** (*G*) bis auf (*A*); **~ осим** (*G*) alles außer (*D*); **~ вре́ме** die ganze Zeit; **~ бо̂ље** immer besser
свѐд|ок Zeuge *m*; **~о̀киња** Zeugin *f*; **~оча̀нство** Zeugnis *n*; **~о̀чити ⟨по-⟩** zeugen von, bezeugen
свѐж frisch
свѐжањ Bund *n*; Bündel *n*
свежѝна Frische *f*, Kühlung *f*
свѐза GR Konjunktion *f*
свѐ|зналица Alleswisser *m*; **~јѐдно** einerlei, egal
свѐк|ар Schwiegervater *m* (*Vater des Ehemannes*); **~рва** Schwiegermutter *f* (*Mutter des Ehemannes*)
свѐмӣр Weltraum *m*; **~скӣ** Raum-
свѐмогӯћ allmächtig
свѐобухва̄тан allumfassend
свѐопштӣ allgemein
свѐска Heft *n*; Band *m*
свѐсно ADV bewusst
свѐст F Bewusstsein *n*; **без ~и** bewusstlos
свѐстан bewusst

свѐстран allseitig
свёт[1] Welt *f*; Leute *pl*; **са̏в ~** alle Welt
свёт[2] heilig; **~а̄ вòда** Weihwasser *n*
свéтао hell
свéтац M, **свѐтица** F Heilige(r *m*) *f*
свѐтилӣште heilige Stätte *f*
свѐтӣљка Leuchte *f*; **ȳлична̄ ~** Straßenlaterne *f*
светиòнӣк Leuchtturm *m*
свéтити ⟨**о-**⟩ rächen (**се** sich)
свéтл|ети leuchten; **~ēћӣ** leuchtend
свѐтло Licht *n*
свѐтл|оснӣ Licht-; **~ōст** F Licht *n*; Helligkeit *f*
светлѝцати (се) glitzern
свѐтōвнӣ weltlich
свѐтōст F Heiligkeit *f*
свѐтскӣ weltlich, Welt-
свéћа Kerze *f*
свѐћица KFZ (Zünd)Kerze *f*
свêћња̄к Kerzenständer *m*
свȇукупан allumfassend
свѐчан feierlich; **~ōст** F Feier *f*
свѐште|нӣк M, **~ница** F Priester(in *f*) *m*
свѝђати ⟨**свѝдети**⟩ **се** gefallen
свѝла Seide *f*
свѝлен seiden
свѝњ|а Schwein *n*; Sau *f* (*a fig*); **~ац** Schweinestall *m*; **~àрија** Schweinerei *f*
свѝњ|етина Schweinefleisch *n*; **~скӣ** Schweine-
свѝрати[1] MUS spielen; SPORT pfeifen
свѝрати[2] ⟨**-рнути**⟩ KFZ hupen
свѝр|а̄ч M, **~àчица** F Musikant(in *f*) *m*
свѝреп grausam; **~ōст** F Grausamkeit *f*
свѝта Gefolge *n*
свѝтац Glühwürmchen *n*
свлачиòница Umkleideraum *m*
свлáчити ⟨**свýћи**⟩ ausziehen (**се** sich)
свȏд ARCH Gewölbe *n*
свòдити ⟨**свѐсти**⟩ herabführen; zurückführen; *fig* **~ се** hinauslaufen (**на** *A* auf *A*)
свȍднӣк Zuhälter *m*
свȏј eigen
свȍјевōљан eigenmächtig
својè|врстан eigenartig; **~глав** eigensinnig
свȍјеручан eigenhändig
својѝна Eigentum *n*
свòјствен eigen, typisch
свóјство Eigenschaft *f*
свȏјта Sippe *f*
свȍта Betrag *m*, Summe *f*
сврâб Juckreiz *m*
свра̏ка Elster *f*
свра̏ћати ⟨**сврáтити**⟩ (kurz) vorbeischauen
свр́бети ⟨**за-**⟩ jucken
свргáвати ⟨**сврг̏нути**⟩ absetzen, entthronen
свр̏сисходан zweckmäßig
сврстáвати ⟨**свр̀стати**⟩ zuordnen
свр̏ха Zweck *m*
свр̏шен abgeschlossen, erledigt
свѝда̄ überall

сѐбич|ан selbstsüchtig; **~ња̄к** Egoist *m*
се́вати ⟨се́внути⟩ blitzen; **сѐва̄** es blitzt
сѐв|е̄р Nord(en) *m*; **~е́рац** Nordwind *m*
сѐве̄р|нӣ nördlich; **~ноѐвро̑пскӣ** nordeuropäisch; **~оза́пад** Nordwesten *m*; **~ои̏сток** Nordosten *m*
сѐд *Haare* grau
сѐд|ам *Zahl* sieben; **~амдѐсе̄т** siebzig; **~ѐмнаест** siebzehn; **~амсто̄** siebenhundert
сѐдати ⟨сѐсти⟩ sich setzen, Platz nehmen
се́дети grau werden; ergrauen
сѐд|ети sitzen; **~е̄љка** geselliges Beisammensein *n*
сѐдеф Perlmutt *n*
сѐдӣште Sitzplatz *m*; KFZ Sitz *m*
сѐдл|ати ⟨о-⟩ satteln; **~о** Sattel *m*
сѐдмӣ siebente
сѐдмица Sieben *f*; Woche *f*
сѐдница Sitzung *f*
сезо́на Saison *f*; **гла̀вна̄ ~** Hauptsaison *f*
сѐјати ⟨по-⟩ säen (*a fig*)
сѐкира Axt *f*, Beil *n*
секрѐт|а̄р M, **~а̀рица** F Sekretär(in *f*) *m*; **телѐфо̑нска̄ ~а̀рица** Anrufbeantworter *m*; **~арѝја̄т** Sekretariat *n*
сѐкс Sex *m*; **~епил** Sexappeal *m*; **~уа̄лан** sexuell
сѐкта Sekte *f*
сѐкт|а̄ш M, **~а̀шица** F Sektierer(in *f*) *m*; **~а́штво** Sektierertum *n*

сѐктор Sektor *m*
секу̀нда Sekunde *f*
сѐкунда̄ран sekundär
секу̏тић Schneidezahn *m*
сѐл|ица: **птйца ~ица** Zugvogel *m*; **~идба** Umzug *m*; **~ити ⟨пре-⟩ се** VI umziehen
сѐл|о Dorf *n*; Land *n*; **на ~у** auf dem Lande
сѐлфи M Selfie *n*
сѐљ|а̄к Bauer *m*; **~а̄нка** Bäuerin *f*; **~а̄чкӣ** bäuerlich, Bauern-
сѐмафо̄р (Verkehrs)Ampel *f*
сѐме Samen *m*
сѐме̄|нка Samen(korn *n*) *m*; *Kernobst* Kern *m*; **~ње** Saatgut *n*
сѐместар Semester *n*
сѐмина̄р Seminar *n*; **~скӣ**: **~скӣ ра̂д** *Universität* Hausarbeit *f*
сѐндв|ич Sandwich *n*; **~ѝчара** Imbissstube *f*
сенза́ција Sensation *f*
сѐнзибӣлан sensibel
сѐниорскӣ Senioren-
сѐница[1] Gartenlaube *f*
сѐница[2] Meise *f*
сѐнка Schatten *m*
сѐно Heu *n*
сѐнтимента̄лан sentimental
сѐнф Senf *m*
сѐнче̄ње Schattierung *f*
сѐоскӣ ländlich
сѐпса Blutvergiftung *f*
сѐпте̄мбар September *m*
сервѝрати (IM)PF servieren; SPORT aufschlagen
сѐр|вӣрка Serviererin *f*; **~вӣс** Kundendienst *m*; SPORT

Aufschlag *m*; *Geschirr* Service *n*
сѐрво-упрàвљāч KFZ Servolenkung *f*
сѐрија Serie *f*; *Briefmarken* Satz *m*
сѐриōзан seriös
сѐстра Schwester *f*; **~ и брāт** Geschwister *pl*; **~ од тѐткē** *od* **од ўјāка** Cousine *f*; **~ по мâјци** *od* **òцу** Stiefschwester *f*; **медѝцӣнскā ~** Krankenschwester *f*
сѐстр|ӣнскӣ schwesterlich; **~ић** Neffe *m* (*Sohn der Schwester*); **~ична** Nichte *f* (*Tochter der Schwester*)
сȇт SPORT Satz *m*
сѐта Wehmut *f*; **~н** wehmütig
сѐтва *Säen* Saat *f*
сѐћ|āње Erinnerung *f*; **по ~āњу** aus dem Gedächtnis; **~ати ⟨сѐтити⟩ се** sich erinnern
сѐћи ⟨пò-⟩ schneiden; *Bäume* fällen
сȇф Safe *m*
сѐцкати ⟨нà-⟩ GASTR (klein) hacken
сѐчӣво Klinge *f*, Schneide *f*
сӣв grau
сѝгнāл Signal *n*
сѝгӯран sicher
сигýрн|оснӣ Sicherheits-; **~оснӣ пòјāс** Sicherheitsgurt *m*; **~ōст** F Sicherheit *f*
сѝда Aids *n*
сѝдр|ити ⟨ў-⟩ vor Anker gehen; **~ӣште** Ankerplatz *m*; **~о** Anker *m*; **бáцити ~о** Anker werfen; **дѝћи ~о** Anker lichten
сѝјалица Glühbirne *f*
сиjáсет Unmenge *f*
сѝјати *Sonne* scheinen
сѝктати *Schlange* zischen
сѝла Gewalt *f*; PHYS Kraft *f*; **~ тéжē** Schwerkraft *f*; **вӣшā ~** höhere Gewalt *f*
сѝлаз|ак Abstieg *m*; **~ан** fallend; **~ити ⟨сѝћи⟩** absteigen
сӣлан mächtig
сѝл|еџија M Gewalttäter *m*; Vergewaltiger *m*; **~еџӣјскӣ** gewalttätig; **~овāње** Vergewaltigung *f*; **~овати** (IM)PF vergewaltigen; **~òвит** gewaltig
сѝлос Silo *m od n*
сѝмб|ōл Symbol *n*; **~òличан** symbolisch
симѐтричан symmetrisch
симпàтичан sympathisch
сѝмптōм MED Symptom *n*
симулѝрати (IM)PF simulieren
сѝмфōнија Sinfonie *f*
сӣн Sohn *m*
сӣнгл Single *m*; SPORT Einzel *n*
синдикàлист|а M, **~киња** F Gewerkschafter(in *f*) *m*
сѝнд|икāлнӣ gewerkschaftlich; **~ѝкāт** Gewerkschaft *f*
сӣноћ gestern Abend
синтѐтика Synthetik *f*
сѝнус ANAT Kieferhöhle *f*; MATH Sinus *m*
сѝнути PF aufleuchten
синхрòнизовāн synchronisiert
сӣпати schütten; gießen; *Getränk* einschenken
сѝпити *Regen* nieseln, sprühen
сӣр Käse *m*
сирéна Sirene *f*; KFZ Hupe *f*

сӣр|ов roh; **~òвина** Rohstoff *m*
сирò|машан arm; **~мáштво** Armut *f*; **~тиња** Elend *n*; die Armen *pl*; **~тӣњскӣ** Elends-
сирò|тӣште Waisenhaus *n*; **~че** Waisenkind *n*
сӣрће Essig *m*
сӣруп Sirup *m*; **~ против кȁшља** Hustensaft *m*
сӣса *F* Titte *f*
сӣс|āр Säugetier *n*; **~ати** lutschen; saugen
сӣст|ēм System *n*; **нȁвигациони ~ēм** Navi *n*; **~емàтичан** systematisch; **~емàтизовати** (IM)PF systematisieren
сӣт satt
сӣтан fein(körnig); winzig
сӣт|нити ⟨**у-**⟩ zerkleinern; klein machen; **~нѝца** Kleinigkeit *f*; **~ничав** kleinlich; **~ничāр** Kleinkrämer *m*, Pedant *m*; **~нӣш** Kleingeld *n*
сӣто Sieb *n*
ситуáција Situation *f*
сӣћушан klitzeklein
сјâј Glanz *m* (*a fig*); Pracht *f*; **~ан** glänzend (*a fig*); *fig* prächtig
сјȁјити се scheinen, strahlen
сједињáвати ⟨**сједѝнити**⟩ vereinigen (**се** sich)
скȁкавац Heuschrecke *f*
скакаòница Sprungschanze *f*
скáкати ⟨**скòчити**⟩ springen; hüpfen
скáла Skala *f*; Tonleiter *f*
скȁндалōзан skandalös
Скан|динáвац M Skandinavier *m*; **~дѝнāвија** Skandinavien *n*; **~дѝнāвка** F Skandinavierin *f*; **ꝏдѝнāвскӣ** skandinavisch
скапáвати ⟨**скȁпати**⟩ verenden
скȁредан unflätig; obszön
скафàндер (Kinder)Overall *m*; Raumanzug *m*
скèјтбōрд Skateboard *n*
скȅла (Bau)Gerüst *n*; (kleines) Fährboot *n*
скȅлет Skelett *n*; *fig* Gerüst *n*
скȅлеџија Fährmann *m*
скèнер Scanner *m*
скенѝрати (*im*)*pf* scannen
скèпса Skepsis *f*
скèптичан skeptisch
скѝдати ⟨**скѝнути**⟩ abmachen; *Kleidung* ablegen; **~ се** sich ausziehen; *Farbe* abgehen
скѝја Ski *m*
скѝј|ати се Ski fahren; **~āње** Skilaufen *n*; **~āшкӣ** Ski-
скѝт|ати се sich herumtreiben; **~ница** Landstreicher *m*
скѝц|а Skizze *f*; **~ѝрати** (IM)PF skizzieren
скѝчати quieken
склȁд Übereinstimmung *f*; **~ан** harmonisch; **~ӣште** Depot *n*, Warenlager *n*
склàдиштити ⟨**у-**⟩ ECON (ein)lagern, speichern
склȁњати ⟨**склòнити**⟩ wegtun; **~ се** ausweichen; **склȁњај се!** weg da!
склáп|āње Montage *f*; **~ати** ⟨**склòпити**⟩ zusammensetzen; zusammenklappen (*a Buch*); *Vertrag* (ab)schließen;

Hände falten
скле́пати PF zusammenschustern
скло̏н geneigt (*D* zu *D*); wohl gesinnt
скло̏н|иште Unterschlupf *m*; Schutz *m*; **~о̄ст** F Tendenz *f*; *fig* Hang *m*
скло̏п Gefüge *n*; **у скло̀пу ...** im Rahmen ...
ско̑к *Bewegung* Sprung *m*; **~ са мо̀тко̄м** Stabhochsprung *m*; **~ у̀да̄љ** Weitsprung *m*; **~ у̏вӣс** Hochsprung *m*
ско̏кнути PF (auf)springen; *fig* einen Abstecher machen
ско̀р|ашњӣ neulich, jüngst; **~о** bald; beinah(e), fast
ско̏ројевић Emporkömmling *m*
скотр̀љати PF herabrollen
скра̏ма Häutchen *n*, Film *m*
скраћ|ѐница *Wort* Abkürzung *f*; **~и́вати ⟨скра́тити⟩** (ab)kürzen, verkürzen
скрѐсати PF abästen; **~ ко̀ме шта̏** j-m et ins Gesicht sagen
скре́т|ати ⟨скре́нути⟩ abbiegen; abweichen; **~ати ко̀ме па́жњу (на** *A*) j-s Aufmerksamkeit lenken auf (*A*); **~ница** BAHN Weiche *f*
скрѝвен verborgen
скри́вити PF *et* verschulden
скро̏б Stärke *f*
скро̏в|ит versteckt; **~ӣште** Versteck *n*
скро̑з ADV vollständig
скро̀јити zuschneiden
скро̏ман bescheiden
скру̏пуле F/PL Skrupel *m/pl*
скру̏шен reumütig
ску̏ва̄н (ab)gekocht
ску̏лпту́ра Skulptur *f*
ску̑п teuer
ску̏п Versammlung *f*; **~а** miteinander
ску́пљати ⟨ску̏пити⟩ sammeln; **~ се** *Stoff* eingehen
скупо̀цен kostbar
ску̏пштина Parlament *n*; Versammlung *f*
ску̏тер Motorroller *m*
ску̏ћити се e-n eigenen Haushalt gründen
ску̏чен eingeschränkt; *fig* eng
ску̏ша Makrele *f*
сла̏б schwach; schlecht; *Kaffee* dünn; **~ашан** schwächlich, zart
сла̀бина Flanke *f*, Lende *f*
сла̏бити ⟨о̀-⟩ schwächen; V/I abnehmen
сла̀бӣћ Schwächling *m*
сла̏б|о ADV schlecht; kaum; **~о̄ст** F Schwäche *f*; **~о̀уман** schwachsinnig
сла̏в|а Ruhm *m*; REL Fest *n* des Familienheiligen; **сла̏вити ~у** das Fest des Familienheiligen feiern
сла̑ван berühmt
сла̀вина Wasserhahn *m*
сла̏вити ⟨про̀-⟩ feiern; rühmen
сла̑вље Feier *f*
сла̏в|љенӣк Jubilar *m*; **~о̀љубив** ruhmsüchtig
сла̀ву̑ј Nachtigall *f*
сла́гати ⟨сло̏жити⟩ zusammenlegen; stapeln; **~ се** sich einig sein; zustimmen; **сла̑-**

жём се! einverstanden!
слàгати PF belügen, anlügen
сла̑дак süß; *Wein* lieblich
сла́д|ити ⟨**за-**⟩ süßen, zuckern; **~оку́сац** Feinschmecker *m*
сла̑д|олēд (Speise)Eis *n*; **~олēд на штапѝћу** Eis am Stiel; **~ỳњав** süßlich, lieblich
сла̑јд Dia(positiv) *n*
слàлом Slalom *m*
сла̑ма Stroh *n*
сла́мати ⟨**слòмити**⟩ (zer-)brechen; **~ се** *v/i* brechen; V/I abbrechen
сла̂мка Strohhalm *m*
сла̂н salzig; gesalzen
сла́на Reif *m*
слàнӣк Salzstreuer *m*
слàнина Speck *m*
сла̂п Wasserfall *m*
сла̑ст F Genuss *m*
сла̏ти ⟨**пò-**⟩ schicken, senden
слàтк|ӣш Süßigkeit *f*; **~о** (*Art*) Konfitüre *f*; ADV süß; **~òво-да̄н** Süßwasser-
слѐва von links
сле́гати ⟨**слèгнути**⟩: **~ ра-мèнима** mit den Achseln zucken; **~ се** sich setzen, sich legen
слѐдбен|ӣк M, **~ица** F Nachfolger(in *f*) *m*
сле́де̄ћӣ folgend, nächst
сле́дити *j-m* nachfolgen; ⟨**у-**⟩ folgen, erfolgen; **на́ставак слѐдӣ** Fortsetzung folgt
слèдити се PF gefrieren
слѐдовати zustehen, zukommen
слѐзина Milz *f*
слѐнг Umgangssprache *f*
слѐп blind; **~а̄ у̑лица** Sackgasse *f*; **~ӣ мӣш** Fledermaus *f*; **~ӣ пу̏тнӣк** blinder Passagier *m*; **~о̄ цре́во** Blinddarm *m*
сле́пац M, **слèпица** F Blinde(r *m*) *f*
слèпило Blindheit *f*
слѐпо ADV blind(lings)
слепоòчница Schläfe *f*
сле́т|а̄ње AER Landung *f*; **~ати** ⟨**слèтети**⟩ AER landen, aufsetzen
сли̑в Zusammenfluss *m*; Einzugsgebiet *n* (*eines Flusses*)
сли́вати ⟨**сли̑ти**⟩ **се** zusammenfließen
сли̑внӣк Rinnstein *m*, Gosse *f*
сли̏к|а Bild *n*; Gemälde *n*; **~а̄р(ка** F**)** M *Künstler* Maler(in *f*) *m*; **~а̄рскӣ** Maler-; **~а́р-ство** Malerei *f*; **~ати** ⟨**нà-**⟩ malen; ⟨**у̀-**⟩ fotografieren; abbilden; **~òвит** bildlich, malerisch; **~о́вница** Bilderbuch *n*
сли̑на (Nasen)Schleim *m*, F Rotz *m*; **~в** F rotzig
сли̏ч|ан ähnlich; **~но̄ст** F Ähnlichkeit *f*
слобòда Freiheit *f*
сло̏бод|ан frei, ungebunden; **~но!** herein!; **~но̄ вре́ме** Freizeit *f*; **~оу̑ман** freisinnig; **~òу̑мље** Freigeisterei *f*
Слòв|а̄к M, **~àкиња** F Slowake *m*, Slowakin *f*; **~а̄чка** Slowakei *f*; **2а̄чкӣ** slowakisch
Слòве̄н(ка F**)** M Slawe *m*, Slawin *f*
Слове́н|ац M, **~ка** F Slowene *m*, Slowenin *f*

слòвеначкӣ slowenisch
слòвёнскӣ slawisch
слȍво Buchstabe *m*
слȏг Silbe *f*
слȍга Einigkeit *f*, Eintracht *f*
слȍж|ан einig, einträchtig; **~ен** knifflig; zusammengesetzt; **~èница** Zusammensetzung *f*
слȏј Schicht *f*, Lage *f*; **~èвит** geschichtet
слȏм Zusammenbruch *m*; **~ жѝвāцā** Nervenzusammenbruch *m*
слȏмљен gebrochen (*a fig*); entzwei; *fig* niedergedrückt
слȏн Elefant *m*
слòн|ица Elefantenkuh *f*; **~ова кȏст** Elefantenbein *n*; **~овскӣ** elefantenhaft
слу́га Diener *m*
слу̏ж|āвнӣк Tablett *n*; **~ба** Dienst *m*; Amt *n*
слу̏жбен amtlich; dienstlich; **~ӣк** M, **~ица** F Beamter *m*, Beamtin *f*; Angestellte(r *m*) *f*
слу́жити ⟨по-⟩ dienen; bedienen; **~ се** (*I*) benutzen (*A*); sich bedienen
слу̑з Schleim *m*
слу̑з|ав schleimig; **~òкожа** Schleimhaut *f*
слу́т|ити ⟨на-⟩ ahnen; **~ња** Ahnung *f*; Vorahnung *f*
слу̏х Gehör *n*
слу̏чāј Fall *m*, Vorfall *m*; Zufall *m*; **ни у кȏм ~у!** auf keinen Fall!; **хи̏тан ~** Notfall *m*; **~но** ADV zufällig, unfreiwillig
слу̏ша|лац M, **~тēљка** F Hörer(in *f*) *m*, Zuhörer(in *f*) *m*
слу̏шалиц|а TEL Hörer *m*; **~е** F/PL Kopfhörer *m*
слушаòница Hörsaal *m*
слу̏шати ⟨сà-⟩ anhören, zuhören; **⟨пò-⟩** gehorchen; auf *j-n* hören
слу̏шкиња Dienerin *f*
слу̏шнӣ Hör-
сма̏зати PF *F Essen* verschlingen, wegputzen
сма̏к: **~ свêта** Weltuntergang *m*
смањ|éње Verminderung *f*; **~ѝвати ⟨сма́њити⟩** verkleinern, verringern (**се** sich)
сма̂ртфон Smartphone *n*
сма́трати meinen; halten für
смȅђ braun; *Haare* brünett
смежу̀рати PF runz(e)lig werden, verschrumpeln
смèј|ати ⟨на-⟩ се lachen; **~у́љити се** schmunzeln
смȅлōст F Kühnheit *f*
смȅна Arbeitsschicht *f*; **нȍћнā ~** Nachtschicht *f*; **рâд по ~ма** Schichtarbeit *f*
смењѝвати ⟨сме́нити⟩ ablösen, abwechseln (**се** sich)
смȅо kühn
смêр Richtung *f*; **~ вóжњē** Fahrtrichtung *f*
сме́р|ати im Schilde führen; **~ница** Richtlinie *f*
смȅса Mischung *f*
смȅста ADV augenblicklich
смȇт Schneewehe *f*
сме́т|ање Störung *f*; **~ати ⟨за-⟩** behindern, stören; **~ен** verlegen (*adj*); **~енōст** F Verlegenheit *f*
смȇти dürfen; **смȇм ли?** darf ich?

сме́тња Hindernis *n*; TECH Störung *f*
смѐће Müll *m*; **ка̑нта за ~** Mülleimer *m*
сме̏х Gelächter *n*, Lachen *n*
сме́ш|ак Lächeln *n*; **~ан** lustig; lächerlich; **~ити ⟨на-⟩ се** lächeln
сме̏шта̄ј Unterbringung *f*, Unterkunft *f*
сме́штати ⟨сме̏стити⟩ unterbringen; **~ се** unterkommen, sich einquartieren
сми̏ловати се PF sich erbarmen
ми́рен ruhig
смири́в|а̄ње Beruhigung *f*; POL Entspannung *f*; **~ати ⟨сми́рити⟩ се** sich beruhigen
сми̑с|ао Sinn *m*; **по ~лу** sinngemäß
сми̏слен sinnvoll, sinngemäß
сми̏цалица Streich *m*, Schabernack *m*
сми́шљати ⟨сми̏слити⟩ sich ausdenken
смо̀ждити zermalmen
смо̏ква *Baum u Frucht* Feige *f*
смо̀ла Harz *n*
смота́нко Schussel(kopf) *m*
смо̀тати PF zusammenrollen
смо̏тра Parade *f*
смоту́љак Bündel *n*
смра̑д Gestank *m*
смр̏вити zerkrümeln; zermalmen
смр́дети ⟨за-⟩ stinken
смр̀дљив stinkend
смре̏ка Fichte *f*; Wacholder *m*
смрза́вати ⟨смр̏знути⟩ се frieren; erfrieren
смр̀зотина Erfrierung *f*
смрка́вати ⟨смр̏кнути⟩ се *abends* dämmern; **смр̏ка̄ва̄ се** es wird dunkel
смр́скати PF zerschmettern, zertrümmern
смр̑т F Tod *m*; **~ан** sterblich; **~на̄ ка̏зна** Todesstrafe *f*; **~но̄ст** F Sterblichkeit *f*; **~о̀носан** tödlich
смр̀то̄вница Todesanzeige *f*
СМС M SMS *f*; **⟨на⟩пи́сати ко̀ме ~** j-m e-e SMS schreiben
сму̑ђ Zander *m*
снабде́в|а̄ње Versorgung *f*; **~ати ⟨сна̀бдети⟩** versorgen; ausstatten
сна́га Kraft *f*; TECH Leistung *f*
сна̑жан kräftig
сна̀ја Schwiegertochter *f*; Schwägerin *f* (*Ehefrau des Bruders*)
сна̀лазити ⟨сна́ћи⟩: **~ ко̀га** j-m zustoßen (*unpers*), widerfahren (*unpers*); **~ се** sich zurechtfinden; **у̏мети се сна́ћи** sich zu helfen wissen
снеби́вати се zögern, unschlüssig sein
сне̑г Schnee *m*
сне̏жнӣ Schnee-
сне̏шко: ♀ **Бе́лић** Schneemann *m*
снижа́вати ⟨сни́зити⟩ senken; ermäßigen
сни̏мак FOT Aufnahme *f*; *auf Band* Aufzeichnung *f*
сни́м|а̄ње *Tätigkeit* Aufnahme *f*; **~ати ⟨сни́мити⟩** aufnehmen; aufzeichnen, filmen

снȍб Snob *m*
снȍп Bündel *n*, Büschel *n*
снȍсити *Verantwortung* tragen
снȍшāј Geschlechtsverkehr *m*
снӱжден bedrückt
сô F Salz *n*
сȍб|а Zimmer *n*; **днêвнā ~а** Wohnzimmer *n*; **~а за издáвā-ње** Fremdenzimmer *n*; **~арица** Zimmermädchen *n*; **~нӣ** Zimmer-
сóва Eule *f*
сôј Sorte *f*; (Menschen)Schlag *m*
сóја Soja *f*
сôк Saft *m*; **вȍħнӣ ~** Fruchtsaft *m*
сòкна (kurze) Socke *f*
сȍкō M Falke *m*
сòковнӣк Entsafter *m*
сокòлити ⟨**о-**⟩ ermutigen
сòлāр|ијум Solarium *n*; **~ан** solar, Sonnen-
сȍлӣдан solide
сȍлид|āран solidarisch; **~àрисати се** (IM)PF sich solidarisieren
сòлист(а) M Solist *m*
солӣтēр Hochhaus *n*
сòлити ⟨**по-**⟩ salzen
сóло Solo *n*; *F* Single *m*
сȍмот Cord *m*; **~скӣ** Cord-
сôнда Sonde *f*
сôн|ӣ: **~ā киселѝна** Salzsäure *f*
сòпр|āн Sopran *m*; **~àнист-киња** Sopranistin *f*
сòпствен eigen
сôрт|а Sorte *f*; **~ѝрати** (IM)PF sortieren
сôс Soße *f*
сòтона Satan *m*
сȍфтвер Software *f*
сȍциј|āлан sozial, Sozial-; **~алѝстичкӣ** sozialistisch
сȍчан saftig
сȍчиво Linse *f* (*a Optik*)
спáвати schlafen
спàв|аħӣ Schlaf-; **~аħā сȍба** Schlafzimmer *n*; **~àħица** Nachthemd *n*
спȁдати ⟨**спȁсти**⟩ (herab)-fallen; sinken; *nur* IMPF gehören zu, fallen unter *et*
спȁзити PF erblicken
спáј|алица Büroklammer *f*; **~ати** ⟨**спòјити**⟩ verknüpfen, koppeln
спаљѝвати ⟨**спáлити**⟩ abbrennen, niederbrennen
спàнаħ Spinat *m*
спâран drückend, schwül
спарѝвати ⟨**спáрити**⟩ vereinigen; zusammenführen
спас|áвање Rettung *f*; **~áвати** ⟨**спáсити**⟩ retten
спàси|лац Retter *m*; **~лачкӣ** Rettungs-; **~лачкā екѝпа** Rettungsmannschaft *f*; **~тељ** Retter *m*; REL Erlöser *m*; **~тēљка** F Retterin *f*
Спȁсовдāн *Christi* Himmelfahrt *f*
спȅловати buchstabieren
спȅциј|āлан speziell; **~алѝста** M, **~àлисткиња** F Spezialist(in *f*) *m*; **~алѝтēт** Spezialität *f*; **~àлизовати** (IM)PF spezialisieren; **~ȃлно** speziell
специ̏фич|ан spezifisch; **~нȍст** F Besonderheit *f*
спѝкер(ка F) M *Radio*, TV Sprecher(in *f*) *m*

спира́ла Spirale *f* (*a* MED)
спѝрāлан spiralförmig
спи̏с *Text* Schrift *f*
спи̏сак Verzeichnis *n*, Liste *f*
спѝсатèљица F Schriftstellerin *f*
спла̏в Floß *n*
спле̑т Geflecht *n*
сплѐтк|а Intrige *f*; **~а́рити** intrigieren
спљо́штити PF platt drücken, platt machen
спозна́вати ⟨спо̀знати⟩ erkennen
спо̑знаја Erkenntnis *f*
спо̑ј Fuge *f*; TECH Naht *f*; **кра̏так ~** Kurzschluss *m*
спо̏к|о̄ј Stille *f*, Ruhe *f*; **~о̄јан** friedlich, ruhig; **~о́јство** Gemütsruhe *f*
спо̏ља außen, äußerlich
спо̀љашњ|ӣ äußerlich; **~о̄ст** F Äußere(s) *n*
спо̑љн|ӣ auswärtig, äußere; **~а̄ полѝтика** Außenpolitik *f*; **~а̄ трго̀вина** Außenhandel *m*
спо̑ме̄н Erinnerung *f*; Gedenken *n*
спо̀менӣк Denkmal *n*; **на̀дгробнӣ ~** Grabmal *n*
спо̑ме̄н|-о̀беле̄жје Gedenkstätte *f*; **~-пло̏ча** Gedenktafel *f*
спо̀мињати ⟨споме́нути⟩ erwähnen
спо̑на Bindeglied *n*
спо̑нз|ор(ка F) M Sponsor(in *f*) *m*; **~о̀рисати** (IM)PF sponsern
спо̀нта̄н spontan
спо̀падати ⟨спо̀пасти⟩ befallen; **шта̏ те је спо̀пало?** was ist in dich gefahren?
спо̑р[1] ADJ langsam
спо̑р[2] Auseinandersetzung *f*
спо̏раз|ӯм Abkommen *n*; Vereinbarung *f*; **~уме́вати ⟨споразу̀мети⟩ се** sich verständigen; **~ӯмно** gütlich
спо̑р|ан strittig, umstritten; **~но̄ пѝта̄ње** Streitfrage *f*
спо̏ред|ан nebensächlich; Neben-; **~на̄ речѐница** Nebensatz *m*
спо̑рт Sport *m*; **ба̏вити се ~ом** Sport treiben
спо̀ртист|а M, **~киња** F Sportler(in *f*) *m*
спо̑ртскӣ sportlich
спо̑с|обан fähig; **~о́бно̄ст** F Fähigkeit *f*
спо̀тицати ⟨спо̀таћи⟩ се stolpern
спра̏ва Vorrichtung *f*
спра̏т Stockwerk *n*
спре̑да ADV von vorn
спре̑ј Spray *n*
спре̑м|а Qualifikation *f*, Abschluss *m*; **~ан** fertig
спре́мати ⟨спре́мити⟩ bereitmachen; GASTR zubereiten; **~ се** sich vorbereiten (**за** *A* für *D*)
спре̑т|ан geschickt; **~но̄ст** F Geschicklichkeit *f*
спреча́вати ⟨спре́чити⟩ vorbeugen
спре̑чен verhindert
спријатѐљити се PF sich mit *j-m* anfreunden
спро́|вод Trauerzug *m*; **~во̀дити ⟨~вѐсти⟩** geleiten;

durchführen; EL leiten
спру̑д: **пѐшчанӣ ~** Düne *f*, Sandbank *f*
спу̑ст Skiabfahrt *f*
спута́вати ⟨**спу̏тати**⟩ einengen
спу́шт|а̄ње AER Landung *f*; **~ати** ⟨**спу̀стити**⟩ herablassen; hinlegen; *Hörer* auflegen; **~ати** ⟨**спу̀стити**⟩ **се** hinuntergehen; sich senken
сра́змер Verhältnis *n*; GEO Maßstab *m*; **~ан** proportional
срамѐжљив verschämt
сра́м|ити ⟨**по-**⟩ **се** sich schämen; **~о̀та** Schmach *f*, Schande *f*
сра̏мотан schändlich
сра́ње V Scheiße *f*
сра́стати ⟨**сра́сти**⟩ zusammenwachsen (*a fig*)
сра̏ти V scheißen
Србија Serbien *n*
Ср̏бин Serbe *m*
ср̏дач|ан herzlich; **~нē чѐститке!** herzlichen Glückwunsch!
срѐбрн silbern
срѐбро Silber *n*
сре́да Mittwoch *m*
среди̏н|а Mitte *f*; Milieu *n*; **жѝвотнā ~а** Umwelt *f*; **загађе́ње жѝвотнē ~ē** Umweltverschmutzung *f*
срѐд|ишњӣ Mittel-; **~ӣште** Mittelpunkt *m*
срѐдњ|ӣ ADJ mittler; **~ӣ вѐк** Mittelalter *n*; **~овѐко̄ван** mittelalterlich; **~о̀рочан** mittelfristig
срѐдовечан mittleren Alters
Средо̀земље Mittelmeergebiet *n*
средо̀земн|ӣ: **~о̄ мо̂ре** Mittelmeer *n*
срѐдство Mittel *n*
сређи́вати ⟨**сре́дити**⟩ aufräumen; regeln; **~ се** sich zurechtmachen; sich einrichten
срѐтати ⟨**срѐсти**⟩ begegnen, treffen
срѐћ|а Glück *n*; **на ~у** zum Glück; **сва̏ ~а да ...** ein Glück, dass ...
срѐћ|ан glücklich; **~ан Бо̀жић!** Fröhliche Weihnachten!; **~ан пу̑т!** gute Fahrt!; **~ан У̀скрс!** Frohe Ostern!; **~о̄м** glücklicherweise
ср̂ж F Mark *n*, Innere *n*
сри́цати *beim Lesen* buchstabieren
ср̂к Schluck *m*
ср́кати ⟨**ср́кнути**⟩ schlürfen
СРН (**Са́везнā Репу̀блика Нѐмачкā**) BRD *f* (Bundesrepublik Deutschland)
ср́на Reh *n*
ср̀нетина Rehfleisch *n*
ср̏од|ан verwandt; **~но̄ст** F Verwandtschaft *f* (*a fig*)
ср̂п Sichel *f*
Ср̏п|киња Serbin *f*; **2скӣ** serbisch
сру̏шити PF abreißen; umstürzen; **~ се** zusammenstürzen; *fig* zusammenklappen
ср̂це Herz *n* (*a Spielkarte*)
ср̂ча (Glas)Scherbe *f*
ср̀чан Herz-; *fig* mutig, herzhaft; **~а̄ ка̂п** *als Todesursache* Herzschlag *m*

ср̀џба Wut *f*, Zorn *m*
ста̏билан stabil
ста́бло Baumstamm *m*
ста̀бљика Stängel *m*, Stiel *m*
ста̏в Einstellung *f*
ста̏вка (Rechnungs)Posten *m*; Absatz *m*
ста̏вљати ⟨ста̏вити⟩ stellen, setzen
ста̂д|ион Stadion *n*; **~ијум** Stadium *n*
ста̏до Herde *f*
ста̂ж MED Assistenzzeit *f*; Praktikum *n*; **ра̂днӣ ~** Dienstjahre *n/pl*
ста̀жиста MED Arzt im Praktikum
ста̀за Pfad *m*; *Skisport* Piste *f*; *Teppich* Brücke *f*
ста̏ја Stall *m*
ста̀јалӣште Standort *m*; Haltestelle *f*
ста̏ј|ати ⟨ста̏ти⟩ stehen bleiben, halten; **~а̄ње** BAHN Aufenthalt *m*
ста̀јати kosten; *Kleidung* passen, (gut) stehen
ста̀кла̄р Glaser(in *f*) *m*
ста̀клара Glasfabrik *f*; Glashütte *f*
ста̏класт glasig
ста̀кл|ен gläsern; **~ѐнӣк** Gewächshaus *n*
ста̀кло Glas *n*; Glasscheibe *f*; **про́зорско̄ ~** Fensterscheibe *f*
ста́лак Gestell *n*; Ständer *m*
ста̂лан dauernd, ständig; *Preis* Dauer-
ста́леж (Gesellschafts)Stand *m*
ста̂лно ADV andauernd
ста́лож|ен gesetzt, besonnen; **~ити се** sich setzen lassen; *Gedanken* klar werden
ста̀мбенӣ Wohn-
ста̂н Wohnung *f*
ста̀н|а̄р(ка F) M Hausbewohner(in *f*) *m*; Mieter(in *f*) *m*; **~а̀рина** Wohnungsmiete *f*
ста̀ница Haltestelle *f*, Station *f*; **жѐлезничка̄ ~** Bahnhof *m*
ста̀новӣште Standpunkt *m*
ста̀но̄вн|ӣк M, **~ица** F Einwohner(in *f*) *m*; Bewohner(in *f*) *m*; **~ӣштво** Bevölkerung *f*, Einwohnerschaft *f*; **по̀пис ~ӣштва** Volkszählung *f*
стан|ода́вац M, **~о̀да̄вка** F Vermieter(in *f*) *m*; **~о̀вати** wohnen
ста́њ|е Lage *f*, Zustand *m*; **бити у ~у да ...** imstande sein zu ...; **бра̂чно̄ ~е** Familienstand *m*; **у дру̏го̄м ~у** in anderen Umständen
ста́пати ⟨сто̀пити⟩ се *v/i* (miteinander) verschmelzen
ста̏р alt; **~а̄ње** Fürsorge *f*
ста̀ратељ JUR Vormund *m*; **~ство** Vormundschaft *f*
ста̏р|ати се sorgen für *j-n*, *j-n* betreuen; **~ац** M Alter *m*; **~ачкӣ** Alten-; **~ачкӣ до̂м** Altenheim *n*; **~ети ⟨о̀-⟩** altern; **~ѐшина** M (Ober-) Haupt *n*; **~ӣна** Altertum *n*; **од ~ӣна̄** von alters her; **~инскӣ** altertümlich, alt; **~ица** F Alte *f*
ста̏р|ма̄лӣ altklug; **~оза́ветнӣ** alttestamentlich; **~омо̄дан** altmodisch; **~осѐделац** Alteingesessener *m*; **~оснӣ** Alters-; **~о̄ст** F Al-

ter *n*
ста̏рт Start *m*
ста̀ртер TECH Anlasser *m*
ста̏рт|нӣ Start-; **~овати** (IM)PF starten; *Motor* anlaufen
стару̀дија Gerümpel *n*, Krempel *m*
ста̂с Wuchs *m*; Figur *f*
ста̀сати heranwachsen (zu *D*)
стати́ва SPORT (Tor)Pfosten *m*
ста̀т|иста M, **~исткиња** F Statist(in *f*) *m*; **~ӣстика** Statistik *f*
ста̀туа Statue *f*
ста̀тӯт Statut *n*
ства̂р F Ding *n*; Sache *f*
ства̀рал|ац Schöpfer *m*; **~ачкӣ** schöpferisch
ства̂ран wirklich, real
ства́р|а̄ње Schöpfung *f*; **~ати** ⟨**ство̀рити**⟩ schaffen; erzeugen
ства̂рн|о ADV tatsächlich; **~о̄ст** F Wirklichkeit *f*
creо̄ре́ње Geschöpf *n*
стврдња́вати ⟨**стврднути**⟩ **се** hart werden
сте̏га Zucht *f*, Disziplin *f*
сте́зати ⟨**сте́гнути**⟩ festziehen; drücken
сте́на Fels(en) *m*, Felswand *f*
стѐница Wanze *f*
стено̀вит felsig
стеногра̀фисати (IM)PF stenografieren
стѐњати ⟨**за-**⟩ stöhnen
сте̏пе̄н Grad *m*; Stufe *f*; **трӣ ~а испод нӯле̄** 3 Grad Kälte *od* unter null; **трӣ ~а изнад нӯле̄** 3 Grad plus *od* über Null
сте̏пен|ица (Treppen)Stufe *f*; **по̏кре̄тне̄ ~ице** Rolltreppe *f*; **~ӣште** Treppenhaus *n*
сте̏р|ӣлан steril; **~илиса̄н** sterilisiert
сте̏ча̄ј Konkurs *m*
стӣд Scham *f*
сти́дети ⟨**по-**⟩ **се** sich schämen
стӣдљив schüchtern
стӣзати ⟨**стӣћи**⟩ ankommen; *j-n* einholen
стӣл Stil *m*; **~скӣ** Stil-
стиму̀лисати (IM)PF stimulieren
стипѐнди|ја Stipendium *n*; **~ста** M, **~сткиња** F Stipendiat(in *f*) *m*
стӣсак Druck *m*
стӣска *fig* Bedrängnis *f*, Klemme *f*
сти́скати ⟨**стӣснути**⟩ *Hand* drücken; *Faust* ballen
стӣх Vers *m*
стѝхија Naturgewalt *f*
стӣц|а̄ј Zusammentreffen *n*; **~ати** ⟨**сте̏ћи**⟩ erlangen, erwerben; **сте̏ћи у̑тӣсак** den Eindruck gewinnen
стиша́вати ⟨**стӣшати**⟩ **се** *fig* sich legen
стју̑ард M, **~ѐса** Steward(ess *f*) *m*
сто̑[1] Tisch *m*; **за сто̀лом** bei Tisch; **пѝсаћӣ ~** Schreibtisch *m*; **по̀ставити ~** den Tisch decken
сто̑[2] (ein)hundert
сто̀варӣште ECON (Waren-)Lager *n*
сто̏га deshalb
стого̀дишњица Hundert-

jahrfeier *f*
стôј! halt!, stopp!
стојèћки im Stehen
стȍка Vieh *n*
стȍла̄р M, **~ка** F Tischler(in *f*) *m*, Schreiner(in *f*) *m*
стòлица Stuhl *m*; MED Stuhlgang *m*
стôлња̄к Tischdecke *f*
стòма̄к Bauch *m*; Unterleib *m*
стôнӣ Tisch-
стòнога Tausendfüßler *m*
стȍпа Fußabdruck *m*; Fußstapfen *m*; **кȁматна̄ ~** *Bank* Zinssatz *m*; **~ инфèкцијē** MED Infektionsquote *f*
стòпало Fuß *m*
стòп|ер(ка F) M Anhalter(in *f*) *m*; **~ѝрати** (IM)PF trampen; stoppen
стȍп-свѐтло KFZ Bremslicht *n*
стȍтӣ ADJ hundertste(r)
стȍтина Hundert *n*
стòтӣнка Hundertstel *n*
стòч|а̄р Viehzüchter *m*; **~áрство** Viehzucht *f*
стȍчнӣ Vieh-
стрáва Entsetzen *n*; **~!** *F* toll!, geil!
стрàвичан gruselig; *fig* entsetzlich
стрáдати ⟨на-⟩ verunglücken
стра̑жа Wache *f*; MIL Posten *m*
стрàж|а̄р(ка F) M Wächter(in *f*) *m*; **~áрити** Wache schieben; **~а̄рница** Wachposten *m*
стра̑жњӣ hintere(r), Hinter-
стра̑н fremd; ausländisch
стрáна Seite *f*; **~ свêта** Himmelsrichtung *f*
стрáнац Ausländer *m*
стра̑начкӣ Partei-
стрàница Buchseite *f*
стра̑нка Partei *f* (*a* JUR)
стрàнкиња Ausländerin *f*
стрàнпутица Irrweg *m*
стра̑ст F Leidenschaft *f*
стра̑стан, стрàствен leidenschaftlich
стрàћара Kate *f*
стра̂х Angst *f*; **од ~а** vor Angst; **~òва̄ње** Befürchtung *f*; **~òвати** IMPF befürchten; **~òвит** fürchterlich; **~опошто вáње** Ehrfurcht *f*; **~ȍта** Schrecken *m*
стрáшан furchtbar, schrecklich
стра̏шило Vogelscheuche *f* (*a* *fig*)
стрàшљив furchtsam
стрéл|а Pfeil *m*; **~ац** Schütze *m*
стрȅл|ица Zeiger *m*; Pfeil *m*; **~ӣште** Schießstand *m*
стрéљати (IM)PF schießen; erschießen
стрéмити *Ziel* verfolgen
стрéп|ети bangen; **~ња** Bangen *n*
стрȅс Stress *m*; **~ан** stressig
стрéсати ⟨стрéсти⟩ herunterschütteln, abschütteln; **~ се** sich schütteln
стрӣктан strikt
стрӣмова̄ње у̑живо IT Livestream *m*
стрӣна Tante *f* (*Frau des Onkels väterlicherseits*)
стрӣп Comic *m*
стрӣц Onkel *m* (*Bruder des Vaters*)

стр̑м abschüssig, steil; **~оглавцē̄** kopfüber; **~оглáвити се** hinunterstürzen
стр̏ог streng
стропошта́вати ⟨стропо̀штати⟩ се zusammenstürzen
стро́фа Strophe *f*
стр̏пати PF *fig* zusammenstopfen
стр́п|ети се PF sich gedulden; **~ље́ње** Geduld *f*
стр̏пљив geduldig; **~ōст** F Langmut *f*, Geduld *f*
стру̑г Hobel *m*
стру́гати hobeln, raspeln
стру́ј|а EL Strom *m*; **~āње** Strömung *f*; **~ати** ausströmen; *Luft* strömen
стру̏јомēр Stromzähler *m*
стру̏к BOT Stiel *m*; ANAT Taille *f*
стру̏ка *Gebiet* Fach *n*
структу́ра Struktur *f*
стру̏на Saite *f*
стру̏њача SPORT Matte *f*
стру̏ч|ан fachmännisch; fachlich; **~нā о̏блāст** Fachgebiet *n*; **~њāк** Fachmann *m*, Fachfrau *f*
стр̏шљēн Hornisse *f*
сту̑б Pfahl *m*
сту̏бац *Text* Spalte *m*
сту̏дент|(киња F) M Student(in *f*) *m*; **~скӣ** studentisch, Studenten-
сту̏ди|ја Studie *f*; **~о** M Studio *n*
студи́рати studieren
сту̏пањ Stufe *f*; Grad *m*
сту́пати ⟨сту́пити⟩ betreten; treten *auf et*
сту̏пӣдан stupide
су̏бјек(а)т Subjekt *n*
су̏бјектӣван subjektiv
су̏бота Samstag *m*
су̑в trocken; **~ō гро̂жђе** Rosinen *f/pl*
сувѐнӣр Souvenir *n*
су̏верен souverän; **~ā о̏блāст** Hoheitsgebiet *n*
су̏виш|ан überflüssig; **~ē** ADV (all)zu(viel)
су̀власнӣк Miteigentümer *m*
сувòзāч KFZ Beifahrer(in *f*) *m*
сувòњав mager
су̏вопāран *fig* trocken
су̏гласнӣк Konsonant *m*
су̏грађ|анӣн M, **~āнка** F Mitbürger(in *f*) *m*
су̑д[1] Behälter *m*
су̑д[2] JUR *Behörde* Gericht *n*; **по̏ротнӣ ~** Schwurgericht *n*
су̑д[3] Urteil *n*
су̏дāр Zusammenstoß *m*
су̏дарати ⟨су̀дарити⟩ се zusammenstoßen
су̏дб|ина Schicksal *n*; **~òносан** schicksalsträchtig
су̀дија M Richter(in *f*) *m*; SPORT Schiedsrichter *m*
су́дити JUR richten; urteilen
су́дница Gerichtssaal *m*
су̏дњӣ: REL **~ да̂н** Jüngstes Gericht *n*
су̏дови M/PL Geschirr *n*
судòпера Spüle *f*
су̏дскӣ gerichtlich, Gerichts-
сужáвати ⟨су́зити⟩ enger machen; schmälern
су̀за Träne *f*
су̏завац Tränengas *n*
сузби̏јати ⟨су̏збити⟩ be-

kämpfen
су̏з|држа̄н zurückhaltend; **~др̀жати се** PF sich enthalten; sich zurückhalten
су̏зити tränen
су̏игр|а̄ч M, **~а̀чица** F Mitspieler(in *f*) *m*
су̏јевер̄|ан abergläubisch; **~је** Aberglaube *m*
су̏јет|а Eitelkeit *f*; **~ан** eitel
су̏кња (Damen)Rock *m*
су́коб Konflikt *m*; **~љавати** ⟨**сукòбити**⟩ **се** in Konflikt geraten
су̏луд verrückt
су̏ма Summe *f*
су́мњ|а Verdacht *m*; Zweifel *m*; **~ати** ⟨**по-**⟩ zweifeln (**у** *A* an *D*); Verdacht schöpfen
су̏мњи|в verdächtig; zweifelhaft; **~чав** misstrauisch; **~чити** ⟨**о-**⟩ verdächtigen
су̏мо̄ран trübe; trübsinnig
су̏мпор Schwefel *m*
су̏мра̄|к Dämmerung *f*; **~чан** dämmerig
су̏нђер Schwamm *m*
су̏нце Sonne *f*
су̏нцо|бра̄н Sonnenschirm *m*; **~кре̄т** Sonnenblume *f*
су̀нч|ан sonnig; **~а̀ница** Sonnenstich *m*
су̏нч|а̄ње Sonnenbad *n*; **~ати се** sich sonnen; **~ев** Sonnen-
суоча́вати ⟨**-о̀чити**⟩ gegenüberstellen; **~ се** sich gegenübersehen
СУП (**Секретарѝјат за у̀нутрашње пòслове**) Sekretariat für innere Angelegenheiten; Polizei *f*
су̏па Suppe *f*
супа̄р|ни̑к M, **~ница** F Rivale *m*, Rivalin *f*; **~ни̑штво** Rivalität *f*
су̏пен|и̑: **~и̑ та̀њи̑р** Suppenteller *m*; **~а̄ ка̀шика** Esslöffel *m*
су̀пер F toll, super; KFZ Super(-benzin) *n*
су̏пери|о̄ран überlegen (*adj*); **~о́рно̄ст** F Überlegenheit *f*
су̀пермаркет Supermarkt *m*
супозѝто̄ријум MED Zäpfchen *n*
су̏|протан umgekehrt; **~протан смѐр** Gegenrichtung *f*; **~про́тно̄ст** F Gegensatz *m*; **~прòтстављати** ⟨**супрòтставити**⟩ **се** sich widersetzen
су̀|пруг(а F) M (Ehe)Gatte *m*, (Ehe)Gattin *f*; **~пружници** Eheleute *pl*
су̏пстанти̑в Substantiv *n*
супста̀нца Substanz *f*
су̏рла (Elefanten)Rüssel *m*
су̏ров roh; brutal
су̏сам Sesam *m*
су̏|сед Nachbar *m*; **~седан** benachbart; **~седи** PL Nachbarn *pl*; **~седство** Nachbarschaft *f*; **~сетка** Nachbarin *f*
су̀спендовати (IM)PF suspendieren
су́срет Begegnung *f*; **у ~** entgegen; **мѐсто ~а** Treffpunkt *m*
су̏срет̄ати ⟨**су̀срести**⟩ **се** zusammentreffen
су̏тере̄н Kellergeschoss *n*
сутлѝја̄ш Milchreis *m*
су́тон (Abend)Dämmerung *f*
су̏тра morgen; **~да̄н** am Tag darauf; **~шњи̑** morgig

су̏флēр(ка F) M Souffleur *m*, Souffleuse *f*

сӯхомеснат|ӣ: **~ӣ про̏изводи** *m/pl* Wurstwaren *f/pl*

сӯша Dürre *f*; **~н** dürr

сӯшити ⟨**о-**⟩ V/T (ab)trocknen; *Fleisch* räuchern; **~ се** trocknen

сӯшт|ӣ *fig* rein, pur; **~ина** Wesen *n*; **у ~ини** im Wesentlichen

сӯштӣнскӣ wesentlich

схва̏т|а̄ње Auffassung *f*; **~ати** ⟨**схва̏тити**⟩ begreifen

схо̏д|ан: **~но то̏ме** *adv* dementsprechend

сцѐн|а Szene *f*; Bühne(nbild *n*) *f*; **~а̀риста** M, **~а̀ристкиња** F Bühnenbildner(in *f*) *m*

сцѐна̄рио Drehbuch *n*

Т

та PART und; doch

та̀бак (Papier)Bogen *m*; **~е́ра** Zigarettendose *f*

та̀бан Fußsohle *f*; **ра̂внӣ ~и** *m/pl* Plattfüße *m/pl*

табѐла Tabelle *f*

та́бла (Wand)Tafel *f*

та́блет IT Tablet *n*

таблѐта Tablette *f*

та̏блица Schild *n*; Tabelle *f*; **~ мно̀же̄ња** Einmaleins *n*; **рѐгистарска̄ ~** KFZ Nummernschild *n*

табу̀ре̄(т) Hocker *m*

та̀в|ан Dachboden *m*; **~а̀ница** Zimmerdecke *f*; **~анскӣ** Dach-

та̀да *zeitl* damals; dann; **~шњӣ** damalig

та́зе ADJ frisch

та̂ј der; dieser; **на ~ на́чин** auf diese Weise

та̂ј|ан geheim; heimlich; **~а̀нствен** geheimnisvoll

та́јац: **на̀стаде ~** *F* es wurde mucksmäuschenstill

та́јити verheimlichen

та̂јна Geheimnis *n*

та̀кав solch, derartig; **на ~ на́чин** *adv* auf diese Weise

та̀кмич|а̄р(ка F) M SPORT Wettkämpfer(in *f*) *m*; **~е̄ње** SPORT Wettkampf *m*; **~ити се** kämpfen, wetteifern

та̀ко̄ dermaßen, so; **~ да̏** sodass

так|о́ђе auch, gleichfalls; **~о̀зва̄нӣ** so genannt; **~орѐћи** sozusagen

та̏кс|а Gebühr *f*; **~ен**: **~ена̄ ма̏рка** Gebührenmarke *f*

та̏кс|и Taxi *n*; **~и̏метар** Taxameter *m od n*

та̀ксист(а) Taxifahrer(in *f*) *m*

та̏кси-ста̀ница Taxistand *m*

та̏кт MUS Takt *m*; Taktgefühl *n*

та̀кти|ка Taktik *f*; **~чан** taktvoll

та̏л|а̄с Welle *f*; **~а̀са̄ње** Wellengang *m*; **~асаст** wellenförmig; **~а̀сати** ⟨**за-**⟩ **се** Wellen schlagen; **~а̄снӣ** Wellen-

та̏лац Geisel *f*

та̀лен|(а)т Talent *n*; **~това̄н** begabt

та́ло|г (Boden)Satz *m*; **~же̄ње**

Ablagerung *f*; GEO Sediment *n*; CHEM Niederschlag *m*; **~жити ⟨на-⟩ се** sich (am Boden) absetzen; CHEM sich niederschlagen

та́ма Dunkelheit *f*

та́ман¹ *Farbe* dunkel

та̀ман² ADV gerade; *präd* passend

тама́нити ⟨по-, у-⟩ vernichten

та̀мбур|а, ~ица Tambura *f*, *Art* Mandoline *f*

та̀мјан Weihrauch *m*

та́мнети ⟨по-⟩ dunkel werden

та̀мн|ица Kerker *m*; **~ича̄р** Kerkermeister *m*

та̏мо ADV *örtl* da, dort; dorthin; **~-о̀ва̄мо** hin und her; **~шњӣ** dortig

та̀мпо̄н Tampon *m*

та̏нак dünn

танги́рати IM/PF (be)treffen

тандр́кати klappern; *Motor* knattern

танч|ѝна: до ~ѝна̄ bis ins Einzelne

та̀њӣр Teller *m*

та́њити ⟨рас-⟩ dünn machen; *Teig* ausrollen

тап|аци́рати IM/PF tapezieren; *Möbel* polstern; **~е́та** Tapete *f*

тапису̀рија *selbst geknüpfter* Wandteppich *m*

та̏пкати tappen, stapfen

та̀пшати *Beifall* klatschen; klopfen

та̀рабе F/PL Lattenzaun *m*

тари́фа Tarif *m*

та̀рӣфнӣ tariflich, Tarif-

та̏ст Schwiegervater *m* (*Vater der Ehefrau*)

та̂та M Papa *m*

та̀цна Untertasse *f*; (kleiner flacher) Teller *m*

та̏чан genau; richtig

та̏чк|а Punkt *m*; **~а и за̏рез** Semikolon *n*; **две̂ ~е̄** Doppelpunkt *m*

та̏чн|о ADV genau; **~о̄ст** F Genauigkeit *f*; Pünktlichkeit *f*

та̀шна (Hand)Tasche *f*

та̏шта Schwiegermutter *f* (*Mutter der Ehefrau*)

таштѝна Eitelkeit *f*

ТВ Fernsehen *n*, TV

тво̂ј dein

тво̂р Stinktier *n*

тво́рац Schöpfer *m*

тво̀р|ба Schaffung *f*; **~ба ре́чӣ** GR Wortbildung *f*; **~евина** Schöpfung *f*

тв р̂д fest, hart

тв р̏дити behaupten

тв р̀д|ица Geizhals *m*; **~ѝчлук** Geiz *m*

тв р̏дња Behauptung *f*

тврд|о̀глав dickköpfig; **~о̀главо̄ст** F Sturheit *f*; **~о̀ко̄ран** hartschalig; **~о̀ћа** Härte *f*

тв р̀ђава Festung *f*

те *conj* und, dass; um zu; **и ~ ка̀ко!** und ob!

те̏атра̄лан theatralisch

те̂г Gewicht *n*; SPORT Hantel *f*

те́гла (Einmach)Glas *n*

те̏глити *Last* schleppen; **~ се** *Pullover* sich weiten

тего̀б|а Beschwerlichkeit *f*; **~е**

MED Beschwerden *pl*
тѐгобан beschwerlich
те́ж|а PHYS Schwere *f*; **сѝла ~ē** Schwerkraft *f*; **~ак** schwer; schwierig
тежѝн|а Gewicht *n*; **по ~и** nach Gewicht
те́жити *Ziel* streben
тѐжѝште Schwerpunkt *m*
те́жња Streben *n*
те́за These *f*
тѐзга Verkaufsstand *m*; *F* Nebenjob *m*
тѐк erst; **~ што̀** kaum
тѐковина Errungenschaft *f*
тѐксас-пла́тно Jeansstoff *m*
тѐкст Text *m*
тѐкстӣл Textilien *pl*; **~нӣ** Textil-; **~нā ро̑ба** Textilien *pl*
тѐкӯћӣ fließend, laufend; **~ ра̀чӯн** laufendes Konto *n*
тѐле Kalb *n*
телѐвӣзиј|а Fernsehen *n*; **глѐдати ~у** fernsehen
телевѝзӣјскӣ Fernseh-
телѐвӣзор Fernseher *m*
тѐлеснӣ körperlich; Körper-
тѐле|тина Kalbfleisch *n*; **~ћӣ** Kalbs-
телѐ|фо̄н Telefon *n*; **бѐжичнӣ ~фо̄н** schnurloses Telefon *n*; **па̑метнӣ ~** Smartphone *n*; **~фо̄н на ка̑ртицу** Kartentelefon *n*; **~фонѝрати** (IM)PF anrufen, telefonieren (mit); **~фо̄нскӣ** telefonisch
тѐло Körper *m*; Körperschaft *f*; **уз ~** *Kleidung* hauteng; **~хра̀нитељ** Leibwächter *m*
те́ма Thema *n*
тѐме ANAT Scheitel *m*
тѐмељ *Bauwerk* Fundament *n*; **из ~а** von Grund auf
тѐм|ељан gründlich; **~е́љац: ка̑мӗн ~е́љац** Grundstein *m*
темпера̀мен|(а)т Temperament *n*; **~тан** temperamentvoll
температу́ра Temperatur *f*; **вѝсока̄ ~** hohes Fieber *n*
тѐмпо Tempo *n*; **у̀спорен ~** Zeitlupe *f*
тѐн Teint *m*
тѐнда Sonnensegel *n*, Markise *f*
тендѐнција Tendenz *f*
тѐнис Tennis *n*
тенѝсе̄р(ка F) M Tennisspieler(in *f*) *m*
тѐнк MIL Panzer *m*
тео̀|лог Theologe *m*; **~ло̀гија** Theologie *f*; **~лошкӣ** theologisch
теорѐтича̄р(ка F) M Theoretiker(in *f*) *m*
тео̀ретскӣ theoretisch
тѐо̄рија Theorie *f*
тѐпати e-n Kosenamen geben
тѐпих Teppich *m*
тѐпсија (rundes) Backblech *n*
тера́зије F/PL (Balken)Waage *f*
тер|а̀пија Therapie *f*; **~апѐут** Therapeut(in *f*) *m*
тера̀са Terrasse *f*
тѐрасаст terrassenförmig
тѐрати treiben, drängen
тѐре̄н Gelände *n*; SPORT Sportplatz *m*; **~скӣ** Gelände-
тѐрет Ballast *m*; Last *f*; **~а̀на** SPORT Kraftraum *n*; **~ити** JUR belasten; **~нӣ** Last-, Fracht-; **~нӣ ва̀го̄н** Güterwagen *m*;

~њак Kraftfahrzeug *n*
тери̏торија Gebiet *n*, Territorium *n*
тѐрмалнӣ Thermal-
тѐрм|ӣн Termin *m*; Terminus *m*; **~ӣнал** Terminal *m od n*; **~ӣнскӣ** terminlich
термоинсталатѐр Heizungsmonteur *m*
тѐрмометар Thermometer *n*
тѐрмо|стат Thermostat *m*; **~фо̄р** Wärmflasche *f*
тѐро̄р Terror *m*; **~ӣзам** Terrorismus *m*
тéсан eng; *Beziehung* innig
тѐса̄р Zimmermann *m*
тѐсати zimmern; meißeln
тѐскобан beklemmend
тѐснац Enge *f*; *fig* Engpass *m*
тѐст Test *m*; **бр̑зӣ ~ на ко-ро́ну** MED Coronaschnelltest *m*
теста̀мен(а)т Testament *n*
тестенѝна Nudeln *f/pl*, Teigwaren *f/pl*
тестѐр|а Säge *f*; **~исати** ⟨**ис-**⟩ sägen
тестѝрати (IM)PF testen
тѐстис ANAT Hoden *m*
тѐсто Teig *m*
тéта *Koseform* → **ттка**
тетѝва MED Sehne *f*
тѐтка Tante *f* (*Schwester eines Elternteils*)
тетов|áжа Tätowierung *f*; **~ѝра̄ње** Tätowierung *f*
тету̀рати се taumeln
тѐћи fließen; laufen (*a fig*)
тѐхни|ка Technik *f*; **~ча̄р(ка** F) M Techniker(in *f*) *m*; **~чкӣ** technisch
техн|оло̀гија Technologie *f*; **~о̀лошкӣ** technologisch
тéча M Onkel *m* (*Ehemann einer Tante*)
тѐч|а̄ј Lehrgang *m*; ECON Kurs *m*; **~ан** flüssig; fließend; **~но̄ст** F Flüssigkeit *f*
тѐшити ⟨**у̀-**⟩ trösten
тѐшк|о ADV kaum; schwer; **~о ми па̀да̄** es fällt mir schwer; **~о̀ћа** Schwierigkeit *f*
тзв. (**такѐзва̄нӣ**) sog. (so genannt)
тѝ PRON du
тѝга̄њ Pfanne *f*
тѝгар Tiger *m*
тѝк dicht (**уз** *A* bei *D*)
тѝква Kürbis *m*
тѝква̄н Dummkopf *m*
тѝквица Zucchini *pl*
тѝм[1] Team *n*
тѝм[2] ADV desto
тѝме dadurch
тѝмија̄н Thymian *m*
тѝмскӣ Team-
тѝнејџер(ка F) Teenager *m*
тѝњати schwelen, glimmen
тѝп Kerl *m*, Typ *m*
тѝпичан typisch
тѝпка Taste *f*
тѝпл Dübel *m*
тѝповати (IM)PF schätzen, tippen
тѝра̄ж *Buch* Auflage *f*
тѝр|анин Tyrann *m*; **~а̀нисати** (IM)PF tyrannisieren
тѝркӣзнӣ türkisfarben
тѝскати се sich drängen
тѝтл *Film* Untertitel *m*
тѝтр|а̄ј Schwingung *f*; **~ати** flackern

тит|ула Titel *m*; **~ѝлисати** (IM)PF titulieren
тѝфус Typhus *m*
тӣх leise, still
тѝцати се betreffen; **штȍ се тѝчē** (*G*) was (*A*) angeht
тишѝна Stille *f*; **~!** Ruhe!
тѝштати bedrücken
тка̏нин|а Gewebe *n*; **~е** PL Textilien *n/pl*
тка̏ти ⟨са̀-⟩ weben
ткѝво ANAT Gewebe *n*
тлѐ, тлȍ Grund *m*, Boden *m*
тло̀црт ARCH Grundriss *m*
тму́ран trübe, düster
тȏ das; **~ йсто̄** dasselbe; **поред то̀га** außerdem; daneben; **у то̀ме** darin
тоа̀лет WC *n*, Toilette *f*
тоалѐта (Damen)Toilette *f*
тȍбоган Rutsche *f*
то̀бож|е ADV angeblich; **~њӣ** angeblich
тȏв Mast *f*
то̀вар Fracht *f*, Ladung *f*
то̀в|арити ⟨на-⟩ beladen; **~а̄рнӣ** Last-, Fracht-
то̀в|ити ⟨у-⟩ mästen; *Gänse* stopfen; **~ље̄ње** Mästung *f*
тȏк Lauf *m*, Verlauf *m*; **у то̀ку** im Laufe; im Gange
тȍки-вȍки Funksprechgerät *n*
то̀ком PRP (*G*) während (*G*), im Laufe (*G od* von *D*)
тол|ера̀нтан tolerant; **~ѐрисати** (IM)PF tolerieren
толѝк|ӣ so groß; **~ō** so viel; derart
тȏм *Buch* Band *m*
тȏн Ton *m*
то́на *Maßeinheit* Tonne *f*
тȏнск|ӣ Ton-; **~а̄ ле̏ствица** Tonleiter *f*
то̀нути ⟨у-⟩ versinken; untergehen
тȍп Kanone *f*; *Schach* Turm *m*
тȍп|ао warm; **~ио̀ница** *Hüttenwerk* Hütte *f*
то̀пити ⟨ис-⟩ schmelzen *v/i*; **~ се** zerfließen; *Schnee* schmelzen
топла̀на (Fern)Heizwerk *n*
то̀плес topless, *F* oben ohne
топлѝна Wärme *f* (*a fig*)
тȍп-лѝста Topliste *f*
тȍпл|окр̑ван ZO warmblütig; **~оме̄р** Fieberthermometer *n*; **~о̀та** Wärme *f*; **~отнӣ** Wärme-, Hitze-
топо̀ла Pappel *f*
топо̀нӣм Ortsname *m*
тȍпо̄т Stampfen *n*, Getrappel *n*
то́рањ Turm *m*
то́рба Tasche *f*
тȏрта Torte *f*
тȏст Toastbrot *n*
то̀стер Toaster *m*
тȍта̄лан total
тȍталита̄ран totalitär
тȍцило Schleifstein *m*
то̀чак Rad *n*
то̀чити ⟨на-⟩ einschenken; *Wasser* einlassen; **~ гȍрӣво** tanken
трабу̀њати faseln
тра́ва Gras *n*; Kraut *n*
тра̀в|а̄р(ка F) M Kräutersammler(in *f*) *m*; **~а̀рица** Kräuterschnaps *m*
трȃв|ка Kraut *n*, Gras *n*; **~ња̄к** Rasen *m*
трȃг Fährte *f*, Spur *f*; **без ~а**

spurlos
трàг|āње Suche *f*; **~ати** fahnden, suchen (**за** / nach et)
трàг|ēдија Tragödie *f*; **~ика** Tragik *f*; **~ичан** tragisch
трàдӣција Tradition *f*
трāдиционāлан traditionell
трâжен gefragt
трáжити ⟨**по-**⟩ suchen; fordern
трâјан dauerhaft; Dauer-
трȁј|āње Dauer *f*; **~ати** ⟨**пò-**⟩ (an)dauern
трàјект (Auto)Fähre *f*
трâјно ADV dauerhaft
трáјнōст F Beständigkeit *f*; Haltbarkeit *f*
трȁк|а Band *n*; Streifen *m*; **пȍкрēтнā ~а** Fließband *n*; **сȁобраћајнā ~а** Fahrspur *f*
трȁктор Traktor *m*
трȁљав *schlecht* flau
трȁмвāј Straßenbahn *f*
трâмпити (ein)tauschen (**за** *A* gegen *A*)
трàнзистор Transistorradio *n*
трàнс|порт Transport *m*; **~пòртēр** Lieferwagen *m*; **~портовати** (IM)PF transportieren; **~родан** transgender; **~фер** Transfer *m*; **~фòрмā-тор** Transformator *m*; **~фòрмисати** (IM)PF transformieren; **~фȕзија** Transfusion *f*
трȁпав tollpatschig, schusselig
трàпēз Trapez *n* (*a* MATH)
трȁса Trasse *f*
трȁћити ⟨**прò-**⟩ vergeuden, verschleudern
трàфика Kiosk *m*
трȁч Klatsch *m*; **~áрити** klatschen
тр̀б|ух Unterleib *m*, Bauch *m*; **~ушаст** bauchig; **~ушнӣ** Bauch-; Unterleibs-; **~ушнӣ плēс** Bauchtanz *m*
тр̀вēње Reibung *f* (*a fig*)
тр̂г (Markt)Platz *m*
тргòвати handeln (*I* mit *D*)
тр̀г|овац M, **~ōвка** F Kaufmann *m*, Kauffrau *f*; Händle-r(in *f*) *m*; **~овачкӣ** kaufmännisch, Handels-; **~овина** Handel *m*; Geschäft *n*; **спȍљнā ~овина** Außenhandel *m*; **~овӣнскӣ** Handels-
трȅб|ати sollen; brauchen; **~ā ми** ich brauche; **~овāње** Bedarfsmeldung *f*; **~овати** anfordern
трȅбити ⟨**ѝс-**⟩ verlesen, klauben
трéгер *an Kleidung* Träger *m*; **~и** M/PL Hosenträger *m/pl*
трéзан nüchtern
трȅзвен *fig* nüchtern; **~ōст** F Nüchternheit *f*
трèзōр Tresor *m*
тре́ма Lampenfieber *n*
трȅн: **за ~ ȍка** im Nu
трéн|ер Trainer *m*; **~ерка** Trainerin *f*; Trainingsanzug *m*; **~инг** Training *n*; **~ѝрати** (IM)PF trainieren
тренýтак Augenblick *m*; **сȁмо ~!** e-n Augenblick!
трȅн|ӯтан augenblicklich; vorübergehend; **~ути** PF schlafen; **не ~ути цéлē нȍћи** die ganze Nacht kein Auge zumachen; **~ỳтачнӣ** momentan
трéње TECH Reibung *f*

трѐпавица Wimper *f*
трепѐр|ав flimmernd; **~ити** flimmern
трѐпēт Zittern *n*, Beben *n*
трѐптати ⟨трѐпнути⟩ blinzeln; zwinkern
трѐсак Knall *m*
трѐсет Torf *m*
трѐскати ⟨-снути⟩ knallen
трéсти schütteln, rütteln; **~ се** zittern, beben
третѝрати (IM)PF behandeln
трѐтмāн Behandlung *f*
трѐћ|ӣ dritte(r); **~ѝна** Drittel *n*
трѐф *Karte* Kreuz *n*
трѐшња (Süß)Kirsche *f*; Kirschbaum *m*
трéштати dröhnen
тр̀ж|ӣште *kaufmännisch* Markt *m*; **~ӣшнӣ** Handels-; **~нӣ цѐнтар** Geschäftszentrum *n*; **~ница** Markthalle *f*
тр̏з|āј Zuckung *f*; **~ати ⟨тр̏гнути⟩** reißen, zerren; **~ати се** zucken, auffahren
трӣ drei; **~ стȍтине** dreihundert
триб|ѝна Tribüne *f*; **~ỳнāл** Gerichtshof *m*
трѝвијāлан trivial
трѝдесēт dreißig; **~ӣ** dreißigste(r)
трѝјумф Triumph *m*; **~овати** (IM)PF triumphieren
трѝк Kniff *m* (*fig*), Trick *m*
трѝкō Trikot *n*; **~тáжа** Strickwaren *f/pl*
трѝнаест dreizehn; **~ӣ** dreizehnte(r)
трѝпут dreimal
трѝста dreihundert
тричàрија Kram *m*, Zeug *n*
тр̏ка Rennen *n*, Lauf *m*
тр̀к|алӣште Rennbahn *f*; **~āч** M, **~àчица** F SPORT Läufer(in *f*) *m*; **~āчкӣ** Renn-
тр̏ком ADV im Laufschritt
тр́љати ⟨ис-⟩ (ab)reiben
тр̑н Dorn *m*; **~ȍвит** dornig
тр́нути ⟨у-⟩ *Glieder* einschlafen, taub werden
трòбōј|ан dreifarbig; **~ка** Trikolore *f*
трòв|āње Vergiftung *f*; **~ати ⟨о-⟩** vergiften; **~āч** M, **~àчица** Giftmischer(in *f*) *m*
трȍдимензионāлан dreidimensional
трòјица drei Männer
Трȍјице F/PL Pfingsten *n*
трȏјк|а Dreier *m*, Drei *f*; **~е** F/PL Drillinge *m/pl*
трóјство REL Dreifaltigkeit *f*
трòлēјбус Trolleybus *m*
трȍм träge; **~ōст** F Trägheit *f*
трòмбон Posaune *f*
трòмесēчје Quartal *n*
трȍнӯт zu Tränen gerührt
трòнути rühren (*fig*)
трȍпскӣ tropisch
трò|спратан dreistöckig; **~струк** dreifach
тротѝнет (Tret)Roller *m*
тротòāр Gehweg *m*
трòуг|ао Dreieck *n*; **~ласт** dreieckig
трòфēј Trophäe *f*
трòчасōван dreistündig
трȍшан abgenützt; baufällig
трòшити ⟨по-⟩ ausgeben; verbrauchen

тро̏шк|а Krümel *m*; **~ав** *Gebäck* mürbe
тро̏шкови PL Unkosten *pl*; Ausgaben *pl*
тр̏пати **⟨с-⟩** hineinstopfen; **~ ⟨у-⟩ се** sich aufdrängen
тр̏пез|а Tafel *f*; **~а̀рија** Esszimmer *n*
трпѐљив geduldig; **~о̄ст** F Geduld *f*
тр́пети dulden, aushalten
тр̑пнӣ GR Passiv-
тр̏ска *Pflanze* Rohr *n*, Schilf *n*
тру́ба Trompete *f*
тру́ба̄ч M, **~а̀чица** F Trompeter(in *f*) *m*
тру́бити trompeten; hupen
тру̑д Mühe *f*, Bemühung *f*
тру́дити **⟨по-⟩ се** sich bemühen
тру́дна schwanger
тру́д|ница Schwangere *f*; **~ничкӣ** Umstands-; **~но̀ћа** Schwangerschaft *f*; **~ови** Wehen *f/pl*
тру́леж F Fäulnis *f*
тру́лити **⟨ѝс-⟩** faulen; verwesen
тру̑н, **~ка** Stäubchen *n*; Funken *n*
тру́нити се zerbröckeln *v/i*
тру̑о ADJ morsch
тру̑п Rumpf *m*
тру̏па MUS Ensemble *n*; MIL Truppe *f*
тру́пац (Baum)Klotz *m*
тру̏пло Leichnam *m*
тру̑т Drohne *f*; *fig* Faulpelz *m*
тр̀ч|а̄ње Lauf *m*, Jogging *n*; **~ати** rennen, laufen, joggen
ту̑ ADV *örtl* da; hier
ту́ба Tube *f*
туберкуло́за Tuberkulose *f*
ту́г|а Trauer *f*; **~а̀љив** kitzlig; traurig; **~о̀вати** trauern (**за** / um *A*)
ту̀да̄ dahin, dorthin
ту̑ђ fremd; **~ӣна** Fremde *f*
ту̑ђица Lehnwort *n*
ту̑жан traurig
ту̏ж|ба Beschwerde *f*; JUR Klage *f*; **~балица** Totenklage *f*; **~илац** M, **~ӣља** F Kläger(in *f*) *m*; **ја̂внӣ ~илац** Staatsanwalt *m*
ту́жити **⟨оп-⟩** JUR (ver)klagen
тума̀рати (herum)irren
ту̏м|а̄ч M, **~а̀чица** F Dolmetscher(in *f*) *m*
тума́ч|е̄ње Interpretation *f*; **~ити** **⟨про-⟩** dolmetschen; deuten
ту̏мбати hin und her wälzen
ту̑мор Tumor *m*
ту̏на Thunfisch *m*
ту̏не̄л Tunnel *m*
ту̏њевина GASTR Thunfisch *m*
ту̑п stumpf; *Schmerz* dumpf; *fig* stumpfsinnig
ту̑пав dämlich
ту́пети **⟨о-⟩** abstumpfen (*a fig*)
ту̑р Hosenboden *m* (*a fig*); Gesäß *n*
ту́ра Runde *f*;Tour *f*
турб|ӣна Turbine *f*; **~уле̏нтан** turbulent
турѝзам Fremdenverkehr *m*; Tourismus *m*
ту̀р|ист(а) M, **~истки̇ња** F Tourist(in *f*) *m*, Urlauber(in *f*) *m*; **~ѝстичкӣ** Reise-, Touristik-

турнéја Tournee *f*
тỳрнӣр Turnier *n*
тӯрōбан schwermütig
тỳрп|ија Feile *f*; **~ијати** ⟨**ис-**⟩ feilen; *Holz* raspeln
тỳршија sauer eingelegtes Gemüse *n*
тŷтањ *Donner* Grollen *n*, Dröhnen *n*
тỳткало Leim *m*
тŷтњати ⟨**про-**⟩ *Motor* dröhnen; *Geräusch* grollen
тýћи schlagen, prügeln (**се** sich)
тỳфна *Stoff* Punkt *m*, Tupfen *m*
тŷцати (zer)stoßen; *Steine* klopfen; V bumsen
тỳце Dutzend *n*
тŷч|а Prügelei *f*; **~ак** Stößel *m*
тỳчњава Schlägerei *f*
тŷш[1] Tusche *f*
тŷш[2] Dusche *f*; **~ирати** (IM)PF duschen (**се** sich)

Ћ

ћȁкнӯт: **бити ~** *F fig* nicht alle Tassen im Schrank haben
ћȃле *Kosename* F Paps *m*
ћȁо! hallo!; tschüs!
ћȁскати ⟨**прò-**⟩ plaudern
ћȅб|ати ⟨**ỳ-**⟩ **се** fusseln; **~е** (Woll)Bettdecke *f*
ћевà|пчић GASTR (gegrilltes) Hackfleischröllchen *n*; **~бџиница** Rostbratstube *f*
ћȅлав glatzköpfig
ћѐлија Zelle *f* (*a* BIOL)
ћéрка Tochter *f*
ћили̏бāр Bernstein *m*
ћи̑лим (Wand)Teppich *m*
ћири̏лица kyrillische Schrift *f*
ћȍрав *F* blind; **~ā пòсла** aussichtsloses Geschäft *n*
ћȍрсокāк *F* Sackgasse *f*
ћȍш|ак *F* Ecke *f*; **~каст** eckig (*a fig*)
ћŷба *Vogel* Haube *f*
ћŷдљив launisch
ћŷлити ⟨**на-**⟩ *Ohren* spitzen
ћŷмур Grillkohle *f*
ћŷп Tonkrug *m*
ћŷр|āн Truthahn *m*; **~етина** Putenfleisch *n*
ћŷрка Pute *f*
ћýтати schweigen
ћŷт|кē schweigend; **~љив** schweigsam
ћỳфте *Art* Frikadellen *f/pl*
ћŷшкати ⟨**ћŷшнути**⟩ **се** sich stoßen

У

у (*wo? L D; wohin? A A*) *örtl* in, bei, nach (*D*); *zeitl* in (*D*), um (*A*)
убáдати ⟨**убòсти**⟩ hineinstechen *in et*
убаци́в|āње SPORT Einwurf *m*; **~ати** ⟨**убáцити**⟩ einwerfen (*a fig*); KFZ *Gang* einlegen
убѐдљив überzeugend
ỳбēђ|ен überzeugt; **~éње** Überzeugung *f*; **~и́вати**

⟨**убе́дити**⟩ überzeugen
убѐлежити PF eintragen
убѝјати ⟨**у̏бити**⟩ umbringen, töten; ~ **вре́ме** Zeit totschlagen
убѝрати *Geld* einziehen
убѝство Mord *m*; Totschlag *m*
у̏битачан tödlich, mörderisch (*a fig*)
убѝца M Mörder(in *f*) *m*
ублажа́вати ⟨**-а́жити**⟩ mildern, lindern
у̀бод Stich *m*
убра́јати ⟨**убро̀јити**⟩ einrechnen; zählen zu
убрза́вати ⟨**убрзати**⟩ beschleunigen
у̑брз|а̄нӣ beschleunigt; **~а̄нӣ во̂з** Eilzug *m*; **~а̄нӣ пу̏лс** beschleunigter Puls *m*; **~а́ње** Beschleunigung *f*
у̑бр̄зо demnächst; bald (darauf)
убризга́вати ⟨**у̀бризгати**⟩ (ein)spritzen
убу̀ду̑ће ADV zukünftig
у̑бу̑ђао verschimmelt
уважа́вати ⟨**ува́жити**⟩ beherzigen; achten
у̑вала Senke *f*; *Küste* Bucht *f*
ваљѝвати ⟨**ува́лити**⟩ aufdrängen; einnisten (**се** sich)
увежба́вати ⟨**у̀вежбати**⟩ einüben, einstudieren
увезѝвати ⟨**уве́зати**⟩ zuschnüren, binden
у̑ве̄к immer
у̀вели|ко in hohem Maße; schon dabei; **~ча́ва̄ње** Vergrößerung *f* (*a* FOT); **~ча́вати** ⟨**увелѝчати**⟩ vergrößern; *fig* aufbauschen
у̀венути PF verwelken
у̑вео welk
увера́в|а̄ње Beteuerung *f*; **~ати**[1] beteuern
увера́вати[2] ⟨**у̀верити**⟩ überzeugen (**се** sich)
у̀вер|ен überzeugt; **~е́ње** Überzeugung *f*; *offizielle* Bescheinigung *f*
увѐрљив überzeugend
увертѝра Ouvertüre *f*
увећ|а́ње Vergrößerung *f*; **~а́вати** ⟨**увѐћати**⟩ vergrößern
у̑вече̄ abends; **су̑тра ~** morgen Abend
у́вид Einblick *m*; Einsicht *f*
у̑виђа̄ван rücksichtsvoll
у̑виђа̄ј JUR Ortsbesichtigung *f*
увѝђати ⟨**у̀видети**⟩ einsehen
увѝј|а̄ње: **без ~а̄ња** unumwunden; **~ати** ⟨**у̀вити**⟩ einwickeln, in *et* einschlagen
увѝјати се sich winden
увѝјено ADV *fig* durch die Blume
у̑вӣс aufwärts, hoch
увла́чити ⟨**уву́ћи**⟩ hereinziehen; einziehen
у̑во Ohr *n*
у́вод Einführung *f*
уво̀дити ⟨**уве̏сти**⟩ einführen; hereinführen
у́воднӣк Leitartikel *m*
у́воз Einfuhr *f*
уво̀зити ⟨**увѐсти**⟩ importieren
у́вознӣк Importeur *m*
у̀војак (Haar)Locke *f*

у̏вреда Beleidigung *f*
уврѐдљив beleidigend
у̏вре̄ђен beleidigt
у̏врх PRP (*G*) an der Spitze (*G od* von *D*); zuoberst
увршта́вати ⟨**увр́стити**⟩ einordnen, einreihen (**се** sich)
уга́ђати ⟨**уго̀дити**⟩ es *j-m* recht machen (wollen)
у̀газити PF (hin)eintreten
у̏гаљ Kohle *f*
угра̀н|ути PF *Fuß* verstauchen; **~у̂ће** Verstauchung *f*
у̏гао Ecke *f*; MATH Winkel *m*
у̏га̄шен *Vulkan* erloschen
у̏гинути PF *Tier* verenden; *Pflanze* eingehen
углављи́вати ⟨**угла́вити**⟩ einpassen; festmachen
угла̀вно̄м ADV hauptsächlich
у̏глађен kultiviert, geschliffen; **~о̄ст** F Anstand *m*, Schliff *m*
у̏гласт eckig
у́глед Ansehen *n*; Vorbild *n*
у̏гле̄дан angesehen
у̏гледати PF erblicken
угле́дати се ein Beispiel nehmen an *j-m*
у̀гљ|енӣ Kohlen-; **~ѐнӣк** Kohlenstoff *m*
угњета́в|а̄ње Unterdrückung *f*; **~ати** unterdrücken
угова́рати ⟨**угово̀рити**⟩ vereinbaren
у̏гово̄р Vertrag *m*; Abkommen *n*
у̀годан behaglich, angenehm
уго́дно̄ст F Behaglichkeit *f*; Annehmlichkeit *f*
у̀гојен beleibt; *Tier* gemästet
уго̀ститељ Hotelier *m*; **~ство** Gastgewerbe *n*; Hotelwesen *n*
угошћа́вати ⟨**уго̀стити**⟩ bewirten; beherbergen
у̀грабити PF ergreifen
уграђи́вати ⟨**угра́дити**⟩ einbauen
у̀грејати PF erhitzen; **~ се** sich aufwärmen
у̀гриз Biss *m*
угрожа́вати ⟨**угро̀зити**⟩ bedrohen, gefährden
у̀грожено̄ст F *Zustand* Gefährdung *f*
угура́вати ⟨**угу́рати**⟩ hineindrücken; hineinschieben; **~ се** sich (hin)eindrängen
у̀гӯшен erstickt
у̂д (Körper)Glied *n*
уда́вати ⟨**у̀дати**⟩ *Tochter* verheiraten; **~ се** *Frau* heiraten
у̏даj|а *Frau* Heirat *f*; **дѐво̄јка за ~у** Mädchen *n* im heiratsfähigen Alter
у̏да̄љ: **ско̂к ~** SPORT Weitsprung *m*
у̏да̄љ|ен entfernt; **~ено̄ст** F Entfernung *f*; **~и́вати** ⟨**уда́љити**⟩ **се** sich entfernen
у̏да̄р Schlag *m*; Putsch *m*; **~ гро̀ма** Donnerschlag *m*
у̀дарати ⟨**у̀дарити**⟩ schlagen, hauen; **~ пѐчат** stempeln; **~ се** (sich) anstoßen (**о** *A* an *A*)
у̀дарац Schlag *m*; **ка̀зненӣ ~** SPORT Strafstoß *m*; **сло̏бодан ~** SPORT Freistoß *m*
у̏да̄рнӣ schlagend, Schlag-
у̏да̄та̄ *Frau* verheiratet
удва́рати се den Hof machen
удва̀ра̄ч Verehrer *m*

ỳдвоје zu zweit
ỳдвори|ца Schmeichler *m*; **~чкӣ** schmeichlerisch
удвостручáвати **⟨удвòстручити⟩** verdoppeln
ỳденути PF einfädeln, *et* in *et* einziehen; *Schnur* durchziehen
ỳдео Anteil *m*
ỳде|с Unfall *m*; Schicksal *n*; **~шáвати ⟨ỳдесити⟩** arrangieren; **~шáвати ⟨ỳдесити⟩ се** sich zurechtmachen
ỳдисати ⟨удàхнути⟩ einatmen
ỳдица Angelhaken *m*
ỳдно PRP (*G*) zu Füßen (*G*)
ỳдобан bequem, gemütlich
ỳдо́бно̄ст F Bequemlichkeit *f*, Komfort *m*
удóвац Witwer *m*
ỳдови PL Gliedmaßen *pl*
удòви|ца Witwe *f*; **~чкӣ** Witwen-
удовољáвати ⟨удовòљити⟩ *Wunsch* nachkommen
удòмити PF *j-n* unterbringen; **~ се** unterkommen
удостојáвати ⟨удостòјити⟩ würdigen
удруж|éње Gesellschaft *f*, Verein *m*; **~ńвати ⟨удрýжити⟩** vereinen, vereinigen (**се** sich)
удубљ|éње Vertiefung *f*; **~ńвати ⟨удýбити⟩** vertiefen (**се** sich)
ỳжа̄рен glühend
ужáрити PF heiß machen, erhitzen; **~ се** glühen
ỳжа̄с Schreck(en) *m*, Entsetzen *n*; **~áвати ⟨ужáснути⟩** in Angst und Schrecken versetzen; **~áвати ⟨ужáснути⟩ се** sich entsetzen; **~ан** entsetzlich, schrecklich
ỳжа̄снӯто ADV entsetzt
ỳже Strick *m*, Tau *n*
ỳжегао ranzig
ужѝвалац Genießer(in *f*) *m*; Nutznießer(in *f*) *m*
ужѝв|а̄ње Vergnügen *n*; Genuss *m*; **~ати** genießen; sich erfreuen (*G*); JUR nutznießen; **~љáвати ⟨ужѝвети⟩ се** sich einleben
ỳжӣво live
ỳжина Zwischenmahlzeit *f*; *Schule* Pausenbrot *n*
ỳжурба̄н eilig, hastig
уз PRP (*A*) neben (*D od A*); **~ по̀мо̄ћ** mit Hilfe von
ỳзаја̄мно einander, gegenseitig
ỳзак eng, schmal
ỳзалӯд ADV vergebens, umsonst; **~ан** vergeblich
узáст|опан aufeinander folgend; **~òпце̄** hintereinander
ỳзбрдица Anstieg *m*
ỳзбрдо bergauf
узбу̏дљив aufregend, spannend
ỳзбӯђ|ен aufgeregt; erregt; **~éње** Aufregung *f*; Erregung *f*; **~ńвати ⟨узбу̏дити⟩ (се** sich) erregen; aufregen
ỳзбуна Alarm *m*; Aufruhr *m*
узбуњѝвати ⟨-бýнити⟩ alarmieren; aufrühren; **~ се** sich erheben
ỳзбурка̄н *Meer* bewegt, aufgewühlt (*a Gefühle*)

ўзвӣк GR Ausruf *m*; GR Interjektion *f*; **~ӣвање** Jubel *m*; **~ӣвати ⟨узвӣкнути⟩** aufschreien
ўзвичнӣк Ausrufezeichen *n*
ўзвиш|ен erhöht; erhaben; **~еност** F Erhabenheit *f*; **~ица** Anhöhe *f*
ўзводно flussaufwärts
ўзвра̄тан Gegen-, Rück-
ўзвраћати ⟨узвра́тити⟩ *Gruß* erwidern; *Schlag* zurückgeben
ўз|га̄ја̄н gezüchtet, Zucht-; **~га́јати ⟨~гòјити⟩** *Tiere* züchten; *Pflanzen* anbauen; **~гàја̄ч** M, **~гаjàчица** F Züchter(in *f*) *m*; **~го̄ј** Zucht *f*
ўзгре̄д ADV beiläufig; **~ан** nebensächlich; Rand-
ỳзда Zaum *m*, Zügel *m*
ўзданица Hoffnung *f*, (geistige) Stütze *f*
ỳздати се PF sich verlassen auf (*A*)
ўзда̄х Seufzer *m*
ўздизати ⟨ỳздићи⟩ (hoch-) heben; preisen; **~ се** sich erheben; *fig* (nach oben) steigen
ỳздисати ⟨-дàхнути⟩ seufzen, stöhnen
ўздра̄вље Prosit!
уздржáв|а̄ње Enthaltung *f*; **~ати ⟨уздр̀жати⟩ се** sich zurückhalten; *Abstimmung* sich enthalten
ўздржа̄н zurückhaltend; **~о̄ст** F Zurückhaltung *f*
ўздрмати PF erschüttern
ўздӯж PRP (*G*) längs, entlang (*G*); **~ и пòпре̄ко** kreuz und quer; **~ан** Längs-
уземљéње EL Erdung *f*
узѐмљити PF EL erden
ўзе̄то̄ст F Lähmung *f*, Paralyse *f*
узи́дати PF einmauern
ўзим|а̄ње Einnahme *f*; **~а̄ње дро́га̄** Drogenkonsum *m*; **~ати ⟨ўзе̄ти⟩** (zu sich) nehmen; einnehmen; **~ати ⟨ўзе̄ти⟩ ма̂ха** um sich greifen; **~ати ⟨ўзе̄ти⟩ за злò** übel nehmen
ўзица Schnur *f*; Leine *f*
ўз|лет *fig* Aufschwung *m*; **~ле́та̄ње** AER Start *m*; **~ле́тати ⟨узлѐтети⟩** hochfliegen; AER starten; **~летӣште** Rollbahn *f*
узнàпредов|ао vorgerückt; **~ати** PF vorwärts kommen
узнемирáвати ⟨-ми́рити⟩ stören; beunruhigen (**се** sich)
ýзор Vorbild *n*; **~ак** Vorlage *f*; **~ан** vorbildlich
ўзра̄ст (Lebens)Alter *n*; Wuchs *m*
ỳзро|к Grund *m*, Ursache *f*; **~чан** ursächlich; GR kausal; **~чнӣк** Urheber *m*
узрујáвати ⟨-рỳјати⟩ aufregen (**се** sich)
ўзрујано̄ст F Aufregung *f*
узурпи́рати (IM)PF usurpieren
ўигра̄н eingespielt
ўја̄к Onkel *m* (*Bruder der Mutter*)
ўјед Biss *m*; *Insekt* Stich *m*
ујéдати ⟨ỳјести⟩ beißen (*a fig*); *Insekt* stechen
уједињáвати ⟨уједи́нити⟩ vereinigen

уједи̑|њен vereinigt; **Ѕ̂једињене на̂ције** die Vereinten Nationen; **~ње́ње** Vereinigung *f*
уједнача́вати 〈**уједна́чити**〉 vereinheitlichen
уједна̄чен gleichmäßig
у̑јна Tante *f* (*Frau des Bruders der Mutter*)
у̑јутро morgens
у́каз Erlass *m*
указивати 〈**ука́зати**〉 aufzeigen; *Ehre* erweisen; **~ по̑мо̄ћ** Hilfe leisten
ука́љати PF beschmutzen
у̏капати PF einträufeln; MED tropfen
уква́рити се PF *Lebensmittel* verderben
уки́д|а̄ње Aufhebung *f*; **~ати** 〈**у̏кинути**〉 abschaffen; *Verbot* aufheben
у̀клањати 〈**укло̀нити**〉 aus dem Weg räumen (*a fig*)
укла́пати 〈**укло̀пити**〉 anpassen; einsetzen; **~ се** sich einfügen; sich anpassen; passen zu (*D*)
у̀кле̄т verwunschen
укле́штити PF einklemmen, quetschen
укључи́вати 〈**укљу́чити**〉 enthalten; einschalten; **~ се** sich einschalten
уколико falls; sofern
укопа́вати 〈**уко̀пати**〉 begraben; **~ се** MIL sich eingraben
у̀копа̄н eingegraben; **као ~** wie angewurzelt
уко̀пчати PF EL einschalten; *F* kapieren
у́кор Rüge *f*, Tadel *m*
у̑кора̄к: **ићи ~** Schritt halten (**с** *I* mit *D*)
уко̀ре̄њен eingewurzelt, verwurzelt (*a fig*)
уко̀ричити PF *Buch* (ein)binden
у̀косница Haarnadel *f*
уко̀твити се PF MAR ankern
у̏ко̄чен steif; **~о̄ст** F Steifheit *f* (*a fig*); **мр̀тва̄чка̄ ~о̄ст** Leichenstarre *f*
у̑кра̄с Schmuck *m*; **~ан** schmückend, Schmuck-
у̑кра̄тко ADV kurz, kurzum
украша́вати 〈**укра́сити**〉 garnieren; verzieren
укро̀т|ив zähmbar; **~илац**, **~итељ** Tierbändiger *m*
у̑крӯг im Kreis
у̑кру̑ћен steif
укрца́в|ати 〈**у̀кр̑цати**〉 verladen; **~ати** 〈**у̀кр̑цати**〉 **се** an Bord gehen
укр́шт|а̄ње BIOL Kreuzung *f*; **~ати** 〈**у̀кр̑стити**〉 *Wege* kreuzen; **~ати** 〈**у̀кр̑стити**〉 **се** sich überschneiden; sich kreuzen
у̀кр̑штен: **~е̄ ре̑чи** *f/pl* Kreuzworträtsel *n*
укува́вати 〈**у̀кувати**〉 einkochen
у̀куп|ан gesamt; **~но** ADV insgesamt
у̑ку̑с Geschmack *m*; **~ан** geschmackvoll; schmackhaft
у̀кућ|анин M, **~а̄нка** F Hausbewohner(in *f*) *m*
укуца́вати 〈**у̀куцати**〉 einschlagen

ула́г|а̄ње Investition *f*; **~а̄ње капита́ла** Kapitalanlage *f*; **~ати** ⟨**улòжити**⟩ investieren; *Beschwerde* einlegen
ула̀г|а̄ч M, **~а̀чица** Investor(in *f*) *m*
улаги́вати се schmeicheln
ỳлаз(ак) Eingang *m*; Eintritt *m*
ỳлаз|ити ⟨**у́ћи**⟩ eintreten, hereinkommen; **~нӣ** Einreise-; Eintritts-; Eingangs-; **~нā ви́за** Einreisevisum *n*; **~ница** Eintrittskarte *f*
ỳлēво nach links
уле́г|ати ⟨**улѐгнути**⟩ **се** sich senken; **~ну́ће** (Boden-)Senke *f*
улепша́вати ⟨**улѐпшати**⟩ verschönern; beschönigen; **~ се** sich hübsch machen
ули́вати ⟨**ỳлити**⟩ eingießen; *Angst* einflößen; **~ се** (ein-)münden
улизи́вати се kriechen
ỳлизи|ца Speichellecker *m*; **~чкӣ** *fig* schleimig
ỳлица Straße *f*
ỳличāрка Straßenmädchen *n*
ỳлич|ица Gasse *f*; **~нӣ** Straßen-
ỳлов Fang *m*
улòвити ertappen; erwischen; → *a* **лòвити**
у́лог (Geld)Einlage *f*; Einsatz *m*
ỳлога Rolle *f*
ỳложак Einlage *f*; **хигѝјēнскӣ ~** Damenbinde *f*
ỳлтра|звŷк Ultraschall *m*; **~краткӣ** ultrakurz; **~љу̀бичаст** ultraviolett
улубљ|е́ње (*Vertiefung*) Beule *f*; **~и́вати** ⟨**улу́бити**⟩ eindrücken, verbeulen (**се** sich)
ỳљанӣ ölig; Öl-
ỳље Öl *n*; Ölgemälde *n*
ỳљез Eindringling *m*
ỳљудан höflich, anständig
уљуљки́вати ⟨**ỳљуљкати**⟩ einwiegen; einlullen
ŷм Verstand *m*; **па̏сти кòме на ~** j-m in den Sinn kommen
ỳмаз|ан schmierig; verschmiert; **~ати** PF beschmieren; verschmieren (**се** sich)
ŷ|мāк Soße *f*; **~ма́кати** ⟨**умòчити**⟩ V/T eintauchen, tunken
умàкнути PF entkommen
ỳмало fast
ỳман geistreich; intellektuell
умањ|ѐница GR Verkleinerungsform *f*; **~и́вати** ⟨**ума́њити**⟩ verringern, verkleinern
ума́рати ⟨**умòрити**⟩ ermüden; umbringen; **~ се** müde werden
умарши́рати PF einmarschieren
ума́стити PF einfetten; **~ се** fettig werden
ỳмерен gemäßigt, maßvoll
ỳмес|нōст F Angemessenheit *f*; **~тан** angebracht
ỳместо PRP (*G*) anstelle von (*D*), statt (*G*)
ỳмет|ак Einlage *f*; **~ати** ⟨**~нути**⟩ einlegen, einsetzen
ỳмет|и fähig sein, können; **~нӣк** M, **~ница** F Künstler(in *f*) *m*; **~ничкӣ** künstlerisch, Kunst-; **~нōст** F Kunst *f*

уме́ће Können *n*
у̏меш|ан geschickt, gewandt; **~ност** F Geschicklichkeit *f*
умивао̀|ник Waschbecken *n*; **~ница** Waschraum *m*
уми́вати ⟨у̀мити⟩ das Gesicht waschen (**се** sich)
у̀миљат anmutig; anschmiegsam
у̀мирати ⟨у̀мрети⟩ sterben; **~ од гла̑ди** verhungern; **~ од же̑ђи** verdursten
умир|е́ње Beruhigung *f*; **~и́вати ⟨уми́рити⟩** beruhigen
умѝрујӯћи beruhigend
уми́шљати ⟨у̀мислити⟩ sich *et* einbilden
умножа́в|а̄ње Vervielfältigung *f*; **~ати ⟨умно̀жити⟩** vervielfältigen
у̑мња̄к Weisheitszahn *m*
у̑моб̄олан geisteskrank
у̑мор¹ Müdigkeit *f*
у̑мор² Todesstunde *f*; **бити на ~у** in den letzten Zügen liegen
у̑мо̄ран müde
умо̀тати PF einwickeln (**се** sich)
умотво̀рина Schöpfung *f*
у̑мрлица Totenschein *m*
умр́љати PF verkleckern
умртвљи́вати ⟨умр̀твити⟩ abtöten (*a fig*)
у̀мукнути, у̀мӯћи PF verstummen; **у̀мукни!** halt's Maul!
у̀наза̄д rückwärts
уна̀за|дан Rückwärts-; **~ђи́вати ⟨уназа́дити⟩** zurückwerfen
унака́зити PF entstellen
уна́крс|т ADV kreuzweise; **~тан** kreuzweise, Kreuz-; **~но̄ испити́ва̄ње** Kreuzverhör *n*
у̀наоколо ringsherum
уна̀пре̄|д im Voraus; **~ђе́ње** Beförderung *f*; **~ђи́вати ⟨унапре́дити⟩** befördern; vorantreiben
у̀натра̄г *Richtung* zurück
унатра̀шке̄ *Art u Weise* rückwärts
у̀недогле̄д ADV bis ins Unendliche
у̀неповра̄т unwiederbringlich
у̀нивèрза̄лан Mehrzweck-; universell
универзи̏те̄т Universität *f*, Hochschule *f*; **на́роднӣ ~** Volkshochschule *f*; **~скӣ** Universitäts-, Hochschul-
у̑нија Union *f*
унифо̄рма Uniform *f*
у̑нихоп (Damen)Strumpfhose *f*
униш|а́вати ⟨у̀ништити⟩ vernichten; **~е́ње** Vernichtung *f*
уновча́вати ⟨у̀но̄вчити⟩ zu Geld machen; *Scheck* einlösen
у́носан lohnend
уно̀сити ⟨у̀нети⟩ hineintragen
у̑нук(а F) M Enkel(in *f*) *m*
уну́тар PRP (*G*) innerhalb (*G od* von *D*)
у̀нутарњӣ innere(r)
уну́тра ADV hinein; d(a)rinnen
у̑нутрашњ|ӣ innere, Innen-; **~о̄ст** F Innere(s) *n*
у̀нуч|а̄д F Enkelkinder *n/pl*; **~е** N Enkelkind *n*; **~ића** En-

kelkinder *n/pl*
ȕњкати näseln
уоб|ичáвати pflegen; **~ѝчајен** gebräuchlich, üblich
уобличáвати 〈**уобли́чити**〉 gestalten, formen
уображáвати 〈**уобрáзити**〉 sich *et* einbilden
уо̀бра̄ж|ен eingebildet; **~ено̄ст** F Einbildung *f*
уобрàзи̑ља Einbildungskraft *f*
уоквирѝвати 〈**уокви́рити**〉 einrahmen
уопштáвати 〈**ȕопштити**〉 verallgemeinern
ȕопште im Allgemeinen; **~ не** überhaupt nicht
уортáчити се PF ECON Geschäftspartner werden
уо̀ста̄ло̄м übrigens
уочáвати 〈**уо̀чити**〉 erblicken, (be)merken
ȕочи PRP (*G*) unmittelbar vor (*D*)
уо̀чљив auffällig
ȕпад Einfall *m*
ȕпадати 〈**ȕпасти**〉 (herein-, hinein)fallen; *mit Gewalt* einfallen; **~ у нѐпри̑лике** in Schwierigkeiten geraten; **~ у ȍчи** ins Auge fallen
ȕпадица Zwischenbemerkung *f*
упàдљив auffallend
ȕпала MED Entzündung *f*
упàљач Feuerzeug *n*
ȕпа̄љен angezündet; *Gerät* eingeschaltet; *Wunde* entzündet
ȕпа̄мтити PF sich *et* einprägen, sich merken
ȕперити PF richten, zielen (*a fig*)
упечàтљив eindrucksvoll
упи́јати 〈**ȕпити**〉 aufsaugen
ȕпирати 〈**ȕпре̄ти**〉 **се** sich stemmen
ýпис Einschreibung *f*, Immatrikulation *f*; **~ѝвати** 〈**упи́сати**〉 einschreiben; immatrikulieren (**се** sich)
ȕпитн|ӣ fragend; **~нӣ пȍгле̄д** fragender Blick *m*; **~ѝк** Fragebogen *m*; GR Fragezeichen *n*
упи́шкити се in die Hose machen
ȕплака̄н verweint
ȕплата Einzahlung *f*
ȕплатница Einzahlungsschein *m*
уплаћѝвати 〈**уплáтити**〉 einzahlen
ȕплашен erschrocken
уплѐснивити се schimmelig werden
ȕплитати 〈**уплѐсти**〉 **се** sich einmischen
упловљáвати 〈**упло̀вити**〉 *Schiff* einlaufen
упознáвати 〈**упо̀знати**〉 bekannt machen; **~ се** sich kennen lernen
ȕпозна̄т vertraut
упозор|áвати 〈**упозо̀рити**〉 warnen; **~éње** Warnung *f*
ȕпола ADV zur Hälfte, halb
ȕпомо̄ћ! Hilfe!
ȕпо̄ран hartnäckig
ȕпор|едан parallel; vergleichend; **~ѐдив** vergleichbar; **~едо** ADV nebeneinander her; **~еђéње** Vergleich *m*; **~еђѝвати** 〈**упорéдити**〉

vergleichen
ѝпорӣште Stütze *f*; MIL Stützpunkt *m*
ȕпо̄рно̄ст F Hartnäckigkeit *f*
употпуња́вати ⟨упо̀тпунити⟩ vervollständigen
ȕпотреб|а Gebrauch *m*, Verwendung *f*; **ро̑к ~е̄** Haltbarkeitsdatum *n*; **за једно̀кратнӯ ~у** Wegwerf-; **~ља́вати ⟨употре́бити⟩** gebrauchen
употрѐбљив brauchbar
упошља́вати ⟨упо̀слити⟩ beschäftigen; Arbeit geben
ȕправа Behörde *f*; Verwaltung *f*; **~ предузе́ћа** Betriebsleitung *f*
ѝправљ|а̄ње Steuerung *f*; **да̀љинско̄ ~а̄ње** Fernsteuerung *f*; **~ати** steuern; verwalten; leiten (*I* et)
упра̀вља̄ч Lenker *m*; Steuer *n*
ȕпра̄внӣ Verwaltungs-, Leitungs-
ѝпра̄в|нӣк M, **~ница** F Verwalter(in *f*) *m*; Leiter(in *f*) *m*
ȕпра̄во ADV gerade, soeben; **~ та̀ко** genau so!
упре́зати ⟨упре́гнути⟩ einspannen
ѝпркос PRP (*D*) trotz (*D*); **~ то̀ме** trotzdem
упр́љати PF verschmutzen
упропашћи́вати ⟨упропа́стити⟩ ruinieren
упрошћа́вати ⟨упро̀стити⟩ vereinfachen
ѝпӯт MED Überweisung *f*
ȕпутница (Bank)Anweisung *f*
упу́тство Anleitung *f*; **~ за ȕпотребу** Gebrauchsanweisung *f*
ѝпӯћен eingeweiht; **бѝти ~** angewiesen sein (**на** *A* auf *A*)
упући́вати ⟨упу́тити⟩ anweisen; richten an; **~ се** sich begeben
упу́штати ⟨упу̀стити⟩ се sich einlassen (**у** *A* auf et)
уравнотежа́вати ⟨-те́жити⟩ ins Gleichgewicht bringen
уравно̀те̄жен ausgeglichen
ура̀га̄н Hurrikan *m*
уразумљи́вати ⟨уразу́мити⟩ zur Vernunft bringen; **~ се** zur Vernunft kommen
урамљи́вати ⟨ура́мити⟩ *Bild* (ein)rahmen
ѝранак Frühaufstehen *n*
ура́стати ⟨ура́сти⟩ einwachsen
урач|уна́вати ⟨~ѝнати⟩ einrechnen; **~ѝнљив** zurechnungsfähig
ȕрачуна̄т inklusive, inbegriffen
урба̀низовати (IM)PF urbanisieren
ургѐнтан dringlich
урги́рати (IM)PF auf *et* drängen
ȕредан ordentlich
ѝред|нӣк M, **~ница** F Redakteur(in *f*) *m*; **~нӣштво** Redaktion *f*; **~но̄ст** F Ordnung (-sliebe *f*) *f*
ȕређ|а̄ј Vorrichtung *f*, Gerät *n*; **~е́ње** Regelung *f*; Einrichtung *f*; **~и́вати ⟨уре́дити⟩** einrichten; regeln
ѝрез Einschnitt *m*, Kerbe *f*; **~и́вати ⟨ȕрезати⟩** ein-

schneiden, kerben
ўрӣн Urin *m*
ўрлати grölen, brüllen
ўрма Dattel *f*
ўрна Urne *f*
ўрнебе̄с (wildes) Durcheinander *n*
уро̀дити PF (er)bringen; **~ пло̀дом** *fig* Früchte tragen; **~ ўспехом** Erfolg haben
ўрођ|ен angeboren; **~ѐнӣк** M, **~ѐница** F Eingeborene(r *m*) *f*; **~ѐнӣчкӣ** Eingeborenen-
ўрок: **да не бӯде ~(а)!** unberufen!
уро̀лог Urologe *m*
урон̀ьа́вати ⟨уро̀нити⟩ eintauchen (*a fig*)
уручи́вати ⟨уру́чити⟩ aushändigen
усавршав|ање Vervollkommnung *f*; Fortbildung *f*; **~ати ⟨усавр́шити⟩** vervollkommnen; fortbilden (**се** sich)
усаглаша́вати ⟨-гла́сити⟩ се sich einig werden
усађи́вати ⟨уса́дити⟩ einpflanzen
ўса̄мљ|ен *Person* einsam; **~ѐнӣк** M, **~ѐница** F Einsiedler(in *f*) *m*; **~ено̄ст** F Einsamkeit *f*
усамљи́вати ⟨уса́мити⟩ се sich absondern
уса̀хнути PF *Quelle* versiegen
УСБ M, **~ мѐмо̄рија** USB-Stick *m*
усв|а́јање Aneignung *f*; **~а́јати ⟨усво̀јити⟩** sich aneignen; *Kind* adoptieren; **~ојéње** Adoption *f*
ўсев (Aus)Saat *f*; Saatgut *n*
ўсек GEO Einschnitt *m*
усéкати ⟨усéкнути⟩ се sich schnäuzen
усеља́вати ⟨усѐлити⟩ се *Wohnung* einziehen
усија́вати ⟨усѝјати⟩ *fig* anheizen; **~ се** zu glühen anfangen
ўсија̄н *fig* angeheizt; **~а̄ гла́ва** Hitzkopf *m*
ўсиљéн gekünstelt, gezwungen
ўсирити се PF gerinnen
усис|а́вати ⟨ўсисати⟩ einsaugen; Staub saugen; **~ѝва̄ч** Staubsauger *m*
уска́кати ⟨уско̀чити⟩ in *et od* auf *et* springen; *fig* für *j-n* einspringen
усклађи́вати ⟨ўскладити⟩ aufeinander abstimmen
ўсклӣк Ausruf *m*; **~и́вати ⟨ўскликнути⟩** ausrufen; (auf)jubeln
ўско ADV eng
усковитла́вати ⟨-ковѝтлати⟩ *Staub* aufwirbeln
уско̀груд(ан) engherzig
ўскоро demnächst
ускраћи́вати ⟨-кра́тити⟩ kürzen; *Unterstützung* entziehen
Ўскрс Ostern *n*; **срећан ~** Frohe Ostern!
ускрс|а́вати ⟨ўскрснути⟩ (wieder)auferstehen; **~ну́ће** Auferstehung *f*
ўскршњ|ӣ österlich, Oster-; **~е̄ ја́је** Osterei *n*

у̑след PRP (G) infolge; **~ тога** infolgedessen
услишити *Gebet* erhören; *Wunsch* erfüllen
услов Bedingung *f*; **по повољним ~има** zu günstigen Konditionen; **~но** ADV bedingt; JUR auf Bewährung
у̑слу|га Dienstleistung *f*; Gefallen *m*; **~ге** PL Service *m*; **~жан** zuvorkommend; **~живати ⟨услужити⟩** *Kunden* bedienen
у̑смен mündlich
усмеравати ⟨у̀смерити⟩ richten auf; *fig* lenken
усмрћивати ⟨у̀смртити⟩ töten
у̑сн|а Lippe *f*; **ру̑ж за ~е** Lippenstift *m*; **~ени** labial; Lippen-
у̑сни Mund-
усољавати ⟨усолити⟩ in Salz einlegen
у̀сољен Salz-, Pökel-; **~о месо** Pökelfleisch *n*
успав|анка Schlaflied *n*; **~љивати ⟨успавати⟩** *Kinder* schlafen legen; *Tiere* einschläfern
успавати се PF verschlafen
успаничити се PF in Panik geraten
успевати ⟨у̀спети⟩ *et* schaffen; gelingen
у̀спе|х Erfolg *m*; **~шан** erfolgreich
у̀сп|ињање *Bergsport* Aufstieg *m*; **~ињати ⟨у̑спети⟩ се** aufsteigen, erklettern; **~ињача** Skilift *m*, Sessellift *m*
успла̀хирен (tief) beunruhigt, aufgeregt
у̑спомена Andenken *n*; Erinnerung *f*
у̑спон Anstieg *m*; *fig* Aufstieg *m*
успорав|ање Verzögerung *f*; **~ати ⟨успорити⟩** verlangsamen; verzögern
у̀спорен schleppend; verlangsamt
успостављати ⟨успоставити⟩ errichten, herstellen
у̑справан senkrecht; aufrecht
усправљати ⟨у̀справити⟩ aufrichten
у̀спут ADV unterwegs
у̀срдно ADV inbrünstig
усред PRP (G) inmitten (G), mitten in (D)
усрѐд|сређеност F Konzentration *f*; **~сређивати ⟨~средити⟩** konzentrieren (**се** sich)
у̀срећити PF glücklich machen; **~ се** sein Glück machen
у̑ста N/PL Mund *m*
у̑став POL Verfassung *f*
у̑става Staudamm *m*; Schleuse *f*
у̑стајао abgestanden
устајати ⟨у̑стати⟩ aufstehen
устаљ|ен geläufig; **~ивати ⟨усталити⟩** stabilisieren, festigen (**се** sich)
у̀стан|ак Aufstand *m*; **~ички** aufständisch
у̑станов|а Einrichtung *f*; **~љавати ⟨установити⟩** *et* einrichten
устезати се sich zurückhalten

у̏страјати PF beharren
у̏страшити се PF einen Schreck bekommen
устре́лити PF abschießen
уструча́вати се sich genieren
у̏стукнути PF (zurück)weichen
у̏ст|упак Zugeständnis *n*; **~у́пати** ⟨**~у́пити**⟩ *et* abtreten
усуђи́вати ⟨**усу́дити**⟩ **се** sich trauen, wagen
у̏схићˉ|ен entzückt; **~е́ње** Begeisterung *f*; **~и́вати** ⟨**усхи́тити**⟩ **се** sich begeistern *für*
ута́жити *Hunger* stillen; *Durst* löschen
у̑|таја Unterschlagung *f*; **~та́јити** PF unterschlagen
у̏такмица Wettkampf *m*; **фу̑дбалскā ~** Fußballspiel *n*
ута̀начити PF ausmachen, festlegen
ута́њити PF dünn machen; *fig* kleinlaut werden
ута́пати ⟨**утѐпити**⟩ ertränken, ersäufen (**се** sich)
у̑твара Gespenst *n*
утврђи́вати ⟨**утвр́дити**⟩ befestigen; feststellen
утемељ|и́вати ⟨**утемѐљити**⟩ (be)gründen; **~и̏вāч** Gründer(in *f*) *m*
у̏те|ха Trost *m*; **~шан** tröstlich; Trost-
ути̏кāч Stecker *m*
у̏тис|ак *fig* Eindruck *m*; **~ки́вати** ⟨**у̑тиснути**⟩ (ein)prägen
у̑тицај Einfluss *m*; **~ан** einflussreich
у̏тицати[1] ⟨**утѐћи**⟩ entkommen; *Fluss* münden; beeinflussen (**на** *A* j-n)
у̏тицати[2] ⟨**ута̀ћи**⟩ V/T (hinein)stecken; (ein)fädeln
у̏тичница Steckdose *f*
утиша́вати ⟨**ути̏шати**⟩ dämpfen; leiser stellen
у̏тō ADV in dem Moment
у̏товāр Beladung *f*
утовари́вати ⟨**утѐварити**⟩ (ver)laden, verfrachten
утоли̏кō insofern, umso; **~ бо̑ље** umso besser
утоља́вати ⟨**утѐлити**⟩ *Hunger* stillen; *Neugier* befriedigen; *Schmerz* lindern
утѐп|ӣјскӣ utopisch; **~и̏стичкӣ** utopisch
утопља́вати ⟨**утѐплити**⟩ **се** sich warm anziehen
утопљѐн|ӣк M, **~ица** Ertrunkene(r *m*) *f*
у̏тор|ак Dienstag *m*; **~ком** dienstags
у̏точӣште Zuflucht *f*
утрља́вати ⟨**утр́љати**⟩ einreiben
у̑троба Eingeweide *n*
у̏тр|ошак Verbrauch *m*; **~ѐшити** PF verbrauchen
утувљи́вати ⟨**уту́вити**⟩ *fig* j-m eintrichtern
уту́чен niedergeschlagen
уħу́тати PF verstummen
у̏ħуткати PF zum Schweigen bringen
ухапшѐн|ӣк M, **~ица** F Verhaftete(r *m*) *f*
у̏хватити PF ergreifen, fassen;

~ се sich klammern
ȗхода Spitzel *m*
ухо́дати се PF *fig* sich einarbeiten
ухо̀дити spionieren
ȗцена Erpressung *f*
уцењ|и́вати ⟨уце́нити⟩ erpressen; **~ѝва̄ч** M, **~ива̀чица** F Erpresser(in *f*) *m*
ȗцрвља̄н madig
уча̀(х)урити се sich verpuppen; *fig* sich abkapseln
у̀чашити PF MED einrenken
учвршћ|и́вати ⟨учвр́стити⟩ (be)festigen; bekräftigen; **~ѝва̄ч** Festiger *m*
ȗчен gelehrt; **~ӣк** M, **~ица** F Schüler(in *f*) *m*
учѐња̄к Gelehrter *m*
у̀чесн|ӣк M, **~ица** F Teilnehmer(in *f*) *m*
ȗчеста̄ло̄ст F Häufigkeit *f*
учѐстати (се) PF sich häufen, zunehmen
у̀чествов|а̄ње Beteiligung *f*; **~ати** teilnehmen
у̀че̄шће Teilnahme *f*
у̀чило Lehrmittel *n*
у̀чинак Wirkung *f*, Leistung *f*
учи́нити PF (be)wirken; tun; **~ ко̀ме у̑слугу** j-m e-n Dienst erweisen; **~ се** erscheinen (*unpers*)
учио̀ница Klassenzimmer *n*
у̀чи|тељ M, **~тѐљица** F Lehrer(in *f*) *m*; **~тељскӣ** Lehrer-, Lehr-; **~ти ⟨на-⟩** lernen; *j-n* lehren; **~ти ⟨на-⟩ се** *v/i* sich lernend aneignen
учла́нити се PF Mitglied werden
у̀чмао ADJ eintönig
у̀чтив höflich; **~о̄ст** F Höflichkeit *f*
у̑џбенӣк Schulbuch *n*
ушѐћерен eingezuckert; kandiert
уши́вати ⟨у̀шити⟩ aufnähen; einnähen
у̀шица (Nadel)Öhr *n*
ушкопљѐнӣк Kastrat *m*
у̑шнӣ Ohren-, Ohr-
у̑штеда Ersparnis *f*
уштѐђевина Ersparnis *f*
ушти́нути PF zwicken (*v/t*), kneifen (*v/t*)
у̀штипак *Art* Krapfen *m*
у̑штрб: **на ~** zum Nachteil; **бити на ~** schaden
у̑шће Mündung *f*
ушу́њати се PF sich einschleichen

фа̀бри|ка Fabrik *f*; **~чкӣ** Fabrik-
фа̀бул|а Grundhandlung *f*; **~о̄зан** fabelhaft
фаво̀р|изовати (IM)PF favorisieren; **~ит** Favorit *m*
фа̀за Phase *f*
фа̀за̄н Fasan *m*
фа̀зо̄н Manier *f*
фа̀јронт F *in Gaststätten* Feierabend *m*
фа̀кс Fax *n*; F Fakultät *f*; **~ом** per Fax

фа̏кт|ор Faktor *n*; **~у́ра** Lieferschein *m*
фа̀к|ултатӣван fakultativ; **~у̀лте̄т** Fakultät *f*; **~у̀лте̄тскӣ** Hochschul-, Fakultäts-
фа̀лити fehlen
фа̀личан fehlerhaft
фалс|ифѝка̄т Fälschung *f*; **~ифико̀вати** (IM)PF fälschen
фа̂лта Falte *f*
фа́ма Gerücht *n*
фа̀мӣлија Familie *f*
фа̀милија̄ран Familien-, familiär (*a fig*)
фа̏мо̄зан famos
фана̀ти|к Fanatiker *m*; **~чан** fanatisch
фа̀нт|а̄зија Fantasie *f*; **~азѝрати** (IM)PF fantasieren; **~а̀стичан** fantastisch
фа̂р KFZ Scheinwerfer *m*
фа̂рба Farbe *f*; **~ти** anstreichen; färben
фа̂рма Farm *f*
фа̀рме̄рке F/PL Jeanshose *f*
фаса́да Fassade *f*
фасцѝкла Mappe *f*
фасцин|а̀нтан faszinierend; **~и́рати** (IM)PF faszinieren
фа̏та̄лан fatal
фа̀ул SPORT Foul *n*
фа̏х: **по̂штанскӣ ~** Postfach *n*
фа̀ца *F* Fratze *f*
фашѝзам Faschismus *m*
фе́дер (Spring)Feder *f*
фѐдератӣван föderativ
фѐлна KFZ Felge *f*
фе̂н Haartrockner *m*
фѐњер Öllampe *f*
фе̂р fair
ферм|ента́ција Gärung *f*; **~ѐнтисати** (IM)PF gären
фигу́ра Figur *f*; Spielstein *m*
фѝзи|ка Physik *f*; **~ча̄р(ка** F) M Physiker(in *f*) *m*; **~чкӣ** physisch; physikalisch
фѝју́кати ⟨**-у́кнути**⟩ *Wind* pfeifen
фѝксати се *F* fixen
фѝкснӣ fix
фѝкус Gummibaum *m*
фѝл (Kuchen)Füllung *f*
филија́ла ECON Filiale *f*
фѝлм Film *m* (*a* FOT); **краткомѐтра̄жнӣ ~** Kurzfilm *m*; **~скӣ** Film-
фило̀зофскӣ philosophisch
фѝлт|ер Filter *m*; **~ри́рати** (IM)PF filtern
фѝн fein; vornehm
фина̀нс|ије F/PL Finanzen *f/pl*; **~ӣјскӣ** finanziell, Finanz-; **~и́рати** (IM)PF finanzieren
Фѝнац Finne *m*
Фѝн|киња Finnin *f*; **~ска̄** Finnland *n*; **2скӣ** finnisch
фино̀ћа Feinheit *f*
фио́ка Schublade *f*
фискулту́ра Leibeserziehung *f*
фѝтиљ Zündschnur *f*
фѝшек (spitze) Papiertüte *f*
фла̀стер Pflaster *n*
фла̀ута (Quer)Flöte *f*
фла̏ша Flasche *f*
фле̏ка Fleck *m*; **~в** fleckig; **~ти** ⟨**у̀-**⟩ **(се)** kleckern
фле̏ксибӣлан flexibel
фле̏ртовати flirten
фло̏мастер Filzstift *m*
фло̏пи *F* EDV Diskettenlaufwerk *n*; Diskette *f*

флȍта Flotte *f*
фȍка Robbe *f*, Seehund *m*
фȏлија Folie *f*
фолѝрати (IM)PF *j-m et* vormachen
фȍлкло̄р Folklore *f*
фȏнд: ~ **рѐчӣ** Wortschatz *m*
фонда́ција Stiftung *f*
фонта́на (Spring)Brunnen *m*
фо́ра *F* Masche *f*
фȏрма SPORT Kondition *f*
фо̀рм|а̄лан formal; **~а́лно̄ст** *f* Formalität *f*
формѝрати (IM)PF formen
фо̏рм|ула Formel *f*; **~у̀ла̄р** Formular *n*; **~у̏лисати** (IM)PF formulieren
форсѝрати (IM)PF forcieren
фоте́ља Sessel *m*
фȍто|-апа̀ра̄т Fotoapparat *m*; **~гѐничан** fotogen; **~гра̀фија** Fotografie *f*; **~гра̀фисати** (IM)PF fotografieren; **~копѝрати** (IM)PF kopieren
фра́за Phrase *f*
фра̏јер *F* Typ *m*
фракту́ра: ~ **ло̀бањē** Schädelbruch *m*
франкѝрати (IM)PF frankieren
Фра̀нц|ӯз Franzose *m*; **~ӯска̄** Frankreich *n*; **ᵹӯскӣ** französisch; **~ӯскиња** Französin *f*
фрапа̀нтан frappant
фреквѐнција Frequenz *f*
фрѐска Fresko *n*
фрѝво̄лан frivol
фрижѝде̄р Kühlschrank *m*; **~-то́рба** Kühltasche *f*
фрѝз Tiefkühlfach *n*; ARCH Fries *n*
фрѝз|е̄р(ка F) M Friseur(in *f*) *m*; **~ѝрати** ⟨**ис-**⟩ frisieren; **~у́ра** Frisur *f*
фритѝрати (IM)PF frittieren
фр̏кати ⟨**-нути**⟩ fauchen
фро̀нта̄лан frontal
фро̀тӣр Frottee *n*; **~скӣ** Frottee-
фру̏ла (Block)Flöte *f*
фрустра́ција Frust *m*
фу̏дб|ал Fußball *m*; **~а̀ле̄р(ка** F) Fußballspieler(in *f*) *m*; **~алскӣ** Fußball-
фу̀нкц|ија Funktion *f*; **~ио̀не̄р** Funktionär *m*; **~ио̀нисати** (IM)PF funktionieren
футро́ла Etui *n*; Schülermäppchen *n*

ха̏бати ⟨**по̀-**⟩ abnutzen (**се** sich)
хава̀рија Unfall *m*; Beschädigung *f*
хаза̀рде̄р(ка F) M Glücksspieler(in *f*) *m*
ха̏јати sich scheren (**за** *A* um *A*)
ха̏јде(мо) los!, auf geht's!
ха̏јка Treibjagd *f*; Hetze *f*
ха̏кер EDV Hacker *m*
ха́ла Halle *f*
хала̀пљив gefräßig
ха̀ло̄: ~? TEL hallo?
ха̀љина Kleid *n*
ха̏нга̄р Flugzeughalle *f*
ха̏нзапласт Heftpflaster *n*

хȁос Chaos *n*
хаòтичан chaotisch
хȁп|сити ⟨ỳ-⟩ festnehmen; **~шēње** Festnahme *f*
хáрати verwüsten, verheeren
хàрдвер EDV Hardware *f*
хàрмōнија Harmonie *f*
хармòника Ziehharmonika *f*; **ȕснā ~** Mundharmonika *f*; **~-врáта** Falttür *f*
хармò|нисати IM(PF) harmonieren; **~ничан** harmonisch
хàртиј|а Papier *n*; **лӣст ~ē** Blatt Papier
хàуба (Trocken)Haube *f*; **~ мотóра** Motorhaube *f*
хвáла Dank *m*; Lob *n*; danke; **~ лēпо** danke schön; **~, такóђē!** danke, gleichfalls!
хвàлис|ав prahlerisch; **~ати се** angeben (*I* mit *D*)
хвáлити ⟨по-⟩ loben; **~ се** prahlen
хвȁлоспев Lobgesang *m*; *fig* Lobhudelei *f*
хвȁтати ⟨ỳхватити⟩ auffangen; (er)greifen; **~ бèлешке** mitschreiben; **~ се** sich klammern *an*; sich bilden
хèкл|ати häkeln; **~ица** Häkelnadel *f*
хèктичан hektisch
хеликòптер Hubschrauber *m*
хемàтōм Bluterguss *m*
хèм|ија Chemie *f*; **~ӣјскӣ** chemisch; **~ѝкāлија** Chemikalie *f*; **~ичāр(ка** F) M Chemiker(in *f*) *m*
хемороиди M/PL Hämorrhoiden *f/pl*
хèндикèпӣрāн (körper)behindert
хèрōј Held *m*
хèфталица Hefter *m*
хѝв-|нѐгатӣван HIV-negativ; **~пȍзитӣван** HIV-positiv
хигѝјēнскӣ hygienisch
хѝдрантн|ӣ: **~ā крéма** Feuchtigkeitscreme *f*
хѝдрāт: **ỳгљенӣ ~** Kohle(n-)hydrat *n*
хидро|електрàна, **~централа** Wasserkraftwerk *n*
хѝљада tausend; Tausend *n*
хѝмна Hymne *f*
хѝподрōм Reitbahn *f*
хѝр Kaprice *f*; **~ȍвит** kapriziös
хѝр|ург Chirurg *m*; **~ỳргија** Chirurgie *f*; **~уршкӣ** chirurgisch
хистèричан hysterisch
хѝт Hit *m*; F Knüller *m*
хѝтан eilig, dringend; **~ слȕчāј** Notfall *m*
хѝтар rasch, zügig
хѝтац Wurf *m*; Schuss *m*
хлâд Schatten *m*, Kühle *f*
хлáд|ан kalt, kühl; **~но ми је** mir ist kalt; **~ити** ⟨о-, рас-⟩ *Getränke* kalt stellen; **~ити се** kalt *od* kühl werden
хлȁднокрвван kaltblütig
хладнòћа Kälte *f*
хлâдњāк Kühler *m*
хлȅб Brot *n*; **~нӣ** Brot-
хмȅљ Hopfen *m*
хòботница Tintenfisch *m*
хôд Gang *m*; **прáзан ~** *Motor* Leerlauf *m*
хóдати (zu Fuß) gehen
хȍднӣк (Haus)Flur *m*

ходо̀|часнӣк Pilger *m*; **~ча̄шһе** Pilgerfahrt *f*
хо̀ке̄ј: **~ на лѐду** Eishockey *n*
хо̂л Halle *f*
Хола̀н|дија Holland *n*; **~ђа-нин** M, **~ђа̄нка** F Holländer(in *f*) *m*
хо̀ландскӣ holländisch
холестѐрӣн Cholesterin *n*
хо̏мосексуа̄лан homosexuell
хо̂р MUS Chor *m*
хо̏ризонта̄лан horizontal
хо̏роскоп Horoskop *n*; **~скӣ**: **~скӣ зна̂к** Sternzeichen *n*
хо̀тел Hotel *n*; **~ са трӣ звѐздице** Dreisternehotel *n*; **~скӣ** hoteleigen; Hotel-
хра́б|ар mutig; **~рити ⟨о-⟩** aufmuntern; **~ро̄ст** F Mut *m*
хра̂м Tempel *m*
хра́мати humpeln
хра́н|а Nahrung *f*; **сто̀чна̄ ~а** Viehfutter *n*; **~ити ⟨на-⟩** *Kind* füttern; ernähren (**се** sich)
хра̀нљив nahrhaft; **~о̄ст** F Nährwert *m*
хра̏пав rau
хра̂ст Eiche *f*
Хрв|а̄т Kroate *m*; **~а̀тица** Kroatin *f*; **~а̄тска̄** Kroatien *n*; **~а̄тскӣ** kroatisch
хре̂н Meerrettich *m*
Хри̂ст Christus; **пре Хри̂ста** vor Christi Geburt
хрѝшћ|анин M, **~а̄нка** F Christ(in *f*) *m*; **~а̄нскӣ** christlich; **~а́нство** Christentum *n*
хр́кати schnarchen
хро̏м[1] hinkend
хро̂м[2] Chrom *n*
хро̀ничан chronisch
хр̏па Haufen *m*
хр̏скав knusprig; **~ица** Knorpel *m*
хр́чак Hamster *m*
хте̏ти wollen; *Hilfsverb* werden; **хте̏ли - нѐ хтели** zwangsläufig
ху̏ка Brausen *n*, Tosen *n*
ху̏лахоп (Kinder)Strumpfhose *f*
хулѝга̄н Rowdy *m*
хӯм|а̄н human; **~анѝстичкӣ**: **~анѝстичке̄ на̀уке** Geisteswissenschaften *f/pl*
ху̏манита̄ран humanitär
ху̏мка Grabhügel *m*
ху̏шкати ⟨на̀-⟩ (auf)hetzen

Ц

ца̀кан F *fig* süß
ца̀клити се glänzen
ца̏р Kaiser *m*; **~ев** Kaiser-; **~евина** Kaiserreich *n*
ца̏рин|а *a Abgabe* Zoll *m*; **ослобо̀ђен ~е̄** zollfrei; **~а̄рница** Zollamt *n*; **~ӣк** Zollbeamter *m*; **~ити ⟨о̀-⟩** verzollen; **~скӣ** Zoll-
ца̏рица F Kaiserin *f*
ца̂р|скӣ kaiserlich; **~скӣ ре̂з** MED Kaiserschnitt *m*; **~ство** (Kaiser)Reich *n*; Kaisertum *n*
цвѐкла Rote Beete *f*
цве̂т Blume *f*; Blüte *f*
цве̏тан geblümt; aus Blumen
цвѐтати ⟨про-⟩ (auf)blühen
Цве̏ти REL *orth* Sonntag vor Ostern

цвѐћара Blumengeschäft *n*
цвѝлети ⟨за-⟩ winseln
цвокòтати ⟨за-⟩ *Zähne* klappern
цвр̑к|ут Gezwitscher *n*; **~ỳтати ⟨за-⟩** zwitschern
цвр́чак Grille *f*
цêв F Rohr *n*; *Gewehr* Lauf *m*
цевàница Schienbein *n*
цêв|аст röhrenförmig; **~овод** Rohrleitung *f*
цѐвчица Strohhalm *m*
цѐдил|о Sieb *n*; **òставити на ~у** im Stich lassen
цѐдиљка (Küchen)Sieb *n*; **~ за лймӯн** Zitronenpresse *f*
цéдити ⟨ис-⟩ (aus)pressen; **⟨про-⟩** *Flüssigkeit* filtern; durch ein Sieb laufen lassen
цѐдуља Zettel *m*
цѐлер Sellerie *m*
цê|лӣ gesamt; ganz; **~лйна** Gesamtheit *f*; **~лòкупан** gesamt
целòфāн Klarsichtfolie *f*
целỳлӣт MED Zellulitis *f*
целулóза Zellstoff *m*
цéн|а Preis *m*; **по свàкӯ ~у** um jeden Preis
цензýра *Behörde* Zensur *f*
цéнити schätzen (*a fig*)
цѐнōвнӣк Preisliste *f*
цѐнтар Zentrum *n*; SPORT Mittelstürmer *m*; **~ грâда** Stadtmitte *f*
цѐнтиметар Zentimeter *m od n*
центр|áла Zentrale *f*; **~àлизовати** (IM)PF zentralisieren
центрифýг|а Wäscheschleuder *f*; Zentrifuge *f*; **~йрати ⟨ис-⟩** *Wäsche* schleudern
цêњен geschätzt
цѐњкати се feilschen
цѐпаница Holzklotz *m*
цéпати ⟨на-⟩ spalten; *Holz* hacken; **⟨по-⟩** zerreißen
церáда (Wagen)Plane *f*
церѐмōнија Zeremonie *f*
цѐр|ēње Grinsen *n*; **~ити ⟨йс-⟩ се** grinsen
цêх *Rechnung* Zeche *f*; **плáтити ~** *fig* die Zeche bezahlen
цѝвӣл: **у цивйлу** in Zivil; **~ан** Zivil-; **~изáција** Zivilisation *f*
цивѝлизовāн zivilisiert
Цйг|анин *neg!* Zigeuner *m neg!*; **~āнка** *neg!* Zigeunerin *f neg!*; **²āнскӣ** *neg!* Zigeuner-*neg!*
цигáр|а Zigarre *f*; **~ѐта** Zigarette *f*
цйгл|а Ziegel *m*; **~àна** Ziegelbrennerei *f*
цйк[1], **цйка** Gequiek *n*
цйк[2]: **у ~ зòрē** bei Tagesanbruch
циклáма Alpenveilchen *n*
цѝклōн METEO Tiefdruckgebiet *n*
цилѝндар TECH Zylinder *m*
цйљ Ziel *n* (*a* SPORT)
цйљати zielen (**у** *A* auf *A*)
цймати zerren
цѝмер(ка F) M *F* Mitbewohner(in *f*) *m*
цймет Zimt *m*
цѝни|к Zyniker *m*; **~чан** zynisch
цѝнкāрош *F* Verräter *m*
цѝпел|а Schuh *m*; **плйткā ~а** Halbschuh *m*

циркỳла̄р TECH Kreissäge *f*
циркула́ција MED Durchblutung *f*
цѝста Zyste *f*
цѝсте̄рна Tank *m*
цити́рати (IM)PF zitieren
цѝфра Ziffer *f*
цѝц|ија M *od* F Geizhals *m*; **~ѝја̄шкӣ** geizig
ци́чати ⟨**ци́кнути**⟩ quietschen
цма́кати ⟨**цмо̏кнути**⟩ (**се**) *F* abschmatzen
цмѝздрити ⟨**зà-**⟩ *F* heulen, flennen
цòктати ⟨**цо̏кнути**⟩ *mit der Zunge* schnalzen
цо̏кула (Springer)Stiefel *m*
цр̑в Wurm *m*; Made *f*
цр̀в|ен rot; **~ено̄ свѐтло** Rotlicht *n*; **~ѐнети** ⟨**по-**⟩ erröten; **℞ѐнкапа** Rotkäppchen *n*; **~енòкос** rothaarig
цр̀в|љив madig; *Obst* wurmstichig; **~òточан** *Holz* wurmstichig
цре́в|а N/PL Gedärme *f*; **~о** Schlauch *m*; ANAT Darm *m*
цре̑п Dachziegel *m*
црка́вати ⟨**цр̏кнути**⟩ krepieren
цр̑ква Kirche *f*; **са́борна̄ ~** Dom *m*
цр̀квен kirchlich; Kirchen-
цр̀кнӯт *fig* fertig, erschöpft
цр̀котина Kadaver *m*
цр̑н schwarz; **℞о̄ мо̑ре** das Schwarze Meer; **ра̑д на ~о** Schwarzarbeit *f*; **~о на бе̏ло** schwarz auf weiß
Цр̑на̄ Гòра Montenegro *n*
цр́нац Schwarzer *m*
цр́нети ⟨**по-**⟩ dunkler werden
црнѝна Trauerkleidung *f*
цр̏ница Humus(erde *f*) *m*
цр̑нка dunkelhaarige Frau *f*
цр̀нкиња Schwarze *f*
Црн|ого́рац M, **~òго̄рка** F Montenegriner(in *f*) *m*; **℞òгорскӣ** montenegrinisch
цр́пити *Flüssigkeit* schöpfen
цр̀т|а Strich *m*; **~а̄нӣ**: **~а̄нӣ фѝлм** Zeichentrickfilm *m*; **~ати** ⟨**нà-**⟩ zeichnen
цр̀т|а̄ч M, **~àчица** F Zeichner(in *f*) *m*
цр́теж Zeichnung *f*
цр̏тица Bindestrich *m*; Gedankenstrich *m*
цу̏пкати hopsen
цу́рити ⟨**ис-**⟩ triefen; *Flüssigkeit* (aus)laufen
цу̏цла Sauger *m*; Schnuller *m*

Ч

ча̑вка Dohle *f*
чавр̀љати ⟨**про-**⟩ plaudern
ча̑ђ F, **ча̑ђа** Ruß *m*
ча̑ј Tee *m*; **~ од на́не̄** Pfefferminztee *m*; **~нӣ** Tee-; **~нӣк** Teekanne *f*
ча̏к auch, sogar; **~ и а̏ко** selbst wenn; **~ ни** nicht einmal
ча́мац Boot *n*; **мòто̄рнӣ ~** Motorboot *n*; **~ за спаса́ва̄ње** Rettungsboot *n*
ча́мити vor sich hin schmach-

ten
чàнак Schale *f*; Napf *m*
ча̏пља Reiher *m*
ча̑р F Reiz *m*
чàрапа Socke *f*
ча̑рка Geplänkel *n*
ча̏робан bezaubernd
чарò|бња̄к Zauberer *m*; **~лија** Zauber(ei *f*) *m*
чàршав: **крèветски̑ ~** Bettlaken *m*
ча̏с (Schul)Stunde *f*; Augenblick *m*; **за ти̑лп̄ ~** im Nu; **полѝцӣјски̑ ~** Ausgangsbeschränkung *f*; **у пòследњӣ ~** im letzten Augenblick; **у пра̂вӣ ~** zur rechten Zeit; **да́вати ~ове** Nachhilfe geben
ча̏со̄в|нӣк Uhr *f*; **~нича̄р** Uhrmacher *m*
ча̏сопӣс Zeitschrift *f*
ча̑ст F Ehre *f*
ча̏с|тан ehrenhaft, Ehren-; **~на̄ ре̂ч** Ehrenwort *n*
чà(х)ура *Frucht* Hülse *f*; Kapsel *f*
ча̏чка|лица Zahnstocher *m*; **~ти** pulen, stochern; *F Nase* popeln
ча̏ша (Trink)Glas *n*; **ви̑нска̄ ~** Weinglas *m*; **~ за вȍду** Wasserglas *n*
ча̏шица BOT Kelch *m*; ANAT (Knie)Scheibe *f*
чашћа́вати ⟨**чàстити**⟩ e-n ausgeben
чва́рак GASTR Griebe *f*
чво̂р Knoten *m*
чвòр|ић MED Knoten *m*; **~ӣште** Knotenpunkt *m*; **~уга** Beule *f* (*am Kopf*)
чвр̏ст fest, hart; **~ӣна**, **~òћа** Härte *f*
че̏дан gesittet, züchtig
че̏до Kind(lein) *n*; **~мо́рство** Kindesmord *m*
че́жња Sehnsucht *f* (**за** / nach *D*)
че̏знути sich sehnen (**за** / nach *D*)
че̏к Scheck *m*; **гòтовӣнскӣ ~** Barscheck *m*
чекаòница Wartezimmer *n*
че̏кати ⟨**сà-**⟩ abwarten, erwarten
чèкиња Borste *f*
чèкић Hammer *m*
чеки́рати einchecken
чèко̄вн|ӣ Scheck-; **~а̄ књи̏жица** Scheckbuch *n*
чèкрк TECH Flaschenzug *m*
чèли|к Stahl *m*; **~чан** stählern (*a fig*); **~чàна** Stahlwerk *n*
чèличити ⟨**о-**⟩ (ab)härten, stählen (*a fig*)
че̑лнӣ Stirn-; *fig* Spitzen-
чèл|о Stirn *f*; **и̏ћи на ~у** an der Spitze gehen
че̏љӯст F Kiefer *m*
че̏ме̄ран (gallen)bitter
чèмпрес Zypresse *f*
чèму: **о ~** wovon, worüber; **при ~** wobei
че̏п Pfropfen *m*; TECH Zapfen *m*; **~ од плу̏те̄** Korken *m*; ⟨**ӣз**⟩**ва̄дити ~** entkorken
чèпић MED Zäpfchen *n*
чепр̀кати wühlen; *Hühner* scharren
черỳпати ⟨**о-**⟩ *Federvieh* rupfen
чèсма Wasserleitung *f*; Brunnen *m*

чѐсница *selbst gemachtes (Weihnachts)Brot (mit Münzen)*
чѐст häufig
чѐста̄р Dickicht *n*
чѐст|ит ehrbar; **~и́тати** IM(PF) gratulieren (*A od* **за** *A od* **на** *L* zu *D*); **~ӣтка** Glückwunsch *m*; (Gratulations)Karte *f*; **ср̏дачнē ~ӣтке!** herzlichen Glückwunsch!
чѐстица Teilchen *n*
чѐта Schar *f*; MIL Einheit *f*
четвор|òструк vierfach; **~òугао** Viereck *n*; **~òугаонӣ** viereckig
чѐтвр̑т F Viertel *n*
четвр̀так Donnerstag *m*
чѐтв|ртаст quadratisch; **~р̑тӣ** vierter; **~ртѝна** Viertel *n*; **~ртфина́ле** M Viertelfinale *n*
четѝна̄р Nadelbaum *m*
чѐтири vier; **~ пу́та** viermal; **~сто̄** vierhundert
чѐтк|а Bürste *f*; Pinsel *m*; **~ати ⟨ò-⟩** (ab)bürsten
чѐткица Pinsel *m*; **~ за зу̑бе** Zahnbürste *f*
чет|рдѐсе̄т vierzig; **~рнаест** vierzehn
Чѐх Tscheche *m*; **~иња** Tschechin *f*
чѐшаљ Kamm *m*
чѐшањ: **~ бе̑ло̄г лу̑ка** Knoblauchzehe *f*
чѐшати ⟨по-⟩ kratzen (**се** sich)
Чѐшк|а̄ Tschechien *n*; **≗ӣ** tschechisch
чѐшкати ⟨пò-⟩ kraulen; kratzen (**се** sich)
чѐшљати ⟨о-⟩ kämmen (**се** sich)
чивѝлук Kleiderständer *m*
чѝгра Kreisel *m*
чѝзма Stiefel *m*
чѝјӣ wessen; dessen
чѝка → чча
чѝм[1] sobald, sowie; **~ пре̑** sobald wie möglich
чѝм[2], **чи́ме** wodurch, womit; **са ~** womit
чѝн Tat *f*; THEA Akt *m*; MIL Rang *m*
чинѐле F/PL MUS Becken *n*
чѝни F/PL *od* M/PL Verwünschung *f*
чѝнија Schüssel *f*
чѝни|лац Faktor *m* (*a* MATH); **~ти ⟨у-⟩** machen, tun; **⟨по-⟩** verüben; anrichten; **~ти се кòме** j-m vorkommen
чѝновн|ӣк M, **~ица** F Beamter *m*, Beamtin *f*
чѝњени|ца Tatsache *f*; **~чан**: **~чнō ста́ње** Tatbestand *m*
чѝо lebhaft, rüstig
чѝп EDV Chip *m*
чѝпка *Gewebe* Spitze *f*
чѝпс GASTR Chips *m/pl*
чѝр Geschwür *n*; Abszess *m*
чѝст sauber; pur
чѝст|а̄ч: **~а̄ч ципе̄ла̄** Schuhputzer *m*; **~а̄ч у̑лӣца̄** Straßenkehrer *m*; **~а̀чица** Putzfrau *f*
чистѝна Lichtung *f*
чѝст|ити ⟨ò-, пò-⟩ reinigen; *Schuhe* putzen; **~ка** POL Säuberung *f*
чѝстокр̑ван vollblütig
чистòта, чистòћа Reinheit *f*; Sauberkeit *f*

чѝстӯнскӣ puritanisch
чѝтав ganz; unversehrt; **~ē нôħи** die ganze Nacht
чѝтак gut lesbar
чѝт|алац Leser *m*; **~аòница** Lesesaal *m*; **~атēљка** Leserin *f*; **~ати** lesen
чѝтāнка Lesebuch *n*
чѝтуља *Zeitung* Todesanzeige *f*
чѝча M Onkel *m* (*a Anrede*)
чѝчак Klette *f*; **~-трāка** Klettverschluss *m*
чѝшħēње: **хèмӣјскō ~** chemische Reinigung *f*
чла̀н Mitglied *n*; GR Artikel *m*; **~ пàртијē** Parteimitglied *n*; **~ак** Artikel *m*; ANAT (Fuß-)Knöchel *m*
чланàрина Mitgliedsbeitrag *m*
чла̀ница Mitglied *n*
члâнск|ӣ: **~ā кâрта** Mitgliedskarte *f*
чмâр After *m*
чми́чак MED Gerstenkorn *n*
чòвек Mensch *m*; **пòслōван ~** Geschäftsmann *m*; **~ов** Menschen-; **~òљубац** Menschenfreund *m*; **~омр́зац** Menschenfeind *m*
чòвеч|ан menschlich; **~àнство** Menschheit *f*; **~нōст** F Menschlichkeit *f*
чоколáда Schokolade *f*
чòпōр Rudel *n*
чóрба Suppe *f*; **рѝбља̄ ~** Fischsuppe *f*
чу̀вāр(ка F) M Wächter(in *f*) *m*
чýвати ⟨**о-, са-**⟩ (auf)bewahren; schonen; ⟨**при-**⟩ *Kinder* aufpassen *auf*; **~ се** (*G*) sich hüten vor; **чу̂вāј се!** pass auf dich auf!
чу̀в|ен berühmt (**по** *L* für *A*); **~éње** Hörensagen *n*
чу̀вствен empfindsam
чу̑дан seltsam
чу̑десан wunderbar
чу̑д|ити ⟨**зà-**⟩ (ver)wundern; **~ити се** (*D*, **због** *G* über *A*) sich wundern
чу̑д|о Wunder *n*; **нáħи се у ~у** sein blaues Wunder erleben; **~òвӣште** Ungeheuer *n*; **~отвóрац** Wundertäter *m*
чу̑јан hörbar
чу̀кун-баба Ururoma *f*
чу̑лан *Mensch* sinnlich
чу̀л|нōст F Sinnlichkeit *f*; **~о** Sinn(esorgan *n*) *m*; **~о мѝрӣса** Geruchssinn *m*
чу̑њ SPORT Kegel *m*; Keule *f*
чу̑пав zerzaust
чу̀пати ⟨**иш-**⟩ (aus)reißen, raufen
чупéрак → прмēн
чу̀ти (IM)PF hören; **пòгрешно ~** sich verhören
чу̑чањ Kniebeuge *f*
чу́чати hocken
чу̀чнути PF sich (hin)hocken

џа̏ба, џа̏бе ADV umsonst
џа̑к Sack *m*
џа́мија Moschee *f*
џангри̏зав zanksüchtig
џе̏з Jazz *m*
џе̏зва *Töpfchen mit Stiel zum Kaffeekochen*
џѐла̄т Henker *m*
џе̏м Marmelade *f*
џѐмпер Pullover *m*; **~ на ко̀пча̄ње** Strickjacke *f*
џѐнтлмен Gentleman *m*
џѐп *in Kleidung* Tasche *f*; **~а́рац** Taschengeld *n*; **~а̄рош** Taschendieb(in *f*) *m*
џе̏пн|ӣ Taschen-; **~а̄ књи̏га** Taschenbuch *n*
џи̏г|ерица GASTR Leber *f*; **~е́рњача** Leberwurst *f*
џили̏тати **⟨-тнути⟩** **(се)** *Pferd* ausschlagen
џи̏н[1] Riese *m*; **~овскӣ** Riesen-; riesig
џи̏н[2] Gin *m*
џи̏п Jeep *m*
џо̀ке̄ј Jockey *m*
џо̀кер Trumpf *m*
џо̏мбаст *Oberfläche* bucklig
џу̏бокс Musikbox *f*
џу̏до Judo *n*
џу̏кац, џу̏кела M *F* Köter *m*
џу̏мбус Rabatz *m*
џу̏нгла Dschungel *m*

ша̀бло̄н Schablone *f*
ша̏в Naht *f*; **бе̏з ~а** nahtlos
ша̏ка Hand *f*; *Maß* Handvoll *f*
ша̏л Schal *m*
ша́л|а Scherz *m*; **ка̏о од ~е̄** mit links; **није ми до ~е̄** mir ist nicht zum Scherzen zumute
ша̏лити ⟨на̀-⟩ се scherzen
ша̏лтер Schalter *m*
ша̏љ|ив witzig; **~и̏вџија** Witzbold *m*
ша̀м|а̄р Ohrfeige *f*; **~а̀рати** ohrfeigen
шампа̏њац Champagner *m*, Sekt *m*
шампѝњо̄н Champignon *m*
шампѝо̄н(ка F) M SPORT Meister(in *f*) *m*
ша̀мпо̄н Shampoo *n*
ша̏нк Theke *f*
ша̏нса Chance *f*
ша́па Pfote *f*
ша̏па̄т Geflüster *n*; **~ом** flüsternd
ша̀п(у̀)тати ⟨ша̀пнути⟩ flüstern; *j-m* zuflüstern
ша́ра Verzierung *f*, Muster *n*
ша̀ран Karpfen *m*
ша́рати ⟨на-⟩ kritzeln; bunt verzieren
шаргаре́па Karotte *f*
ша̀р|ен bunt; **~ѐнило** Buntheit *f*
ша̀рже̄р *Feuerwaffe* Magazin *n*
шарми́рати (IM)PF (für sich)

einnehmen
шаро̀лик (kunter)bunt; gemischt
ша̀сија KFZ Fahrgestell *n*
шати́ра̄ње Schattierung *f*; *Frisur* Strähnen *f/pl*
ша̀тор Zelt *n*
ша̀фран Krokus *m*; GASTR Safran *m*
ша̏х[1] Schah *m*
ша̏х[2] Schach *n*; **ѝграти ~** Schach spielen
ша̀хист|а M, **~киња** F Schachspieler(in *f*) *m*
ша̏ховскӣ Schach-
ша̏шав verrückt
Шва́ба Schwabe *m*; *F* Deutscher *m*
Шва̀бица Schwäbin *f*; *F* Deutsche *f*
Швајца́рац Schweizer *m*
Шва̀јц|а̄ркиња Schweizerin *f*; **~а̄рска̄** Schweiz *f*; **♀а̄рскӣ** schweizerisch, Schweizer (*adj*)
Шва̏пска̄ Schwaben *n*; *F* Deutschland *n*
Шве̏дск|а̄ Schweden *n*; **♀ӣ** schwedisch; **♀ӣ сто̑** kaltes Büfett *n*
Шве́ђ|анин Schwede *m*; **~а̄нка** Schwedin *f*
шве̏рц *F* Schmuggel *m*
швѐрцер(ка F**)** M *F* Schmuggler(in *f*) *m*
шве̏рцова̄н: **~а̄ ро̑ба** Schmuggelware *f*
шве̏рцовати ⟨**про̀-**⟩ schmuggeln; **~ се** *F* schwarzfahren
швр́љ|а̄ње: **~а̄ње по гра́ду** (Stadt)Bummel *m*; **~ати** schlendern, bummeln
ше́вати schlenkern; schwanken
ше̏га Hänselei *f*
шездѐсе̄т sechzig
шѐматскӣ schematisch
ше́нити *Hund* betteln
ше́нути PF überschnappen
ше́пати *F* hinken
шѐпртља M *od* F Schussel *m*
шепу́рити се sich aufblasen (*fig*)
ше́рпа (flacher) Kochtopf *m*
шѐснаест sechzehn
ше̂ст sechs
ше̏ста̄р *Gerät* Zirkel *m*
ше̂ст|ӣ sechste(r); **~ѝна** Sechstel *n*
ше́т|алӣште Promenade *f*; **~ати** ⟨**про-**⟩ **(се)** spazieren gehen; **~ња** Spaziergang *m*
шѐћ|ер Zucker *m*; **~ер у ко̀цкама** Würfelzucker *m*; **~ер у пра̀ху** Puderzucker *m*; **~ѐра̄ш** Diabetiker *m*; **~ерити** ⟨**за-**⟩ zuckern; **мле̌чнӣ ~** Milchzucker *m*
шѐћерн|ӣ Zucker-; **~а̄ бо̏ле̄ст** Diabetes *m*
ше̂ф Chef *m*
шѐфица Chefin *f*
шѐшӣр Hut *m*
шѝб|а Rute *f*; **~ати** ⟨**ѝ-**⟩ peitschen (*a fig*), auspeitschen
шѝбер KFZ Schiebedach *n*
шѝбица Streichholz *n*
шѝбље Gesträuch *n*
шѝваћ|ӣ Näh-
шѝзити ⟨**по-**⟩ *F* spinnen (*fig*)
шѝј|а Hals *m*, *F* Genick *n*; **за-**

вр̀нути кòме ~у j-m den Hals umdrehen; **нѝје ~а нѐго врâт** das ist Jacke wie Hose
шиканѝр|а̄ње Schikane *f*; **~ати** (IM)PF schikanieren
шѝкара Dickicht *n*
шѝкљати ⟨**шѝкнути**⟩ V/I (heraus)spritzen, *v/i* hervorschießen
шѝло Ahle *f*; *fig* Zappelphilipp *m*
шѝљак (scharfe) Spitze *f*
шѝљат spitz
шѝљити ⟨**за-**⟩ (an)spitzen, schärfen
шѝн|а Schiene *f*; **искòчити из шѝна̄** *Zug* entgleisen; **~óбус** Schienenbus *m*
шѝпак Hagebutte *f*
шипàрица Backfisch *m*
шѝпка Stange *f*
шѝпра̂жје Gestrüpp *n*
Шѝпта̄р(ка F) M Skipetar(in *f*) *m*
шѝра Most *m*
шѝр|ина Weite *f*, Breite *f*; **геòграфска̄ ~ина** GEO Breite *f*; **~ити** ⟨**ра-, про-**⟩ erweitern; verbreiten (**се** sich)
шѝрок breit, weit; **~òгруд** großzügig
шѝром ADV sperrangelweit; **~ свѐта** weltweit
шѝти ⟨**сà-**⟩ nähen
шѝфр|а Chiffre *f*; **~ова̄н** verschlüsselt; **~овати** (IM)PF verschlüsseln
шѝша̄ње Haarschnitt *m*
шѝша̄рка Tannenzapfen *m*
шѝшати ⟨**о-**⟩ scheren; schneiden

шѝшке F/PL Pony(frisur *f*) *m*; Stirnhaar *n*
шѝшмиш Fledermaus *f*
шѝштати zischen
шкàкљив kitzlig; *fig* delikat
шкằмпи M/PL Garnelen *f/pl*
шкằрт *Ware* Ramsch *m*
шкѐмбићи M/PL GASTR Kutteln *f/pl*
шкѝљити blinzeln; schielen (*fig*)
шкљȍцати ⟨**-цнути**⟩ (zu-)schnappen; klicken; FOT knipsen
шкȍдити ⟨**нà-**⟩ schaden
шкȍдљив schädlich
шкôл|а Schule *f*; **бѐжати из ~е̄** die Schule schwänzen; **~àрина** Schulgeld *n*
шкȍлов|а̄ње Schulung *f*; **~ати** schulen, ausbilden (**за** *A* in *A*); **~ од кӯће̄** Homeschooling *n*, *kein pl*
шкȍлск|ӣ Schul-; **~ӣ ра́спуст** Schulferien *pl*
шкòлство Schulwesen *n*
шкôљка Muschel *f*
шкòрпија Skorpion *m*
Шкотлàнђ|анин M, **~а̄нка** F Schotte *m*, Schottin *f*
Шкòтск|а̄ Schottland *n*; **ṡӣ** schottisch
шкра́бати ⟨**на-**⟩ kritzeln
шкр̏ге F/PL Kiemen *f/pl*
шкргỳтати ⟨**за-**⟩ *Zähne* knirschen
шкри́пати ⟨**шкрйпнути**⟩ knarren; *Tür* quietschen
шкри́п|ац: **бѝти у ~цу** *fig* in der Klemme sitzen
шкр̑т geizig

шкр̏тица Geizhals *m*
шкр̏тōст Geiz *m*
шла̂г Schlagsahne *f*
шла̏јм Schleim *m*
шла̏јфовати IM)PF schleifen
шлȅм Helm *m*
шлȅп|(ов)ати (IM)PF KFZ schleppen; **~-слу̑жба** Abschleppdienst *m*
шља̂м Dreck *m*; *fig F* Gesindel *n*
шљи̏в|а Pflaume *f* (*a Baum*); **~овица** Pflaumenschnaps *m*
шљу́нак Kies *m*
шми̏нка Schminke *f*; **~ти** ⟨**на̀-**⟩ (**се** sich) schminken
шми̏ргла, **шми̏гл-па̀пӣр** Sandpapier *n*
шмр̑к Spritze *f*, Pumpe *f*
шмр̏кати ⟨**-кнути**⟩ schnupfen; *Nase* hochziehen
шму̏гнути PF *F* davonhuschen
шна̀јд|ер M, **~ēрка** Schneider(in *f*) *m*
шнáла Schnalle *f*, Spange *f*
шни́рати ⟨**за-**⟩ *Schuhe* schnüren; *Reißverschluss* zumachen
шни̏цла Schnitzel *n*; **бе̑чкӣ ~** Wiener Schnitzel *n*; **фа̀ши́рāнā ~** Frikadelle *f*
шо́љ|а Becher *m*, Tasse *f*; **кло̀зетскā ~а** Toilettenschüssel *f*
шо̏рц Shorts *pl*
шо̀фēр (Kraft)Fahrer *m*
шпагѐте M/PL Spag(h)etti *pl*
шпа̏јз *F* Speisekammer *f*
шпа̀лӣр Spalier *n*
Шпáнац Spanier *m*
Шпа̂н|ија Spanien *n*; **~киња** Spanierin *f*; **&скӣ** spanisch
шпа̑ртати ⟨**ӣшпа̄ртати**⟩ *Papier* linieren
шпа̏хтла Spachtel *m*
шпѐди̏ција Spedition *f*
шпекулáција Spekulation *f*
шпе̏нāдла Stecknadel *f*
шпе̏рплоча Sperrholzplatte *f*
шпи̏јӯн Spion *m*; **~а̄жа** Spionage *f*; **~и́рати** IMPF spionieren
шпи̑л: **~ ка̏рāтā** ein Satz (Spiel)Karten
шпи̏ц Spitze *f*; **са̏обраħај у шпи̏цу** Hauptverkehrszeit *f*
шпо̏рет → **штдњáк**
шпри̏ц Spritze *f*
шпри̏цер (Wein)Schorle *f*
шра̑ф Schraube *f*; **~ити** schrauben; **~цигер** Schraubenzieher *m*
шта̏ was; **и ~ са̏да?** was nun?; **ма ~** irgendetwas; **нѐго ~!** und ob!; **~ је то̑?** was ist das?
шта̀више darüber hinaus; vielmehr
шта̏ка Krücke *f*
шта̑ла Stall *m*
шта̑мп|а Presse *f*; **слобо̀да ~ē** Pressefreiheit *f*; **жу̑тā ~а** Boulevardpresse *f*; **~а̄н** gedruckt; **~а̀рија** Druckerei *f*
шта̀мпāрскӣ Druck-
шта̑мпати ⟨**од-**⟩ drucken
шта̀мпāч EDV Drucker *m*; **ла̀серскӣ ~** Laserdrucker *m*
шта̏нд (Messe)Stand *m*
шта̑п Stab *m*, Stock *m*; **~ за пе̏цање** Angelrute *f*
шта̀фетн|ӣ: **~ā тр̑ка** Staffellauf *m*
штéдети ⟨**у-**⟩ (ein-, er)sparen; ⟨**по-**⟩ schonen

штедиòница Sparkasse *f*
штèд|иша Sparer(in *f*) *m*; **~љив** sparsam
штêдн|ӣ: **~ā књйжица** Sparbuch *n*
штéдња Sparen *n*
штêдњāк Herd *m*
штèн|ара Hundehütte *f*; **~е** Welpe *m*
штȅт|а Schaden *m*; **бȁш ~а да (штȍ)** … es ist schade, dass …; **на ~у** zulasten; **~ан** schädlich; **~ити ⟨ò-⟩** schaden; **~очина** Schädling *m*
штйво Lesestoff *m*
штѝкла Schuhabsatz *m*
штй̑м(ов)ати ⟨нà-⟩ MUS stimmen
штѝпāљка: **~ за вȅш** Wäscheklammer *f*
штúпати ⟨штй̑пнути⟩ kneifen *v/t*, zwicken
штй̑т Schild *m*
штúтити ⟨за-⟩ *j-n* schonen; (be)schützen
штӣтн|ӣ: **~ā жлéзда** Schilddrüse *f*
штй̑ћ|енӣк M, **~еница** F Schützling *m*
штȍ was; warum; **као ~ слêдӣ** wie folgt; **прê н(ер)о ~** bevor; **~ прê, тȍ бȍље** je eher, desto besser; **~ је мȍгӯће** (+ *comp*) möglichst
штȍперица Stoppuhr *f*
штôс Stapel *m*; *F* Witz *m*
штòшта einiges
штрȁјк Streik *m*; **~ глâђу** Hungerstreik *m*; **~овати** (IM)PF streiken
штрйкати ⟨ѝ-⟩ stricken
штрýдла: **~ са jȁбукама** Apfelstrudel *m*
штȕка Hecht *m*
штȕца|вица, **~ње** Schluckauf *m*; **~ти** Schluckauf haben
шћућýрити се PF sich kauern
шȕбара Pelzmütze *f*
шȕга Krätze *f*; **~в** krätzig; *fig* schäbig
шȗм Geräusch *n*
шȕм|а Wald *m*; **~āр** Förster *m*; **~áрство** Forstwirtschaft *f*
шýмети rauschen
шумòвит waldig
шȗмскӣ Wald-
шȗнк|а Schinken *m*; **~арица** Schinkenwurst *f*
шýњати се schleichen
шȕпа Schuppen *m*
шýпаљ hohl
шȕпљйна Hohlraum *m*
шýрāк Schwager *m* (*Bruder der Ehefrau*)
шȕт[1] Schutt *m*
шȗт[2] Schuss *m* (*a Fußball*); **~йрати ⟨-нути⟩** treten; SPORT schießen
шȕшкати ⟨-нути⟩ rascheln
шушкéтати lispeln

Deutsch – Serbisch

A

Aal M jèгуља
ab (D) од (G); **~ Berlin** из Берлина; **~ und zu** пòнекад; **auf und ~** гȏре-дȏле
Abbau M демонтáжа; *Verringerung* редѝкција; *Bergbau* вȃђēње; **≗en** *Gerüst* демонтѝрати *pf*; *Personal* смањѝвати; *Erz* кòпати
ab|beißen одгрѝзати; **~bekommen** добѝјати дȇо (G); **~bestellen** отказѝвати нàруџбину; **~biegen** скрéтати
Abbildung F илустрáција
abblend|en KFZ укључѝти *pf* òборенā свèтла; FOT смáњити *pf* блèнду; **≗licht** N KFZ òборенā свèтла *n/pl*
ab|brechen V/T прекѝдати (*v/i* се); лòмити (*v/i* се); **~bremsen** кòчити; **~brennen** пáлити; гòрети; **~bringen** òдвраћати (**j-n von et** нèкога од нèчега)
Abbruch M рȗшēње; *fig* прéкид
abbuchen скѝдати са рачýна
abbürsten чèткати
Abc N *lateinisch* абецéда; *kyrillisch* àзбука
ab|decken открѝвати; покрѝвати; **~dichten** дѝхтовати (*im*)*pf*; **~drehen** òдвртати; *Wasser, Gas* затвáрати; *Licht, Radio* гáсити; V/I MAR, AER мéњати кȗрс
Abdruck M ȍтисак
abdrücken *Luft* зау̏ставити *pf*; *Schusswaffe* окѝдати
Abend M вȇчē; **gestern ~** сѝноћ; **heute ~** вечèрас; **morgen ~** сȗтра ȗвечē; **guten ~!** дȍбро вȇчē!; **zu ~ essen** вечéрати
Abend|brot N, **~essen** N вèчера; **~kurs** M вèчерњӣ кȗрс
abends ȗвечē
Abenteuer N пустолòвина; **≗lich** пу̏столōван
aber али; а
Aber|glaube M сȗјевēрје; **≗gläubisch** сȗјевēран
abfahren V/I пòлазити (**von** из, са G; **nach** за A); *v/t Reifen* излѝзати *pf*
Abfahrt F пòлазак; SPORT спу̑ст
Abfall M òтпад, òтпаци *pl*; **~beseitigung** F одстрањѝвāње ȍтпада; **≗en** ȍтпадати; *Leistung* ȍпадати
ab|fällig нèгатӣван; **~fangen** хвȁтати; прѐстизати; **~färben** пу̑штати бȍју (**auf** A на A)

ab|fertigen о̀тправљати; *Gepäck* отпре́мати; **~feuern** па́лити

abfinden: **sich ~ mit** поми́рити се *pf* са (*I*)

Abfindung F *Betrag* обештеће́ње

ab|flauen јења́вати; **~fliegen** поле́тати (**nach** *D* за *A*); **~fließen** ѝстицати

Abflug M поле́та̄ње

Abfluss M о̀двод; **~rohr** N о̀дводна̄ це̑в

ab|führen одво̀дити; MED прочишћа́вати; **≈führmittel** N ла̏ксатӣв

abfüllen пу̏нити

Abgabe F пре̏даја; *Steuer* да̏жбина

Abgase N/PL изду̑внӣ га́сови

abgeben преда́вати; **sich ~ mit** (*D*) ба̑вити се (*I*)

abgehärtet прѐкаљен

abgehen *Verkehrsmittel* о̀длазити; *von der Schule* напу́штати; *Farbe* ски́дати се

abge|laufen *Pass* ѝстекао; **~legen** за̀ба̑чен; **~macht!** дого̀ворено!; **~nutzt** ѝстрошен

Abgeordnete M по̀сла̄нӣк; F по̀сла̄ница

abgeschlossen за̏кључа̄н; *beendet* сва̑ршен

abgesehen: **~ von** без о̏бзӣра на (*A*)

abge|standen у̑стајао; ѝзветрео; **~tragen** ѝзношен

abgewöhnen одвика́вати (**j-m et** не̏кога од *G*); **sich das Rauchen ~** пре̏стајати с пу̏ше̄њем

Abgrund M по̀нор; про̀валија

ab|hacken се̏ћи; **~haken** *auf Liste* иштикли́рати *pf*

abhalten *Sitzung* одржа́вати; **j-n von et ~** спреча́вати не̏кога да …

abhanden: **~ kommen** изгу̀бити *pf* (се)

Abhandlung F ра̑справа

Abhang па̀дина

abhängen V/T отка̀чињати; **~ von** (*D*) за̀висити од (*G*)

abhängig за̀висан

abhauen одсе́цати; *fig F* збри̏сати

abheben *Geld* (по̀)ди̏зати; TEL ја́вљати се; *Spielkarten* пресе́цати шпи̏л; AER (по̀)ди̏зати се; **sich ~ von** *od* **gegen** оду̀дарати од (*G*)

abhetzen: **sich ~** жу́рити (се)

Abhilfe F: **~ schaffen** пру́жати по̏моћ

abholen: **et ~** по̀дићи *pf* не̏што; ѝћи по (*A*); **j-n ~** дочеки́вати (*A*)

ab|holzen се̏ћи (шу̑му); **~hören** *Gespräch* прислушки́вати

Abitur N мату́ра

ab|kaufen откупљи́вати (**j-m et** не̏што од не̏кога); **~klingen** *Schmerz* попу́штати; **~kochen** *Wasser* прокува́вати

Abkommen N спо̀разу̑м

ab|koppeln *Wagen* отка̀чињати; **~kratzen** изгрѐбати

abkühlen: **sich ~** расхлађи́вати се

abkürz|en скраћи́вати; **≈ung** F *Weg* прѐчица; *Wort*

скраћѐница
abladen истова́рати
Ablage F а̀рхӣв; пѐлица
ablassen *Wasser* истáкати; **von et ~** одус̀тајати од (*G*)
Ablauf M ѐдвод; *von Ereignissen* рё̏дослéд; **nach ~ von** (*D*) по ѝстеку (*G*); **≗en** *abfließen* ѐтицати; *Pass, Frist* ѝстицати; *Angelegenheit* одвѝјати се
ab|lecken лѝзати; **~legen** *Mantel, Akten* одла́гати; *Prüfung* пола́гати; VI *Schiff* отплѐвити
ablehn|en одбѝјати
ab|leiten скре́тати; изво̀дити; **~lenken**: **j-n ~lenken** одвла́чити ко̀ме па́жњу; **~lesen** чѝтати; очѝтати *pf* (*a Zähler*); **~liefern** преда́вати
ablös|en *et* одлепљѝвати; **j-n ~en** замењѝвати (*A*); **sich ~en** смењѝвати се
abmach|en скѝдати; *vereinbaren* догова́рати се; **≗ung** F до̏говōр
Abmagerungskur F кýра мрша́вљења
abmelden одјављѝвати (**sich** се)
abmessen мё̏рити
abmontieren размонтѝрати *pf*; скѝдати
abmühen: **sich ~** му̏чити се
Abnahme F *Verminderung* смање́ње; *Kauf* преу̏зимāње
abnehm|en *wegnehmen* оду̏зимати; *Hut* скѝдати; TEL (по̀)дѝзати; VI *sich vermindern* смањѝвати се; *an Gewicht* смр̀шати *pf*; **j-m et ~en** преу̏зимати (*A*) од ко̀га; **≗er** M на̀купац; потро̀шāч
Abneigung F о̀дбо̄јно̄ст
abnutzen излѝзати *pf* (**sich** се); по̀хабати *pf* (**sich** се)
Abon|nement N пре̏тплата; **≗nieren** претпла́ћивати се на (*A*)
ab|pfeifen звѝждати; **~prallen** одбѝјати се; **~raten** о̀двраћати (**j-m von et** нё̏кога од *G*); **~räumen** *Tisch* поспре́мати
abrechn|en обрачуна́вати; **≗ung** F о̏брачӯн
abreiben рѝбати; тр̀љати
Abreis|e F о̀длазак; **≗en** путо̀вати (**nach** *D* за *od* у *A*)
ab|reißen VT отце́пити *pf*; *Haus* ру̏шити; VI откѝдати се; *fig* пре̏кинути се *pf*; **~runden** заокружѝвати; **≗rüstung** F разоружа́(вā)ње
Abs. → Absatz, Absender
Absag|e F одбѝјање; **≗en** *et od j-m* отказѝвати
absägen одсе́цати (тестѐро̄м)
Absatz M *Schuh F* штѝкла; *Text* па̏сус; *Verkauf* про́мет
ab|schaffen укѝдати; **~schalten** искључѝвати; **~schätzen** проце́нити *pf*; **~schicken** сла̏ти; **~schieben** протерѝвати
Abschied M о̏проштāј; **zum ~** за ра̀станак; **~ nehmen** опра́штати се (**von** од *G*)
abschießen устре́лити *pf*; *Pfeil* ода̀пињати; *Flugzeug* оба́рати; *Rakete* лансѝрати
Abschlag M по́пуст; **≗en** од-

бѝјати (*a e-e Bitte*); одсе́цати; **~(s)zahlung** F аконта́ција
abschleifen бру́сити
Abschlepp|dienst M шлѐп-слу̏жба; **≗en** одвла́чити **~seil** N са̑јла (за ву̑чу во̀зила)
abschließ|en закључа́вати; *beenden* заврша́вати; *Vertrag* скла́пати; **~end** ADV за̀кључно
Abschluss M заврше́так; спре̑ма (стру̑чна̄); **zum ~** на кра̀ју
abschneiden одсе́цати; *fig* **gut (schlecht) ~** до̀бро (ло̏ше̄) про́ћи *pf*
Abschnitt M *Buch* о̀дломак; *Zeitspanne* пери̏од; *Kontrollabschnitt* о̀дсечак
ab|schrauben одшрафљи́вати; **~schrecken** прѐстрашити *pf*; **~schreiben** преписи́вати (**von, aus** са, из *G*); **≗schrift** F пре́пис
ab|schüssig стр̑м; **~schütteln** отре́сати **~schweifen** удаља́вати се од те́ме̄
absehbar: **in ~er Zeit** у до̏гле̄дно̄ вре́ме
absehen *Folgen* предви̏ђати; **~ von** не у̀зимати у о̏бзи̑р (*A*)
abseits PRP по стра́ни
Abseits N SPORT о̀фса̑јд
absend|en одаши́љати; **≗er** M поши̏љалац
absetzen ски́дати; *Fahrgast* пу̏штати ко̀га да и̏за̄ђе̄; *Ware* прода́вати
Absicht F на̏мера; **mit ~** на̏мерно; **≗lich** ADV на̏мерно
absolut а̏псолӯтан
absondern и̏золовати (*im*)*pf*
absperr|en *Tür* закључа́вати; *Straße* затва́рати; **≗ung** F барије́ра
abspielen *Band* пу̏штати (да сви̑ра̄); **sich ~** одигра́вати се
Ab|sprache F до̏гово̑р; **≗springen** SPORT одска́кати; (и)ска́кати; **~sprung** M ско̑к; **≗spülen** пра̑ти
abstammen по̀тицати (**von** из, од *G*)
Abstand M одстоја́ње; **~ halten** др̀жати (се) на одстоја́њу; **in Abständen von** у ра́змацима од (*G*)
abstauben бр́исати пра̀шину
Abstecher M: **einen ~ machen** ско̀кнути *pf* до (*G*)
absteigen си́лазити; *im Hotel* одсе́дати
abstell|en о̀стављати; *Auto* парки́рати; *Heizung* затва́рати; *Radio, Motor* искључи́вати; **≗raum** M о̏става
abstempeln у̏дарити *pf* пѐчат
absterben оду̏мирати; *Glieder* тр̀нути
Abstieg M си́лазак; ни̏збрдица; SPORT прѐлазак у ни́жу̑ ли́гу
abstimmen гла̀сати (**über** *A* о *L*); **aufeinander ~** усаглаша́вати (се)
abstoßen V/T одгури́вати; одбаци́вати; **~d** о̀дбо̄јан
abstrakt а̀пстрактан
ab|streiten пори́цати; **≗strich** M MED бр̑с; **≗sturz** M па̑д; **~stürzen** па̏сти *pf* (*a* EDV)
absurd а̀псурдан

Abszess M гно́јница
Abteil N BAHN ку̏пе̄
Abteilung F одељѐње; о̀дсек; **~sleiter** M у̏пра̄внӣк о̀дсека; **~sleiterin** F у̏пра̄вница о̀дсека
abtreib|en MED абортѝрати (*im*)*pf*; **≈ung** F MED по̏бача̄ј
abtrennen одва̀јати
abtreten одсту́пати; **j-m et ~** усту́пати нѐкоме нѐшто
abtrocknen су́шити; бр̏сати; V/I *u* **sich ~** су́шити се; бр̏сати се
abwarten чѐкати
abwärts на̏доле; нѝзбрдо
abwasch|bar ко̀јӣ се мо̀же пра̏ти; **~en** *Geschirr* пра̏ти
Abwasser N о̀тпаднā во̀да
abwechseln: **sich ~** размењѝвати се; **einander ~** смењѝвати се; **~d** ADV наизмѐнично
Abwechslung F про̀мена
Abwehr F о̏дбрана; **≈en** одби́јати; **~spieler** M о̀дбрамбенӣ ѝгра̄ч
abweichen одсту́пати (**von** од *G*); скре́тати (**von** са *G*)
ab|weisen одби́јати; **~wenden** окре́тати; о̀двраћати; **~werten** ECON девалвѝрати (*im*)*pf*; **≈wertung** F девалва́ција
abwesend о̀дсутан
ab|wickeln одмота́вати; разви́јати; **~wiegen** одмера́вати; **~wischen** бр̏сати; **~würgen** *fig* гу́шити; *Motor* га́сити (се); **~zahlen** отплаћѝвати; **~zählen** одбројa̋вати
Abzahlung F: **auf ~** пла́ћање на ра́те
Abzeichen N зна̏чка
abzeichnen *Bild* прецрта́вати; *unterschreiben* потписѝвати; **sich ~** оцрта́вати се
abziehen MATH одѝзимати; *Schlüssel* извла́чити; *Bett* скѝдати по̀стељину; V/I *weggehen, Rauch* повла́чити се
Abzug M FOT фотогра̀фија са нѐгатӣва; ECON одби́так
abzüglich уз одби́так (**der Kosten** тро̏шко̄ва̄)
abzweig|en V/T одва́јати; *Straße* одва́јати се; **≈ung** F о̀гранак
Achse F KFZ осо̀вина
Achsel F ра̏ме
acht о̏сам; **in ~ Tagen** за о̏сам да́на̄
Acht F: **außer ~ lassen** испу́штати из вѝда; **~ geben** па̏зити (**auf** *A* на *A*); **gib ~!** чу̏ва̄ј се! па̏зи!; **~ geben auf** (*A*) *aufpassen* чу́вати; **sich in ~ nehmen** па̏зити се (**vor** *D* од *G*)
Achte M: **der ~** о̏смӣ
Achtel N осмѝна
achten *j-n* пошто̀вати (*im*)*pf*; *aufpassen* па̏зити (**auf** *A* на *A*)
Achterbahn F то̏боган
achtlos непа̀жљив
achtstündig осмоча̀со̄внӣ
Achtung F пошто̀вање; па́жња!
acht|zehn оса̀мнаест; **~zig** осамдѐсе̄т
Acker M њи̏ва
addieren сабѝрати
Adel M плѐмство
Ader F жѝла

Adjektiv N придев
Adler M ȍрао *m*
Adlige M плѐмић; F плѐмкиња
adoptieren усва́јати
Adress|at M при̏малац; **~buch** N адрѐса̄р; **~e** F адрѐса; **²ieren** адресирати *(im)pf* (**an** *A* на *A*)
Adria F Ја̏дра̄н
Adverb N при̏лог
Affe M ма̀јмун
Afrika N А̏фрика; **~ner** M Африка́нац; **~nerin** F Афри̏ка̄нка; **²nisch** а̀фричкӣ
After M чма̑р
Aftershave N лосио̏н после бри̏ја̄ња
AG F (**Aktiengesellschaft**) деòнича̄рско̄ дру̏штво (д.д.)
Agentur F аге̏нција
Agrar... а̀гра̄рнӣ
Ägypten N Е̏гипат
ahnen слу́тити
ähnlich сли̏чан; **und ²es** и сли̏чно; **~ sehen, ~ sein** ли́чити (**j-m** на *A*); **²keit** F сли̏чно̄ст
Ahnung F слу́тња; **keine ~!** не̑ма̄м по́јма!; **²slos** *adj* ко̀јӣ не слу̑тӣ ни̏шта
Ahorn M ја̏во̄р
Ähre F кла̑с
Aids N си́да
Airbag M ва̏здӯшнӣ ја̏стук
Akadem|ie F акадѐмија; **~iker(in** F) M чо̀век (жѐна) са факу̏лте̄тско̄м спре̏мо̄м; **²isch** ака̀демскӣ
akklimatisieren: **sich ~** прилагођа́вати се
Akkord M а̀корд; *Stücklohn* но̑рма
Akkordeon N хармо̀ника
Akku(mulator) M акуму̀ла̄тор
Akne F а̏кна
Akt M чи̑н; а̏кт
Akte F а̏кта *pl*
Akten|tasche F а̏кто̄вка; **~zeichen** N о̏знака пре́дмета
Akt|ie F деòница; **~iengesellschaft** F → AG
Aktion F а̏кција
Aktionär M деòнича̄р; **~in** F деòнича̄рка
aktiv а̏ктӣван
aktuell а̏ктуе̄лан
Akzent M а̀ценат; на̀гласак
akzeptieren при̏хватати
Alarm M а̀ларм; у̏збуна; **~anlage** F а̀ларманӣ у̏ређа̄ј; **²ieren** алармúрати *(im)pf*
Albanien N А̀лба̄нија
Algerien N А̀лжӣр
Alkohol M а̏лкохол; **²frei** бѐзалкохо̄лнӣ; **~iker** M алкохо̀лича̄р; **~ikerin** F алкохо̀лича̄рка; **²isch** а̏лкохо̄лнӣ; **~test** M а̏лко-тѐст
All N свѐмӣр
alle свӣ; **~ zwei Stunden** сва̏ка два̑ са́та; **... ist ~** нѐстало је
Allee F алѐја
allein са̑м; **von ~** са̑м од сѐбе; **~ erziehend** самòхран; **~ stehend** *Person* са́мац, *f* са̀мица
allerdings *jedoch* доду́ше
Allerg|ie F алѐргија; **²isch** алѐргичан (**gegen** *A* на *A*)
Allerheiligen N Свӣ све̏тӣ
alles: **~ Gute!** све̑ на̏јбоље!

allgemein о̑пштӣ; **im ≈en** у̀опште; **≈bildung** F о̑пштӗ о̀бразова̄ње
allmählich ADV по̏степено
All|radantrieb M по́гон на свѐ то̀чкове; **~tag** M свако̀дневница; **≈täglich** свако̀днѐван
allzu: **~ sehr** прѐвишӗ; **~ viel** прѐмного
Alm F пла̀нӣнскӣ па̏шња̄к
Almosen N мило̀стиња
All|pen PL А̏лпи; **≈pin** а̑лпскӣ
Alphabet N *lateinsich* абеце́да; *kyrillisch* а̀збука; **≈isch** *lateinisch* а̏бецѐднӣ; *kyrillisch* а̀збучнӣ
als *Eigenschaft* ка̏о; *comp* нѐго; *zeitl* ка̀да; **~ ob** ка̏о да
also да̏клӗ
alt *Person* ста̏р; *antik* ста̏рӣнскӣ; **wie ~ bist du?** ко̏лико и̏ма̄ш го̏дӣна̄?; **ich bin ... Jahre ~** и̏ма̄м ... го̏дӣна̄
Altar M о̀лта̄р
Altbau M ста̑ра̄ гра́дња
Alte M ста̏рац, *f* ста̏рица; **~nheim** N ста̏рачкӣ до̑м
Alter N ста̑рōст; **hohes ~** ду̀бока̄ ста̑рōст
älter ста̀рӣјӣ
altern ста̏рети
Altertum N старѝна
alt|modisch ста̏ромо̄дан; **≈papier** N ста̑рӣ па̀пӣр; **≈stadt** F ста̑рӣ гра̑д
Alufolie F алу̀мӣнијумска̄ фо̑лија
am: **~ 2. März** дру̏го̄г ма̏рта; **~ Rhein** на Ра̑јни; **~ besten** на̑јбоље
ambulant: **~e Behandlung** MED амбула̀нтно̄ лѐчѐње
Ambulanz F амбула̀нта
Ameise F мра̑в; **~nhaufen** M мра̀вињак
Amerika N Амѐрика; **~ner** M Америка́нац; **~nerin** F Амерѝка̄нка; **≈nisch** амѐричкӣ
Amnestie F амнѐстија
Ampel F сѐмафо̄р
amputieren ампутѝрати *(im)pf*
Amsel F ко̑с
Amt N слу̏жба; **≈lich** слу̏жбен
amüsant за́баван
amüsieren: **sich ~** за̀бављати се
an (*wo D*), (*wohin A*) на, уз, по; **~ Ostern** за *od* на У̏скрс; **~ e-m Werktag** ра̑днӣм да̑ном; **von heute ~** од да̀нас; **~ die tausend Pfund** око хѝљаду фу̏нтӣ; **~ sein** *Radio, Licht* бѝти у̏кљӯчен; → *a* **am**
Analphabet M аналфабе́та *m*
Anbau M AGR са́ђѐње; ARCH догра́дња; **≈en** AGR засађѝвати; ARCH дограђѝвати
anbehalten не скѝдати
anbei у прѝлогу
Anbetracht M: **in ~** с о̏бзӣром на (*A*)
an|bieten V/T ну̏дити (**sich** се); **~binden** привезѝвати (**an** *A* за *A*)
Anblick M прѝзор; **beim ~ von** при по̏глѐду на (*A*)
an|brechen *Packung* на̀чињати; **~brennen** па̀лити; *Essen* загоре́вати
andauern тра̑јати; **~d** ADV

стално
Andenken N ўспомена; **zum ~ an** (*A*) у спомен на (*A*)
andere другӣ; **etwas ~s** нешто друго; **am ~n Morgen** следећег јутра; **ein ~s Mal** другӣ пут; **unter ~m** између осталог
andererseits с друге стране
ändern: **sich ~** мењати се
andernfalls иначе
anders другачије; **jemand ~** неко другӣ; **ganz ~ sein** бити потпуно другачије; **~wo** негде друге
anderthalb један и по
Änderung F промена; измена
andeut|en наговештавати; **≈ung** F наговештај
Andrang M навала
aneinander један до другог(а); **~ reihen** ређати; низати
anekeln: **es ekelt mich an** гадӣ ми се од тога
anerkenn|en признавати; уважавати; **≈ung** F признање; уважавање
anfahren *losfahren* кретати; V/I *Auto* ударити *pf* некога (колима)
Anfall M MED напад; **≈en** нападати; *Arbeit, Kosten* бити повезан са (*I*)
anfällig осетљив
Anfang M почетак; **am ~, zu ~** на, у почетку; **~ Mai** почетком маја; **≈en** почињати
Anfänger M почетнӣк; **~in** F почетница; **~kurs** M почетнӣ курс
an|fassen хватати; додиривати; *berühren* дирати; **~fertigen** правити; *Kleidung* шити; **~feuchten** влажити; **~feuern** палити; *fig* бодрити; **~fliegen** AER долетати; **≈flug** M слетање
anforder|n захтевати; **≈ung** F захтев
Anfrage F распитивање; питање
anfreunden: **sich ~ mit** спријатељити се *pf* са (*I*)
anfühlen V/T пипати; **sich ~** осећати се (под прстима)
anführ|en *leiten* водити; *Beweise* наводити; **≈er** M предводнӣк; коловођа; **≈erin** F предводница; **≈ungszeichen** N знак навода
Angabe F податак
angeb|en наводити; *prahlen* правити се важан; **≈er** M хвалисавац; **≈erin** F хвалисавица; **~lich** тобожњӣ
angeboren MED урођен
Angebot N понуда
ange|bracht прикладан; **~brannt** загорео; **~heitert** припит
angehen приступати (*D*); *betreffen* тицати се (*G*); *Licht* палити (се); **~d** будућӣ
angehören припадати (*D*)
Angehörige M рођак, *f* рођака
Angeklagte M оптуженӣк, *f* оптуженица
Angel F пецаљка
Angelegenheit F ствар *f*; посао *m*
Angel|haken M ўдица; **≈n**

пѐцати; **~rute** F штȃп за пѐцāње; **~schein** M дȏзвола за пѐцāње; **~schnur** F стрӯна за пѐцāње
ange|messen прѝкладан; **~nehm** прѝјатан; **~nehm!** дра̑го ми је!; **~nommen** претпо̀ставимо да ...; **~sehen** ӱглēдан; **~sichts** с ȍбзйром на (*A*); **~spannt** на̏пēт
Angestellte M намештѐнӣк, *f* намештѐница
angewiesen: **~ sein auf** (*A*) бити ӯпӯћен на (*A*)
angewöhnen: **sich et ~** навикáвати се на (*A*)
Angler M пѐцāрош
angreif|en на̀падати; **≗er** M напа̀дāч
Angriff M нáпад; **in ~ nehmen** лäтити се (*G*)
Angst F стрȁх (**vor** од *G*); **~ haben um** бо̀јати се за (*A*)
ängstlich плäшљив
angurten: **sich ~** вéзати сигýрноснӣ пȍјāс
anhaben *Kleidung* ѝмати на сѐби
anhalt|en V/T заустављати; V/I стäјати; *dauern* трäјати; **~end** нȅпрекӣдан; **≗er** M сто̀пер; **≗erin** F сто̀перка; **per ≗er fahren** путо̀вати ауто-стȍпом; **≗spunkt** M инди̏ција
anhand (**von**) помоћу (*G*)
Anhang M додáтак, прѝлог; *Anhängerschaft* прѝсталице; *Verwandtschaft* фамӣлија
anhäng|en кáчити; бити вȇзан (**an** *A* за *A*); **≗er** M *Person* прѝсталица; *Wagen* прѝколица; *Schmuck* прѝвезак; **≗lich** прѝвржен
an|häufen нагомилáвати (**sich** се); **~heben** *Last* по̀дизати; *Preise* повишáвати
anhören слӯшати; **sich ~** звýчати
Ankauf M купо̀вина
Anker M сӣдро; **vor ~ gehen** ýсидрити се *pf*
Anklage F ȍптужба; **≗n** оптужѝвати (**wegen** *D* за *A*)
an|kleben V/T лéпити (*v/i* се); **~klopfen** кӯцати; **~knipsen** *Licht* упáлити *pf*; **~knüpfen** V/T надовезѝвати (*v/i* се)
ankommen стӣзати; **es kommt auf das Wetter an** зáвисӣ од врȇмена
an|kreuzen маркѝрати (*im*)*pf* мȇсто у тȇксту; **~kündigen** најављивати (**sich** се)
Ankunft F до̀лазак
Anlage F ARCH ко̀мплекс; TECH постројéње; *zu e-m Brief* прѝлог; *Grünanlage* зѐленē по̀вршине
Anlass M *Gelegenheit* прѝлика; *Grund* пȍвод; **~ geben zu** дáвати пȍвода за (*A*); **≗en** *Motor* упáлити *pf*; *Mantel* не скӣдати; **~er** стäртер мотȯра, а̀нласер
anlässlich поводом (*G*)
Anlauf M нȁлет; SPORT за̏лет; **≗en** SPORT хвäтати за̏лет; *beginnen* запо̀чињати; *Motor* стäртовати (*im*)*pf*; *sich beschlagen* мäглити се
anlegen *Garten* сáдити; *Geld* улáгати; *Verband* стäвљати; *Schiff* прѝстајати ⟨прѝстати⟩

(**an** *A* уз *A*)
anlehnen прѝслањати (**an** *A* уз *A*); *Tür* прѝклањати; **sich ~ an** (*A*) на̀слањати се на (*A*)
Anleitung F упу́тство
anmachen *Licht, Radio*, TV укључѝвати; *Salat* зачиња́вати; *F j-n* набацѝвати се (*D*)
Anmeld|eformular N прѝјавнӣ форму̀ла̄р; **≗en** пријављѝвати (**sich** се); **≗ung** F прѝјава
anmerk|en: **sich nichts ~en lassen** не дозво̀лити да се ѝшта прѝмéтӣ; **≗ung** F прѝмедба
annähen зашѝвати
annäh|ern приближа́вати (**sich** се); **~ernd** ADV прѝближно
Annahme F прѝјем; *Vermutung* прѐтпоста̄вка; **~stelle** F мѐсто прѝјема
annehm|bar прихва̀тљив; **~en** прѝхватати; *voraussetzen* претпо̀стављати; **≗lichkeit** F угóдно̄ст, прѐдно̄ст
Annonce F о̏гла̄с
annullieren поништа́вати
Anorak M вѐтро̄вка (са капу̀љачо̄м)
anordn|en сређѝвати; *befehlen* наређѝвати; **≗ung** F на́редба, ра̏споре̄д
anpassen подеша́вати; **sich ~** прилагођа́вати се (**an** *A* на *A*)
an|pflanzen са́дити; **~probieren** пробати (*im*)*pf*; **~rechnen** урачуна́вати (**auf** *A* у *A*)
Anred|e F ословља́ва̄ње; **≗en** ословља́вати (**mit Du** са тѝ)
anregen побуђѝвати; *vorschlagen* по̀дстицати
Anreise F до̀лазак
anrichten *Speisen* сервѝрати (*im*)*pf*; *Unheil* проу̀зроковати (*im*)*pf*; чѝнити
Anruf M телѐфо̄нскӣ по́зив; **~beantworter** M телѐфо̄нска̄ секрета̀рица; **≗en** по̀звати *pf* (**j-n** нѐкога); телефонѝрати (*im*)*pf*
anrühren додирѝвати; замéшати *pf*
Ansage F на̏јава; **≗n** најављѝвати
anschaff|en на̀бављати; **≗ung** F на̀ба̄вка
anschau|en глѐдати; *Stadt* разгле́дати; **~lich** ја̏сан
Anschein M прѝвид; **allem ~ nach** по сво̂ј прѝлици; **≗end** (ка̀ко) ѝзгле̄да̄
Anschlag M *Plakat* о̏гла̄с; *Attentat* атѐнта̄т; **~brett** N о̏гла̄сна̄ та́бла; **≗en** *Plakat* ѝстицати; у̀дарати (**sich** се)
anschließen закључа́вати (**an** *A* за *A*); EL прикључѝвати; **sich ~** придру́жити се *pf* (**j-m** ко̀ме); **~d** ADV по̀том
Anschluss M *Verkehr* вѐза (**nach** *A* за *A*); TEL прѝкључак
anschnall|en: **sich ~en** веза̀ти се (*im*)*pf*; **≗gurt** M сигу́рноснӣ по̏ја̄с
anschneiden засéцати; *Thema* на̀чињати; *Frage* до̀тицати се (*G*)
an|schrauben зашрафљѝвати; **~schreiben** *et an et* за-

пиcи́вати; ECON купо̀вати на верѐсију; **~schreien** ви́кати на (*A*)
Anschrift F адрѐса
anschwellen о̀тицати; *Fluss* бу́јати *pf*
ansehen глѐдати; **sich et ~** *Sehenswürdigkeit* разгле́дати нѐшто
ansehnlich зна̏тан; при̏вла̄чан
ansetzen V/T наме́штати; V/I та́ложити се (**an** *A* на *A*); *Termin* закази́вати
Ansicht F по̏гле̄д; *fig* ми̏шље̄ње; **meiner ~ nach** по мо̂м ми̏шље̄њу; **~skarte** F ра́згледница; **~ssache** F ства̂р схва̏та̄ња; **das ist ~ssache!** ка̀ко се у̏зме̄!
Anspielung F а̀лӯзија (**auf** *A* на *A*)
anspornen по̀дстицати
Ansprache F го̏во̄р
ansprechen *j-n* о̀браћати се ко̀ме; **auf ein Medikament ~** по̏зитӣвно рѐаговати (*im*)*pf*; **~d** допа̀дљив
anspringen *Motor* па́лити (се)
Anspruch M *Forderung* за̏хтев; *Recht* пра̑во (**auf** *A* на *A*); *Zeit* изиски́вати
anspruchs|los скро̏ман; **~voll** за̏хтеван
Anstalt F у̏станова; за̏вод
Anstand M присто́јно̄ст
anständig *ehrlich* при̏сто̄јан
anstandslos без да̏ље̄га
anstarren пи̏љити у (*A*)
anstatt (у)ме̏сто (*G*)
ansteck|en зака̀чињати; *Zigarette* па́лити; MED заража́вати; **sich bei j-m ~en** зара́зити се *pf* од ко̀га; **~end** за̏разан; **2ung** F за̑раза
anstehen *Schlange stehen* ста̀јати у ре́ду
ansteigen V/I *Straße* пѐњати се; *Preise* ра́сти
anstellen *Arbeitskräfte* запошља́вати; *Radio* укључи́вати; *Heizung, Motor* па́лити; **sich ~** ста̏ти *pf* у ре̑д
Anstieg M FIG по̏ра̄ст
anstiften по̀дстицати (**zu** *D* на *A*)
Anstoß M *zu et* по̏дстица̄ј; **~ nehmen an** исказ́ивати незадово́љство; **2en** у̀дарити *pf* (се) (**an** о *A*); *mit Gläsern* на̀здравити *pf*
an|stößig нѐпристо̄јан; **~strahlen** обасја́вати; **~streichen** обо̀јити *pf*; *im Text* марки́рати (*im*)*pf*
anstreng|en напре́зати; **sich ~en** тру́дити се; **~end** на́поран
Anteil M у̀део; **~ nehmen an** показ́ивати саосећа́ње; **~nahme** F са̀уче̄шће
Anti|babypille F пи̏лула за контрацѐпцију; **~biotikum** N антибио̀тик
antik а̀нтичкӣ; **2e** F а̀нтика
Anti|quariat N антѝква̄рница; **~quität** F антиквѝте̄т
Antrag M за̏хтев; **e-n ~ stellen** подно̀сити за̏хтев; **~steller(in F)** M подно̀силац (мо̀лбе̄, за̏хтева)

an|treffen за̀тицати; **~treiben** тѐрати (**zu** *D* на *A*); TECH покре́тати; **~treten** *Reise* (за)по̀чињати; *Stelle* сту́пати у (*A*); **2trieb** M по̏буда; TECH по́гон
antun учѝнити *pf* нѐкоме нѐшто
Antwort F о̏дгово̄р; **2en** одгова́рати
anvertrauen повера́вати
anwachsen прира́стати
An|walt M, **~wältin** F адво̀ка̄т; **~wärter** M кандѝда̄т
anweis|en *anleiten* упу̀ћивати; *anordnen* нала́гати (нѐкоме); *Geld* дозна́чити *pf*; **2ung** F на̏лог; упу̀тство; *Post* у̏платница; до̏знака
anwend|en примењѝвати; **2ung** F при̏мена
anwesen|d при̏сутан; **2heit** F при̏сусто
Anzahl F бро̑ј; **2en** пла́ћати а̀ванс; **~ung** F а̀ванс
Anzeichen N прѐдзна̄к, зна̏ме̄ње; MED си̏мпто̄м
Anzeige F *bei der Polizei* при̏јава; *Annonce* о̏гла̄с; **~ erstatten** подно̀сити при̏јаву; **2n** показѝвати; *bei der Polizei* пријављѝвати (**wegen** *D* збо̏г *G*)
anzieh|en *Kleidung* обла́чити (**sich** се); *Schuhe* обу́вати; *Handbremse* повла́чити; *Schraube* зате́зати; *anlocken* привла́чити; **~end** прѝвла̄чан
Anzug M одѐло
anzüglich двосмислен
anzünden *in Brand stecken* па̏лити
Apfel M ја̏бука; **~baum** M ја̏буково д**р̏**во; **~kuchen** M ко̀ла̄ч са ја̏букама; **~mus** N ка̏ша од ја̏бӯка̄; **~saft** M со̑к од ја̏бӯка̄
Apfelsine F помо̀ра̄нџа, на̀ра̄нџа
Apothek|e F апоте́ка; **~er** M апотѐка̄р; **~erin** F апотѐка̄рка
App F EDV мо̀билна аплика́ција
Apparat M апа̀ра̄т; TEL **wer ist am ~?** ко̏ је на ве̏зи?; **bleiben Sie am ~!** о̀станите на ве̏зи!
Appetit M апѐти̑т; **guten ~!** при̏ја̄тно!; **2lich** у̏кӯсан
Applaus M а̀плауз
Aprikose F ка́јсија
April M а̀прӣл
Arab|er M А̀рапин; **~erin** F А̀рапкиња; **2isch** а̀рапскӣ
Arbeit F ра̑д, по̀сао; **2en** ра́дити; **~er** M ра̑днӣк; **~erin** F ра̑дница; **~geber** M послода́вац; **~nehmer** M запо̀сленӣ
Arbeits|amt N за́вод за запошља̀ва̄ње; **2los** незапослен; **~losenunterstützung** F по̏тпора за незапослене; **~losigkeit** F незапосленост; **~platz** M ра̑дно̄ ме̑сто; **~tag** M ра̑днӣ да̑н; **2unfähig** нѐспособан за ра̑д; **~zeit** F ра̑дно̄ вре́ме
Architekt|(in F) M архѝтект(а) *m*; **~ur** F архитекту́ра
Ärger M љу̏тња; **2lich** *verärgert* љу̑т(ит); *unerfreulich* нѐпријатан; **2n** љу́тити (**sich** се)

arm сиро̀машан; ја̏дан
Arm M ру́ка
Armband N на̀руквица; **~uhr** F ру̏чнӣ са̑т
Armee F а̀рмија
Ärmel M ру̏ка̄в; **≈los** без рука́ва
Armut F сирома́штво
Arrest M при̏твор
arrogant арога̀нтан
Arsch M V гу̀зица
Art F *Weise* на́чин; *Sorte* вр̑ста; **auf diese ~** на о̀ва̄ј на́чин; **eine ~ …** нѐка̄ вр̑ста (*G*); **nach ~ des Hauses** на до̀ма̄ћӣ на́чин
artig при́сто̄јан
Artikel M чла̀нак; GR чла̑н
Artischocke F артичо́ка
Artist M а̀ртиста; **~in** F а̀ртисткиња
Arznei F, **~mittel** N ле̑к
Arzt M ле̏ка̄р
Ärztin F ле̏ка̄рка
ärztlich: **in ~er Behandlung** на ле́че̄њу
As → Ass
Asch|e F пе̏пео; **~enbecher** M пепѐљара
Asiat M Ази̏јац; **~in** F А̀зӣјка; **≈isch** а̀зӣјскӣ
Asien N А̏зија
Ass N ке̑ц; *fig* а̏с
Assistentin F аси́стенткиња
Ast M гра́на
Asyl N а̀зӣл; **~antenheim** N до̑м за и̏збеглице; **~bewerber** M азѝлант
Atelier N ате̂ље̄ *m*
Atem M да̏х; **außer ~** без ва̏здӯха; **~ holen** у̏зимати ва̏здӯх; **≈los** за̀дӣха̄н;
~schutzmaske F MED за́штитна̄ / за̏штитна̄ ма̏ска (за лѝце)
Athlet M атлѐтича̄р; **~in** F атлѐтича̄рка
Atlas M а̀тлас
atmen ди́сати
Atmung F ди́са̄ње
Atom N а̀то̄м; **≈ar** а̀то̄мскӣ; **~bombe** F а̀то̄мска̄ бо̏мба; **~gegner** M про̀тӣвнӣк а̀то̄мске̄ енѐргије̄
Attachment N EDV при̏лог
Attest N лѐка̄рско̄ уверéње
attraktiv прѝвла̄чан
ätzen нагри́зати
Aubergine F пла̏вӣ патлѝџа̄н
auch такóђе̄; и; *sogar* ча̏к; **~ nicht** а ни, нѝти; **oder ~** или па̏к
auf (*wo D*), (*wohin A*) на (*L, A*); **~ dem Land** на сéлу; **~ ein Jahr** на го̏дину да́на̄; **~ Deutsch** на нѐмачком; **~ einmal** одјѐдно̄м; **bis ~** све̏ о̏сим (*G*); **~ sein** *Geschäft* бѝти о̀творен; *Person* бѝти бу́дан
aufatmen ода̀хнути *pf*
Aufbau M изгра́дња; **≈en** гра́дити; по̀стављати структуѝрати (*im*)*pf*
aufbe|halten *Hut* не ски́дати; **~kommen** отва́рати; **~wahren** чу́вати
auf|blasen надува́вати (*a fig*); **~bleiben** *nicht schlafen* не лѐгати це̏ле̄ но̏ћи; *offen bleiben* о̀стајати о̀творен; **~blenden** KFZ укључи́вати да̏љӣнска̄ свѐтла; **~blühen** процвѐтати *pf*; **~brausen** *fig* пла̀нути *pf*

се; **~brechen** *Tür, Auto* обија-ти; *Schloss* извањивати; VI *fortgehen* кретати
auf|decken откривати; *enthüllen* разоткривати; **~drängen** наметати (**sich** се); **~drehen** одвртати; *Radio* појачавати; **~dringlich** наметљив
aufeinander један преко другога
Aufenthalt M боравак; BAHN задржавање
Aufenthalts|erlaubnis F дозвола боравка; **~ort** M место боравка
aufessen појести *pf*
auffahren налетети *pf* (колима) (**auf** *A* на *A*)
Auffahrt F успон; рампа; *zur Autobahn* излаз на аутопут
auffallen упадати у очи; **~d** упадљив
auffällig упадљив
auffangen хватати
auffass|en схватати; **&ung** F схватање
aufforder|n тражити; позивати; **&ung** F позив
Aufforstung F пошумљавање
auffrischen освежавати
aufführen THEA, MUS изводити; **sich ~** понашати се
Aufführung F MUS извођење
Aufgabe F MATH задатак; *Hausaufgabe* домаћи задатак
Aufgang M *Hausaufgang* улаз; *im Haus* (улазне) степенице; *e-s Gestirns* излазак
aufgeben *Gepäck usw* предавати; *Hausaufgabe* задавати; *Annonce* давати; *verzichten* одустајати
aufgehen *Gestirn* излазити; *sich öffnen* отварати се; *Teig* нарастати; *Naht usw* раширвати се
aufge|regt узбуђен; **~schlossen** *fig* отворен (**für** *A* за *A*)
aufgießen *Tee* преливати водом
aufgrund на основу (*G*)
aufhaben *Hut* носити; *Geschäft* бити отворен
aufhalten *anhalten* заустављати; *j-n* задржавати; **sich ~** боравити
aufhäng|en вешати; *Wäsche, Hut* качити; **&er** M закачка
aufheben *vom Boden* подизати; *aufbewahren* чувати; *Verbot* укидати
aufheitern: **j-n ~** орасположити *pf* (*A*); **sich ~** разведравати се
auf|hetzen хушкати; **~holen** *Verspätung* надокнадити *pf*; **~hören** престајати (**zu** + *inf* са *I*)
aufklär|en разјашњавати; **j-n über et ~en** упознавати некога са чиме; **sich ~en** *Sache* расплитати се; *Wetter* разведравати се; **&ung** просвећење; *Epoche* просветитељство
aufkleb|en лепити; **&er** M налепница
auf|knöpfen раскопчавати; **~kommen** *entstehen* појављивати се; преузимати трошкове (**für j-n, et** за кога, нешто); **~laden** товарити; електрисати (**sich** се); *Batterie* пунити
Auflage F *Buch* издање;

тѝра̄ж; *Bedingung* (пред)у̏слов
auflassen *F Tür* о̀стављати о̀творено
Auflauf M GASTR запѐчено̄ jѐло; *Menschen* гу̏жва
aufleben оживљáвати
auflegen полáгати (**auf** *A* на *A*); *Hörer* спу́штати
auflehnen: **sich ~** протѝвити се (**gegen** *A* про̏тӣв *G*)
auf|lesen ку̏пити; **~leuchten** засвѐтлети *pf*; сѝнути *pf*
auflös|en *in Wasser* растáпати; *Parlament* распу́штати; *Demonstration* расту́рати; **sich ~en** растáпати се; *Nebel* ра̀шчистити се *pf*; **~ung** F *e-s Rätsels* решéње
aufmach|en отвáрати; **≗ung** F *von Waren* ѝзгле̄д, дѝзајн
aufmerksam па̀жљив; → *a* zuvorkommend; **auf et ~ machen** скрéтати па̀жњу на (*A*); **≗keit** F па̀жња
aufmuntern бо̀дрити
Aufnahme F прѝјем; FOT снѝмак; **~gebühr** F члана̀рина; **~prüfung** F прѝјемнӣ ѝспит
aufnehmen *Gast* прѝмати; FOT сли̏кати; *auf Band* снѝмати; *Protokoll* бѐлежити
aufpassen па̏зити (**auf** *A* на *A*); *auf Kinder* чу́вати
Auf|prall M у̀дарац; **~preis** M до̏плата; **≗pumpen** пу̏мпати; **≗räumen** рашчишћáвати
aufrecht у̏спра̄ван
aufreg|en узбуђѝвати (**sich** се) (**über** *A* због/око *G*); **~end** узбу̀дљив; **≗ung** F узбуђéње
auf|reißen *Umschlag usw* отвáрати; цéпати; **~richten** у̏справљати; **~richtig** ѝскрен; **~rollen** намотáвати; *auseinander rollen* размотáвати
Aufruf M а̀пел (**an** *A D*); *der Fluggäste* по̏зӣв; **≗en** *namentlich* прозѝвати; *zu et* позѝвати
aufrunden заокружѝвати (на вӣше)
Auf|rüstung F наоружа̀(ва̄)ње; **~satz** M *Schule* са̏став; чла̀нак; **≗saugen** усисáвати; **≗schieben** *zeitl* одлáгати
Aufschlag M *an Kleidung* манжѐтна; *Preisaufschlag* до̏плата; *Tennis* сѐрвӣс; **≗en** *Buch* отвáрати; *Zelt* по̀стављати; *aufprallen* у̀дарати (**auf** *A* о *A*)
auf|schließen откључáвати; **~schneiden** *Brot, Wurst* ѝсећи *pf*; **≗schnitt** M GASTR нáрезак; **~schrauben** одвѝјати; завѝјати; **~schreiben** записѝвати; **≗schrift** F на̏тпис
Aufschub M одлáгање
Aufschwung M ра̏зво̄ј; пóлет
Aufseh|en N: **~en erregen** привлáчити па̀жњу; **~er** на̏дзо̄рнӣк
aufsetzen *Brille, Hut* на̏тицати; AER слéтати
Aufsicht F на̏дзор; **~srat** M на̏дзо̄рнӣ о̀дбор
auf|springen скáкати; *auf ein Fahrzeug* ускáкати (**auf** *A* у *A*); *Haut, Lack* ѝспуцати *pf*; **~stacheln** подбáдати
Aufstand M у̏станак
auf|stehen у̏стајати; *Tür* ста̀ја-

ти ȍтворен; **~steigen** пѐњати се; ỳспињати се (**auf** *A* на *A*); AER полéтати; *im Beruf* нȁпредовати; SPORT прѐлазити у вӣшӯ лӣгу
aufstellen пȍстављати; *errichten* прȁвити; *Rekord* пȍстављати
Aufstieg M пѐњање; ýспон (*a fig*); SPORT прѐлазак (у вӣшӯ лӣгу); *im Beruf* нȁпредовање
auf|tanken тȍчити гȍриво; **~tauchen** изрȍнити *pf*; **~tauen** VT отáпати; VI *Tiefkühlkost* тȍпити се; **~teilen** дѐлити (**in** *A* на *A*); расподéлити *pf* (**unter** мећу *I*)
Auftrag M нȁлог; ECON нȁрудбина; **im ~** у йме, по нȁлогу (**von** *G*); **≈en** *Farbe* нанȍсити; **j-m et ≈en** налáгати кȍме (*A*); **~geber(in** F) M налогодáвац
auf|trennen распáрати *pf*; **~treten** нȁгазити *pf*; THEA настýпати; *Schwierigkeiten* нȁстајати
Auftritt M THEA нȁступ
auf|wachen бýдити се; **~wachsen** одрáстати; **≈wand** M трȗд; *Prunk* рȁскош; *Verbrauch* потрóшња (**an** *G*); **~wändig** кȍмпликовāн; **~wärmen** подгрéвати; **sich ~wärmen** загрéвати се
aufwärts нȁгоре; **~ gehen** *fig* побољшáвати се
auf|weichen размекшáвати; **~weisen** показйвати; **~wenden** улáгати
aufwert|en дйћи врéднōст (*G*); ECON ревалвйрати *(im)pf*; **≈ung** F ECON ревалвáција
auf|wirbeln усковйтлати *pf* (*a fig*); **~wischen** брйсати; **~zählen** набрáјати
aufzeichn|en цр̏тати; *schriftlich* записйвати; *auf Band* снймати; **≈ung** F *auf Band* снймак
auf|ziehen *Vorhang* развлáчити; *Uhr* навйјати; *Kind* одгáјати; *necken* подсмéвати се (*D*); **≈zug** M лйфт; THEA чйн
Auge N ȍко
Augenarzt M ȍчнӣ лѐкāр
Augenblick M тренýтак; **e-n ~!** сȁмо мȍменат!; **≈lich** трѐнӯтан; ADV трѐнӯтно
Augen|braue F ȍбрва; **~farbe** F бȍја ȍчијӯ; **~tropfen** M/PL кȁпи за ȍчи; **~zeuge** M очевйдац
August M *Monat* ȁвгуст
aus (*D*) *Herkunft* из (*G*); *Stoff* од (*G*); *Grund* због (*G*); **~ dem Gedächtnis** по сѐћању; **~ der Mode** йзашло из мóдē; **~ sein** *Vorrat* нéмати вйше (*G*); *Vorstellung* завр̏шити се *pf*; *Licht, Heizung* бйти йскључен; **von mir ~** штȍ се мѐне тйчē
aus|arbeiten израђйвати; **~atmen** йздисати; **~bauen** *Haus* дограђйвати; *Motor* вȁдити; **~bessern** пȍправљати
Ausbeut|e F добйтак, кȍрист *f*; **≈en** искоришћáвати
ausbild|en ȍбразовати *(im)pf*; шкȍловати *(im)pf* (**in** *D* за *A*); **≈er** M йнструктор; **≈ung** F ȍбразовање
aus|bleiben изȍстајати;

≈blick M по̏глед; **~brechen** *Krieg, Krankheit* изби́јати; *Aufstand* бу́кнути; *Häftling* бѐжати
ausbreiten ши́рити (**sich** се)
Ausbruch M про́бој; поче́так; *Flucht* бѐкство; *Vulkanausbruch* ерўпција; **zum ~ kommen** изби́јати
ausbrüten *Eier* ле́ћи
auschecken ишчеки́рати, одја́вити се *pf*
Ausdauer F издр̀жљивōст; **≈nd** издр̀жљив
ausdehnen продужа́вати (**sich ~** се); пришира́вати (**sich ~** се); **sich ~** *erstrecken* про̀стирати се; PHYS ши́рити се
ausdenken: **sich et ~** изми́шљати нѐшто
Ausdruck M ѝзрāз; штâмпанӣ при́мерак; **≈en** о̀дштāмпати *pf*; **zum ~ bringen** изража́вати
ausdrück|en це̏дити; исти́скати; *Zigarette* га́сити; *aussprechen* изража́вати (**sich** се); **~lich** ѝзричит
ausdrucks|los бѐзизражājан; **~voll** ѝзражājан
Ausdünstung F испара́вāње
auseinander ра̀здвојено; **~ gehen** *Menschen* ра̀стајати се; *Meinungen* размимои̏лазити се; **~ nehmen** ра̀стављати; **sich ~ setzen** препи́рати се (**mit j-d über** *A* c *I* o *L*); **≈setzung** F ра̑справа
Ausfahrt F *Ort* ѝзлаз
Ausfall M о̀падāње; о̀дсуство; **≈en** *Haare* о̀падати; *herausfallen* ѝспадати; *Veranstaltung* би̏ти о̀ткāзан; TECH зака́зати *pf*; **... ist gut ausgefallen ...** је ѝспало до̀бро
Ausflug M ѝзлет
ausfragen испити́вати ко̀га (**über** *A* o *L*)
Ausfuhr F ѝзвоз
ausführ|en ECON изво̀зити; *Auftrag* вр̏шити; **j-n ~en** изво̀дити (*A*); **~lich** о̀ширан; **≈ung** F изврша́вāње
ausfüllen *Platz, Lücke* попуња́вати; *Formular* испуња́вати
Ausgabe F *Geldausgabe* изда́так; *Buch* изда́ње; *e-r Zeitung* бро̑ј; *Verteilung* изда́вāње
Ausgang M ѝзлаз; *Ende* заврше́так; *Ergebnis* резу̀лтāт; **kein ~** за̀брāњен ѝзлаз; **~sbeschränkung** F поли̏цӣјскӣ ча̏с; **~spunkt** M по̀лазнā та̀чка
ausgeben изда́вати; *Geld* тро̀шити; **sich ~ für, als** изда́вати се за (*A*)
ausge|bucht ра̀спродāт; **~fallen** екстравага̀нтан; **~glichen** уравно̀тēжен
ausgehen ѝзлазити; *Licht, Feuer* га́сити се; *Benzin, Geld* нѐстајати; *enden* заврша́вати се; **~ von** по̀лазити од (*G*)
ausge|nommen изу̀зēв; **~rechnet** у̏право; **~schlossen** ѝскљӯчен; **~sucht** про̏брāн; **~zeichnet** о̀дличан
Ausgleich M уравнотеже́ње; на̏докнада; **≈en** поравна́вати; изједнача́вати
ausgrab|en ископа́вати; **≈ung** F ископа́вāње; ѝскопина

Ausguss M сли̂внӣк
aus|halten издржа́вати; **~händigen** уручи́вати; **&hang** M о̏гла̄с; **~helfen** испома́гати
Aushilfe F *Person* и̏спомо̄ћ
aushorchen испити́вати
auskennen: **sich ~** до̏бро позна́вати
ausklopfen истре́сати
auskochen искува́вати
auskommen сла́гати се (**mit j-m** са *I*); и̏злазити на кра̑ј (**mit et** са *I*); **ohne et ~** сна̀лазити се без (*G*)
Auskunft F обавеште́ње; **~ geben** обавешта́вати (**j-m über** *A* не̏кога о *L*)
aus|lachen исмеја́вати; **~laden** истова́рати; *Gäste* опо̀звати *pf*
Auslage F и̏зложена̄ ро̏ба; ECON тро̏шак
Ausland N инострáнство
Ausländer M стра́нац; **&feindlich** ксено̀фо̄бски; **~in** F стра̀нкиња
ausländisch (ино̀)стра̑н
Auslandsgespräch N TEL ино̀странӣ ра̏зговор
aus|lassen пропу́штати; *Wort* изо̀стављати; **~laufen** *Flüssigkeit* и̏стицати; *Schiff* испло̀вити *pf*; **~leeren** пра́знити; **~legen** *mit et* прекри́вати; *deuten* тума́чити
ausleihen позајмљи́вати (**j-m** *A* не̏коме *A*); **sich et ~** позајмљи́вати (**von j-m** од не̏когa *A*)
aus|liefern *Ware* испоручи́вати; *Gefangene* изручи́вати; **&lieferung** F изруче́ње; **~löschen** га́сити; и̏брисати *pf*; **~losen** изву́ћи *pf* жре̑бом; **~lösen** *hervorrufen* изази́вати; *bewirken* про̀узроковати (*im*)*pf*; TECH покре́тати; **~machen** *Licht, Radio*, TV искључи́вати; *Termin* закази́вати; **macht es Ihnen etwas aus, wenn ...?** да ли ће Вам сме́тати ако ...?
Ausmaß N ра́змера
ausmessen и̏змерити *pf*
Ausnahme F изузе́так; **mit ~ von** и̏зузе̄в(ши); **~zustand** M POL ва̀нредно̄ ста́ње
ausnahms|los без изузе́тка; **~weise** изу̀зе̄тно
aus|nutzen искоришћа́вати; **~packen** распаки́вати; **~pressen** це́дити; **~probieren** испроба́вати
Auspuff M а̀успух
aus|radieren о̀брисати *pf*; **~rauben** пља̀чкати; **~räumen** пра́знити; **~rechnen** рачу̀нати
Ausrede F и̏зговор
ausreich|en бити до̀вољан; **~end** до̀вољан
Ausreise F и̏злазак (из зѐмље); **&n** отпуто̀вати *pf*
ausreißen *Haare* чу̀пати; *Bäume* и̏стргнути *pf*; *davonlaufen* бѐжати
ausrenken: **sich den Arm ~** и̏шчашити *pf* ру̑ку
ausrichten *j-m et* испоручи́вати; *erreichen* по̀стизати
ausrotten искоре́нити *pf*
Ausruf M у̏звик; **&en** усклик-

нути *pf*; прози́вати; **~ezeichen** N у̏звичнӣк

ausruhen V/T одма́рати (**sich** се)

ausrüst|en опре́мати (**mit** *I*); **~ung** F о̏према

ausrutschen о̀клизнути се *pf*

Aussag|e F JUR и̏зјава; **~en** JUR изјављи́вати

ausschalten *Strom, Maschine* искључи́вати; *Licht, Radio,* TV га́сити; *Gegner* одстрањи́вати

Ausschank M ша̏нк

ausscheiden V/T одстрањи́вати; MED излучи́вати; *aus e-m Amt* исту́пати из (*G*); SPORT и̏спадати

ausschenken *Bier* то̀чити

aus|schimpfen гр̀дити; **~schlafen** наспа́вати се *pf*

Ausschlag M MED о̀сип; **das gibt den ~** то̑ је одлу̀чујӯћē; **~en** V/I *Bäume* пу́пити; *Zahn* изби́јати; **~gebend** одлу́чујӯћӣ

ausschließ|en искључи́вати (**von** из *G*); **~lich** искљу̀чив

aus|schmücken ки̏тити (**mit** *D I*); **~schneiden** исе́цати; **~schnitt** M *Teil* де̏о; *Zeitungsausschnitt* и̏сечак; *an Kleidern* и̏зрез; **~schreiben** *Stelle* распи́сати *pf*; *Scheck* пи́сати; **~schreibung** F ко̀нкурс; **~schreitungen** F/PL и̏спади

Ausschuss M *Komitee* о̀дбор; *defekte Ware* шка̀рт

ausschütten про̀сипати; *Flüssigkeit* проли́вати; *Gewinn* исплаћи́вати

aussehen *erscheinen* изгле́дати (**wie** ка̏о *N*)

Aussehen N и̏зглēд

außen спо̏ља; **nach ~** према спо̏ља; **von ~** од спо̏ља

aussenden сла̏ти

Außen|handel M спо̑љнā тр̀говина; **~ministerium** N министа̀рство спо̑љнӣх по̀слōвā; **~politik** F спо̑љнā полѝтика; **~seite** F спо̑љнā стра́на; **~seiter** M а̀утсајдер; **~stelle** F о̀гранак

außer (*D*) о̏сим (*G*); **~ dass** о̏сим да; **~ Betrieb** не ра̑дӣ; **~ Dienst** (из)ван слу̀жбē; **~ der Reihe** преко ре̑да; **~dem** о̏сим то̀га

äußere спо̑љни

Äußere N спо̀љашњōст

außer|gewöhnlich не̏обичан; **~halb** (из)ван; **~irdisch** ванзема̀љскӣ

äußerlich спо̀љашњӣ; **~ anzuwenden** MED за спо̑љнӯ у̏потребу

äußern изража́вати; **sich ~** *et sagen* изража́вати се; *zu sehen sein* испоља́вати се

außerordentlich ва̀нредан; ADV изва̀нредно

äußerst кра̑јњӣ

Äußerung F и̏зјава

aussetzen *Tier, Kind* о̀стављати; *Belohnung* обећа́вати; *der Sonne, e-r Gefahr* изла́гати се; *Motor* ста̏ти *pf*; **et auszusetzen haben an** (*D*) крѝтиковати (*im*)*pf*

Aussicht F по̏глēд (**auf** *A* на *A*); *fig* и̏зглēд

aussichts|los бе̏зизглēдан; **~reich** ко̀јӣ мно̏го обѐћāвā

aussöhnen: **sich ~** изми́рити

се (**mit** *D* са *I*) *pf*
aus|sortieren одвајати; **~spannen** *sich erholen* одмарати се; **~spielen** *Karte* играти
Aussprache F изговор; *Meinungsaustausch* разговор
aussprechen изговарати (**sich** се); *äußern* изрећи *pf*
Aus|spruch M изрека; **&spucken** испљувати; **&spülen** испирати
ausstatt|en опремати (**mit** *D I*); **&ung** F опрема
ausstehen *Antwort, Zahlung* дуговати; **nicht ~ können** не моћи подносити
aussteigen иступати (**aus** из *G*)
ausstell|en *Ware* излагати; *Pass, Quittung* издавати; *Scheck, Rechnung* писати; **&ung** F изложба
aus|sterben изумирати; **~stopfen** напунити *pf*
ausstrahl|en зрачити; TV емитовати *(im)pf*; **&ung** F емитовање; зрачење
ausstrecken пружити; истезати се
aus|strömen истицати; **~suchen** одабирати
Austausch M размена; **&en** мењати; заменити *pf*
austeilen делити
Auster F острига
austragen *Briefe* разносити; *Kampf* водити
Austral|ien N Аустралија; **~ier** M Аустралијанац; **~ierin** F Аустралијанка; **&isch** аустралијански

aus|treiben терати; **~treten** изгазити *pf*; *aus e-r Organisation* иступати (**aus** *D* из *G*); *Toilette* ићи у ВЦ; **~trinken** испијати; **&tritt** M иступање (**aus** *D* из *G*); **~trocknen** исушивати; **~üben** *Beruf* бавити се; *Einfluss* вршити
Ausverkauf M распродаја; **&t** распродат
Aus|wahl F избор; **&wählen** одабирати
Auswander|er M исељеник; **~in** F исељеница; **&n** исељавати се; **~ung** F исељење
aus|wärtig спољни; **~wärts** напољу
auswechseln мењати (**gegen** *A* за *A*)
Ausweg M излаз
ausweichen избегавати (**j-m** кога); **~d** избегавајући
Ausweis M исправа; **&en** протерати *pf*; **sich &en** легитимисати се *(im)pf*; **~papiere** N/PL исправе; **~ung** F протеривање
aus|weiten проширивати; **~wendig** напамет; **~werten** обрађивати (податке); **~wickeln** распакивати
auswirken: **sich ~ auf** (*A*) одражавати се на (*A*)
auszahl|en исплаћивати; *fig* **sich ~en** исплатити се *impf*; **&ung** F исплата
auszeichn|en *Waren* истицати цену; *j-n* одликовати *(im)pf*; **&ung** F одликовање
ausziehen извлачити (**aus** *D* из *G*); *Kleid* свлачити (**sich** се); *aus*

e-m Haus исељавати се
Auszubildende M ученик на заначу
Auszug M *Konto* извод; екстракт
Auto N ауто(мобил); **mit dem ~ fahren** возити се аутом
Autobahn F аутопут; **~auffahrt** F излаз на аутопут; **~ausfahrt** F излаз са аутопута; **~gebühr** F путарина
Autobatterie F акумулатор
Auto|bus M аутобус; → *a* Bus; **~fähre** F трајект; **~fahrer(in** F) M возач
Automat M аутомат; **~ik** F KFZ аутоматик; **~isch** аутоматски
Auto|mechaniker M аутомеханичар; **~mobilclub** M ауто-мото друштво; **~nummer** F регистрација
Auto|radio N ауто-радио; **~rennen** N аутомобилска трка
autori|tär ауторитативан; **~tät** F ауторитет
Auto|telefon N ауто-телефон; **~unfall** M аутомобилска несрећа; **~vermietung** F изнајмљивање аутомобила; **~waschanlage** F ауто-перионица; **~werkstatt** F ауто-сервис
Axt F секира
Azubi → Auszubildende

B

Baby N беба
Bach M поток
Back|blech N плех (за печење); **~bord** N лева страна брода (авиона)
Backe F образ
backen пећи
Backenzahn M кутњак
Bäcker M пекар; **~ei** F пекара
Back|form F модла за печење; **~hähnchen** N печена пилетина; **~ofen** M рерна; **~pulver** N прашак за пециво
Bad N *Zimmer* купатило; *Ort* бања
Bade|anstalt F купалиште; **~anzug** M купаћи костим; **~hose** F купаће гаће; **~kappe** F капица за купање; **~mantel** M купаћи огртач
baden VI/T, VI купати (се)
Bade|strand M плажа; **~tuch** N пешкир (за купање); **~wanne** F када; **~zimmer** N купатило
Bagger M багер; **~n** багерисати *(im)pf*
Bahn F воз; железница; **mit der ~ fahren** путовати возом; **~beamte** M железнички чиновник; **~damm** M железнички насип
bahnen: **e-n Weg ~** крчити **(sich** себи**)** пут
Bahnfahrt F вожња возом

Bahnhof M жѐлезничка̄ ста̏ница
Bahn|linie F рела́ција; **~steig** M пѐро̄н; **~übergang** M пре́лаз преко пру́ге
Bahre F нòсила *n/pl*; òдар
Bakterie F ба̀кте̄рија
bald (у̀)бр̑зо; **~ darauf** ма̏ло ка̀сније; **so ~ wie möglich** чи̏м пре̑
Balken M гре́да
Balkon M ба̀лко̄н (*a* THEA)
Ball M ло̏пта; *Tanzfest* ба̑л
Ballast M тѐрет; **~stoffe** M/PL ба̀ластнӣ са́сто̄јци *m/pl*
Ballen M *von Waren* ба̏ла
Ballett N ба̀ле̄т
Ballon M AER ба̀ло̄н
banal ба̀на̄лан
Banane F бана́на
Band[1] N тр̏ака; MED тети́ва
Band[2] M то̏м
Band[3] F MUS гру̏па
Banda|ge F за̀во̄ј; **≗gieren** преви́јати
Bande F ба̏нда
Bänderriss M на̀прслина тети́ве̄
bändigen кро̀тити
Bandit M ба̀ндӣт, ра̀збо̄јнӣк
Band|maß N ме̑тар-тр̏ака; **~nudeln** F/PL реза́нци *m/pl*; **~scheibe** F ки̏чменӣ ди̑ск; **~wurm** M па̀нтљичара
Bank F клу́па; *Geldinstitut* ба̏нка; **~angestellte** M ба̀нка̄рскӣ слу̏жбенӣк; F ба̀нка̄рска̄ слу̏жбеница; **~ier** M ба̀нка̄р; **~konto** N ра̀чӯн; **~leitzahl** F бро̑ј за идентифика́цију ба̏нке̄; **~note** F новча̀ница
bankrott ба̀нкрот
bar: **in** *od* **gegen ~** у го̀товом
Bar F *Theke* ша̑нк; *Nachtbar* но̏ћнӣ ло̀ка̄л
Bär M мѐдвед
Baracke F бара̀ка
barfuß бо̑с(о̀ног)
Bargeld N готови̏на; **≗los**: **≗lose Zahlung** безго̀товӣнско̄ пла̏ћање
Bariton M ба̀ритон
barmherzig мило̀срдан
Barmixer M ба̀рмен
barock ба̀рокнӣ
Barometer N ба̀роме̄тар
Barren M SPORT ра̀збо̄ј
Barriere F бари̏јера
Barrikade F барика́да
Barsch M гр̏ге̄ч
Barscheck M го̀товӣнскӣ че̑к
Bart M бра́да
bärtig бра̀дат
Barzahlung F го̀товӣнско̄ пла̏ћање
Basar M ба̀за̄р
basieren: **~ auf** (*D*) засни́вати се на (*L*)
Basilikum N бо̀сиљак
Basis F ба́за
Basketball M *Spiel* ко̀ша̄рка; *Ball* коша̀рка̄шка̄ ло̏пта
Bass M ба̏с
Bast M ли̏ка
basteln V/I мајсто̀рисати (*im*)*pf* у сло̏бодно̄ вре́ме
Batterie F ба̀те̄рија
Bau M изгра́дња (*G*); *Gebäude* згра̑да; *Tierbau* ја̏збина; **~arbeiten** F/PL гра̀ђевӣнскӣ ра̑дови *m/pl*; **~arbeiter** M гра̀ђевӣнскӣ ра̑днӣк

Bauch M сто̀ма̄к; **~schmerzen** M/PL бо́лови у стома́ку *f/pl*; **~speicheldrüse** F гуштѐрача
bauen изграђи́вати
Bauer M сѐља̄к; *Schach* пѐша̄к
Bäuer|in F сѐља̄нка; **ˆlich** сѐља̄чкӣ
Bauern|haus N сѐља̄чка̄ кӯћа; **~hof** M сѐоско̄ дома̀ћинство
baufällig склѐн па̏ду
Bau|genehmigung F до̏звола за гра́дњу; **~gerüst** N скѐла; **~herr** M гра̀дитељ; **~jahr** N го̏дина изгра́дње
Baum M др̏во
Baumaterial N гра̀ђевӣнскӣ матерѝја̄л
baumeln кла́тити се
Baum|schule F ра́саднӣк; **~stamm** M ста́бло; **~wolle** F па̀мук
Bau|platz M зѐмљӣште за зи́да̄ње; **~sparen** N ште́дња код гра̀ђевӣнско̄г кре́дӣтно̄г институ́та; **~stelle** F гра̀дилӣште; *auf e-r Straße* ра̏дови на пу́ту; **~stil** M гра̀ђевӣнскӣ стѝл; **~unternehmen** N гра̀ђевӣнско̄ предузе́ће; **~unternehmer** M гра̀ђевӣнскӣ предузѝма̄ч; **~werk** N гра̀ђевина
Bayer M Бава́рац; **~in** F Ба̀ва̄рка; **ˆisch** ба̏ва̄рскӣ; **~n** N Ба̏ва̄рска̄
Bazillus M ба̀цил
beabsichtigen намера́вати
beacht|en о̀браћати па́жњу на (*A*); *befolgen* придржа́вати се (*G*); *Vorfahrt* пошто̀вати; **~enswert** вре́дан па̀жње; **~lich** при́личан
Beamt|e M слу̀жбенӣк; **~in** F слу̀жбеница
beängstigend застра̀шујӯћӣ
beanspruchen *fordern* тра́жити; *Platz, Zeit* захте́вати
beanstand|en рекламѝрати (*im*)*pf*; пригова́рати; **ˆung** F реклама́ција; за́мерка
beantragen подно̀сити (за́хтев, мо̀лбу) за (*A*)
beantworten одгова́рати на (*A*)
bearbeit|en обрађи́вати; **ˆung** F о̏брада
Beatmung F вѐшта̄чко̄ ди́са̄ње
beauf|sichtigen надгле́дати; **~tragen** да́вати на́лог; **~tragt** о̀вла̄шћен
bebauen изграђи́вати; *Land* обрађи́вати
beben тре́сти се
Becher M шо́ља
Becken N GEO ко̀тлина; *Waschbecken* умива̀о̄нӣк; MUS та̏с; ANAT ка̏рлица
bedanken: **sich ~** захваљи́вати се (**für** *A* на *L*)
Bedarf M по̏треба
bedauerlich вре́дан жа̀ље̄ња; **~erweise** на̀жало̄ст
bedau|ern сажаље́вати; **ich ~re** жа̏о ми је (**dass** што̏ ...); **mit ˆern** са жа̀ље̄њем; **~ernswert** ја̏дан
be|decken покри́вати; **~deckt** о̏блачан
bedenk|en рaзми́шљати; **ˆen**

PL су̑мња; **~lich** су̀мњив
bedeut|en зна́чити; **~end** зна̏менит; **&ung** F *Sinn* зна́чење; *Wichtigkeit* зна̏ча̄ј; **~ungslos** бе̏знача̄јан; **~ungsvoll** од ве̏ликōг зна̏ча̄ја
bedien|en послужи́вати (**sich** се); **&ung** F по̏слуга; *Geräte* слу́жење (*l*), опслужи́вање (*G*); *Kellner* ке̏лнер; F (ица); **&ungsanleitung** F упу́тство за у̏потребу
bedingt ADV у́словно
Bedingung F у́слов; **&slos** бе̏зусло̄ван
bedräng|en прите́снити *pf* (**j-n** ко̀га); **&nis** F сти̏ска
bedroh|en пре́тити; **~lich** пре́те̄ћӣ; **&ung** F пре́тња
bedrück|en ти̏штати; **~t** по̀тиштен
Bedürfnis N по̏треба (**nach** *D* за *G*)
Beefsteak N бѝфтек
beeilen: **sich ~** жу́рити
beein|drucken о̀стављати у̀тисак; **~flussen** у̀тицати на не̏кога; **~trächtigen** *Gesundheit* шко̀дити
beenden заврша́вати
beerben наслеђи́вати
Beerdigung F по̀греб
Beere F зр̏но
Beet N ле́ја
befahr|bar про̀ходан; **~en** во̀зити се по (*L*); **stark ~en** *Straße* ве̏ома про́метан
befassen: **sich ~ mit** (*D*) ба̏вити се (*l*)
Befehl M за̏повёст; **&en** запо-ведати (**j-m et** ко̀ме не̏што)
befestigen причвршћи́вати (**an** *D* за *A*)
Befinden N *Gesundheit* здра̀вствено̄ ста́ње
befinden: **sich ~** на̏лазити се
befolgen придржа́вати се (*G*)
beförder|n *Waren*, *Menschen* прево̀зити; *fig* унапређи́вати (**zum Direktor** у дѝректора); **&ung** F тра̀нспорт; *fig* унапређење
befragen испити́вати; *konsultieren* ко̀нсултовати (*im*)*pf*
befrei|en ослоба́ђати (**j-n von** *D* ко̀га *G*); **&ung** F ослобођење
befreundet: **ich bin mit ihm ~** мӣ се др̏жӣмо
befriedig|en задовоља́вати; **~end** задовоља́ва̄јӯћӣ; **&ung** F задовоља́вање
befristet вре̏менскӣ ограни̏чен
befruchten оплођа́вати
Befund M MED на́лаз; **ohne ~ (o.B.)** без о̀собеностӣ (б.о.)
befürcht|en бо̀јати се; **&ung** F стра̀х
befürworten подржа́вати
begab|t на̏да̄рен (**für** *A* за *A*); **&ung** F да̑р
begegn|en (су̀)сре̏тати (**sich** се); **&ung** F су̏срет
begehen *Verbrechen* почѝнити *pf*
begehrt о̀миљен; по̏жељан
begeister|n одушевља́вати; **sich ~n für** (*A*) одушевља́вати се (*l*); **&ung** F одушевље́ње
begießen поли́вати

Beginn M почéтак; **zu ~** на почéтку; **2en** (за)почињати (**zu** + *inf* да + *präs*, са *I*)
beglaubig|en оверáвати; **2ung** F ȍвера
begleichen *Schaden* намирúвати
begleit|en ѝспраћати; пр̏атити (на *D*) (*a* MUS); **2er** M прàтилац; **2erin** F прàтиља; **2schreiben** N прòпратно̄ пúсмо; **2ung** F прàтња
beglückwünschen: **j-n ~** честúтати кòме (**zu** *D* за *A od* на *D*)
begnadig|en пòмиловати *pf*; **2ung** F помиловáње
begnügen: **sich ~ mit** задовољáвати се (*I*)
begraben покòпати *pf*
Begräbnis N са̏храна
begreif|en схва̏тати; **~lich** разу̑мљив
begrenz|en ограничáвати; **2ung** F ограничéње
Begriff M пóјам; **im ~ sein zu** + *inf* ба̑ш хтѐти да ...
begründ|en *Grundlage schaffen* утемељúвати; *Gründe angeben* образлáгати (**mit** *D I*); **2er** оснѝва̄ч; **2ung** F образложéње; оснúва̄ње
begrüß|en пòздрављати (**sich** се); **2ung** F пȍздра̄в; *Empfang* дòчек
begutachten дáвати стру̑чно̄ мѝшљѐње; *fachmännisch* вештáчити
be|haart ма̏љав; **~haglich** пр̀ија̄тан; **~halten** задржáвати; *sich merken* зàпа̄мтити *pf*
Behälter M пȍсуда
behandeln опхòдити се; *Thema* обрађúвати; MED лéчити
Behandlung F *Menschen* òпхођење; *Thema* ȍбрада; MED трѐтма̄н
beharr|en инсистúрати (*im*)*pf* (**auf** *D* на *L*); **~lich** ѝстра̄јан
behaupt|en тв̀рдити; **2ung** F тв̀рдња
behelf|en: **sich ~en** сна̏ћи се *pf*; **~smäßig** прȍвизо̄ран
beherrschen вла́дати (*A I*) (*a Sprache*); **sich ~** савладáвати се
behilflich: **~ sein** бѝти од пȍмоћи (**j-m** кòме)
behinder|n омéтати; **~t** хендикѐпӣра̄н; *geistig* заòстао; **2te** M, F инва̀лӣд; **2ung** F омéта̄ње; *körperliche, geistige* хѐндикеп
Behörde F у̏права
bei (*D*) код (*G*), при (*L*), у (*G*); **~ Nacht** нȍћу; **~ e-m Unfall** у слу̑ча̄ју нѐсреће̄; **et ~ sich haben** ѝмати шта̏ при сѐби
beibehalten задржáвати
beibringen: **j-m et ~** нау̑чити *pf* кòга чему; *Beweise* пр̀ибављати
Beicht|e F ѝсповест *f*; **2en** исповéдати; **~stuhl** M исповедаòница
beide M обòјица, *f* ȍбе, *n* ȍба; M+F ȍбоје; **alle ~** *n* ȍба, *f* ȍбе, *m* обòјица, *m* + *f* ȍбоје; **eins von ~n** јѐдно од та̑ два̑
beieinander *zusammen* за̏једно; *nebeneinander* јѐдно поред дру̑го̄г
Bei|fahrer(in F) M *Pkw*

сувòзā̄ч; **~fall** M àплауз; **ꝸfügen** прилáгати
beige бêж
Beihilfe F прйпомōћ *f*; JUR сāучеснйштво
Beil N сèкира; сàтара
Beilage F *zur Zeitung* додáтак; GASTR прйлог
bei|läufig ADV ўзгрēд; **~legen** → beifügen
Beileid N сāучēшћe; **sein ~ aussprechen** изражáвати сāучēшћe
bei|liegend прйложен; **~messen** придáвати
Bein N нòга
beinah(e) зàмало
Beinbruch M прéлом нòгē; **Hals- und ~!** Са срēћōм!
beisammen скўпа; **ꝸsein** N сèдēљка
beiseite: **~ legen** (ò)стáвљати на стрáну
beisetz|en сахрањúвати; **ꝸung** F сàхрана
Beispiel N прймер; **zum ~** на прймер; **ꝸhaft** прймеран; **ꝸlos** беспрймеран; **ꝸsweise** на прймер
beißen зàгристи *pf*; грйсти; *Insekten* ујéдати
Bei|stand M пòмōћ *f*; **ꝸstehen** прўжати кòме пòтпору; **~trag** M прйлог; дòпринос; *Mitgliedsbeitrag* чланàрина; **ꝸtragen** доприносити (**zu** *D D*); **~tritt** M прйступ; **~wagen** M *Motorrad* (бòчнā) прйколица
Beize F бāјц
beizeiten на врéме

bejahen потврђúвати
bejahrt поòдмаклйх гòдйнā
bekämpfen бòрити се (**j-n, et** против *G*)
bekannt пòзнāт; **~ geben** саопштáвати; **~ machen** објављúвати; упòзнати *pf* (**j-n mit j-m** кòга са *I*); **ꝸe** M пòзнанйк; F пòзнаница; **~lich** као штò је пòзнāто; **ꝸmachung** F *Anschlag* оглашáвање; **ꝸschaft** F познáнство; пòзнаници *pl*
bekennen признáвати
beklagen оплакúвати; **sich ~ über** (*A*) жàлити се због (*G*) *od* на (*A*)
Bekleidung F òдећа
beklemmend тêскобан
bekommen добúјати; **geschenkt ~** добúјати на пòклōн; **wo bekommt man ...?** где мòжē да се дòбијē ...?; **was ~ Sie?** *im Geschäft* штà жèлйте?
beladen тòварити (**mit** *D I*)
Belag M ŏблога (*a Bremse*); MED нàслаге *f(pl)*
belager|n опсéдати (*a fig*); **ꝸung** F ŏпсада
belanglos бèзначājан
belasten оптерећúвати (**mit** *D I*); *Konto* задужúвати; JUR тèретити
belästig|en досаћúвати; **ꝸung** F досаћúвање
Belastung F тèрет (*a fig*)
beleb|end окрèпљујӯћӣ; **~t** *Straße* пӯн љўдӣ
Beleg M дòказ; *Zahlungsbeleg* прйзнаница; **ꝸen** облáгати;

Platz заузимати; *Kursus* посећивати; *Brötchen* направити сендвич; *beweisen* доказивати; **~schaft** F особље
belegt обложен; *Hotel* пун; *Telefon* заузет
belehr|en поучавати (**über** *A* о *L*); **&ung** F поука
beleibt корпулентан
beleidig|en вређати; **~end** увредљив; **~t** увређен; **&ung** F увреда
beleucht|en осветљавати; **&ung** F расвета
Belg|ien N Белгија; **~ier** M Белгијанац; **~ierin** F Белгијанка; **&isch** белгијски
belicht|en FOT осветљавати; **&ung** F осветљење
beliebig ма који; **~ oft** ма колико често
beliebt омиљен
beliefern достављати (**j-n mit** *D* коме *A*)
bellen лајати
belohn|en награђивати (**für** *A* за *A*); **&ung** F награда
Belüftung F вентилација
belügen лагати (**j-n** кога)
be|malen осликавати; **~mängeln** приговарати због (*G*)
bemerk|bar уочљив; **sich ~bar machen** скретати пажњу на себе; **~en** *feststellen* примећивати; напомињати; **~enswert** вредан пажње; **&ung** F напомена
bemitleiden сажаљевати
bemüh|en мучити; **sich ~en** настојати; **~en Sie sich nicht!** немојте се мучити!; **&ung** F труд
benachbart суседан
benachrichtig|en: **j-n von et ~en** обавештавати кога о чему; **&ung** F обавештење
benachteiligen запостављати
Benehmen N понашање
benehmen: **sich ~** понашати се
beneiden завидети (**j-n um** *A* коме на нечему); **~swert** коме се може позавидети *pf*
benennen називати; наводити
benötigen: **ich benötige …** треба ми …
benutzen користити; служити се (*A I*)
Benutz|er M корисник; **~erin** F корисница; **~ung** F коришћење (*I*)
Benzin N бензин; **~kanister** M кантица за бензин; **~tank** M резервоар; **~verbrauch** M потрошња бензина
beobacht|en посматрати; **&er** M посматрач; **&ung** F посматрање
bepflanzen садити
bequem удобан; *Mensch* комотан; *mühelos* без напора; **es sich ~ machen** раскомотити се *pf*; **&lichkeit** F удобност
berat|en VT саветовати; VI саветовати се са (*I*); **&er** M саветник; **&erin** F саветница; **&ung** F савет(овање); **&ungsstelle** F саветова-

ли̂ште
berauben пља̏чкати (*D A*)
berausch|end о̏по̄јан; **~t** припи̂т
berechn|en рачу̀нати; **~end** про̏рачуна̄т; **&ung** F про̏рачӯн
berechtig|en овлашћи́вати (**zu** + *inf* да ...); **~t** о̀вла̄шћен; *begründet* о̀пра̄вдан; **&ung** F овлашће́ње; пра́во
Bereich M по̀дрӯчје
bereichern: **sich ~** бо̀гатити се
Bereifung F (аутомо̀би̂лске̄) гу̂ме
bereinigen ра̀шчистити *pf*
bereisen пропуто̀вати *pf*
bereit спре̏ман; **~en** припре́мати; **~halten** др̂жати у припра́вности
bereit|s ве̏ћ; **&schaft** F спре̏мно̄ст; **&schaftsdienst** M дежу́рство; **~stellen** ста̏вити на распола́гање (**für j-n** за ко̀га); **~willig** ADV дра̂ге̄ во̀ље̄
bereuen жа̏лити (**et** због чѐга); ⟨по̀⟩ка̏јати се (**et** због чѐга)
Berg M бр̏до; **&ab** ни̏збрдо; **~arbeiter** M ру̏да̄р; **&auf** у̏збрдо; **~bau** M рударство
bergen *retten* спаша́вати
bergig брдо̀вит
Berg|rutsch M о̀дрон; **~steigen** N планина́рење; **~steiger**(**in** F) M планѝна̄р(ка)
Bergung F спаса́вање
Bergwerk N ру̂дни̂к
Bericht M и̏звешта̄ј; **&en** извешта́вати (**über et** о чѐму); **~erstatter** M до́пиосни̂к
berichtigen ѝсправљати
Berlin N Бѐрлин
Bernstein M ћѝлиба̄р
bersten пу̏цати
berüchtigt зло̀гласан
berücksichtigen у̀зимати у о̏бзи̂р
Beruf M занѝма̄ње; **von ~** по позиву
berufen ѝменовати на ду́жно̄ст; **sich ~ auf** (*A*) позѝвати се на (*A*)
beruflich по̀сло̄ван
Berufs|ausbildung F стру̏чно̄ о̀бразова̄ње; **~beratung** F са́ветова̄ње за ѝзбор по́зива; **~kleidung** F ра̂дна̄ о̀дећа; **~schule** F стру̏чна̄ шко̂ла; **&tätig** за̀послен; **~verkehr** M шпи̂ц (око поче́тка или пре̏ста̄нка радно̄г вре̏мена)
Berufung F *in ein Amt* ѝменова̄ње; **~ einlegen** ула́гати жа̏лбу
beruhen заснѝвати се (**auf** *D* на *D*); **et auf sich ~ lassen** о̀ставити *pf* при то̀ме
beruhig|en умирѝвати; **sich ~en** смирѝвати се; **~end** умѝрујӯћӣ; **&ungsmittel** N сре̏дство за смире́ње
berühmt чу̀вен
berühr|en додирѝвати; **&ung** F до̏ди̂р
Besatzung F MAR, AER по̏сада
beschädig|en оштећи́вати; **&ung** F *Schaden* ште̏та
beschäftigen запошља́вати; **sich ~ mit** ба̏вити се (*I*)

beschäftig|t запослен; *mit et* заузет; **≈ung** F занимање; *Anstellung* запослење
Bescheid M *Antwort* одговор; *Auskunft* информација; **~ wissen** бити упућен (**über et** у нешто); **j-m ~ sagen** *od* **geben** обавештавати кога
bescheiden скроман
bescheinig|en потврђивати; **≈ung** F потврда
be|schenken поклањати; **~schießen** пуцати по (*L*); **~schimpfen** псовати; грдити
beschlag|en *Pferd* поткивати ⟨-ковати⟩; *Scheiben* замаглити се *pf*; ADJ *klug* искусан; **~nahmen** запленити *pf*
beschleunigen убрзавати
beschließen одлучивати (се) (**zu** + *inf* на *od* за *A*); *beenden* завршавати
Beschluss M одлука
be|schmieren мазати; **~schmutzen** прљати; **~schneiden** сећи; REL обрезивати; **~schönigen** улепшавати
beschränk|en ограничавати; **~t** ограничен (**auf** *A* на *A*); **≈ung** F ограничење
beschreib|en описивати; **≈ung** F опис
beschrift|en снабдети натписом; **≈ung** F натпис
beschuldig|en окривљивати; оптуживати (**j-n e-r Sache** кога за нешто); **≈ung** F оптужба
Beschuss M паљба
beschützen штитити
Beschwerde F жалба; **~n** PL MED тегобе
beschweren: **sich ~** жалити се (**über et** на нешто, **bei j-m** коме)
be|schwichtigen улагађивати; **~schwingt** полетан; **~schwipst** припит; **~schwören** *et* заклињати се; *j-n et zu tun* преклињати; **~seitigen** одстрањивати; *umbringen* уклонити *pf*
Besen M метла
besessen опседнут
besetzen *Platz* заузимати; *Stelle* постављати
besetz|t *Bus usw* заузет; **≈tzeichen** N TEL сигнал за заузетост; **≈ung** F заузеће
besichtigen разгледати
besied|eln насељавати; **~elt** насељен; **≈lung** F насељавање
besiegen побеђивати
Besinnung F свест; **wieder zur ~ kommen** прибрати се *pf*; доћи к себи; **≈slos** онесвешћен
Besitz M посед; својина; **≈en** поседовати; **~er** M власник; **~erin** F власница
besoffen *F* натрескан
besohlen стављати ђонове
Besoldung F плата
besondere посебан
besonders посебно; *vor allem* првенствено; *sehr* нарочито
besonnen разборит
besorgen *beschaffen* набављати
Besorgnis F забринутост; **~ erregend** забрињавајући

besorgt зàбринӯт
Besorgung F нàба̄вка; **~en machen** вр̏шити нàба̄вке
besprech|en поразговáрати *pf* (*A* o *L*); **&ung** F ра̏згово̄р; *Kritik* при́каз
bespritzen пр́скати
besser бо̏љӣ; **~ werden** побољшáвати се; **es geht ihr ~** бо̏ље јој је; **umso** *od* **desto ~** утолѝко бо̏ље
bessern: **sich ~** побољшáвати се
Besserung F побољша́(ва̄)ње; **gute ~!** жѐлӣм Вам (ти) бр̑з опòравак
Bestand M инвѐнта̄р
be|ständig по̏стоја̄н; *Wetter* непромѐњив; ADV *andauernd* нѐпреста̄но; **&standteil** M са́ставнӣ дѐо
bestätig|en потвр̀ђивати; **&ung** F по̏тврда (*a Bescheinigung*)
bestatt|en сахрањи́вати; **&ung** F са̏храна; **&ungsinstitut** N пòгребнӣ за̀вод
beste на̑јбољӣ; **am ~n** на̑јбоље; **am ~n gefällt mir ...** на̑јвише ми се сви̏ђа̄ ...
bestech|en подмићи́вати; **~lich** подмѝтљив; **&lichkeit** F подмѝтљиво̄ст; **&ung** F подмићи́ва̄ње
Besteck N при́бор за јѐло
bestehen *Prüfung* полáгати; *existieren* постòјати; **~ auf** (*D*) инсисти́рати (*im*)*pf* на (*D*); **~ aus** (*D*) састòјати се од *od* из (*G*)
be|stehlen кра̏сти; **~steigen** ѝспињати се на (*A*) (*a Berg*)
bestell|en поручи́вати; *Zimmer, Tisch* резѐрвисати (*im*)*pf*; *Grüße* испоручи́вати; *Feld* обрађи́вати; **&nummer** F бро̑ј пòрӯчене̄ ро̏бе̄; **&schein** M пòруџбеница; **&ung** F пòруџбина
besteuern опорези́вати
bes|tialisch зве̏рскӣ; **&tie** F зве̑р
bestimm|en *festlegen* утвр̀ђивати; *j-n* одређи́вати (**zu** *D* за *A*); **~t** о̀дре̄ђенӣ; *sicherlich* сва̏ка̄ко; **&ung** F *Vorschrift* одређи́ва̄ње; **&ungsort** M о̀дредӣште
bestraf|en кажња́вати; **&ung** F кажња́ва̄ње
bestrahl|en MED зра́чити; **&ung** F MED зра́че̄ње
be|streichen ма̏зати (**mit** *D I*); **~streiten** *verneinen* пори́цати; **~streuen** пòсипати (**mit** *D I*)
bestürzt запрѐпа̄шћен
Besuch M по̏сета; **&en** *Museum, Stadt* оби̏лазити; *Schule* похáђати; **j-n &en** посећи́вати (*A*); **~er** M посѐтилац; **~erin** F посѐтите̄љка; **~szeit** F вре́ме по̏сете̄
betätigen TECH пòкретати; **sich ~** а̀нгажовати се (*im*)*pf*
betäub|en омамљи́вати; MED да́вати анестѐзију; **&ung** F ошамỳће̄но̄ст; MED (**örtliche** лòка̄лна) анестѐзија; **&ungsmittel** N анестѐтик
beteilig|en: **sich ~en an** (*D*) ỳчествовати у (*L*); **j-n an et ~en** укљу́чити *pf* кòга у нѐшто;

~t sein ѝмати ỳдела (**an** *D* у *L*); **&ung** F ўчествовање
beten мȍлити (се)
beteuern зàклињати
Beton M бѐтōн
beton|en *Wort* àкцентовати (*im*)*pf*; наглашáвати (*a fig*); **&ung** F наглашáвање; *Akzent* нàгласак
Betracht M: **in ~ ziehen** ўзимати у ȍбзӣр; **nicht in ~ kommen** не дòлазити у ȍбзӣр; **&en** посмáтрати; **&en als** смáтрати кòга (*I*)
beträchtlich знȁтан; ADV пȍпрӣлично
Betrag M ѝзнос
betragen *Summe* изнòсити; **sich ~** опхòдити се; **&** N òпхођење
Betreff M пȍвод; **&en** тѝцати се (*G*); **&end** дòтичан
betreiben бȁвити се (*I*); др̀жати
betreten стýпати на (*A*) *od* у (*A*); *Rasen* гȁзити; **& verboten!** зàбрāњен прѝступ!
betreu|en стȁрати се о (*L*); менторѝсати (*im*)*pf*; **&ung** F стàратељство
Betrieb M *Unternehmen* предузéће; *Verkehr* прóмет; **außer ~** не рȃдӣ; ван пóгона; **in ~ setzen** стȁвити у пóгон; **in ~ sein** рáдити
Betriebs|kosten PL трȏшкови производње; **~leitung** F ўправа предузéћа; **~rat** M рȃднӣчкӣ сȃвет; **~unfall** M нȅзгода на рȃдном мѐсту; **~wirtschaft** F (прѝвреднā) еконòмија
betrinken: **sich ~** опѝјати се
betroffen пòгођен
Betrug M прȅвара
betrüg|en прèварити (**j-n um et** кòга за нȅшто); *Ehepartner* вȁрати; **&er** M превàрант; **&erin** F преварàнткиња
betrunken пѝјан
Bett N крȅвет; **zu ~ gehen** ѝћи у крȅвет; **~bezug** M постељѝна; **~decke** F прекрѝвач
betteln просјáчити; мољàкати (**um** *A* за *A*)
bettlägerig вȇзан за крȅвет
Bettler M прȍсјāк; **~in** F просјàкиња
Bett|ruhe F мировање; **~tuch** N крȅветскӣ чȁршав; **~wäsche** F постељѝна
beugen савѝјати; **sich ~** нàгињати се (**über** *A* над *I*, **aus** *D* кроз *A*)
Beule F испупчéње; *Delle* удубљéње; *am Kopf* чворуга
beunruhigen узнемирáвати (**sich** се)
beurlauben дȁти ȍдсуство
beurteil|en просуђѝвати; **&ung** F ȍцена
Beute F плȇн
Beutel M врȅћ(иц)а
Bevölkerung F становнѝштво
bevollmächtig|en овлашћѝвати; JUR опуномоћáвати; **&te** M ȍвлāштенӣ; F ȍвлāштенā
bevor прȇ нȅго штȍ; **~stehen** предстòјати; **~zugen** вѝше вȍлети

bewach|en надгле́дати; **⁓er(-in** F) M стра̀жа̄р(ка); **~ung** F стра̑жа
bewaffn|en наоружа́вати (**sich** се); **⁓ung** F наоружа́ње
bewahren чу́вати (**vor** *D* од *G*)
bewähr|t о̀про̄ба̄н; **⁓ung** F: JUR **mit ⁓ung** у́словно
bewältigen *Arbeit, Schwierigkeit* савлада́вати
bewässern наводња́вати
bewegen по̀кретати; ма̀кнути (**sich** се); *rühren* га̀нути ко̀га
beweglich по̑кре̄тан; **⁓keit** F покрѐтљивост f
bewegt *ergriffen* потре́сен
Bewegung F по̑кре̄т; кре́та̄ње; **sich in ~ setzen** кре́нути се; **~sfreiheit** F слобо̀да кре́та̄ња; **⁓slos** не̑покре̄тан
Beweis M до́каз (**für et** *G od* за не̑што); **⁓en** доказѝвати
bewerb|en: **sich ~en um** (*A*) *Stelle* конку̀рисати (*im*)*pf* за (*A*); *Mandat* ка̀ндидовати се (*im*)*pf*; **⁓er** M канди̏да̄т; **⁓er-in** F кандѝдаткиња; **⁓ung** F при̏јава
bewert|en оцењѝвати; **⁓ung** F о̏цена
bewillig|en одобра́вати; **⁓ung** F одобре́ње
bewirken проу̀зроковати (*im*)*pf*; по̀стизати
bewirt|en угошћа́вати; **~schaften** др̀жати; обрађѝвати; **⁓ung** F угошћа́ва̄ње
bewohn|en насеља́вати; **⁓er** M жѝтељ; **⁓erin** F жѝте̄љка
bewölk|t о̏бла̄чан; **⁓ung** F о̏бла̄чно̄ст
Bewunder|er M обожа̀валац; **~in** F обожа̀вате̄љка; **⁓n** дѝвити се (*D*); **⁓nswert** вре́дан дѝвље̄ња; **~ung** F дѝвље̄ње
bewusst *absichtlich* све̏стан; ADV све̏сно; **sich e-r Sache ~ sein** би̏ти све̏стан (*G*)
bewusstlos онѐсве̄шћен; **~ werden** онесвешћѝвати се; **⁓igkeit** F нѐсвестица
Bewusstsein N: **das ~ verlieren** па̏дати у не̏све̄ст; **wieder zu ~ kommen** осве́стити се *pf*
bezahl|en пла́ћати; **⁓ung** F пла̏ћање
bezaubernd ча̑робан
bezeichn|en означа́вати; **~end** карактерѝстичан; **⁓ung** F о̏знака; *Name* на́зив
beziehen *Haus* усеља́вати се; *Rente, Gehalt* при̏мати; *Zeitung* добѝјати; *Bett* пресвла́чити посте̏љину; **sich ~ auf** (*A*) одно̀сити се на (*A*)
Beziehung F о̀днос; ве̑за; **in jeder ~** у сва̀ком погле́ду; **⁓sweise** о̀дносно
Bezirk M о̑крӯг
Bezug M *Überzug* пре̏свлака; *Bettbezug* на̀влака; **in ~ auf** (*A*) у о̀дносу на (*A*); **Bezüge** *pl Einkommen* пла́та
bezüglich (*G*) у ве̑зи са (*I*)
be|zwecken ѝмати за св̏рху, мѝслити чѝме по̀стићи; **~zweifeln** су́мњати у (*A*)
BGB → Gesetzbuch
BH M (**Büstenhalter**) гру̑дња̄к
Bibel F Бѝблија
Biber M да̏бар

Bibliothek F библиоте́ка; **~ar(in** F) M библиотѐка̄р(ка)
biblisch би̏блӣјскӣ
bieg|en пови́јати (**sich** се); *Straße* сави́јати; **um die Ecke ~en** скре́тати иза у̏гла; **~sam** сави̏тљив; **≗ung** F о̏кука
Biene F пчѐла
Bienen|stock M ко̏шница; **~zucht** F пчела́рство
Bier N пи̏во; **helles (dunkles) ~** свѐтло̄ (цр̏но̄) пи̏во; **~ vom Fass** то̏чено̄ пи̏во; **~krug** M кри̏гла за пи̏во
Biest N звȇр
bieten ну̏дити; **sich ~** ну̏дити се; пру́жати се; **sich et nicht ~ lassen** не дозвоља́вати не̏што
Bikini M бики̏ни
Bilanz F би̏ланс
Bild N сли́ка (*a* FOT)
bilden о̏бликовати (*im*)*pf*; о̀бразовати (*im*)*pf*; **~de Kunst** ли̏ко̄вна̄ у̏метно̄ст
Bilderbuch N сликѐвница
Bild|hauer(in F) M ва̀ја̄р(ка); **≗lich** сликѐвит; **~röhre** F ка̀то̄дна̄ цȇв; **~schirm** M ѐкра̄н; **~ung** F о̏бликова̄ње; *Ausbildung* о̀бразова̄ње; *Kultur* о̀бразова̄но̄ст
Billard N билѝја̄р
billig јѐфтин; **~en** одобра́вати; **≗flug** M јѐфтин лȇт; **≗ung** F одобра́ва̄ње
Binde F MED за̏во̄ј; *Monatsbinde* хиги̏јѐнскӣ у̏ложак; **~glied** N спо̏на; **~hautentzündung** F коњунктиви̏тис
bind|en завези́вати (*a Krawatte*), повези́вати (*a Buch*) (**sich** се); *festbinden* ве̏зати *pf* (**an** *A* за *A*); **~end** обавѐзу̏јӯћӣ; **≗estrich** M цр̏тица; **≗faden** M ка̀на̄п; **≗ung** F вȇза; *Skibindung* ве̏зови *pl*
binnen у ро̀ку од (*G*); **~ kurzem** у̀скоро; **~ einer Woche** за нѐдељу да́на̄; **≗markt** M до̀ма̄ће̄ тр̏жӣште
bio, Bio- био̀лошкӣ; о̀рга̄нскӣ
Bio|graphie F биогра̀фија
Bio-Lebensmittel PL о̀рга̄нске̄ (на́мӣрнице)
Bio|logie F биоло̀гија; **≗logisch** био̀лошкӣ
Birke F бре́за
Birn|baum M кру̏шка (др̏во); **~e** F кру̏шка; EL си̏јалица
bis *örtl u zeitl* до (*G*); док не; **von ... ~** од (*G*) ... до (*G*); **~ jetzt** до са̀да; **~ gleich!, ~ bald!** ћа̏о!; ви̏димо се!; **~ auf** (*A*) *mit Ausnahme von* изу̀зе̄в (*G*)
Bischof M *orth* вла̀дика; би̏скуп
bisher до̀сад(а)
Biskuit M *od* N би̏сквит
Biss M у̀јед
bisschen: **ein ~** ма̏ло; **kein ~** ни̏мало; **ein ~ viel** ма̏ло прѐвише
Biss|en M за̏лога̄ј; **≗ig** *fig* за̀једљив; **~wunde** F ра̏на од у̀једа
bitte мо̏лӣм (Вас, те); изво̀ли(те); **~ sehr!** изво̀ли(те)!; мо̏лӣм!
Bitte F мо̀лба
bitten мо̀лити (**j-n um** *A* ко̀га за *A*)

bitter го́рак
Blähungen F/PL нади́ма̄ње
blamieren бру̏кати (**sich** се)
blank *glänzend* бли̏став; **~ sein** би́ти без па̏ра̄
Bläschen N мехӯрић
Blase F мѐхӯр; ANAT бѐшика
blasen ду́вати; *Trompete usw* сви́рати
Blas|instrument N ду̏ва̄чкӣ инстру̏мент; **~kapelle** F ду̏ва̄чкӣ ȍркестар
blass бле̏д
Blatt N ли̑ст
blättern *in et* ли̏стати (*A*)
Blätterteig M ли̏снато̄ тȇсто
Blattlaus F би̏љна̄ ва̑ш
blau пла̑в; *F fig betrunken* пи̏јан; **~er Fleck** мо̏дрица; **~äugig** плавȍок; **≈beere** F боро́вница; **≈helm** M POL пла̑вӣ шле̏м
bläulich пла̏вкаст
blaumachen ескиви́рати (*im*)*pf* (пȍсао, шкȍлу)
Blech N ли̑м; *Blechplatte* пле̏х (*a Backblech*); **~dose** F ли̏мён-ка; **≈en** *F* одре́шити *pf* кȅсу; **~schaden** M оштећѐње ка-росѐрије̄
Blei N ȍлово
bleiben ȍстајати; **~ Sie am Apparat** TEL ȍстаните на вѐзи; **~ lassen** ману̏ти се (*G*); **~d** тра̑јан
bleich бле̏д; **~en** *Wäsche* бé-лити
bleifrei *Benzin* бѐзоловнӣ
Bleistift M ȍловка; **~spitzer** M рѐза̄ч
Blend|e F FOT бле̏нда; **≈en** за-слепљи́вати; **≈end** *fig* сја̑јан
Blick M по̏глед; *Aussicht* по̏глед (**auf** *A* на *A*)
blicken гле̏дати (**auf** *A* на *A*); **sich ~ lassen** појављи́вати се
blind сле̑п; **~er Alarm** ла̑жна̄ у̏збуна; **~er Passagier** сле̏пӣ пу̏тнӣк
Blinddarm M сле̏по̄ цре́во; **~entzündung** F у̏пала сле̏-по̄г цре́ва
Blinde M сле́пац
Blinden|hund M па̏с-во̏дӣч (за сле̏пе); **~schrift** F а̏збука за сле́пе
Blind|heit F сле̏пило; **≈lings** сле̏по
blink|en трепѐрити; KFZ дáва-ти жми̏гавац; **≈er** M KFZ жми̏гавац
blinzeln трѐпкати
Blitz M му̏ња; FOT бли̏ц; **~ab-leiter** M гро̏мобра̄н; **≈en** сé-вати; си̏јати; **es blitzt** сȇва̄;
~licht N бли̏ц; **~lichtauf-nahme** F фотогра̏фисање са бли̏цем; **~schlag** M у̏да̄р гро̏ма; бле̏сак му̏ње; **≈schnell** муњевит
Block M *Holz* кла̏да; бло̏к; **~ade** F блока́да; **≈ieren** бло-ки́рати (*im*)*pf*
blöd, blöde глу̏пав
Blödsinn M глу̏по̄ст
blöken бле́јати
blond пла̑в; **≈ine** F пла̏вуша
bloß ADJ са̑м; *unbedeckt* на̑г; ADV *nur* са̏мо; **~stellen** ком-про̏митовати (*im*)*pf*
Blouson M ја̏кна
Bluff M бле̏ф
blühen цвѐтати

Blume F цвӗт; *Bier* пѐна; *Wein* бу̏кē
Blumen|geschäft N цвѐħара; **~kohl** M карфѝол; **~strauß** M бу̏кēт цвѐħа; **~topf** M са̀ксија; **~vase** F ва̏з(н)а за цвѐħе
Bluse F блу́за
Blut N кр̑в *f*; **~abnahme** F ва̑ђēње кр̑ви; **~alkohol** M а̏лкохол у кр̑ви; **≗arm** ма̏локр̑ван; **~bad** N по̀кољ; **~bild** N кр̑внā сли̏ка; **~druck** M кр̑внӣ при̏тӣсак
Blüte F цвӗт
bluten крва́рити
Blütenblatt N ла̏тица цвѐħа
Blut|erguss M хема̀тōм; **~gefäß** N кр̑внӣ су̑д; **~gruppe** F кр̑вна гру̑па; **~hochdruck** M ви̏сок кр̑внӣ при̏тӣсак; **≗ig** кр̑вав; **~kreislauf** M кр̑вото̄к; **~probe** F анали́за кр̑ви; **~spender** M да́валац кр̑ви; **≗stillend** ко̀јӣ заӯставља крва́рēње
Blut|transfusion F трансфу̀зија кр̑ви; **~ung** F крва́рēње; **~untersuchung** F анали́за кр̑ви; **~vergiftung** F сѐпса; **~verlust** M губи́так кр̑ви; **~wurst** F крва̀вица
BLZ → Bankleitzahl
Bö F у̏дāр *od* на̏лет вѐтра
Bob M бо̏б (са̑нке)
Bock M *Ziege* ја̏рац; *Schaf* о̏ван; *Turngerät* ко̀злић; *Gestell* нога́ри; **≗ig** јо̀гунаст
Boden M *Erde* тлѐ; *Fußboden* по̑д; *Dachboden* та̀ван; *Gefäß* днō; **≗los** без днà; **~schätze** M/PL ру̑днō бога̀тство; **~see** M Бо́дēнскō је̏зеро; **~turnen** N гимна̀стика на парте́ру
Bodybuilding N бѝлдова̄ње
Bogen M MATH, *Waffe* лу̑к; ARCH сво̑д; *Biegung* криви̏на; *Papier* та̀бак; MUS гу̀дало; **~schießen** N га́ђа̄ње лу̑ком и стре́лōм
Bohle F да̀ска
Bohne F *weiße* па̀сӯљ; *Riesenbohne* бо̏б; *Kaffeebohne* зр̑но ка̀фē; **grüne ~n** *pl* бора̀нија
bohnern во̀штити
bohr|en бу́шити; **≗er** M сври̏дло; **≗insel** F пла̀тфо̄рма; **≗maschine** F бу̏шилица
Boiler M бо̀јлер
Boje F плу̀тача
Bolzen M спо̑јнӣ кли̏н
bombardieren бо̀мбардовати *(im)pf*
Bombe F бо̑мба
Bomben|angriff M бо̀мбардова̄ње; **~anschlag** M бо̀мба̄шкӣ атѐнта̄т
Bomber M бомба̀рдēр
Bon M бо̏н; *Kassenbon* ра̀чӯн
Bonbon M *od* N бомбо́на (*a fig*)
Boot N ча́мац
Bord[1] N по̀лица
Bord[2] M MAR па̀луба; **an ~** на бро̀ду
Bordell N ја̑внā ку̑ħа
Bord|karte F AER бо́рдинг-па̑с; **~stein** M ѝвичња̄к
borgen: **(sich)** *(A)* **bei** *od* **von j-m ~** узајмљи́вати *(A)* од ко̀га; **j-m** *(A)* **~** позајмљи́вати нѐко̀ме *(A)*

Borke F ко̏ра др̏вета
Börse F ECON бе̏рза; *Geldbörse* новча̀ни̑к; **~nkurs** M бе̏рзанскӣ ку̑рс; **~nmakler** M берзија́нац
Borste F чѐкиња
Borte F у̏кра̄сна̄ тра̀ка
bösartig злѝћудан (*a* MED)
Böschung F па̀дина
böse зло; *schlimm* ло̑ш; *zornig* љу̑т; **j-m** *od* **auf j-n ~ sein** бѝти љу̑т на ко̀га
bos|haft па̏костан; **2heit** F зло̀ба
Bosnien N Бо̏сна
böswillig злу̀рад
Botanik F бота̀ника
botanisch: **~er Garten** бота̀ничкā ба̏шта
Bote M ве̏снӣк
Botschaft F амбаса́да; *Nachricht* по̏рука; **~er(in** F**)** M амба̀са̄дор(ка)
Boulevardpresse F жу̑та̄ шта̑мпа
Box F бо̏кс
box|en бо̏ксовати (*im*)*pf*; **2en** N бо̏кс; **2er** M бо̀ксер; **2kampf** M бо̏кс-ме̑ч
Boykott M бо̀јкот; **2ieren** бо̀јкотовати (*im*)*pf*
Branche F бра̑нша; **~nverzeichnis** N TEL рѐгистар посто̀је̄ћӣх бра̑ншӣ
Brand M по̏жа̄р; **in ~ geraten** запа́лити се *pf*; **in ~ stecken** запа́лити *pf*
Brand|salbe F ма̑ст за опеко̀тине; **~stifter** M подмѐта̄ч по̏жа̄ра; **~stiftung** F по̀дметањe по̏жа̄ра
Brandwunde F опеко̀тина
Branntwein M вѝња̄к
Brasili|aner M Бразилија́нац; **~anerin** F Бразилѝја̄нка; **2anisch** бра̀зӣлскӣ; **~en** N Бра̀зӣл
braten пѐћи; пр̏жити
Brat|en M пѐче̄нка; **~fisch** M пр̏жена̄ риба; **~hähnchen** N пѐчено пи̏ле; **~kartoffeln** F/PL пр̏женӣ кро̀мпӣр; **~pfanne** F тѝга̄њ
Bratsche F вѝола
Bratspieß M ра́жањ
Bratwurst F коба̀сица
Brauch M о̏бича̄ј; **2bar** употрѐбљив; **2en**: **ich brauche** ... трѐба̄ ми (*A, G*)
braue|n пра̏вити пи̏во; **2rei** F пѝвара
braun сме̑ђ; **~ gebrannt** поцр́нео (на су̑нцу)
Bräun|e F та̑мна̄ бо̀ја (од су̑нца); **2en**: **sich 2en lassen** су̑нчати се
Braunkohle F мр̏кӣ у̏гаљ
Brause F пр́скалица; ту̑ш; → *a* Limonade
brausen *Wind* ху́чати
Braut F мла̑да
Bräutigam M младо̀жења
Braut|kleid N венча̀ница; **~paar** N/PL мла̀де̄нци
brav *Kind* до̏бар
BRD F **(Bundesrepublik Deutschland)** СРН (Са́везна̄ Република Нѐмачка̄)
Brech|durchfall M сто̀ма̄чно обоље́ње; **2en** ло̀мити; *Gesetz, Eid* кр̏шити; *Vertrag* раски́дати; *Schweigen* преки́дати; V/I *ka-*

puttgehen сла́мати се; *sich übergeben* по̀враћати; MED **sich den Arm** **≈en** поло̀мити *pf* ру̏ку; **~reiz** M га̏ђење
Brei M ка̂ша
breit широк; **3 m ~** три̑ ме̑тра ши̏рок; **≈e** F ширѝна; **≈engrad** M сте̏пе̄н гео̀графске̄ ширѝне̄
Brems|belag M о̏блога за ко̀чнице; **~e** F ко̀чница; ZO о̏бад; **≈en** ко̀чити; **~flüssigkeit** F те̏чно̄ст за ко̀чнице; **~licht** N сто̏п-све̏тло; **~pedal** N педа́ла ко̀чнице̄; **~spur** F тра̏гови ко̀че̄ња; **~weg** M пу̑т ко̀че̄ња
brenn|bar запа̀љив; **~en** V/T го̀рети; *Wunde, Augen* пѐћи; *Sonne* пр̏жити; **es brennt!** ва̏тра!
Brenn|holz N др̀ва за о̀грев; **~nessel** F ко̀прива; **~punkt** M *fig* жа̏риште; **~stoff** M го̏риво
Brett N да̀ска; **schwarzes ~** о̏гла̄сна̄ та́бла
Brezel F пере́ца
Brief M пи́смо; **~bombe** F пи́смо-бо̂мба; **~geheimnis** N неповрѐдиво̄ст та̑јне̄ пи̏са̄ма̄; **~kasten** M по̏штанско̄ са̀ндуче
brieflich у пи́сму
Brief|marke F по̏штанска̄ ма̏рка; **~öffner** M отва̀ра̄ч за пи́сма; **~papier** N па̀пӣр за пи́сма; **~tasche** F новча̀нӣк; **~träger** M писмо̀ноша; **~umschlag** M ко̀верат; **~wahl** F гла̀са̄ње пи̏смено̄м пу́тем; **~wechsel** M пре̏писка
Brikett N бри́ке̄т
Brillant M брилѝјант
Brille F на̏оча̄ре *f/pl*; **~netui** N футро́ла за на̏оча̄ре; **~nfassung** F о̀квӣр на̏оча̄ра̄
bringen доно̀сити; одно̀сити; одво̀дити (**nach Hause** ку̏ћи); *senden* е̏митовати *(im)pf*; **in Ordnung ~** дово̀дити у ре̂д; **in Sicherheit ~** скла̀њати на си̏гӯрно; *fig* **mit sich ~** но̀сити са со̏бо̄м; **es zu et ~** до̀спе̄ти *pf*, догу́рати *pf* до (*G*); **zum Stehen ~** зау̀стављати
Brise F ла̏хо̄р, повета́рац
Brit|e M Брита́нац; **~in** F Бри̏та̄нка; **≈isch** бри̏та̄нскӣ
bröckeln мр̏вити, дро̀бити
Brocken M ко̏ма̄д; гру̏ме̄н; **ein paar ~ Englisch können** нату́цати ѐнглескӣ
brodeln вре̏ти
Brokkoli PL бро̏коли
Brombeere F ку̀пина
Bronchitis F бронхѝтис
Bronze F бро̂нза
Brosche F бро̂ш
Broschüre F брошу́ра
Brot N хле̏б
Brötchen N зѐмичка; **belegtes ~** се̏ндвич
Brotkorb M ко́рпица за хле̏б
Bruch M (пре́)ло̂м; *Beziehung* ра́скид; *Gesetz* кр̏ше̄ње; MED бр̏ух; MATH ра́зломак
brüchig ло̀мљив; кр̏хак
Bruch|landung F атери́ра̄ње уз оштећѐње авио́на; **~rechnung** F рачу̀на̄ње са ра́зломцима; **~teil** M дѐлӣћ

Brücke F мо̑ст (*a Zahnersatz*)
Bruder M бра̏т
brüderlich бра̀тскӣ
Brüh|e F су̑па; **~würfel** M ко̑цка за су̑пу
brüllen *Tier* рѝкати
brummen бру̏ндати
Brunch M бра̑нч
brünett сме̏ђ
Brunnen M чѐсма; *Springbrunnen* фонта́на; *gebohrter* бу̀на̄р
Brust F пр̏са; *Busen* до̑јка; **~korb** M гру̏днӣ ко̑ш; **~krebs** M ра̏к до̑јке̄; **~schwimmen** N пр̏сно̄ плѝва̄ње
Brustwarze F бра̀давица
brutal бру̏та̄лан
brüten ле́гати ја́ја
brutto бру̏то; **≈einkommen** N бру̏то-при́ход; **≈sozialprodukt** N бру̏то на̏ционалнӣ про̀извод
Bube M *Spielkarte* жа̏ндар
Buch N књи̏га
Buche F бу̏ква
buchen AER *usw* резѐрвисати (*im*)*pf*; ECON књи̏жити
Bücher|ei F библиоте́ка; **~regal** N по̀лица за књи̏ге; **~schrank** M о̀рма̄н за књи̏ге
Buch|halter(in F) M књи̏говођа; **~haltung** F књиговὸдство; **~händler(in** F) M књи̏жа̄р(ка); **~handlung** F књи̏жара; **~macher** M SPORT кладиѐничар; **~prüfer** M рѐвӣзор
Büchse F ку̀тија; лѝме̄нка; → Flinte
Büchsen… → Dosen…
Buch|stabe M сло̏во; **≈stabieren** сри́цати; **≈stäblich** до́сло̄ван
Bucht F за́лив
Buchung F *Vorbestellung* резерва́ција; ECON књи̏же̄ње
Buckel M гр̏ба
bücken: **sich ~** са̀гињати се
bucklig гр̏бав
Büfett N бѝфе̄; *Schanktisch* ша̑нк; **kaltes ~** шве̏дскӣ сто̑
Büffel M бѝзо̄н
büffeln бу́бати
Bug M пра̀мац
Bügel M *Kleiderbügel* о̏фингер; *Brille* др̏шка (нао̏ча̄ра̄); **~brett** N да̀ска за пе́гла̄ње; **~eisen** N пе́гла; **~falte** F ӣвица панта̀ло́на̄; **≈frei** ко̀јӣ се не гу̀жва̄
bügeln пе́глати
Bühne F по̀зо̄рница
Bühnen|bild N сце̏на; **~bildner(in** F) M сцена̀рист(кињ)а
Bulgar|ien N Бу̏гарска̄; **≈isch** бу̏гарскӣ
Bulle M бѝк; *F Polizist* па̀јкан
Bummel M швр̀ља̄ње; **≈n** *schlendern* швр̀љати
bumsen V ту́цати (се)
Bund[1] N ве̏за
Bund[2] M са́вез; *Hose, Rock* по̏ја̄с
Bündel N све̏жањ; смоту̀љак
Bundes|kanzler M са́везнӣ канцѐла̄р; **~land** N са́везна̄ зѐмља *od* по̀крајина; **~liga** F са́везна̄ лѝга; **~republik** F са́везна̄ репу̀блика; **~staat** M са́везна̄ др̏жава; **~tag** M са́везна̄ ску̏пштина; **~wehr** F во́јска СР Нѐмачке̄
Bündnis N са́вез

Bungalow M бу̏нгалов
Bunker M бу̏нкер
bunt ша̀рен; *fig abwechslungsreich* разно̀врстан; **≈stift** M др̏венӣ бо̀јица; **≈wäsche** F ша̀ренӣ ве̏ш
Burg F за́мак
Bürg|e M ја́мац; **≈en** ја̂мчити (**für** *A* за *A*)
Bürger M гра̏ђанин; **~in** F гра̏ђанка; **~krieg** M гра̏ђанскӣ ра̑т; **≈lich** гра̏ђанскӣ; **~meister** M градона́че̄лнӣк; **~meisterin** F градона́че̄лница; **~recht** N гра̏ђанско пра́во; **~steig** M тротоа̀р
Bürgschaft F је́мство
Büro N канцела̀рија; **~angestellte** M слу̀жбенӣк, *f* слу̀жбеница; **~klammer** F спа̏јалица; **≈kratisch** биро̀кратскӣ
Bürste F че̏тка; **≈n** че̏ткати
Bus M ауто́бус
Busch M жбу̑н
Büschel N пра̏мен; сно̑п
Busen M гру̑ди *f/pl*
Bus|haltestelle F а̀утобускā ста̏ница; **~linie** F а̀утобускā ли́нија
Bussard M мѝшар
büßen окаја́вати
Bußgeld N ка̏зна
Büste F по̀пр̄сје; **~nhalter** M → BH
Butter F ма̀слац; **~brot** N хле̏б са ма̀слацем; **~milch** F млаћѐница
bzw. → beziehungsweise

C

C: **hohes ~** MUS вѝсокō Ц
Café N ка̀фић
camp|en ка̏мповати; **≈er** M ка̀мпе̄р
Camping N ка̏мповање; **~bus** M бу̑с за ка̏мповање; **~platz** M ка̏мп
CD (**Compactdisk**) *f* ко̀мпакт-дѝск; **~-ROM** F ЦД-ро̏м; **~-Spieler** M ЦД-плѐјер
Cello N (виоло̀н)че̏ло
Champagner M шампа́њац
Champignon M шампѝњо̄н
Chance F ша̏нса
Cha|os N ха̑ос; **≈otisch** хао̀тичан
Charakter M на́рав; **≈istisch** карактерѝстичан
charmant шарма̀нтан
Charter|flug M ча̀ртер-ле̑т; **~maschine** F ча̀ртер-авио̏н
Chauffeur M во̀за̄ч
Chef M ше̑ф; **~arzt** M прѝма̄ријус; **~ärztin** F прѝма̄ријус; **~in** F ше̏фица
Chemie F хѐмија
Chem|ikalien F/PL хемѝка̄лије; **~iker(in** F) M хѐмича̄р(ка); **≈isch** хѐмӣјскӣ; **~otherapie** F хемотера̀пија
Chicorée M *od* F цѝко̄рија
Chiffre F шѝфра
China N Ки́на
Chines|e M Кѝне̄з; **~in** F Кѝне̄скиња; **≈isch** кѝне̄скӣ

Chip M *Spielmarke* жѐто̄н; EDV чӣп; **~s** PL чӣпс
Chirurg M хѝрург; **~ie** F хирѝргија; **♀isch** хѝрурш̄кӣ
Cholesterin N холестѐрӣн
Chor M MUS, ARCH хор
Christ M хрѝшћанин; **~baum** M јѐлка; **~entum** N хришћа́нство; **~in** F хрѝшћанка; **~kind** N новорѐђенӣ Исус; **♀lich** хрѝшћа̄нскӣ
chronisch хрòничан
Clique F дрýштво
Clown M кло́вн
Cockpit N пѝлотска̄ каби́на
Cocktail M кòктел
Code M кô̄д
Cola F кòла
Comic(**s** PL) стрӣп(ови *pl*)
Computer M компјýтер
Cordhose F сѐмотске̄ панта-ло́не
Coronaschnelltest M MED бр̑зӣ тѐст на коро́ну
Coronavirus M, N MED корона-ви́рус
Couch F кă̄уч
Coupon M кýпо̄н
Cousin M брат од тѐтке̄ (*od* стри́ца *od* ўјака); **~e** F сѐстра од тѐтке̄ (*od* стри́ца *od* ўја̄ка)
Covid-19, COVID-19 F (*corona virus disease 2019*) кòвид 19
Creme F крêм; *Salbe* кре́ма
Crêpe F фра̀нцуска̄ палачи́нка

D

da[1] ADV *örtl* тŷ; *zeitl* та̀да; **wer ist ~?** кô је?
da[2] CJ *weil* пошто
dabei при тòме; уз тô; *örtl* по-ред (*G*); *bei sich* код сѐбе; **~ sein** бѝти прѝсутан; **~ bleiben** òстајати при чѐму
dableiben òстајати тŷ
Dach N крôв; **~boden** M та̀ван; **~decker** M кровопокрѝва̄ч; **~gepäckträger** M KFZ нòса̄ч пртља́га (на крòву); **~geschoss** N пòткро̄вље; **~rinne** F òлук
Dachs M ја̏завац
Dach|stuhl M кро̂вна̄ конструкција; **~ziegel** M црȇп
Dackel M ја̏завича̄р
dadurch *auf diese Weise* ти́ме
dafür *als Ersatz* ýместо (*G*); **~ sein** бѝти за (*A*)
dagegen против тòга; на̏прот̄ив; *im Vergleich dazu* у пòређе̄њу с ти́ме; **~ sein** бѝти про̀тӣв (*G*)
daheim кô̄д кућ̄е
daher *deshalb* стôга; *folglich* да̏кле̄
dahin *örtl* та̏мо; **bis ~** *zeitl* до та̀да
dahinten та̏мо (поза́ди)
dahinter иза (*G*); **~ kommen** открѝвати; **~ stecken** скрѝвати се иза (*G*)
dalassen òстављати тŷ

damals та̀да
Dame F го̏спођа; *Spielkarte* да́ма; *Schach* кра̀љица; **~nbinde** F хигѝјенскӣ ѝложак; **~nfriseur** M же̏нскӣ фрѝзе̄р; **~nfriseurin** F фрѝзе̄рка за жѐне
damit с тӣм; *auf dass* ка̀ко би
Damm M на̏сип
dämmer|ig су̏мра̄чан; **~n** *morgens* свањáвати (се); *abends* смркáвати се; **≈ung** F свану̀ће
Dampf M па̏ра; **~bügeleisen** N пе̏гла на па̏ру; **≈en** пу̏шити се; испарáвати
dämpfen ублажáвати; *Stimme, Freude, Licht* пригушѝвати
Dampfer M па̏робро̄д
danach *zeitl* о̏нда̄ (*a Reihenfolge*); *demgemäß* према то̀ме; **kurze Zeit ~** ма̏ло ка̀сније
Däne M Да́нац
daneben *räumlich* поред то̀га; *außerdem* о̏сим то̀га
Dän|emark N Да̏нска̄; **~in** F Да̏нкиња; **≈isch** да̏нскӣ
dank PRP захва̀љујӯћи (*D*)
Dank M хва́ла; **vielen ~** мно̏го (ти, Вам) хва́ла̄
dankbar за̏хвалан (**für** *A* за *A*)
danke хва́ла; **~ schön** хва́ла ле̏по; **~ gleichfalls** хва́ла и те̏би *od* Ва̏ма
danken захваљѝвати (**für** *A* за *A*, на *L*)
dann о̏нда̄; *nachher* по̏сле̄; **~ und wann** ту̑ и та̏мо; **bis ~!** вѝдимо се!
daran на то̑; **mir liegt viel ~** мно̏го ми је ста̏ло до то̀га
darauf на то̀ме; *zeitl* за̀тӣм; **das kommt ~ an** то̑ за́висӣ од (*G*); **~hin** *zeitl* након то̀га
daraus из *od* од то̀га
Darbietung F ѝзвођење
darin у то̀ме
darlegen разла́гати
Darlehen N за́јам
Darm M цре́во; **~krebs** M ра̏к цре́ва
darstell|en пре̏дстављати; THEA приказѝвати; **≈er** M глу̀мац; **≈erin** F глу̀мица
darüber о то̀ме; *mehr* вѝше од (*G*); **~ hinaus** шта̀више
darum око то̀га; *deshalb* за̀то̄; **es geht ~, dass** ра̑дӣ се о то̀ме да…
darunter испод то̀га; *dazwischen* међу њѝма; *weniger* испод то̀га
das ART → **der** PRON
dass CJ да, ка̀ко; **außer ~** о̏сим да; **so ~** та̀ко̄ да
dasselbe ѝсто̄
Datei F доку̀мент; документа́ција
Daten N/PL пода́ци *pl*; **~bank** F ба̏нка по̀да̄та̄ка̄; **~schutz** M за̏штита по̀да̄та̄ка̄; **~träger** M но̀силац информа́цӣја̄; **~verarbeitung** F → EDV
Dattel F у̀рма
Datum N да́тум
Dauer F тра̏јање; **auf die ~** на ду̏же̄ вре́ме; **~auftrag** M тра̑јнӣ на́лог; **≈haft** тра̑јан
dau|ern тра̏јати; **~ernd** ста̏лан; **≈erwelle** F мѝни-ва̑л
Daumen M па̏лац
Daunen PL па̀пе̄рје; **~decke**

F пѐрјанӣ јо̀рган
davon од то̀га; *darüber* о то̀ме; **~kommen** извӯћи се; провӯћи се; **~laufen** бѐжати
davor испред (*G*); *zeitl* пре (*G*)
dazu уз то̂; *zu diesem Zweck* за то̂; **~gehören** пр̀ипадати (**zu** *D D*)
dazwischen између (*G*); **~kommen**: **wenn nichts ~kommt** ако нӣшта не ӣскрснē; **~reden** ỳпадати у ре̂ч
Debatte F ра̂справа
Deck N пàлуба
Decke F *Bett* покр̀ивāч; *Zimmer* тава̀ница
Deckel M пòклопац; *Buch* ко̏рице *f/pl*
deck|en прекри́вати; *Tisch* по̀стављати; *Bedarf, Kosten* покри́вати; **≗enlampe** F плафоње́ра; **≗ung** F зȁклон
defekt пòквāрен
definieren деф̀инисати (*im*)*pf*
Degen M ма̑ч
dehn|bar растѐгљив; **~en** растѐзати; **sich ~en** *Stoff* развла́чити се; *zeitl* оду́жити се *pf*
Deich M на́сип
dein тво̂ј, сво̂ј; **~etwegen** збо̑г тѐбе
deklinieren GR деклини́рати (*im*)*pf*
Dekolleté N декòлтē *m*
Dekoration F декора́ција; дѐко̑р
Dele|gation F делега́ција; **~gierte** M по̀сланӣк; F по̀сланица
delikat *heikel* шка̀кљив; *lecker* ӯкӯсан
Delikatesse F по̀сластица; **~ngeschäft** N про̀дāвница деликате́сā
Delikt N пре̏кршāј
Delphin M дѐлфӣн
dementieren дѐмантовати (*im*)*pf*
dem|entsprechend одгова́рајӯћӣ; ADV схо̀дно то̀ме; **~nach** према то̀ме; **~nächst** ӯскоро
Demokrat|ie F демокра̀тија; **≗isch** демо̀кратскӣ
demütigen понижа́вати
denk|bar зами́слив; **~en** ми́слити (**an** *A* на *A*); **sich et ~en** за̀мислити *pf* не̏што; **≗mal** N спо̀менӣк; **~würdig** вре́дан спо̀мена
denn *begründend* по̏што; **wo ist er ~?** па̏ гдѐ је о̑н?; **mehr ~ je** вӣше не̏го ӣкада; **es sei ~, dass** о̏сим а̏ко (нѝје)…
dennoch ӣпа̑к
Deodorant N дезодо̀ранс
Deponie F депо̀нија; **≗ren** дѐпоновати (*im*)*pf*
deprimiert утӯчен
der PRON о̀вāј, тāј, о̀нāј; *rel* ко̀јӣ
derart та̀к(в)о; **~ig** та̀кав
derb *kräftig* ја̂к; *grob* гру̑б
deren *poss f sg* ње̂н; PL њи̑хов; *rel f sg* чи̏јā, *pl* чи̏јӣ
der|jenige о̀нāј (**welcher** ко̀јӣ); **~maßen** у то̂ј ме̑ри; **~selbe** ӣстӣ
deshalb збо̑г то̀га
Design N диза̀јн; **~er** M диза̀јнер; **~erin** F диза̀јнерка
Desin|fektionsmittel N

срèдство за дезинфèкцију; **≈fizieren** дезѝнфиковати *(im)pf*

dessen òвога, тòга, òнога; кò-га; чѝјēг

Dessert N пòсластица

destilliert: **~es Wasser** дèстиловāнā вòда

desto утолѝкō

deswegen зàтō штȍ

Detail N дèтāљ

Detektiv(in F) M детèктӣв(ка)

deut|en *auslegen* тумàчити; **auf et ~en** указѝвати на нȅшто; **~lich** jȁсан

deutsch нèмачкӣ; **in** *od* **auf ≈** на нèмачкӣ; на нèмачком; **≈e** M Нèмац; F Нèмица; **≈land** N Нèмачкā

Devisen F/PL девѝзе *pl*

Dezember M дèцēмбар

Dezimalzahl F дȅцимāлнӣ брȏј

DGB M (**Deutscher Gewerkschaftsbund**) Нèмачкӣ сáвез синдѝкāтā

Dia N дијапòзитӣв

Diabet|es M дијабéтес; **~iker** M дијабèтичāр; **~ikerin** F дијабèтичāрка

Diagnose F дијагнóза

diagonal дѝјагонāлан

Dialekt M дијàлекат

Dialog M дијàлог

Diamant M дијàмант

Diät F дијéта; **~ halten** др̀жати дијéту; **≈etisch** дијèтетскӣ

dicht гу̑ст; *Grenze* зȁтворен; *undurchlässig* непропу̀стљив; **~ an (am)** на дòмак(у)

Dicht|e F густѝна; **≈en¹** дѝхтовати; **≈en²** пȅвати пȅсме; **~er(in** F) M пȅснӣк(иња); **~ung** F пȅснӣчко дȅло; пȅснӣштво; TECH заптѝвање

dick *Person* дèбео; *Flüssigkeit* гу̑ст; *geschwollen* нȁтечен; **≈darm** M дèбелō црéво; **≈kopf** M тврдòглавā òсоба; **~köpfig** тврдòглав

die òвā, тâ, òнā; *rel* кòjā, *pl* кòjē

Dieb M крȁдљивац; **~in** F крȁдљивица

Diebstahl M крȃђа; **~versicherung** F осигура́ње од крȃђē

Diele F *Brett* дȁска; *Flur* прéдсобље

dien|en слу́жити (**j-m** нȅкоме, **zu** *D* за *A*, **als** кȁо); **≈er** M слу́га; **≈erin** F слу̏шкиња

Dienst M ду́жнōст; *Amt* слу̏жба; **außer ~** изван слу̏жбē; у пéнзији; **~ haben, im ~ sein** бѝти дѐжӯран; бѝти на пòслу; **~ habend** дѐжӯрни

Dienstag M у̏торак; **≈s** у̏торком

dienst|bereit дѐжӯран; **≈leistung** F у̏слуга; **~lich** слу̏жбен; **≈reise** F слу̏жбенӣ пу̑т; **≈stelle** F нȁдлештво; **≈vorschrift** F слу̏жбенӣ прóпис

diesbezüglich штȍ се тòга тӣчē

diese òвā, тâ; **~r** òвāj, тāj; **~s** òвō, тô

Diesel|(motor) M дѝзел-мòтōр; **~öl** N дѝзел-у̑ље

dies|jährig овогòдишњӣ;

~mal ѐвог пу́та; **~seits** са ѐвē стра́не
Dietrich M калȁуз
Differenz F ра̏злика; несу̏гласица
digital ди̏гита̄лнӣ; **≗anzeige** F ди̏гита̄лнӣ пока̏затељ, ди̏сплеј; **≗kamera** F ди̏гитална ка̏мера
Diktat N ди̏кта̄т; **~or** M дикта̄тор; **~ur** F диктату́ра
diktier|en дикти́рати *(im)pf*; **≗gerät** N дикта́фо̄н
Dill M миро̀ђија
Ding N ства̑р; **vor allen ~en** пре свѐга
Dioptrie F диѐптрија
Diplom N дипло́ма
Diplomat(in F) M дипло̀мата; **≗isch** дипло̀матскӣ
direkt ди̏ректан; **≗flug** M ди̏ректан ле̄т
Direkt|ion F у̏права; **~or(in** F) M ди̏ректор(ка
Diri|gent M дири̏гент; **≗gieren** MUS ди̏риговати *(im)pf*
Diskjockey M ди̏ск-џо̀кеј
Diskothek F дискоте́ка
diskret ди̏скретан
diskriminieren дискрими̏нисати *(im)pf*
Diskussion F ра̏справа
Diskuswerfen N SPORT ба̏цање ди̏ска
diskutieren ра̀спрaвљати (**über** *A* o *L*)
disqualifizieren дисква̀лификовати *(im)pf* (**sich** се)
Distanz F одстоја́ње; **≗ieren**: **sich ≗ieren** дистанци́рати се *(im)pf* (**von** *D* од *G*)
Distel F чи̏чак
Disziplin F дисципли́на; **≗iert** ди̏сциплинова̄н
Dividende F дивидѐнда
dividieren де́лити (**durch** *A* са *I*)
Division F ди̏вӣзија
DJ M → Diskjockey
doch а̏ли, па̏; *dennoch* и̏па̄к
Docht M фи̏тӣљ
Dock N при̏стани̏ште
Dogge F до́га
Doktor M *Arzt* до̏ктор
Dokumentarfilm M до̏кумента̄рнӣ фи̏лм
Dolch M ка̏ма, бо́деж
Dollar M до̏ла̄р
dolmetsch|en тума́чити; **≗er(in** F) M ту̀ма̄ч
Dom M са́борна̄ цр̏ква
Donau F Ду̏нав
Donner M гро̏м; гр̀мљавина; **≗n**: **es ≗t** гр̀мӣ
Donnerstag M четвр́так
doof ту̏пав
dop|en SPORT до̀пинговати *(im)pf*; **≗ing** N до̀пинг; **≗ing-kontrolle** F до̀пинг-контро́ла
Doppel N *Tennis* у па́ру; **~bett** N бра̄чнӣ крѐвет; **≗deutig** дво̀значан; **~gänger** M дво̏јни̏к; **~punkt** M две̑ та̏чке; **~stecker** M дво̀по̄лнӣ ути̏ка̄ч
doppelt дво̀струкӣ; **~ so viel** дво̀струко
Doppelzimmer N двокрѐветна̄ со̏ба
Dorf N сѐло; **~bewohner** M сѐљак
Dorn M тр̑н; **≗ig** трно̀вит
Dorsch M бака̀ла̄р
dort та̏мо; о̀на̄мо; о́нде; **von ~**

ȍда̄тле̄; **~hin** та̏мо, о̀на̄мо
Dos|e F ку̏тија, ко̀нзе̄рва; **~enmilch** F ко̀ндензова̄но̄ мле́ко; **~enöffner** M отва̀ра̄ч за ко̀нзе̄рве; **~is** F до́за
Dotter M *od* N жума́нац
Dozent(in F) M до̀цент(киња)
Drache M аждѐја (*a fig*)
Drachen M *Papierdrachen* зма̑ј од ха̀ртије̄; SPORT зма̑ј
Draht M жѝца; **≈los** бѐжичан; **~seilbahn** F жѝчара
Drama N дра́ма; **≈tisch** дра̑мскӣ; драма̀тичан
dran: **jetzt bin ich ~** са̏д сам ја̑ на ре́ду
drängeln гу́рати се; *fig* сале́тати ко̀га
dräng|en гу́рати (се); *antreiben* тѐрати нѐкога (**zu** + *inf* да ...); **auf et ~en** наваљѝвати на ко̀га да ...; **die Zeit ~t** у сти̏сци смо с вре̏меном; **sich ~en** тѝскати се (**um** *A* око *G*)
drankommen до̀лазити на ре̑д
draußen на̏пољу; **von ~** од спо̏ља
Dreck M прља̀вштина; **≈ig** пр̏љав
dreh|bar ко̀јӣ се мо̏же окре́тати; **≈buch** N сцѐна̄рио *m*
drehen вр̏тети; сни́мати (*a Film*); *Kopf, Schlüssel* окре́тати; **sich ~** окре́тати се; *um eine Achse* вр̏тети се (**um** *A* око *L*); *sich handeln* ра́дити се (**um** *A* о *L*)
Dreh|stuhl M сто̀лица на окре́та̄ње са то̀чкићима; **~tür** F ȍкре̄тна̄ вра́та; **~ung** F ȍбрта̄ње; **~zahlmesser** M бро̀ја̄ч ȍбрта̄ја̄
drei три̑; **~ viertel** три̑ четврти̑не
Dreieck N тро̀угао; **≈ig** тро̀угласт
drei|fach тро̀струкӣ; **~hundert** три̑ сто̏тине, три̑ста; **≈könige** PL Богоја́вље̄ње; **~mal** три̑ пу́та; **≈rad** N *für Kinder* трицѝкл
dreißig три́десе̄т; **~ste** три́десе̄тӣ
dreist др̏зак, безо̀бразан
Drei|sternehotel N хо̀тел са три̑ звѐздице; **≈stöckig** тро̀спратнӣ; **≈stündig** тро̀часо̄вни; **≈zehn** три̑наест; **≈zehnte** три̑наестӣ
dreschen мла́тити
Dressur F дресу́ра
dringen: **durch** (*od* **in**) **et ~** проби́јати се кроз (*A*)
dringend *zeitl* хи̏тан; **~ nötig** пре̑ко по̏требан; **in ~en Fällen** у хи̏тнӣм слу̏чајевима; **ich brauche ~** хи̏тно ми је по̏требно
drinnen уну́тра
Dritt|e M: **der ~e** тре̏ћӣ; **~el** N тре̏ћина; **≈ens** ка̏о тре̏ће
DRK N (**Deutsches Rotes Kreuz**) Нѐмачкӣ цр̏венӣ кр̑ст
Droge F дро́га
drogen|abhängig за́висан од дро́га̄; **≈handel** M тр̀говина дро́гама; **≈händler** M тр̀говац дро́гама; **≈händlerin** F тр̀говкиња дро́гама; **≈sucht** F за́висно̄ст од дро́га̄; **~süchtig** за́висан од дро́га̄

Drogerie F дро̀гēрија
drohen прéтити (**j-m mit et** кò-ме чи́ме); **~d** *Gefahr* прéтēħӣ
dröhnen *Motor* тỳтњати; *Kopf, Saal* брýјати
Drohung F прéтња
Drossel F дрôзд
drüben с òнē стрáнē
drüber: **drunter und ~** без йкаквог рēда
Druck M прѝтӣсак; *Buchdruck* штâмпа(ње); *fig* прèсија
drucken штâмпати
drücken притѝскати; *Hand* стѝскати; *Schuh* жýљати; *Preise* снижáвати; **sich vor et ~** избе-гáвати нȅшто
drückend: **~ heiß** спâран
Druck|er M EDV штàмпāч; **~erei** F штампàрија; **~fehler** M штàмпāрскā грȅшка; **~knopf** M дрѝкер; **~sache** F штâмпанā ствâр
Druckschrift F: **in ~** штâмпанӣм слòвима
Drüse F жлéзда
Dschungel M џýнгла
du тӣ
Dübel M тѝпл
ducken: **sich ~** сàгињати се
Dudelsack M гâјде *pl*
Duell N двòбој
Duett N дуȇт
Duft M мѝрӣс; **≗en** мирѝсати (**nach** *D* на *A*)
dulden тр̀пети
dumm глýп; **≗heit** F глýпōст; **≗kopf** M глỳпан
dumpf *Schmerz* тŷп; *Laut* прѝгӯ-шен; *Gefühl* сӯмōран
Düne F ди́на
düng|en ђу̏брити; **≗er** M ђу̏брӣво
dunkel мрáчан; *Farbe* тáман; **es wird ~** смр̀кāвā се; **im ≗n** у мрáку; **≗heit** F тáма; **≗kammer** F мрâчнā кòмора
dünn тȁнак; *Kaffee* слȁб; *Suppe, Luft, Haar* рéдак; *Mensch* мр̂шав; **≗darm** M тȁнкō црéво
Dunst M ѝзмаглица; *Dampf* пȁра; *Rauch* ди̂м; **~abzug** M аспѝрāтор
dünsten ди̏нстати
dunstig зáпаран
Duplikat N дупли̏кāт
durch кроз; *Mittel, Ursache* (са) ти̏ме; **~ und ~** пòтпуно; **~arbeiten** *Zeit* прорáдити *pf*; *Sache* (тȅмēљно) обрађѝвати; **~aus** свȁкāко; **~aus nicht** ни̏кāко; **~blättern** прелистá-вати
Durchblick M пȍглēд (на *A*); *F*прéглед
Durchblutungsstörung F пȍремећāј циркулáцијē
durch|bohren бýшити; **~brechen** *et* пробѝјати; лò-мити; *entzweigehen* прелáмати; **~brennen** *Birne* прегорéвати; **≗bruch** M прòдор; **~dacht** òсмишљен; **~drehen** *Fleisch* млȅти; *Räder* окрéтати се на прáзно; **~dringen** V/T, V/I прò-дирати; *fig* прòжимати
durcheinander зб̀рда-здȍла; **~ bringen** испретýрати *pf*; *verwechseln* бр̀кати; **~ sein** би̏ти смȅтен; **≗** N *Verwirrung* зб̀рка
Durchfahrt F прóлаз; **auf der ~ sein** би̏ти на пропутовању

Durchfall M прòлив
durchfallen прòпадати
durchführ|bar спровòдљив; **~en** спровòдити; **&ung** F спровòђēње
Durchgang M прóлаз; **~s...** прóлазнӣ
durch|geben прèнēти *pf* дȁље; **~gebraten** дòбро печèно; **~gehen** прòлазити (**durch** *A* кроз *A*); **~gehend** нȍн-стȍп (**geöffnet** òтворен); *Zug* дѝректан; **~greifen** предỳзимати ȍзбӣљнē мēре
durch|halten истрајáвати; **~kommen** прòлазити (**durch** *A* кроз *A*); *Krankheit* извýћи се *pf*; *Examen* провлáчити се; **~kreuzen** прецртáвати унáкрсно; *Schiff* крстáрити; *Pläne* осýјетити *pf*; **~lass** M прóлаз; **~lassen** пропýштати; **~lässig** пропỳстљив
durchlauf|en протрчáвати; *Flüssigkeit* прòтицати; **&erhitzer** M прòточнӣ бȍјлер
durch|lesen прочитáвати; **~leuchten** MED зрáчити; **~löchern** бýшити; **~machen** *erdulden* преживљáвати; **&messer** M прèчнӣк; **~nässt** *Regen* пòкисао
Durchreise F пропутовáње; **auf der ~** на пропутовáњу; **&n** пропутòвати *pf* (*a vollständig*)
durch|reißen прèкидати; цéпати се; **&sage** F обавештéње; **~schauen** глēдати (**durch** *A* кроз *A*; *A*); **et ~schauen** прòзирати (*A*)
durchschlagen: **sich ~** пробѝјати се
durchschneiden пресéцати
Durchschnitt M прòсек; **&lich** прòсечно; **~sgeschwindigkeit** F прòсечнā брзѝна
Durchschrift F кȍпија
durchsehen *prüfend* прегледáвати
durchsetzen *erreichen* спровòдити; **sich ~** пробѝјати се
Durchsicht F прéглед(áвāње); **&ig** прȍвӣдан
durchstreichen прецртáвати
durchsuch|en претрéсати; **&ung** F прéтрес
durchwachsen ADJ обрастао
Durch|wahl F TEL дѝректна линија; **&wählen** TEL дѝректно телефонѝрати (*im*)*pf*
durch|weg без изузéтка; **~wühlen** кòпати; **~zählen** пребројáвати; **&zug** M *Luftzug* прȍмаја
dürfen смēти; **man darf nicht** не смē се ...; **was darf es sein?** штȁ жèлӣте?
dürftig *spärlich* оскудан
dürr *trocken* сȗв; *mager* мр̏шав
Dürre F сȗша
Durst M жēђ *f*; **ich habe ~** жéдан сам; **&ig** жéдан
Dusch|e F тȕш; **&en** тушѝрати (**sich** се)
Düse F млáзница
Düsen|flugzeug N млȃзњāк; **~jäger** M лòвац-млȃзњāк
düster *Wetter* тмýран; *wenig beleuchtet* мрáчан; *Gesicht* нàтуштен; *Gedanke* тȳрōбан

Dutzend N тӯце
duzen: **j-n ~** бити са нěкӣм на тӣ
dynam|isch динàмичан; **&it** N динàмит; **&o** M дѝнамо
DVD F EDV ДВД *m*
D-Zug M дѝректан вȏз

E

Ebbe F ȍсека; **~ und Flut** плѝма и ȍсека
eben ра́ван; *zeitl* мȁлопрē; ADV бȁш (тȏ)
Ebene F рȃван *f*; нѝвō *m*
ebenfalls *gleichfalls* такóђē
ebenso ѝстō тàко; **~ viel** ѝстō толѝко (**wie** кȁо и); **~ wenig** ѝстō тàко мȁло (**wie** кȁо и)
Eber M вěпар
ebnen рàвнати
Echo N ȍдјēк
echt прȃвӣ
Eck|ball M кòрнер; **~e** F ӯгао; **&ig** ӳгласт
Economyklasse F дрӯгӣ ра́зред
edel плěменит; плěмићкӣ; **&metall** N драгòценӣ *od* плěменитӣ мȇтāл; **&stein** M дрȃгӣ кȁмēн
EDV F (**Elektronische Datenverarbeitung**) елèктрōнскā ȍбрада пòдāтāкā
Efeu M бр̏шљан
egal jȅднак; **das ist mir ganz ~** пòтпуно ми је свеје̏дно
Egoist M сěбичњāк; **&isch** сěбичан
ehe CJ прê н(ег)о штȍ
Ehe F брȃк; **~bruch** M прěљуба; **~frau** F сӯпруга; **~leute** PL сӯпружници; **&lich** брȃчнӣ
ehemalig нěкадашњӣ
Ehe|mann M сӯпруг; **~paar** N брȃчнӣ пȃр
eher *früher* прê; **je ~, desto besser** штȍ прê, тȏ бȍље
Ehering M бу̏рма
Ehr|e F чȃст *f*; **&en** поштòвати (*im*)*pf*
ehren|amtlich пȍчāсни; **&bürger** M пȍчāснӣ грађанин; **&doktor** M пȍчāснӣ дȍктор; **&gast** M пȍчāснӣ гȏст, пȍчāснā звȁница; **&mitglied** N пȍчāснӣ члȃн; **&wort** N чȁснā рȇч
Ehr|furcht F страхопоштова́ње (**vor** *D* према *D*); **~gefühl** N осећа́ње чȁсти; **~geiz** M àмбӣција
ehr|lich пȍштен; *aufrichtig* ѝскрен; **&lichkeit** F пошто́ње; ѝскренōст; **&ung** F ука-зѝвāње пȍчāсти
Ei N ја̏је
Eiche F хрȃст
Eichel F жир; ANAT глàвӣћ
Eichhörnchen N вěверица
Eid M за́клетва
Eidechse F гу̏штер
eidesstattlich: **~e Erklärung** свèчанō уверáвāње ѝместо зá-клетвē
Eidotter M *od* N → Eigelb
Eier|becher M чȁшица за ја̏је;

~likör M лѝкēр од јáјā; **~schale** F љŷска од јáјета; **~stock** M ANAT јȁјнӣк
Eifer M рéвнōст; **~sucht** F љу̀бо̀мора; **≗süchtig** љу̀бомо̄ран
eifrig рéвностан
Eigelb N жумáнце
eigen свôј; *gehörend* влȁстит; **≗art** F о̀собено̄ст; **~artig** чŷдан; **~händig** сво̀јеручан; **≗heim** N кŷћа у влȁснӣштву; **~mächtig** сво̀јевōљан; **≗name** M влȁстито ѝме; **~nützig** користољу̀бив; **≗schaft** F особѝна; **≗sinnig** своjѐглав
eigentlich прâвӣ; ADV зȁпрāво
Eigen|tum N влȁснӣштво; **~tümer** M влȁснӣк; **~tümerin** F влȁсница; **≗tümlich** чŷдан; **~tumswohnung** F стâн у влȁснӣштву
eignen: **sich ~ für** (*A*) *od* **zu** (*D*) бѝти по̀десан за (*A*)
Eilbrief M ѐкспресно̄ пѝсмо
Eile F жу́рба
eil|en жу́рити се; **~ig** *Schritt* у̏журбāн; *Sache* хи̏тан; **es ~ig haben** жу́рити се
Eimer M кȁнта
ein *jemand* јѐдно, нȅко; **~e** јѐдна, нȅкā; **~er** јѐдан, нȅкӣ; **was für ~ ...?** кàкав; **~ und derselbe** јѐдан (те) ѝстӣ; **~ für allemal** јѐднōм за свȁгда; **in ~em fort** нȅпрестāно; **~ Uhr** јѐдан сâт; **~er meiner Freunde** јѐдан мôј прѝјатељ
einander јѐдно дру̏го; *gegenseitig* у̏зајāмно
einarbeiten: **sich ~** извѐжбати се *pf* (**in** *A* у *L*)
einatmen у̏дисати
Einbahnstraße F јȅдносмēрнā у̏лица
Einband M пóвез
einbau|en узѝдати *pf*; уграђѝвати; **≗küche** F у̏грађенā ку̏хиња; **≗schrank** M плàкāр
einbehalten задржáвати
einberuf|en *Wehrdienst* рѐгрутовати (*im*)*pf*; *Sitzung* сазѝвати; **≗ung** F MIL пóзив
ein|beziehen укључѝвати (*A* у *A*); **~biegen** *in e-e Straße* скрéтати
einbild|en: **sich et ~en** уображáвати, умѝшљати; **≗ung** F уобрàзиља; *Anmaßung* уо̀бра̄женōст
Einblick M у̑вид
einbrech|en проваљѝвати; **bei mir ist eingebrochen worden** обѝјен ми је стâн; **≗er** M про̀ва̄лнӣк; **≗erin** F про̀ва̄лница
einbringen *Gewinn* доно̀сити; *Gesetz* подно̀сити
Einbruch M про̏вала; **bei ~ der Nacht** кȁд пȁднē мрâк
einbürgern дáвати држављáнство
einchecken чекѝрати, прија́вити се *pf*
eindecken: **sich ~ mit** снабдéвати се
eindeutig недво̀смислен
eindring|en про̀дирати (**in** *A* у *A*); **~lich** убе̏дљив
Ein|druck M о̀тисак; *fig* у̏тисак; **≗drücken** улу́бити *pf*;

≗drucksvoll упечатљив
eineinhalb јѐдан и по̑
einerlei: **das ist ~** свеједно је
einerseits с јѐдне̄ стра́не̄
einfach јѐдноста̄ван
einfädeln: **sich ~** *Autofahrer* престројавати се
einfahr|en у̀лазити; уво̀зити (**in** *A* у *A*); **≗t** F *Tor* у̀лаз
Einfall M у̀пад; *Idee* за̀мисао; **≗en** *einstürzen* ру̑шити се; MIL у̀падати; **... fällt mir nicht ein** не па̏да̄ ми на па̏ме̄т
Einfamilienhaus N по̀родична̄ ку̑ћа
ein|farbig једно̀бо̄јан; **~fetten** TECH подмазивати
einfinden: **sich ~** појављивати се
einflößen *Angst* уливати
Einfluss M у̑тица̄ј; **≗reich** у̑тица̄јан
ein|förmig једно̀лик; **~frieren** *Lebensmittel* замрзавати; **~fügen** у̀метати
Einfuhr F у̀воз
einführen упућивати (**j-n in** *A* ко̀га у *A*); *Waren* уво̀зити (**in** *A* у *A*)
Einführung F у́вод; **~spreis** M по̀четна̄ це́на
Einfuhrverbot N за̏брана у̀воза
Ein|gabe F пи̏смена̄ мо̀лба; EDV у̀ношење (по̀да̄така̄); **~gang** M у̀лаз; *e-r Sendung* при̏јем
ein|geben *Medizin* да́вати; *Daten* уно̀сити; **~gebildet** уо̀бра̄жен; **≗geborene** M уро̀ђе̄ник; F уро̀ђеница
eingehen *Brief* сти̏зати; *Stoff* ску̀пљати се; *Tier* ги̏нути; *Pflanze* ве̏нути; **auf et ~** при̏стајати на не̏што; **eine Wette ~** кла̏дити се; **~d** *Post* при̏стигао; ADV *gründlich* по̏дробно
Eingemachte N консѐрвиса̄но во̑ће и по̀врће
Eingeweide N у̑троба
eingewöhnen: **sich ~** привикавати се (**an et** на не̏што)
ein|gießen уливати; **~gleisig** с јѐдни̑м ко̏лосе̄ком; **~gliedern** *in die Gesellschaft* укључивати у (*A*); **~greifen** ме́шати се у (*A*); **≗griff** M ме́ша̄ње; MED за̏хва̄т; **~halten** *Versprechen, Vertrag* ѝспунити *pf*; *Termin* пошто̀вати
einheimisch *Erzeugnis* до̀ма̄ћи̑; **≗e** M ме̏штанин; F ме̏шта̄нка
Einheit F јединство; MIL, MATH јѐдиница; *Komplex* целина; **≗lich** јединствен
einholen *erreichen* сти̏зати; *Zeit, Versäumtes* надо̀кнадити *pf*; *Erlaubnis, Rat* тра́жити; *einkaufen* купо̀вати; *Segel* спу́штати
einig са̀гласан се
einige не̏ки̑; *mehrere* не̏колико; **es wird ~ Zeit dauern** то̑ ће по̀трајати не̏ко̄ вре́ме
einigen: **sich ~** наго̀дити се *pf* (**auf** *A* око *G*)
einig|ermaßen до̏не̄кле̄; *ziemlich* при̏лично; **~es** што̀шта; **≗keit** F сло̀га; **≗ung** F спо̀разу̑м; *Vergleich* на̀годба

ein|jährig једногодишњи; **~kalkulieren** урачунавати
Einkauf M куповина; **Einkäufe machen** обављати куповине; **≗en** куповати; **≗en gehen** ићи у куповину
Einkaufs|bummel M шврљање по продавницама; **~tasche** F торба за куповину; **~wagen** M колица (за куповину); **~zentrum** N тржни центар
ein|kehren сврађати; **~klammern** заградити *pf*; **~kleiden** облачити; **~klemmen** *Finger* приклештити *pf*
Einkommen N приход; **~ssteuer** F порез на приход
Einkünfte PL приходи *pl*
einlad|en *Waren* товарити; **j-n ~en** позивати кога; плаћати коме пиће; **~end** привлачан; **≗ung** F позив; позивница
Einlage F уметак; *Geldleistung* улог; *Schuh* уложак
Einlass M улаз(ак); **≗en** пуштати унутра; **sich auf et ≗en** упуштати се у нешто
einlaufen *Zug* улазити (**auf Gleis 3** на перон три); *Schiff* упловљавати; *Stoff* скупљати се
einleben: **sich ~** одомаћивати се
einlege|n уметати; *Fleisch* маринирати *(im)pf*; *in Essig* киселити; *Pause* правити; *Beschwerde* улагати; **e-n Gang ~n** KFZ убацивати у брзину; **e-n Film ~n** стављати филм (**in** у *A*)
einleit|en започињати; **≗ung** F увод
einleuchtend убедљив
einliefern: **ins Krankenhaus ~** одводити у болницу
einlösen *Scheck* уновчавати; *Versprechen* одржавати
einmachen спремати зимницу
einmal једанпут; *künftig* једном; **auf ~** одједном; **nicht ~** ни ти; **noch ~** још једном; **≗eins** N таблица множења; **~ig** једнократан; *einzigartig* јединствен
Einmarsch M улазак (војске)
einmisch|en: **sich ~en** мешати се (**in** *A* у *A*); **≗ung** F мешање
einmünden *Fluss* уливати се; *Straße* излазити (**in** *A* на *A*)
einmütig једнодушан
Einnahme F ECON приход
einnehmen *Geld* зарађивати; *Mahlzeit, Arznei* узимати; *Platz, Stellung* заузимати; *Steuer* убирати; **~d** симпатичан
einordnen: **sich ~** KFZ уврштавати се
ein|packen паковати; **~parken** паркирати; **~pflanzen** засађивати; **~planen** уврстити *pf* у план
einprägen: **sich et ~** упамтити *pf*
einquartieren смештати (**sich** се; **bei** *D* код *G*)
einrahmen уоквиривати; *Bild* урамљивати
einräumen *Möbel* смештати (*A* у *A*); *zugeben* признавати
ein|reden убеђивати у (*A*); **~reiben** утрљавати; **~rei-**

chen предáвати; *Gesuch* подно̀сити
Einreise F у̀лазак (у зѐмљу); **~visum** N у̀ла̄зна̄ ви́за
einreißen ру̏шити; *V/i* поце́пати се
einrenken MED у̀чашити
einricht|en *Zimmer* наме́штати; *neu schaffen* осни́вати; **es so ~en, dass** нѐшто та̀ко по̀десити да ...; **≈ung** F на̀мешта̄ј; *Institution* у̏станова
eins jѐдан
einsam *Person* у̀са̄мљен; *Ort* са̏мотан; **≈keit** F само̀ћа
einsammeln саку́пљати
Einsatz M *von Maschinen* при̏мена; *im Spiel* у̂лог; MIL у̀чешће; **im ~ sein** о̏бављати по̀сао
einschalten *Licht, Radio*, TV па̏лити (*a* **j-n in** *A* ко̀га у *A od* **sich** се)
ein|schätzen процењи́вати; **~schenken** то̀чити; **~schicken** сла̏ти; **~schieben** убаци́вати
einschiffen: **sich ~** укрца́вати се
ein|schlafen за̀спати *pf*; **~schlagen** *Nagel* закуца́вати; *einwickeln* увиjати (**in** et у нѐшто); *Weg* кре́тати; *Glasscheibe* разби́јати; *Tür* проваљи́вати; *Zähne* ло̀мити; *Blitz* у̀дарати (**in** *A* у *A*)
einschließ|en закључа́вати; *umgeben* опкоља́вати; *enthalten* укључи́вати; **~lich** укљу̀чујӯћи
Einschnitt M ре̂з; *fig* прѐкретница
einschränk|en ограничáвати; **sich ~en** живети скро̏мно; **≈ung** F ограниче́ње
einschreiben: **sich ~** уписи́вати се (**für** *A* у *A*); **e-n Brief ~ lassen** сла̏ти препо̀рӯчено̄ пи́смо; **per ≈** препо̀рӯчено
ein|schreiten интервѐнисати (*im*)*pf*; **~schüchtern** застраши́вати; **~sehen** *verstehen* схва̏тати; *Fehler* уви́ђати; **~seitig** једно̀стран; *parteiisch* прѝстрастан
einsend|en сла̏ти *pf*; **≈er(in** F) M поши́љалац
einsetzen *einfügen* у̀метати; *Pflanzen* са́дити; *Maschinen* употребља́вати; *in ein Amt* на̀именовати *pf*; *beginnen* запо̀чињати; **sich ~ für** (*A*) зау̀зимати се за (*A*)
Einsicht F у̂вид; *Erkenntnis* спо̏зна̄ја; **≈ig** у̏виђа̄ван
ein|sinken то̀нути (**in** *A* у *A*); **~sparen** ште́дети; **~sperren** затва́рати; **~springen**: **für j-n ~springen** заме́нити *pf* ко̀га
Einspritzmotor M мо̀то̄р са ди̏ректнӣм убризга́ва̄њем
Einspruch M при̏гово̄р; **~ erheben** ула́гати при̏гово̄р
einspurig *Straße* са jѐднӣм ко̏ловознӣм тра̏ко̄м
einstecken *in die Tasche* ста̏вљати у (*A*); *Brief* убаци́вати у (*A*)
einsteigen у̀лазити (**in** *A* у *A*); **~!** BAHN по̀лазак!
einstellen по̀стављати; *Radio*, TV, FOT подеша́вати; *Personal*

запошљавати; *aufhören mit et* обустављати; **sich auf et ~** припремати се на (*A*)
Einstellung F запослење; *Haltung* став; **~sgespräch** N разговор са кандидатом за радно место
ein|stimmig једногласан; **~stöckig** једноспратни; **~studieren** увежбавати; **~stufen** класификовати (*im*)*pf*; **≗stufung** F класификовање **~stündig** једночасовни
Ein|sturz M рушење; **≗stürzen** рушити се; **~sturzgefahr** F опасност од рушења
einstweilen за сада
ein|tauchen V/T умакати; V/I заронити *pf*; **~tauschen** мењати (**gegen** *A* за *A*)
einteil|en *Zeit* распоређивати; **~ig** једноделни; **≗ung** F распоређивање
ein|tönig једноличан; **≗topf** M вариво; **≗tracht** F слога; **~trächtig** сложан
Ein|trag M запис; **≗tragen** убележити *pf* (**in** *A* у *A*); **≗träglich** уносан; **~tragung** F запис
eintreffen *ankommen* стизати
eintreten улазити (**in** *A* у *A*); *sich ereignen* наступати; **für j-n, et ~** залагати се за (*A*)
Eintritt M улаз; **~skarte** F улазница; **~spreis** M цена улазнице
eintrocknen сушити се
einüben увежбавати
einverstanden: **~ sein** слагати се (**mit** *D* са *I*); **~!** важи!
Einwand M приговор (**gegen** *A* против *G*)
Einwander|er M досељеник; **~in** F досељеница; **≗n** досељавати се; **~ung** F досељавање
ein|wandfrei беспрекоран; **~wechseln** мењати (*a* SPORT)
Einweg|flasche F флаша за једнократну употребу; **~handschuh** M, MEIST PL рукавица за једнократну употребу; **~spritze** F шприц за једнократну употребу
ein|weichen намакати; *Wäsche* потапати; **~weihen** *Denkmal* (свечано) откривати; **≗weihung** F свечано отварање; **~weisen** давати упут (**ins Krankenhaus** за болницу); *in e-e Arbeit* упућивати (**j-n in et** кога у нешто); **~wenden** приговарати; **~werfen** *Scheibe* разбијати; *Brief, Münze* убацивати; **~wickeln** *in Papier* замотавати
einwillig|en пристајати (**in** *A* на *A*); **≗ung** F пристанак
einwirken утицати (**auf** *A* на *A*); **~ lassen** остављати да делује
Einwohner M становник; **~meldeamt** N одсек за пријаву становника (при СУП-у)
Einwurf M *Schlitz* отвор; *Zwischenbemerkung* примедба; SPORT убацивање
Einzahl F једнина; **≗en** уплаћивати; **~ung** F уплата; **~ungsschein** M уплатница
Einzäunung F ограда

Einzel N *Tennis* си̂нгл; **~gänger** M са̂мотнӣк; **~handel** M тр̀говина (на ма̂ло); **~händler** M тр̀говац (на ма̂ло); **~heit** F поједѝно̄ст; **~kind** N једѝнче

einzeln поједѝначан; **im** ≗**en** дѐта̄љно; **der** ≗**e** поједѝнац; **~ eintreten** у́ћи јѐдан по јѐдан

Einzelzimmer N једнòкреветна̄ со̂ба

einziehen V/T увла́чити; *Führerschein* одузимати; V/I *in e-e Wohnung* усеља́вати се; *Flüssigkeit* упи́јати

einzig јѐдӣнӣ; **kein ~er** нѝти јѐдан; **als** ≗**er** ка̏о јѐдӣнӣ; **~artig** једѝнствен

Einzug M *Wohnung* усеље́ње; **~sgebiet** N рѐјо̄н

Eis N лё̑д; *Speiseeis* сла̏долē̑д; **~ am Stiel** сла̏долēд на штапѝћу; **~ laufen** клѝзати се на лѐду; **~bahn** F клѝза̄лӣште; **~bär** M пòла̄рнӣ мѐдвед; **~becher** M по̏судица за сла̏долēд; **~berg** M са̂нта лё̑да; **~diele** F сладолѐџӣница

Eisen N гво̂жђе

Eisenbahn F жѐлезница; *Zug* во̑з; **~er** M жѐлезнича̄р; **~linie** F жѐлезничка̄ лѝнија; **~wagen** M ва̏го̄н

Eisenwaren F/PL гвожђа̀рија

eisern гво̏зден (*a fig*)

eis|gekühlt лѐден; ≗**hockey** N хо̀кēј на лѐду

eisig лѐден (*a fig*)

Eis|kaffee M лѐдена̄ ка̀фа; ≗**kalt** лѐдено хла́дан; **~kunstlauf** M ѝметнӣчко̄ клѝза̄ње; **~läufer** M клѝза̄ч; **~läuferin** F клиза̀чица; **~schnelllauf** M бр̏зо̄ клѝза̄ње

Eiswürfel M ко̏цкица лё̑да

Eis|zapfen M лѐдена̄ свѐ́ћа; **~zeit** F лѐдено̄ до̂ба

eitel су̏јетан; ≗**keit** F су̏јета

Eit|er M гно̑ј; ≗**ern** гнòјити се; ≗**rig** за̀гнојен

Eiweiß N бела́нце; BIOL бела̀нчевина

Ekel M га̏ђē̑ње; ≗**haft** òдвратан; ≗**n**: **sich** ≗**n** га̏дити се (**vor** *D G*)

EKG N (**Elektrokardiogramm**) ЕКГ (електрокардиòграм)

elastisch ела̀стичан

Elefant M сло̏н

elegant елега̀нтан

Elektriker M елѐктрича̄р

elektrisch елѐктричан; **~er Schlag** елѐктричнӣ у̑да̄р

Elektrizitätswerk N електра̀на

Elektro|gerät N елѐктричнӣ у̑ређа̄ј; **~geschäft** N про̀да̄вница елѐктричнӣх у̑ређа̄ја; **~herd** M елѐктричнӣ шпòрет; **~nenblitz(gerät** N**)** M бли̏ц

Elektro|nik F електрòника; ≗**nisch** елѐктро̄нскӣ; **~technik** F електротѐхника; **~techniker(in** F**)** M електротѐхнича̄р

Elend N бе́да; **~sviertel** N сирòтӣњска̄ чѐтвр̄т

elf једа̀наест

Elfe F вѝла

Elfenbein N слòновача

Elfmeter M једанаесте́рац

Elfte M: **der ~** jедàнаести̅

Ellbogen M лâкат

Elster F свра̏ка

Eltern PL рòдитељи *pl*; **℘los** без рòдите̄ља

E-Mail F EDV ӣмејл

Empfang M *Radio*, TV прӣјем; *im Hotel* рецѐпција; **℘en** пр́имати; *Person* дочекѝвати

Empfäng|er M *von Post* прӣмалац; *Radio*, TV прӣјемнӣк; **~nis** F зачѐће; **~nisverhütung** F → Verhütung

Empfangsbestätigung F прӣзнаница

empfehl|en препоручѝвати; **~enswert** препорӯчљив; **℘ung** F пре̏порука

empfind|en òсећати; **~lich** *Person* осѐтљив (**gegen** *A* на *A*) (*a fig*); **℘ung** F осећа́ње; *Gefühl* о̏сећāј

empör|t озлòјеђен; **℘ung** F озлòјеђенōст

Ende N кра̂ј; **am ~** на крàју; **zu ~ sein** бӣти зàвр̄шен

enden завршáвати се

End|ergebnis N крâјњӣ резу̏лтāт; **℘gültig** кòначан

Endivie F ѐндӣвија

End|kampf M SPORT финáле; **~lagerung** F склàдиштēње радиоа̏ктӣвнӣх òтпадāкā; **℘lich** ADV кòначно; **℘los** бѐсконачан; **~spiel** N SPORT финáле; **~ung** F GR нáставак

Energie F енѐргија; **~versorgung** F снабдéвāње енѐргијōм

energisch енѐргичан

eng тéсан; **~er machen** сужáвати; **~ anliegend** *Kleid* уз тêло

Engel M а̂нђео

Eng|land N Ѐнглēскā; **~länder** M Ѐнглēз; **~länderin** F Ѐнглēскиња; **℘lisch** ѐнглēскӣ; **~lisch** N *Sprache* ѐнглēскӣ jѐзик

Engpass M клáнац; *fig* нѐсташица

Enkel M у̀нук; **~in** F у̀нука

enorm о̏грōман

Ensemble N THEA, MUS ансáмбл

entbehr|en *vermissen* одрѝцати се (*G*); *auskommen ohne* лишáвати се (*G*); **~lich** ӣзлишан

Entbindung F MED по̏рођāј; **℘sstation** F порòдӣлӣште

entdeck|en открѝвати; **℘ung** F открѝће

Ente F па̏тка

enteign|en оду̏зимати прáво вла̏снӣштва

entfallen *wegfallen* òтпадати; *vergessen* забòрављати; **auf j-n ~** прӣпадати кòме

entfalten расклáпати; **sich ~** *fig* развѝјати се

entfern|en одстрањѝвати; **sich ~en** удаљѝвати се (**von** *D* од *G*); **~t** у̏даљен; **℘ung** F у̏дāљенōст (*a fig*); **℘ungsmesser** M даљинòмер

entfliehen бѐжати

Entfroster M срèдство за одлеђѝвāње

entführ|en *Personen* кѝднаповати (*im*)*pf*; **℘er** M кѝднапēр; **℘ung** F кѝднаповāње

entgegen PRP нàсупрот (*G, D*); **~gehen** ӣћи у сýсрет (**j-m** кòме); **~gesetzt** су̀протан; **~kommen** до̀лазити (**j-m** ко̀ме) у су́срет; и̏злазити (**j-m** ко̀ме) у су́срет (*a fig*); **~kommend** предусрѐтљив; **~nehmen** при̏мати; **~treten** супро̀тстављати се (**e-r Sache** *D*)

entgehen избега́вати (**e-r Gefahr** опа́сно̄ст); **sich et nicht ~ lassen** не пропу́штати не̏што; **das ist mir entgangen** то̑ ми је про̀макло

Entgelt N но̀вчана̄ на̏докнада; *Lohn* пла́та

ent|giften прочишћа́вати (од о̀тро̄ва̄); **~gleisen** иска́кати из ши̏на̄; **~halten** садржа́вати; **~haltsam** су̏здржа̄н; **~hüllen** *Denkmal* откри́вати; *Geheimnis* разоткри́вати

ent|kalken чи̏стити од каме́нца; **~kommen** ума̀ћи *pf*; **~korken** ва̏дити че̑п; **~laden** пра́знити; *Güter* истова́ривати

entlang: **die Straße ~** у̏лицо̄м

entlarven ра̀скринкати *pf*

entlass|en отпу́штати; **&ung** F о̀тпуст

entlasten растереће́вати (**von** *D* од *G*); JUR ослоба̀ђати криви́це̄

entlaufen по̀бећи *pf*

ent|leihen посуђи́вати; **~lüften** ве̏трити; **~mündigen** JUR прогла́сити *pf* ко̀га пра́вно не̏способнӣм лѝцем; **~mutigen** обесхрабри́вати; **~nehmen** у̏зимати (**aus** *D* из *G*); *ersehen* закључи́вати; **~rahmt** о̏бра̄н; **~reißen** о̀тргнути *pf*; **~rüstet** ра̀ср̄ђен; **&rüstung** F ср̄џба

Entsafter M со̀ковнӣк

entschädig|en обештећи́вати; **&ung** F о̏дштета

entscheid|en одлучи́вати (**sich** се); **~end** одлу̏чујӯћӣ; **&ung** F о̏длука

entschließen: **sich ~** одлучи́вати се (**et zu tun** на *od* за *A*)

entschlossen о̀длучан

Entschluss M о̏длука; **e-n ~ fassen** доно̀сити о̏длуку

entschlüsseln де̏шифровати (*im*)*pf*

entschuldig|en извиња́вати (**sich** се; **wegen et** због че̏га); **&ung** F извиње́ње; **&ung!** изви́ните!

Entsetz|en N у̏жа̄с(нуто̄ст); **&lich** у̏жа̄сан; **&t** у̏жа̄снӯт

Entsorgung F одстрањи́вање о̀тпа̄да̄ка̄

entspann|en: **sich ~en** опу́штати се; **&ung** F опу́шта̄ње; POL смири́вање

entsprech|en одгова́рати; **~end** ADV одгова́ра̄јуће; PRP према (*D*); **Ihrem Wunsch ~end** по Ва̏шо̄ј же́љи

entspringen *Fluss* и̏звирати

entsteh|en на̏стајати (**aus** *D* из *od* од *G*); **&ung** F по̀станак

entstell|en унака́зити *pf*; **~t** уна̀ка̄жен

enttäusch|en разочара́вати; **~t sein** би̏ти разо̀ча̄ра̄н; **&ung** F разочара́ње

Entwässerung F одводња́ва̄ње

entweder: **~ … oder …** или …

или ...
ent|weichen *Luft, Gas* ѝзлазити; *entfliehen* ѝзмаћи *pf*; **~werfen** скицѝрати *(im)pf*; **~werten** *Geld* обезвређѝвати; *Fahrschein* поништа́вати; **≗werter** M аутòма̄т за поништа́ва̄ње кâртӣ
entwick|eln рàзвѝјати (*a* FOT); **sich ~eln** одвѝјати се; **≗lung** F ра́звој; **≗lungshelfer(in** F) M експерт за пòмоћ зèмљама у ра́звоју; **≗lungsland** N зèмља у ра́звоју
ent|wirren разм́рсити *pf*; **~würdigend** понижа́вајӯћӣ
Entwurf M на́црт
entzieh|en одӯзимати; **sich ~en** избега́вати (*G A*); **≗ungskur** F кýра одвика́ва̄ња
ent|ziffern дèшифровати *(im)pf*; **~zückend** чàробан; **~zückt** ỳсхићен
Entzug M *des Führerscheins* одӯзима̄ње; *von Drogen* одвика́ва̄ње; **≗serscheinungen** F/PL прòпратнē пòјавē код а̏пстиненцијāлнē кри́зē
entzünd|en па́лити; **sich ~en** MED инфицѝрати се *(im)pf*; **≗ung** F MED запаљéње
entzwei пòломљен
Enzian M BOT лѝнцура (*a Schnaps*)
Enzym N èнзӣм
er ôн
Erbanlage F на́слеђе
erbarmen: **sich ~** смѝловати се
erbärmlich бêдан
erbarmungslos нȅмилосрдан
erbau|en гра́дити; **≗er** M гра̀дитељ
Erbe[1] N на́следство
Erbe[2] M наследнӣк; **≗n** наслеђѝвати
erbeuten заплéнити *pf*
Erbin F на́следница
erblicken ỳгледати *pf*
erblinden ослéпети *pf*
erbrechen: **sich ~** пòвраћати
Erbschaft F → Erbe[1]; **~ssteuer** F пòрез на на́следство
Erbse F з̀рно гра́шка
Erd|beben N зȇмљотрēс; **~beere** F ја̏года; **~boden** M зèмља
Erd|e F зèмља; *Planet* Зèмља; **≗en** EL узèмљити *pf*; **~gas** N зȇмнӣ гâс; **~geschoss** N прѝзèмље; **~kunde** F геогра̀фија; **~nuss** F кикирѝки; **~öl** N на́фта
erdrosseln да́вити
erdrücken пригњéчити *pf*; гỳшити
Erd|rutsch M òдрон зȇмљӣшта; **~teil** M контѝнент
erdulden т́рпети
ereignen: **sich ~** дога́ђати се
Ereignis N дȍгађāј
erfahren сазна́вати; ADJ ѝскусан у (*L*)
Erfahrung F ѝскýство
erfassen зàхватити *pf*; *einbeziehen* обỳхватати
erfind|en пронàлазити; измѝшљати (*a fig*); **≗er(in** F) M пронала̀за̄ч; **≗ung** F пронàлазак

Erfolg M ȕспех; **≈en** слéдити; **≈los** бȅзуспешан; **≈reich** ȕспешан
erforder|lich пȍтребан; **~n** захтéвати
erforschen истражѝвати; *Land* проучáвати
erfreu|en ȍбрадовати *pf* (**j-n** кȍга); **~lich** рȁдостан; **~t**: **sehr ~t!** дрȃго ми је!
erfrier|en смрзáвати се; **≈ung** F смр̏зотина
erfrisch|en освежáвати; **~end** освежáвајӯћӣ; **≈ung** F освежéње; **≈ungstuch** N влȃжнā мȁрамица (за освежéње)
erfüllen испуњáвати (**sich** се)
ergänz|en допуњáвати; **≈ung** F дȍпуна
ergeben *Untersuchung* показѝвати; *in der Summe* изнȍсити; **sich ~** MIL предáвати се (*D*); *sich herausstellen* испȍстави ти се *pf*
Ergebnis N резу̏лтāт; **≈los** без резултáта
ergiebig ѝздāшан
ergreifen зграбити; *Waffen* лȁтити се (*G*); *Gelegenheit* кȍристити; *Beruf* изабѝрати; *rühren* дѝрати; **die Flucht ~** дȁти се *pf* у бȅкство; **das Wort ~** у̏зети *pf* рȇч
erhalten пр̀имати; *bewahren* одржáвати (се); чу̏вати; **gut ~** дȍбро ȍчӯван
erhältlich кȍјӣ се мȍжē дȍбити
erhängen: **sich ~** ȍбесити се *pf*
erheb|en *hochheben* дѝзати; *Zoll, Gebühr* убѝрати; **Klage ~en** пȍдићи *pf* ȍптужбу; **sich ~en** *aufstehen* у̏стајати се; *revoltieren* бу́нити се; **~lich** пр̀иличан; **≈ung** F *Aufstand* пȍбуна
erhitzen загрéвати (*a fig*)
erhöhen повећáвати; *Preis* повишáвати
erhol|en: **sich ~en** опȍрављати се (**von** *D* од *G*); *im Urlaub* одмáрати се; **≈ung** F ȍдмор
erinnern: **j-n an et ~** пȍдсећати кȍга на нȇшто; **sich ~** сȅћати се (**an** *A G*)
Erinnerung F сȅћање; **zur ~** за у̏спомену (**an** *A* на *A*)
erkält|en: **sich ~en** прехлађѝвати се; **~et sein** бѝти прȅхлађен; **≈ung** F прȅхлада
erkenn|en препознáвати (**an** *D* по *D*); *wahrnehmen* спознáвати; **≈tnis** F спȏзнаја
erklär|en *erläutern* објашњáвати; *bekannt machen* изјављѝвати; **≈ung** F објашњéње; ѝзјава
erkrank|en разбȍлети се (**an** *D* од *G*); **≈ung** F обољéње
erkundigen: **sich nach et ~** распитѝвати се (**bei j-m** код кȍга)
Erlass M нȃлог; **≈en** *Gebühren* ослободѝти *pf* плáћања; *Strafe* ослободѝти *pf* издржáвања кȃзнē; *Verordnung* издáвати
erlaub|en дозвољáвати; **≈nis** F дȍзвола
erläutern разјашњáвати
erleb|en доживљáвати; **≈nis**

N до̏живља̄ј
erledig|en о̀бављати; **~t** свр̑шен
erleichter|n олакша́вати (*a Aufgabe*); **~t** о̏лакша̄н; **≈ung** F олакша́ње
erleiden тр́пети
erlernen у̏чити
Erlös M при́нос
erlöschen га́сити се; *verfallen* пре̏стати да ва́жӣ
erlös|en и̏збављати (**von** *D* од, из *G*) (*a* REL); **≈er** M REL избàвитељ; **≈ung** F REL избављéње
ermächtig|en овлашћи́вати (**zu** *D* да …); **≈ung** F овлаштéње
ermahn|en опо̀мињати; **≈ung** F о̏помена
ermäßig|en снижа́вати; **≈ung** F снижéње
Ermessen N: **nach Ihrem ~** по Ва̏шо̄ј про̀цени
ermitt|eln JUR спрово̀дити и̏страгу (**gegen j-n** против кòга); **≈lung** F и̏страга
ermöglichen омогућа́вати
ermord|en уби́јати; **≈ung** F уби́ство
ermüd|en зама́рати (се); **~end** за́моран; **≈ung** F за́мор
ermuntern бо̀дрити (**zu** *D* да …)
ermutig|en охрабри́вати; **~end** охрàбрујӯћӣ
ernähr|en хра́нити; **≈ung** F и̏схрана
ernenn|en нàименовати *pf* (**j-n zu** *D* ко̀га за *A*); **≈ung** F нàименова̄ње
erneuer|n обна́вљати; **≈ung** F обна́вља̄ње
erneut и̏знова
erniedrig|en понижа́вати; **≈ung** F понижéње
Ernst M озби́љно̄ст; **im ~** ства̏рно; **~fall** M слу̑ча̄ј опа́сности; **≈haft**, **≈lich** о̏збӣљан
Ernte F лѐтина; *Getreide* жѐтва; *Obst* бе́рба; **≈n** жѐти (*a fig*)
Ernüchterung F отрежњéње
Erober|er M осва̀ја̄ч; **≈n** осва́јати; **~ung** F осва́ја̄ње
eröffn|en отва́рати (**feierlich** свѐчано); **≈ung** F отва́ра̄ње
erörtern ра̀спрaвљати о (*L*)
Erot|ik F еро̀тика; **≈isch** ѐротскӣ
erpress|en *j-n* уцењи́вати; **≈er** M уцењи́ва̄ч; **≈erin** F уцењивàчица; **≈ung** F у̑цена
erproben испроба́вати
erraten пога́ђати
erreg|en узбуђи́вати; *erzürnen* узнемира́вати; *erwecken* побуђи́вати; **≈er** M MED изазѝва̄ч бо̏лести; **≈ung** F узбуђéње
erreich|bar до̏стӣжан; **~en** досéзати; *Alter* дожи́вети; *Ort* доспéвати (*A* до *G*); *telefonisch* доби́јати; *Zug, Bus* сти̏зати (*A* на *A*)
errichten по̀стављати
erringen избо̀рити *pf* (*A A od* се за *A*)
erröten црвѐнети
Errungenschaft F достигну́ће
Ersatz M *Schadenersatz* на̏докнада; *Person* за̑мена; **als**

~ **für** (*D*) кȁо зȃмена за (*A*); **~dienst** M цѝвӣлнā слу̏жба (у̏место во̑јне̄); **~mann** M SPORT рѐзе̄рвнӣ ѝгра̄ч; **~rad** N рѐзе̄рвнӣ то̀чак; **~teil** N рѐзе̄рвнӣ дȇо

erschein|en *auftauchen* поја̀вљивати се; *Zeitung* ѝзлазити; чѝнити се (**j-m** ко̀ме); **das ~t mir merkwürdig** то̑ ме чу̏дӣ; **≗ung** F по̏јава

erschießen устрѐлити *pf*

erschlagen убѝјати; **~ sein** бѝти уту̀чен

erschließen открѝвати; *ermitteln* реконстру̀исати (*im*)*pf*; *folgern* закључѝвати

erschöpf|en ѝзнурити *pf*; иѕцр̏пети (*a fig*); **≗ung** F ѝсцр̄пљено̄ст

erschrecken V/T пла̏шити (*v/i* се)

erschrocken у̀плашен

erschütter|n у̀здрмати *pf*; *fig* потре́сати; **~nd** по̀тресан; **≗ung** F по̀трес; *fig* потре́сено̄ст

erschweren отежа́вати

erschwinglich до̀ступан

ersetzen замењѝвати; *Schaden, Unkosten* надокнађѝвати

erspar|en ште́дети; **j-m et ~en** поште́дети ко̏га од (*G*) (*a fig*); **≗nis** F уштѐђевина; у̏штеда (**an** *D G*)

erst *zuerst* на̏јпре̄; **~ gestern** тѐк ју̏че̄; **~ recht** тѐк са̏да

erstarren уко̀чити се *pf*; обамѝрати (**vor et** од нѐчега)

erstatten *Auslagen* вра̏ћати; *Bericht, Anzeige* подно̀сити

Erstaufführung F *Film* премѝје́ра

Erstaun|en N запрепашће́ње; **in ~en (ver)setzen** запрепашћѝвати; **≗lich** задѝвљујӯћӣ; *Leistung usw* запањујӯћӣ

erste пр̑вӣ; **am ~n Juni** пр̑во̄г ју̑на; **~r Klasse** пр̑во̄г ра̏зреда; **~ Hilfe** пр̑ва̄ по̏мо̄ћ; **fürs ≗** за поче́так; **als ≗r** кȁо пр̑вӣ; **zum ~n Mal** (по)пр̑вӣ пу̑т

erstechen избо̀сти *pf*

ersteigen пѐњати се (до вр̏ха *G*)

erstens кȁо пр̑во̄

ersticken V/T гу̏шити (*v/i* се)

erstklassig прво̀класан

erstrebenswert вре́дан тру́да

erstrecken: **sich ~** про̀стирати се (**bis zu** *D od* **bis an** *A* свȅ до *G*)

ertappen: **auf frischer Tat ~** уло̀вити *pf* ко̏га на дȅлу

erteilen (из)да́вати

Ertrag M прѝход

ertragen подно̀сити; **nicht zu ~** неподно̀шљив

erträglich подно̀шљив

ertränken да́вити

ertrinken да́вити се

erübrig|en *Zeit* одва́јати; **es ~t sich** ѝзлишно је (**zu** + *inf*)

erwachen бу̏дити се

erwachsen ADJ о̀драстао; **≗e** M, F о̀драсла̄ о̀соба

erwägen размѝшљати

erwähnen спо̀мињати

erwärmen загре́вати

erwarten очекѝвати; **das war zu ~** то̑ се да́ло и очекѝвати

Erwartung F очекѝва̄ње

erwecken *Verdacht, Vertrauen* бу́дити; **den Eindruck ~** оставља̏ти у̏тисак
erweisen *Dienst* чѝнити; *Ehre* ода́вати; **sich ~ als** показѝвати се ка̏о (*N*)
erweitern проширѝвати
erwerb|en задобѝјати; ку́пити *pf*; *Fähigkeiten* стѝцати; **~slos** бѐспослен; **~sunfähig** нѐспособан за ра̑д
erwidern одгова́рати; *Gruß, Besuch* у̀зврађати
erwischen у̀грабити *pf*; *ertappen* ухва̀тити *pf*; **den Zug ~** стѝћи *pf* на во̑з
erwünscht по̏жељан
erwürgen да́вити
Erz N ру́да
erzähl|en прѝчати; **≗er** M приповѐда̄ч; **≗erin** F приповеда̀чица; **≗ung** F прѝча
erzeug|en производѝти; *hervorrufen* проу̀зроковати (*im*)*pf*; **≗er** M ECON произво̀ђа̄ч; **≗nis** N про̀извод
erzieh|en васпита́вати; **≗er** M васпѝта̄ч; **≗erin** F васпита̀чица; **≗ung** F васпита́ње
erzielen по̀стизати; *Gewinn* остварѝвати
erzwingen изну̀ђивати
es то̑; о̀но; **ich bin ~** ја̑ сам; **~ ist spät** ка̏сно је; **~ gibt** ѝма̄
Esche F ја̏се̄н
Esel M ма̀гарац
Eskimo M Ѐскӣм
ess|bar јѐстив; **≗besteck** N прѝбор за је̏ло
essen јѐсти; **zu Mittag ~** ру́чати (*im*)*pf*; **zu Abend ~** вѐчерати (*im*)*pf*
Essen N је̏ло; *Mahlzeit* о̀брок
Essig M сѝрће; **~gurke** F кѝселӣ кра̏ставац
Ess|löffel M су̏пена̄ ка̀шика; **~tisch** M трпеза̀рӣјскӣ сто̑; **~waren** PL на́мирнице *pl*; **~zimmer** N трпеза̀рија
Etage F спра̑т; **~nbett** N крѐвет на спра̑т
Etat M бу̏џет
Etikett N етикѐта
etliche нѐколикӣ
Etui N футро́ла
etwa отприлике; *womöglich* за̑р не
etwas нѐшто; *ein wenig* ма̏ло
EU F (**Europäische Union**) ЕУ (Ѐвро̄пска̄ у̑нија)
euer M ва̑ш (*f* ва̑ша, *n* ва̑ше)
Eule F со́ва
euretwegen збо̏г ва̑с
Euro|(geld N) M е̏вро (но̀вац); **~pa** N Евро́па; **~päer(in** F) M Евро́пља̄нин, Евро́пљанка; **≗päisch** ѐвро̄пскӣ
Euter N вѝме
e. V. (**eingetragener Verein**) регѝстрова̄но̄ дру́штво
evakuieren еваку̀исати (*im*)*pf*
evangeli|sch протѐстантскӣ; **≗um** N Јева̀нђе̄ље
eventuell е̏вентуа̄лан; ADV е̏вентуа̄лно
ewig вѐчан; **≗keit** F вѐчно̄ст
EWU F (**Europäische Währungsunion**) Ѐвро̄пска̄ мо̀нета̄рна̄ у̑нија
exakt та̑чан
Examen N ѝспит

Exemplar N пример̄ак
Exil N изгна̏нство
Exist|enz F егзисте̏нција; **~enzminimum** N е̏гзистенција̄лнӣ ми̏нимум
exotisch егзо̀тичан
Experiment N експери̏мент; **≈ieren** експеримѐнтисати (*im*)*pf*
Expert|e M, **~in** F стру̑чњак
explosiv е̏кспло̄зӣван
Export M и̏звоз; **≈ieren** извòзити
extra *getrennt* пòсебно; *eigens* спѐција̄лно; *zusätzlich* до̏да̄тно
Extras N/PL е̏кстра
Extrem N кра̑јно̄ст; **≈** кра̑јњӣ; **~ist(in** F) M екстрѐмиста

F

Fa. → Firma
Fabel F ба̏сна; **≈haft** ба̏снослӧван; фантàстичан
Fabrik F фа̀брика; **~arbeiter** M (фа̀брички) ра̂днӣк; **~arbeiterin** F ра̂дница; **~at** N фа̀брички про̀извод
Fach N пр̏еграда; *Postfach* пӧштански фа̑х; *Unterrichtsfach* (на̏ставнӣ) пре̏дмет; *Gebiet* стру̑ка; **~arbeiter** M квалѝфикова̄нӣ ра̂днӣк; **~arbeiterin** F квалѝфикова̄на̄ ра̂дница; **~arzt** M лѐка̄р-специја̀листа; **~ärztin** F лѐка̄рка-специја̀листа
Fach|ausdruck M стру̑чнӣ и̏зраз; **~frau** F (жѐна) стру̑чња̄к; **~gebiet** N стру̑чна̄ о̏бла̄ст; **~geschäft** N специја̀лизова̄на̄ ра̂дња; **~hochschule** F ви̏сока̄ стру̑чна̄ шкӧла; **~kenntnis** F стру̑чно̄ зна̀ње; **≈lich** стру̑чнӣ; **~mann** M стру̑чња̄к
Fackel F ба̏кља
fad(e) бљу̏тав
Faden M ни̑т *f*
fähig спо̀собан (**zu** *D* за *A*); **≈keit** F способно̄ст
fahnd|en тра̀гати (**nach j-m** за *I*); **≈ung** F по̏трага
Fahne F за̏става
Fahrbahn F ко̏ловоз
Fähre F *Boot* скѐла; *Schiff* тра̀јект
fahren вòзити; *reisen* путòвати (**ab** *D* из *od* са *G*; **nach** *D* за *od* у *A*; **über** *A* преко *G*); *befördern* превòзити; *Schiff* плòвити; **mit dem Auto ~** вòзити се аутомо̀билом; **~ Sie mich bitte nach …** одвѐзите ме, мо̏лӣм Вас, до (*G*)
Fahrer M вòза̄ч; **~flucht** F бѐкство воза̀ча са мѐста нѐсређе̄; **~in** F (жѐна) вòза̄ч
Fahr|gast M пу̑тнӣк; **~geld** N нòвац за пу̑тну ка̑рту; **~gestell** N KFZ ша̀сија
Fahrkarte F → Fahrschein; **~nautomat** M аутòма̄т за ку̀повину пу̑тнӣх ка̑ра̄та̄; **~nschalter** M ша̀лтер за ку̀повину пу̑тнӣх ка̑ра̄та̄
fahrlässig не̏ма̄ран; **≈keit** F не̏ма̄р

Fahr|lehrer(in F) M инструктор(ка) вожњē; **~plan** M рêд вожњē; **2planmäßig** по реду вожњē; **~preis** M цéна пу̂тнē кáртē; **~rad** N бицикл; **~radverleih** M изнајмљи̏вāње бицикла̄

Fahrschein M пу̂тна̄ кáрта; **~entwerter** M аутомат за поништáвāње пу̂тних кáрти

Fahr|schule F ȁуто-шкôла; **~schüler** M кандидат за вȍзāчку дȍзволу; **~spur** F вȍзна̄ *od* саобраћајна̄ трȁка; **~stuhl** M лифт

Fahrt F вожња, путовање; *vom Schiff* пловидба; **in voller ~** у пу̏нôј брзини; **freie ~** слȍбодна̄ вожња

Fährte F трâг

Fahrtrichtung F смêр вожњē

Fahrzeug N вȍзило; **~halter** M вла̑сни̑к вȍзила

fair фêр

Faktor M чи̏нилац

Falke M сȍко̄ *m*

Fall M *Sturz* пâд; *Sache* слу̑ча̄j; JUR прéдмет; *Kasus* пáдеж; **auf jeden ~** у сва̏кōм слу̑ча̄ју; **auf keinen ~** ни̏ у кôм слу̑ча̄ју

Falle F клȍпка

fallen пȁдати; *verzichten* одустајати од (*G*)

fällen *Bäume* обáрати; *Urteil* доносити

fällig дȍспео за плаћање; нѐизбежан; **2keit** F рȍк за плаћање

falls ȁко

Fallschirm M пȁдобрāн; **~springer** M падобрáнац

falsch *unecht* лâжан; *unrichtig* пȍгрешан; **Sie sind ~ verbunden** погрéшили сте брôj; **~ gehen** *Uhr* не бити тачан (сâт); **et ~ machen** грéшити

fälschen фалсификовати (*im*)*pf*

Falschgeld N фалсификова̄н нȍвац

Fälschung F фалсификовање; *Ergebnis* фалсификат

Falt|e F фȃлта; *Gesicht* бóра; **2en** преклáпати; *Stirn* бóрати; *Hände* склáпати

Falter M лѐпти̑р

faltig пли̏си̑ра̄н; и̏згужва̄н; *Gesicht* на̏бо̄ра̄н

familiär пóродичан; *ungezwungen* неу̏сиљен

Familie F *eng* пóродица; *Sippe* фа̏ми̑лија; **~nangehörige** M бли̏жи̑ рȍђāк; F бли̏жа̄ рȍђака; **~nmitglied** N члâн пóродицē; **~nname** M прéзиме; **~nstand** M бра̑чно̄ стáње

Fan M љу̏битељ; прѝсталица; SPORT навијач

Fana|tiker M фанатик; **2tisch** фанатичан

Fang M у́лов; **2en** хва̏тати; **Feuer 2en** пáлити се

Fantas|ie F ма̑шта; **2tisch** маштовит

Farbe F бȍја; *Wandfarbe* фâрба

färben VT бȍјити; фâрбати; VI бȍјити се; фâрбати се

farbenblind слêп за бȍје; **er ist ~** он је далтониста

Farb|fernseher M телевизор у бȍји; **~film** M фи̏лм у бȍји; **2ig** у бȍји; **2los** бѐзбōјан;

~stift M бо̀јица
Färbung F бо̀јење
Farn(kraut N**)** M па̏пра̄т *f*
Fasching M по̀кладе
Faschismus M фаши̏зам
Faser F вла́кно
fas(e)rig вла̏кнаст
fasern о̀сипати се
Fass N бу̑ре
Fassade F фаса́да
Fassbier N то̀чено̄ пи́во
fassen хва̏тати; посе́зати; *begreifen* схва̏тати; *festnehmen* ха̏псити; *aufnehmen* мо̀ћи при́мати; **sich ~** при̏брати се *pf*; **sich kurz ~** би̏ти кра̏так
Fassung F *Brille* о̏квӣр; *Edelstein* о̀пток; *Glühbirne* гр̑ло; *Ausformung* вѐрзија; **≈slos** за̀па̄њен
fast ско̀ро
fast|en по̀стити; **≈en** N по̑ст; **≈enzeit** F REL вре́ме по̑ста; **≈nacht** F *kath* по̀следњӣ да̑н по̏кла̄дā пред У̀скршњӣ по̑ст
faszinierend фасцина̀нтан
fatal ко̂бан
fauchen фр̏ктати
faul *träge* ле̂њ; *verfault* тру̑о
faulen тру̏лити
faulenz|en ленча́рити; **≈er** M ле́нштина *m*
Faulheit F ле̂њо̄ст
Fäulnis F тру́леж *f*
Faust F пе́сница; **~handschuh** M рукàвица без пр̀стӣјӯ; **~schlag** M у̀дарац пе́сницо̄м
Favorit M фаво̀рит
Fax N (те̏ле)фа̏кс; **≈en** сла̏ти фа̏кс; **~gerät** N (те̏ле)фа̏кс (апа̀ра̄т)
Fazit N за̏кључак
fechten ма̏чевати се
Feder F пѐро (*a Schreibfeder*); TECH фе́дер; **~ball** M ба̏дминтон (*a Spiel*); **~bett** N ду̑ња
feder|n VI одска́кати; **≈ung** F *von Fahrzeugen* о̏пруге̄ *pl*, фе́дери *m/pl*
Fee F ви́ла
fegen чи̏стити (мѐтло̄м)
Fehlbetrag M ма́њак
fehl|en недо̀стајати; *Person* би̏ти о̀дсутан; **was ~t Ihnen?** MED шта̏ је Ва̏ма?
Fehler M гре̏шка; ма́на; **≈frei** без гре̏шке̄; **≈haft** ма̏њкав; по̀грешан; **≈los** → fehlerfrei
Fehl|geburt F по̏бача̄ј; **~griff** M о̏машка; **~schlag** M про̏маша̄ј; **~zündung** F KFZ ка̏сно̄ па́љење
Feier F про̏слава; **~abend** M кра̑ј ра̑дно̄г вре̏мена; **≈lich** све̏чан; **≈n** про̀слављати; **~tag** M пра̑знӣк
feig(e) пла̏шљив; ку̏кавичкӣ
Feige F *Baum, Frucht* смо̏ква
Feig|heit F кукави̏члук; **~ling** M ку̏кавица *m*
Feil|e F ту̀рпија; **~en** турпѝјати
feilschen це̏њкати се
fein фӣн; *vornehm* пре̏фӣњен; *erlesen* о̏дабра̄н; *körnig* си̏тан
Feind M нѐпријатељ; **≈lich** непријатѐљскӣ; **~schaft** F непријате́љство; **≈selig** непријатѐљски на̀стројен
fein|fühlig се̏нзибӣлан;

²heit F финòћа; **²kostgeschäft** N деликàтесна̄ рàдња; **²schmecker** M сладокýсац
Feld N пòље (*a Brettspiel*); **~weg** M пòљски пу̑т
Felge F KFZ фèлна
Fell N кр̏зно
Fels|(en) M стéна; **~küste** F стенòвита ȍбала; **²ig** стенòвит
femi|nin жѐнствен; **²ninum** N йменица жѐнскōг рȍда; **²nismus** M феминѝзам; **²nistin** F феминѝсткиња
Fenchel M комòра̄ч
Fenster N прóзор; **~brett** N прóзорска̄ дàска; **~laden** M прóзорскӣ кàпак; **~platz** M сѐдӣште поред прóзора; **~putzer** M пѐра̄ч прóзо̄ра̄; **~rahmen** F прóзорскӣ ȍквӣр; **~scheibe** F прóзорско̄ стàкло
Ferien PL рáспуст; **~kurs** M (лѐтњӣ *od* зӣмскӣ) кӯрс
Ferkel N пра̑се (*a fig*)
fern дȁлек; **~ bleiben** бйти òдсутан
Fernbedienung F *Einrichtung* дàљӣнскӣ упрàвља̄ч
Ferne F даљѝна; **aus der ~** из далèка
ferner ADV дȁље; нȁдаље
Fern|fahrer M камиòнџија *m*; **~gespräch** N међугрàдскӣ *od* међунáроднӣ рȁзгово̄р; **²gesteuert** на дàљӣнско̄ ỳправљање; **~glas** N двȍгле̄д; **~licht** N KFZ ду̏гачка̄ свѐтла; **~rohr** N тѐлескоп
fernsehen глѐдати телѐвӣзију
Fernseh|en N телѐвӣзија; **~er** M телѐвӣзор; **~programm** N телевѝзӣјскӣ прòграм; **~sendung** F телевѝзӣјска̄ емѝсија; **~spiel** N телевѝзӣјска̄ дрáма; **~zuschauer** M телевѝзӣјскӣ глѐдалац
Fern|sicht F пȍгле̄д у даљѝну; **~steuerung** F дàљӣнско ỳправљање; **~studium** N вȁнредно̄ студѝрање; **~verkehr** M рѐгиона̄лнӣ и међунáроднӣ сȁобраћа̄ј; TEL међугрàдскӣ и међунáроднӣ рȁзговори
Ferse F пéта
fertig *beendet* гȍтов; *bereit* спрѐман; **~ bringen** успéвати; **~ machen** *Arbeit* довршáвати; **sich ~ machen** *bereitmachen* спрéмати се
Fertig|gericht N гȍтово̄ јѐло; **~haus** N мòнта̄жна̄ кӯћа; **~keit** F спрѐтно̄ст
Fessel F ȍков; ANAT глѐжањ; **²n** окòвати *pf*; *fig* спутáвати; **²nd** на̄пе̄т; фасцинàнтан
Fest N пра̑знӣк; свѐчано̄ст; прȍслава
fest *nicht flüssig* чвр̑ст (*a Schlaf*); *Wohnsitz* ста̄лан; *stabil* ста̑бӣлан; **~binden** привезѝвати
Festessen N свѐчанӣ ȍбед
festhalten чвр̑сто др̏жати; задржáвати
Festiger M учвршћѝва̄ч
Festival N фестѝва̄л
Festland N кȍпно
festlich *feierlich* свѐчан
fest|machen причвршћáвати;

Termin утврђи̏вати; MAR при- везѝвати; **≈nahme** F ха̏пшēње; **~nehmen** ха̏псити; **≈platte** F EDV (ха̑рд-) ди̏ск; **~setzen** *Termin, Preis* одређѝвати
Festspiele N/PL фестѝва̄л
fest|stehen *Termin* бити зака̄- за̄н; **~stellen** установљѝвати; *Personalien* у̏зимати (лѝчнē пода̑тке)
Festtag M пра̑знӣк
Festung F тврђава
festverzinslich ECON са фѝкснōм ка̏матōм
Festzug M свѐчана̄ пȍворка
fett дѐбео; ма́стан; **~ gedruckt** шта̑мпа̄но ма̑снӣм слȍвима
Fett N ма̑ст *f*; *Schmierfett* ма̏зиво; **≈arm** са ма̏ло ма̑сти; **~fleck** M ма̑сна̄ флѐка; **≈ig** ма́стан
Fetzen M кр̀пица; *Papier* кома̀- дић *f*
feucht вла̏жан; **≈igkeit** F вла̏жнōст; **≈igkeitscreme** F хѝдрантна̄ кре́ма
Feuer N ва̏тра; MIL па̀љба; *Brand* пȍжа̄р; **~alarm** M а̀ларм за пȍжа̄р; **~bestat- tung** F крѐма̄ција; **≈fest** не- запа̀љив; *Geschirr* ва̏тростāлан; **≈gefährlich** (ла̏ко) запа̀љив; **~leiter** F пȍжа̄рнē стѐпенице; **~löscher** M апа̀- ра̄т за га́шēње пȍжа̄ра̄; **~mel- der** M а̀ларма̄нӣ апа̀ра̄т за пȍжа̄р; **≈n** пу̏цати; ло̀жити; *F entlassen* да́вати ко̀ме нȍгу; **~wehr** F ва̏трога̄сна̄ слу̏жба; **~wehrmann** M ватрога́сац;
~werk N ва̏тромет; **~werks- körper** M ракѐта за ва̏тромет; пѐта̄рда; **~zeug** N упа̀ља̄ч
Fichte F смрѐка
ficken V јѐбати
Fieber N ви̏сока̄ температу́ра; гро̏зница; **≈frei** ко̀јӣ нѐма̄ температу́ру; **≈haft** гро̀зни- чав; **~senkend** за спу́шта̄ње температу́рē; **~thermome- ter** N то̏пломе̄р
fiebrig са температу́рōм; гро̀з- ничав
fies *F eklig* о̀двратан; *Charakter* пȍква̄рен
Figur F фигу́ра
Filet N фѝлē *m*
Filiale F прѐдста̄вни̑штво
Film M фѝлм (*a* FOT); *Schicht* сло̑ј; **~aufnahme** F сни́ма- ње; сни̏мак; **≈en** сни́мати; **~festspiele** N/PL фѝлмскӣ фестѝва̄л; **~kamera** F фѝлмска̄ ка̀мера; **~regisseur** M фѝлмскӣ режѝсе̄р; **~schauspieler** M фѝлмскӣ глу̏мац; **~schauspielerin** F фѝлмска̄ глу̀мица; **~star** M фѝлмска̄ зве́зда
Filter M фѝлтер; **~kaffee** M фѝлтер-ка̀фа
filtern цѐдити
Filter|papier N фѝлтер-па̀- пӣр; **~tüte** F врѐћица за фѝл- тер-ка̀фу; **~zigarette** F цигарѐта са фѝлтером
Filz M фѝлц; **~stift** M фло̀мастер
Finale N фина́ле
Finanz|amt N фина̀нсӣјска̄ слу̏жба; пȍреска̄ у̏права; **~en**

F/PL финàнсиjе *f/pl*; ≈iell финàнсиjскӣ; ≈ieren финансѝрати; ~ministerium N министарство финàнсӣjā
finden (про)нàлазити; **wie ~ Sie das?** штȁ мѝслӣте о тȍме?
Finger M пр̑ст; **~abdruck** M ȍтӣсак пр̑ста; **~hut** M нàпрстак; **~nagel** M нȍкат; **~spitze** F jȁгодица
Fink M зéба
Finn|e M Фѝнац; **~in** F Фȉнкиња; **≈isch** фѝнскӣ; **~land** N Фȉнскā
finster мрáчан
Firma F фи̑рма
Firmung F *kath* кри̏зма
Fisch M рѝба; **≈en** рибáрити; **~er** M рѝбāр; **~erei** F рибáрēње
Fisch|fang M рѝболōв; **~filet** N рѝбљӣ фѝлē(т); **~geschäft** N рѝбāрница; **~suppe** F рѝбљā чóрба; **~teich** M рѝбњāк
fit у (дȍбрōj) фо̑рми; **≈ness-center** N теретàна
fix фѝкснӣ; *fig* спрȇтан; **~ und fertig** гȍтов
flach пљȍснат; *eben* рáван; *Absatz* нѝзак; *Wasser* плѝтак
Fläche F пòвршина; ра̑ван *f*
Flachland N равнѝца
Flachs M BOT лȃн
flackern жмѝркати
Flagge F зȃстава
flambiert флàмбӣрāн
Flamme F плȁмēн
Flanell N флàнēл
Flanke F бо̑к
Fläschchen N флȃшица
Flasch|e F флȁша; **~enbier** N пи̑во из флȁшē; **~enöffner** M отвàрāч за флȁше; **~enpfand** N кȁуција на флȁше
flattern лепр̏шати
flau малàксао
Flaum M пàпēрjе
Flaute F MAR бȍнаца
Flechte F BOT лѝшāj (*a* MED)
flechten плѐсти
Fleck M флȅка (*a Haut*); **~entferner** M срѐдство за одстрањѝвāње флȇкā; **≈ig** ѝсфлекāн
Fledermaus F слȇпӣ мѝш
Flegel M прòстāк
flehen прѐклињати
Fleisch N мȇсо (*a Fruchtfleisch*); **~brühe** F бȕjōн; **~er** M мèсāр; **~erei** F мèсара; **≈ig** мèснат (*a Frucht*); **~kloß** M ћу̏фте; **~spieß** M рàжњӣћ; **~vergiftung** F трȍвање мȇсом
Fleiß M вреднȍћа; **≈ig** врéдан
flick|en кр̏пити; **≈en** M зàкрпа
Flieder M jȍргован
Flieg|e F му̀ва; **≈en** V/I лѐтети (**nach Belgrad** за *od* у Бѐоград); вȍзити авѝōн; **~er** M *Person* пѝлōт; *F Flugzeug* авѝōн
fliehen бѐжати
Fliese F (зи̑дна) плȍчица
Fließband N пȍкрētнā трȁка
fließen тѐћи
fließend: **~es Wasser** тѐкӯћā вȍда; **~ Deutsch sprechen** тȇчно говòрити нѐмачкӣ
flimmern трепѐрити
flink ȍкрēтан
Flirt M флȇрт; **≈en**

флёртовати
Flitterwochen F/PL мёденӣ мёсēц
Flocke F пȁхуља
Floh M бу̏ва; **~markt** M бу̏вљā пӣјаца
Floß N сплȁв
Flosse F перáја (*a Schwimmflosse*)
Flöte F флȁута
flott спрѐтан; *schick* шӣк
Flotte F флȍта
Fluch M *Kraftausdruck* псо̂вка; *böse Verwünschung* клётва; **≈en** псо̀вати; клёти
Flucht F бѐкство
flücht|en бѐжати; **~ig** *entflohen* у бѐкству; *oberflächlich* лѐтимичан; *von kurzer Dauer* пролазан; CHEM испȁрив; **≈ling** M ѝзбеглица; **≈lingslager** N ѝзбегличкӣ ло̂гор
Flug M лёт; **~begleiter** M стју̏ард; **~begleiterin** F стјуардѐса; **~blatt** N лётак
Flügel M крило; MUS кòнцертнӣ клàвӣр
Flug|gast M (авио̂нскӣ) пу̑тнӣк; **~gesellschaft** F авио̂нскā компàнија; **~hafen** M ȁеродром; **~linie** F авио̂нскā лѝнија; **~plan** M ре̑д лѐтēња; **~platz** M (мȁњи) ȁеродром; **~reise** F путо̀вāње авио́ном
Flug|schein M пѝлотскā дȍзвола; **~schreiber** M цр̑нā ку̏тија; **~verkehr** M вȁзду̏хопло̄внӣ сȁобраћај; **~zeit** F вре́ме лѐтēња
Flugzeug N авио̂н; **~entführung** F о̏тмица авио́на
Flur M хо̏днӣк; *Hausflur* пре̏дсобље
Fluss M ре́ка; **≈abwärts** нѝзводно; **≈aufwärts** у̏зводно
flüssig тёчан; *Verkehr* без за̀стоја; **≈keit** F тёчно̄ст
flüstern шȁп(ӯ)тати
Flut F бу̏јица (*a fig*); *Gezeiten* плѝма; **~licht** N ре̏флектор
Fohlen N ждре̂бе
Föhn M то̏пао вётар (са планѝнā); *Gerät* фе̑н; **≈en** фенѝрати
Folge F по̀следица; *Reihe* нӣз; TV, *Radio* епизо́да; **zur ~ haben** ѝмати за по̀следицу
folg|en сле́дити (**j-m** ко̀га); *gehorchen* слу̏шати (**j-m** ко̀га); **auf et ~en** *zeitl* сле́дити; **daraus ~t** из то̀га сле́дӣ; **wie ~t** кȁо што̏ сле́дӣ; **~end** сле́дēћӣ
folger|n изво̀дити зȁкључак (**aus** *D* из *G*); **≈ung** F зȁкључак
folg|lich дȁклē; **~sam** по̏слӯшан
Folie F фо̂лија
Folklore F фо̂лкло̄р
Folter F му̏чēње; **≈n** му̏чити
fordern захте́вати
fördern *j-n* по̀дстицати; *Bergbau* ко̀пати
Forderung F зȁхтев; ECON потражѝвāње
Förderung F по̀дршка; *Bergbau* експлоатáција
Forelle F пȁстрмка
Form F о̏блӣк; **in ~ sein** бѝти у фо̂рми
formal фо̀рмāлан; **≈ität** F формáлно̄ст

For|mat N фо̀рма̄т; **~mel** F фо̏рмула; **≈men** о̀бликовати (*im*)*pf*
förmlich *steif* зва̀ничан
formlos *zwanglos* не̏форма̄лан
Formu|lar N форму̀ла̄р; **≈lieren** форму̀лисати (*im*)*pf*
forsch о̀длучан
forsch|en истража́вати (*A*); тра̀гати (**nach et** за *I*); **~end** истражѝва̄чкӣ; **≈er** M истражѝва̄ч; **≈erin** F истраживѝчица; **≈ung** F истражѝва̄ње
Forst M шу̑ма
Förster M шу̑ма̄р
Forstwirtschaft F шума́рство
fort *weg* о̀тишао; **und so ~** и та̀ко да̏ље
fortbewegen: **sich ~** кре́тати се
fortbild|en: **sich ~en** дошколова́вати се; **≈ung** F дошколова́ње
fort|fahren отпуто̀вати *pf*; *fortsetzen* на̀стављати (**mit** *D* са *I*); **~gehen** о̀длазити; **~geschritten** на̀предан; *Stadium* о̀дмакао; *Studium* на вѝшем ниво̀у; **~laufend** не̏преста̄н
fortpflanzen: **sich ~** размножа́вати се се
Fortschritt M на̀предак; **≈lich** на̀предан
fortsetzen на̀стављати (**sich** се)
Fortsetzung F на́ставак; **in ~en** у на́ставцима; **~ folgt** на́ставак сле́дӣ
Foto N сли̑ка; **~apparat** M фо̏то-апа̀ра̄т; **~geschäft** N фотогра̀фска̄ ра́дња; **~grafie** F фотогра̀фија; **≈grafieren** сли̑кати
Foul N SPORT фа̑ул
Foyer N фоа̀је̄ *m*
Fr. → Frau
Fracht F то̀вар; **~er** M, **~schiff** N те̏ретнӣ бро̑д
Frack M фра̏к
Frage F пи́та̄ње; **eine ~ stellen** по̀стављати пи́та̄ње; **~bogen** M у̀питнӣк; **≈n** пи́тати (**j-n nach et** ко̀га не̏што); **~zeichen** N у̀питнӣк
frag|lich не̏известан; до́тичан; **≈würdig** су̀мњив
frankieren франки́рати
Frankreich N Фра̀нцӯска̄
Franse F ре́са
Franzose M Фра̀нцӯз
Französ|in F Фра̀нцӯскиња; **≈isch** фра̀нцӯскӣ
Fratze F грима̀са
Frau F же̏на; *Anrede* го̏спођа; *Ehefrau* су̀пруга
Frauen|arzt M, **~ärztin** F гинеко̀лог; **~klinik** F гинеко̀лошко-аку̀ше̄рска̄ кли̏ника
Fräulein N го̏спођица
frech безо̀бразан; **≈heit** F безобра̀злук
frei сло̏бодан; *kostenlos* бе̏сплатан; **im ≈en** на о̀твореном; **ins ≈e** на̏поље; **unter ~em Himmel** под о̀творенӣм не̏бом; **haben Sie noch ein Zimmer ~?** ѝма̄те ли jо̑ш ко̀jӯ сло̏боднӯ со̏бу?
Freibad N ба̏зе̄н на о̀твореном
freiberuflich: **~ tätig sein** ра́-

дити кȁо слȍбодан сàраднӣк
Frei|exemplar N бѐсплатан при́мерак; **~geben** ослобá- ђати; **~haben** ѝмати слȍбодно; **~halten**: **j-m e-n Platz ~halten** чу́вати кȍме мȅсто; **die Ausfahrt ~halten** не затва́рати ѝзлаз
Freiheit F слобо̀да; **~sstrafe** F кȁзна зȁтвором
Frei|karte F бѐсплатнā кȁрта; **~lassen** пу́штати на слобо̀ду; **~lassung** F ослобáђање
freilich *natürlich* свȁкāкō
Freilichtbühne F лȅтњā по́зорница
freimachen *Brief* франки́рати *(im)pf*; **sich ~** *beim Arzt* свла́чити се; *fig* → freinehmen
freinehmen у̏зимати слȍбодан дȃн
frei|sprechen JUR ослобáђати; **~spruch** M ослобођéње од о̀птужбē; **~stoß** M слȍбодан у̏дарац
Freitag M пéтак
frei|willig дȍбровōљан; **~willige** M, F доброво́љац
Freizeit F слȍбоднō врéме
fremd стрȃн; ту̑ђ; нȅпознāт; **ich bin hier ~** нѝсам о̀да̄вдē; **~artig** нȅобичан
Fremde¹ F: **in der ~** у ту̏ђини
Fremde² M стра́нац; F стрàнкиња
Fremden|führer M (тури̏стичкӣ) во̀дӣч; **~verkehr** M тури̏зам; **~verkehrsamt** N тури̏стичкā агѐнција; **~zimmer** N со̏ба за издáвање
fremd|gehen вȁрати; **~sprache** F стрȁнӣ jѐзик; **~sprachensekretärin** F секретàрица са позна́вањем стрȁнӣх jѐзӣкā; **~wort** N стрȁнā рȇч
Fresko N фрȅска
fressen ждѐрати
Freude F рȁдōст; **~ haben an et** рȁдовати се чѐму; **j-m e-e ~ machen** о̀брадовати *pf* ко̀га
freudig рȁдōстан
freu|en: **sich über et ~en** рȁдовати се збо̏г *(G)*; **sich auf et ~en** рȁдовати се *(D)*; **es ~t mich** дра̏го ми je
Freund M пријатељ; *Geliebter* мо̀мак; **~in** F пријатељица; *Geliebte* дѐво̄jка
freundlich љу́базан; **das ist sehr ~ von Ihnen** веома сте љу́базни; **~keit** F љу́базно̄ст
Freundschaft F пријатéљство; **~lich** пријатѐљскӣ
Fried|e(n) M мӣр; **~hof** M гро̏бље; **~lich** миран; *ruhig* спȍкојан
frier|en мр̏знути (се); *Person* смрза́вати се; **mich ~t** хла́дно ми je; **es ~t** мрȁз je
Frikadelle F фаширāнā шницла
Frikassee N фрикàсē (мȇсо у бȇлом у̏мāку)
frisch свȇж; *Wäsche* чи̏ст; **~ gebacken** свȇже пѐчен; **auf ~er Tat** на дȅлу
Frische F свежѝна
Friseur|(in F) M фри̏зēр(ка); **~salon** M фри̏зēрскӣ сàлōн
frisieren фризи́рати *(im)pf*
Frist F ро̑к; **~los** ко̀јӣ о̀дмāх

стŷпā на снâгу
Frisur F фризýра
frittieren прж̏ити
froh рȁдōстан (**über** *A* због *G*); **ich bin ~, dass** … дрâго ми је да …; **~e Ostern!** срȅћан Ўскрс!
fröhlich вȅсео
fromm пȍбожан
Front F ARCH прȍчеље; MIL фрȍнт; **≗al** фрȍнтāлан; **~antrieb** M прȅдњā вȗча
Frosch M жȁба
Frost M мрȃз
fröstel|n: **mich ~t** зе́бē ме
frostig смр̏знӯт
Frostschutzmittel N ȁнтифрӣз
Frot|tee N фрȍтӣр; **≗tieren** ⟨о⟩бр̏исати (пȅшкӣром); **~tiertuch** N фрȍтӣрскӣ пȅшкӣр
Frucht F плȏд; **≗bar** плȍдан; **~barkeit** F плȍднōст; **~eis** N вȍћнӣ слȁдолēд; **~fleisch** N мȇсо вȍћкē; **~saft** M вȍћнӣ сȏк
früh рȃнӣ; ADV рȃно; **heute ~** јӯтрос; **morgen ~** сӯтра ӯјутро
früher ADJ бȋвшӣ; ADV *eher* прȇ; *einst* нȅкада
frühestens нȁјраније
Früh|geburt F прȅвременӣ пȍроһāј; *Kind* недȍношче; **~jahr** N, **~ling** M прȍлеће; **~stück** N дȍручак; **≗stücken** дȍручковати (*im*)*pf*
Frust M *F* фрустрáција; **≗riert** исфрустр̏ӣрāн
Fuchs M лӣсица
Fuge F фýга (*a* MUS)
fügen: **sich ~** уклáпати се се (**in et** у *A*); *sich unterordnen* покорáвати се
fühl|bar ȍсетан; опӣпљив; **~en** ȍсећати; *mit der Hand* опипáвати; **sich nicht wohl ~en** не ȍсећати се дȍбро
führen вȍдити; ȳправљати; *Touristen* вȍдити (*A*); *Ware* др̏жати (*A*); *Betrieb* вȍдити (*A I*); **~d** вȍдēћӣ
Führer M вȍђа *m*; *e-r Partei* лӣдер; *Reiseführer* вȍдӣч (*a Buch*); **~schein** M вȍзāчкā дȍзвола
Führung F *Museum usw* вȍђēње; *Leitung* руковȍдство; *Betragen* влáдāње; **~skraft** F руковȍдилац; **~szeugnis** N полӣцӣјскӣ ӣзвештāј о ȅвентуāлнӣм сȳдскӣм прȅкршāјима
Füll|e F (из)ȍбӣље; **≗en** пȳнити (**mit** *D I*) (*a* GASTR); **~er** M, **~federhalter** M нáлив-пȅро; **~ung** F GASTR фӣл; *Zahnfüllung* плȍмба
fummeln пȅтљати; *F berühren* пӣп(к)ати се
Fund M открӣће; *Gegenstand* нȁђенā ствâр; *archäologischer* ӣскопина
Fundament N тȅмељ
Fund|büro N бӣрō за нȁђенē ствâри; **~gegenstand** M нȁђенā ствâр; **~grube** F рӣзница, мȁјдан; **~sache** F → Fundgegenstand
fünf пȇт; **≗er** M пȅтица; **~hundert** пȇтсто; **≗sternehotel** N хȍтел са пȇт

звѐздица; **~te** пе̑ти; **≗tel** N петѝна; **~zehn** пѐтнаест; **~zig** педѐсе̄т

Funk M ра̑дио; **~amateur** M ра̑дио-ама̀те̄р; **~e** M ва́рница; **≗eln** светлу̀цати; **≗en** ра̑дио-телегра̀фисати *(im)pf*

Funk|er M ра̑дио-телегра̀фиста; **~gerät** N ра̑дио-прѐда̄јнӣк; ра̑дио-прѝјемнӣк; **~sprechgerät** N то̏ки-во̏ки; **~taxi** N ра̑дио-та̀кси

Funktion F фу̀нкција; **~är** M функцио̀не̄р; **≗ieren** функцио̀нисати *(im)pf*

für за *(A)*, на *(L)*; *anstelle von* у̀место *(G)*

Furche F бра́зда; *Gesicht* бо́ра

Furcht F стра̑х (**vor** *D* од *G*); **≗bar** стра́шан

fürchten: **sich ~** бо̀јати се (**vor** *D G*); **ich fürchte, dass …** бо̀јӣм се да …

fürchterlich страхо̀вит

furcht|los неустра̀шив; **~sam** боја̀жљив

Fürsorge F бри̏га; *öffentliche* со̏цијална у̏станова

Fürst M кне̑з; **~entum** N кнѐжевина; **~in** F кнѐгиња

Furunkel M чи̑р

Furz M V пр̏деж; **≗en** V пр̏дети

Fusion F фу̏зија

Fuß M сто̀пало; *e-s Berges* по̀днōжје; **zu ~** пе̏шице

Fußball M фу̑дбал; **~platz** M фу̑дбалскō ѝгралӣште; **~spiel** N фу̑дбалска у̀такмица; **~spieler** M фудба̀ле̄р; **~toto** N спо̏ртска прогно́за

Fuß|boden M по̑д; **~bremse** F но̏жна ко́чница

Fussel F у̏ћеба̄не̄ бо̀бице

Fußgänger M пѐша̄к; **~übergang** M пѐша̄чкӣ пре́лаз; **~zone** F пѐша̄чка̄ зо́на

Fuß|matte F отѝра̄ч; **~note** F фусно́та; **~pflege** F педѝки̑р; **~sohle** F та̀бан; **~spitze** F вр̑х сто̀пала; **~tritt** M у̏дарац но̀го̄м; **~weg** M ста̏за за пеша́ке

Futter N сто̑чна̄ хра́на; *Kleidung* по̏става

Futteral N футро́ла

fütter|n *Kind* хра́нити; *Vieh* ми́рити; *Kleidung* по̀ставити *pf*; **≗ung** F хра́ње̄ње

Futur N фу̀тур

G

Gabe F да̑р; *Begabung* о̀бда̄ренōст

Gabel F вѝљушка *(a Fahrrad)*

gackern кокода́кати

gaffen зи̏јати

Gage F хоно̀ра̄р

gähnen зе́вати

Galerie F га̀ле̄рија

Gall|e F жу̑ч *f*; **~enblase** F жу̑чна̄ ке̏са; **~enkolik** F жу̑чна̄ ко̀лика; **~enstein** M жу̑чнӣ ка̏ме̄н

gamm|eln *Sachen* ква̀рити се; *trödeln* бѐспосличити; **≗ler** M бѐспослича̄р

Gang M хо̑д; *Spaziergang* шѐтња; *fig der Ereignisse* то̑к; GASTR jѐло; KFZ брзѝна; *Korridor* хо̀днӣк; **den dritten ~ einlegen** убацѝвати у трѐћӯ брзѝну; **in ~ bringen** *od* **setzen** покрѐтати; **in vollem ~e sein** бѝти у (пу̏нōм) јѐку

gängig уобичајен; *im Umlauf* у о̀птицāјӯ

Gangschaltung F KFZ, *Fahrrad* мѐњач брзѝна̄

Gangster M гàнгстер

Gans F гу̏ска

Gänse|blümchen N бéла рáда; **~braten** M пèчена̄ гу̏ска; **~haut** F нàјёжена̄ кȍжа

ganz цѐо; *vollständig* чѝтав (*a heil*); **~ Deutschland** цѐла̄ Нѐмачка̄; **die ~e Zeit (über)** свѐ врéме; **ein ~es Jahr** го̏дину дáна̄; **nicht ~** не сàсвӣм; **~ und gar nicht** у̀опште не; **~ gut** са̏свӣм дòбро

Ganztagsbeschäftigung F пу̏нō ра̑днō врéме

gar *Speise* гòтов; *gebacken* пѐчен; *gekocht* ку̑ван; *gebraten* пр̏жен; ADV **~ keiner** нијѐдан; **~ nicht** нѝкāко

Garage F гарáжа

Garantie F гарàнција; **≗ren** гàрантовати (*im*)*pf* (**für** *A* за *A*); **~schein** M гàрантнӣ лѝст

Garderobe F гардерóба (*a Kleider*)

Gardine F за̑веса

gären врѐти

Garn N (ја̑к) кòнац

Garnele F шкȃмп

garnieren украша́вати (**mit** *D I*)

Garnitur F гарниту́ра

Garten M ба̏шта; **~bau** M баштова́нство; **~lokal** N гостио̀ница са ба̏штōм

Gärtner M баштòва̄н; **~ei** F ра́саднӣк; **~in** F баштòва̄нка

Gärung F врéње

Gas N га̑с; **~ geben** дода́вати га̑с; **~ wegnehmen** смањѝвати га̑с; **~anschluss** M пр̀икључак на га̑с; **≗förmig** гасо̀вит

Gas|heizung F грѐјање на га̑с; **~herd** M штѐдња̄к на плѝн; **~leitung** F га̏совōд; **~maske** F га̑с-ма̀ска; **~pedal** N педа́ла за га̑с

Gasse F у̏ли(чи)ца, со̀как

Gast M го̑ст; **bei j-m zu ~ sein** бѝти код ко̏га у го̀стима; **~arbeiter** M гастарба̀јтер

Gäste|buch N кња̏га го̀стијӯ; **~zimmer** N го̀стинска̄ со̏ба

Gast|freundschaft F гостопри́мство; **~geber** M домаћин; **~geberin** F домаћица; **~haus** N гостио̀ница; **≗lich** гостољу̀бив

Gast|ronomie F гастроно̀мија; **~spiel** N ѝгра у го̀стима; **~stätte** F ресто̀ра̄н; **~wirt**(**in** F) M га̏зда(рица); **~wirtschaft** F кафа̀на

Gatt|e M су̏пруг; **~in** F су̏пруга; **~ung** F вр̑ста

Gaumen M нѐпце

Gauner M ва̏ралица

Gebäck N пѐцӣво

gebär|en ра́ђати; **≗mutter** F ма̀терица

Gebäude N зграда
geben давати; ~ **Sie mir bitte** … дајте ми, молим Вас …; TEL да ли могу да добијем (*A*); **es gibt** има; **was gibt es?** шта има ново?; **wo gibt es** …? где има (*G*)?
Gebet N молитва
Gebiet N област *f*, подручје
gebildet образован
Gebirg|e N планине *f/pl*; **≈ig** планински
Gebiss N зуби *m/pl*; *künstliches* (вештачка) вилица
Gebläse N KFZ вентилатор
geblümt на цветиће
geboren рођен
geborgen безбедан
Gebot N заповест *f*
Gebrauch M употреба; **≈en** користити; **ich kann es nicht ≈en** мени то не треба; … **könnte ich gut ≈en** добро би ми дошло
Gebrauchsanweisung F упутство за употребу
gebraucht коришћен; **≈wagen** M половна кола
gebrechlich крхак
Gebrüll N вика
Gebühr F такса; *Straßenbenutzungsgebühr* путарина; **≈end** доличан; **≈enfrei** бесплатан
gebührenpflichtig са наплатом таксе; **~e Verwarnung** *f* новчана опомена
Geburt F рођење; MED порођај; **~enkontrolle** F контрола рађања
Geburts|datum N датум рођења; **~jahr** N година рођења; **~ort** M место рођења; **~tag** M дан рођења; *Fest* рођендан; **~urkunde** F крштеница
Gebüsch N жбуње
Gedächtnis N памћење; **aus dem ~** по сећању
Gedank|e M мисао *f*; **sich ~en über et machen** бринути се због чега; **≈enlos** *unüberlegt* непромишљен; *geistesabwesend* одсутан духом; **~enstrich** M цртица
Gedeck N прибор (за јело)
gedeihen напредовати
gedenk|en *j-s, e-r Sache* сећати се *G*; **≈feier** F свечаност у славу (*G*); **≈stätte** F спомен-обележје; **≈tafel** F спомен-плоча
Gedicht N песма
Gedränge N гужва
Geduld F стрпљење; **≈en: sich ≈en** стрпети се *pf*; **≈ig** стрпљив
geehrt поштован; *Anrede* поштовани
geeicht баждарен
geeignet примерен; погодан (**für** *A* за *A*)
Gefahr F опасност; **außer ~** (из)ван опасности; **auf eigene ~** на сопствени ризик; **bei ~** у случају опасности
gefähr|den угрожавати; **~lich** опасан
Gefälle N *Straße* нагиб
gefallen допадати се; **es gefällt mir (nicht)** (не) свиђа ми се; **sich et ~ lassen** трпети
Gefallen[1] M услуга; **würden**

Sie mir e-n ~ tun? да̏ ли бисте ми учи̏нили у̏слугу?

Gefallen² N задово̀љство; **er findet ~ an …** до̀пада̄ му се …

gefällig *ansprechend* допа̀дљив; *zuvorkommend* у̏služан; **≈keit** F *erwiesener Dienst* у̏слуга (из љу̀базности)

gefangen за̀робљен; **~ nehmen** заробља́вати

Gefangen|e M затворѐнӣк; F затворѐница; MIL заробљѐнӣк; F заробљѐница; **~schaft** F заробљени́штво

Gefängnis N за̏твор; **drei Jahre ~** три̑ го̏дине за̏твора; **~strafe** F ка̏зна за̏твором

Gefäß N по̏суда; *Blutgefäß* кр̑внӣ су̑д

gefasst при̏бра̄н; **auf et ~ sein** би̏ти при̏пра̄ван на нѐшто

Gefecht N о̏кршај; *Fechten* ма̏чева̄ње

Gefieder N пѐрје

Geflügel N *Tiere* живѝна; *Fleisch* живѝнско̄ мѐсо

gefragt тра̑жен

gefräßig прождр̀љив

gefrier|en замрза́вати се; **≈fach** N фри̑з; **≈fleisch** N смр̏знӯто̄ мѐсо; **≈punkt** M та̑чка замрза́ва̄ња; **≈schrank** M, **≈truhe** F замрзѝва̄ч

Gefühl N о̏сећај; *Gespür* њу̑х (**für** *A* за *A*); **≈los** бѐзосећајан; **≈voll** о̏сећајан

gegen PRP (*A*) против (*G*); *Richtung* према (*D*); *zeitl, annähernd* око; *verglichen mit* у по̀ређе̄њу са (*I*); **~ Quittung** уз ра̀чӯн; **nur ~ bar** са̏мо у го̀товом; **gut ~ Husten** до̀бро против ка̏шља

Gegend F пре́део; **in der ~ von Belgrad** у околѝни Бео̀града

gegeneinander јѐдан против дру̏го̄г

Gegen|fahrbahn F ко̏лово̄з у су̏протном смѐру; **~gewicht** N противте́жа; **~leistung** F у̏зврађа̄ње; **~maßnahme** F про̏тӣвмера; **~mittel** N срѐдство (**gegen** *A* против *G*); **~richtung** F су̏протан смѐр

Gegen|satz M су̏протно̄ст; **im ~satz zu** за ра́злику од (*G*); **≈sätzlich** су̏протан; **~seite** F су̏протна̄ стра́на; **≈seitig** обо̀стран

Gegen|spieler M про̀тивнӣчкӣ игра̑ч; **~stand** M пре́дмет; **~teil** N су̏протно̄ст; **im ~teil** на̏протӣв; **~verkehr** M *entgegenkommend* са̏обраћај из су̏протно̄г смѐра

Gegen|wart F са̀дашњо̄ст; *Anwesenheit* при̏суство; **≈wärtig** са̀дашњӣ; **~wehr** F о̏тпор; **~wert** M противвре́дно̄ст; **~wind** M вѐтар у ли́це

Gegner M про̀тивнӣк; **~in** F про̀тивница

gegrillt са роштѝља

Gehalt¹ M са̏држај

Gehalt² N пла́та

Gehalts|abrechnung F *Abrechnung* пла̏тнӣ о̏брачӯн; **~empfänger** M при̏малац пла́те̄; **~erhöhung** F повише́ње пла́те̄; *Betrag* по̀вишица пла́те̄

Gehäuse N *Uhr*, TECH ку̏ћӣште

geheim та̑јан; **~ halten** др̀жати у та̑јности; **≗dienst** M та̑јна̄ слу̏жба
Geheimnis N та̑јна; **≗voll** та̀јанствен
Geheim|tipp M (пре̏порука) у поверéњу; **~zahl** F та̑јнӣ бро̑ј
geh|en ӣћи; *zu Fuß* ӣћи пе̏шице̄; *weggehen* о̀длазити; *Zug* кре̏тати; TECH ра̏дити (*a Uhr*); *passen* мо̏ћи ста̏ти (**in** *A* у *A*); **es ~t um** ра̑дӣ се о (*L*); **das Fenster ~t auf den Hof** про̏зор гле̏да̄ на дво̏рӣште; **das ~t nicht** (то̑) не мо̏же̄; **~t es morgen?** мо̏же̄ ли су̏тра?; **wie ~t es dir?** ка̏ко си?; **sich ~en lassen** запу̀стити се *pf*; *sich vergessen* пра̏знити се на ко̀ме
Gehirn N мо̏зак; **~erschütterung** F по̀трес мо̏зга
Gehör N слу̑х
gehorchen слу̏шати (*A*)
gehör|en прѝпадати; **~en zu** (*D*) спа̀дати у (*A*); **das ~t mir** то̑ је мо̀је̄; **wem ~t …?** чӣјӣ (чӣја̄, чӣје̄) је…?; **das ~t sich nicht** то̑ не прѝличи
gehörlos глу̑в
gehorsam по̏слушан; **≗** M по̏слушно̄ст
Geh|steig M, **~weg** M ста̀за за пеша́ке
Geier M лешѝна̄р
Geige F виолѝна
Geiger M виолѝниста *m*; **~in** F виолѝнисткиња
geil *F* на̀па̄љен; *toll* стра̏ва
Geisel F та̏лац; **~nahme** F у̀зима̄ње та̏ла̄ца̄
Geist M ду̑х; *Verstand* у̑м; *Gespenst* са̏бла̄ст *f*
geistes|abwesend о̀дсутан ду̑хом; **~gegenwärtig** прѝсеба̄н; **~krank** ду̏ше̄вно бо̏лестан; **≗wissenschaft** F хуманѝстичка̄ на̀ука
geistig ду̀хо̄вни; **~e Getränke** *n/pl* а̏лкохо̄лна̄ пѝћа; **~ behindert** мѐнта̄лно порѐмећен
geistlich ду̀хо̄вни; **≗e** M свѐштенӣк; *kath* жу̏пнӣк; *evang* па̀стор
geist|los без ду̑ха; **~reich** у̑ман
Geiz M шкр̏то̄ст; **~hals** *F* цѝција; **≗ig** шкр̑т
gekachelt са (зиднӣм) пло̀чицама
gekocht (с)ку̑ван
Gelächter N сме̑х
gelähmt о̏дӯзе̄т
Gelände N тѐре̄н; **~fahrzeug** N тѐре̄нско̄ во̀зило
Geländer N гелѐндер
gelassen о̀пуштен
geläufig уобѝча̄јен, по̏зна̄т
gelaunt: **gut ~** до̏бро распо̀ложен; **schlecht ~** нераспо̀ложен
gelb жу̑т; **≗sucht** F жу̀тица
Geld N но̀вац; **~anlage** F инвестѝција; **~automat** M банко̀ма̄т; **~beutel** M новча̀нӣк; **~buße** F но̀вча̄на̄ ка̏зна; **~schein** M новча̀ница; **~stück** N мѐта̄лнӣ но̀вац; **~wechsel** M мѐња̄ње но́вца
Gelee N же̏ле̄ *m*
gelegen по̏во̄љан; *örtl* ко̀јӣ (ту̑) лѐжӣ; **das kommt mir sehr ~**

тȏ ми бȁш дòбро дȏђē
Gelegenheit F пр́илика; **~sarbeit** F пòвременӣ пòсао; **~skauf** M спòнта̄на̄ кýповина (по пȍво̄љно̄ј ц́ени)
gelegentlich пòвремен; ADV пòнекад
gelehr|ig кòјӣ бр̏зо ўчӣ; **≗te** M нàучнӣк; F нàучница
Gelenk N зглȍб; **≗ig** савѝтљив
gelernt *ausgebildet* ѝзучен
Geliebte M љу̏ба̄внӣк; F љу̏ба̄вница
gelingen успéвати; **es ist mir nicht gelungen** нѝје ми ўспело
geloben зáветовати се *(im)pf*
gelten врéдети; *gültig sein* вáжити; **das gilt nicht** тȏ не вȁжӣ; **~ lassen** признáвати
geltend *Recht* вȁже̄ћӣ
Geltung F вáже̄ње; **zur ~ kommen** дòлазити до ѝзража̄ја; **zur ~ bringen** ѝстицати *(A)*
gemächlich ADV натенáне
Gemälde N у̏метнӣчка̄ сл́ика; **~galerie** F гàле̄рија сл́ика̄
gemäß у скла̏ду са *(I)*
gemäßigt у̏мерен
gemein *niederträchtig* пòква̄рен
Gemeinde F о̏пштина; REL парòхија; **~rat** M о̏пштинско̄ вéће
Gemein|heit F пȍдло̄ст; **≗nützig** општекòристан; **≗sam** зȁједничкӣ; ADV зȁједно
Gemeinschaft F зȁједница; дру̏штво; **~santenne** F зȁједничка̄ антèна
Gemisch N мѐшавина
gemischt мȇшан; мешòвит
Gemurmel N жȁмор
Gemüse N пòврће; **~händler** M пиљáр; **~suppe** F су̑па од пòврћа
gemütlich у̏добан;
Gen N гȇн
genau тȁчан; **~ passen** одговáрати у пòтпуности; **~ genommen** стрȍго у̏зе̄вши; **≗igkeit** F тȁчно̄ст
genauso ѝсто̄ тàко; **~ gut** пȍдједна̄ко дòбро
genehmig|en *amtlich* одобрáвати; **≗ung** F дȍзвола
geneigt *fig* нàклоњен
General M генèра̄л; **~probe** F гѐнера̄лна̄ прóба; **~streik** M гѐнера̄лнӣ штрȁјк
Generation F поколéње
Generator M генèра̄тор
generell о̏пштӣ; ADV гѐнера̄лно
genes|en опòрављати се; **≗ung** F опòравак
genetisch генèтичкӣ
genial гѐнија̄лан
Genick N зȁтиљак; *F* шѝја
Genie N гȇније *m*
genieren: **sich ~** устручáвати се
genieß|bar *essbar* јȅстив; *trinkbar* пѝтак; **~en** ужѝвати *(A A od у L)*; **nicht zu ~en** нѝје за јȅло *od* пѝће; *fig* неподнòшљив
genormt нòрмӣра̄н
Genoss|e M дру̑г; **~enschaft** F удружéње, зȃдруга; **~in** F другàрица
Gentechnik F гȇн-технолòги-

ja
genug дȍвољно
genüg|en бити дȍвољан; **das ~t!** дȍста!; **~end** задовољава̄јӯће; **~sam** скрӧман
Genus N GR рȏд
Genuss M *Vergnügen* ужитак; *von Speisen, Tabak, Alkohol* конзумйра̄ње; **~mittel** N (за) ужитак
Gepäck N пр̀тља̄г; **~abfertigung** F прѐдаја пртља̏га; **~annahme** F прѝјем пртља̏га; **~aufbewahrung** F гардеро̀ба; **~ausgabe** F издава̄ње пртља̏га; **~kontrolle** F прѐглед пртља̏га; **~netz** N мрѐжа за пр̀тља̄г; **~schein** M пот̏врда о примопрѐдаји пртља̏га; **~träger** M *am Fahrrad* ко̀рпа (на бицѝклу)
gepanzert о̀клопљен
gepflegt нѐгова̄н; *Restaurant* у̀годан
gerade *nicht krumm* пра̑в; *eben* ра́ван; *Haltung* у̏спра̄ван; *Zahl* па̑рнӣ; ADV *soeben* у̏пра̄во; *ausgerechnet* ба̑ш; **~ heute** у̏пра̄во да̀нас **ich bin ~ dabei!** у̏пра̄во тȏ и ра̑дӣм!; **~ stehen** преу̀зимати одгово́рно̄ст за (*A*)
Gerade F GEOM пра̏ва; **&aus** ADV пра̏во; *fig unverblümt* без околѝша̄ња
Geranie F мушка̀тла
Gerät N *Werkzeug* а̀ла̄т; *Apparat* апа̀ра̄т
geraten (слу̏ча̄јно) доспе́вати (**nach** *A* до *G*); **nach j-m ~** *j-m ähneln* измѐтнути се *pf* на (*A*); **gut ~** до̀бро (**schlecht** ло̏ше) ѝспадати; **in Schwierigkeiten ~** у̀падати у нѐпрӣлике; **ins Schleudern ~** *Auto* гу̀бити контро̀лу над ко̏лима; **in Vergessenheit ~** па̏дати ⟨па̏сти⟩ у за̏бора̄в
geräuchert дѝмљен
geräumig про̀стран
Geräusch N шу̑м; **&los** бѐшуман; **&voll** гла̏сан
gerecht пра̏ведан; **~fertigt** о̀пра̄вдан; **&igkeit** F пра̏ведно̄ст
Gericht N GASTR jе̏ло; JUR су̑д; **vor ~** пред су̑д; пред су̑дом; **&lich** су̏дскӣ
Gerichts|hof M вѝшӣ инста̀нца су̑да; **~saal** M су̏дница; **~verhandlung** F су̏дска̄ ра̏справа; **~vollzieher** M су̏дскӣ извр̀шитељ
gering ма̏лӣ; *Summe* нѐзнатан; **~ schätzen** омаловажа́вати
gerinnen *Blut* згруша́вати се; *Milch* у̀сирити се *pf*
Gerippe N ко̀сту̑р
gerissen препрѐден
Germanistik F германѝстика
gern ра̏до; **j-n ~ haben** во̀лети нѐкога; **~ geschehen!** нѐма̄ на чѐму!; **ich möchte ~ …** жѐлео (*f* жѐлела) бих; **ich schwimme ~** во̏лӣм да пли̏ва̄м
Geröll N ка̀мѐње
Gerste F jѐчам; **~nkorn** N MED чмѝчак
Geruch M мѝрӣс **&los** без мѝрӣса; **~ssinn** M чу̏ло мѝрӣса
Gerücht N гла̀сина
gerührt га̏нӯт

Gerümpel N старудија
Gerüst N скела
gesamt целокупан
Gesang M *das Singen* певање
Gesäß N задњица
Geschäft N *Laden* радња; *Handel, Arbeit* посао; *Firma* фирма; **≈ig** запослен; **≈lich** пословни
Geschäfts|brief M пословно писмо; **~frau** F пословна жена; **~führer** M пословођа *m*; **~mann** M пословни човек; **~partner** M пословни партнер; **~reise** F пословно путовање; **~schluss** M крај радног времена; **~zeit** F радно време
geschehen догађати се; **gern ~!** нема на чему!
gescheit разборит
Geschenk N поклон; **~papier** N украсни папир
Geschichte F историја; *Erzählung* прича
Geschick|lichkeit F спретност; **≈t** спретан
geschieden разведен(а *f*) *m*
Geschirr N судови *m/pl*; **~spüler** M машина за прање посуђа; **~tuch** N крпа за судове
Geschlecht N *natürliches* пол; GR род; **≈lich** полни
Geschlechts|krankheit *f* полна болест; **~organ** N полни орган; **~verkehr** M сношај
geschliffen *Glas* брушен
Geschmack M укус; **≈los** безукусан; *fig* неукусан; **≈voll** са укусом
geschmeidig гибак
geschmort издинстан
Geschöpf N створење
Geschoss N метак; *Stockwerk* спрат
Geschrei N дрека
Geschwätz N брбљање
Geschwindigkeit F брзина; **~sbegrenzung** F ограничење брзине; **~süberschreitung** F прекорачење дозвољене брзине
Geschwister PL брат и сестра; браћа и сестре
geschwollen отекао
Geschworene M поротник; F поротница
Geschwulst F *Tumor* тумор; *Schwellung* оток
Geschwür N чир
Gesell|e M *Handwerker* занатлијски помоћник; **≈ig** друҗељубив
Gesellschaft F друштво; *Vereinigung* удружење; ECON компанија; **≈lich** друштвени
Gesetz N закон; **~buch** N законик; **~geber** M законодавац; **≈lich** законски; **≈widrig** противзаконски
Gesicht N лице; **zu ~ bekommen** добити *pf* на увид
Gesichts|ausdruck M израз лица; **~farbe** F тен; **~punkt** M гледиште
Gesinnung F ставови *m/pl*
gesondert засебан
gespannt напет; *neugierig* знатижељан
Gespenst N сабласт *f*; **≈isch** аветињски
Gespräch N разговор (*a* TEL);

~ig прѝчљив
Gestalt F *Wuchs* стâс; *Person, Figur* лйк; *Form* ȍблӣк; **~en** уобличáвати; *Freizeit* проводити;
~ung F уобличáвање
Geständnis N признáње
Gestank M смрâд
gestatten допуштати (**j-m et** кòме *A*); **~ Sie?** дозвòлите? (дозвољáвате?)
Geste F гêст(а)
gestehen признáвати
Gestein N кàмēње; *Fels* стêње
Gestell N *Brille* ȍквӣр; *Regal* пòлица; стáлак
gestern јȕчē; **~ Abend** сйнōћ
gestorben ȕмро
gestreift прȕгаст
gestrig јучèрашњӣ
Gestrüpp N шйпрāжје
gesucht трâжен
gesund здрȁв; **~ werden** òздравити *pf*
Gesundheit F здрâвље; **~!** нȁздрāвље!
Gesundheits|amt N зáвод за зȁштиту здрâвља; **~schädlich** штȅтан по здрâвље; **~wesen** N здрàвство; **~zustand** M здрàвственō стáње
Getränk N пйће; **alkoholische ~e** ȁлкохōлнā пйћа
Getränkeautomat M аутòмāт за напитке
Getreide N житàрице *f/pl*
Getriebe N врȅва; KFZ мèњач
getrocknet сȗв
Gewächs N рàстиње; **~haus** N стаклèнӣк
gewagt рискàнтан
Gewähr F јéмство; **ohne ~** без гарàнцијē
Gewalt F *Kraft* мôћ *f*; *Macht, Recht* влâст *f*; *Brutalität* насиље; **höhere ~** вӣшā сйла; **mit ~** сйлōм; **~ anwenden** употребљáвати ⟨-трéбити⟩ сйлу
gewalt|ig сйлан; **~sam** нáсилан; **~tätig** нáсилнӣчкӣ
gewandt ȍкрēтан
Gewässer N вȍде *pl*
Gewebe N тканина; ANAT ткйво
Gewehr N пȕшка
Geweih N рȍгови *pl*
Gewerb|e N зȁнāт; **~lich** зàнāтскӣ
Gewerkschaft F синдѝкāт; **~er(in** F) M синдикáлац; **~lich** сйндикāлнӣ
Gewicht N тежйна; PHYS тéжа; **nicht ins ~ fallen** не бйти од вȅликē вáжности; **nach ~** по тежйни; **großes ~ legen auf** приписивати чèму вȅлику вáжнōст; **~heben** N дйзāње тéгōвā
Gewichts|abnahme F мршáвљēње; **~zunahme** F гòјēње
Gewimmel N гунгýла
Gewinde N TECH нáвōј
Gewinn M дȍбӣт *f* (*a Spielgewinn*)
gewinnen побеђѝвати; *Zeit* добѝјати (*A* на *L*); *Erz* вȁдити (*im*)*pf*
Gewinn|er M дȍбӣтнӣк; **~erin** F дȍбӣтница; **~spanne** F мȁржа; **~ung** F добѝјање; **~zahl** F дȍбӣтнӣ брôј
Gewirr N збȑка

gewiss несу̏мњив; *sicher* сигу̑ран; **ein ~er Herr …** ѝзвестан господѝн
Gewissen N са́вест *f*; **~haft** са́вестан; **~los** неса́вестан
gewissermaßen у нѐкӯ ру̑ку
Gewissheit F сигу́рно̄ст; **sich ~ verschaffen** увера́вати се (**über et** у *A*)
Gewitt|er N олу́ја; **~rig** о̏лӯјан
gewöhnen навика́вати (**an** *A* на *A*) (**sich** се)
Gewohnheit F на̂вика
gewöhnlich о̀бичан; *gebräuchlich* убѝча̄јен; **wie ~** ка̑о и о̀бично
gewohnt: **ich bin es ~** на̀викнӯт (*f* а) сам; **zur ~en Stunde** у убѝча̄јено̄ вре́ме
Gewölbe N сво̑д
Gewühl N прету́рање; *Menschen* ме́теж
Gewürz N за̏чин; **~gurke** F ки̏селӣ кра̏ставчић; **~nelke** F каранфѝлић
Gezeiten PL пли̏ма и о̏сека
Gicht F костобо̀ља
Giebel M за̏бат
gierig по̏хле̄пан
gieß|en си́пати; *Blumen* залѝвати; TECH лѝти; **es ~t** лѝје̄ кѝша
Gift N о̀тров; **~gas** N о̏тро̄внӣ га̑с; **~ig** о̀тро̄ван; **~müll** M о̏тро̄внӣ о̀тпаци *m/pl*; **~schlange** F о̀тро̄вница
gigantisch гѝгантскӣ
Gipfel M вр̑х; *fig* врху́нац; **~konferenz** F са̏мит
Gips M гѝпс; **~abguss** M гѝпсанӣ о̏тӣсак; **~verband** M гѝпсанӣ за̏во̄ј
Giraffe F жира̀фа
Girlande F дѐкоратӣвнӣ ве́нац
Girokonto N жи̏ро̄ ра̀чӯн
Gitarr|e F гита́ра; **~ist(in** F**)** M гита̀рист(киња)
Gitter N рѐше̄тка
Glanz M сја̑ј (*a fig*)
glänzen си̏јати; *fig* брѝљирати; **~d** сја̂јан (*a fig*)
Glas N ста̀кло (*a Brillenglas*); *Trinkglas* ча̏ша; *Fernglas* дво̏гле̄д; **~container** M конте́јнер за саку́пљање ста̑ро̄г ста̀кла; **~er(in** F**)** M стаклоре́зац
gläsern ста̀клен
Glas|faserkabel N о̀птичкӣ ка́бл; **~ig** ста̏класт; **~scheibe** F ста̀кло; **~scherbe** F ср̏ча; **~tür** F ста̀клена̄ вра́та
Glasur F глазу́ра
glatt гла̏дак; *Straße* клѝзав
Glätte F *auf der Straße* клѝзавица; **~gefahr** F опа́сно̄ст од клѝзавицē на пу́ту
Glatteis N по̀ледица; **~gefahr** F опа́сно̄ст од по̀ледицē
glätten гла̀чати
Glatze F ћѐла; **e-e ~ haben** бѝти ћѐлав
Glaube M вѐра (**an** у *A*)
glauben вѐровати (**j-m** ко̀ме; **an et** у *A*); *annehmen* мѝслити
glaubhaft убѐдљив
gläubig по̀божан; **die ~en** *pl* вѐрнӣци
Gläubiger(in F**)** M повѐрилац
glaubwürdig веродо́сто̄јан

gleich йстӣ; *sofort* ӧдма̄х; **zu ~er Zeit** у йсто̄ вре́ме; **das ist mir (ganz) ~** свеје̏дно ми је; **bis ~!** ви̏димо се!; **~ bleibend** непро̀ме̄њен; **~altrig** йстӣх го̏дӣна̄
gleichberechtig|t ра̏вноправан; **≗ung** F равно-пра́вно̄ст
gleichen ли́чити (**j-m** на *A*)
gleichfalls йсто̄ та̀ко; **danke, ~ !** хва́ла, тако́ђе̄!
Gleichgewicht N равноте́жа
gleich|gültig равно̀душан; *unwichtig* не̏ва̄жан; **≗heit** F једна́ко̄ст; **~mäßig** ра̏вноме̄ран; **~namig** исто̀имен; **≗strom** M је̏дносме̄рна̄ стру̏ја; **≗ung** F једна̀чина; **~wertig** једнако̀вре̄дан **~zeitig** исто̀времен
Gleis N ко̏лосе̄к
gleit|en кли́зити; **~end** кли̏зни; **≗zeit** F кли̏зно̄ ра̂дно̄ вре́ме
Gletscher M гле̏чер; **~spalte** F пу̀котина у гле̏черу
Glied N чла̏нак; *männliches, Körperglied* у̂д; *Kette* ка̀рика
gliedern рашчлањи̏вати
Gliederung F структу́ра
Gliedmaßen PL у̏дови *m/pl*
glimmen жа́рити се
glitschig кли̏зав
glitzern светлу̀цати
glob|al гло̀ба̄лан; **≗etrotter** M свѐтскӣ пу̂тнӣк; **≗us** M гло́бус
Glock|e F зво̀но; **~enturm** M зво̀нӣк
glotzen бу́љити
Glück N сре̑ћа; **zum ~** на (сву̏) сре̑ћу; **auf gut ~** на̏сле̄по; **~ haben** и̏мати сре̑ће̄
glücklich сре̑ћан; **~erweise** сре̑ћо̄м
Glücksspiel N и̏гра на сре̑ћу
Glückwunsch M че̏стӣтка; **herzlichen ~!** ср̏дачне̄ че̏стӣтке!
Glüh|birne F си̏јалица; **≗en** V/I жа́рити се; **≗end** у̀жа̄рен; **~wein** M ку̏ва̄но̄ ви́но; **~würmchen** N сви̏тац
Glukose F глуко́за; **≗frei** бе̏з глуко́зе̄; **~unverträglichkeit** интолера̀нција на глуко́зу
Glut F жа̑р; *sengende Hitze* врели́на
Gluten N глу̀те̄н; **≗frei** бе̏з глуте́на; **~unverträglichkeit** F интолера̀нција
GmbH F (**Gesellschaft mit beschränkter Haftung**) д.о.о. (дру́штво са огра̀ничено̄м одгово́рношћу)
Gnade F ми̏ло̄ст; **≗nlos** не̏милосрдан
gnädig мило̀стив
Gold N зла̑то; **≗en** зла́тан; **≗ig** *fig* сла̏дак; **~medaille** F зла́тна̄ мѐдаља
Golf[1] M GEO за́лив
Golf[2] N *Spiel* го̏лф; **~platz** M тѐре̄н за го̏лф; **~schläger** M па̏лица за го̏лф; **~spieler** M и̏гра̄ч го̏лфа; **~spielerin** F и̏грачица го̏лфа
gönnen: **sich et ~** приу̀штити *pf* се́би не̏што
Gosse F сли̏внӣк
Gotik F го̀тика

Gott M REL бо̑г; ~ **sei Dank!** хва́ла бо̀гу!; **um ~es willen!** за̏бога (ми̏ло̄га)!; **~esdienst** M богослуже́ње
Gött|in F бо̀гиња; **≈lich** божа̀нскӣ
Grab N гро̏б
grab|en ко̀пати; **≈en** M ја́рак; MIL ро̑в
Grab|inschrift F на̀дгробнӣ на́тпис; **~mal** N на̀дгробнӣ спо̀менӣк; **~stein** M на̀дгробнӣ ка̏ме̄н
Grad M сте̏пе̄н; ра̑нг; **im höchsten ~e** у на̑јвећо̑ј ме̏ри; **zwei ~ über Null** два̑ сте̏пе̄на изнад (**unter** испод) ну̏ле̄
Graf M гро̏ф
Graf|ik F гра̀фика; **~iker(in** F**)** M гра̀фича̄р(ка); **≈isch** гра̀фичкӣ
Gräfin F гро̀фица
Grammat|ik F грама̀тика; **≈isch** грама̀тичкӣ
Gras N тра́ва
grässlich гро̑зан
Gräte F ри̏бља̄ ко̑ст
gratis бѐсплатно
gratulieren: **j-m zu et ~** чести́тати (*im*)*pf* ко̀ме нѐшто *od* на чѐму
grau си̑в
Grauen N је́за; **≈haft** језив
grauhaarig се̑д
Graupelschauer M лѐдена̄ ки̏ша
grausam сви̏реп; **≈keit** F сви̏ре̄по̄ст
greifbar на располага́њу; на до̏хва̄т ру́ке̄
greifen хва̀тати; у̀зимати; по́сезати (**nach et** за чи́ме); **zu et ~** прибега́вати чѐму
Greis M ста̏рац; **~in** F ста̏рица
grell *Licht* бле̏ште̄ћӣ; *Farbe* дре̏чав; *Ton* пи̏скав
Grenz|bahnhof M же̏лезничка̄ ста̏ница на гра̀нично̄м пре́лазу; **~e** F *politisch* гра̀ница (*a fig*); **≈en** гра̀ничити се (**an** са *D*); **≈enlos** бѐзграничан; **~übergang** M гра̀ничнӣ пре́лаз
Griech|e M Гр̑к; **~enland** N Гр̏чка̄; **~in** F Гр̏киња; **≈isch** гр̏чкӣ
Grieß M гри̑з; MED пе́сак
Griff M за̏хва̄т; *Koffer* ру̀чица; *Messer* др̏шка; *Tür* ква̏ка; **≈bereit** на до̏хва̄т ру́ке̄
Grill M ро̀штиљ
Grille F ZO цвр́чак
grillen ро̀штиљати
Grimasse F грима̀са
grinsen цѐрити се; **≈** N цѐре̄ње
Grippe F гри̑п
grob гру̏б; ~ **gemahlen** кру́пно (са)млѐвен
grölen дра̏ти се
grollen ту̏тњати
groß вѐлик; *hoch* ви̏сок; *erwachsen* о̀дра̄стао; **wie ~ sind Sie?** ко̏лико сте висо̀ки?; **~artig** велича̀нствен
Groß|aufnahme F сни́ма̄ње у кру̏пно̄м ка́дру; **~betrieb** M вѐлико̄ предузе́ће; **~britannien** N Вѐлика̄ Бри̏та̄нија; **~buchstabe** M вѐлико̄ сло̏во
Größe F величѝна; *Körpergröße* висѝна; *Konfektions-, Schuhgrö-*

ße брôј
Groß|eltern PL бȁба и дȅда; **~handel** M тр̀говина нȁвелико; **~händler** M тр̀говац нȁвелико; **~händlerin** F тр̄говк(ињ)а нȁ велико; **~macht** F вȅлесила; **~mutter** F бȁба; **~stadt** F вȅлеград
größtenteils нȁјвећӣм дȇлом
Groß|vater M дȅда; **♀zügig** великодушан
grotesk гротескан
Grotte F пѐћина
Grübchen N jȁмица
Grube F jȁма; *Bergwerk* рŷдник
grübeln мȍзгати (**über** *A* o *L*)
grün зѐлен; **die ♀en** POL Зѐленӣ (полѝтичāри); **♀anlage** F пȁрк
Grund M тѐмељ; *Boden* днȍ; *Erdboden* тлȍ; *Ursache* ŷзрок; **von ~ auf** из тѐмеља; **ohne ~** без рȁзлога; **~besitz** M *Land* имање; *Eigentum* влȁсништво над зѐмљиштем; **~besitzer** M земљопосједник; **~besitzerin** F земљопосједница; **~buch** N кȁтастар
gründ|en оснѝвати; **♀er(in F)** M оснѝвāч
Grund|fläche F ȍснова; **~gebühr** F прȅтплата; **~gedanke** M ȍсновнā идѐја; **~gesetz** N ȍсновнӣ зȁкон; *BRD* Устав СРН; **~lage** F ȍснова; **♀legend** ȍсновни
gründlich дѐтаљан
grundlos нȅоснован
Grund|riss M ARCH тлȍцрт; пȍпречнӣ прȅсек (*G*); **~satz** M ȍсновнӣ прѝнцип; **♀sätzlich** прѝнципијелан; **~schule** F четворогȍдишњā ȍсновнā шкȏла; **~stein** M кȁмен темељац; **~steuer** F пȍрез на зȅмљиште; **~stück** N плȁц
Gründung F оснѝвање
Grundwasser N пȍдземнā вȍда
Grün|fläche F зѐленā пȍвршина; **~streifen** M *Autobahn* зелѐнило покрај ȁуто-пŷта
grunzen (г)рȍктати
Grupp|e F грŷпа; **~enreise** F грŷпнō путовање
gruselig јѐзив
Gruß M пȍздрāв; **mit freundlichen Grüßen** уз пријатѐљскē пȍздрāве
grüßen пȍздрављати (**j-n** кȍга)
Gulasch N *od* M гŷлāш
gültig вȁжећӣ; **♀keit** F вȁжење
Gummi N *od* M гŷма; **~band** N лȁстиш; **~stiefel** M/PL гумѐнē чѝзме *f/pl*
günstig пȍвољан
gurgeln гр̑гљати
Gurke F кр̀аставац
Gurt M пȏјас
Gürtel M кȁиш
Guss M излѝвање; *Regen* пљŷсак;
gut дȍбар; **~es Wetter** лѐпо врѐме; **so ~ wie sicher** скȍро сѝгурно; **schon ~!** у рѐду је!; нȇмā на чȅму!; **es schmeckt ~** ŷкусно је; **es geht mir ~** дȍбро сам; **mir ist nicht ~** нѝје ми дȍбро; **es gefällt mir ~** свѝђа ми се̄; **also ~!** слȁжēм

ce!; **~ gemeint** доброна́мерно; **~ tun** пријати
Gut N имање; **~achten** N стру̏чнӣ мѝшљење; **~achter** M ве̏штак
gutartig безазлен; MED бѐнигнӣ
Gute N: **alles ~!** све̏ на̏јбоље!
Güte F добро̀та; *Qualität* (до̏бар) квалѝтет
Güter N/PL *Waren* ро̏ба; **~verkehr** M ро̏бнӣ про̀мет; **~wagen** M тѐретнӣ ва̀гōн; **~zug** M тѐретнӣ во̑з
gutgläubig ла̏ковēран
Guthaben N уштѐђевина
gütig до̏бар
gütlich *Einigung* спо̏разу̑мно
gutmachen: **wieder ~** ѝсправљати; *Schaden* намирѝвати штѐту
gutmütig добро̀ћудан
Gutschein M бо̑н
Gymnas|ium N гѝмна̄зија; **~tik** F гимна̀стика
Gynäkologie F гинеколо̀гија

H

Haar N *Kopf* ко̀са; дла̏ка; **um ein ~** за дла̏ку; **~ausfall** F о̀пада̄ње ко̀сē; **~bürste** F че̏тка за ко̏су; **~festiger** M учвршћѝва̄ч за ко̏су; **≗ig** дла̏кав
Haarnadel F у̏косница; **~kurve** F о̏штра кривѝна
Haar|pflege F нѐга ко̀сē; **~schnitt** M (шѝшана̄) фризу́ра; **~spray** N ла̏к за ко̏су; **~trockner** M фе̑н за ко̏су; **~wäsche** F пра̑ње ко̀сē; **~waschmittel** N ша̀мпōн за ко̏су; **~wasser** N во̀дица за не̏гу ко̀сē
haben ѝмати; **was ~ Sie?** шта̏ је са Ва̏ма?; **bei sich ~** ѝмати при се̏би
Hack|braten M GASTR печѐница од млѐвенōг ме̑са; **~e** F мо̀тика; *Fuß* пе́та; **≗en** *Holz* це́пати; GASTR се̏цкати
Hacker M EDV ха̏кер
Hackfleisch N млѐвенō ме̑со
Hafen M лу́ка; **~stadt** F лу̑чкӣ гра̑д; **~viertel** N лу̑чка̄ че̏тврт *f*
Hafer M о̀вас; **~brei** M о̀всена̄ ка̏ша; **~flocken** F/PL о̀всенē паху̀љице *f/pl*
Haft F за̏твор; **in ~ nehmen** ха̏псити; **≗bar** о̏дговōран (**für et** за не̏што); **~befehl** M на́лог за ха̏пшēње; **≗en** ле́пити (се); одгова́рати (**für** *A* за *A*)
Häftling M затворѐнӣк
Haftpflicht F за́конскō је́мство за на̏(до)кнаду штѐтē; **~versicherung** F осигура́ње за на̏(до)кнаду штѐтē
Haftschalen F/PL ко̀нтактна̄ со̏чива
Haftung F одгово́рнōст (**für** *A* за *A*)
Hagebutte F шѝпак
Hagel M гра̑д; **≗n**: **es ≗t** па̏да̄ гра̑д; **~schauer** M пљу̑сак са гра̑дом

hager су̑в
Hahn M пе́тао; TECH сла̀вина
Hähnchen N GASTR пи̏ле
Hai(fisch) M ајку̀ла
häkeln хѐклати
Haken M ку̑ка
halb по̏ла; **e-e ~e Stunde** по̏ла са̑та; **~ leer** по̏лупра̑зан; **~ voll** по̏лупун; **~ zwölf** по̏ла два́наест; **zum ~en Preis** у по̏ла це́не̄
Halb|finale N полуфина́ле; **≈ieren** преполо̀вити *pf*; **~insel** F по̏луострво; **~jahr** N полуго̀ди̂ште; **~kreis** M по̏лукру̑г; **~kugel** F GEO по̏лулопта
Halb|mond M по̏лумесе̄ц; **~pension** F по̏лупансион; **~schuhe** M/PL пли̏тке̄ ци̏пеле *f/pl*
Halb|tagsarbeit F по̏лудне̄вно̄ ра̑дно̄ вре́ме; **~wüchsige** M мало̀летни̂к, *f* мало̀летница
Halbzeit F по̏лувре̄ме
Hälfte F поло̀вина; **zur ~** у̏пола
Halle F ха́ла, *Hotel* хо̑л; *Bahnhof* пре́два̄рје; *Turnhalle* са́ла; **~nbad** N за̀творени̂ ба̀зе̄н
hallo! *Begrüßung* здра̑во!; **~?** TEL хало̄?
Halm M *Pflanze* ста̀бљика
Halogen|lampe ха̏логе̄на̄ свѐти̂љка; **~scheinwerfer** M ха̏логе̄ни̂ рѐфлектор
Hals M вра̑т; *Kehle* гр̏ло; **e-n steifen ~ haben** имати у̏ко̄чен вра̑т; **~ über Kopf** на̀вра̄т-на̀нос; **~band** N *für Hunde* о̀грлица; **~entzündung** F у̏пала гр̏ла; **~kette** F ла̀нчић; **~-Nasen-Ohren-Arzt** M лѐка̄р за у̑во, гр̏ло и но̑с; **~schlagader** F вра̏тна̄ а̀рте̄рија; **~schmerzen** M/PL гу̏шо̀бо̄ља; **~tuch** N ѐша̄рпа
Halt M о̀слонац; *Anhalten* зау̏стављање; **ohne ~** без зау̏стављања; **keinen ~ finden** не на̀лазити о̀сло̄нца; **≈!** сто̑ј!
haltbar тра̑јан; **~ bis** *Lebensmittel* употрѐбљиво до
halten др̀жати; *Auto* зау̀стављати се; **eine Rede ~** др̀жати го̑во̄р; **es für angebracht ~** сма́трати при̏мерени̂м; **sich ~** *Lebensmittel* о̀стајати свѐжи̂м
Halte|stelle F ста̀ница; **~verbot** N за̏брана зау̏стављања
Haltung F *Körperhaltung* др̀жа̄ње; *Einstellung* ста̑в
Hamburger M GASTR ха̀мбургер
hämisch па̀костан
Hammel M о́ван; **~fleisch** N о̀вчетина
Hammer M чѐкић; SPORT кла̏ди̂во
hämmern укуца́вати чѐкићем
Hämorrhoiden F/PL хеморо́иди
Hamster M хр́чак
Hand F ша̏ка; ру́ка; **zu Händen von** на ру̑ке (*D*); **e-e ~ voll** прѐгр̄шт *f (a fig)*
Hand|arbeit F ру̑чни̂ ра̑д; **~ball** M ру̏коме̄т; **~bremse** F ру̑чна̄ ко̀чница; **~buch** N при̏ручни̂к
Händedruck M сти̏сак ру́ке̄
Handel M тр̀говина (**mit** *D I*); **≈n** посту́пати; *feilschen* пога-

ђати се; **mit et ≈n** тргòвати чиме; **es ≈t sich um …** (*A*) рȃдӣ се о (*L*)

Handels|abkommen N трговинскӣ спо̑разу̑м; **~bilanz** F тр̏говачкӣ бѝланс; **~kammer** F прѝвреднā кòмора; **~schule** F тр̏говачка шко̑ла; **~vertreter(in** F) M тр̏говачкӣ за́ступнӣк

Hand|feger M мѐтла; **~fläche** F длȁн; **~gelenk** N ру̑чнӣ зглȍб; **≈gemacht** ру̑чнā ӣзрада; **~gepäck** N ру̑чнӣ пр̀тљаг; **~granate** F ру̑чнā грана́та

Händler M тр̏говац; **~in** F тр̀го̄вк(ињ)а

handlich пòдесан

Handlung F пòступак; *e-s Films usw* ра́дња

Hand|schellen F/PL лѝсице *pl*; **~schrift** F ру̏копӣс; **≈schriftlich** ру̏копӣснӣ; **~schuh** M рукàвица; **~schuhfach** N *Auto* касѐта за одлага́ње ситни́цā (испред сувоза́ча); **~stand** M сто̑ј на рỳкама; **~tasche** F тòрбица; **~tuch** N пѐшкӣр

Handwerk N за̀на̄т; **~er** M занàтлија; **~erin** F занàтлӣјка; **~szeug** N а̀ла̄т

Handy N мо̏бӣлнӣ телѐфо̄н; **~nummer** F бро̑ј мо̏бӣлног телефо́на

Hanf M кòнопља

Hang M о̏бронак; *fig* скло̏но̄ст

Hänge|brücke F вѝсећӣ мо̂ст; **~matte** F мрѐжа за лѐжа̄ње

hängen V/I вѝсити; V/T кȁчити, вѐшати (**an** *A* о *od* на *A*); **an et ~** прира́сти кòме за ср̏це

Hantel F тѐг

Hardware F хàрдвер

Harfe F хȁрфа

Harke F грàбуље *f/pl*

harmlos *ungefährlich* безàзлен

Harmon|ie F хармòнично̄ст; **≈ieren** бѝти у склàду; **≈isch** хармòничан

Harn M мòкраћа; **~blase** F бѐшика

hart *fest* чвр̑ст; *streng* стро̏г; **~ gekocht** тврдо ку̑ва̄н

Härte F чврстòћа; тврдòћа

hartnäckig у̏по̄ран

Harz N смо̀ла

Hase M зѐц

Haselnuss F лѐшнӣк

Hass M мр̀жња; **≈en** мр̀зети

hässlich ру́жан

hastig у̏журба̄н

Haube F ка̏па; хàуба (*a* KFZ)

Hauch M да̏х; да́шак; **≈en** ду̀нути *pf*; *sagen* шàпнути

hauen *schlagen* ту́ћи

Haufen M гòмила

häufen гомѝлати (**sich** се)

haufenweise на гòмиле

häufig че̑ст; **≈keit** F у̏честало̄ст

Haupt N гла́ва; **~bahnhof** M глàвнā жѐлезничкā стàница; **~darsteller** M глàвнӣ глу́мац; **~eingang** M глàвнӣ у̀лаз; **~gericht** N GASTR глàвно̄ јѐло; **~gewinn** M глàвнӣ доби́так

Häuptling M пòглавица *m*

Haupt|mann M капѐта̄н;

~postamt N главна пошта; **~quartier** N врховна команда; **~rolle** F главна улога; **~sache** F главна ствар
hauptsächlich ADV углавном
Haupt|saison F главна сезона; **~schule** F виши разреди основне школе; **~satz** M главна реченица; **~stadt** F главни град; **~straße** F главна улица; **~verkehrszeit** F шпиц
Haus N кућа; **nach ~e** кући; **zu ~e** код куће; **~angestellte** F кућна помоћница; **~arbeiten** F/PL *Haushalt* кућни послови *pl*; **~arzt** M кућни лекар; **~aufgabe** F домаћи задатак; **~besitzer** M кућевласник; **~besitzerin** F кућевласница; **~bewohner** M станар; **~bewohnerin** F станарка
Häuserblock M блок кућа *od* зграда
Haus|flur M ходник; **~frau** F домаћица; **~halt** M домаћинство; *Geld* буџет; **~hälterin** F кућна помоћница; **~herr** M домаћин; газда; **~herrin** F домаћица; газдарица
häuslich кућни; породичан
Haus|meister M кућепазитељ; **~meisterin** F кућепазитељка; **~mittel** N мелем; **~ordnung** F кућни ред; **~schlüssel** M кључ од куће; **~schuh** M кућна папуча; **~tier** N домаћа животиња; **~tür** F кућна врата
Haut F кожа; **~arzt** M кожни лекар; **~ausschlag** M осип; **~creme** F крема за кожу
häuten ⟨о⟩драти; **sich ~** мењати кожу
hauteng уз тело
Haut|farbe F боја коже; **~krankheit** F кожна болест; **~pflege** F нега коже
Hebamme F бабица
Hebel M полуга
heben (по)дизати (**sich** се)
hebräisch хебрејски
Hecht M штука
Heck N задњи део аутомобила; MAR крма; AER реп
Hecke F жива ограда
Heck|klappe F поклопац пртљажника; **~scheibe** F задње стакло на колима; **~scheibenwischer** M задњи брисач
Heer N војска
Hefe F квасац
Heft N свеска; *e-r Zeitschrift* свезак; **2en** *Zettel* качити (**an** *A* на *A*); *nähen* прошивати; **~er** M хефталица
heftig жесток; нагао
Heft|klammer F спајалица; **~pflaster** N фластер, ханзапласт; **~zwecke** F рајснадла
Hehler M препродавац украдене робе
Heide[1] F пустара; **~kraut** N врес
Heide[2] M паганин
Heidelbeere F боровница
Heidin F паганка
heidnisch пагански
heikel шкакљив
heil здрав; **~bar** излечив; **~en** V/T лечити

heilig свêт; **≈abend** M Бâдњē вêчē; **≈e** M свéтац; F свèтица; **≈tum** N свéтиња
Heil|mittel N лêк; **~pflanze** F лековùтā бùљка; **~praktiker(in** F) M трàвāр(ка); **≈sam** лековит; **~ung** F оздрављéње; **~wasser** N лекòвита вòда
heim ADV кŷћи
Heim N дôм; **~arbeit** F плâћенй пòсао код кŷће
Heimat F зàвичāј; дòмовина; **≈los** без зàвичāја; **~ort** M рȍднō мèсто
Heim|fahrt F пŷт(òвāње) кŷћи; **≈isch** дòмāћӣ; **~kehr** F пòвратак кŷћи; **≈kehren** врâћати се кŷћи; **~kehrer** M пòвратнӣк; **~kehrerin** F пòвратница
heimlich тâјнӣ; ADV пȍтāјно
Heim|reise F → Heimfahrt; **≈tückisch** пòдмӯкао; **~weg** M пŷт до кŷћē; **~weh** N носталгија; **~werker** M сàмоукӣ мâјстор у кŷћи
Heirat F венчáње; *Mann* жèнидба; *Frau* ŷдаја; **≈en** венчáвати се; *Mann* ⟨о⟩жèнити се (*I*); *Frau* удáвати ⟨ŷдати⟩ се за (*A*)
Heiratsurkunde F вèнчāнӣ лӣст
heiser прòмӯкао
heiß врȇо; **es ist ~** врŷће је
heiß|en звȁти се; *bedeuten* знáчити; **ich ~e ...** зȍвēм се ...; **was soll das ~en?** штȁ тô трèбā да знȁчӣ?
heiter вȅсео (*a Himmel*); **≈keit** F вȅселōст
heiz|bar кòјӣ се мȍжē грȅјати; **~en** грȅјати; **≈kissen** N елèктричнӣ јàстук за грȅјāње; **≈körper** M радѝјатор
Heiz|lüfter M грȅјалица; **~material** N ȍгрев; **~öl** N лȏж-ӯље; **~ung** F грȅјāње
hektisch хèктичан
Held M јŷнāк; **~in** F јунàкиња
helf|en помáгати (**j-m** *D*); **sich zu ~en wissen** ŷмети се снáћи; **≈er** M помòћнӣк; **≈erin** F помòћница
hell свêтао; **es wird ~** свйћē; **≈igkeit** F свȅтлōст; **≈seher** M видòвњāк; **≈seherin** F видòвњакиња
Helm M шлȅм; *Schutzhelm* кàцига
Hemd N кòшуља; **~bluse** F жȅнскā кòшуља
hemm|en *Bewegung* успорáвати; *Entwicklung* омéтати; **≈ung** F смéтња; *fig* спŷтāнōст
Hengst M пàстӯв
Henkel M дȑшка
Henker M џèлāт
Henne F кòкошка
her ȍвāмо; **es ist eine Woche ~** прòшло је нèдељу дánā
herab нȁдоле; **von oben ~** *fig* свисòка; **~lassend** нȁдмен; **~setzen** *Leistung* омаловажáвати; *Preis* снижáвати
heran ȍвамо; **~kommen** приближáвати се; **~wachsen** одрáстати
herauf нȁвише; **~beschwören** проŷзроковати (*im*)*pf*, изазйвати; **~setzen** *Preis* по-

вишáвати

heraus нȁпоље; **~bekommen** *Fleck* уклòнити; *Geld* дȍбити назад; *fig erfahren* òткрити; **~bringen** *Produkt* избацúвати на тр̑жӣште

herausforder|n изазúвати (*a* SPORT); **≈ung** F ӣзазōв

heraus|geben *Geld* врȁћати нòвац (кӯсӯр); *Buch* издáвати; **≈geber(in** F) M издȁвāч; **~kommen** ӣзлазити; **~lassen** пӯштати нȁпоље; **~nehmen** вȁдити; **~stellen**: **sich ~stellen** испòстављати; **~ziehen** извлáчити

herb гóрак; *Wein* ȍпор

herbei (на) òвāмо

Herberge F кòначӣште

herbringen донòсити

Herbst M јȅсēн *f*; **≈lich** јȅсēњӣ

Herd M шпӧрет; MED жа̏рӣште (*a fig*)

Herde F ста̑до

herein унýтра; **~!** слȍбодно!; **~fallen** ӯпадати; *fig* насéдати; **~kommen** ӯлазити; **~lassen** пӯштати унýтра; **~legen** *fig* насамáрити *pf* кòга

Her|fahrt F путòвање *od* вóжња наòвамо; **≈fallen** бȁцати се (**über** *A* на *A*); **~gang** M то̑к; **≈geben** одӯстајати (**et** од чѐга); дáвати (назад)

Hering M *Fisch* хȁрӣнга

herkommen дòлазити (òвāмо); *stammen* пȍтицати; **wo kommen Sie her?** òдакле сте?; **komm her!** дóђи òвāмо!

Herkunft F порéкло

heroinsüchtig зáвисан од хероина

Herr M госпòдин; госпòдāр; *Gott* гȍспод; **~ Müller** госпòдин Мӣлер; **sehr geehrter ~ ...!** пȍштовāнӣ госпòдине ...! **meine Damen und ~en!** да̂ме и гȍсподо!

Herren|... *in Zssgn* мӯшкӣ; **~friseur** M мӯшкӣ фрӣзēр; **≈los** без влȁснӣка

herrichten срeђúвати; припрéмати; *sich* дотерúвати се

Herrin F господȁрица; гȁздарица

herrlich божȁнствен, дȋван

Herrschaft F владàвина; **~en** PL да̂ме и госпòда

herrsch|en вла́дати (**über** *A I*); **≈er** M влȁдāр; **≈erin** F влȁдāрка

herstell|en произвòдити; **≈er** M произвȍђāч; **≈ung** F произвòдња

herüber òвāмо

herum: **um ... ~** око(ло); *zeitl, bei Zahlenangaben nur* око; **~führen** *Besucher* вòдити по (*L*)

herumtreiben: **sich ~** скӣтати (се)

herunter (на)дȍлē; **~fallen** пȁдати; **~kommen** сӣлазити дȍлē; *fig* прòпадати; **~nehmen** скӣдати

hervor нȁпрēд; нȁпоље; **~bringen** дáвати; **~heben** *betonen* ӣстицати; **~ragend** *fig* ӣзврстан; **~rufen** *fig* изазúвати

Herz N ср̑це (*a Spielkarte*); **von**

ganzem **~en** од свѐга ср̑ца; **~anfall** M ср̑чанӣ на̏пад; **~fehler** M ср̑чана̄ ма́на
herzhaft *mutig* ср̑чан; *würzig* пика̀нтан
Herz|infarkt M (ср̑чанӣ) ѝнфаркт; **~klopfen** N MED (у̏бр-за̄но̄) лу́па̄ње ср̑ца; **≗krank**: **≗kranke Patienten** ср̑чанӣ болесни́ци
herzlich ср̑дачан; **~ gern** вр̏ло ра̑до!
herzlos бѐздушан
Herzog M вȍјвода *m*; **~in** F вȍјвоткиња; **~tum** N вȍјво-дина
Herz|schlag M ку̏ца̄ње ср̑ца; *als Todesursache* ср̑чана̄ ка̑п; **~schrittmacher** M пе̏јсме̄јкер; **~transplantation** F трансплантáција ср̑ца; **~versagen** N прѐстанак ра̑да ср̑ца
Hetz|e F *Eile* (грȍзничава) жу̀рба; **≗en** V/T гȍнити; V/I жу́рити (се); *fig* ху̏шкати
Heu N сêно
Heuch|elei F лицѐме̄рје; **~ler** M лицѐмер; **~lerin** F лицѐме̄рка
heulen *Wind* ху́јати; *weinen F* цмѝздрити
Heu|schnupfen M алѐргӣј-ска̄ кѝјавица; **~schrecke** F ска̏кавац
heut|e да̀нас; **~e Morgen** ју̏тро̄с; **~e Abend** вечѐрас; **~e Nacht** нȍћас; **~ig** да̀нашњӣ; *jetzig* са̏дашњӣ
Hex|e F вȅштица; **≗en** ча́рати; **~enschuss** M лумба́го
Hieb M у̏дарац
hier о́вде; ѐво (*G*); **von ~** ȍда̄в-де̄; **~ bleiben** ȍстајати о́вде
hier|auf *danach* пȍтом; **~aus** ȍда̄вде̄; **~bei** *bei dieser Gelegenheit* ȍво̄м при́лико̄м; **~durch** ти́ме; **~für** за̀ то̄; **~her** ȍва̄мо; **~hin** ȍвуда; ȍва̄-мо; **~mit** *im Brief* ȍвӣм пу̑тем; **~über** о ȍвоме
Hi-Fi-Anlage F му̏зичкӣ сту̑б; мѝни-ли́нија
Hilf|e F пȍмо̄ћ *f*; **~e!** у̀помо̄ћ!; **erste ~e** пр̂ва̄ пȍмо̄ћ; **j-n zu ~e rufen** зва̏ти кȍга у̏ помо̄ћ; **~eruf** M запома́га̄ње; **≗los** бȅспомоћан
Hilfs|arbeiter M пȍмоћнӣ ра̑днӣк; **≗bedürftig** кȍме је пȍтребна̄ пȍмо̄ћ; **≗bereit** кȍјӣ је спре̏ман да пȍмогне̄; **~mittel** N пȍмоћно̄ срѐдство
Himbeere F ма̀лина
Himmel M нȅбо; **≗blau** нȅбо-пла̂во; **~fahrt** F *Christi* Спа̏ссовда̄н; *Mariä* Вȅлика̄ го-спо́јина; **~srichtung** F стра́на свѐта
hin та̏мо; **~ und her** та̏мо-(ȍв)а̄мо; **~ und wieder** (по)ка̀ткад; **~ und zurück** та̀мо и на̏за̄д
hinab дȍле̄
hinauf гȍре; **~gehen** пе̏ти се; **~steigen** → hinaufgehen
hinaus ва̑н; **~gehen** ѝзлази-ти; превазѝлазити (**über** *A A*); **~laufen** истрча́вати (на̏поље); *bedeuten* свȍдити се (**auf** *A* на *A*)
hinauslehnen: **sich ~** на̀ги-

њати се
hinaus|schieben гу̏рати (на̏поље); *fig* одга́ђати (**um** *A* за, **auf** *A* на *A*); **~werfen** избаци́вати; **~zögern** одуговла́чити са (*I*)
Hinblick M: **im ~ auf** (*A*) с о̏бзи̑ром на (*A*)
hinbringen *Person* одво̀дити
hinder|lich омѐтају̑ћ̄и; **~n** спреча́вати; *stören* сме́тати (**j-n an et** ко̀ме при чѐму)
Hindernis N пре̏прека; **~rennen** N тр̑ка с пре̏понама
hindurch *zeitl* преко; *örtlich* кроз; **die ganze Nacht ~** чи̏таве̄ но̏ћи
hinein у̀нӯтра; **~gehen** у̀лазити
hinfahren *et od j-n* одво̀зити
Hinfahrt F во́жња (на та̏мо)
hin|fallen па̏дати; **≗flug** M лёт (на та̏мо); **~führen** во̀дити (**j-n zu** *D* ко̀га до *G*); **~gehen** ѝћи; о̀длазити
hinken ше́пати
hinlegen пола́гати; **sich ~** ле́гати
hin|nehmen подно̀сити; **≗reise** F пу̑т на та̏мо; **~reißend** за́носан
hinricht|en погу̀бити *pf*; **≗ung** F погубље́ње
hinsetzen: **sich ~** се̏сти *pf*
hinstellen ста̏вити; **sich ~** по̀ставити се *pf*
hinten поза́ди; *am Ende* на кра̀ју; **von ~** отпоза́ди; **ganz ~** на са́мом кра̀ју
hinter (*wo D*) иза (*G*); *wohin* за (*A*); **≗bliebene** M/PL ожа̀лошће̄нӣ *pl*; **~e** за̏дњи
hintereinander jѐдан за дру̏ги̑м
Hinter|gedanke M за̏дња̄ ми̑сао *f*; **≗gehen** *betrügen* ва̑рати; **~grund** M по̀задина; **~halt** M за̑седа; **≗hältig** по̀дму̑као
hinterher *zeitl* за̀ти̑м; *räuml* поза́ди, иза (*G*)
hinter|lassen о̀стављати; *Erbe* завешта́вати; **~legen** дѐпоновати (*im*)*pf*; **~listig** препрѐден
Hintern M *F* за̏дњица
Hinter|radantrieb M за̏дња̄ ву̏ча; **~reifen** M за̏дња̄ гу̏ма; **~tür** F за̏дња̄ вра́та; **≗ziehen** утаjити *pf*
hinüber пре̂ко
hinunter ни̏збрдо
Hinweg M пу̑т на та̏мо
hinwegsetzen: **sich ~ über** игно̀рисати (*im*)*pf* (*A*)
Hinweis M пр̀имедба; ѝнди̑ција; **≗en** *zeigen* показѝвати; *anzeigen* указѝвати (**auf et** на *A*)
hinziehen *zeitl* одуговла́чити (**sich** се)
hinzu уз то̑; **~fügen** дода́вати; **~kommen** придо̀лазити; **~ziehen** *Arzt* са́ветовати се (*A* са *I*)
Hirn N мо̏зак
Hirsch M jѐлен; **~kuh** F ко̀шута
Hirse F про̏со
Hirt(e) M па̏сти̑р
hissen *Segel, Fahne* по̀дизати
Histor|iker(in F) M исто̀ричар(ка); **≗isch** исто̀ри̑jски̑
Hitze F вру̀ћина; **≗beständig**

вȁтросталан; **~welle** F тȁлас вруħѝнē
hitz|ig вȁтрен; **≗schlag** M тȍплотнӣ ӯдар
HIV-|negativ хѝв-нѐгатӣван; **~positiv** хѝв-пȍзитӣван
Hobby N хȍби
Hobel M стрŷг; рѐнде; **≗n** стру́гати; рȅндати
hoch *Preis, Ton* вѝсок; *Geschwindigkeit* вȅлик; *Alter* дŷбок; *nach oben* ȕвис; **~ begabt** вр̏ло нȁдарен
Hochachtung F ду̏бокō поштова́ње
Hoch|betrieb M рȃд пу̑нōм пȃрōм; гу̑жва; **~deutsch** N високонѐмачкӣ (књи̏жēвнӣ) јѐзик
Hochdruck M вѝсок прѝтӣсак; **~gebiet** N METEO антицѝклōнскō пȍдрӯчје
Hoch|ebene F вѝсорāван *f*; **~gebirge** N вѝсокē планѝне; **~haus** N солѝтēр; **~land** N вѝсија
Hoch|ofen M вѝсокā пêħ; **≗prozentig** жѐсток; **~saison** F глȁвнā сезо́на; **~schule** F вѝсокā шко̏ла; **~spannung** F вѝсоки на̏пон; **~sprung** M скôк ȕвис
höchst *fig* нȃјвишӣ; ADV ѝзузēтно
Hochstapler M хȍхштаплер
höchst|ens нȃјвише; **≗geschwindigkeit** F нȃјвеħā бр̏зѝна; **≗leistung** F SPORT нȃјбољӣ резу̏лтāт; **~wahrscheinlich** нȃјвероватније
Hoch|verrat M велеѝздаја; **~wasser** N вѝсокӣ вȍдостāј; *Überschwemmung* пȍплава; **≗wertig** вѝсокē вре́дности
Hochzeit F свȁдба
Hochzeits|kleid N венча̀ница; **~reise** F свȁдбенō путова́ње; **~tag** M дȃн венча́ња; *Jahrestag* гȍдишњица венча́ња
hock|en чу́чати; **≗er** M хȍклица
Höcker M гр̑ба
Hoden M тȅстис
Hof M двȍрӣште; *Bauernhof* сȁлāш; *Fürstenhof* двôр
hoffen на́дати се (**auf et** чѐму); **~tlich** нȃдāјмо се
Hoffnung F на́да; **≗slos** бѐзнāдежан; **≗svoll** пу̑н на́дē
höflich у̏чтив; **≗keit** F у̏чтивōст
Höhe F висѝна; *fig* врху́нац; **nicht ganz auf der ~ sein** F не би̏ти у нȃјбољōј фôрми
Hoheits|gebiet N су̏веренā о̏блāст; **~gewässer** N/PL су̏веренē во̏де
Höhen|messer M висинѐмер; **~sonne** F MED ква̏рцнā ла̑мпа; **≗verstellbar** ко̀јӣ се дâ по̀десити по висѝни
Höhepunkt M врху́нац
hohl шу́паљ
Höhle F *Berghöhle* пѐħина; *Hohlraum* шупљѝна (*a* MED); *Tierhöhle* ја̏збина
Hohl|maß N ме̏ра за за̑премину; **~raum** M шупљѝна
Hohn M по̏дсмех
höhnisch подру̀гљив
holen *et* доно̀сити; **et ~** ѝħи по

(*A*); **Hilfe ~** позѝвати (нѐкога) ў помо̄ћ
Hol|land N Холѐндија; **≈ländisch** хо̀ландскӣ
Höll|e F па̀као; **≈isch** па̀клен
holprig нѐра̄ван
Holunder M зо́ва
Holz N др̏во
Holz|kohle F др̏венӣ ўгаљ; **~schnitt** M др̀ворез
Home|office N, KEIN PL ра̂д од кӯће̄; **~schooling** N, KEIN PL шко̄ловање од кӯће̄
Homöopath M хомео̀пат(а)
homosexuell хо̏мосексуа̄лан
Honig M мȇд
Hopfen M хмȇљ
hörbar чу̏јан
horchen ослушкѝвати; (*be-)lauschen* прислушкѝвати
hör|en чу̏ти; *an-, zuhören* слу̏шати; **schwer ~en** бѝти на̀глӯв; **ich lasse von mir ~en** *F* ја́вићу се; **≈er** M слу̏шалац; TEL слу̏шалица; **≈erin** F слу̏шатељка; **≈gerät** N слу̏шнӣ апа̀ра̄т
horizontal хо̏ризонта̄лан
Horn N рȏг; **~haut** F ANAT ро́жњача; *Schwiele* задебља́ње ко̏же̄
Hornisse F стр̏шљен
Horoskop N хо̏роскоп
Hör|saal M слушао̀ница; **~spiel** N ра̏дио-дра́ма
Hos|e F панталóне *f/pl*; **~enanzug** M жѐнско̄ одѐло; **~entasche** F џѐп панталóна̄; **~enträger** M/PL трѐгери *m/pl*
Hostess F хостѐса
Hotel|direktion F дирѐкција хотѐла; **~halle** F фоа̀је хотѐла; **~zimmer** N хо̀телска̄ со̏ба
Hubraum M KFZ ра̏дна̄ запремина мото́ра, кубика́жа
hübsch лѐп
Hubschrauber M хелико̀птер
Huf M ко̀пито; **~eisen** N по̀тковица
Hüft|e F ку̂к; **~gelenk** N згло̏б ку̂ка
Hügel M брȇг; **≈ig** брего̀вит
Huhn N ко̀кошка
Hühner|auge N ку̏рје̄ о̏ко; **~brühe** F пѝлећа̄ су̏па; **~fleisch** N пѝлетина; **~stall** M кокошѝњац
Hülle F про́зирна̄ фасцѝкла
Hülse F *Frucht* ма̀хуна; *Patronen* ча̀(х)ура; **~nfrucht** F ма̀хунасто̄ по̀врће
human хỳма̄н; **~itär** ху̏манита̄ран
Hummel F бу̏мба̄р
Hummer M ја̏стог
Humor M ху̏мор; **≈voll** духо̀вит
humpeln хра́мати
Hund M па̂с; **~efutter** N хра́на за псѐ
hundert сто̂; **≈stel** N сто̂тӣ дѐо
Hündin F ку̏ја
Hunger M гла̂д *f*; **~ haben** бѝти гла́дан; **≈n** гладо̀вати; **~streik** M штра̏јк гла̂ђу
hungrig гла́дан; **~ sein** бѝти гла́дан
Hupe F (аутомо̀бӣлска̄) сире́на; **≈n** свѝрати
hüpfen скаку̏тати
Hürde F прѐпрека; SPORT прѐпона; **~nlauf** M SPORT

трка с препонама
Hure *neg!* F курва *neg!*
husten кашљати; **&** M кашаљ; **&saft** M сируп против кашља
Hut M шешир
hüten пазити; **das Bett ~** морати остати у кревету; **sich ~ vor** чувати се чега
Hütte F колиба
Hyazinthe F зумбул
hygienisch хигијенски
hysterisch хистеричан

I

i.A. (**im Auftrag**) по налогу
IC → Intercity-Zug
ICE M (**Intercity-Expresszug**) експресни (интерсити) воз
ich ја; **~ auch** и ја; **~ bin's** ја сам
ideal идеалан
Idee F идеја
ident|ifizieren идентификовати *(im)pf*; **~isch** истоветан
ideologisch идеолошки
idiotisch идиотски
Igel M јеж
ignorieren игнорисати *(im)pf*
IHK F (**Industrie- und Handelskammer**) индустријска и привредна комора
ihr *poss sg* њен; *poss pl* њихов; *poss pl* Ваш
ihretwegen *wegen ihr* због ње, *wegen ihnen* због њих
Illustrierte F илустровани часопис
Image N имиџ
Imbiss M ужина; **~stube** F киоск, сендвичара
Imker M пчелар
immer увек; **~ besser** све боље; **für ~** заувек; **~zu** стално
Immobilie F некретнина; **~nmakler** M трговац некретнинама
immun имун (**gegen** *A* на *A*); **&ität** F имунитет
impf|en вакцинисати *(im)pf*; **&pass** M књижица вакцинације; **&schein** M евиденција о вакцинацији; **&stoff** M вакцина; **&ung** F вакцинација
imponieren импоновати *(im)pf*
Import M увоз; **~eur** M увозник; **&ieren** увозити
imprägnieren импрегнисати *(im)pf*
improvisieren импровизовати *(im)pf*
imstande: **~ sein** бити у стању (**zu** + *inf* да)
in у (*wo? L; wohin? A*); *zeitl* у року од (*G*); **~ diesem Jahr** ове године
inbegriffen урачунат
indem тиме
Inder M Индијац; **~in** F Индијка
Index M регистар; MATH индекс
Indian|er M Индијанац; **~erin** F Индијанка; **&isch** индијански
Indien N Индија

indirekt и̏ндиректан
indisch и̏ндӣјскӣ
individuell индивидуа̄лан
Indiz N пока̀затељ
Industrie F при̏вреда; **~gebiet** N инду̑стрӣјскā зо́на
ineinander jѐдно у дру̑гō
Infektionsquote F MED сто̀па/сто̀па инфѐкцијē
infolge у̑слēд (*G*)
Informat|ik F информа̀тика; **~iker(in** F) M информа̀тичāр(ка); **~ion** F информа́ција
informieren инфо̀рмисати *(im)pf* (**über** *A* o *L*) (**sich** се)
infrage: ~ **kommen** до̀лазити у о̏бзӣр
Ingenieur M инжѐњēр
Inhaber M вла̏снӣк; **~in** F вла̏сница
inhalieren инхали́рати *(im)pf*
Inhalt M са̏држина; **~sverzeichnis** N са̏држāј
inklusive укљу̀чујӯћӣ
Inland N (со̀пственā) зѐмља
inländisch до̀мāћӣ
Inlandsflüge M/PL до̀мāћӣ лѐтови *m/pl*
inmitten усред (*G*)
innen уну́тра; **von ~** и̏знӯтра
Innen|ministerium N министа̀рство у̀нутрашњӣх по̀слōвā; **~politik** F у̀нутрашњā по̀литика; **~stadt** F цѐнтар гра̏да
innere у̀нутрашњӣ
inner|halb *zeitl* у то̀ку; *binnen* у о̏квӣру; **~lich** у̀нутрашњӣ
innig при̏сан
inoffiziell нѐзваничан
Insasse M *e-s Verkehrsmittels* пу̑тнӣк; *e-r Anstalt* пребѝвалац
insbesondere на́рочито
Inschrift F на̏тпис
Insekt N и̏нсек(а)т; **~enstich** M у̑јед и̏нсекта
Insel F о̏стрво; *Fluss* а̏да
Inser|at N о̏глāс; **≈ieren** оглаша́вати
insgesamt у̏купно
insofern у̏толико
Install|ateur M инстала̀тēр; **≈ieren** инстали́рати *(im)pf*
instand: **~ halten** одржа́вати; **~ setzen** сани́рати *(im)pf*
Institution F у̏станова
intakt упо̀трēбљив
Intellektuelle M интелекту́алац; F интелекту̀алка
intensiv и̏нтензӣван; **≈kurs** M и̏нтензӣвнӣ ку̑рс; **≈station** F одѐљење и̏нтензӣвнē нѐге
Intercity-Zug M интерсѝти (во̑з ко̀јӣ се зау̀ставља са̏мо у вѐликӣм гра̏довима)
interes|sant занѝмљив; **~sieren** и̏нтересовати *(im)pf* (**sich** се) (**für et** за нѐшто)
Inter|national међуна́роднӣ; **~net** N и̏нтернет; **~netzugang** M при̏ступ и̏нтернету; **~nist(in** F) M интѐрниста; **~pret(in** F) M интерпрѐтāтор(ка); **≈viewen** интервју̀исати *(im)pf*
Intrige F сплѐтка
Invalide M инва̀лӣд
Inventur F инвѐнтāр
invest|ieren ула́гати; **≈ition** F ула́гāње
inzwischen у међу̀времену
irdisch зема̀љскӣ

Ire M Ирац
irgend|ein нѐкӣ; **~etwas** штȍгод; **~jemand** нѐко; **~wann** нѐкад; **~wie** нѐкāко; **~wo** нѐгде; **~wohin** нѐкуда
Irin F Ѝркиња
Iris F ѝрис; ANAT дӯжица
irisch ѝрскӣ
Irland Ѝрскā
irre сӯлӯд; *fig toll* лӯд
irren лу̏тати; **sich ~** пре́ћи се *pf*; **ich habe mich geirrt** прѐварио (*f* прѐварила) сам се
Irrenhaus N лу́дница
irreparabel непопрàвљив
irrsinnig полу́део; *fig* стра́шан
Irr|tum M за̏блуда; **≗tümlich** пògрешан; ADV нѐхотичē
Ischias M *od* N ѝшијас
islamisch ѝсла̄мскӣ
Isolier|band N изòлӣр-тра̀ка; **≗en** ѝзоловати *(im)pf*
Israel N Ѝзраел; **~i** M Изра́елац; F Изра̀ѐлка; **≗isch** ѝзраелскӣ
Italien N Ѝталија; **~er(in** F**)** M Итали̏ја̄н(ка); **≗isch** итали̏ја̄нскӣ
i.V. **(in Vertretung)** кȁо за̀ступнӣк (*G*)

J

ja дȁ
Jacht F ја̀хта
Jack|e F ја̀кна; **~ett** N са̀кō
Jagd F лȏв; **~gewehr** N лòвачкā пу̏шка; **~hund** M лòвачкӣ пȁс; **~revier** N лȍвӣште; **~schein** M лòвачкā дȍзвола
jagen лòвити; *Verbrecher* ју́рити
Jäger M ло́вац
Jahr N го̏дина; **im ~ 2000** двѐхиљадитē го̏динē; **seit ~en** вѐћ го̏динама; **≗elang** дугогòдишњӣ
Jahres|beginn M почѐтак го̏динē; **~bericht** M гòдишњӣ ѝзвештāј; **~tag** M гòдишњица; **~urlaub** M гòдишњӣ òдмор; **~zeit** F гòдишњē дȍба
Jahr|gang M гòдӣште; **~hundert** N вȇк
jährlich гòдишњӣ
Jahr|markt M ва́шар; **~zehnt** N дѐцēнија
jähzornig на̀прасит
Jalousie F жалузи́на
Jammer M ја̏д; **ein ~** штѐта
jämmerlich ја̏дан
jammern ја̏диковати
Japan N Ја̀пāн **~er** *m* Јапа́нац; **~erin** F Ја̀пāнка; **≗isch** ја̀панскӣ
jäten пле́вити
Jauche F гнȏјнō (тѐчнō) ђу̏брйво
jaulen арлау́кати
Jazzband F џѐз-гру̏па
je *jemals* ѝкад(а̄); *vor Zahlen* по; *für jeden* за сва̏кōг од (*G*); по гла́ви (*G*); **~ … desto** штȍ … тȏ …; **~ nachdem!** за̀висӣ!
Jeans PL *Hose* фа̀рмēрке *f/pl*
jedenfalls у сва̏кōм слу̏ча̄ју
jeder сва̏кӣ; **das weiß ~** тȏ зна̂

свȁко; **~zeit** у свȁкō дôба
jedesmal свȁкӣ пӯт
jedoch йпāк
jemals йкад(ā)
jemand нěко
jener ònāj
Jesus: ~ **Christus** Ӥсус Хрӣст
jetzig сàдашњӣ
jetzt сȁд
jeweils свȁкӣ пӯт
Jh. → Jahrhundert
Jodtinktur F тинктýра jôда
joggen тр̏чати
Jog(h)urt M *od* N кйселō млéко; *Trinkjog(h)urt* jòгурт
Johannisbeere F рйбӣзла
Journalist(in F) M нȍвинāр(ка)
Jubel M клйцāње; **≗n** клйцати
Jubiläum N јубѝлēј; **zehnjähriges** ~ десетогòдишњица
juck|en свр́бети; **es ~t mich** свр́бӣ ме (*a fig*); **sich ~en** чèшати се; **≗reiz** M свр̂āб
Jude M Јѐврејин
Jüd|in F Јѐврēјка; **≗isch** јѐврēјскӣ
Jugend F млȁдōст; **die ~** *junge Leute* òмладина; **~amt** N зȁвод за дȇцу и òмладину; **≗frei** дȍзвољен за òмладину; **~herberge** F òмладӣнскӣ хòстел; **≗lich** млàдалачкӣ; òмладӣнскӣ; **~liche** M омладѝнац; F òмладӣнка; **~stil** M Јӱгендстӣл
Jugoslaw|ien N HIST Југòслāвија; **≗isch** HIST југослòвēнскӣ
Juli M јӯл
Jumbo(jet) M џȁмбо-џȅт
jung млȃд; **≗e** N младýнче; **≗e** M дèчāк; **~enhaft** дèчāчкӣ; **≗frau** F дèвица
Junggesell|e M нèжења; **~in** F нèудāтā жèна
jüngst ADV нȅдавно; **~er** ADJ нȃјновијӣ
Juni M јӯн
Jura[1] N/PL *Rechtswissenschaft* прáво
Jura[2] M *Formation* јýра
Jurist M прȃвнӣк; **~in** F прȃвница
juristisch прȃвнӣ
Jury F жѝрӣ
Justiz F прȃвосӯђе; **~ministerium** N министàрство прȃвосӯђа
Juwel N дрàгӯљ; **~ier(in** F) M јувèлӣр

K

Kabarett N кабàрē
Kabel N кáб(е)л; **~fernsehen** N кáбловскā телèвӣзија
Kabeljau M бакàлāр
Kabin|e F кабѝна; **~ett** N кабѝнēт; мѝнистарскӣ сáвет
Kabrio(lett) N кабриòлет
Kachel F (зӣднā) плȍчица; **~offen** M кȁљевā пêћ
Kacke F V срáње
Käfer M бȗба
Kaffee M кȁфа; **~kanne** F лȍнчић за кȁфу; **~maschine** F аутòмāт за кȁфу
Käfig M кȁвез

kahl rȏ; *Kopf* ћѐлав; *Baum* огȍлео
Kahn M ча́мац
Kai M кȇј
Kaiser|(in F) M цȁр(ица); **~reich** N цр̑ство; **~schnitt** M цр̑ски̑ рȇз
Kajüte F каби́на на пу̑тни̑чки̑м бро̀довима
Kakerlak M бубашва́ба
Kalb N тѐле; **~fleisch** N тѐлетина; **~sbraten** M тѐлеħе пече́ње
Kalender M календа̄р
Kalk M крѐч; *Ablagerung* каме́нац; **~stein** M крѐчњак
kalkulieren калку̀лисати (*im*)*pf*
kalorienarm нискокало̀ричан
kalt хла́дан (*a fig*); **~ werden** *Wetter* захлађи́вати; **~blütig** хла̏днокр̄ван
Kälte F хладно̀ћа; **3 Grad ~** три̑ стѐпена испод ну̏ле̄; **~welle** F хла̏дни̑ та̏ла̄с
Kamel N ка̀мила
Kamera F фотоапа̀ра̄т; *Filmkamera* ка̀мера
Kamerad M дру̑г; **~schaft** F друга́рство
Kamille F ками̏лица
Kamin M ка̀мӣн; *Schornstein* ди̏мњак
Kamm M чѐшаљ; *Hahn* кре́ста; *Berg* грѐбе̄н
kämmen чѐшљати (**sich** се)
Kammer F о̏даја; *Abstellkammer* о̏става
Kampagne F кампа̀ња
Kampf M бо̀рба
kämpf|en бо̀рити се (**für** *A*, **um** *A* за *A*); **≗er** M бо́рац
Kampfrichter M су̏дија *m* (мѐча, та̀кмичења)
kampieren ка̏мповати
Kanad|a N Кана́да; **~ier** M Канађанин; **~ierin** F Кана̀ђа̄нка; **≗isch** ка̀на̄дскӣ
Kanarienvogel M канари́нац
kandidieren ка̀ндидовати (се) (*im*)*pf*
Känguru N кѐнгур
Kaninchen N ку̏нић
Kanister M ка̀нистер
Kanne F ка̏нт(иц)а
Kanone F то̑п
Kante F ивица
Kanu N ка̀нӯ
Kanz|el F предикао̀ница; **~lei** F канцела̀рија; **~ler** M канцѐла̄р
Kap N р̑т
Kapazität F капаци̏те̄т (*a Experte*)
Kapelle F капе́ла
Kapern F/PL ка̏пре *f/pl*
kapieren схва̏тати
Kapital|anlage F ула́га̄ње капи́тала; **~ist** M капита̀листа *m*; **≗istisch** капитали̏стичкӣ
Kapitän M капѐта̄н; SPORT капи̏те̄н
Kapitel N по̀гла̄вље
kapitulieren капитули́рати (*im*)*pf*
Kappe F ка̏па
Kapsel F *Medikament* ка̀псула
kaputt по̀ква̄рен; **~machen** ква́рити
Kapuze F капу̀љача
Karambolage F су̏да̄р
Karawane F кара̀ва̄н

Karfreitag M Вѐликӣ пе́так
kariert ка̀рӣра̄н
Karo N *Stoff* ка̀ро; *Spielkarte* ка̏ро
Karosserie F каросѐрија
Karotte F шаргаре́па
Karpfen M ша̀ран
Karre F, **~n** M коли́ца *pl*
Karte F ка̂рта; **mit ~ zahlen** пла́ћати ка̂ртицо̄м; **rote (gelbe) ~** SPORT цр̀венӣ (жу̑тӣ) ка̀рто̄н; **~n spielen** ка̂ртати се
Kartei F картоте́ка
Karten|spiel N ѝгра ка̂ртама; *Satz Karten* шпи̏л ка̂ра̄та̄; **~telefon** N телѐфо̄н на ка̂ртицу
Kartoffel F кро̀мпӣр; **~püree** N кро̀мпӣр-пи̏ре̄; **~salat** M сала̀та од кромпи́ра̄; **~suppe** F чо́рба од кромпи́ра̄
Karussell N ри̂нгишпӣл
Karwoche F Вѐлика̄ (стра̏сна̄) нѐдеља
Käse M си̑р
Kaserne F ка̀са̄рна
Kass|e F ка̀са; THEA *usw* бла̀га̄јна; **~enarzt** M (при̏ватнӣ) лѐка̄р ко̀ји при́ма̄ здра̀вствено̄ о̏сигура̄не паци̇̀јенте; **~enzettel** M ра̀чӯн
Kastanie F ке̏сте̄н
Kästchen N ку̀тијица
Kasten M са̀ндук; *Getränkekasten* га̂јба
katastrophal ка̀тастрофа̄лан
Kater M ма̀чо̄р; *fig* мам̀урлук
Kathedrale F катедра́ла
katholisch като̀личкӣ
Katze F ма̑чка
kauen жва́кати; *Lippen, Nägel* гри̏сти
Kauf M ку̀повина; **≗en** купо̀вати
Käufer(in F) M ку́пац
Kauf|frau F тр̀го̄вк(ињ)а; **~haus** N ро̏бна̄ ку̏ћа; **~mann** M тр̀говац; **≗männisch** тр̀говачкӣ; **~vertrag** M у̏гово̄р о купопро̀даји
Kaugummi M F жва́ка
kaum jѐдва (да)
Kegel M MATH ку̑па; SPORT ке́гла; **~bahn** F *Anlage* куглѐна; **≗n** ку́глати се
Kehl|e F гр̑ло; **~kopf** M гр̑кља̄н
kehr|en → fegen; **≗schaufel** F ђу̏бро̄внӣк, ло̀патица; **≗seite** F на́лӣчје (*a fig*)
Keil M кли̑н
Keilriemen M кли̑настӣ ре̏ме̄н
Keim M кли́ца; **≗en** кли̇̀јати; **≗frei** стѐрӣлан
kein ни̇̀један; **ich habe ~ Geld** не̂ма̄м но́вца; **~ bisschen** ни̇̀мало; **~ anderer** ни̇̀ко дру̏гӣ; **~er** ниjѐдан; **~esfalls** ни у ко̂м слу̑ча̄ју
Kelch M пѐха̄р; *Blüte* ча̏шица
Kelle F ку̀тлача; *Maurerkelle* мѝстрија
Keller M по̀друм; **~geschoss** N су̏тере̄н
Kellner(in F) M ке̏лнер(ица)
kennen позна́вати; **~ lernen** упозна́вати (**sich** се); **sich ~** зна̏ти се
Kenner(in F) M позна́валац
Kenntnis F позна́вање; **zur ~** на зна̂ње; **~se** PL зна̂ња *pl*
Kenn|wort N ши̏фра; MIL ло̀-

зн̑нка; **~zeichen** N ȍзнака; KFZ рѐгистарскӣ бро̑ј
kentern прѐвртати се
Kerbe F у̏рез
Kerl M мо̀мак; *abwertend* тӣп
Kern M jе̏згро; *Steinobst* ко̀штица; **~energie** F ну̑клеарна̄ енѐргија; **~kraftwerk** N ну̑клеарна̄ електра̀на; **~waffen** F/PL ну̑клеарно̄ о̀ру̑жје
Kerze F све́ћа; KFZ свѐћица
Kerzen|halter M, **~ständer** M свѐћња̄к
Kessel M *Wasserkessel* ко̀тлић; GEO ко̀тлина; TECH ко̀тао
Ketschup N *od* M кѐчап
Kette F ла́нац; *Halskette* о̀грлица
Kettenreaktion F ла̀нчана̄ реа̀кција
keuch|en да̀хтати; **≈husten** M вѐликӣ ка̏шаљ
Keule F буздо̀ва̄н; SPORT чу̑њ; *Hähnchen* ба̏так; *Lamm* бу̑т
Keyboard N ки́борд; EDV таста̄ту́ра
Kfz N → Kraftfahrzeug
KG F (**Kommanditgesellschaft**) кома̀ндӣтно̄ дру́штво
kichern кико̀тати се
Kiefer[1] M вѝлица; чѐљу̑ст *f*
Kiefer[2] F бо̑р
Kieferhöhle F чѐљу̑сна̄ ду̑пља
Kiel M MAR ко̀билица
Kieme F шкр̏га
Kies M шљу́нак
Kilometer M кѝлометар; **~zähler** M бро̀ја̄ч кѝлометара̄
Kind N дéте; **für ~er** за дѐцу
Kinder|arzt M дѐчјӣ лѐка̄р; **~bett** N кревѐтац; **~garten** M (дѐчјӣ) вр̀тић; **~gärtnerin** F васпита̀чица; **~geld** N дѐчјӣ дода́так; **~hort** M дѐчје̄ о̀бданиште; **~krippe** F ја̏слице *f/pl*
Kinder|lähmung F дѐчја̄ парали́за; **≈los** без дѐце̄; **~mädchen** N да̀дӣља; **~sicherung** F *elektrisch* за̏штитна̄ ма̏ска за у̏тичницу; KFZ сигу́рносна̄ бра̏ва на ко̏лима; **~sitz** M KFZ сѐдӣште за дѐцу (у ко̏лима); **~teller** M *Portion* дѐчја̄ по̀рција; **~wagen** M дѐчја̄ коли́ца; **~zimmer** N дѐчја̄ со̏ба
Kind|heit F детѝњство; **≈isch** дѐтињаст; **≈lich** дѐчјӣ
Kinn N бра́да
Kino N бѝоскоп
Kiosk M кѝоск
Kippe F *Zigarette* пѝкавац, о̀пушак
kippen прѐвртати (се); *hinunterkippen* накре́тати
Kirch|e F цр̏ква; **≈lich** цр̀квен; **~turm** M цр̀квенӣ то́рањ
Kirsch|baum M трѐшња (др̏во); **~e** F трѐшња (пло̑д)
Kissen N *Kopfkissen* ја̀стук; **~bezug** M ја̀стучница
Kiste F са̀ндук
Kitsch M кӣч; **≈ig** кѝчаст
Kitt M гӣт
Kittel M ра̑днӣ ма̀нтӣл
kitten гѝтовати
kitzeln голѝцати
kitzlig голѝцљив; *fig* шка̀кљив
Kiwi F кѝви

Klage F прѝтужба; JUR ту̏жба; **&n** жа̏лити се (**über** *A* на *A*); JUR ту́жити
Kläger M ту̏жилац; **~in** F ту̏жи̏ља
Klammer F за̏града
klammern: **sich ~ an** хва̏тати се; др̏жати се
Klang M зву̑к
Klapp|bett N крѐвет на раскла́па̄ње; **~e** F по̀клопац; **&en** V/T откла́пати; закла́пати; **es hat geklappt** *fig* у̀спе̄ло је; **&ern** *Zähne* цвоко̀тати; **~rad** N бицѝкл на раскла́па̄ње; **~stuhl** M сто̀лица на раскла́па̄ње; **~tisch** M сто̑ на раскла́па̄ње
Klaps M пљѐска
klar *Wasser* бѝстар; *Himmel* вѐдар; *verständlich* ја̏сан; ADV *selbstverständlich* сва̏ка̄ко; **alles ~?** је ли све̏ у ре́ду?; **sich ~ werden** по̀стајати ко̀ме ја̏сно
Kläranlage F постројѐње за пречишћа́ва̄ње во̀дē
klären разјашњáвати (**sich** се)
Klarheit F *Wasser* бистро̀ћа; *Deutlichkeit* јасно̀ћа
Klarinette F кларѝнēт
klarmachen објашњáвати
Klartext M: **im ~** без увѝја̄ња
Klasse F *Schule* одељѐње; *Kategorie* ре̑д; *sozial* кла̏са; **&!** сја̑јно!; **~nzimmer** N учио̀ница
klassisch кла̀сичан
Klatsch M *Gerede* трача́рēње
klatschen пљѐскати; **Beifall ~** аплаудѝрати (*im*)*pf*
Klaue F *Vogel* ка̏нџа; *Raubwild* ша́па
klauen F мажња́вати
Klausel F кла̏узула
Kleb|eband N лѐпљивā тра̀ка; **&en** V/T лѐпити (*v/i* се); прила́њати; **&rig** лѐпљив; **~stoff** M лѐпак
kleckern флѐкати (се)
Klecks M мр̏ља
Klee M дѐтелина
Kleid N ха̏љина; **&en** облачити (**sich** се)
Kleider|bügel M вѐшалица; **~schrank** M о̀рма̄н (за о̀дећу); **~ständer** M чивѝлук
Kleidung F о̀дећа; **~sstück** N о̀дēвнӣ пре́дмет
klein ма̑лӣ
Klein|bus M мѝни-бу̑с; **&geld** N сѝтан но̀вац; **&igkeit** F ситнѝца; **&kind** N ма̑лō дѐте; **~lich** сѝтничав; **&stadt** F ма̑лӣ гра̑д
Klemm|e F стѐза̄љка; **in der ~e sitzen** *fig* бѝти у шкрѝпцу; **&en** V/T стѐзати; V/I *Tür* за̀пињати
Klempner M водоинстала̀тēр
Klette F чѝчак
kletter|n пѐњати се (**auf** *A* на *A*); *mühevoll* пѐнтрати се (*a Pflanzen*); **&pflanze** F пу̏завица
Klettverschluss M чѝчак-тра̀ка
Klimaanlage F *F* кли́ма
Klinge F о̏штрица
Klingel F зво́нце; **&n** зво̀нити (*a Telefon*); **es &t** нѐко зво̀нӣ
klingen зву́чати
Klinke F ква̏ка

Klippe F литица
klirren звѐцкати
Klo N *F* → Toilette
klopf|en кy̑цати (*a Herz*) *Teppich* трȇсти; *vom Motor* лу́пати; **es ~t** нѐко ку̑ца
Klops M ћу̑фте
Kloß M *Mehl* кнéдла
Kloster N ма̏настӣр
Klotz M *Hackklotz* тру́пац; па̑њ
Kluft F по́нор
klug па̏мӗтан; **≈heit** F па̏мēт
Klumpen M гру̑д(в)а
knabbern гри̑цкати
knacken *Nüsse* кр̑ц(к)ати; *F Auto* оби́јати; V/I кр̑цкати; пуцкѐтати
Knall M пра̑сак; *Schuss* пу̑цањ; **≈en** трѐскати; *Schuss* пу̑цати; **j-m eine ≈en** *F* залéпити *pf* ко̏ме ша̏мāр
knapp о̀скудан; *eng* тéсан; **die Zeit ist ~** (пре)ма̏ло је вре̏мена; **~ bei Kasse sein** би̏ти у бѐспарици
knarren шкри́пати
knattern *Motorräder* тандр́кати
Knäuel M *od* N клу̑бе, клу̑пко
Knecht M слу́га
kneifen V/T шти́пати; V/I *fig* вр̏дати
Kneipe F кафа̀на
kneten мéсити
Knie N ко̀лено; **≈n** клéчати; **sich ≈n** клѐкнути *pf*; **~scheibe** F ча̑шица (ко̀лена); **~strümpfe** M/PL до̀коленице
Kniff M *Papier, Stoff* фа̑лта; *fig* три̑к; **≈lig** сло̀жен
knipsen шкљо̏цати
knirschen шкри́пати; *Zähne* шкргу̏тати (*I*)
knistern пуцкѐтати
knitter|frei ко̀јӣ се не гу̏жвā; **~n** гу̏жвати (се)
Knoblauch M бе̏лӣ лу̑к
Knöchel M *Fuß* глѐжањ; *Finger* згло̏б
Knochen M ко̑ст; **~bruch** M пре́лом ко̏сти; **~mark** N ко̏штанā ср̑ж
Knödel M кнéдла
Knolle F кв̑рга; воткр̀тола
Knopf M ду̑гме
knöpfen закопча́вати
Knopfloch N ру̑пица за ду̑гме
Knorpel M хр̏скавица
Knospe F пу̑пољак
Knoten M чво̑р; **~punkt** M чво̀рӣште
Knüller M *F* хи̑т
knüpfen вези́вати
Knüppel M ба̀тина; *Schaltknüppel* ру̑чица мења́ча; **~schaltung** F KFZ убаци́вање у брзи́ну мења́чем
knurren ре́жати; *Magen* кр̑чати
knusprig хр̏скав
knutschen цма́кати (се)
Koch M ку̑вāр; **~buch** N ку̑вāр; **≈en** V/T ку̑вати; V/I *sieden* врѐти; **≈end heiß** ки́пу̑ћӣ
Köchin F ку̑варица
Koch|löffel M ва̀рјача; **~nische** F (ку̑хињскā) ни̏ша; **~salz** N ку̑хињскā со̑ *f*; **~topf** M ло̀нац
Köder M ма́мац
kodieren ши̏фровати (*im*)*pf*
koffeinfrei без кофеина

Koffer M кòфер; **~raum** M KFZ прт̑љажнӣк
Kohl M ку̏пус
Kohle F у̑гаљ
Kohle(n)hydrat N у̏гљенӣ хѝдра̄т
Kohlensäure F у̏гљена̄ кисе́лѝна
Kohlrabi M келера́ба
Kolben M TECH клп̂
Kolik F гр̑ч
Kolleg|e M коле́га *m*; **&ial** кȍлегија̄лан; **~in** F коле́гиница
Kolonne F коло́на; **~ fahren** вòзити (се) у коло́ни
kombinieren кòмбиновати (*im*)*pf*
Kombi(wagen) M карàва̄н
Komfort M кòмфо̄р; **&abel** кòмфо̄ран
Kom|iker(in F) M кòмича̄р(ка); **&isch** сме́шан
Komitee N комѝте̄т
Komma N за̏пета
kommand|ieren кòмандовати (*im*)*pf*; **&o** N кòма̄нда
komme|n дòлазити; *ankommen* стѝзати; **~n lassen** пòзвати *pf* кòга да до̑ђē; **wie ~ ich nach ...?** ка̏ко (мòгу) да стѝгне̄м до ...?; **~nd** ѝдӯћӣ
Kommissar M комèса̄р
kommunal кȍмуна̄лнӣ
kommunistisch комунѝстичкӣ
Kompetenz F компетѐнција; *Zuständigkeit* на́длежно̄ст
komplett комплѐтан
Kompliz|e M са̏уче̄снӣк; **&iert** кòмпликова̄н
kompon|ieren кòмпоновати (*im*)*pf*; **&ist(in** F) M компòзѝтор(ка)
Kon|dition F SPORT кòндѝција; ECON кòндӣција; **~ditorei** F посластѝчарница; **&dolieren** изра́зити са̏уче̄шће
Kon|fekt N вр̑ста пралѝна̄; **~fession** F вероисповѐст *f*; **~fitüre** F вр̑ста мармела́де̄
Kon|flikt M су́коб; **&fus** кòнфӯзан
König M кра̑љ; **~in** F кра̀љица; **&lich** кра̏љевскӣ; **~reich** N кра̏љевство
Konjunktion F ве̂знӣк
konkret конкрѐтан
konkurr|enzfähig конкурѐнтан; **&ieren** конку̀рисати (*im*)*pf*
Konkurs M сте̏ча̄ј
können мо̀ћи; **schwimmen ~** у̏мети плѝвати; **(es) kann sein** мо̏же̄ бѝти
konsequen|t консеквѐнтан; **&z** F пòследица
konser|vativ кȍнзерватӣван; **~vieren** конзѐрвисати (*im*)*pf*; **&vierungsmittel** N конзѐрванс
konstruieren констру̀исати (*im*)*pf*
kon|sultieren кòнсултовати (*im*)*pf* (се); **&sum** M потрòшња
Kontaktlinsen F/PL кòнтактна̄ со̏чива
kontinuierlich континуѝра̄н
Konto N ра̀чӯн; **~auszug** M ѝзвешта̄ј о ста́њу на рачу́ну; **~inhaber** M вла̏снӣк рачу́на;

~**nummer** F бро̂ј рачу́на; ~**stand** M ста́ње рачу́на
Kontroll|eur(in F) M контро̀ло̄р(ка); ≗**ieren** контро̀лисати (im)pf; ~**lampe** F ко̀нтро̄лна̄ сѝјалица
konventionell ко̀нвенциона̄лан
Konzentration F усрѐдсре̂ђено̄ст
konzentrieren концѐнтрисати (**sich** се) (**auf** A на A)
Konzertsaal M ко̀нцертна̄ са́ла
Konzession F до̏звола
koordinieren коорди̇̀нисати (im)pf
Kopf M гла́ва; *fig* мо̏зак; **pro ~** по гла́ви; **~ stehen** *fig* би̏ти зб̏рда-здо̏ла; ~**hörer** M слу̏шалице *f/pl*; ~**kissen** N ја̀стук; ~**salat** M зѐлена̄ сала̀та; ~**schmerz** M главо̀бо̀ља; ~**sprung** M ско̂к на гла̂ву (у во̂ду); ~**stütze** F KFZ на́слон за гла̂ву (у ко̏лима); ~**tuch** N ма̀рама (око гла́ве̄); ≗**über** наглава̀чке̄
kop|ieren (фото)копи́рати (im)pf; *fig* опона́шати; ≗**iergerät** N апа̀ра̄т за копи́рање
koppeln повези́вати; спа́јати
Koralle F ко̀ра̄л
Korb M ко́рпа (*a fig*); SPORT ко̂ш
Kord... → Cord...
Kork M плу̏та; ~**en** M че̂п (од плу̏те̄); ~**enzieher** M ва̀дичеп
Korn N зр̑но; *Getreide* жита̀рица
Korn(branntwein) M ра̀кија од жита̀рица̄
körnig зр̑наст
Körper M те̂ло; ~**bau** M тѐлесна̄ гра̂ђа; ≗**behindert** хендикѐпӣра̄н; ~**behinderte** M, F инва̀лӣд; ≗**lich** тѐлесан; ~**pflege** F нѐга те̂ла
korrekt корѐктан; ≗**ur** F йспра̄вка
Korrespond|ent M до́писнӣк; ~**entin** F до́писница; ~**enz** F прѐписка; ≗**ieren** дописи́вати се
Korridor M кори́до̄р; *Flur* хо̏днӣк
korrigieren ко̀риговати (im)pf
Kosmetik|er(in F) M козмѐтича̄р(ка); ~**salon** M козмѐтичкӣ са̀ло̄н
Kost F хра́на
kostbar драго̀цен
kosten V/T *abschmecken* про́бати (im)pf; V/I *wert sein* ко́штати; ≗ PL тро̏шкови; **auf ≗** на ра̀чӯн; ~**los** бѐсплатан
köstlich у̏кӯсан
Kost|probe F ма̏ло нѐчега за про́бу; ≗**spielig** ску̑п
Kostüm N THEA, *Damenkostüm* ко̀стӣм
Kot M йзмет
Kotelett N крмена́дла
Kotflügel M KFZ бла̏тобра̄н
kotzen V по̀враћати
Krabbe F *Kochkunst* ра̑чић
krabbeln пу̏зати
Krach M *Lärm* бу̑ка; *Streit* сва̂ђа; **~ machen** пра̂вити бу̑ку; ≗**en** тре́штати
krächzen гра̀ктати

Kraft F снáга; PHYS си̏ла; **~brühe** F jȃкā, би̏стрā су̑па (од мêса)
Kraftfahrer M вòзāч
Kraftfahrzeug N мòтōрнō вòзило; **~papiere** N/PL сàобраħāјнā дȍзвола; **~steuer** F пòрез на мòторнā вòзила; **~versicherung** F осигурáње мòторнōг вòзила
kräftig jȃк
kraft|los сла̏б; **&stoff** M (пòгонскō) гȍрӣво; **&werk** N електрàна
Kragen M крáгна
Krähe F врȃна
krähen кукурúкати
Kralle F кȃнџа
Kram M трйце *f/pl*
Krampf M гр̑ч; **~adern** F/PL прòшӣренē вéне *f/pl*
Kran M кра̑н
Kranich M ждра̑л
krank бȍлестан; **~ werden** разбољéвати се; **&e** M болèснӣк, *f* болèсница
kränken повређи́вати
Kranken|haus N бȍлница; **~kasse** F здрàвствена кȁса; **~pflege** F нȅга болеснúкā; **~pfleger** M бȍлничāр; **~schein** M пȍтврда о здрàвственōм осигурáњу; **~schwester** F медѝцӣнскā сèстра; **~versicherung** F здрàвственō осигурáње; **~wagen** M амбулàнтнā кȍла
krank|haft бȍлестан; **&heit** F бȍлēст *f*
kränklich болèшљив
krankschreiben дáвати бȍловање
Kranz M вéнац
Krater M крáтер
kratz|en V/T грèбати; *Juckreiz* чèшати (**sich** се); *v/i* грèбати; **&er** M *Kratzspur F* огребòтина
kraulen *liebkosen* мáзити; чȅшкати; SPORT плѝвати крȃул
kraus кòврџав; *Fell* ку̑драв
kräuseln *Haar* увúјати (**sich** се); *Wasser* талàсати (**sich** се)
Kraut N трáва; (лекòвита) бȉљка; *südd Kohl* кȕпус
Kräutertee M чȃј од бȉља̄
Krawall M *Aufruhr* нȅмӣри *m/pl*
Krawatte F кравàта
Krebs ра̏к; MED ра̏к, карцѝнōм; **~ erregend** кȃнцерогēн
Kredit M крèдӣт; **~karte** F крèдӣтнā кȁртица
Kreide F крéда
Kreis M кру̑г; *Verwaltungsbezirk* ȍкрӯг
kreischen врѝштати
kreis|en кру́жити (**um** *A* око *G*); **~förmig** ȍкрӯглӣ; **&lauf** M кру̑жнӣ тȏк; MED кр̏вотōк; **&laufstörungen** F/PL смéтње у кр̏вотоку; **&säge** F кру̑жнā тестèра; **&verkehr** M кру̑жнӣ тȏк(сàобраħаја)
Krempel M стару̀дија
krepieren цркáвати
Kresse F BOT крȅслица (салàта или зȁчин)
Kreuz N кр̑ст; ANAT кр̑ста *n/pl*; **& und quer** у̏здӯж и пȍпрēко; **&en** *Arme, Beine* прекр̑штати; *Wege, Arten* укр̑штати (**sich** се); **~fahrt** F крстáрēње;

~**schmerzen** M/PL бо́лови у кр̏стима; ~**ung** F ра́скрсница; BIOL укр̏шта̄ње; ~**worträtsel** N у̀крштенē ре́чи
kriech|en гми̏зати; пу́зити (пред ки̏м); ≗**spur** F *Autobahn* тра̀ка за спо̏ра̄ во̀зила
Krieg M ра̑т
kriegen доби́јати
Kriegs|gefangene M ра̑тнӣ заробљѐнӣк; F ра̑тна̄ заробљѐница; ~**schauplatz** M ра̑тӣште; ~**schiff** N ра̑тнӣ бро̑д; ~**verbrecher**(**in** F) M ра̑тнӣ зло̀чинац
Krimi M *Film, Roman* кри̏мић; ~**nalpolizei** F криминáлна полиција
kriminell кри̏миналан
Krippe F ја̏сле *f/pl*
Krit|ik F кри̏тика; ~**iker**(**in** F) M кри̏тича̄р(ка); ≗**isch** кри̏тичан; ≗**isieren** кри̏тиковати (*im*)*pf*
kritzeln шкра́бати
Kroat|e M Хр̀ва̑т; ~**ien** N Хр̏ва̄тска̄; ~**in** F Хр̏ва̄тица; ≗**isch** хр̀ва̄тскӣ
Kroketten F/PL ва̀љушци
Krokodil N кроко̀дӣл
Krone F кру̏на (*a fig*)
Kropf M гу̏шаво̄ст
Kröte F кра̀стача
Krücke F шта̏ка
Krug M кр̀ча̄г; *Bierkrug* кри́гла
Krümel M мр̏вица; ≗**n** V/I мр̏вити се
krumm кри̑в
Krüppel M *neg!* бо̏га̄љ *neg!*
Kruste F ко̏ра; *Wunde* кра̏ста
Kruzifix N распе́ће; кр̑ст

Kübel M ко̏фа
Kubikmeter M ку̏бнӣ ме̑тар
Küche F ку̏хиња
Kuchen M ко̀ла̄ч
Kuckuck M ку̏кавица
Kugel F ло̏пта; ку́гла (*a Billard*); *Gewehr* мѐтак; ≗**förmig** о̀кру̏глӣ; ~**lager** N ку̏гличнӣ лѐжа̄ј; ~**schreiber** M хѐмӣјска̄ о̀ло̄вка; ~**stoßen** N ба̀ца̄ње ку́глē
Kuh F кра̀ва
kühl хла́дан; ~**en** V/T хла́дити; ≗**er** M KFZ хла̑дња̄к; ≗**erhaube** F KFZ по̀клопац хла̑дња̄ка; ≗**flüssigkeit** F KFZ тѐчно̄ст за хла́ђење; ≗**schrank** M фрижѝде̄р; ≗**tasche** F фрижѝде̄р-то́рба; ≗**truhe** F → Gefriertruhe
kühn смѐо
Küken N пи̏ле
Kult M ку̏лт; ≗**ivieren** култѝвисати (*im*)*pf*
Kultur|beutel M несѐсе̄р; ≗**ell** ку̏лтӯрнӣ
Kümmel M ки̑м
Kummer M ја̑д
kümmern: **sich ~ um** бри́нути се о (*L*)
Kumpel M дру̏га̄р
Kund|e M муштѐрија; *Nachricht* ве̑ст *f*; ~**endienst** M сѐрвӣс; ~**gebung** F ми̏тинг
kündig|en отказивати; ≗**ung** F о̀тказ; ≗**ungsfrist** F ро̑к за да́ва̄ње о̀тказа; ≗**ungsschutz** M за̑штита од да́ва̄ња о̀тказа
Kund|in F муштѐрија; ~**schaft** F муштѐрија

künftig бу̀дӯħӣ; ADV бу̀дӯħе
Kunst F у̀метнōст; **~ausstellung** F (у̀метничкā) ѝзложба; **~dünger** M вѐштāчкō ђу̂брйво; **~faser** F вѐштāчкō вла̂кно; **~galerie** F (у̀метничкā) га̀лēрија; **~gewerbe** N прѝмēњенā у̀метнōст; **~händler** M тр̀говац у̀метничкӣм дēлима
Künst|ler M у̀метнӣк; **~lerin** F у̀метница; **&lerisch** у̀метничкӣ; **&lich** вѐштāчкӣ
Kunst|sammlung F збӣрка у̀метничкӣх дēлā; **~seide** F вѐштāчкā свѝла; **~stoff** M пла̀стика; **~stück** N вештѝна; **~werk** N у̀метничкō дēло
Kupfer N ба̂кар
Kupp|el F ку̂пола; **&eln** спа́јати; **~lung** F KFZ ква̀чило; **~lungspedal** N педа́ла ква̀чила
Kur F ле́чēње
Kurbel F ру̀чица
Kürbis M тйква
Kur|gast M ба̂њскӣ го̂ст; **&ieren** ле́чити; **~ort** M ба̂ња
Kurs M ку̂рс; **~buch** N BAHN ре̂д во́жњē; **&ieren** бйти у о̀птицāју; *fig* кру́жити; **~verlust** M губѝтак на вре́дноснӣм папѝрима *od* на бѐрзи
Kurve F крйва; *Straße* кривѝна; **&nreich** са пу̂но кривѝнā
kurz кра̂так; **vor ~em** не̏дāвно; **~ vor Köln** не̏далеко од Кѐлна; **kürzer treten** *fig* зате́зати ка̀иш; ма̏њē ра́дити; **&arbeit** F скра̂ħенō ра̂днō вре́ме
Kürze F кратко̀ħа; **in ~** у̀скоро; **&n** кра́тити
Kurz|film M кра̀ткомēтрāжнӣ фйлм; **&fristig** кратко̀рочан; **~geschichte** F кра̏ткā прйча
Kurz|parkzone F зо́на кра̀ткотрāјнōг паркѝрāња; **~schluss** M кра̏так спо̂ј; **&sichtig** кратко̀вид(ан)
Kürzung F скраħѝвāње
Kurzwaren F/PL позамантѐрија
kuscheln привѝјати се уз (*A*); *miteinander* мѝловати се
Kusine F → Cousine
Kuss M по̀љубац
küssen љу́бити (**sich** се)
Küste F (мо̀рскā) о̏бала; *Land* прѝмōрје
Kutsche F ко̀чија
kyrillisch: **~e Schrift** ħирѝлица

L

labil ла̀бӣлан
Labor N лабора̀тōрија
lächeln осмехѝвати се; **&** N о̀смēх
lachen смѐјати се; **&** N сме̂х
lächerlich сме́шан
Lachs M ло̂сос
Ladegerät N EL пу̂њач (за мо̀бӣлнӣ, за акуму̀лāтор)
laden то̀варити; EL, MIL пу̂нити
Laden M ра́дња; *Fenster* ка̀пак; **~diebstahl** M кра̂ђа у про̀дāвници; **~kasse** F

(рѐгистар-)кȁса; **~schluss** M вре́ме затвȁрања ра́дње
Ladung F тѐрет; *Gericht* по́зив; EL, MIL на̏бој
Lage F *Zustand* ста́ње; GEO пȍложа̄ј; *Schicht* слȏј
Lager N лȏгор; POL, MIL та̑бор; ECON склȁдӣште; TECH лѐжа̄ј; **℞n** лȏгоровати; ECON скла̀диштити; **~ung** F скла̀диште̄ње; → *a* Lager
lahm хрȍм; **~ legen** пара̀лисати (*im*)*pf*
lähm|en пара̀лисати (*im*)*pf*; **℞ung** F парали́за
Laib M вѐкна
Laie M ла̀ик
Laken N (крѐветскӣ) ча̀ршав
Laktose F лакто́за; **℞frei** бȅз лакто́зе; **~unverträglichkeit** F интолера̀нција на лакто́зу
Lamm N ја̀гње; **~fleisch** N ја̀гњетина
Lampe F ла̑мпа
Land N *Ggs Wasser* кȍпно; *Staat* зѐмља; **an ~ gehen** и́ћи на кȍпно; **auf dem ~** на сѐлу; **~ebahn** F пӣста; **℞en** MAR прѝстајати сле́тати
Länderspiel N међуна́родна̄ у̀такмица
Landes|... зема̀љскӣ; **~grenze** F др̏жа̄вна̄ гра̀ница; **~regierung** F по̀крајӣнска̄ (репу̀блича̄) вла́да
Land|gut N пољопрѝвредно̄ има́ње; **~haus** N сȇоска̄ кӯћа; **~karte** F гео̀графска̄ ка̑рта; **~kreis** M ȍкрӯг
ländlich сȇоскӣ
Landschaft F пре́део
Lands|mann M зѐмља̄к; **~männin** F земља̀киња
Land|straße F ло̀ка̄лнӣ пӯт; **~ung** F MAR прѝстаја̄ње; AER спу̀шта̄ње; **~ungsbrücke** F, **~ungssteg** M мȏст за искрца́вање; **~wein** M рȅгиона̄лно̄ ви́но
Landwirt M пољопрѝвреднӣк; **~schaft** F пољопрѝвреда; **℞schaftlich** пољопрѝвреднӣ
lang дӯгачак; **zwei Wochen ~** (пу̑не̄) двȇ нѐдеље; **~e** ADV дӯго; **seit ~em** вȅћ дӯго
Länge F дужи̏на
Lang|eweile F дȍсада; **℞fristig** дуго̀рочан; **℞jährig** *Freund* дугого̀дишњӣ; **~lauf** M *Skisport* ла̀нглауф
läng|lich дугу̀љаст; **~s** ADV по дужи̏ни; PRP уздуж (*G*), дуж (*G*)
langsam спȍр; ADV спȍро
längst о̀да̄вно
Languste F ја̏стог
langweil|en досађи́вати (**sich** се *nur impf*); **~ig** дȍсадан
langwierig дӯготра̄јан
Lappen M кр̏па
Laptop M лѐптоп
Lärm M бу̏ка; **℞en** гала́мити
Larve F *Käfer* ла̑рва
Laser M ла̀сер; **~drucker** M ла̀серскӣ шта̀мпа̄ч
lassen пу̏штати; дозвољàвати; ди̏ћи *pf* ру̑ке од (*G*); **j-n et machen ~** да̏ти нѐкоме да нѐшто у̀ради; **~ Sie sich nicht stören!** са̑мо (Ви̑) на̀ставите!
lässig неу̀сиљен
Last F тѐрет, брȅме; → zulas-

ten; **~enaufzug** M тѐретнӣ лифт; **~er** M *moralisch* пòрок; → *a* Lkw

lästern оговáрати (**über j-n** кòга)

lästig нáпоран

Last|schrift F скидāње нóвца са рачýна; **~wagen** M → Lkw

lateinamerikanisch латиноамѐрички; **~isch** лàтӣнскӣ

Laterne F фѐњер; *Straßenlaterne* ўличнā свѐтиљка

Latex M лàтекс

Latte F лѐтва

Lätzchen N пòртикла

Latzhose F комбинѐзōн

lau млâк (*a fig*)

Laub N лӣшће; **~baum** M лӣстопāднō др̏во

Lauch M прȁзилук

lauern врéбати

Lauf M тр̑ка; *Verlauf* тôк; *Gewehr* цêв *f*; **im ~e** (*G*) у тòку (*G*); **~bahn** F *Beruf* каријéра

laufen *rennen* тр̀чати; *zu Fuß gehen* ѝћи; *Wasser* тѐћи; *Film* дáвати се; *Maschine* рáдити; **~d** тѐкӯћӣ; ADV трâјно; **j-n auf dem 2den halten** инфòрмисати (*im*)*pf* кòга о рáзвоју дȍгађāја

Läufer M SPORT тр̀кāч; *Schach* лóвац; *Teppich* (тѐпих-)стàза; **~in** F тркàчица

Lauf|masche F пѐтља; **~steg** M мȏднā пӣста; **~werk** N механѝзам

Lauge F лўжина

Laun|e F ћŷд *f*; *Stimmung* расположéње; **gute (schlechte) ~e haben** бѝти дȍбро (лȍше) распòложен; **2isch** ћŷдљив

Laus F вāшка

lauschen ослушкѝвати; *heimlich* прислушкѝвати

laut[1] PRP према, по (*D*)

laut[2] ADJ глȁсан; *lärmend* бŷчан; **~ lesen** нȁглāс чѝтати; **2** M звŷк; *Sprachlaut* глâс; **~en** глáсити

läuten звòнити (*a* TEL)

laut|los бȅзгласан; **2sprecher** M звŷчнӣк; **2stärke** F *Radio*, TV јàчина звŷка

Lavendel M лàвāнда

Lawine F лàвина; **~ngefahr** F опáснōст од лàвӣнā

leben жѝвети; **~ Sie wohl!** (òстāјте) збȍгом!; **2** N жѝвот; **~dig** жȋв; *lebhaft* жѝвахан

Lebens|gefahr F жѝвотнā опáснōст; **~gefährlich** ȍпāсан по жѝвот; **~gefährte** M жѝвотнӣ сàпутнӣк; **~gefährtin** F жѝвотнā сàпутница; **~haltungskosten** PL трȍшкови свакòднēвнōг живòта; **2lang**, **2länglich** дȍживотан; **~lauf** M аутобиогрàфија

Lebensmittel N/PL (жѝвотнē) нáмирнице *pl*; **~geschäft** N прòдāвница нáмирнӣцā; **~vergiftung** F трòвање жѝвотнӣм нáмирницама

Lebens|standard M жѝвотнӣ стàндард; **~unterhalt** M: **den ~unterhalt verdienen** зарађѝвати за жѝвот; **~versicherung** F жѝвòтно осигурáње; **2wichtig** нȅопхōдан (за

живот)
Leber F jȅtra; GASTR џи̏герица; **~pastete** F јѐтренā паште́та; **~wurst** F џигѐрњача
Leb|ewesen N жи̑вō би̏ће; **≗haft** жи̏вахан; **~kuchen** M медѐњак; **≗los** без зна̑ка живо̀та
leck: **~ sein, ein ≗ haben** ѝмати ру̏пу
leck|en *Zunge* ли́зати; **~er** у̏кӯсан
Leder N ко̏жа; **~waren** F/PL ко̏жнā галантѐрија
ledig *von Mann* нео̀жењен; *von Frau* нѐудāта; **~lich** ADV јѐдӣно
leer пра́зан; пу̑ст; **≗e** F празни̏на; **~en** пра̏знити; **≗gut** N фла̏ша са ка̀уцијōм; **≗lauf** M *Motor* лêр; **≗ung** F *des Briefkastens* пра̏жње̄ње
legal лȅгалан
legen ста̏вљати; **sich ~** стиша́вати се; *ins Bett* ле́гати
Leggings PL хѐланке *pl*
Legierung F легу́ра
Lehm M гли́на
Lehn|e F на́слон; **≗en** присла̏њати (**an** *D* на *A*); **sich ≗en** на̀слањати се (**an** *A* на *A*; **aus** *D* преко *G*); **~stuhl** M фотѐља
Lehr|buch N у̏џбенӣк; **~e** F на̀ука; *Erfahrung* по̏ука; **e-e ~e machen** у̀чити за̀на̄т; **≗en** преда́вати; у̏чити (**j-n et** ко̀га чему̏); **~er** M у̀читељ; на́ставнӣк; про̀фесор; **~erin** F учитѐљица; на́ставница; про̀фесорка; **~gang** M (на́ставнӣ) ку̑рс; **~ling** M шѐгрт; **≗reich** по̀учан; **~stuhl** M ка̀тедра; **~zeit** F вре́ме о̏буке̄
Leib M тȇло; *Bauch* сто̀ма̄к; **~gericht** N о̀миљенō јȅло; **~wächter** M телохра̀нитељ
Leich|e F лȅш; **~enschauhaus** N мр̀тва̄чница; **~enwagen** M мр̀твачка̄ ко̏ла *pl*; **~nam** M лȅш
leicht ла̏к; **~ fallen** не па̏дати ко̀ме те́шко; **~e Musik** ла̏гана̄ му̏зика; **≗athletik** F ла̏ка̄ атлѐтика; **~gläubig** ла̀ковѐран; **≗igkeit** F лако̀ћа (*a fig*)
Leichtsinn M лако̀мисленōст; **≗ig** лако̀мислен
Leid N па̏тња; **≗en** па̏тити; **an et ≗en** па̏тити од (*G*); **nicht ≗en können** не подно̀сити; **~en** N па̀тња; MED тего̀ба
Leidenschaft F стра̑ст *f*; **≗lich** стра̏стан
leider ADV на̏жалōст
leid|tun: **es tut mir ~** жа̏о ми је; **er tut mir ~** жа̏о ми га је
leih|en посу̏ђивати; **j-m et ~en** позајмљи́вати ко̀ме нȅшто; **sich von j-m et ~en** узајмљи́вати од ко̀га нȅшто; **≗frist** F ро̑к вра̏ћа̄ња; **≗gebühr** F ка̀уција; *für e-n Leihwagen* најамни̏на; **≗haus** N залага̀оница; **≗wagen** M ѝзна̄јмљена̄ ко̏ла
Leim M ле́пак; **≗en** ле́пити
Lein|e F у̏зица; *Hundeleine* по̀водац; **~en** N ла̏ненō пла́тно; **~wand** F *Film* фи̏лмскō пла́тно
leise ти̏х; **~r stellen** утиша́вати
Leiste F ла̀ј(т)на; ANAT

прѐпона
leisten *erreichen* по̀стизати; *tun* о̀бављати; *Hilfe* указѝвати; *Dienst, Zahlung* вр̏шити; *Gesellschaft* пр̀авити; **sich et ~** дозвољáвати сѐби нѐшто; → *a* sich et gönnen
Leistenbruch M бр̑ӯх
Leistung F достигну̑ће; *Arbeitsleistung* у̀чинак; TECH сна̏га; **≈sfähig** спо̀собан
Leit|artikel M у̏дāрнӣ чла̏нак; **≈en** *Betrieb* (руко)во̀дити; *Versammlung* во̀дити; EL спрово̀дити
Leiter[1] F мѐрдевине *f/pl*
Leit|er[2] M у̀правнӣк; PHYS (с)про̀воднӣк; **~erin** F у̀правница; **~planke** F бра̀нӣк; **~ung** F *Führung* у̏права; TEL, EL вѐза; ка̑б(е)л; *Wasser* во̏довод; **~ungswasser** N о̀бичнā во̀да
Lende F сла̀бина
lenk|en у̀прављати (*I*); *fig* усмерáвати; **≈rad** N во̀лāн; **≈stange** F *Fahrrad* во̀лāн; **≈ung** F у̀прављање; *Vorrichtung* KFZ во̀лāн
Lerche F шéва
lernen у̏чити
lesbar чѝтљив
Lesb|e F лѐзбēјка; **≈isch** лѐзбēјскӣ
les|en чѝтати; **≈er** M чѝталац; **≈erin** F чѝтатēљка; **≈erbrief** M пѝсмо чѝтаоца; **≈ezeichen** N показѝвāч стра̑нē при чѝтању
letzt|... ADJ по̀следњӣ, кра̑јњӣ; **~e Woche** про̏шлē нѐдеље
Leucht|e F свѐтӣљка; **≈en** свѐтлети; *glänzen* бл̀истати; **j-m ≈en** осветљáвати ко̀ме (*A*); **≈end** бл̀истав; *fig* сја̑јан; **~er** M свѐћњāк; лу̑стер; **~reklame** F нѐонскā реклáма; **~turm** M светио̀нӣк
leugnen порѝцати
Leute PL љу̏ди; **junge ~** мла̑дӣ љу̏ди
Leutnant M по̏тпоручнӣк
Lexikon N лексѝкōн
Libelle F ZO вѝлин ко̏њиц
liberal лѝберāлан; **≈isierung** F либерализáција
Licht N свѐтлōст; *Lichtquelle* свѐтло; **bei ~** по дáну; **~ machen** пáлити свѐтло; **~bild** N фотогра̀фија; **~hupe** F KFZ бле̑нда; **~maschine** F генѐрāтор; **~schalter** M прекѝдāч за свѐтло; **~ung** F про̀планак
Lid N о̏чнӣ ка̀пак; **~schatten** M се̑нка за о̑чи
lieb дра̑г; љу̀базан; **am ~sten** на̏јрадијē; **≈e** F љу̑бав *f*; **~en** во̀лети
liebenswürdig љу̀базан; **≈keit** F љу̀базнōст
lieber ADV ра̏дије
Liebes|brief M љу̀бāвнō пѝсмо; **~kummer** M љу̀бāвнӣ ја̏ди *m/pl*; **~paar** N љу̀бāвнӣ па̑р
lieb|evoll пу̑н љу̀бави; **≈haber** M љу̀бāвнӣк; *e-r Kunst* љу̀битељ; **~haberin** F љу̀бāвница; *e-r Kunst* љу̀битēљка; **~lich** љу̀бак; **≈ling** M љу̀бимац; **≈lings...** о̀миљен; **~los** без љу̀бави

Lied N пѐсма
Liefer|ant M добȁвљач; **≈bar** набȁвљив; **~bedingungen** F/PL у́слови ӣспорукē; **≈n** до̀стављати; **~schein** M фактýра; **~ung** F ӣспорука; **~wagen** M камӣōн за ӣспоруку
Liege F лѐжāљка; **≈n** лѐжати; *sich befinden* нȁлазити се; **an j-m ≈n** зȁвисити од кȍга; **mir liegt viel daran** мѐни је веȍма стȃло до тȍга; **≈n lassen** о̀стављати; **~sitz** M KFZ сѐдӣште кȍјē се спу̑шта̄; **~stuhl** M лѐжāљка; **~wagen** M BAHN ку̑шет-кȍла *n/pl*; **~wiese** F лӣвада (за лѐжāње)
Lift M лӣфт; *Skilift* успӣњача
lila љу̑бичаст
Lilie F љӣљан; *Schwertlilie* перу̀ника
Limonade F лимунáда
Limousine F лимузӣна
Linde F лӣпа
lindern блажити
Lineal N лѐњӣр
Linie F лӣнија (*a Bus*); *Verkehrsstrecke* релáција
Linien|bus M лӣнӣјскӣ аутóбус; **~flug** M рѐдōван лѐт; **~maschine** F лӣнӣјскӣ авӣōн
link|... ADJ лȇви; **≈e** F *Hand* лѐвица
links лȇво; **nach ~** нȁлēво; **von ~** слȇва; **sich ~ halten** др̏жати се лȇвē стрáнē; **≈abbieger** M кȍјӣ скрȇћē нȁлēво; **≈händer** M лѐвāк; **≈händerin** F левȁкиња
Linse F сȍчиво (*a Optik*)
Lippe F у̏сна
Lippenstift M кȁрмӣн
lispeln шушкѐтати
Liste F лӣста
listig лу̏кав
Liter M лӣтар
litera|risch књӣжēвнӣ; **≈tur** F књӣжēвнōст
Livestream M IT стрӣмовање у̑жӣво
Lizenz F лицѐнца
Lkw M (**Lastkraftwagen**) камӣōн; **~-Fahrer** M вȍзāч камиóна
Lob N пȍхвала; **≈en** хвáлити; **≈enswert** пȍхвāлан
Loch N ру̑па; **≈en** бу́шити; **~er** M зу̏мбалица
löchrig ру̑пичаст
Lockdown M лȍкдāун
Lock|e F лȍкна; **≈en[1]** вȁбити; мáмити (*a fig*); **≈en[2]** *Haare* ковр̀џати (**sich** се); **~enwickler** M вӣклер
locker *wackelig* клӣмав; *Schraube* лȁбав; *unverkrampft* о̀пуштен; **~n** лабáвити
lockig кȍврџав
Löffel M *Esslöffel* кȁшика; *Teelöffel* кȁшичица
Loge F THEA лóжа
logisch лȍгичан
Logo N зȁштитнӣ знȃк
Lohn M плáта; *Belohnung* нȁграда; **~empfänger** M прӣмалац плáтē; **≈en**: **es ≈t sich (nicht)** (не) ӣсплāтӣ се; **≈end** исплȁтив; **~erhöhung** F пȍвишица плáтē; **~kürzung** F снижéње плáтē; **~steuer** F пȍрез на плáту; **~steuerkarte** F пȍрескӣ кȁртōн

Lok F → Lokomotive
Lokal N ресто̀ра̄н
Lokomotiv|e F локомоти́ва; **~führer** M машинѝвођа
London N Ло̀ндо̄н
Lorbeer M ло̀во̄р; **~blatt** N ло̀во̄ров ли̏ст
los *Knopf* о̀ткӣнут; *Hund* о̀дре̄шен; **~!** ха̏јде!; **was ist ~?** шта̏ се дѐша̄ва̄?; → *a* locker; **≗** N *Lotterie* срѐћка; **~binden** одвезѝвати; одрешѝвати (*a fig*)
löschen га́сити; *Daten* бри̏сати; *Ladung* искрца́вати; **den Durst ~** утажа́вати жеђ
lose *Zusammenhang* непо̀ве̄зан; *unverpackt* неу̏пакова̄н; → locker
Lösegeld N о̀ткуп
losen ву́ћи сла̑мку
lösen олаба́вити *pf*; *abtrennen* одва́јати; *Fahrkarte* купо̀вати; *Rätsel, Aufgabe* ре́шити; *Vertrag* раски́дати; *in Flüssigkeit* раства́рати; **sich ~** одва́јати се
los|fahren кре́нути *pf* (ко̏лима); **~gehen** по́ћи *pf*; *anfangen* по̀чињати; **~lassen** пу́штати
löslich раство̀р(љ)ив
Lösung F реше́ње; CHEM ра́створ; **~smittel** N разређѝва̄ч
loswerden отарасити се *pf*
löten лѐмити
Lotse M навѝга̄тор; **≗n** спро̀водити (бро̑д, авѝо̄н на пи̏сту)
Lotterie F лу̀трија
Löw|e M ла̑в; **~enzahn** M BOT масла́чак; **~in** F ла̏вица
Luchs M ри̑с
Lücke F празни́на (*a fig*); *Zahnlücke* ра́змак; **≗nhaft** са празни́нама; *fig* непо̀тпун
Luft F ва̏здӯх; **~angriff** M ва̏здӯшнӣ на́пад; **~ballon** M ба̀ло̄н; **~blase** F мѐхӯр; **~brücke** F ва̏здӯшнӣ мо̑ст; **≗dicht** ваку̀мӣра̄н; **~druck** M ва̏здӯшнӣ при̏тисак
lüften *Zimmer* вѐтрити
Luft|fahrt F ваздухопло́вство; **~fracht** F авѝо̄нскӣ тѐрет; *Gebühr* та̏кса на авѝо̄нскӣ тѐрет; **~gewehr** N ва̏здӯшна̄ пу̏шка; **~kurort** M ва̏здӯшна̄ ба̏ња; **≗leer** бѐзваздӯшан; **~matratze** F ду̏шек на надува́вање; **~post** F авѝо̄нска̄ по̏шта; **~pumpe** F ва̏здӯшна̄ пу̏мпа; **~röhre** F ду̏шнӣк
Lüftung F вентила́ција, прове́травање
Luft|verkehr M ва̏здӯшнӣ са̏обраћа̑ј; **~verschmutzung** F загађе́ње ва̏здӯха; **~waffe** F ра̏тно̄ ваздухопло́вство; **~zug** M про̏маја
Lüg|e F ла̑ж *f*; **≗en** ла̀гати; **~ner** M ла̀жо̄в; **~nerin** F ла̀жљивица
Lumpen M пр̏ња
Lunge F плу́ћа *pl*; **~nentzündung** F у̏пала плу́ћа̄
Lupe F лу́па
Lust F про́хтев; **keine ~ haben zu** (*D*) не́мати во̏ље за (*I*)
lustig вѐсео; *erheiternd* сме́шан; **sich ~ machen über j-n** ру́гати се ко̀ме
Lustspiel N ко̀ме̄дија
lutsch|en си́сати; **≗er** M

лѝзалица
luxuriös лу̀ксузан
Luxus M лу̀ксуз; **~artikel** M лу̀ксузнӣ прòизвод
Lymph|drüse F, **~knoten** M лѝмфнā жлéзда

M

machbar оства̀рив
mach|en рáдити; пра̏вити; **~en lassen** да̏ти *pf* да се у̀рāдӣ *od* нàправӣ; **Platz ~en** пра̏вити мȇсто; **Platz ~en!** пòмери(те) се!; **das Bett ~en** намéштати крèвет; **wie viel ~t es?** кòлико сам ду̑жан?; **das ~t nichts** нȇмā вȇзē
Macht F мо̑ћ *f*; POL вла̑ст *f*; **~haber** M властодр̀жац
mächtig мо̏ћан
machtlos нѐмоћан
Mädchen N дѐво̑јка; *klein* девòјчица; **~name** M дѐвојачкō прѐзиме
Mad|e F цр̑в; **~ig** цр̀вљив
Magazin N магàцӣн; *Zeitschrift* ѝлустровāнӣ ча̏сопӣс
Magen M стòмāк; ANAT жѐлудац; **sich den ~ verderben** поквáрити *pf* стòмāк; **auf nüchternen ~** на пра́зан жѐлудац; **~bitter** M стомàклија; **~geschwür** N чи̑р на жѐлуцу; **~schmerzen** M/PL бóлови у жѐлудцу
mager мр̏шав; *Fleisch* по̏стан; **~milch** F нѐмāснō млéко
Mag|ie F мàгија; **~isch** мàгичан
Magnet M мàгнēт; **~isch** мàгнēтнӣ; мàгнēтскӣ
mähen кòсити
Mahl N о̏брок; **~en** млѐти; **~zeit** F о̀брок
Mähne F грѝва
mahn|en опòмињати; **~ung** F о̏помена
Mai M мȁј; **~glöckchen** N ђурђéвак; **~käfer** M гу̀ндељ
Mail F елѐктрōнскā по̏шта, ѝмејл; **~en** ⟨на⟩пѝсати/⟨пò⟩слати ѝмејл
Mais M куку̀руз
Majestät F величàнство
Majoran M мајòрāн
Makel M ља̏га; *Fehler* мáна; **~los** без мáнē
Make-up N шмѝнка; *Creme* тѐчнӣ пу́дер
Makler M мàклер
Makrele F ску̏ша
mal → einmal; **drei ~ drei** три̑ пу́та три̑
Mal[1] N бѐлег(а)
Mal[2] N: **zum ersten ~** по пр̏вӣ пу̑т
mal|en сли̏кати; **~er** M *Künstler* сли̏кāр; *Handwerker* мòлер; **~erei** F сликáрство; *Gemälde* сли̏ка; **~erin** F сли̏кāрка; **~erisch** сликòвит
Malz N сла̑д *f*; **~bier** N сла̑днō пи̏во
man: **~ sagt** ка̑жē се; при̑чā се; **kann ~ ...?** мо̏жē ли се...?; **~ muss** мо̑рā се
Manager(in F**)** M мѐнаџер(ка)

manch|(er) (по̀)не̑кӣ; **~mal** по̀некад
Mandant(in F) M клѝјент (-киња)
Mandarine F мандари́на
Mandel F ба́дем; ANAT крај̀нӣк; **~entzündung** F у̏пала крајни́кā
Mangel M не̏сташица (**an** *D G*); *Fehler* недоста́так; **≗haft** са гре̏шкōм; *Note* не̏довōљан; **≗s** у недоста́тку (*G*); **~ware** F де̏фицита̄рна ро̑ба
Mangold M бли̏тва
Maniküre F мани̏кӣр
manipulieren манипу̀лисати (*im*)*pf*
Mann M мушка́рац; *Ehemann* му̑ж
Männchen N ZO му̀жја̄к
Männ|er... му̑шкӣ; **≗lich** му̑шкӣ
Mannschaft F по̏сада; SPORT екипа
Manöver N ма̀не̄вар
Manschette F манжѐтна
Mantel M ка̀пӯт; *Reifen* спо̏љна̄ гу̑ма
Manuskript N ру̏копӣс
Mappe F фасци̏кла
Märchen N ба̑јка; **≗haft** *fig* чу̑десан
Marder M ку́на
Margarine F маргарӣн
Marienkäfer M бу̏бамáра
Marinade F марина́да
Marine F морна̀рица
mariniert мари̏нӣра̄н
Mark[1] F: **Deutsche ~ (DM)** HIST не̏мачка̄ ма̏рка
Mark[2] N ср̑ж *f*
Marke F *Fabrikat* ма̏рка (*a Briefmarke*); **~nartikel** M ро̑ба по̏знате̄ ма̏рке̄
markier|en *Weg* обележа́вати; **≗ung** F о̏знака
Markise F те̑нда
Markt M пи̏јац(а); *kaufmännisch* тр̀жӣште; → *a* Marktplatz; **~halle** F тр̀жница; **~platz** M тр̑г; **~tag** M пѝјачнӣ да̑н
Marmelade F џе̑м
Marmor M ме̏рмер
Marsch M ма̏рш; MUS ко̀ра̄чница
Märtyrer M му̀ченӣк; **~in** F му̀ченица
marxistisch маркси̏стичкӣ
März M ма̏рт
Masche F пе̏тља; *Trick* фо́ра
Maschin|e F маши́на; **≗ell** ма̀шӣнскӣ; **~enbau** M машиноградња; *Lehrfach* машѝнство; **~engewehr** N митра̀ље̄з
Masern F/PL ма̑ле̄ бо̀гиње
maskiert ма̀скӣра̄н
Maskulinum N GR му̑шкӣ род
Maß N ме̏ра; **nach ~** по ме̏ри
Massage F маса́жа
Maß|anzug M оде́ло (шивѐно) по ме̏ри; **~arbeit** F ра̑д по ме̏ри
Masse F ма̀са (*a Menschen*)
Maßeinheit F једѝница ме̏ре̄
Massen|artikel M пре́дмет ма̏совне̄ производ̀ње; **~entlassung** F ма̏совно̄ отпу̀шта̄ње; **~grab** N ма̏совна̄ гро̏бница; **≗haft** ма̏сован
Massen|karambolage F

лàнчанӣ сӯдāр; **~kundgebung** F мѝтинг; **~medien** N/PL мâс-мêдији; **~produktion** F мâсовнā производња

Masseur(in F**)** M мàсēр(ка)

mäßig ỳмерен; *mittelmäßig* ȍсредњӣ; **~en** смањѝвати, контрòлисати *(im)pf*

massiv ADJ мâсиван

maß|los нèизмēран; **&nahme** F мêра; **&stab** M GEO пропòрција; *fig* мȇрило; **~voll** прѝмерен

Mast M MAR jàрбол; *Leitungsmast* бандéра; **~darm** M заврш́етак дѐбелōг црéва

mästen тòвити

Mater|ial N матерѝјāл; **&iell** мàтеријāлан

Mathematik F матемàтика; **~er(in** F**)** M матемàтичāр(ка)

Matratze F ду̏шек

Matrose M мòрнāр

Matsch M блȁто

matt *Glas, Farbe*, FOT, *Schach* мȁт; *kraftlos* малàксао

Matt|e F прòстӣрка; SPORT стрӯњача; **~scheibe** F мȁт стàкло

Mauer F зӣд; **&n** зѝдати

Maul N гу̑бица; **~esel** M мàзга; **~korb** M бр̑њица; **~tier** N му̏ла; **~wurf** M кр̏тица

Maurer M зѝдāр

Maus F мӣш (*a* EDV); **~efalle** F мишòлōвка

Mausoleum N маузòлēј

Maut F путàрина

maximal ADJ мàксимāлан; ADV мàксимāлно

Mayonnaise F мајòнēз

MB → Megabyte

Mechan|ik F механика; **~iker(in** F**)** M механичāр(ка); **&isch** механѝчкӣ; **~ismus** M механѝзам

meckern мекѐтати; *fig F* закéрати

Medaille F мѐдаља

Medien N/PL мêдији *pl*

Medi|kament N лêк; **~zin** F медицѝна; *Arznei* лêк; **&zinisch** медѝцӣнскӣ

Meer N мôре; **~enge** F морèуз; **~esfrüchte** F/PL мòрскӣ плȍдови *pl*

Meeresspiegel M: **über dem ~** нȁдморскā висѝна

Meer|rettich M (х)рȇн; **~schweinchen** N мòрскō пра̏се

Mega|... мȇга; **~byte** N мȇгабāјт

Mehl N брȁшно

mehr вѝше (**als** нȇго *A*, од *G*); **immer ~** свȇ вѝше; **nichts ~** нѝшта вѝше; **noch ~** јȍш вѝше; **~ oder weniger** мȁње-вѝше; → umso; **&bettzimmer** N вишекрѐветнā сȍба; **~deutig** вишѐзначан

mehrere вѝше

mehr|fach вишѐструкӣ; ADV вѝше пу́тā; **&heit** F већѝна; **~mals** вѝше пу́тā; **~tägig** вишѐднēвнӣ; **&wertsteuer** F пòрез надȍдāту врéднōст (ПДВ); **&zahl** F већѝна; GR множѝна; **&zweck...** у̏ниверзāлан

meiden избегáвати (*A G*)

Meile F мѝља

mein мо̂ј
Meineid M кривоклѐтство
meinen вѐровати; *sagen* рѐћи; *denken* мѝслити
mein|erseits с мо̀је̄ стра́не̄; **~etwegen** збо̄г мѐне; *von mir aus* што̏ се мѐне тѝче̄
Meinung F мѝшљење; **öffentliche ~** ја̄вно̄ мње́ње; **meiner ~ nach** по мо̂м мѝшљењу; **~sumfrage** F анкѐта; **~sverschiedenheit** F несу̀гласица; *Streit* ра̂справа
Meise F сѐница
Meißel M дле́то
meist: **am ~en** на̂јвише̄
meistens на̂јчешће̄, већѝно̄м
Meister M *Handwerk* ма̂јстор; SPORT пр̀ва̄к; **~brief** M ма̂јсторска̄ диплóма; **2haft** ма̂јсторскӣ; **~in** F ма̂јсторица; SPORT прва̀киња; **~schaft** F ма̂јсторство; SPORT првѐнство; **~werk** N ре̏мек-дѐло
Meldeamt N при̏ја̄вно̄ одеље́ње
meld|en *berichten* ја́вљати (**sich bei** *D* се код *G*; **sich für** *A* се за *A*); **2ung** F саопште́ње; при̏јава; *Nachricht* ве̂ст
Meldepflicht F MED о̏бавеза пријављѝва̄ња
Melisse F ма̏тичњак
melken му̏сти
Melodie F мѐло̄дија
Melone F *Wassermelone* лубѐница; *Honigmelone* дѝња
Menge F го̀мила; *Maß* колѝчина; MATH ску̏п; *Menschen* мно̀штво
Mensch M чо̀век, *pl* љу̏ди; **kein ~** нѝко (жѝв); **2enleer** без жѝве̄ ду́ше̄; **~enmenge** F мно̀штво љу́дӣ; **~enrechte** N/PL љу̏дска̄ пра́ва *pl*; **~heit** F човечанство; **2lich** љу́дскӣ; ху̏ма̄н; **~lichkeit** F ху̏ма̄но̄ст
Menstruation F менструа́ција
Mentalität F менталѝте̄т
Menthol N мѐнто̄л
Menü N јѐло̄внӣк
Merk|blatt N (пѝсмено̄) упу́тство; **2en** примећѝвати; *spüren* о̀сећати; **sich et 2en** па̏мтити нѐшто; **~mal** N о̀белѐжје; **2würdig** нѐобичан
Mess|band N → Bandmaß; **2bar** мѐрљив
Messe F REL богослуже́ње, *kath* мѝса; ECON (веле)са́јам; **~gelände** N са̀јмиште; **~halle** F са́јамска̄ ха́ла
messen мѐрити
Messer N но̂ж
Mess|gerät N апа̀ра̄т за мѐре̄ње; **~ung** F мѐре̄ње
Metall|... мѐта̄лнӣ; **~arbeiter** M мета́лац
meteorologisch метеоро̀лошкӣ
Meter M, **~maß** N ме̏тар
Methode F мето́да
Metzger M → Fleischer; **~ei** F ка̀сапница
Meute F *fig* ру̏ља; **~rei** F по̏буна; **2rn** бу́нити се
Miene F ѝзраз лѝца
mies ло̂ш
Miesmuschel F да̏гња
Miet|e F *Mietpreis* најамнѝна; *Wohnung* станàрина; **2en** изнајмљѝвати; **~er(in** F**)** M *Woh-*

nung стàнāр(ка); **~vertrag** M ӯговор о изнаjмљивању; **~wagen** M ѝзнајмљенā кôла

Migräne F мигрéна

Mikrowellenherd M микротàласнā пêћница

Milch F млéко; **~flasche** F фла̏ша за млéко; **~glas** N ча̏ша за млéко; **~kaffee** M бêлā кàфа; **~kännchen** N пȍсудица за млéко; **~mixgetränk** N млѐчнӣ кòктел; **~pulver** N млéко у пра́ху; **~reis** M сутлѝјāш; **~straße** F ASTR млѐчнӣ пӯт; **~zahn** M млѐчнӣ зу̑б; **~zucker** M млѐчнӣ шѐћер

mild бла̑г; **~ern** ублажа́вати; **~ernde Umstände** JUR олакша́вајӯћē окóлности

Milieu N средѝна

Militär N вóјска; **~dienst** M вóјска; **≈isch** вȍјнӣ; вȍјнӣчкӣ

Milli|arde F милѝјāрда; **~meter** M мѝлиметар

Milz F слезѝна

Minder|heit F мањѝна; **≈jährig** малòлетан; **≈n** смањѝвати; **≈wertig** ма̏ње врéдан

mindest: **(nicht) das ≈e** (ни) на̑јмање; **≈...** на̑јмањӣ; **≈abstand** M на̑јмањā ра̏здаљина; **~ens** ма̀кар; **~lohn** M мѝнималнӣ лѝчнӣ дȍходак

Mine F мѝна; *Bleistift* мѝна; → *a* Bergwerk

Mineral... мѝнерāлан

Mini|golf N мѝни-гȍлф; **≈mal** мѝнималан; **~rock** M мѝни су̑кња

Minister M мѝнистар; **~in** F мѝнистāрка; **~ium** N министа̀рство; **~präsident** M премѝјēр; **~präsidentin** F премијѐрка

minus мѝнус; **~ 7 Grad** сȇдам стȇпени испод нӯлē

Minute F мѝнӯт

misch|en мéшати; **≈ung** F мѐшавина

miserabel мѝзēран

Mispel F му̏шмула

miss|achten не пошто̀вати; **≈bildung** F тѐлеснā деформа́ција; **~billigen** не одобра́вати; **≈brauch** M злȍупотреба; **~brauchen** злоупотребља́вати; *sexuell* на́паствовати; **≈erfolg** M нȅуспех; **≈ernte** F лȍша жѐтва; **~fallen** не свѝђати се

Miss|geburt F на́каза; **~geschick** N нȅзгода; ма̏лēр; **≈glückt** нȅуспео; **≈handeln** злȍстављати; **~handlung** F злȍстављање

Mission F мѝсија; **~ar** M мисѝонāр

miss|lungen нȅуспео; **~mutig** мр̏зовољан; **≈stand** M јава̀шлук

Misstrau|en N неповерéње; **≈isch** неповѐрљив

Miss|verständnis N нȅспоразум; **≈verstehen** пȍгрешно разу̑мети

Mist M ђу̏бре; **~el** F имѐла; **~haufen** M ђу̏брӣште

mit PRP (*D*) са (*I*), *als Mittel nur I*; **~ dem Zug** вȍзом

Mitarbeit F сара́дња; **~er** M са̀раднӣк; **~erin** F са̀радница

Mit|benutzung F за̄једничка̄ у̏потреба; **~bestimmung** F саодлучѝва̄ње; **&bringen** *et* доно̀сити; *j-n* дово̀дити; **~bürger** M су̀гра̑ђанин; **~bürgerin** F су̀гра̑ђанка; **&einander** ску̏па

mitfahr|en: **mit j-m ~en** по́ћи *pf* (ко̏лима) с ки́ме; **wollen Sie im Auto ~en?** хо̀ћете̄ (ли) да Вас повѐзе̄м?; **&gelegenheit** F путо̀ва̄ње јѐдни̑м ко̏лима уз дѐље̃ње тро̏шко̄ва̄

Mit|gefühl N саосећа́ње; *Beileid* са̏учѐшће; **&gehen** и́ћи (**mit** *D* са *I*); **~gift** F ми̑ра̄з

Mitglied N чла̂н; **~sbeitrag** M члана̀рина; **~skarte** F чла̂нска̄ ка̏рта

Mitleid N сажаљѐње

mit|machen у̀чествовати (**bei** *D* при *L*); **~nehmen** *et* по̀нети *pf* са со̏бо̄м; *j-n* по̀вести *pf* са со̏бо̄м; **&reisende** M са̀путни̑к; F са̀путница; **~schreiben** *niederschreiben* хва̑тати бѐлешке; **&schüler** M шко̏лски̑ дру̑г; **&schülerin** F шко̏лска̄ другàрица; **&spieler** M са̀играч; **&spielerin** F саигра̀чица

Mittag M по́дне; **zu ~ essen** ру̑чати *(im)pf*; **heute ~** да̀нас у по́дне; **~essen** N ру̑чак

mittags у по́дне; **&pause** F па̀уза за ру̑чак; **&ruhe** F *Ausruhen* по̀дне̄вни̑ о̀дмор; *Ruhe* по̀дне̄вни̑ ми̑р

Mitte F среди́на

mitteil|en саопшта́вати (**j-m et** нѐкоме нѐшто); **&ung** F саопште́ње

Mittel N срѐдство (*a* MED); *Durchschnitt* про̀сек; **~alter** N срѐдњӣ вѐк; **&alterlich** средњовѐковни̑; **&bar** по̀средан; **~finger** M срѐдњӣ пр̑ст; **&fristig** средњо̀рочан; **&mäßig** о̏средњӣ

Mittel|meer N Средо̀земно̄ мо̂ре; **~ohrentzündung** F запаљѐње срѐдње̄г у̑ва; **~punkt** M срѐдӣште; **~stand** M срѐдња̄ кла̀са; **~streifen** M зѐлена̄ по̀вршина између две̂ са̏обраћајне̄ тра̀ке; **~stürmer** M SPORT цѐнтар

mitt|en: **~en in** усред (*G*); **~en im Sommer** усред лѐта; **&ernacht** F по́ноћ *f*; **~ler...** ADJ срѐдњӣ; **~leren Alters** срѐдовечан; **&woch** M сре́да

mitwirk|en са̀учествовати (**bei** *D* при *L*); **&ung** F са̀учествова̄ње

Mixbecher M шѐјкер

Möbel N/PL на̏мешта̄ј; **~wagen** M ками̏он за пре́воз на̏мешта̄ја

mobil мо̏би̑лан; **~isieren** моби́лисати *(im)pf*; **&telefon** N бѐжични̑ телѐфо̄н

möblier|en опре́мати ста̂н; **~tes Zimmer** на̀мештена̄ со̏ба

Mode F мо́да; **~farbe** F мо̏де̄рна̄ бо̀ја; **~journal** N мо̂дни̑ жу̀рна̄л

Modell N у̏зорак; мо̀де̄л

Modenschau F мо̂дна̄ ре̂вија

Moder|ator M TV, *Radio* во̀дитељ; **~atorin** F во̀дите̄љка;

&ieren во̀дити емѝсију
modern ADJ мо̀де̄ран; **~isieren** модѐрнизовати *(im)pf*
Mode|schmuck M мо̀де̄ран на́кит; **~schöpfer** M мо̂днӣ креа̀то̄р; **~schöpferin** F мо̂дна̄ креа̀торка
modisch мо̀де̄ран
Mofa N мотоцѝкл
mogeln подвала̀ивати
mögen *j-n* во̀лети; *wollen* хтѐти; **ich möchte** хтѐо (*f* хтѐла̄) бих...; **ich mag kein Fleisch** не во̏лӣм ме̂со
möglich мо̀гӯћ; **alles &e** свѐ мо̀гӯће; **&keit** F могу́ћно̄ст; **~st** што̏ је могу́ће (+ *comp*)
Mohn M ма̏к
Möhre F шаргаре́па
Mokka M ту̏рска̄ ка̀фа
Molke F су̏рутка
Molkerei F млѐкара
Moll N MUS мо̂л
mollig бу̏цмаст
Moment M трену́так; **~aufnahme** F трену̀тнӣ снѝмак
Monat M мѐсе̄ц; **&lich** мѐсечан
Monats|ende N кра̑ј мѐсеца; **~gehalt** N мѐсечна̄ пла́та; **~karte** F мѐсечна̄ ка̑рта; **~rate** F мѐсечна̄ ра́та
Mönch M ка̀лӯђер
Mond M Мѐсе̄ц; **~finsternis** F помраче́ње мѐсеца; **~schein** M мѐсечина
Montag M поне̏дељак
Mont|age F монта́жа; **~eur(in** F**)** M монте̄р(ка)
Montenegr|o N Цр̂на̄ Го̀ра; **~iner** M Црного́рац; **~inerin** Црно̀го̄рка
Monument N спо̀менӣк
Moor N мо̀чвара
Moos N ма̀ховина
Moped N ма̏њӣ мо̀то̄р
Moral F мо̀ра̄л; **&isch** мо̏ра̄лан
Morast M мо̏чварно̄ зѐмљӣште
Mord M убѝство; **&en** убѝјати
Mörder(in F**)** M убѝца *m*
morgen су̏тра
Morgen M ју̏тро; **gestern ~** ју̏че̄ у̏јутро; **heute ~** ју̏трос; **~dämmerung** F свѝта̄ње; **~rock** M ку̏ћнӣ огр̀та̄ч; **~rot** N зо̀ра
morg|ens у̏јутро; сва̏ко̄г ју̏тра; **~ig** су̏трашњӣ
morsch тру̏о
Mörtel M ма̀лтер
Mosaik N моза̀ӣк
Moschee F џа́мија
Moskau N Мо̀сква
Moslem(in F**)** M *veraltet* Муслѝма̄н(ка)
Most M мо̂шт
motivieren мотѝвисати *(im)pf*
Motor M мо̀то̄р; **~boot** N мо̀то̄рнӣ ча́мац; **~haube** F ха̀уба мото́ра; **~öl** N мо̀то̄рно̄ у̑ље; **~rad** N мо̀то̄р; **~radfahrer** M мото̀риста; **~roller** M ску̏тер; **~schaden** M ква̑р на мото́ру
Motte F мо́љац
Motto N мо̏то
Mountainbike N мо̀нтиба̄јк
Möwe F га̏леб
MTA F **(Medizinisch-technische Assistentin)** медѝцӣнско̄-тѐхничка̄ асистѐнткиња

Mücke F комáрац; **~nstich** M ỳјед комáрца
müd|e ӱмо̄ран; **~e werden** умáрати се; **²igkeit** F ӱмо̄р
Mühe F мӱка (*a fig*); **²los** без мӱкē
Mühle F млйн
mühsam мӱчан
Mulde F GEO ỳдолина
Müll M ђӱбре; **~abfuhr** F ỏдвожēње ђӱбрета; **~beutel** M кēса за ђӱбре
Mullbinde F зáво̄ј од гáзē
Müll|container M контéјнер за ђӱбре; **~deponie** F дèпо̄нија за ђӱбре; **~eimer** M кȃнта за ђӱбре; **~trennung** F сортйра̄ње ђӱбрета; **~verbrennungsanlage** F постројéње за спаљйва̄ње ђӱбрета
Multi|media N мултймēдији; **²plizieren** мнòжити
Mumps M зàушке *pl*
München N Мӥнхен
Mund M ýста *n/pl*; **~art** F нáрēчје
münden улйвати се (**in** *A* у *A*)
Mundharmonika F ӯсна̄ хармòника
münd|ig пунòлетан; **~lich** ӯсмен
Mundschutz M MED хйрӯршка̄ мȁска
Mündung F ӯшће; *e-r Straße* спáја̄ње
Mundwasser N вòдица за дезинфèкцију ӯснē дýпље
munter *heiter* бо̏дар; *wach* бýдан
Münz|e F мèта̄лнӣ нòвац
murren гӯнђати
mürrisch мр̏зово̄љан
Muschel F шкȏљка
Museum N мӯзēј
Musik F мӯзика; **²alisch** мӯзичкӣ; *Mensch* мӯзика̄лан; **~box** F џӯбокс; **~er(in** F**)** M мӯзича̄р(ка); **~instrument** N мӯзичкӣ инстрӯмент
musizieren свйрати
Muskatnuss F морски орàшчић
Muskel M мйшић; **~kater** M ӱпала мишйħа̄; **~zerrung** F истéза̄ње мишйħа
muskulös мйшићав
Müsli N мӯсли
Muslim(a F**)** M Муслйма̄н(-ка)
müssen мóрати
Muster N ýзор; *Musterung* мӯстра; ECON ýзорак; **²haft** ýзо̄ран; **²n** заглéдати (*A*); MIL прегледати; **~ung** F регрутáција
Mut M хрáбро̄ст; **²ig** хрáбар
Mutter F мȃјка; TECH мȁтица
mütterlich мȃјчинскӣ
Mutter|mal N млáдеж; **~schaft** F матерйнство; **~sprache** F мȁтēрњӣ јȇзик
Mutwill|e M ȍбе̄ст; **²ig** ȍбе̄стан
Mütze F кȃпа
MwSt., **MWSt.** → Mehrwertsteuer
mysteriös мйстериȍзан

N

Nabel M пу̏пак; **~schnur** F пу̏пчана̄ вр̏пца
nach *zeitl* након (*G*); *örtl* после (*G*); за (*A*); *gemäß* по (*D*); **~ Serbien** у Ср̏бију; *der Zug* **~ Belgrad** за Бѐоград; **fünf ~ zwei** два̂ и пе̂т; **~ und ~** ма̏ло-по̀мало
nachahm|en опона́шати; **≗ung** F опона́ша̄ње
Nachbar M ко̀мшија *m*; **~in** F ко̀мшиница; **~schaft** F комши́лук
nach|bestellen на̏кнадно поручи́вати; **~dem** по̏што; **je ~dem** ка̏ко се у̏зме̄ **~denken** разми́шљати (**über** *A* о *L*); **~denklich** за̀мишљен; **≗druck** M *Buch* прештампа́ва̄ње; доштампа́ва̄ње; **~drücklich** енѐргичан; **~eifern** подража́вати; **~einander** jѐдан за дру̏гӣм; уза́стопно; **~erzählen** преприча́вати; **~folgen** сле́дити (*D A*); **≗folger** M слѐдбенӣк; **≗folgerin** F слѐдбеница
nach|forschen истражи́вати; **≗frage** F ECON потра́жња; **~fragen** распити́вати се
nachfüll|en допуња́вати; **≗packung** F па̏кова̄ње за допуња́ва̄ње
nach|geben попу́штати; **≗gebühr** F до̏плата пошта̀рине̄; **~gehen** *et* преиспи́тати; *Uhr* ка̏снити (**zwei Minuten** два̂ мину́та); **j-m ~gehen** пра̏тити (*A*); **≗geschmack** M (за̀осталӣ) у̏кӯс; **~giebig** попу́стљив; **~helfen** пома́гати
nachher ка̀сније; **bis ~!** ви̏димо се ка̀сније!
Nachhilfe(stunde) F до̏пӯнска̄ на̂става
nach|holen надокнађи́вати; **~kommen** на̏кнадно до́ћи *pf*; *e-m Wunsch* испуња́вати; **≗kriegszeit** F послѐратно̄ вре́ме; **≗lass** M ECON по̀пуст; *Erbschaft* на̏следство; **~lassen** *Regen* попу́штати; *Schmerzen, Wind* јења́вати; **~lässig** не̏ма̄ран; **~laufen** тр̀чати за (*I*); **~lösen** BAHN купо̀вати ка̂рту у во́зу; **~machen** подража́вати; *fälschen* фалсифи́ковати (*im*)*pf*
Nachmittag M попо́дне; **am ~, ≗s** попо́дне
Nachnahme F: **als** *od* **gegen ~** поузе́ћем
Nach|name M пре́зиме; **~porto** N → Nachgebühr; **≗prüfen** преиспити́вати; **≗rechnen** прерачуна́вати; **~richt** F ве̂ст *f*; *für j-n* по̏рука
Nachrichten|agentur F но̏вӣнска̄ аге̏нција; **~dienst** M о̏бавешта̄јна̄ слу́жба; **~satellit** M сатѐлӣт за прѐноше̄ње ве̂стӣ; **~sendung** F еми̏сија ве̂стӣ
Nach|ruf M некро̀лог; **~saison** F вре́ме након гла̀вне̄ сезо́не̄; **≗schlagen** провера́ва-

ти (у књизи); **~schlagewerk** N прѝручнӣк; **~schlüssel** M кôпија кљу́ча; *Dietrich* калàуз; **~schub** M дȏдатнӣ контѝнгент; **≗sehen** *kontrollieren* проверáвати; глȅдати (**in et** у чему); **j-m et ≗sehen** глȅдати кòме нȇшто кроз пр̏сте; **≗senden** *Post* слȁти на нȏвӯ адрѐсу; **~sicht** F разумéвање; **~speise** F дȅсерт; **~spielzeit** F SPORT продужéтак ӯтакмицē; **≗sprechen** понáвљати

nächst слéдēћӣ; *örtl* нȁјближӣ; **in den ~en Tagen** нȁреднӣх дáнā; **in ~er Zeit** у дȏглēдно врéме

Nächste M, F: **der** *od* **die ~, bitte!** слéдēћӣ (*f* слéдēћā) мȏлӣм!

Nacht F нȏћ *f*; **gute ~!** лȁку нȏћ!; **heute ~** нòћас; **bei ~, in der ~** нȏћу; **~arbeit** F нȏћнӣ рȃд; **~bar** F нȏћнӣ лòкāл; **~dienst** M нȏћнā слу̏жба

Nachteil M штȅта

Nachthemd N спаваћица

Nachtigall F слàвӯј

Nachtisch M → Nachspeise

nächtlich нȏћнӣ

Nachtportier M нȏћнӣ пòртӣр

Nach|trag M додáтак; **≗tragend** злопàмтив; **≗träglich** нȁкнадан

Nacht|ruhe F нȏћнӣ мӣр; **≗s** нȏћу; **~schicht** F нȏћнā смȇна; **~tisch** M нȏћнӣ стòлић; **~wache** F нȏћнā стрȃжа; **~wächter** M нȏћнӣ чу̏вāр

Nach|weis M дòказ; **≗weisen** доказѝвати; **~wirkung** F пòследица; **~wuchs** M нȁраштāј; **≗zahlen** нȁкнадно испла́ћивати; BAHN доплаћѝвати; **≗zählen** пребројáвати (јȍш јȅднōм); **~zahlung** F нȁкнаднā ѝсплата; дȍплата

Nacken M врȃт (зȃдњӣ дȇо)

nackt гȏ; **≗badestrand** M нудѝстичкā плáжа

Nadel F ѝгла; *Stecknadel* чиода; **~baum** M четѝнāр; **~wald** M четѝнāрскā шу̑ма

Nagel M ȅксер; *Fingernagel* нȍкат; **~bürste** F чȅтк(иц)а за нȍкте; **~feile** F ту̏рпија за нȍкте; **~haut** F зàноктица

Nagellack M лȁк за нȍкте; **~entferner** M *F* ацèтōн

nageln закуцáвати

Nagelschere F мàказ(иц)е за нȍкте

nagen глòдати

Nagetier N глȍдāр

nah блѝзак; **~e** ADV блѝзу (**bei** *D G*)

Nähe F близѝна; **aus der ~** ѝзблѝза

nähen шѝти

näher бли̏жӣ

nähern: **sich ~** приближáвати се

Näh|garn N кȏнац за шѝвēње; **~maschine** F машѝна за шѝвēње; **~nadel** F шѝвāћā ѝгла

nahr|haft хрàнљив; **≗ung** F хрáна; **≗ungsmittel** N нáмирница

Nährwert M хрàнљивōст

Naht F шȁв; TECH спо̂ј
Nahverkehr M гра̏дскӣ и при̏градскӣ са̑обраћа̄ј; **~szug** M во̑з за гра̏дскӣ и при̏градскӣ са̑обраћа̄ј
naiv на̏иван
Name M йме; *Bezeichnung* на́зив; **~nstag** M и̏менда̄н
namentlich поимѐничан
namhaft зна̂н
nämlich ADV на̀име
Napf M чи̏нијица
Narbe F о̀жиљак
Narkose F нарко́за
Narr M лу̏да
naschen *et* сла́дити се (*I*); *von et* на̀чињати
Nas|e F но̂с; **~enbluten** N крва́ре̄ње из но̂са; **~enloch** N но̏здрва; **~horn** N но̏соро̄г
nass мо̏кар; **~ machen**ква̏сити; **~ geschwitzt** зно̏јав до го̂ле̄ ко̏же̄
Nässe F вла̏га
nasskalt вла̏жно и хла́дно
national на̏ционāлан; **~istisch** националѝстичкӣ; **²ität** F национа́лно̄ст; **²mannschaft** F др̏жа̄вна̄ репрезента́ција; **²park** M на̏ционāлнӣ па̏рк
Natur F при́рода; *fig* на́рав *f*; **~forscher** M при́родња̄к; **~heilkunde** F ле́че̄ње при́роднӣм мѐлемима; **~katastrophe** F при́родна̄ катастро́фа
natürlich при́родан; **~!** на́равно!
Naturschutz M за̑штита при́роде̄; **~gebiet** N при́роднӣ резѐрва̄т
Naturwissenschaft F при́родна̄ на̀ука
Navi N на̀вигациони си̏сте̄м
Nebel M ма̏гла; **~scheinwerfer** M фа̑р за ма̏глу
neben PRP (*wo D, wohin A*) по̏ред (*G*); **~an**: **das Haus ~an** су́седна̄ ку̏ћа; **²anschluss** M TEL дру̏гӣ телѐфо̄нскӣ при̏кључак (са и̏стӣм бро̏јем); **~bei** осим то̀га; у̏згре̄д; **²beschäftigung** F спо̏редно̄ запо́сле̄ње; **~einander** јѐдан уз дру̏го̄г; **²fach** N спо̏реднӣ пре́дмет; **²fluss** M при̏тока; **²gebäude** N *e-s Hotels* спо̏редна̄ згра̏да
Neben|geräusch N про̀пратнӣ зву̏к; **~kosten** PL ре̂жи̏јскӣ тро̏шкови *m/pl*; **~produkt** N ну̏спроизвод; **~raum** M спо̏редна̄ просто̀рија; **²sächlich** спо̏редан; **~stelle** F филија́ла; **~straße** F спо̏редна̄ у̏лица; **~verdienst** M до̏да̄тнӣ при̏ход; **~wirkung** F про̀пратна̄ по̏јава
neblig: **es ist ~** ма̀гла је
necken задиркѝвати
Neffe M *von Bruder* брата́нац; *von Schwester* се̏стрић
negativ не̏гатӣван; **²** N не̏гатив
nehmen у̏зимати; *wegnehmen* оду̏зимати; *annehmen* при́мати; **Platz ~** се̏сти *pf*
Neid M за́вист; **²isch** за́видан
neig|en на́гињати; *fig* би́ти скло̏н (**zu** *D D*); **²ung** F на́гиб; скло̏но̄ст (**zu** *D* ка *D*)

nein не
Nektarine F нектари́на
Nelke F карàнфил
nenn|en нази́вати; **~enswert** вре́дан пòмēна; **~er** M MATH имèнилац
Neon|licht N нèōнскō свèтло; **~röhre** F нèōнка
neppen *F* пèљешити
Nerv M жи́вац; **~enkrank** нèрвно обòлео; **~enzusammenbruch** M слȍм жи́вāцā; **~ös** нèрвōзан; **~osität** F нерво́за
Nest N гнéздо
nett *Verhalten* при̏јāтан; *Aussehen* љу̏бак
netto нèто; **~verdienst** M нèто за̏рада
Netz N мрȇжа; **~anschluss** M прѝкључак на стру́ју; **~haut** F мре́жњача; **~karte** F вȏзнā кȃрта за чи̏тавō пòдрӯчје; **~werk** N мрȇжа
neu нȏв; *erneut* и̏знова
Neu|bau M новогра́дња; **~erung** F новѝна; **~eröffnung** F нȏвō отва́рање; **~geborene** N новорòђенче
Neugier|(de) F радòзналōст; **~ig** радòзнао
Neu|heit F, **~igkeit** F нȍвōст
Neujahr N Нȏвā гȍдина; **Prosit ~!** Срȅћнā Нȏвā!
neu|lich нȅдāвно; **~ling** M новàјлија *m*; **~mond** M млȁд мȇсēц; **~schnee** M нȏвӣ снȇг
neun дȅвēт; **~hundert** дȅвēтстō; **~te** дèвēтӣ; **~tel** N деветѝна; **~zehn** девèтнаест; **~zig** деведèсēт
neutral нèутрāлан; **~ität** F неутра́лнōст
Neutrum N GR срȇдњӣ рȏд
Neu|wahlen F/PL пȍнōвнӣ ѝзбори; **~zeit** F нȍвӣ вȇк
New York N Њу̀јōрк
nicht не
Nichte F *von Bruder* братàница; *von Schwester* сèстричина
Nichtraucher M непу̀шāч; **~in** F непушàчица
nichts ни̏шта
Nichtschwimmer M неплѝвāч; **~in** F непливàчица
Nichtzutreffende N: **~s streichen** нȅпотребно прèцртати *pf*
nicken кли̏мати (гла́вōм)
nie ни̏кад(а)
nieder *abwärts* (нȁ)дōле; **~gang** M прȍпāст; **~gehen** спу́штати се; *Regen* пȁдати; *verfallen* прòпадати; **~geschlagen** утӯчен; **~lage** F пȏрāз
Nieder|lande N/PL Холàндија; **~länder** M Холàнђанин; **~länderin** F Холàнђāнка; **~ländisch** хòландскӣ
niederlass|en: **sich ~en** настањѝвати се; *eröffnen* отвòрити *pf* прѝватнӯ прàксу *od* канцелàрију; **~ung** F ECON прèдставнӣштво
nieder|legen *Amt* дȁти òставку; *Arbeit* обу̀стављати; **~reißen** ру̏шити; **~schlag** M пȁдавина; **~schlagen** сру̏шити *pf* кòга на зȅмљу; *fig* гу̏шити; **~trächtig** пȍдао
niedlich ми̏о
niedrig ни̏зак

nie|mals нѝкада; **~mand** нѝко
Niere F бу̏брег (*a* GASTR)
Nieren|entzündung F у̏пала бу̏брега; **~stein** M ка̏мēн у бу̏брегу
Nieselregen M сѝтнā кѝша
niesen кѝјати
Niete F *Metallniete* нѝтна; *Los* бȅзврēдан лȏз
Nilpferd N нѝлскӣ кȍњ
nippen пију̀цкати
nirgends нѝгде
Nische F нѝша
nisten гнѐздити се
noch јȍш; **~mals** јȍш јѐднōм
Nomade M нòмāд
nominieren нòминовати (*im*)*pf*
Nonne F ка̀луђерица
Nonstopflug M дѝректан лȇт
Nord|(en) M сȅвēр; **≈europäisch** северноѐвропскӣ
nördlich сȅвернӣ
Nord|licht N пòлāрнā свѐтлōст; **~osten** M северои̏сток; **~pol** M Сȅвернӣ пȏл; **~see** F Сȅвернō мȏре; **~westen** M северозáпад; **~wind** M сѐвéрац
Norm F нȏрма; **≈al** нȍрмāлан; **~albenzin** N ȍбичан бѐнзӣн; **~alisierung** F нормализáција
Norweg|en Нòрвēшкā; **~er** M Норвéжанин; **~erin** F Норвѐжāнка; **≈isch** нòрвēшкӣ
Not F нӯжда; **~ leidend** у нѐвољи
Notarzt M лѐкāр хѝтнē пȏмоћи; **~wagen** M кȍла хѝтнē пȏмоћи
Not|ausgang M ѝзлаз за слу̏чај опáсности; **~bremse** F кòчница за слу̏чај опáсности; **~dienst** M дежу̀рство; **≈dürftig** ȍскудан
Note F MUS нóта; *Zensur* ȍцена
Notfall M хѝтан слу̏чāј; **≈s** у крȃјњēм слу̏чају
notieren бѐлежити
nötig ну̏жан; **es ist nicht ~** нѝје пȍтребно (**zu** + *inf* да…); **j-n** *od* **et ~ haben** бѝти нѐкоме пȍтребан
Notiz F бѐлешка; **~block** M нóтес; **~buch** N свѐска за бѐлешке
Not|lage F нѐвоља; **~landung** F прѝнуднō слéтање
Notruf M пóзив за пȏмоћ; **~nummer** F телѐфōнскӣ брȏј за хѝтнē слу̏чајеве; **~säule** F (у̏личнӣ) апàрāт за прѐношēње пóзива у пȏмоћ
Not|verband M зáвōј за пр̑ву пȏмоћ; **~wehr** F (сȁмо)ȍдбрана; **≈wendig** нȅопходан; **~wendigkeit** F неопхóднōст
Nu: **im ~** за трȇн ȍка
nüchtern трéзан; **auf ~en Magen** на прáзан стòмāк
Nudel F тестенѝна
null ну̏ла; **~ Uhr** 24 ча̑са; **eins zu ~** јѐдан према нӯла; **unter ≈** *Temperatur* испод нӯлē; **≈** F нӯла
Nummer F брȏј(ка); **≈ieren** нумѐрисати (*im*)*pf*; **~nschild** N KFZ рѐгистарскā тȃблица
nun *zeitl* сàда

nur са̏мо
Nuss F *Walnuss* о̀рах; *Holz* о̀раховина; **~baum** M о̀рах (др̏во); **~knacker** M кр̏цкалица за о̀рахе (лѐшнӣке)
Nutte F V ку̑рва
nutzen бйти од ко̏ристи; ко̀ристити; **≗** M ко̏рӣст
nütz|en ко̀ристити; **~lich** ко̀рйстан
nutzlos бѐскористан

O

ob да̏ ли; **und ~** jо̏ш ка̏ко
obdachlos без кро̏ва над глáво̄м
oben го̏ре; **nach ~** на̏горе; **von ~** одо̀зго̄; **~ genannt** го̏ре навѐденӣ; **~ ohne** у то̀плесу
Ober M ко̀нобāр
Ober|... го̑рњӣ; *übergeordnet* глàвнӣ; **~arm** M на̀длактица
oberer го̑рњӣ
Ober|fläche F површѝна; **≗flächlich** по̀вршан; **~geschoss** N го̑рњӣ спра̑т; **≗halb** изнад (*G*); **~haupt** N во̏ђа; **~kellner** M на̀тконобāр; **~kiefer** M го̑рња вилица; **~körper** M го̑рњӣ дѐо тѐла; **~schenkel** M бу̀тина
Oberst M пу̀ко̄внӣк
Oberteil M *od* N го̑рњӣ дѐо
Objekt N пре́дмет; **≗iv** о̏бјектӣван
obligatorisch о̏бавезан
Oboe F обо̀а
Obst N во̏ће; **~baum** M во̏ћка; **~geschäft** N пиљ̀арница; **~salat** M во̏ћна̄ салáта
obszön нѐпристо̄јан
obwohl мада
Ochse M во̑ (*a fig*); **~nschwanzsuppe** F су̏па од во̀ловско̄г ре̑па
öde пу̑ст
oder или
Ofen M пе̑ћ *f*; *Backofen* ре́рна
offen о̀творен; *fig* йскрен; **~er Wein** о̀творено̄ вӣно
offen|bar о̀чит; **≗heit** F о̀творено̄ст; **~kundig**, **~sichtlich** о̀чигле̄дан
Offensive F офанзи́ва
öffentlich ја̑ван; **≗keit** F ја́вно̄ст
offiziell зва̀ничан
öffn|en отвáрати (*a Flasche*); **≗er** M отва̀ра̄ч; **≗ung** F отвáра̄ње; **≗ungszeiten** F/PL ра̑дно̄ вре́ме
oft че̑сто
öfters че̑сто
ohne без (*G*); **~ weiteres** без да̀љње̄г; **~hin** и та̀ко̄ и та̀ко̄
Ohnmacht F MED нѐсве̄ст *f*
ohnmächtig онѐсвешћен; **~ werden** онесвешћи́вати се
Ohr N у̑во; **übers ~ hauen** насамáрити *pf*
Ohren|arzt M у̑шнӣ лѐка̄р; **≗betäubend** заглу̀шујӯћӣ; **~entzündung** F запаљѐње у̑ва; **~sausen** N зу́ја̄ње у у̏шима; **~schmerzen** M/PL

бо́лови у у̀шима
Ohr|feige F ша̀ма̄р; **~läppchen** N у̏шна̄ рѐсица; **~ring** M мѝнђуша
Öko|logie F еколо̀гија; **2logisch** еко̀лошкӣ; **2nomisch** еко̀номскӣ
Öl N у̑ље
Oleander M лија̀ндер
öl|en у́љити; **2farbe** F у̀љана̄ бо̀ја; **2heizung** F гре̏јање на ло̏ж-у̑ље *od* на на̏фту; **~ig** у̀љан; ма́стан
Olive F ма̀слина (*a Baum*); **~nöl** N ма̀слиново̄ у̑ље
Öl|leitung F на̏фтово̄д; **~pest** F загађе́ње среди̏не̄ ѝзливом на̏фте̄; **~sardinen** F/PL сарди́не у у̑љу; **~stand** M нѝво̄ у̑ља у мото́ру; **~wechsel** M ме́њање у̑ља
Olymp|iade F олимпија́да; **2isch** олѝмпӣјскӣ
Oma F ба́ка
Omelett N о̀млет
Omnibus M аутобус
Onkel M *Bruder der Mutter* у̏ја̄к; *Bruder des Vaters* стри̑ц; *angeheiratet* те́ча; *fig* чи́ка
Opa M де́ка
Openairkonzert N ко̀нцерт на о̀твореном̄
Operation F опера́ција; **~ssaal** M о̏перациона̄ са́ла
operieren опѐрисати (*im*)*pf*; **sich ~ lassen** и́ћи на опера́цију
Opfer N жр̂тва (*a Unfallopfer*); **2n** жр̀твовати (*im*)*pf*
Opium N о̏пијум
Opposition F опози́ција
Optik F о̀птика; **~er**(**in** F) M о̀птича̄р(ка)
optimistisch оптимѝстичан
Orange F помо̀ра̄нџа; **2** (**farben**) на̀ра̄нџаст; **~nhaut** F MED целу̀лӣт; **~nsaft** M ђу̂с
Orchester N о̀ркестар
Orchidee F орхиде́ја
Orden M о̀рден; REL ре̂д
ordentlich у̀редан (*a Titel*); *adv fig* ваља́но
ordinär о̏рдина̄ран
ordn|en ре́ђати; *Verhältnisse* уређи́вати; **2er** M рѐда̄р; *Hefter* реги́стра̄тор; **2ung** F ре̂д; POL по̀редак; **2ungszahl** F ре̂днӣ бро̂ј
Organ N о̀рга̄н; **~isation** F организа́ција; **2isatorisch** организа́цӣјскӣ; **2isch** о̀рга̄нскӣ; **2isieren** оргàнизовати (*im*)*pf*; **~ismus** M органѝзам
Organist(**in** F) M оргàниста, оргу̀ља̄ш
Orgel F о̀ргуље *f/pl*
Orient M О̀ријент; **2alisch** о̏ријента̄лан; **2ieren**: **sich 2ieren** оријѐнтисати се (*im*)*pf*; **~ierung** F оријента́ција
origin|al о̏ригина̄лан; **2al** N оригѝна̄л; **~ell** о̏ригина̄лан
Orkan M о̀рка̄н
Ort M ме̏сто
ortho|dox пра̏восла̄ван; ор-то̀доксан; **2graphie** F пра̏вопи̂с; **~pädisch** орто̀пе̄дскӣ
örtlich ло̀ка̄лан
Ortschaft F ме̏сто
Orts|gespräch N ло̀ка̄лнӣ ра̏зговор̄; **~zeit** F ло̀ка̄лно̄ вре́ме

Öse F ȍмча
Osten M ѝсток; **Ferner ~** Дȁлекӣ ѝсток; **Naher ~** Блѝскӣ ѝсток
Oster|ei N ускршње јáје; **~n** N Ускрс
Österreich N Áустрија; **~er** M Аустријáнац; **~erin** F Аустријáнка; **⁀isch** аустрӣјскӣ
osteuropäisch источноеврòпскӣ
östlich ѝсточнӣ
Ost|see F Бàлтичкō мȍре; **~wind** M ѝсточнӣ вȅтар
Ouvertüre F увертѝра
oval ȍвāлан
Overall M комбинèзōн
Oxid N òксӣд; **⁀ieren** оксѝдисати *(im)pf*
Ozean M окèāн
Ozon|loch N ȍзōнскā рȕпа; **~schicht** F ȍзōнскӣ слȏј

P

paar пȃр; **vor ein ~ Tagen** прȇ пȃр дáнā
Paar N пȃр; **⁀weise** по двòје
Pacht F зȁкуп; **⁀en** закупљѝвати
Pächter M зȁкупац; **~in** F зȁкупница
Päckchen N пакèтић
pack|en замотáвати; *Koffer* пȁковати; *ergreifen* згрȁбити; **⁀papier** N пȁкпàпӣр; **⁀ung** F амбалáжа; кȕтија
Pädagogik F педагòгија
Paddel N вȅсло; **~boot** N чȁмац на вȅсла; **⁀n** вȅслати
Paket|annahme F прӣјем пакéтā; **~ausgabe** F издáвање пакéтā; **~karte** F спрòводнӣ лѝст
Palast M палȁта
Pandemie F MED пандèмија
Panier|mehl N прéзла; **⁀t** пȍховāн
Panne F квȃр; **~nhilfe** F слу̏жба за пȍмоћ при квȃру
Pantoffel M ку̏ћнā пȁпуча
Panzer M MIL тȇнк
Papa M тȁта
Papier N хȁртија; **~e** PL *Dokumente* папѝри; **~geschäft** N пȁпӣрница; **~korb** M кȍрпа за пȁпӣр; **~serviette** F пȁпӣрнā салвèта; **~taschentuch** N пȁпӣрнā мàрамица
Pappe F кȁртōн
Pappel F топòла
Paprika M пàприка
Papst M пáпа
Parabolantenne F парабòличнā антéна
Parade F парáда
Paradies N рȃј
parallel паралèлан
Pärchen N пȃр
Parfüm N пàрфēм; **~erie** F парфимèрија
Paris N Пàрӣз
Park M пȃрк
parken паркѝрати *(im)pf*; **⁀ verboten!** зàбрањенō паркѝрање
Parkett N пàркēт
Park|gebühr F паркѝралишнā

та̀кса; **~haus** N па̀ркинг; **~lücke** F мѐсто за парки́ра̄ње; **~platz** M па̀ркинг; **~uhr** F са̂т на па̀ркингу; **~verbot** N за̂брана парки́ра̄ња
Parlament N скӯпштина; **&arisch** па̄рламента̄ран
Partei F па̀ртија; стра̀нка (*a* JUR); **&isch** пристрастан; **&los** ва̀нстраначкӣ; **~mitglied** N чла̂н па̀ртијē
Parterre N прѝзе̄мље
Partie F па̀ртија
Partner|schaft F па̀ртнē̄рство; **~stadt** F по̀братӣмскӣ гра̂д
Party F жу̑рка
Parzelle F парцѐла
Pass M па̂сош; *Gebirgspass* пре́во̄ј
Passage F *Ladenstraße* па̀са̄ж; *Text* па̀сус
Passagier(in F) M пу̑тнӣк *m*, пу̑тница *f*
Passant(in F) M про̀ла̄знӣк *m*, про̀лазнӣца *f*
Passbild N слѝка за па̂сош
passen *Kleidung* ста̀јати; *Zeit* одгова́рати; **~d** прѝкладан
passier|en *Grenze* прѐлазити; *geschehen* деша́вати се; **&schein** M про̀пусница
passiv па̀сӣван
Passkontrolle F па̂сошка̄ контро́ла
Pastell(farbe F) N па̀стелна̄ бо̀ја
Pastete F пашта́та
pasteurisiert пастѐризова̄н
Pate M ку̑м; **~nkind** N ку́мче; **~nschaft** F ку́мство; *fig* патро̀на̄т
Patient(in F) M паци̇̀јент (-киња)
Patin F ку́ма
patriotisch патрѝотскӣ
Pauke F бу̑бањ
pauschal па̀уша̄лан; **&e** F пау́ша́ла; **&reise** F па̀уша̄лнōпутòва̄ње
Pause F па̀уза; **&nlos** без па̀узē
Pazifik M Тӣхӣ окѐа̄н
PC M ПЦ
Pech N ка̀тран; **~ haben** ѝмати пе̏х
Pedal N педа́ла
pedantisch сѝтничав
Pediküre F педѝкӣр
peinlich *fig* *unangenehm* нѐугодан; **~ genau** кра̂јње бри̇̀жљив
Peitsche F би̑ч
Pellkartoffeln F/PL кро̀мпӣр у љу̑сци
Pelz M кр̀зно; **~geschäft** N *Laden* крзна̀рија; **~jacke** F кр̀знена̄ ја̀кна; **~mantel** M бу̑нда; **~mütze** F шу̀бара
Pendel N кла́тно; **&n** кла́тити; **~verkehr** M про́мет изме̑ђу два̂ мѐста
Penner M клòша̄р
Pension F панси̇̀о̄н; *Ruhegehalt, -stand* пе́нзија; **~är(in** F) M пензиòнē̄р(ка); **&iert** пензиòниса̄н
per (*A*) *nur I*, путем (*G*); **~ Post®** **(Telefon)** по̏што̄м (преко телефо́на)
perfekt пѐрфектан
Period|e F перѝод; *der Frau*

менструа́ција; **≈isch** перио̀дичан
Perl|e F бѝсер; **~mutt** N сѐдеф
Person F о̀соба; THEA, JUR лѝце; **pro ~** по о̀соби
Personal N о̀сōбље; **~abbau** M смање́ње бро̏ја о̀сōбља; **~abteilung** F персо̀на̄лно̄ одеље́ње; **~ausweis** M лѝчна̄ ка̑рта; **~ien** PL лѝчнӣ пода̀ци
Personen|... лѝчнӣ...; **~beschreibung** F о̏пис о̀собē; **~verkehr** M пре̑воз лӣца̄
persönlich лѝчан; **≈keit** F лѝчнōст
Perücke F пѐрика
pervers первѐрзан
pessimistisch песимѝстичан
Pest F ку̏га
Petersilie F пе́ршун
Pfad M ста̏за; **~finder(in** F) M извѝђа̄ч
Pfahl M сту̑б
Pfand N за̏лог
pfänden заплењѝвати су̏дскӣм пу́тем
Pfandflasche F фла̏ша са ка̀уцијōм
Pfändung F за̏плена
Pfann|e F тѝга̄њ; **~kuchen** M палачѝнка
Pfarr|amt N по̀повска̄ слу̏жба; **~ei** F паро̀хија; **~er** M *kath* жу̏пнӣк; *evang* па̏стор; *orth* по̑п; **~erin** F протеста̀нтска̄ свѐштеница
Pfau M па̀ун
Pfeffer M бѝбер; **~minze** F на́на; **~minztee** M ча̑ј од на́нē; **~mühle** F мли̑н за бѝбер; **≈n** бѝберити; **~streuer** M бѝбернӣк
Pfeife F пѝшта̄љка; *Tabakspfeife* лу̑ла; **≈n** звѝждати; *Lokomotive* пѝштати; **~ntabak** M ду̀ва̄н за лу̑лу
Pfeil M стре́ла
Pfeiler M сту̑б
Pferd N ко̑њ
Pferde|rennen N ко̀њска̄ тр̏ка; **~stall** M ко̀њска̄ шта̀ла; **~zucht** F узга́јање ко́ња̄
Pfiff M звѝждӯк; **≈ig** досѐтљив
Pfifferling M па̏прењача, лѝсичица
Pfingsten N Тро̀јице *f/pl*
Pfirsich M бре̏сква
Pflanz|e F бѝљка; **≈en** са̀дити; **~enschutzmittel** N сре̏дство за за̑штиту бѝља̄; **≈lich** бѝљнӣ
Pflaster N ка̀лдрма; MED фла̀стер; **~stein** M ко̀цка ка̏мена
Pflaume F шљѝва
Pflege F не̏га; **≈leicht** је̏дноста̄ван за не̏гу; **≈n** *Kranke* не̏говати; **zu tun ≈n** ѝмати на̀вику; **~r** M него̀ватељ; **~rin** F неговатѐљица
Pflicht F ду̏жнōст
pflücken бра̏ти
Pflug M плу̑г
pflügen о̀рати (плу̑гом)
Pförtner M вра̀та̄р
Pfosten M сту̑б
Pfote F ша́па
pfui фу̑ј
Pfund N фу̑нта, по̀ла кѝлограма
pfuschen фуша́рити
Pfütze F ба̏ра

Phantasie → Fantasie
philosophisch филòзо̄фскӣ
phlegmatisch флегмàтичан
Physik F фѝзика; **2alisch** фѝзичкӣ; **~er(in** F**)** M фѝзичā̄р(ка)
physisch фѝзичкӣ; тèлеснӣ
Pianist M пијàниста *m*; **~in** F пијàнисткиња
Pick|el M бубу̏љица; **2en** кљу̏цати; **~nick** N пѝкник
Pik N *Spielkarte* пӣк
pikant пикàнтан
Pilger M ходòча̄снӣк; **~fahrt** F ходòча̄шће
Pille F пѝлула
Pilot M пѝло̄т
Pils(ener) N пӣлс
Pilz M пèчӯрка; MED гљѝвице *f/pl*
PIN F ПИ̑Н кô̄д
Pinguin M пѝнгвӣн
Pinie F пѝнија
pinkeln *F* пѝшкити
Pinsel M чѐткица
Pinzette F пинцѐта
Pionier M пиòнӣр
Pirat M гу̏са̄р
Pistazie F пѝста̄ћ
Piste F AER пѝста
Pistole F пѝшто̄љ
Pizza F пѝца
Pkw M пу̏тнӣчкӣ аутомòбӣл
Plage F на̏паст; *Quälerei* му̏че̄ње; **2n** гњàвити кòга
Plan M пла̑н; ARCH на̏црт
Plane F цера́да
planen планѝрати
Planet M плане́та
planieren поравна́вати
planmäßig пла̑нскӣ; *Ankunft*, BAHN по пла́ну
Plansch|becken N плѝтак ба̏зе̄н; **2en** бр̏чкати се
Plantage F планта́жа
Planung F планѝра̄ње
plappern блебѐтати
Plastik[1] F *Werk* пла̀стика, кӣп; *Kunst* вајарство
Plastik[2] N пла̀стика; **~beutel** M, **~tüte** F пла̀стична̄ кѐса
Platin N пла̀тина
plätschern жубòрити
platt пљо̏снат; *eben* ра́ван; *Reifen* ѝспуштен;
Platte F пло̏ча; *Herd* ри́нгла; **kalte ~** хла̑днӣ на́резак
Plattform F пла̏тфо̄рма
Platz M про́стор; тр̑г; *Raum, Sitzplatz* мѐсто; **~ nehmen** сѐдати
Plätzchen N сѝтнӣ кòла̄ч
platzen пу̏цати; *in et* ба̀нути *pf*
Platzkarte F резерва́ција
plaudern ћа̏скати
pleite: **~ sein** не́мати ни пребѝјене̄ па̏ре̄; **2** F ба̀нкрот; **2 gehen** банкротѝрати *(im)pf*
Plomb|e F пло̑мба; **2ieren** пломбѝрати *(im)pf*
plötzlich неочѐкӣван
plump *Figur* здѐпаст; *ungelenk* нѐзгра̄пан
plündern пља̏чкати
Plural M мнòжина
plus плу̑с; по̏зитӣван; **3 Grad ~** трӣ стѐпе̄на изнад ну̏ле̄
PLZ → Postleitzahl
Pöbel M о̏лош
pochen ку̏цати
Pocken F/PL вѐлике̄ бо̀гиње; **~schutzimpfung** F

вакцина́ција против вѐликӣх бо̀гӣња̄
Podcast M по̀дкаст
Podium N по̑дијум
Pokal M пѐха̄р; **~spiel** N у̀такмица за ку̑п
Pol M по̑л; **~arstern** M По̀ла̄рна̄ Зве́зда
Pole M По̀ља̄к
Polen N По̀љска̄
Police F по̀лиса
Poliklinik F поликлѝника
Polin F По̀ља̀киња
Politesse F полица́јка, милицио̀нерка
Polit|ik F полѝтика; **~iker(in** F) M полѝтича̄р(ка); **&isch** полѝтичкӣ
Politur F политу́ра
Polizei F по̀лӣција; **~revier** N полѝцӣјска̄ ста̀ница; **~streife** F полѝцӣјска̄ патро́ла; **~stunde** F полѝцӣјскӣ ча̑с
Polizist M полица́јац; **~in** F полица́јка
polnisch по̀љскӣ
Polster N ја̏стук (за сѐде̄ње); *Schulterpolster* нарамѐница; **~möbel** N/PL тапа̀цӣранӣ на̏мешта̄ј; **&n** *Möbel* тапацирати *(im)pf*
Polterabend M мо̀мачкӯ *od* дѐвојачкӯ ве̏че̄
Pommes frites PL по̀мфрит
Pony[1] N по̏ни
Pony[2] M *Frisur* шѝшке *f/pl*
Pop|corn N ко̏кице *f/pl*; **~musik** F по̑п-му̀зика
Popo M гу́за
populär по̑пула̄ран
Pore F по́ра
porös по̏ро̄зан
Porree M пра̏зилук
Portal N по̀рта̄л
Portemonnaie N новча̀нӣк
Portier M по̀ртӣр
Portion F по̀рција
Porto N пошта̀рина; **&frei** ослѐбођен пошта̀рине̄
Porträt N по̀ртре̄т
Portugal N Порту̀га̄л
Portugies|e M Португа́лац; **~in** F Порту̀га̄лка; **&isch** порту̀га̄лскӣ
Posaune F тро̀мбон
Position F по̀зӣција
positiv по̏зитӣван
Post® F по̏шта; **mit der ~** по̏што̄м; **~amt** N по̏шта; **~anweisung** F по̏штанска̄ у̀путница; **~bank** F по̏штанска̄ ба̑нка; **~beamte** M по̏штанскӣ чѝновнӣк; **~bote** M по̏шта̄р
Posten M по̀зӣција
Post|fach N по̏штанскӣ фа̑х; **~karte** F до́писница; **&lagernd** по̏стреста̄нт; **~leitzahl** F по̏штанскӣ бро̑ј
Post|scheck M по̏штанскӣ че̑к; **~sparkasse** F по̏штанска̄ штедио̀ница; **~stempel** M по̏штанскӣ жи̑г; **&wendend** о̀братно̄м по̏што̄м; **~wertzeichen** N по̏штанска̄ ма̏ркица
Pracht F ра́скош
prächtig ра́скошан
prägen *Münzen* ко̀вати
prahlen хва́лити се (**mit** *D I*)
Prakt|ikant M практѝкант; **~ikantin** F практика̀нткиња;

~ikum N прȁкса; **≈isch** прàктичан; **≈ischer Arzt** лѐкāр ȍпштē прȁксē; **≈izieren** прàктиковати

Praline F пралѝна

prall јéдар; *Sonne* јȃркӣ; *Segel* пȕн

Prä|mie F прêмија; **≈sentieren** прѐдстављати; **~sident** M прéдседнӣк; **~sidium** N прѐзӣдијум

prasseln *Regen* ромòрити; *Feuer* пуцкѐтати

Praxis F прȁкса; *Arztpraxis* ординáција

präzise прȅцӣзан

predig|en проповéдати; **≈t** F прȍповēд *f*

Preis M цéна; *Belohnung* нȃграда; **~ausschreiben** N нáграднӣ кòнкурс

Preiselbeere F брȕсница

Preis|erhöhung F повишéње цéнē; **≈gekrönt** нȁграђен; **~liste** F цѐнōвнӣк; **~nachlass** M пóпуст; **~richter** M члȃн жирѝја; **~senkung** F снижéње цéнē; **~träger** M дòбӣтнӣк нȃградē; **≈wert** пȍвољан

Prellung F MED ȕнутрашњā пȍвреда (са пòдливом)

Premiere F премијéра

Presse F прȅса; *Zeitungen* штȃмпа; **~freiheit** F слобóда штȃмпē; **≈n** прȅсовати *(im)pf*

Presslufthammer M пнеумàтичнӣ чѐкић

Priester M свѐштенӣк; **~in** F свѐштеница

prima првòкласан

primitiv прѝмитӣван

Prinz M прѝнц

Prinzessin F прѝнцéза

Prinzip N начéло; **≈iell** прѝнципијēлан

Prise F прȍстохвāт

Pritsche F лѐжаљка

privat прѝвāтан

Privileg N привѝлēгија

pro *(A)* по *(L)*; **~ Tag** днȇвно

Probe F прóба; *Warenprobe* ýзорак; **~fahrt** F прȏбнā вóжња; **≈n** прóбати *(im)pf*

probieren *versuchen* покушáвати; прóбати *(im)pf*

Problem N: **kein ~** нȇмā проблéма

Produkt N произвòд; **~ion** F производња; **≈iv** прȍдуктӣван

produzieren производити

Professor M прòфесор; **~in** F прòфесорка

Profi M SPORT професионáлац

profitieren профитѝрати *(im)pf*

Prognose F прогнóза

programm|ieren програмѝрати *(im)pf*; **≈ierer(in** F**)** M прогрàмēр(ка)

Pro|jekt N прòјекат; **~menade** F променáда; **~mille** N прòмил; **≈movieren** промòвисати *(im)pf*

prompt хѝтар; ADV ȍдмāх

Pro|nomen N GR зȃменица; **~peller** M пропѐлēр

Prophet M прóрок

prophezeien прорѝцати

prosit жѝвели

Pros|pekt M прòспек(а)т;

~tata F MED простàта; ~tituierte F простѝтӯтка
Protest|ant M протèстант; ~antin F протестàнткиња; ≗antisch протестàнтскӣ; ≗ieren прòтествовати (im)pf
Pro|these F протéза; ~tokoll N протòкōл; ~vinz F провѝнција; ~vision F прòвӣзија; ≗visorisch прòвизōран; ≗vozieren провоцѝрати (im)pf; ~zent N прòценат; ~zess M прòцес; JUR пàрница
prüde пурѝтāнскӣ
prüf|en испитѝвати; ≗ung F ѝспит
Prügelei F тӯча
prügeln тӯћи (**sich** се)
PS *im Brief* П.С.
Psych|iater(in F) M психијáтар; ≗isch псѝхичкӣ; ≗ologisch психòлошкӣ
Pub|likation F публикáција; ~likum N пу̏блика; ≗lizieren објављѝвати
Pudding M пу̀динг
Pudel M пу́дла
Puder M пу́дер; ~dose F пудријéра; ≗n пудèрисати; ~zucker M шѐћер у пра́ху
Puff M *F* бòрдел
Pullover M џѐмпер
Puls M пӯлс
Pulver N пра́шак (*a* MED)
Pumpe F пу̂мпа; ≗n пу̂мпати
Punkt M *Satzzeichen* тāчка; *Wertung* пòēн; **um ~ drei Uhr** тāчно у трӣ
pünktlich тāчан; ≗keit F тāчнōст
Pupille F зѐница
Puppe F лу̏тка
pur чѝст
Püree N пѝрē
pusten ду́вати
Pute F ћу̏рка; ~r M ћу̀рāн
Putsch M пу̏ч
Putz M ARCH мàлтер; ≗en чѝстити; *Zähne* пра̏ти; ~frau F чистàчица; ~lappen M кр̏па за чѝшћēње; ~mittel N срѐдство за чѝшћēње
Puzzle N пу̀зла
Pyjama M пижáма

quadrat|isch чѐтвр̄таст; квàдрāтнӣ; ≗meter M квàдрāтнӣ мêтар
quaken крекѐтати
Qual F му̏чēње
quälen му̏чити (**sich** се)
Qualifikation F квалификáција
Qualität F квалѝтēт
Qualle F меду́за
Qualm M ди̏м; ≗en дѝмити се
Quantität F квантѝтēт
Quarantäne F карàнтӣн
Quark M вр̏ста сѝра
Quartal N трòмесēчје
Quarzuhr F кварцнӣ сâт
quasseln *F* торòкати
Quatsch M глу̏пōст; ≗en *F* трабу́њати
Quecksilber N жѝва
Quelle F ѝзвор

quer ADV пòпрēко; **~ durch die Stadt** кроз чи̏тав гра̑д; **&schnitt** M пòпречнӣ пре́сек; **~schnitt(s)gelähmt** пара̀лӣсан; **&straße** F пòпрēчнā у̏лица

quetsch|en притиски́вати; гу́рати; *Finger* приклéштити *pf*; **&ung** F MED нагњечéње

quietschen *Tür* шкри́пати

quitt: **wir sind nun ~!** са̏д смо квӣт!; **&e** F ду̏ња; **~ieren** квити́рати *(im)pf*; **&ung** F при̏знаница

Quiz N квӣз

Quote F кво̏та

R

Rabatt M пóпуст

Rabe M га̏вра̄н

Rache F о̏света

Rachen M ждрéло

rächen свéтити (**sich** се)

Rad N тòчак; *Fahrrad* бици̏кл; **~ fahren** вòзити бици̏кл

Radarkontrolle F ра̏да̄рскā контрóла

Radfahrer M бици̏клиста *m*; **~in** F бици̏клисткиња

radieren бри̏сати

Radiergummi M гу̏мица за бри̏са̄ње

Radieschen N ро̏тквица

radikal ра̏дика̄лан

Radio N ра̑дио *m*; → *a* Rundfunk; **&aktiv** ра̄диоактӣван; **~wecker** M ра̑дио-бу̏дӣлнӣк

Radius M ра̑дијус

Rad|kappe F ка̀пна на тòчковима; **~rennen** N бицикли̏стичкā тр̏ка; **~sport** M бицикли̏зам; **~tour** F и̏злет бици̏клом; **~weg** M бицикли̏стичкā ста̏за

raffiniert рафи̏нӣра̄н

Rahm M па̏влака

rahmen урамљи́вати; **&** M о̏квӣр; ра̑м

Rakete F ракéта

rammen заби́јати; *Fahrzeug* налéтати на *(A)*

Rampe F ра̑мпа

Rand M и̏вица

randalieren ди̏вљати

Rand|bemerkung F у̏згрēднā при̏медба; **~streifen** M *e-r Autobahn* по̏мо̄ћнā тра̏ка на а̀утопӯту

Rang M ра̑нг; MIL чи̑н; THEA га̀лēрија

rangieren BAHN ранжи́рати *(im)pf*

ranzig у̀жегао

Rarität F рéткōст

rasch бр̑з

rascheln шу̏шкати

rasen ју́рити; *außer sich sein* бѐснети

Rasen M тра̏вња̄к

rasend *Geschwindigkeit* мунѐвит; *Schmerz* нѐсносан

Rasenmäher M кòсилица за тра̏ву

Rasier|apparat M апа̀ра̄т за бри̏ја̄ње; **&en** бри̏јати (**sich** се); **~klinge** F F жи̏лēт; **~schaum** M пе̏на за бри̏ја̄ње;

~wasser N лосѝōн после брѝјања
Rasse F ра̏са
rasseln звекѐтати
rassig ра̏сан
Rast F па̏уза; **≗en** одма́рати се; **~platz** M о̀дморӣште (*a an der Autobahn*); **~stätte** F о̀дморӣште
Rasur F брѝјање
Rat M са̏вет
Rate F ра̑та
raten са́ветовати (**j-m zu et** ко̀-га да ...); *erraten* пога́ђати
Ratenzahlung F пла́ћање у ра̑тама
Rat|geber M саветода́вац; **~haus** N о̀пштина
Ration F по̀рција; **≗alisieren** рационализовати (*im*)*pf*; **≗ell** еконо̀мичан (*a sparsam*)
rat|los бѐспомоћан; **~sam** препору̀чљив; **≗schlag** M са̏-вет
Rätsel N за̏гонēтка (*a fig*); **≗haft** за̏гонēтан
Ratte F па́цов
rattern тандр̀рати
rau хра̏пав (*a Stimme*); *Klima* су̏ров
Raub M пља̏чка; *Beute* отима̀чина; **≗en** о̀тимати
Räuber M ра́збōјнӣк
Raub|tier N (гра̏бљивӣ) звѐр; **~überfall** M (**bewaffneter** о̀ружанӣ) пља̏чка; **~vogel** M птѝца гра̏бљивица
Rauch M дӣм; **≗en** пу̏шити; **~en verboten!** за̀брањено пу̏шење!; **~er** M пу̏шач; **~erabteil** N о̀дељак за пуша́че;
~erin F пуша̀чица
rauchig за̀димљен
Rauch|melder M по̏жарнӣ а̀ла̄рм (апа̀ра̄т); **~verbot** N за̏брана пу̏шења
Rauf|bold M ка̏вгаџија; **≗en** р̀вати се; **~erei** F ту̀чњава
rauh → rau
Raum M *Platz* про́стор; *Zimmer* просто̀рија
räumen еваку̀исати (*im*)*pf*
Raum|fähre F васѝонскӣ транспо̀ртēр; **~fahrt** F путо̀вање у свѐмӣр; **~flug** M свѐмӣрскӣ лēт
räumlich про́сторан
Raumschiff N свѐмӣрскӣ бро̑д
Raupe F гу̏сеница
Raureif M ѝње
Rausch M опѝјенōст; *fig* за́нос
rauschen шу́мети
Rauschgift N о̏пōјнō срѐдство; **≗süchtig** за́висан од нарко̀тӣка̄
räuspern: **sich ~** накашљавати се
reagieren рѐаговати (**auf** *A* на *A*)
Reaktion F реа̀кција
real ре̑алан; **~isieren** реа̀лизовати (*im*)*pf*; **~istisch** реалѝстичан; **≗ität** F ре̑алнōст; **~schule** F ре̑алнā шко̄ла
Rebe F ло̏за
Rebell M бу̀нтōвнӣк
rebellieren бу́нити се
Rechen M гра̀буље *pl*
Rechen|aufgabe F ра̀чӯнскӣ зада́так; **~fehler** M грѐшка у рачу́ну

Rechenschaft F: **~ über et ablegen** полáгати рàчӯн о чèму; **j-n zur ~ ziehen** позѝвати кòга на одговóрнōст
rechn|en рачу̏нати; **≗er** M *Gerät* рачу̀нāр; **≗ung** F рàчӯн (*a im Restaurant*)
recht прâви; **das ist mir nicht ~** нѝје ми прâво
Recht N прáво
recht|... дèснӣ; **≗e** F *Hand* дèсница (*a* POL)
Rechteck N правòугаонӣк; **≗ig** правòугаонӣ
recht|fertigen прâвдати; **~lich** JUR прâван; **~los** бȅспрâван; **~mäßig** зáконит
rechts дȅсно; **sich ~ halten** др̀жати се дèснē стрáнē; **≗abbieger** M кòјӣ скрêћē на дȅсно
Rechts|anwalt M, **~anwältin** F адвòкāт; **~berater** M прâвнӣ сáветнӣк
Rechtschreibung F прâвопӣс
rechts|extrem èкстремно дèснӣ; **≗händer** M дèшњāк; **≗händerin** F дешњàкиња; **~kräftig** прâвоснāжан; **~widrig** противзáконит
recht|winklig правòугаонӣ; **~zeitig** правòвременӣ
Reck N вр̀тило
Recycling N рециклáжа
Redakt|eur M у̀реднӣк; **~eurin** F у̀редница; **~ion** F редàкција
Rede F рéчи *pl*; *Ansprache* гȍвōр
reden говòрити; *miteinander* разговáрати (**über** *A* o *L*)
Redensart F ѝзрека
Redner M гòвōрнӣк; **~in** F гòвōрница
Referat N рефèрāт
Referent(in F) M рефèрент (-киња)
reflektieren рèфлектовати (*im*)*pf*
Reflex M рèфлекс
reflexiv GR пòвратан
Reform F рèфōрма; **~haus** N прòдāвница здрȃвē хрáнē; **≗ieren** рефòрмисати (*im*)*pf*
Regal N пòлица
Regel F прȃвило; *der Frau* менструáција; **≗mäßig** *periodisch* рèдōван; **≗n** урéђивати; регу̀лисати (*im*)*pf*; **~ung** F урéђéње
regen: **sich ~** (пò)мѝцати се
Regen M кѝша; **bei ~** по кѝши; **saurer ~** кѝселā кѝша; **~bogen** M дýга; **~mantel** M кѝшнӣ мàнтӣл; **~schauer** M пљу̂сак; **~schirm** M кѝшобрāн; **~wasser** N кѝшница; **~wetter** N кишòвитō врéме; **~wurm** M кѝшнā глѝста
Regie F рêжија
regier|en влáдати; **≗ung** F влáда
Regime N рèжӣм
Region F регѝōн; **≗al** рȅгионāлан
Regisseur M режѝсēр
Register N рèгистар
registrieren рèгистровати (*im*)*pf*
Regler M регу̀лāтор

regn|en: **es ~et** пада̄ кӣша; **~erisch** кишо̀вит
regul|är ре̏гула̄ран; **~ieren** регу̀лисати (im)pf
Regung F (по)кре́та̄ње; **≗slos** не̏покре̄тан
Reh N ср̏на
Reib|e F рѐнде; **≗en** тр̏љати; GASTR рѐндати; **~ung** F TECH тре́ње; **≗ungslos** гла̏тко
reich бо̀гат
Reich N ца̑рство
reich|en *geben* дода́вати; *genügen* бити до̀вољнӣм **~en bis** *(D) örtl* досе́зати до *(G)*; **es ~t!** са̏д је до̏ста!; **~haltig** бо̀гат; **~lich** о̀бӣлан; **≗tum** M бога̏тство; **≗weite** F до́мет
reif зре̑о; **≗** M сла́на; **≗e** F зре̏ло̄ст; **~en** зре̏ти
Reifen M о̏брӯч; KFZ (а̀уто-)гу̑ма; **~druck** M прѝтӣсак у гу̑мама; **~panne** F KFZ гу̑м(н)ӣ-дѐфект; **~wechsel** M ме́ња̄ње гу̑ме̄
Reifeprüfung F ѝспит зре̏лости
Reihe F ре̑д; нӣз; **der ~ nach** по ре́ду; **ich bin an der ~** ја̑ сам на ре́ду
Reihen|folge F ре̏дослед; **~haus** N ку̏ћа уни́зу
Reiher M ча̏пља
reimen рѝмовати *(im)pf* **(sich** се**)**
rein *sauber* чӣст; *fig* пу̑кӣ
Reinfall M про̏машај
Rein|heit F чисто̀та; **~lichkeit** F чисто̀ћа
reinigen чи̏стити
Reinigung F *chemische* хѐмӣјско̄ чӣшће̄ње; *Geschäft* (хѐмӣјска̄) чисто̀ница; **~smittel** N сре̏дство за чӣшће̄ње
Reis M пѝринач
Reise F пу̑т; **auf der ~** на пу́ту; **gute ~!** сре̏ћан пу̑т!; **~andenken** N сувѐнӣр; **~apotheke** F на̑јнеопходнијӣ ле́кови за пу̑т; **~büro** N турѝстичка̄ агѐнција; **~bus** M (турѝстичкӣ) ауто̀бус; **~führer** M во̀дич *(a Buch)*; **~gepäck** N пр̀тља̄г; **~gruppe** F гру̏па ту̀риста̄; **~kosten** PL пу̑тнӣ тро̏шкови *pl*; **~leiter** M во̏ђа пу́та
reisen путо̀вати (**nach** *A* у *od* за *A*); **≗de** M пу̑тнӣк; F пу̑тница
Reise|pass M па̑сош; **~route** F маршру́та; **~scheck** M пу̑тнӣ че̑к; **~tasche** F пу̑тна̄ то̀рба; **~veranstalter** M органѝза̄тор путо̀ва̄ња; **~zeit** F вре́ме о̀дмора; **~ziel** N цӣљ пу́та
Reiß|brett N та́бла за тѐхничко̄ цр̏та̄ње; **≗en** V/I це́пати се; V/T *an den Haaren* чу̀пати; *Papier* це́пати; **sich ≗en um** о̀тимати се за *od* о *(A)*; **~verschluss** M ра̀јсфершлус; **~zwecke** F ра̀јснадла
reit|en ја̀хати; **≗en** N ја̀ха̄ње; **≗er** M ја̀ха̄ч; **≗erin** F јаха̀чица; **≗pferd** N ја̀ха̄чкӣ ко̑њ; **≗sport** M спо̏ртско̄ ја̀ха̄ње; **≗turnier** N ту̀рнӣр у ја̀хању
Reiz M на̏дража̄ј; *fig* дра̑ж *f*; **≗bar** раздра̀жљив; **≗en** раздражи́вати; MED дра́жити;

≈end прѝвлачан; **~ung** F MED нȁдражāј
Reklam|ation F рекламáција; **≈ieren** рекламѝрати *(im)pf*
Rekord|leistung F рèкордни̑ ỳчинак; **~zeit** F рèкордно̄ врéме
Rekrut M рѐгрӯт
relativ рѐлати̑ван
Relief N рѐљеф
Religi|on F вȇра; **≈ös** рѐлигио̄зан
Reliquie F рѐлӣквија; *Gebeine* мȍшти *f/pl*
Rendite F прȍфӣт
Renn|bahn F тр̀калӣште; **≈en** јýрити; **~en** N тр̑ка; **~fahrer** M вȍза̄ч на тр̑кама; **~pferd** N тр̀ка̄чкӣ кȍњ; **~strecke** F тр̀ка̄чка̄ стàза; **~wagen** M тр̀ка̄чка̄ кȍла *n/pl*
renovier|en реновѝрати *(im)pf*; **≈ung** F реновѝра̄ње
rentabel ýносан
Rente F пéнзија
rentieren: **sich ~** исплáтити се
Rentner(in F) M пензиòне̄р(-ка)
Reparatur F òпра̄вка; **~werkstatt** F (рѐмонтна̄) радиòница
reparieren пòправљати
Report|age F репортáжа; **~er(in** F) M репòрте̄р(ка)
repräsentieren репрѐзентовати *(im)pf*
Republik F репỳблика
Reserve|rad N рѐзе̄рвнӣ тòчак; **~tank** M рѐзе̄рвна̄ кȃнтица (за бѐнзӣн)
reservier|en резѐрвисати *(im)pf*; **~t!** резѐрвисāно̄!; **≈ung** F резервáција
resignieren резигнѝрати *(im)pf*
respektieren пȍштовати
Rest M остáтак; **~geld** N кӯсӯр
Restaurant N ресто̀ра̄н
restaurieren рестаỳрисати *(im)pf*
rest|lich преòстао; **~los** пòтпун
Resultat N резỳлта̄т
rett|en спасáвати; **≈er** M спàсилац; REL Спа̑с; **≈erin** F спàситељка
Rettich M рȍтква
Rettung F спа̑с; спасáва̄ње
Rettungs|... за спасáва̄ње; **~aktion** F спàсилачка̄ àкција; **~boot** N чáмац за спасáва̄ње; **~dienst** M слу̏жба хи̏тне̄ пȍмоћи; **~mannschaft** F спàсилачка̄ екѝпа; **~ring** M пȍја̄с за спасáва̄ње; **~station** F одељéње хи̏тне̄ пȍмоћи; **~wagen** M кȍла хи̏тне̄ пȍмоћи
Reue F кȃја̄ње
revanchieren: **sich für et ~** реваншѝрати се *(im)pf* за нȇшто
revidieren ревидѝрати *(im)pf*
Revier N ȍкрӯг
Revolte F рѐволт
Revolution F револỳција; **≈är** рѐволуциона̄ран; **~är(in** F) M рѐволуциона̄р(ка)
Revue F рȇвија
Rezension F рецѐнзија
rezept|frei без рѐцепта;

~pflichtig на рѐцепт
rezitieren рѐцитовати *(im)pf*
Rhein M Ра̑јна
Rheuma N рѐума
Rhythmus M ри̏там
richten *et* упуħивати (**an j-n** *D*); *Brief* сла̏ти (**an** *A D*); усмера́вати (**auf et** *D*); **sich nach et ~** ра̀внати се према (*D*)
Richter(in F) M су̏дија *m*
richt|ig *fehlerlos* та̏чан; *geeignet, echt* пра̑вӣ; **~ig stellen** ѝсправљати; **⁊linie** F смéрница; **⁊ung** F смȇр
riech|en мирѝсати; **es ~t nach** (*D*) мѝрише̄ на (*A*)
Riegel M рȇза
Riemen M кàиш
Riese M дѝв; горо̀стас
rieseln цу́рити; *Schnee* провеја́вати
riesig о̏грома̄н
Riff N пешча̀нӣк
Rille F жлȇб
Rind N го̀ведо
Rinde F ко̏ра (*a Brot*)
Rind|erbraten M го̀веђē пече́ње; ~fleisch *n* го̀ведина
Ring M ко̏лӯт; *Schmuck* пр̏стēн; *Boxring* ри̑нг **⁊en** р̀вати се; *fig* бо̀рити се; **~er** M р̀ва̄ч; **~finger** M прстѐња̄к; **~kampf** M р̀вање
ringsherum ỳнаоколо
Rinn|e F жлȇб; *Regenrinne* о̀лук; **⁊en** цу̏ркати; тѐħи; **~stein** M слѝвнӣк; *Bordstein* ѝвичња̄к
Rippe F рѐбро; **~nfellentzündung** F у̏пала плу̏ħнē ма̀рамицē
Risiko N ри̏зик
risk|ant ри̏зича̄н; **~ieren** ри̏зиковати *(im)pf*
Riss M *Stoff* подѐротина; *Haut* ѝспуца̄ло̄ст; *Wand* пу̀котина
Ritt M ја̀ха̄ње
Ritter M вѝтēз
Ritze F пу̀котина
ritzen урезѝвати
Rivale M су̏па̄рнӣк
rivalisieren на̀дметати се
Rizinusöl N ри̏цинусово у̑ље
Roastbeef N ро̏стбӣф
Robbe F фо̏ка
Roboter M ро̏бот
robust ро̀бустан
Rock M су̏кња
Rockmusik F ро̏к-му̀зика
Rodel|bahn F пѝста за са̏нка̄ње; **⁊n** са̏нкати се; **~schlitten** M са̏нке *pl*
rod|en кр̀чити; **⁊ung** F *Stelle* кр̀чевина
Roggen M ра̑ж *f*; **~brot** N ра̑жанӣ хлȇб
roh си̏ров; **⁊kost** F си̏рова̄ хра́на; **⁊material** N → Rohstoff; **⁊öl** N нерафѝнисана̄ на̏фта
Rohr N цȇв *f*; **~bruch** M пр̀ска̄ње цȇви
Röhre F цȇв; *Backröhre* ре́рна
Rohrleitung F цȇвовод
Rohstoff M сиро̀вина
Roll|bahn F AER пѝста; **~e** F ро́лна; THEA у̏лога; **⁊en** котр̀љати (се); *Teig* ва̀љати; *Papier* смо̀тати; **~er** M *Tretroller* тротѝнет; *Motorroller* мотоцѝкл; **~kragen** M ро̏л-кра̀гна; **~laden** M ролѐтна; **~mops** M

р̄оловāнā хàр̄инга; **~schuhe** M/PL котỳрāљке; **~stuhl** M инвàл̄идскā кол́ица *pl*; **~stuhlfahrer** M инвàл̄ид у кол́ицима; **~treppe** F п̄окрēтнē стēпенице *pl*
Rom N Р̂им
Roman M рòмāн; **²isch** ARCH рòмāнск̄и (*a Sprachen*); **~tik** F ромàнтика; **²tisch** ромàнтичан
römisch р̂имск̄и
röntgen сн́имати рèндгеном; **²aufnahme** F рèндгенск̄и сн̄имак
rosa ро́за
Rose F р̀ужа
Rosen|kohl M прòкељ; **~kranz** M REL бројàнице *pl*; **~montag** M понèдељак пред почéтак карнева́ла
rosig р̀ужичаст; *Wangen* р̀умен
Rosine F с̑ӯво гр̂ōжђе
Rosmarin M р̀ӯзмарин
Rost M р̑ђа; *Grill* рòштиљ
rosten р̑ђати
rösten пр̑жити
rost|frei нер̀ђајӯћ̄и; без р̀ђē; **~ig** зар̀ђао; **²schutzmittel** N антикòрозиōнō срèдство
rot цр̀вен; *Haare* р̂иђ; **bei ² durchfahren** пр̑оћи *pf* кроз цр̀венō свèтло на сēмафōру; **²e Bete** цвèкла; **das ²e Kreuz** Цр̀венӣ кр̂ст
Röte F црвèнило; румèнило
Röteln PL MED рубèоле
rot|haarig риђòкос; **²kohl** M цр̀венӣ кỳпус
rötlich црвèнкаст
Rot|licht N цр̀венō свèтло; **~stift** M цр̀венā òлōвка; **~wein** M цр̂нō вино
Roulade F рòлāт
Route F р̀ута
Routine F рут́ина
Rowdy M с̀илеџија *m*
Rübe F р̀ēпа
Ruck M тр̑зāј
Rückblick M ȍсвр̄т
rücken V/T пòмицати; *wegrücken* òдмицати (**von** *D* од *G*); *v/i* пр̀имицати се; помéрати се
Rücken M лéђа *pl*; **~lehne** F нáслон; **~mark** N к̀ичмена̄ мòждина; **~schmerzen** M/PL бо́лови у лéђима; **~schwimmen** N лéђнō пл̀ивāње; **~wind** M вèтар у лéђа
Rück|erstattung F п̀оврађāј (нóвца); **~fahrkarte** F пòвратнā кȁрта; **~fahrt** F пòвратак; **~fall** M пòвратак; *Krankheit* рецид́ив
Rück|flug M пòвратн̄и лēт; **~frage** F (нȁкнаднō) пит̄ање; **~gabe** F вра̑ћāње; **~gang** M ȍпадāње
rückgängig: **~ machen** опозивати; поништа́вати
Rück|grat N к̀ичма; **~halt** M пòдршка; **~kehr** F пòвратак; **²läufig** рēтрогрāдан; **~licht** N зȁдњē свèтло; **~porto** N пòвратнā поштàрина; **~reise** F пòвратак
Rucksack M р̀ӯнац
Rück|schlag M погоршáње; **~schritt** M нàзадовāње; **~seite** F пòлеђина; **~sendung** F вра̑ћāње
Rücksicht F ȍбзӣр; **~ nehmen**

auf ўзимати ȍбзӣра према (*D*)
rücksichts|los бȅзобзӣран; **~voll** ȍбзӣран
Rück|sitz M зȁдње сȅдӣште; **~spiegel** M ретрòвӣзор; **~spiel** N SPORT рèванш; **~stand** M заостáтак; **≈ständig** заòстао; нȁзадан; **~stau** M *Verkehr* зȁстōј у сȁобраћају; **~tritt** M одўстајање; POL òставка; **~trittbremse** F *Fahrrad* нȍжнā кóчница, кȍнтра
rückwärts ўназāд; **~ gehen** и̏ћи ўназāд; **~ fahren** вòзити у рѝкверц; **≈gang** M рѝкверц
Rück|weg M пòвратак; **≈wirkend** рȅтроактӣван; **~zahlung** F врȁћāње нóвца; **~zug** M повлáчēње
Rudel N кр̏до; чȍпōр
Ruder N вèсло; *Steuer* кр́ма; **~boot** N чáмац на вèслāње; **≈n** вèслати
Ruf M зȏв; *fig* глȃс; **≈en** викати; *j-n* звȁти; **~name** M и̏ме; **~nummer** F телèфōнскӣ брȏј
Rüge F ýкор; **≈n** кòрити
Ruhe F мȋр; *Ausruhen* пòчинак; **~!** тишѝна!; **~ bewahren** сачýвати прѝсебнōст; **≈los** нȅмӣран; **≈n** почѝвати; **~pause** F пȁуза; **~stand** M пèнзија; **~tag** M нȅрāднӣ дȃн
ruhig мѝран
Ruhm M слȃва
Ruhr F MED дизентèрија
Rühr|ei N кȁјгана; **≈en** мéшати; *schlagen* мýтити; *fig* дѝрати; **≈end** дѝрљив; **~ung** F гȁнӯтōст
Ruine F рӯшевина
rülpsen подригѝвати
Rumän|e M Рӯмӯн; **~ien** N Рӯмӯнија; **~in** *f* Рӯмӯнка; **≈isch** рӯмӯнскӣ
Rummel M вȁшар; *fig* џýмбус; **~platz** M вȁшарӣште
Rumpf M трȗп
rund òкрӯгао; *ungefähr* ȍко; **≈blick** M пȍглēд на свȅ стрáне; **≈e** F рӯнда (*a Boxen*); SPORT кȍло; кр̑ӯг; **≈fahrt** F крӯжнō путòвāње; **≈flug** M крӯжнӣ лȇт
Rundfunk M рȃдио; **im ~** на рȃдију; **~gerät** N рȃдио-апа̀рāт; **~sender** M рȃдио-ста̀ница; **~sendung** F рȃдио-емѝсија; **~übertragung** F рȃдио-пре́нос
Rund|gang M обѝлазак; **≈herum** ўнаоколо; **≈lich** òкругласт; **~reise** F крӯжнō путòвāње; **~schreiben** N цѝркулāрнō пѝсмо; **~ung** F ȍблина
Runzel F бо́ра; **≈n** бо́рати; *Stirn* мр̏штити
rupfen чу̏пати; *Federvieh* черӯпати
Ruß M ча̑ђ *f*
Russe M Рȗс
Rüssel M сӯрла; рѝло
Russ|in F Рӯскиња; **≈isch** рӯскӣ; **~land** N Рӯсија
rüst|en MIL наоружáвати (се); **sich ~en** спре́мати се (**zu** *D* за *A*); **~ig** чѝо; **≈ung** F *Waffen* наоружáње; *Schutz* ȍклоп
Rute F пру̑т

Rutsch|bahn F стàза за клѝзање; **≗en** склѝзнути *pf*; *Auto* клѝзати се; **≗fest** кòјӣ се не клѝзā; **≗ig** клѝзав
rütteln трéсти

S

s. (siehe) вӣди
Saal M сáла
Saat F *Säen* сѐтва; *Saatgut* сѐмēње
Sach|bearbeiter(in F) M рефѐрент(киња); **≗dienlich** од кȍристи; **~e** F ствȃр *f* (*a Angelegenheit*); **≗gemäß** прѝмерен; **≗kundig** стрȳчан; **≗lich** ȍбјектӣван
sächlich GR срѐдњēг рȏда
Sach|register N стрȳчнӣ (прéдметнӣ) рѐгистар; **~schaden** M мȁтеријāлнā штѐта
Sachver|halt M стáње ствáрӣ; **~ständige** M, F стрȳчњāк; вѐштāк
Sack M џȃк; **~gasse** F слȋпā ȕлица, ћȍрсокāк
säen сѐјати
Safe M сȇф
Safran M шȁфран
Saft M *Obst* сȏк; *Fleisch* тѐчнōст; **≗ig** сȍчан
Sage F предáње
Säge F тестѐра
sagen кȁзати (*im*)*pf*
sägen тестѐрисати
Sahne F пȁвлака; *Schlagsahne* шлȃг
Saison F сезóна
Saite F стрȳна; **~ninstrument** N жѝчанӣ инстрȳмент
Sakko M *od* N сȁкō
Salami F салáма
Salat M салáта
Salbe F мȃст *f*
Salbei M жȁлфија
Salmonellen F/PL салмонѐле
salopp *Kleidung* лѐжēран; *Benehmen* неȕсиљен
Salz N сȏ *f*; **≗en** сȍлити; **≗ig** слȃн; **~kartoffeln** F/PL кȕванӣ крȍмпӣр (у слȃнōј вȍди); **~säure** F сȏнā киселѝна; **~stange** F грисѝна; **~streuer** M слȁнӣк; **~wasser** N слȃнā вȍда
Samen M сȇме
sammel|n скýпљати; **≗band** M, **≗werk** N збȍрнӣк
Sammler(in F) M колекциȍнāр(ка)
Sammlung F *Kunst* збӣрка; *Geld* прикýпљање
Samstag M сȕбота
Samt M сȍмот
sämtliche PL целȍкупнӣ
Sanatorium N санȁтōријум
Sand M пéсак
Sandale F сандáла
Sand|bank F пѐшчанӣ спрȕд; **≗ig** пескȍвит; пѐшчан; **~papier** N шмѝргл-пȁпӣр; **~stein** M пешчȁнӣк; **~strand** M пѐшчанā плáжа
Sandwich N *od* M сȇндвич
sanft блȃг
Sänger M пѐвāч; **~in** F певȁчица

Sanierung F санѝрање
Sanitäter(in F) M бо̏лнича̄р(ка)
Sarg M мр̀твачкӣ са̀ндук
Satellitenfernsehen N сатѐлӣтска̄ телѐвӣзија
Satir|e F са̀тира; **≈isch** сатѝричан
satt сйт; **et ~ haben** бйти сйт чѐга
Sattel M сѐдло
sättigen засиħѝвати
Satz M GR речѐница; *Sprung* ско̏к; *Tennis* сѐт; *Kaffeesatz* та̏лог; **~ung** F ста̀тӯт
Sau F кр̀мача (*a fig*)
sauber чйст; **~ machen** чйстити; **≈keit** F чисто̀ħа
säuber|n чйстити⟩; **≈ung** F POL чйстка
Saudi-Arabien N Саӯдӣјска̄ А̀рабија
sauer кйсео; *verärgert* љу̑т; **~ werden** кйселити се; *fig* љу̏тити се; **≈kirsche** F вйшња; **≈kraut** N кйселӣ ку̏пус; **≈stoff** M кисео̀нӣк; **≈teig** M кйселō тѐсто
sauf|en *Tier* пи̏ти; *Person* ло̀кати; **≈erei** F ло̀ка̄ње
Säufer(in F) M *nur* M пѝјаница
saugen сйсати; *Flüssigkeit* упѝјати; **Staub ~** усиса́вати
säug|en до̏јити; **≈etier** N сйса̄р; **≈ling** M до̀јёнче
Sauger M *an Flasche* цу̏цла
Säule F сту̑б
Saum M по̑ру̑б
Sauna F са̀уна
Säure F CHEM киселѝна
S-Bahn® F гра̀дска̄ (и прѝградска̄) жѐлезница
scannen скенѝрати (*im*)*pf*
Scanner M скѐнер
schaben стру́гати, рѐндати
schäbig о̀др̄пан; *gemein* шу̑гав
Schach N: **~ spielen** ѝграти ша̑х; **~brett** N ша̏ховска̄ та̀бла; **~figur** F ша̏ховска̄ фигу́ра; **≈matt** ша̑х-ма̑т; **~spieler** M ша̀хиста *m*; **~spielerin** F ша̀хисткиња *f*
Schacht M *Bergbau* ро̑в; ша̏хта
Schachtel F ку̏тија
schade: **es ist ~, dass …** ба̑ш штѐта да …
Schädel M ло̀бања; **~bruch** M фракту́ра ло̀бање
schaden шко̏дити; **≈** M штѐта; *körperlich* оштеħѐње; **≈ersatz** M на̏докнада штѐтē; **≈freude** F злу̀радōст
schadhaft о̀штеħен
schäd|igen штѐтити; **~lich** штѐтан; **≈ling** M штѐточина
Schadstoff M штѐтнӣ са̀стојак; **≈frei** без штѐтнӣх са̀стоја̄ка̄
Schaf N о̀вца (*a fig*)
Schäfer M па̀стӣр; **~hund** M о̀вча̄рскӣ па̑с
schaffen V/T *erschaffen* ства́рати; *Platz, Ordnung* пра̏вити; **es ~** успѐвати
Schaffner(in F) M BAHN конду̀ктēр(ка)
Schaft M др̏шка; *Stiefel* са́ра
schal бљу̑тав; → *a* abgestanden
Schal M ша̑л
Schale[1] F љу̑ска; *Banane* ко̑ра
Schale[2] F *Gefäß* чѝнија

schälen љу́штити
Schall M зву̂к; **~dämpfer** M пригушѝва̄ч; **≗dicht** зву̂чно ѝзолова̄н; **≗en** зву́чати; *hallen* одјекѝвати; **~geschwindigkeit** F бр̀зина зву̂ка; **~platte** F гра̏мофо̄нска̄ пло̀ча
schalt|en EL укључѝвати; KFZ уба́цити *pf* у бр̀зину; **≗er** M *Lichtschalter* прекѝда̄ч; *Bank, Post* ша̀лтер; **≗hebel** M прекѝда̄ч; **≗jahr** N пре́ступна̄ го̏дина
Scham F стѝд
schämen: **sich ~** стѝдети се
schamlos бе̏стӣдан
Schande F срамо̀та, бру̑ка
schändlich сра̏мотан
Schänke → Schenke
Schanktisch M ша̂нк
Schanze F ша̂нац
Schar F ја̏то; *Menschen* че̏та
scharf о̏штар; *Speise* љу̑т; *Verstand* оштро̀ӯман; *Gehör* ѝстанча̄н
Schärfe F оштрѝна (*a* FOT); **≗n** *Messer* о̀штрити
Scharnier N ша̂рка
scharren ко̀пати; *Hühner* чепр̀кати
Schatt|en M се̂нка; **~ierung** F шатѝрање; **≗ig** у хла́ду
Schatz M бла̂го
schätzen це́нити (*a hoch schätzen*); *Wert* процењѝвати; *glauben* тӣповати (*im*)*pf*
Schatz|kammer F рѝзница; **~meister** M *Verein* бла̀га̄јнӣк; HIST рѝзнича̄р
Schätzung F про̏цена
Schau F: **zur ~ stellen** (ја̑вно) изла́гати
schauderhaft гро̑зан
schauen гле̏дати
Schauer M *Regen* пљу̑сак
Schaufel F ло̀пата
Schaufenster N ѝзлог
Schaukel F љу̀љашка; **≗n** VI/T *Baby* љу́љати; VI *auf der Schaukel* љу́љати се; **~stuhl** M сто̀лица за љу̀љање
Schaum M пе̏на
schäumen пе̏нити (се)
Schaumwein M пенѝшаво̄ вѝно
Schauplatz M *Theater* по̀зорница; *Krieg* по̏прӣште
Schauspiel N пре̏дстава; *fig* прѝзор; **~er** M глу́мац; **~erin** F глу̀мица
Scheck M че̏к; **~heft** N чѐко̄вна̄ књѝжица; **~karte** F че̏к-ка̑ртица
Scheibe F (о̀кругла̄) пло̀ча; ко̏лӯт; *Stück* ре̂жањ; *Fenster* ста̀кло; **eine ~ Brot** кри̏шка хле̏ба; **in ~n schneiden** ре̏зати на ре̂жњеве
Scheiben|bremse F диск-ко́чница; **~waschanlage** F у̑ређа̄ј за пра́ње ве̏тробра̄на; **~wischer** M брѝса̄ч
Scheide F *Schwert* ко̏рице *pl* (ма̀ча); ANAT вагѝна
scheiden раздва́јати; *aus dem Dienst* напу́штати; **sich ~ lassen** раздво̀дити се
Scheidung F *Ehescheidung* ра́звод
Schein M *Licht* све̏тло̄ст; *Quittung* прѝзнаница; *Geld* новча̀ница; *fig* прѝвид; **≗bar**

при́видан; ADV на̀изгле̄д; ≗en си̏јати; сја̏јити се; *fig* чѝнити се; ≗heilig лицѐме̄ран; ~werfer M рѐфлектор; KFZ фа̂р
Scheiß|e F V сра́ње; ≗en V сра̏ти
Scheitel M тѐме; *Haar* ра́здељак
scheitern прòпасти
Schema N ше́ма
Schemel M шàмлица
Schenke F кр̑чма
Schenkel M *Oberschenkel* бу̀тина; MATH кра̂к
schenken пòклањати
Scherbe F ср̑ча
Schere F мàказе *f/pl*; *Krebs* кле́шта; ≗n *Mensch* ши́шати; *Schaf* стри̏ћи; *Hecke* крѐсати; **sich ≗n um** (*A*) *sich kümmern* ма́рити (за *A*); ~reien F/PL нѐугодности
Scherz M ша́ла; ≗en ша̏лити се; ≗haft ша̏љив
scheu пла̀шљив; ~en: **et ~en** за̀зирати од (*G*); **sich ~en** бòјати се
Scheuer|lappen M кр̑па за ри́ба̄ње; ≗n V/T ри́бати; V/I грѐбати
Scheune F кȍш
Scheusal N чудòвиште
scheusslich ȍдвра̄тан
Schi M → Ski
Schicht F сло̑ј; *Arbeitsschicht* смѐна; ~arbeit F ра̑д по смѐнама
schick мȍде̄ран
schicken сла̏ти
Schicksal N су̏дбина
Schiebe|dach N пòкре̄тнӣ кро̑в; ~fenster N кли̏знӣ прòзор; ≗n гу́рати; *fig* сва̏љивати (**et auf j-n** нȅшто на нȅкога); ~tür F кли̏зна̄ вра́та
Schiebung F пре̏вара
Schiedsrichter M су̏дија (мѐча *od* а̏рбитра̄жно̄г су́да)
schief кри̑в; *Ebene* кȍс; **~ gehen** пòлазити на̏опа̄ко; и̏спадати на̏опа̄ко
Schiefer M шкри́љац
schielen би̏ти ра́зрок
Schien|bein N цѐва̄ница; ~e F ши́на; ≗en имобѝлисати (*im*)*pf* ши́но̄м
schieß|en пу̏цати; стре́љати (**auf** *A* у *od* на *A*) (*a Bogen*); *Fußball* шути́рати; ≗erei F пу̀цњава; ≗scheibe F ме́та
Schiff N бро̑д; **mit dem ~ fahren** путòвати бро̑дом; ≗bar плȍван; ~bau M бродогра́дња; ~bruch M бро̏долом; ~brüchige M бродоло́мац; F бродòло̄мка; ~er M бро̀да̄р
Schifffahrt F плòвидба; ~sgesellschaft F бродòвласнӣчко̄ удруже́ње
Schiffs|arzt M бро̑дскӣ лѐка̄р; ~reise F плòвидба
Schikan|e F шикани́ра̄ње; ≗ieren шикани́рати
Schild[1] N на̀тпис; *Firmenschild* та́бла; *Hinweisschild* зна̂к
Schild[2] M шти̑т; ~drüse F жле́зда шти́тњача; ≗ern опи́сивати; ~kröte F ко́рњача
Schilf N тр̀ска̄р
schillern прели́вати се
Schimmel[1] M *Pferd* бе́лац

(кȍњ)
Schimmel[2] M бу̑ђ *f*; **≈ig** бу̑ђав; **≈n** бу̑ђати се
schimmern светлу̀цати (се)
Schimpanse M шимпа̀нза
schimpf|en псо̀вати; гр̏дити (**mit j-m** ко̀га); **≈wort** N пȍгрдна̄ ре̂ч; псо̑вка
Schinken M шу̏нка
Schippe F → Schaufel
Schirm M *Regenschirm* ки̏шобра̄н; *Sonnenschirm* су̏нцобра̄н; *Bildschirm* е̏кра̄н; **~mütze** F ка̀чке̄т
Schlacht F би̏тка; **≈en** кла̏ти; **~feld** N бо̀јӣште; **~hof** M кла́ница
Schlaf M са̏н; **~anzug** M пиџа́ма
Schläfe F слепоо̀чница
schlafen спа́вати; **~ gehen** ӣћи на спа́ва̄ње
schlaff млӣтав
Schlaf|losigkeit F не̏саница; **~mittel** N срѐдство за спа́ва̄ње
schläfrig по̏спа̄н
Schlaf|sack M вре̑ћа за спа́ва̄ње; **~wagen** M спа̀ва̄ћа̄ ко̏ла; **~zimmer** N спа̀ва̄ћа̄ со̏ба
Schlag M у̏дарац; **~ader** F а̀рте̄рија; **~anfall** M мо̏жданӣ у̑да̄р; **≈en** у̏дарати; *Sahne* лу́пати; SPORT побеђѝвати (**j-n** ко̀га); *Uhr, Herz* ку̏цати; **sich ≈en** ту̑ћи се
Schlager M MUS шла́гер
Schläger M *Tennis* ре̏кет; *Golf* па̏лица; *Rowdy* хулѝга̄н; **~ei** F ту̑ча
schlag|fertig бр̑з на је̏зику;
≈loch N ру̏па на пу́ту; **≈sahne** F сла̏тка па̏влака; **≈wort** N ге̏сло; **≈zeile** F у̏дарнӣ на́слов; **≈zeug** N MUS бу̏бњеви *pl*
Schlamm M бла̏то; **≈ig** бла̏тњав
Schlamp|erei F а̏љкаво̄ст; **≈ig** а̏љкав
Schlange F змѝја; **~ stehen** ста̀јати у ре́ду
schlängeln: **sich ~** вију̀гати се
schlank вӣтак; **≈heitskur** F ку́ра мрша́вљења
schlapp млӣтав
schlau лу̏кав
Schlauch M цре́во; *Bereifung* у̀нутрашња̄ гу̏ма; **~boot** N гу́менӣ ча́мац
schlecht ло̏ш; *verdorben* по̀ква̄рен; **mir ist ~** ло̏ше ми је; **j-n ~ machen** оцрња́вати ко̀га
schleichen шу̑њати се
Schleier M ве̏о; **≈haft** за̏гоне̄тан
Schleif|e F ма̀шна; **≈en** V/T *auf dem Boden* ву́ћи; *Messer* о̀штрити; *Glas* бру́сити; V/I шла̏јфовати (*im*)*pf*
Schleim M слу̑з; MED шла̏јм; **~haut** F слузо̀кожа; **≈ig** слу̏зав
schlemmen о̀бӣлно је̏сти и пӣти
schlendern швр́љати
schleppen *Last* ву́ћи; KFZ, MAR шле̏пати; **~d** тра̏љав
Schlepp|er M MAR тѐгља̄ч; *F fig* шве̏рцер; **~lift** M успӣњача
Schleuder F пра̏ћка; *Wäsche*

центрифу́га; **~gefahr** F опа́сно̄ст од за́носа (и ротѝра̄ња) на пу́ту; **≗n** вѝтлати; *Wäsche* центрифугѝрати; **ins ~n geraten** гу̀бити контро́лу (над *I*)
schleunigst што прê
Schleuse F у̑става
schlicht jѐдноста̄ван; **~en** изгла̀ђивати (ства̑р, спо̑р)
schließ|en затва́рати; *mit dem Schlüssel* закључа́вати; *Vertrag* скла́пати; *folgern* закључѝвати; **≗fach** N орма̀рић за закључа́ва̄ње; *Post* по̏штанскӣ фа̏х; **~lich** на̏jза̄д
schlimm ло̑ш; **das ≗ste** на̑jгоре̄; **~stenfalls** у на̑jгоре̄м слу̑ча̄jу
Schling|e F пѐтља; *Fanggerät* о̑мча; **≗en**[1] обавѝjати; *flechten* испреплѐтати; **≗en**[2] хала̀пљиво jѐсти
Schlips M крава̀та
Schlitten M са̑нке *f/pl*; **~ fahren** са̑нкати се
Schlittschuh M клѝза̄љка; **~ laufen** клѝзати се; **~läufer** M клѝза̄ч; **~läuferin** F клиза̀чица
Schlitz M *Kleidung* шлѝц; *Einwurf* про́рез
Schloss N *Türschloss* бра̑ва; *Gebäude* за̏мак; **~er** M бра̏ва̄р; **~erei** F бра̏ва̄рска̄ радио̀ница
Schlucht F кла́нац
schluchzen jѐцати
Schluck M гу̑тља̄j; **~auf** M шту̑цавица; **≗en** гу̀тати; **~impfung** F (пер)о̀ра̄лна̄ вакцина́циjа
schlüpf|en измѝгољити се *pf*; *in Kleidung* навла́чити; **aus dem Ei ~en** испѝлити се *pf*; **≗er** M га̏ћице *f/pl*; **~rig** клѝзав; *fig Witz* ма́стан
Schlupfwinkel M скро̏вӣште
schlürfen ср̏кати
Schluss M кра̑j; *Folgerung* за̀кључак; **zum ~** на кра̑jу
Schlüssel M кљу̑ч; **~bein** N кљу̑чна̄ ко̑ст; **~bund** M *od* N све̏жањ кљу̑че̄ва̄; **~loch** N кључао̀ница
Schluss|folgerung F за̀кључак; **~licht** N за̄дње̄ свѐтло; **~verkauf** M сѐзо̄нска̄ ра̀спродаjа
schmächtig сухо̀њав
schmackhaft у̑кӯсан
schmal у̑зан
schmälern смањѝвати
Schmalz N ма̑ст *f*
Schmarotzer M пара̀зӣт (*a fig*)
schmatzen мља̀цкати
Schmaus M го̀зба; **≗en** гозбо̀вати
schmecken V/T о̀кусити *pf*; **j-m ~** свѝђати се (у̑кӯс); **nach et ~** ѝмати у̑кӯс (*G*) *od* на нѐшто
schmeichel|haft ла̏скав; **~n** ла̏скати (**j-m** ко̀ме)
schmeißen ба̏цати
schmelzen V/T то̀пити; V/I то̀пити се
Schmerz M бо̑л; **≗en** бо̀лети; **≗haft**, **≗lich** бо̑лан; **≗los** бѐзбо̄лан; **~mittel** N срѐдство против бо́ло̄ва̄; **≗stillend** ко̀jӣ убла̀жа̄ва̄ бо̑л
Schmetterling M лѐптӣр
Schmied M ко̀ва̄ч; **≗en** ко̀ва-

ти
schmiegsam мёк(ан); гӣбак
schmier|en мазати (**auf et** на нёшто); TECH подмазѝвати; *fig* подмиħѝвати; **≈geld** N мѝто; **~ig** ỳмазāн; **≈mittel** N, **≈öl** N срѐдство (ӯље) за подмазѝвāње, мâзиво
Schminke F шмȋнка
schminken шмӣнкати (**sich** се)
Schmirgelpapier N → Sandpapier
schmollen дýрити се
Schmorbraten M дӣнстāнā пѐчёнка
Schmuck M ӯкрāс; *Juwelen* нáкит
schmücken украшáвати (**mit** *D I*)
schmuddelig зàмазāн
Schmuggel M швȇрц; **≈n** швёрцовати; **~ware** F швёрцовāнā рȏба
schmunzeln смејýљити се
Schmutz M прљáвштина; **~ abweisend** кòјӣ се слâбо пр̑љā; **≈ig** пр̏љав
Schnabel M кљӯн
Schnalle F шнáла; кȏпча
schnappen шħâпити; *Schloss* шкљȍцнути *pf*; **frische Luft ~** ỳдисати свёж вâздӯх
Schnaps M ракија
schnarchen хр̏кати
schnattern гáкати
schnaufen дàхтати
Schnauz|bart M → Schnurrbart; **~e** F њýшка (*a fig*)
schnäuzen: **die Nase ~** бр̏исати нȏс; **sich ~** бр̏исати нȏс
Schnecke F пӯж; **~nhaus** N пӯжевā кỳħица
Schnee M снȇг; **~ball** M грӯдва снȇга; **~fall** M снȇг; **~flocke** F (снёжнā) пàхуља; **~gestöber** N вѐјавица; **~glöckchen** N вӣсибаба; **~kette** F KFZ лáнац за снȇг; **~mann** M снёшко; **~matsch** M бљӯзгавица; **~pflug** M чӣстāч снȇга; **~regen** M лâпавица; **~sturm** M мѐħава
Schneid|e F ȍштрица; **≈en** сѐħи; *Haare* шӣшати; *Auto beim Überholen* прѐсеħи *pf* (кòме пӯт); **≈end** ȍштар; **~er** M кројāч; **~erin** F кројàчица; **≈ern** шӣти; **~ezahn** M секỳтиħ
schnei|en: **es ~t** пâдā снȇг
Schneise F пр̏осека
schnell бр̑з; **möglichst ~** штȍ бр̑же; **~ machen** жýрити; **≈gaststätte** F ѐкспрес-рестòрāн; **≈hefter** M вр̏ста фасцѝкле; **≈igkeit** F брзѝна; **≈imbiss** M мâњӣ ѐкспрес-ресторāн; **≈straße** F магистрáла; **≈zug** M → D-Zug
schneuzen → schnäuzen
Schnitt M рȇз; *Kleidung* крȏј; *Film* монтáжа; **im ~** у прòсеку; **~blumen** F/PL рȇзāнō цвȇħе (за вáз(н)у); **~e** F кр̏ишка; **~lauch** M влáшац; **~muster** N шнӣт; **~punkt** M тâчка прéсека; **~wunde** F посѐкотина
Schnitzel N шнӣцла; **Wiener ~** бȇчкā шнӣцла
schnitz|en резбáрити; **≈erei**

F резба́ре̄ње
Schnorchel M ма̏ска за гњу́ра̄ње
schnüffeln њу́шити; *fig* њу̏шкати
Schnuller M → Sauger
Schnulze F ки̏ч пе̏сма
Schnupfen M ки̏јавица
Schnur F ка̀на̄п; EL га́јтан
schnüren ве́зати *(im)pf*; *Schuhe* пѐртлати
Schnurrbart M бр̏кови *m/pl*
Schnür|schuh M ципела на пѐртла̄ње; **~senkel** M пѐртла
Schock M шо̏к
Schokolade F чоколáда
Scholle F гру̏да; *Eis* са̂нта
schon ве̂ћ; ~ **wieder** о̀пе̄т
schön ле̂п
Schon|bezug M пре̏свлака; **≈en** чу́вати; *verschonen* ште́дети; **sich ≈en** па̏зити се; **≈end** бла̂г; оба̀зрив
Schönheit F лепо̀та; *Frau* лепо̀тица
Schon|kost F дије̏та̄лна̄ хра́на; **~zeit** F ло̀востāј
schöpf|en цр̏пети; **≈er** M тво̀рац; **~erisch** креа̀тиван; **≈kelle** F ку̏тлача; **≈ung** F ства́ра̄ње; тво̀ревина
Schoppen M ча̏ша *(2,5-5 dcl)*
Schorf M кра̏ста
Schornstein M ди̏мња̄к; **~feger(in** F**)** M ди̏мнича̄р
Schoß M кри́ло
Schote F ма̀хуна
Schotte M Шкотла̀нђанин
Schotter M туца̀нӣк
Schott|in F Шкотла̀нђанка; **≈isch** шко̏тскӣ; **~land** N Шко̏тска̄
schräg ко̂с
Schramme F огре̏ботина
Schrank M о̏рма̄р
Schranke F ра̂мпа
Schraube F шра̂ф; **≈n** шра̂фити
Schrauben|mutter F ма̏тица; **~schlüssel** M кљу̂ч (за одвр́та̄ње, завр́та̄ње шра̂фова); **~zieher** M шра̂фцигер
Schraub|stock M ме̏нгеле *f/pl*; **~verschluss** M затва̀ра̄ч (са жле̏бовима за завр́та̄ње)
Schreck M: **einen ~ bekommen** у̀плашити се *pf*; **vor ~** од стра̂ха; **~en** M у̏жа̄с; **≈lich** у̏жа̄сан
Schrei M кри̑к (*a fig*); *schrill* вр̂сак; *Hilfeschrei* ва̂па̄ј
Schreib|block M бло̏к за пи́са̄ње; **≈en** пи́сати; **~en** N до́пис; **~maschine** F пѝсаћа̄ маши́на; **~papier** N па̀пӣр за пи́са̄ње; **~tisch** M пѝсаћӣ сто̑; **~warengeschäft** N па̀пӣрница
schreien ви́кати
Schreiner(in F**)** M сто̀ла̄р(ка)
schreiten кора̀чати
Schrift F пи́смо; *Handschrift* ру̏копӣс; *Text* спи̑с; **≈lich** пи̏смен; ADV пи̏сменӣм пу̏тем; у пи̏са̄но̄м о̏блику; **~steller** M пи́сац; **~stellerin** F списатѐљица; **~wechsel** M пре̏писка
schrill писку̀тав; *durchdringend* про́до̄ран
Schritt M ко̏ра̄к; ~ **fahren** во̀з-

ити брзѝно̄м ко̏ра̄ка
schroff *steil* стр̑м; *fig* на̀бусит
Schrot M са̀чма; **~flinte** F сачма̀рица
Schrott M о̀тпад; **~händler** M тр̏говац о̀тпадом
schrubb|en ⟨из⟩ри́бати; **ꝏer** M чѐтка за ри́ба̄ње (са др̏шко̄м)
schrumpfen скв̏рчити се *pf*; *fig* смањѝвати се
Schub|fach N фио́ка; **~karre** F (ру̑чна̄) коли́ца; **~lade** F фио́ка
schüchtern стѝдљив
Schuft M нѝтко̄в; **ꝏen** ди̏рӣнчити
Schuh M ци̏пела; **~anzieher** M ка̀шика за ци̏пеле; **~bürste** F чѐтка за ци̏пеле; **~creme** F кре́ма за ци̏пеле; **~geschäft** N про̀да̄вница о̀бућѐ; **~größe** F величѝна ци̏пе̄ла̄; **~sohle** F ђо̏н
Schul|arbeiten F/PL до̀ма̄ћӣ зада́ци *pl*; **~bank** F шко̏лска̄ клу́па; **~buch** N у̑џбеник
Schuld F кривѝца; *Geld* ду̑г; **an et ꝏ sein** би̏ти кри̑в за не̏што; **ꝏen** дуго̀вати (**j-m et** ко̀ме не̏што); **ꝏig** кри̑в; *verpflichtet* ду́жан; **~ige** M кри́вац; F вѝно̄вница; **ꝏlos** не̏вин; **~ner** M ду̀жнӣк; **~nerin** F ду̀жница
Schule F шко̄ла; **ꝏn** шко̏ловати
Schüler M ђа̑к; **~in** F у̏ченица
Schulferien PL шко̏лскӣ ра́спуст
schulfrei *Tag* без шко̂лē; **~ haben** не́мати на̂ставу
Schul|freund M шко̏лскӣ дру̑г; **~freundin** F шко̏лска̄ друга̀рица; **~hof** M шко̏лско̄ дво̀рӣште; **~jahr** N шко̏лска̄ го̏дина; **~leiter(in** F) M ди̏ректор(ка) шко̂лē; **~pflicht** F о̏бавеза шко̏лова̄ња; **~tasche** F шко̏лска̄ то́рба
Schulter F ра̏ме; **~blatt** N ло̀патица
Schul|ung F шко̏лова̄ње; **~wesen** N шко̀лство; **~zeit** F шко̏лско̄ до̂ба
Schund M KUNST шу̏нд
Schuppe F *Fisch* кр̏љӯшт *f*; *Kopf* пе̏рӯт *f*; **gegen ~n** против пе̏рути
Schuppen M шу̏па
Schurwolle F ру̑нска̄ву̑на
Schürze F кѐцеља
Schuss M хѝтац; *Menge* ма̏ло (*G*); у̀дарац (*a Fußball*)
Schüssel F чѝнија
Schusswaffe F ва̏трено̄ о̀рӯжје
Schutt M кр̑ш
Schüttel|frost M гро̀зница; **ꝏn** тре́сти (**sich** се); *Flüssigkeit* му̏ћкати
schütten сѝпати; ли̏ти
Schutthaufen M го̀мила кр̑ша
Schutz M за̏штита (**vor** *D* од *G*); **~blech** N бла̏тобра̄н; **~brille** F за́штитнē на̏оча̄ре
Schütze M стре́лац
schützen штѝтити (**vor** *D* од *G*)
Schutzimpfung F пре̏вентӣвна̄ вакцина́ција
Schützling M штѝћенӣк

schutz|los незаштићен; **≈marke** F заштићен знак, марка; **≈vorrichtung** F направа за заштиту од опасности
schwach слаб
Schwäch|e F слабост; **≈en** слабити; **~ling** слабић
Schwachstrom M слаба струја
Schwager M *Ehemann der Schwester* зет; *Ehemann der Schwester der Frau* пашеног; *Bruder des Mannes* девер; *Bruder der Frau* шурак
Schwägerin F *Ehefrau des Bruders* снаха; *Ehefrau des Bruders des Mannes* јетрва; *Schwester des Mannes* заова; *Schwester der Frau* свастика
Schwalbe F ласта
Schwamm M сунђер
Schwan M лабуд
schwanger трудна *f*; **≈schaft** F трудноћа
schwanken тетурати се; *Bäume, Boden* љуљати се; *Temperatur, Kurs* мењати се; *fig* колебати се
Schwanz M реп
schwänzen одсуствовати
Schwarm M *Insekten* рој; *Vögel* јато; *fig* идол
schwärmen: **für et ~** сањарити о чему
schwarz црн; **~ sehen** гледати све црно; **das ≈e Meer** Црно море; **≈arbeit** F рад на црно; **≈brot** N црни хлеб; **≈e** M црнац; F црнкиња; **~fahren** возити се на црно; **≈fahrer** M слепи путник; **≈fahrerin** F слепа путница; **≈handel** M илегална трговина (на црно); **≈markt** M црна берза; **≈weißfilm** M црно-бели филм (*a* FOT)
schwatzen брбљати; *miteinander* ћаскати
Schwätzer M брбљивац; **~in** F брбљивица
Schwebe F: **in der ~** у ваздуху; **≈n** лебдети; **in Gefahr ≈n** бити у опасности
Schwe|de M Швеђанин; **~den** N Шведска; **~din** M Швеђанка; **≈disch** шведски
Schwefel M сумпор; **~säure** F сумпорна киселина
schweig|en ћутати; **≈en** N ћутња; **~sam** ћутљив
Schwein N свиња; *fig Glück* срећа; **~e...** *in Zssgn* свињски; **~efleisch** N свињетина; **~erei** F свињарија; **~estall** M свињац
Schweiß M зној; **≈en** TECH варити; **~er** M варилац
Schweiz F Швајцарска; **~er** M Швајцарац; ADJ швајцарски; **~erin** F Швајцаркиња
schwelen тињати
Schwell|e F праг (*a* BAHN); натицати; *anwachsen* бујати; **~ung** F отеклина
schwenken махати
schwer тежак; **~ fallen** тешко падати
Schwer|arbeit F тежак физички посао; **~behinderte** M, F тежак инвалид; **~e** F тежина; **≈fällig** тром; **≈hörig** наглув; **~gewicht** N SPORT

тéшкā категòрија; *Hauptgewicht* тȅжӣште; **~industrie** F тéшкā индỳстрија; **~kraft** F сйла тéжē; **&mütig** сȇтан; **~punkt** M тȅжӣште
Schwert N мȁч
Schwer|verletzte M тȇшко пòврēђенӣ; **&wiegend** ȍзбӣљан
Schwester F сèстра (*a Krankenschwester*); **&lich** сèстринскӣ
Schwieger|eltern PL *des Mannes* тȁст и тȁшта; *der Frau* свȅкар и свȅкрва; **~mutter** F *Mutter der Ehefrau* тȁшта; *Mutter des Ehemannes* свȅкрва; **~sohn** M зȇт; **~tochter** F снàха; **~vater** M *Vater der Ehefrau* тȁст; *Vater des Ehemannes* свȅкар
Schwiele F жу̑љ
schwierig тéжак; **&keit** F тешкòћа
Schwimm|bad N ба̏зе̄н; **~becken** N ба̏зе̄н; **&en** плйвати; **&en gehen** йћи на плѝвање; **~er** M плѝва̄ч; **~erin** F пливàчица; **~flosse** F перáја; **~sport** M плѝвање; **~weste** F пр̀слук за спасáвање
Schwindel M MED вртòглавица; *fig* прȅвара; **~ erregend** вртòглав
schwind|eln *lügen, mogeln* вȁрати; **&ler(in** F) M вȁралица; **~lig**: **mir ist ~lig** вр̏тӣ ми се у глáви
schwing|en V/T мáхати; вибрйрати; **&ung** F вибрáција
Schwips F M: **e-n ~ haben** бйти прйпӣт
schwitzen знòјити се
schwören клéти се
schwul F пéдерскӣ; **~ sein** F бйти пèдер
schwül спа̑ран; **&e** F спарйна
Schwule M *neg!* пéдер *neg!*
Schwung M зȁмах; *fig* пóлет; **&voll** пóлетан
Schwurgericht N пȍротнӣ сȗд
Science-Fiction F нàучнā фантàстика
sechs шȇст; **~te** шȇстӣ; **&tel** N шестйна
sech|zehn шèснаест; **~zig** шездèсе̄т
See[1] M јȅзеро
See[2] F мо̑ре; **an der ~** на мо̑ру; **~gang** M ја̏чӣ тȁла̄си; **~hund** M фȍка; **~igel** M мòрскӣ јȇж; **&krank**: **&krank sein** ймати мòрскӯ бȍле̄ст
Seel|e F ду́ша; **&isch** ду̏ше̄ван; **~sorge** F душèбрижнӣштво
See|luft F мòрскӣ вȁздӯх; **~mann** M пòморац; **~meile** F мòрскā мйља; **~not** F нèсрећа на мо̑ру; **~reise** F путовáње мо̑рем; **~stern** M мòрскā звéзда; **~zunge** F лӣст
Segel N јèдро; **~boot** N јèдрилица; **&n** јèдрити; **~regatta** F јèдриличāрскā регàта; **~schiff** N једрèњак; **~sport** M јèдрēње
Seg|en M бла̏гослов; **&nen** благослòвити *pf*
sehen вйдети; **vom &** из вйђења

sehens|wert знаменит; **≈würdigkeit** F знаменитост
Sehne F тетива
sehnen: **sich nach et ~** чезнути за чиме
Sehnenzerrung F истезање тетиве
Sehn|sucht F чежња (**nach** *D* за *I*); **≈süchtig** чежњив
sehr врло; **zu ~** превише
Seh|störung F поремећај вида; **~test** M контрола вида
seicht плитак
Seid|e F свила; **≈en** свилен
Seife F сапун
Seil N уже; **~bahn** F жичара
sein[1] бити; **et ~ lassen** одустајати од чега
sein[2] његов; *refl* свој; **~erseits** с(а) његове стране; **~erzeit** у своје време; **~etwegen** због њега
seit (*D*) од (*G*); **~dem** ADV отад(а); CJ откад
Seite F страна; *Buch* страница
Seiten|eingang M споредни улаз; **~sprung** M *fig* љубавна афера; **~stechen** N пробадање у пределу слезине; **~straße** F споредна улица; **~wind** M бочни ветар
seither отад(а)
seitlich бочни
Sekre|tär M секретар; **~tariat** N секретаријат; **~tärin** F секретарица
Sekt M шампањац
Sekte F секта
Sekunde F секунд (а)
selbst сам; *sogar* чак; **von ~** сам од себе;
Selbst|auslöser M самоокидач; **~bedienung** F самопослуживање; **~beherrschung** F самосавлађивање; **~bestimmung** F самоопредељење; **≈bewusst** самоуверен; **~bewusstsein** N самоувереност; **≈los** несебичан; **~mord** M самоубиство; **~mörder(in** F**)** M самоубица
selbst|sicher самоуверен; **~süchtig** себичан; **~ständig** самосталан; **~verständlich** који се подразумева; ADV подразумева се; **≈vertrauen** N самопоуздање; **≈verwaltung** F самоуправа
Selfie N селфи *m*
Sellerie M *od* F целер
selten редак; **≈heit** F реткост
seltsam необичан, чудан
Semester N семестар
Semikolon N тачка и зарез
Semmel F земичка
send|en слати; TV, *Radio* емитовати (*im*)*pf*; **≈er** M одашиљач; TV, *Radio* (радио-*od* телевизијска) станица; **≈ung** F пошиљка (*a Gegenstand*); TV, *Radio* емисија
Senf M сенф
Senioren M/PL сениори; **~heim** N старачки дом
senk|en спуштати; *Preise* снижавати; **~recht** усправан
Sensation F сензација
Sense F коса
sensibel осетљив
sentimental сентименталан
September M септембар
Serb|e Србин; **~ien** N Србија;

~in F Српкиња; **≗isch** српскӣ
Serie F сѐрија
seriös озбиљан
Service[1] M сѐрвис
Serv|ice[2] N сѐрвис; **≗ieren** сервѝрати; **~iererin** F сѐрвӣрка; **~iette** F салвѐта
Servolenkung F KFZ сѐрво-управљач
Sessel M фотѐља; **~lift** M жичара
setzen (по̀)ста̑вљати; са́дити (*a Pflanzen*); **sich ~** сѐдати
Seuche F за̑раза
seufzen у̏здисати
Sex M сѐкс; **≗uell** сѐксуа̄лнӣ
Shorts PL шо̏рц
Show F шо̑у *m*; **~master** M шо̏умен
Sibir|ien N Сѝбӣр; **≗isch** сѝбӣрскӣ
sich (*D*) сѐби, си; (*A*) сѐбе, се; **für ~** за сѐбе; по сѐби; **von ~ aus** са̑м од сѐбе
Sichel F срп
sicher си̏гӯран; **~ sein** бити си̏гӯран (**vor** *D* од *G*); **≗heit** F безбе́днōст; ECON гара̀нција
Sicherheits|... сигу́рноснӣ; **~gurt** M сигу́рноснӣ по̀јāс; **≗halber** за сва̏кӣ слу̏ча̄ј; **~nadel** F зѝхернāдла; **~schloss** N сигу́рноснā бра̑ва
sicher|lich си̏гӯрно; **~n** осигура́вати; **≗ung** F EL осигу̀ра̄ч
Sicht F *Aussicht* вѝдӣк; *Sichtverhältnisse* вѝдљивōст; **in ~** на по̏мōлу; **≗bar** вѝдан; **~weite** F вѝдљивōст
sie *3. pers sg* о̏на; (*A*) њу̑, ју, је; *3. pers pl* о̀ни; (*A*) њи̑х, их; **≗** *sg, pl* Ви̑; (*A*) Ва̑с
Sieb N сѝто; *Teesieb* цѐдиљка
sieben[1] сѐјати
sieben[2] сѐдам; **≗** F сѐдмица
sieb|(en)te сѐдмӣ; **~zehn** седа̀мнаест; **~zig** седамдѐсе̄т
siede|n V/I врѐти; **≗punkt** M та̑чка врења
Siedl|er M досељѐнӣк; **~ung** F на́сеље
Sieg M по̀беда
Siegel N пѐчат
sieg|en побеђѝвати (**über j-n** кога); **≗er** M по̀беднӣк; **≗erin** F по̀бедница; **~reich** победо̀носан
siehe види
Signal N зна̑к
Silbe F сло̏г
Silber N срѐбро; **~hochzeit** F срѐбрнā сва̏дба; **≗n** срѐбрн
Silvester N за̏дњӣ да̑н у го̏дини (*31.12.*); **~ feiern** сла̏вити Но̏вӯ го̏дину
simpel јѐдноста̄ван
Sinfonie F сѝмфо̄нија
singen пѐвати
Single M са́мац
Singular M једнѝна
Singvogel M птѝца певачица
sinken спу́штати се; *Schiff, Sonne* то̀нути; *Temperatur* (о̄)па̏дати
Sinn M чу̏ло; *für et* смѝсао; *Bedeutung* зна́че̄ње; **≗gemäß** по смѝслу; **≗lich** чу̏лан; **≗los** бѐсмислен; **≗voll** смѝслен
Sippe F кла̑н
Sirup M сѝруп
Sitte F о̏бича̄ј
Situation F ситуа́ција

Sitz M мѐсто; *Auto, e-r Firma* сѐдиште; **≈en** сѐдети; *Kleid* стѐјати; **≈en bleiben** *Schule* понављати разред; **~platz** M мѐсто за сѐдење; **~ung** F сѐдница
Skala F скала
skandalös скандалозан
Skandinav|ien Скандинавија; **~ier** M Скандинавац; **~ierin** F Скандинавка; **≈isch** скандинавски
Skateboard N скејтборд
Skelett N костур
skeptisch скептичан
Ski M скија; **~ laufen, ~ fahren** скијати се; **~fahrer** M, **~läufer** M скијаш; **~läuferin** F скијашица; **~lift** M успињача; **~piste** F скијашка стаза; **~springen** N скијашки скокови; **~stiefel** M скијашка ципела
Skizz|e F скица; **≈ieren** скицирати *(im)pf*
Sklav|e M роб; **~erei** F ропство; **~in** F робиња
Skorpion M шкорпија
skrupellos бескрупулозан
Skulptur F кип
Slaw|e M Словен; **~entum** N словенство; **~in** F Словенка; **≈isch** словенски
Slip M гаћице *f/pl*; **~einlage** F хигијенски уложак
Slowak|e M Словак; **~ei** F Словачка; **~in** F Словакиња; **≈isch** словачки
Slowen|e M Словенац; **~ien** N Словенија; **~in** F Словенка; **≈isch** словеначки
Smartphone N смартфон; паметни телефон
SMS F СМС *m*; **j-m e-e ~ schreiben** <на>писати коме СМС
so *Art* тако; *Qualität* толико; **~ genannt** такозвани; **~bald** чим; **~dass** тако да
Socke F (кратка) чарапа; *F* сокна
Sockel M постоље
Sodbrennen N горушица
soeben управо
Sofa N софа
sofern уколико
sofort сместа, одмах
Software F софтвер
sogar чак
Sohle F *Schuh* ђон; *Fuß* табан
Sohn M син
Soja(bohne) F соја (зрно)
solange (све) док
solch такав
Soldat M војник
solidarisch солидаран
solide солидан
Solist(in F) M солиста *m*, солисткиња *f*
Soll N дуговање; **≈en** требати
Sommer M лето; **im ~** лети; **~ferien** PL летњи распуст; **≈lich** летњи; **~reifen** M летња гума; **~schlussverkauf** M летња распродаја; **~zeit** F летње време
Sonde F сонда
Sonderangebot N попуст
sonderbar необичан
Sonder|fahrt F посебна вожња; **~fall** M преседан; **~müll** M специјални отпад
sondern већ; **nicht nur ..., ~**

auch не са̏мо ..., него и ...
Sonderzug M спѐцӣјалнӣ во̑з
Sonnabend M су̀бота
Sonne F су̑нце; **in der ~** на су̑нцу
sonnen: **sich ~** су̑нчати се
Sonnen|aufgang M ѝзлазак су̑нца; **~bad** N су̑нча̄ње; **~blume** F су̏нцокре̄т; **~brand** M опѐкотина од су̑нца; **~brille** F на̏оча̄ре за су̑нце; **~creme** F кре́ма за су̑нча̄ње; **~finsternis** F помраче́ње су̑нца; **≗gebräunt** поцр́нео
Sonnen|kollektor M со̀ла̄рнӣ ко̀лектор; **~licht** N су̑нчева̄ свје̏тло̄ст; **~öl** N у̑ље за су̑нча̄ње; **~schirm** M су̏нцобра̄н; **~stich** M сунча̀ница; **~strahl** M су̑нчанӣ зра̑к; **~untergang** M за̀лазак су̑нца
sonnig су̑нчан
Sonntag M нѐдеља; **an Sonn- und Feiertagen** нѐдеља̄м и пра̑знӣцима; **~sdienst** M ра̑д нѐдеља̄м
sonst ѝна̄че; **~ noch etwas?** jо̑ш не̑што?; **anders als ~** друга̀чије но о̀бично
Sopranistin F сопра̀нисткиња
Sorge F бри̏га; **sich ~n machen** бри̏нути се (**um** *A* за *A*)
sorgen бри̏нути (**für et** о чѐму)
sorg|fältig бри̏жљив; **~los** бѐзбрижан
Sort|e F вр́ста; со̑ј; **≗ieren** разврста́вати
soso: **~!** та̀ко̄ зна̑чӣ!
Soße F со̑с
soviel: **~ ich weiß** кол̀ико ја зна̑м
sowie ка̑о и; *zeitl* чи̑м; **~so** и та̀ко̄ и та̀ко̄
sowohl: **~ ... als auch** ка̏ко ... та̀ко̄ и ...
sozial со̑цӣја̄лан; **≗arbeiter** M со̑цӣја̄лнӣ ра̑днӣк; **≗arbeiterin** F со̑цӣја̄лна̄ ра̑дница; **~istisch** социјалѝстичкӣ; **≗versicherung** F со̑цӣја̄лно̄ осигура́ње
Soziussitz M сје̏дӣште за су̀воза̄ча
sozusagen такоре̏ћи
Spag(h)etti PL шпагѐти
Spalt M пр́орез; **~e** F пу̀котина; *Text* сту̏бац; **≗en** расцепљѝвати (**sich** се); це́пати; **~ung** F ра́сцеп; PHYS це́па̄ње
Span M ѝве̄р
Spange F шна́ла; ко̏пча
Span|ien N Шпа̑нија; **~ier** M Шпа́нац; **~ierin** F Шпа̀нкиња; **≗isch** шпа̑нскӣ
Spann M ANAT ри̑с; **≗en** раза̀пињати; *Zugtiere* упре́зати; *Kleidung* сте́зати; **≗end** на̏пе̄т; **~ung** F на̏пе̄то̄ст; на́пон (*a* EL)
Spar|buch N ште̏дна̄ књѝжица; **~büchse** F ка̏сица (за ште́дњу); **≗en** ште́дети; **~er(in** F**)** M штѐдиша
Spargel M шпа̀ргла
Sparkasse F штедио̀ница
spärlich о̀скудан
Spar|maßnahme F мје̏ра ште́дње̄; **≗sam** штѐдљив; *im Verbrauch* еконо̀мичан
Spaß M за̑бава; **es macht mir**

~ причињава̄ ми задово́љство; **viel ~!** лêпо се провѐди(те)!

spät кàсан; **wie ~ ist es?** кò-лико је са́ти̅?; **zu ~ kommen** кàснити

Spaten M а́шо̄в

später кàсније̄; **bis ~!** ви̏димо̄ се!

spätestens на̂јкасније̄

Spatz M вра́бац

spazieren: **~ fahren** прово́за-ти се *pf*; **~ gehen** ше́тати се

Spaziergang M ше́тња

Specht M дѐтлӣћ

Speck M слàнина

Spedit|eur M пре́вознӣк; **~ion** F шпѐдӣција

Speer M кòпље; **~werfen** N бàца̄ње кòпља

Speiche F жбѝца

Speichel M пљу̀ва̄чка

Speicher M *Dachboden* тàван; *Warenlager* склàдӣште; EDV мѐмо̄рија; **≈n** чу́вати; *Waren* склàдиштити; *Daten* мемòрисати (*im*)*pf*

Speise F jȅло; **~eis** N слȁдолед; **~kammer** F ȍстава; **~karte** F jѐло̄внӣк; **≈n** jȅсти; **~öl** N jȅстиво̄ у̂ље; **~röhre** F jȇдња̄к; **~saal** M са́ла за руча́ва̄ње; **~wagen** M кȍла за руча́ва̄ње

Spekulation F шпекула́ција

Spend|e F дȍброво̄љнӣ прѝлог; **≈en** *Geld* прила́гати; *Blut* да́вати

Sperling M вра́бац

Sperr|e F прȅпрека, прȅграда; **≈en** *Weg* препреча́вати; *Durchfahrt* затва́рати; **~ge-biet** N зȁбрањена̄ терѝто̄рија; **~holz** N ѝверица; **≈ig** кȁбаст; **~müll** M кȁбасто̄ смȅће; **~stunde** F полѝцӣјскӣ ча̑с; **~ung** F прȅпрека; затва́ра̄ње; **~zone** F зȁбра̄њена̄ зо́на

Spesen PL трȍшкови *m/pl*

Spezi|alist M специјàлиста *m*; **~alistin** F специјàлисткиња; **~alität** F специјалѝте̄т; **≈ell** спѐцијàлан

Spiegel M оглѐдало; **~bild** N ȍдра̄з; **~ei** N ја́је на ȍко; **≈n** сѝјати (се); **sich ≈n** одража́вати се; огле́дати се (**in** *D* у *L*)

Spiel N ѝгра; *Fußball* у̀такмица; **~automat** M аутòма̄т за ѝгре на срȅћу; **~bank** F кȍцка̄рница; **≈en** ѝграти се; ѝграти (**Karten** ка̑рте); THEA приказѝвати; *Rolle* глу́мити; MUS свѝрати; *stattfinden* одигра́вати се; **≈end** без му̏ке̄; **~er** M ѝгра̄ч; *Glücksspiel* кȍцка̄р; **~erin** F игрàчица; **~feld** N ѝгралӣште

Spiel|halle F ха́ла са ѝграма на срȅћу; **~karte** F ка̑рта (за ѝгра̄ње); **~kasino** N кази́но; **~marke** F жѐто̄н за кȍцка̄ње; **~plan** M репертòа̄р; **~platz** M ѝгралӣште; **~raum** M слȍбодан про́стор; **~regeln** F/PL прȁвила ѝгре̄; **~verderber** M кȍјӣква̄рӣ ѝгру *od* расположе́ње; **~zeug** N ѝграчка

Spieß M кòпље; GASTR ра́жањ; **am ~** на ра́жњу

Spinat M спàна̄ћ

Spinn|e F па̏ӯк; **≈en** прȅсти; *fig* бѝти ша̏шав; **~gewebe** N

па̄учина
Spion M шпи̏jӯн; **~age** F шпиjуна́жа; **&ieren** шпиjуни́рати
Spirale F спира́ла (*a* MED)
Spirituosen PL а̏лкохо̄лна̄ пи́ћа
Spiritus M шпи̏ритус
spitz о̏штар; *fig Bemerkung* заjѐдљив; **&e** F вр̂х; *Gewebe* чи̏пка; *fig* врху́нац; **an der &e** на чѐлу; **&el** M у̏хода; **~en** о̀штрити; *Bleistift* ре̏зати; *Ohren* наћу́лити
Spitzen|kandidat M во̀де̄ћӣ канди̏да̄т; **~leistung** F првòкласно̄ достигну́ће
Spitzname M на̀димак
Splitter M *Holz* цѐпљика; *Glas* кр̀хотина; **&n** *Holz* це́пати се; **&nackt** го̑ го̀лцат
Sport M спо̏рт; **~ treiben** ба̏вити се спо̏ртом; **~artikel** M/PL спо̏ртскӣ про̀изводи; **~ler(in** F**)** M спо̀ртиста *m*, спо̀ртисткиња; **&lich** спо̏ртскӣ; **~platz** M спо̏ртскӣ тѐре̄н; **~verein** M спо̏ртско̄ дру́штво; **~wagen** M спо̏ртска̄ ко̏ла
Spott M ру́гло; **&billig** веома jе̏фтин; **&en** подсме́вати се (**über j-n** *od* **et** ко̀ме *od* чѐму)
spöttisch подру̀гљив
Sprach|e F jѐзик; **~führer** M jѐзичкӣ при̏ручнӣк; **~kurs** M те̏ча̄j стра̂нōг jѐзика; **&lich** jѐзичкӣ; **&los** без ре́чӣ; **~nachricht** F го̏во̄рна̄ по̀рука
Spray M *od* N спре̑j; **~dose** F спре̑j-бо̄ца
Sprech|anlage F и̏нтерфо̄н; **&en** гово̀рити (**über** *A* o *L*); разгова́рати (**mit** *D* са *I*); **~er** M *Radio*, TV спи̏кер; *Wortführer* го̀во̄рнӣк; *Partei* портпа̀ро̄л
Sprechstunde F консулта́циjе *f/pl*; **~nhilfe** F при̏jемна̄ се̏стра (код лека́ра)
Sprechzimmer N *beim Arzt* ордина́циjа
spreng|en ди̏зати у ва̏здӯх; *Rasen* поли́вати; **&stoff** M дина̀мит; **&ung** F ди̏зање у ва̏здӯх
Sprichwort N по̀словица
sprießen ни̏цати
Spring|brunnen M фонта́на; **&en** ска́кати; *zerspringen* пу̏цати; **~er** M SPORT ска̀ка̄ч (*a Schwimmsport*); *Schach* ко̏њ; **~erin** F скака̀чица
Sprit M F го̏рӣво
Spritz|e F шпри̏ц; MED *Einspritzung* ињњѐкциjа; **&en** V/I *od* V/T пр̀скати; MED *Mittel* убризга́вати
spröde кр̑т; *Haut* и̏спуцао
Sprosse F прѐчага
Spruch M и̏зрека; **~band** N паро́ла
Sprudel M ми̏нера̄лна̄ во̀да; **&n** *Quelle* и̏звирати
Sprüh|dose F распрши̏ва̄ч; **&en** пр̀скати; **~regen** M си̏тна̄ ки̏ша
Sprung M SPORT ско̑к; *Riss* на̀пуклина; **~brett** N о̀дскочна̄ да̀ска; **~schanze** F, **~turm** M скака̀оница
Spuck|e F пљу̏ва̄чка; **&en** пљу̀вати
Spülbecken N ко̀рито судо̀-

перē
Spule F ка̏лем
spül|en пра̏ти; *Mund* испи́рати; **≗maschine** F маши́на за пра́ње су̑до̄ва̄; **≗mittel** N детѐрџент за су̑дове
Spur F тра̑г; *Fahrspur* (са̏обраћа̄јна̄) тра̏ка
spür|bar о̏сетан; **~en** о̀сећати
spurlos без тра̑га
Staat M др̀жава; **≗lich** др̀жа̄внӣ
Staats|angehörigkeit F државља́нство; **~anwalt** M ја̑внӣ ту̀жилац; **~bürger** M др̀жављанин; **~bürgerin** F др̀жављанка; **~oberhaupt** N на̑јвишӣ др̀жа̄внӣ пре́дставнӣк; **~streich** M др̀жа̄внӣ пре̏вра̄т
Stab M шта̑п; **~hochsprung** M ско̑к са мо̏тком
stabil ста̏бӣлан
Stachel M *Pflanzen* тр̑н; *Insekten* жа̏ока; **~beere** F о̀грозд; **~draht** M бо̏дљикава̄ жица; **≗ig** бо̀дљикав
Stadion N ста̑дион
Stadt F гра̑д; **~bummel** M швр̀ља̄ње по гра̑ду
städtisch гра̀дскӣ
Stadt|mitte F цѐнтар гра̑да; **~plan** M пла̑н гра̑да; **~rand** M перифѐрија; **~rundfahrt** F во́жња у разгле́да̄ње гра̑да; **~teil** M де̏о гра̑да; **~viertel** N гра̀дска̄ че̏тврт
Staffelei F штафѐла̄ј
Staffellauf M шта̀фетна̄ тр̏ка
Stahl M чѐлик; **~werk** N челича̀на
Stall M шта̏ла
Stamm M пле̏ме; *Baumstamm* ста̏бло
stammeln замуцки́вати
stammen по̀тицати (**aus** *D* из *G*)
Stamm|gast M ста̑лнӣ го̑ст; **~kunde** M ста̑лна̄ муштѐрија; **~platz** M ста̑лно̄ ме̏сто; **~tisch** M сто̑ за ста̑лнē го̏сте
stampfen V/I у̏дарати но̀гама о зе̏мљу; V/T наби́јати
Stand M сто̑ј; *der Dinge, Zählerstand* ста́ње; *Verkaufsstand* те̏зга; *Messe* шта̑нд; **~bild** N ста̀туа
Ständer M ста́лак
Standesamt N ма̏тичнӣ би̏ро̄
stand|haft и̏стра̄јан; **~halten** одолѐвати
ständig ста̑лан
Stand|licht N по̄зицио̄но̄ све̏тло; **~ort** M ме̏сто; **~punkt** M ста̀новӣште; **~spur** F тра̏ка за зау̀стављање на а̀утопу̑ту
Stange F ши̏пка; мо̏тка; *Zigaretten* бо̏кс
Stängel M пѐте̄љка
Stapel M го̀мила; **~lauf** M порину́ће (бро̏да); **≗n** насла́гати *pf*
Star M ZO чво̀рак; *Film* зве́зда; **grauer ~** MED ката̀ракта; **grüner ~** MED глау̀ко̄м
stark ја̏к; *Verkehr* гу̑ст
Stärke F јачи̏на; *Wäsche* шти̏рак; **≗n** *kräftigen* ја̑чати; *Wäsche* шти̏ркати; **sich ≗n** кре́пити се
Starkstrom M ја̑ка̄ стру́ја
starr кру̑т; **~en** зу́рити; **~sin-**

nig тврдо̀глав
Start M ста̑рт; AER узле́та̄ње; **~bahn** F у̏злетна̄ пи̏ста; **ᘓbereit** спре̑ман за ста̑рт; **ᘓen** ста̏ртовати *(im)pf*; **~zeichen** N зна̂к за ста̑рт
Station F *Haltestelle* ста̀ница; *Krankenhaus* одељѐње; **~ machen** зау̀стављати се
Statist M ста̀тиста *m*; **~in** F ста̀тисткиња
Stativ N ста́лак
statt *(D)* у̀место *(G)*; **~finden** одржа́вати се; **~lich** *kräftig* кру́пан
Statue F ста̀туа
Stau M закрче́ње
Staub M пра̀шина; **ᘓig** пра̏шњав; **~sauger** M усиси̏ва̄ч; **~tuch** N кр̏па за бри̏са̄ње пра̀шинē
Staudamm M бра̂на
Staude F вишего̀дишња̄ би̂љка
stauen *Wasser* зајази́вати; **sich ~** *Verkehr* до̀лазити до закрче́ња у са̏обраћа̄ју
staunen чу̏дити се (**über** *A D*)
Stausee M а̏кумулацио̄нō jе̏зеро
Steak N би̏фтек
stech|en бо̀сти, уба́дати; *Insekt*ује́дати; *Sonne* пе̏ћи; **~end** *Schmerz* пробада́јӯћӣ; **ᘓmücke** F кома́рац
Steck|brief M по̀тёрница; **~dose** F у̀тичница; **ᘓen** *V/T* ста̏вљати; *in Steckdose* у̀тицати; **ᘓen bleiben** загла́вити се *pf*; **~er** M ути̏ка̄ч; **~nadel** F чи̏ода
Steg M бр̑вно; *Weg* ста̀за
stehen ста̀јати; **im ᘓ** стојѐћки; **~ bleiben** ста̏ти; **~ lassen** о̀ставити; **~d** сто̀је̄ћӣ
Stehlampe F ла̂мпа (са ста́лком)
stehlen кра̏сти
Stehplatz M ме̏сто за ста̀ја̄ње
steif у̀ко̄чен; *Benehmen* у̀што̄гљен
steig|en пе̏њати се (**auf** *A* на *A*); *von et* си̏лазити; *fig* ра́сти; **~ern** повећа́вати; GR по̀редити *(im)pf*; **ᘓung** F у́спон; ко̀си̏на
steil стр̑м; **ᘓhang** M вр̏ле̄т *f*
Stein M ка̑ме̄н; *Spielstein* фигу́ра; *Frucht* ко̀штица; **~bock** M ја̑рац; **~bruch** M камено̀лом; **~butt** M ли̏ст; **~gut** N грнча̀рија; **ᘓig** ка̏менит; **~kohle** F ка̏менӣ у̑гаљ; **~pilz** M вр̏га̄њ; **~schlag** M о̀дрон ка̀ме̄ња; **~zeit** F ка̏менō до̂ба
Stell|e F ме̏сто; *Dienststelle* на́длештво; **ᘓen** (по̀)ста̏вљати; *Uhr* подеша́вати; *Frage* по̀стављати; **sich ᘓen** ста̏јати; *Polizei* преда́вати се
Stell|enangebot N по̏нуда запосле́ња; **~engesuch** N мо̀лба за запосле́ње; тра́же̄ње запосле́ња; **~ung** F по̏ложа̄ј; **~ungnahme** F ста̑в; **~vertreter** M за̂менӣк; **~vertreterin** F за̂меница
stemmen ди̏зати; **sich ~** оду̀пирати се
Stempel M пе̏чат; **ᘓn** у̀дарати пе̏чат
Stengel → Stängel
Steppdecke F јо̀рган

Steppe F стȇпа
Sterbe|hilfe F еутаназѝја; **⁓n** ýмирати; **⁓urkunde** F смртòвница
sterblich смр̏тан; **⁓keit** F смр̏тнōст
Stereoanlage F мýзичкӣ ýређāј
steril стѐрӣлан; **⁓isieren** стерѝлисати
Stern M звéзда; **⁓bild** N сàзвȇжђе; **⁓schnuppe** F метèōр; **⁓warte** F опсерватòрија; **⁓zeichen** N хòроскопскӣ знȃк
Steuer[1] N упрàвљāч; MAR кòрмило
Steuer[2] F пòрез; **⁓berater** M пòрескӣ сáветнӣк; **⁓beraterin** F пòрескā сáветница
Steuerbord N дѐснā стрáна брȏда (авиóна)
Steuer|erklärung F пòрескā прѝјава; **⁓frei** ослòбођен плáћања пòреза
Steuer|knüppel M рýчица управљача; **⁓mann** M MAR кормѝлāр; **⁓n** MAR ỳправљати (*I*)
steuerpflichtig уз ȍбавезно плáћање пòреза; на кòјӣ се плȃћā пòрез
Steuerung F ỳправљање
Steuerzahler M пòрескӣ òбвезнӣк
Steward M стјȕард; **⁓ess** F стјуардèса
Stich M ỳбод; *Insekten* ỳјед; **e-n ⁓ haben** *F* бѝти òпаљен; **im ⁓ lassen** òставити на цѐдилу; **⁓haltig** ȍснован; **⁓probe** F прóба на слу̏чајнӣм ýзорцима; **⁓tag** M òдређенӣ дȃн; тèрмӣн; **⁓wahl** F одлу̏чујӯћē глàсање; **⁓wort** N òдредница; **⁓wunde** F рȃна од ýбода
stick|en вéсти; **⁓erei** F вȇз
stick|ig загу̏шљив; **⁓stoff** M ȁзот
Stiefbruder M пȍлубрат
Stiefel M чѝзма
Stief|eltern PL ȁдоптӣвнӣ рòдитељи; **⁓mutter** F мȁћеха; **⁓mütterchen** N BOT дȃн и нôћ; **⁓sohn** M пȁсторак; **⁓tochter** F пȁстōрка; **⁓vater** M ȍчӯх
Stiel M др̏шка; BOT стру̑к
Stier M бӣк
Stift[1] M *Metallstift* клӣн; → *a* **Bleistift**
Stift[2] N добротвóрнā ýстанова; зáдужбина; **⁓en** оснѝвати; **⁓ung** F зáдужбина
Stil M стӣл
still тӣх; **⁓!** тишѝна!; **⁓ halten** не рèаговати (*im*)*pf*; **⁓e** F тишѝна; **⁓en** *Kind* дòјити; *Schmerz, Blut* заýстављати; **⁓leben** N мр̀твā прѝрода; **⁓legen** затвáрати; **⁓schweigend** без рéчӣ; **⁓stand** M зáстōј; **⁓stehen** стàјати
Stimm|e F глȃс; **⁓en** глàсати (*im*)*pf* (**für** *A* за *A*; **gegen** *A* прòтив *G*); MUS штѝмовати; **das ⁓t** тô је тȁчно; **⁓enthaltung** F уздржáвање од глàсања; **⁓recht** N прȃво глȃса; **⁓ung** F расположéње; **⁓zettel** M глàсачкӣ лѝстӣћ
stinken смр́дети

Stipendium N стипѐндија

Stirn F чѐло; **~höhle** F че̏она̄ ду́пља

Stock M шта̑п; → Stockwerk; **≈en** зау̏стављати се; до̀лазити до за́стоја у (*L*) (*a Verkehr*); *beim Sprechen* за̀пињати; **~werk** N спра̏т

Stoff M гра̏дӣво; *Gewebe* матери̏ја̄л; *Materie* ма̀тēрија; **~wechsel** M метаболѝзам

stöhnen је́чати; *jammern* у̏здисати

Stollen M ру̏да̄рско̄ о̀кно

stolpern по̀сртати; **über et ~** са̀плетати се о не̏што

Stolz M по̀нос; **≈** по̀носан (**auf** *A* на *A*)

stopfen *Pfeife* пу̏нити; *ausbessern* кр̏пити; *Loch* за̀пушити *pf*

Stopp M зау̏стављāње; **≈!** сто̑ј!; **≈en** *Auto* зау̏стављати; *Zeit* што̏повати (*im*)*pf*; VI *anhalten* зау̏стављати се; **~uhr** F што̀перица

Stöpsel M че̏п

Storch M ро́да

stör|en сме́тати; *Ordnung* рѐметити; **≈ung** F оме́та̄ње; *gesundheitlich* по̏ремеħа̄ј; TECH сме́тње *pl*; **≈ungsstelle** F TEL слу̏жба за при̏јаву сме́тњӣ

Stoß M у̏дарац; *Schlag* у̏да̄р; *Stapel* хр̏па; **~dämpfer** M KFZ амортѝзе̄р; **≈en** у̏дарати (**an** *A* по *D*; **gegen** *A* о *A*); гу́рати; на̀илазити (**auf** *A* на *A*); **~stange** F KFZ бра̀нӣк; **~verkehr** M са̏обраħа̄ј у шпѝцу

stottern му̏цати

Str. → Straße

Straf|anstalt F ка̀зненӣ за́вод; **~anzeige** F кри̏вична̄ при̏јава (**gegen** *A* против *G*); **≈bar** ка̀жњив; **~e** F ка̏зна (*a* JUR); **≈en** кажња́вати

straff за̀те̄гнӯт

straffrei нѐкажњен; нека̀жња̄ва̄н

Strafgesetzbuch N кри̏вичнӣ за́конӣк

Sträfling M ка̏жњенӣк

Straf|porto N до̏плата пошта̀рине̄; **~punkt** M ка̀зненӣ по̀е̄н; **~raum** M ка̀зненӣ про́стор; **~recht** N кри̏вично̄ пра́во; **~stoß** M ка̀зненӣ у̏дарац; **~tat** F кри̏вично̄ де̏ло; **~verfahren** N ка̀зненӣ по̀ступак; **~zettel** M ка̏зна

Strahl M зра̑к; *Wasser* мла̑з; **≈en** зра́чити; си̏јати; **≈end** бли̏став; о̀за̄рен; **~ung** F зра́че̄ње

Strähne F *Haar* пра̏ме̄н

Strampel|höschen N штра̀мплице *pl*; **≈n** баца̀кати се

Strand M о̏бала; *Badestrand* пла́жа; **am ~** на пла́жи; **≈en** насу́кати се *pf*; **~promenade** F ке̑ј

Strang M у̏же

strapaz|ierfähig издр̀жљив; **~iös** му̏чан

Straße F у̏лица

Straßen|bahn F тра̏мва̄ј; **~bau** M (из)гра́дња пу́те̄ва̄; **~beleuchtung** F у̏лично̄ осветље́ње; **~graben** M ја́рак; **~händler** M у̏личнӣ прода́вац; **~karte** F а̀уто-ка̑рта;

~kehrer M чӣстāч ӯлицē; **~verkehr** M ӯличнӣ сāобраħāј; **~verkehrsordnung** F прāвӣлнӣк о понáшāњу на пýтевима; **~verzeichnis** N пóпис ӯлица; **~zustand** M стáње на пýтевима

sträuben: **sich** ~ протѝвити се (**gegen** *A D*)

Strauch M жбŷн

Strauß[1] M *Blumen* бýкēт

Strauß[2] M ZO нôј

streb|en тéжити (**zu** *D D*; **nach** *D* за *I*); **~sam** рéвностан

Strecke F рýта; BAHN лѝнија; прýга

strecken истéзати

Streich M *fig* смӣцалица; **≈eln** мáзити; **≈en** *über et* глāдити (**über** *A A*); *Brot* мāзати; *Wand* крēчити; *tilgen* брѝсати; *Segel, Flagge* спýштати; **~holz** N шѝбица; **~instrument** N гýдāчкӣ инструмент; **~käse** M сӣр за мāзāње; **~orchester** N гỳдāчкӣ оркестар

Streife F патрóла

streifen *berühren* òкрзнути *pf*; **≈** M прýга; *Straße* тр̀ака; **≈wagen** M пàтрōлнā кòла

Streik M штрāјк; **~brecher** M штрајколóмац; **≈en** штрāјковати (*im*)*pf*; **~posten** M штрàјкāшкā стрáжа

Streit M свађа; **≈en** свађати се; **~frage** F спôрнō пѝтāње; **~kräfte** F/PL ôружāнē снāге; **≈süchtig** свàдљив

streng стрôг; *Geruch, Winter* ôштар

stressig стрêсан

streuen сѝпати (**auf** *A* по *L*)

Strich M цр̂та

Strick M ýже; **≈en** штрѝкати; **~jacke** F штрѝкāнā jàкна; **~nadel** F ѝгла за штрѝкāње; **~waren** F/PL трикотáжа

strikt стрѝктан

strittig спôран

Stroh N слāма; **~halm** M *zum Trinken* слāмка; **~hut** M слāмнатӣ шêшӣр

Strom M EL стрýја; *Fluss* (вêликā) рéка; **≈abwärts** нӣзводно; **~anschluss** M прѝкључак за стрýју; **≈aufwärts** ӯзводно; **~ausfall** M прéкид стрýjē

strömen *Wasser* тèћи; *Luft* стрýјати; *Blut* лѝптати; *Menschen* нàвирати

Stromstärke F јачѝна стрýjē

Strömung F стрýјање

Strudel M вр̀тлог; *Kuchen* штрýдла

Strumpf M чàрапа; **~hose** F хӯлахопке *f/pl*; *für Frauen* ӯнихоп

struppig чýпав

Stube F сôба

Stück N кôмāд (*a* THEA); *Teil* пâрче

Student|(in F) M стỳдент (-киња); **~enheim** N стỳдентскӣ дôм

Stu|die F стỳдија; **≈dieren** студѝрати; проучáвати; **~dium** N стỳдӣј

Stufe F стêпēн; *Treppe* стêпеница; **≈nweise** пôстепен

Stuhl M стòлица (*a Stuhlgang*)

stumm нêм
stumpf *Messer* тŷп; **≈** M пâњ; **~sinnig** тŷпав
Stunde F сâт; *Schulstunde* чâс; **≈n** одгáђати плáћање
Stunden|kilometer M кѝломе̄тар на сâт; **≈lang** сáтима; **~lohn** M сáтница; **~plan** M ра̏споре̄д ча̏со̄ва̄; **≈weise** на сâт
stündlich сва̏ко̄г сâта
stur тврдо̀глав; **≈heit** F тврдо̀главо̄ст
Sturm M олу́ја; SPORT нáпад
stürm|en MIL јурѝшати; SPORT на̀падати; **≈er** M SPORT напа̏да̄ч; **~isch** бу̑ран
Sturmwarnung F на̏јава олу́је̄
Sturz M пâд
stürzen *fallen* па̏дати; *eilen* ју́рити; *entmachten* сврга́вати
Sturz|flug M обруша́вање (авио́ном); **~helm** M ка̏цига
Stute F ко̀била
Stütze F по̏тпора
stutzen *verwundert* запа́њити се *pf*; *kürzer schneiden* подрези́вати
stützen *j-n* подупи́рати; **sich ~** о̀слањати се (**auf** *A* на *A*)
stutzig забѐзе̄кнӯт
Stützpunkt M у̀порӣште; MIL ба́за
s.u. (**siehe unten**) вѝди до̏ле
Substantiv N ӣменица
Such|e F тра̏га̄ње; **≈en** тра̀гати; **~er** M FOT зу̀хер
Sucht F *Drogensucht* за̏висно̄ст; *fig* ма̀нија
süchtig *drogensüchtig* о̀виса̄н; *versessen* о̀пседнӯт
Süd|afrika N Ју̏жна̄ А̀фрика; **~amerika** N Ју̏жна̄ Амѐрика; **≈amerikanisch** јужноамѐричкӣ; **~en** M ју̑г; **≈europäisch** јужноѐвро̄пскӣ; **~osten** M југо̀исток; **~pol** M Ју̏жнӣ по̑л; **~westen** M југоза̀пад; **~wind** M ју̏го
Sülze F пѝхтије *f/pl*
Summe F су̏ма, сво̏та
summen зу́јати
summieren: **sich ~** наку́пљати се
Sumpf M мо̀чвара; **≈ig** мо̀чва̄ран
Sünde F гре̂х
Super|benzin N су̀пер (бѐнзӣн); **~markt** M су̀пермаркет
Suppe F су̏па, чо́рба
Suppen|grün N зѐлен; **~schüssel** F чѝнија за су̏пу; **~teller** M су̏пенӣ та̀њӣр
Surf|brett N да̀ска за jѐдрење; **≈en** jѐдрити на да̀сци; **~er(in** F) M jѐдрилича̄р(ка) на да̀сци
surren зу́јати
süß сла̏дак (*a fig*); **~en** сла́дити; **≈igkeiten** F/PL слатки́ши; **≈speise** F дѐсерт; **≈stoff** M сахѐрӣн; **≈wasser** N сла̏тка̄ во̀да
Sweatshirt N ду̀ксер(ица)
Swimmingpool M ба̀зе̄н за пли̏ва̄ње
symbolisch симбо̀личан
symmetrisch симѐтричан
sympathisch симпа̀тичан
synchronisiert синхро̀низова̄н

synthetisch синтѐтичкӣ
systematisch системàтичан
Szene F сцéна

T

Tabak M ду̀ва̄н
Tablet N IT тàблет
Tabelle F табѐла; та̏блица
Tablett N послу̀жавнӣк; **~e** F таблѐта
Tacho(meter) M тахòметар
Tadel M пре́кор; **≈los** бѐспреко̄ран; **≈n** прекоре́вати
Tafel F тр̀пеза; *Schokolade, Wandtafel* та́бла; *Gedenktafel* пло̀ча
Tag M да̑н; **guten ~!** до̏бар да̑н!; **am ~, bei ~e** по да́ну; **~ebuch** N дне̑внӣк; **≈elang** ADV да́нима; **≈en** засе́дати
Tages|anbruch M сва̀ну̂ће; **~kurs** M дне̑внӣ ку̑рс; **~licht** N дне̑вно̄ свѐтло; **~ordnung** F дне̑внӣ ре̑д; **~schau** F TV дне̑внӣк; **~zeitung** F дне̑вне̄ но̀вине
täglich ADV дне̑вно
tagsüber преко да̑на
Tagung F засе́да̄ње
Taille F ANAT стру̑к
Takt M та̑кт; **~ik** F та̀ктика; **≈los** нета̀ктичан; **≈voll** та̀ктичан
Tal N долѝна
Talg M ло̑ј
Talkshow F то̑к-шо̑у
Tank M ци̏сте̄рна; *Auto* резервòа̄р; **≈en** то̀чити го̏риво; **~er** M тàнкер; **~stelle** F бѐнзинска̄ пу̑мпа
Tanne F jѐлка
Tante F *Schwester der Mutter und des Vaters* те̏тка; *Ehefrau des Bruders des Vaters* стри̏на; *Ehefrau des Bruders der Mutter* у̏јна
Tanz M пле̑с; **≈en** пле̑сати
Tänzer M плѐса̄ч; **~in** F плеса̀чица
Tanz|fläche F по̏дијум за ѝгру; **~musik** F му̀зика за ѝгра̄ње
Tape|te F тапе́та; **≈zieren** ле́пити тапе́те
tapfer хра́бар; **≈keit** F хра́бро̄ст
Tarif M тари́фа; **≈lich** та̀рӣфнӣ; **~vertrag** M у̏гово̄р о тари́фама
tarn|en маскѝрати (**sich** се); MIL камуфлѝрати; **≈ung** F MIL камуфла́жа
Tasche F *Handtasche* та̀шна; *Einkaufstasche* то́рба; *Hose* џе̏п
Taschen|buch N џе̏пна̄ књѝга; **~dieb(in** F) M џе̏па̄рош; **~geld** N џепа́рац; **~lampe** F батѐрӣјска̄ ла̑мпа; **~messer** N џе̏пнӣ но̑ж; **~rechner** M дѝгитрон; **~tuch** N ма̀рамица
Tasse F шо̏љ(иц)а
Tastatur F тастату́ра
Tast|e F ди̏рка; **≈en** опипа́вати; **~sinn** M чу́ло до̏дира
Tat F дѐло; **in der ~** за̀иста; **~bestand** M чѝњенично̄ ста́ње

Täter M починилац; **~in** F виновница
tätig активан; **&keit** F делатност
tatkräftig енергичан
Tätowierung F тетовáжа
Tat|sache F чињеница; **&sächlich** стваран; ADV стварно
Tatze F шáпа
Tau[1] N уже, конопац
Tau[2] M роса
taub *Gehör* глув; *Körperteil* утрнуо
Taube F голуб
taubstumm глувонем
tauch|en V/T мочити; V/I ронити; **&er(in** F**)** M ронилац
tauen топити (се); крáвити (се)
Tauf|e F крштење; **&en** крстити *(im)pf*
taug|en ваљати (**zu** *D* за *A*); **~lich** употребљив
taumeln тетурати се
Tausch M замена; **&en** мéњати (**gegen** *A* за *A*)
täusch|en варати (**sich** се); **&ung** F обмана; варка
tausend хиљада; **~ste** хиљадити; **&stel** N хиљадити део
Tauwetter N југовина
Taxi N такси; **~fahrer** M таксиста *m*; **~fahrerin** F таксисткиња; **~stand** M такси-станица
Team N тим; **~arbeit** F тимски рад
Techn|ik F техника; **~iker(in** F**)** M техничар(ка); **&isch** технички
Tee M чај; **~beutel** M кесица чаја; **~gebäck** N чајно пециво; **~kanne** F чајник; **~löffel** M кашичица
Teer M катран
Teich M језéрце
Teig M тесто; **~waren** F/PL тестенине *pl*
Teil N *od* M део; **zum ~** делимично; **&en** дéлити; **~haber** M ортак; **~haberin** F ортакиња; **~nahme** F учешће
teilnehm|en учествовати (**an** *D* у *L*); **&er** M учесник; **&erin** F учесница
teil|s делом; **&ung** F деоба; **~weise** делимичан; **&zahlung** F плаћање на рáте
Teint M тен
Telefax N телефакс
Telefon N телефон; **~buch** N телефонски именик; **~gespräch** N телефонски разговор; **&ieren** телефонирати *(im)pf* (**mit** *D D*); **&isch** телефонски; **~karte** F картица за телефонирање; **~nummer** F телефонски број; **~zelle** F телефонска говорница; **~zentrale** F телефонска централа
Teller M тањир
Tempel M храм
Tempera|ment N темперамен(а)т; **&mentvoll** темпераментан; **&tur** F температура
Tempolimit N ограничéње брзине
Tennis|ball M тениска лопта; **~platz** M тениско игралиште; **~schläger** M тениски рекет;

~spieler(in F) M тенѝсе̄р(ка)
Teppich M тѐпих; **~boden** M итѝсо̄н
Terminkalender M пѐдсетнӣк
Test M тѐст; **2en** тестѝрати (im)pf
teuer ску̑п; *lieb* дра̑г
Teufel M ђа̀во̄
Textilien PL тѐкстӣлна̄ ро̀ба
Text|nachricht F тѐкстуа̄лна по̏рука, СМС по̏рука; **~verarbeitung** F о̏брада тѐкста
Theater N по̀зорӣште; **~stück** N по̀зорӣшнӣ ко̀ма̄д
theatralisch тѐатра̄лан
Theke F ша̏нк; тѐзга
theoretisch теòретскӣ
Thermalbad N *Ort* тѐрма̄лна̄ ба̏ња
Thron M пре́сто
Thunfisch M ту̑на
Thymian M ма̑јчина̄ ду̀шица
ticken ку̏ц(к)ати
tief ду̀бок; *niedrig* нѝзак; **2** N депрѐсија; → *a* Tiefdruckgebiet; **2druck** M нѝзак (ва̏здӯшнӣ) прѝтӣсак; **2druckgebiet** N зо́на нѝско̄г ва̏здӯшно̄г прѝтӣска; **2e** F ду̀бӣна; **2ebene** F нѝзија; **2garage** F по̀дземна̄ гара́жа; **~gekühlt** дубо̀ко за̀мрзнӯт
Tiefkühl|fach N фрѝз; **~kost** F дубо̀ко за̀мрзнӯтӣ проѝзводи; **~truhe** F замрзѝва̄ч
Tier N живо̀тиња; **~arzt** M ветерѝна̄р; **~ärztin** F ветерѝна̄рка; **2isch** живо̀тӣњскӣ; *grausam* звѐрскӣ; **~schutz** M за̏штита живо̀тӣња̄; **~schutzverein** M дру̏штво за за̏штиту живо̀тиња̄
Tiger M тѝгар
Tinte F ма̀стило; **~nfisch** M хо̀ботница, сѝпа; GASTR лѝгња
Tipp M *Rat* са́вет; **2en** *Maschine schreiben* ку̏цати; *im Lotto* тѝповати (im)pf; **~schein** M лѝстић за ло̏то
Tisch M сто̑; **bei ~** за сто̀лом; **~decke** F сто̀лња̄к; **~ler** M сто̀ла̄р; **~tennis** N сто̀нӣ тѐнис; **~tuch** N сто̀лња̄к за ручава̄ње
Titel M на́слов; *Standesbezeichnung* тѝтула
Toast M здра̏вица; *Brot* то̑ст (хле̏б); **~er** M то̀стер
toben бѐснети
Tochter F (к)ћѐрка
Tod M смр̑т *f*
Todes|anzeige F у̀мрлица; *in Zeitung* чѝтуља; **~strafe** F смр̏тна̄ ка̏зна
tödlich смрто̀носан
todmüde мр̏тав у̏мо̄ран
Toilette F *Abort* ВЦ; **~npapier** N ВЦ-па̀пӣр
tolerant толера̀нтан
toll побѐснео; **2wut** F бѐснило
Tomate F парада̀јз; **~nsaft** M со̑к од парада̀јза
Ton M гли́на; *Musik* то̑н; **~band** N ма̏гнетофо̄нска̄ тра̏ка; **~bandgerät** N ма̏гнетофо̄н
tönen *Haar* ста̏вљати пре́лив (на ко̏су)
Tonleiter F то̑нска̄ лѐствица
Tonne F *Fass* бу̏ре; *Maßeinheit*

то́на
Tönung F прéлив
Top N блу́за без рука́ва̄
Topf M лòнац
Töpfer M лòнча̄р; **~ei** F лончàрница
Tor N кàпија; SPORT гôл
Torf M трèсет
Tor|linie F гôл-ли́нија; **2los** без гôла; **~schütze** M стрéлац гôла
Torte F тôрта
Torwart M гȍлман
tot мр̀тав
total тȍта̄лан; **2ausverkauf** M тȍта̄лна̄ рàспродаја; **2schaden** M тȍта̄лна̄ штȇта
Tote M пòкōјнӣк; F пòкōјница
töten уби́јати; у̀смртити *pf*
Totenschein M у̀мрлица
Toto N *od* M спȍртска̄ прогнó-за
Totschlag M уби́ство
Toup|et N ту̀пе̄; **2ieren** тапи́рати
Tour F ту́ра; TECH ȍбрта̄ј; **~ismus** M тури̏зам; **~ist** M ту̀риста *m*; **~istenklasse** F тури̏стичка̄ клȁса; **~istik** F тури̏стика; **~istin** F ту̀ристкиња; **~nee** F турнéја
Trab M кâс
Tracht F нóшња
traditionell трȁдициона̄лан
Trag|bahre F нòсила *n/pl*; **2bar** пренòсив
träge трôм
tragen нòсити; *Kosten, Folgen* снòсити
Träger M *an Kleidung* трéгер; *Lasten* нòсилац; TECH нòса̄ч
Trag|etasche F тóрба; **~ik** F трàгика; **2isch** трàгичан; **~ödie** F трàге̄дија; **~weite** F дóмет
Train|er(in F) M трéнер(ица); **2ieren** трени́рати (*im*)*pf*; **~ing** N трéнинг; **~ingsanzug** M трéнерка
trampeln *aufstampfen* тр̏упкати
trampen стопи́рати *impf*; → *a* Anhalter
Träne F су̏за; **~ngas** N су̏завац
Trank M пи́ће
Tränke F пòјило
Transgender M, F трȁнсродна òсоба
transgender трȁнсродан
Trans|itverkehr M трȁнзитнӣ сȁобраћа̄ј; **~plantation** F трансплантáција
Transport M прéвоз; **2ieren** трàнспортовати (*im*)*pf*; **~unternehmen** N шпèдӣција
Trasse F трȁса
Traube F *Weintraube* грôзд; **~n** PL грôжђе *n*; **~nsaft** M сôк од грôжђа; **~nzucker** M грòжђанӣ шèћер
trauen: **j-m ~** и̏мати поверéња у кòга; **sich ~, et zu tun** усуђи́вати се да (+ *Verb*); **sich ~ lassen** венча́вати се
Trauer F ту́га; **~feier** F пòсмртна̄ свèчано̄ст; **2n** тугòвати (**um** *D* за *I*); **~spiel** N трàге̄дија
träufeln кȁпати
Traum M сȁн
träumen сáњати

traumhaft кȁо у снŷ
traurig тŷжан; **≈keit** F жа̑лōст
Trau|ring M бу̏рма; **~schein** M вѐнча̄нӣ лӣст; **~ung** F венча́ње; **~zeuge** M вѐнча̄нӣ кŷм
treff|en *Ziel* погађати; *begegnen* срѐтати; **sich ~en** срѐтати се; **≈en** N са̏станак; **~end** та̏чан; **≈er** M по̀годак; **≈punkt** M мѐсто су́срета
treiben V/T тѐрати; *Handel, Sport* ба̀вити се (*I*)
Treibhaus N стаклѐнӣк
Treibstoff M го̀рӣво
trenn|en одва́јати; раздва́јати; **sich ~en** разѝлазити се; **≈ung** F раздва́јање; *von Menschen* ра̀станак; **≈wand** F прѐграднӣ зӣд
Treppe F стѐпеница; **drei ~n hoch** на трѐћем спра̀ту; **~ngeländer** N *F* гелѐндер; **~nhaus** N стѐпенӣште
Tresor M сȅф
treten V/I сту́пати; V/T шутѝрати; **auf et ~** га̏зити на нѐшто
treu вȇран; **≈e** F вȇрнōст; **~herzig** ла̏ковȇран; **~los** нѐверан
Tribüne F трибѝна
Trichter M лȇвак
Trick M трѝк; **~film** M анѝмира̄нӣ фѝлм
Trieb M на́гон; BOT ѝзданак; **~kraft** F по́гонска̄ сѝла; **~wagen** M BAHN мо̀то̄рнӣ ва̀го̄н; **~werk** N AER по́гон
triftig о̀пра̄вда̄н
Trikot N трѝко̄
trink|bar пѝтак; **~en** пѝти; **≈er** M пија́нац; **≈erin** F пѝјаница; **≈geld** N *F* ба̀кшиш; **≈halm** M сла̑мчица; **≈spruch** M здра̏вица; **≈wasser** N пѝјаћа̄ во̏да
Tripper M трѝпер
Tritt M → Fußtritt; **~brett** N по̀дножнӣк
triumphieren трију̀мфовати (*im*)*pf*
trocken су̑в; *fig* су̏вопа̄ран; **≈haube** F ха̀уба; **≈heit** F сувòћа; су̑ша; **≈milch** F млéко у пра́ху
trock|nen V/T су́шити (*v/i* се); **≈ner** M машѝна за су́шење
Trödelmarkt M бу̏вља̄ пѝјаца
trödeln ву́ћи се
Trommel F до̏бош; **~fell** N ANAT бу̏бна̄ о̀пна; **≈n** лу́пати бу̏бњеве; добòвати (*im*)*pf*
Trompete F тру̀ба
Tropen PL тро̏пскӣ кра̑јеви
Tropf M ѝнфу̑зија; **≈en** ка̏пати; **~en** M ка̑п; **≈enweise** ка̑п по ка̑п
tropisch тро̏пскӣ
Trost M у̏теха
tröst|en тȇшити; **~lich** *beruhigend* умѝрујӯћӣ
trost|los нéутешан; **≈preis** M у̏тешна̄ на̏града
Trottel M неспретња̀ковић
trotz (*G*) у̏пркос (*D*); **~ allem** упркос свѐму
Trotz M пр̀кос; **aus ~** из ина́та
trotzdem ADV па ѝпа̄к
trotzig јо̀гунаст
trübe *Flüssigkeit* му́тан; *Himmel, Wetter* тму́ран

Trubel M ме́теж
trüb|en му́тити; **≈sinnig** се̑тан
Trüffel F три́фла
trügerisch ва̀рљив
Truhe F ко̀вчег
Trümmer PL ру̏шевине
Trumpf M а̀дӯт
Trunk|enheit F пија́нство (**am Steuer** за вола́ном); **~sucht** F алкохоли̏зам
Trupp M гру̏па; **~e** F MIL једи̏ница
Truthahn M ћу̀ра̄н
Tschech|e M Че̏х; **~ien** N Че̏шка̄; **~in** F Че̏хиња; **≈isch** че̏шкӣ
T-Shirt N ма̏јица
Tube F ту́ба
Tuch N кр̑па; *Kopf-, Halstuch* ма̀рама
tüchtig ма̀рљив
tückisch по̀дмӯкао
Tugend F врли̏на
Tulpe F ла́ла
Tümpel M ло̀ква
Tumult M гунгу́ла
tun VT чи̏нити; функцио̀нисати (*im*)*pf*; **nichts zu ~ haben** не́мати шта̏ ра́дити; **so ~ als ob … пра̏вити се као да …; → a machen**
Tunfisch → Thunfisch
Tupfen M ту̀фна
Tür F вра́та
Türk|e M Ту̀рчин; **~ei** F Ту̏рска̄; **~in** F Ту̏ркиња; **≈isch** ту̏рскӣ
Türklinke F ква̏ка
Turm M то́ра̄њ
turn|en ве̏жбати на гимна̀стичкӣм спра̏вама; **≈en** N гимна̀стика; **≈er(in** F**)** M гимна̀стича̄р(ка); **≈halle** F гимна̀стичка̄ ха́ла
Turn|schuh M па̀тика; **~verein** M гимна̀стичкō дру́штво
Tusche F ту̑ш
Tüte F ке̏са
TÜV M (**Technischer Überwachungsverein**) тѐхничкӣ пре́глед во̏зӣла̄
typisch ти̏пичан
Tyrann M тѝранин

U

u. a. (**unter anderem**) изме́ђу о̀ста̄лōг
U-Bahn F по̀дзе̄мна̄ жѐлезница
übel ло̑ш; *schlimm* га̏дан; **mir ist ~** му̏ка ми је; **~ nehmen** заме́рати (**j-m et** нѐкоме нѐшто)
Übel N зло̏; **~keit** F му̏ка
üben ве̏жбати
über (*D*) изнад *G*; (*A*) *mehr als, durch* преко (*G*); *sprechen über* о (*L*); **~all** сву̏гдā
überanstrengen преми́рати (**sich** се)
über|arbeiten прера̀ђивати; **~belichtet** пре̏више̄ о̀све̄тљен; **~bieten** *Auktion* ви̏ше̄ ну́дити; **≈blick** M пре́глед; **~blicken** → übersehen; **~bringen** прено̀сити; **≈dosis** F пре̏велика̄ до́за; **~eilt** прѐна̄гљен
übereinander јѐдно преко

дру̑го̄г; ≗**kunft** F спо̀разу̑м; **~stimmen** бити са̀гласан (**in** *D* по пи́тању *G*); *Angaben* под-у̑дарати се
über|empfindlich преосѐт-љив; **~fahren** *Lebewesen* прѐ-газити *pf* во̀зилом
Überfall M на́пад; *Raubüberfall* пља̀чка; ≗**en** на̀падати; *Bank* пља̀чкати
über|fliegen прелѐтати (*a Text*); ≗**fluss** M и̏зобиље (**an** *D G*); **im** ≗**fluss** на прѐтек; **~flüssig** су̏вишан; **~fluten** пла̀вити; **~fordern** преопте-рећи́вати; **~führen** прево̀зи-ти; *Verbrecher* приво̀дити (**j-n e-r Sache** нѐкога збо̄г нѐчега); ≗**führung** F *Verkehr* на̀д-вожња̄к; **~füllt** прѐпун
Über|gabe F прѐда̄ја; **~gang** M прѐлаз; **~gangs...** прѐ-лазни̏
übergeben преда́вати; **sich** ~ по̀враћати
über|gehen прѐлазити (**in** *od* **auf** **et** у *od* на нѐшто); *auslassen* пропу̑штати; ≗**gepäck** N пр̀т-ља̄г тѐжӣ од до̀звољенӣ те-жѝнӣ; ≗**gewicht** N су̏вишна̄ тежѝна; *fig* прѐмо̄ћ
überhand: ~ **nehmen** у̑зети ма̏ха
über|häufen претрпа́вати; **~haupt** у̑општӣ; **~heblich** на̀дмен; **~holen** прѐтицати; *ausbessern* по̀прављати; **~holt** прева̀зиђен; ≗**holverbot** N за̏брана прѐтица̄ња; **~hören** прѐчути *pf*
über|laden ADJ прето̀варен; **~lassen** препу́штати; **~lasten** прето̀варити; преопте-рећи́вати; **~laufen**[1] *Flüssigkeit* прели́вати се; изли́вати се; *zum Gegner* пребега́вати; **~laufen**[2] ADJ прѐпуњен; **~leben** преживља́вати; наджи́ве-ти; ≗**lebende** M прежи́вели̏; F прежи́вела̄; **~legen**[1] V/T раз-ми́шљати (**et** о *L*); **~legen**[2] ADJ на̏дмоћан; ≗**legenheit** F на̏дмо̄ћ; ≗**legung** F раз-ми́шљање
Über|macht F прѐмо̄ћ; ≗**mäßig** прѐкомеран; ≗**mitteln** до̀стављати; ≗**morgen** прѐк(о)сутра; ≗**müdet** прѐ-морен; ≗**mütig** о̏бе̄стан
übernacht|en но̀ћити; ≗**ung** F но̀ће̄ње
Über|nahme F преу̑зима̄ње; ≗**natürlich** на̏тприродан; ≗**nehmen** преу̑зимати; ≗**prüfen** преиспити́вати; ≗**queren** прѐлазити; ≗**ragen** премаши́вати
überrasch|en изненађи́вати; **~end** и̏зненада̄н; ≗**ung** F из-ненађе̄ње
über|reden нагова́рати; **~reichen** уручи́вати; ≗**schallgeschwindigkeit** F на̏дзву̑чна̄ брзѝна; **~schätzen** прецењи́вати
Überschlag M про̀рачу̑н; ≗**en** *Kosten* прорачуна́вати; *Seite* прескáкати; **sich** ≗**en** прѐвртати се
überschneiden: **sich** ~ пре-сéцати се
über|schreiten прекорачи́-

вати; **≈schrift** F на̏слов; **≈schuss** M ви̏шак (**an** *D G*); **~schüssig** су̑вишан; **≈schwemmung** F по̏плава; **~seeisch** прекоморскӣ; **~sehen** пре̏видети *pf*; **~senden** сла̑ти

übersetz|en *Text* прево̀дити; **≈er(in** F) M прево̀дилац; **≈ung** F пре́вод

Übersicht F пре́глед; **≈lich** пре́гледан

über|siedeln пресеља́вати се; **~spielen** TECH пресннима́вати; **~springen** преска́кати (*a fig*); **~stehen** прегу́рати *pf*; **~steigen** прѐлазити; *fig* превази̏лазити; **~stimmen** надгла̀сати *pf*; **≈stunden** F/PL прекѐвременӣ са̑ти; **~stürzen** зале́тати се

übertrag|bar прено̀сив; **~en** прено̀сити; **≈ung** F пре́нос

über|treffen надмаши́вати; **~treiben** претери́вати; **~treten** прѐлазити; *Gesetz* прѐкршити *pf* (*A*); **≈tritt** M прѐлазак

über|völkert прена̀сељен; **~wachen** надгледа́вати; **≈wachung** F на́дзор; **~wältigen** надја̀чати *pf*; **~wältigend** велича̀нствен

überweis|en *Geld* дознача́вати; MED упућивати (**zu** *D od* **an** *D D*); **≈ung** F у̏пӯт; у̏плата (*a Summe*)

über|wiegend пре́тежан; **~winden** савлада́вати; **≈zahl** F већи̏на

überzeug|en убеђи́вати; **sich ~en** уверáвати се (**von** *D* у *A*); **≈ung** F убеђе́ње

über|ziehen *anziehen* обла̀чити (**über et** преко чѐга); *Konto* прекорачи́вати ра̀чӯн; **≈zug** M *Hülle* на̏влака

üblich уоби̏ча̄јен

U-Boot → Unterseeboot

übrig прѐоста̄лӣ; **~ bleiben** прѐостајати; **~ lassen** о̀стављати; **~ens** у̑згре̄д бу̏ди речѐно

Übung F ве̏жба

Ufer N о̑бала

UFO N (**unbekanntes Flugobjekt**) НЛО (нѐпозна̄тӣ лѐте̄ћӣ о̀бјекат)

Uhr F са̑т; *Zeit* ча̑с; **wie viel ~ ist es?** колѝко је са́тӣ?; **es ist drei ~** трӣ (је) са̑та; **~armband** N ка̀иш за са̑т; **~macher** M ча̏со̄вничар; **~zeiger** M (с)ка̀заљка

Uhu M со́ва

UKW F (**Ultrakurzwelle**) у̏лтракраткӣ та̏ла̄си

Ultraschall M у̏лтразвӯк; **~untersuchung** F пре́глед у̏лтразвӯком

um *für* за (*I*); за (*A*); *örtl* око (*G*); *Zeitangabe* у (*A*); око (*G*); *ungefähr* око; *vorbei* за̀вр̄шен; **~ zwei Uhr** у два̑ са̑та; **~ jeden Preis** по сва̏кӯ це̑ну; **~ zu** + *inf* да (би)…

um|arbeiten прѐправљати; прерађи́вати; **~armen** гр̏лити; **≈armung** F за̏грља̄ј; **~bauen** преграђи́вати; **~binden** *Tuch* (за)вези́вати; **~blättern** окре́тати сле́де̄ћӯ стра̑ну; **~bringen** уби́јати;

≈bruch M прёокрēт; **~buchen** *Reise* проме́нити *pf* резерва́цију
umdreh|en окре́тати; *wenden* прѐвртати; **≈ung** F ȍкретāј
um|fahren заобилазити; **~fallen** пȁдати; **≈fang** M ȍбӣм; **~fangreich** ȍбӣман; **~fassen** обу̑хватати; **~fassend** ȍбухвāтан; **≈feld** N окружѐње; **≈frage** F анкéта; **≈gang** M ȍпхођēње; **≈gangssprache** F свакòднēвнӣ јѐзик
umgeb|en окружи́вати (**mit** *D I*); опкоља́вати (**mit** *D I*); **≈ung** F GEO околѝна
umgeh|en *Hindernis* заобилазити; *fig vermeiden* избега́вати; **mit j-m ~en** опхòдити се према (*D*); **~end** ADV ȍдмāх; **≈ungsstraße** F зȁобилазница
umge|kehrt ȍбрӣнӯт; *Richtung* су̀протан; **~stalten** преуређи́вати
Um|hang M огр̄тāч; **≈hängen** ȍгртати
umkehren V/T окрéтати; V/I окрéтати се
umkippen оба́рати; *F ohnmächtig werden* онесвешћи́вати се
umklammern стéзати (ру̀кама)
Umkleideraum M свлачиòница
umkommen гѝнути
Umkreis M: **im ~ von** (*D*) у окружѐњу од (*G*); **≈en** окружи́вати
umladen претовари́вати
Umlauf M рота́ција; **im ~** у ȍптицāју; **~bahn** F пу̀тања
Umleitung F зȁобилазница
um|liegend ȍколнӣ; **~organisieren** реорга̀низовати (*im*)*pf*; **~pflanzen** пресађи́вати
umrechn|en прерачуна́вати; **≈ungskurs** M вȁлутнӣ ку̑рс
um|ringen опкоља́вати; **≈riss** M ȍбрис; **~rühren** мéшати; **≈satz** M ECON про́мет; **≈satzsteuer** F пòрез на про́мет; **~schalten** пребаци́вати; TV мéњати прòграм; **≈schlag** M *Brief* кòверат; *Buch* кȍрице *f/pl*; MED ȍблога; **~schlagen** V/T прѐвртати (се); V/I на̏гло се мéњати; **~schreiben** прерађи́вати; **~schulen** преквалификовати *pf*; **≈schwung** M прёокрēт
umsehen: **sich ~** ȍсвртати се (**nach et** за *I*); *irgendwo* разглéдати се; *suchen* тра́жити (**nach et** нёшто)
umsetzen *räuml* премéштати; **in die Tat ~** спровòдити у дёло
Umsicht F предостро́жнōст; **≈ig** прёдострōжан
umsiedeln пресеља́вати
umso: **~ mehr** утолѝко вӥше
umsonst *gratis* бѐсплатан; *vergebens* у̏залӯд
Umstand M око́лнōст
Umständ|e M/PL: **unter keinen ~en** ни у кȏм слу̑чају; **unter ~en** ѐвентуа̄лно; **machen Sie sich keine ~e** не му̑чите се; **in anderen ~en** у дру̑гōм ста́-

њу; **≈lich** кòмпликован̄
Umstandskleid N трýдничка̄ хàљина
umsteigen пресéдати
umstell|en *anderswohin* премéштати; *umzingeln* опкољáвати; **sich ~en** прилагођáвати се (**auf** *A D*); **≈ung** F прòмена; прилагођáвāње
um|stimmen другàчијē нàштимовати *pf*; преубéдити *pf*; **~stoßen** обáрати; **~stritten** спôран; **~strukturieren** реструктурúрати *(im)pf*; **≈sturz** M прèврāт; **~stürzen** прèвртати (се)
Umtausch M зàмена; **≈en** мéњати
umwandeln претвáрати (**in** *A* у *A*)
umwechseln размењúвати
Umweg M заòбилазнӣ пу̑т
Umwelt|... еколошкӣ; **~** F жѝвотнā срèдина; **≈belastend** кòјӣ загађујē жѝвотнӯ срèдину; **≈freundlich** кòјӣ не загађујē жѝвотнӯ срèдину; **~schutz** M зàштита жѝвотнē срèдинē; **~schützer** M еколог; **~verschmutzung** F загађéње жѝвотнē срèдинē
um|wenden окрéтати; прèвртати; **~werfen** обáрати; **~wickeln** обмотáвати; **~zäunen** ограђúвати
umziehen сèлити се; **sich ~** пресвлáчити се
Umzug M сèлидба; *Festzug* пóворка
unab|hängig нȅзависан; **~sehbar** непредвѝдив;
~sichtlich ненáмеран
unachtsam непàжљив
unan|fechtbar неоспòрив; **~gebracht** непрѝмеран; **~genehm** нȅпријатан; **≈nehmlichkeiten** F/PL непријáтности; **~sehnlich** нȅуглēдан; **~ständig** нȅпристōјан
un|appetitlich нȅукӯсан; **~artig** невàљао
unauf|fällig неупàдљив; **~haltsam** незадр̀жив; **~hörlich** нȅпрестāн; **~merksam** непàжљив
unausstehlich неподнòшљив
unbarmherzig нȅмилосрдан
unbe|achtet незàпажен; **~dacht** непрòмишљен; **~denklich** непроблемàтичан; **~deutend** бȅзначāјан; **~dingt** бȅзусловљан; **~fahrbar** нȅпрометан; **~fangen** непрѝстрастан; **~friedigend** незадовољáвајӯћӣ; **~fugt** неòвлāшћен
unbe|greiflich несхвàтљив; **~grenzt** неогрàничен; **~gründet** нȅоснōван; **~haglich** нȅлагодан; **~holfen** нȅспретан
unbe|kannt нȅпознāт; **~kümmert** бȅзбрижан; **~liebt** неòмӣљен; **~merkt** непрѝмēћен; **~quem** нȅудобан
unbe|rechenbar непрорачу̀нљив; непредвѝд(љ)ив; **~rechtigt** неòпрāвдан; **~rührt** нèдӣрнӯт; **~schädigt** неòштећен; **~schränkt** нео-

gра̀ничен; **~schreiblich** неопѝсив; **~siegbar** непобѐдив; **~ständig** *Wetter* нѐста̄лан; **~stechlich** неподмѝтљив; **~stimmt** неѐдрēђен; **~streitbar** неоспѐрив; **~stritten** нѐоспōран

unbe|teiligt нѐумешан; *fig* равнѐдушан; **~wacht** без на́дзора; **~waffnet** нѐнаоружан; **~weglich** непѐкрēтан; **~wohnt** нена̀ста̄њен; **~wusst** нѐсвестан; **~zahlbar** непла̀тив

unbrauchbar неупотрѐбљив

und и; *Folgerung* те; *Gegensatz* а; **~ so weiter** и та̀кō да̄ље

un|dankbar нѐзахва̄лан; **~denkbar** незамѝслив; **~deutlich** нѐјасан; **~dicht** кѐјӣ не дӣхтујē; **~durchdringlich** нѐпробōјан; **~durchlässig** непропу̀стљив; **~durchsichtig** нѐпровӣдан (*a fig*)

un|eben нѐра̄ван; **~echt** ла̂жан; **~ehelich** ва̀нбрачан; **~ehrlich** нѐпоштен; **~eigennützig** нѐсебичан; **~einig** неса̀гла̄сан; **~empfindlich** ѐтпōран (**gegen** *A* на *A*); **~endlich** бѐсконачан

unent|behrlich нѐопхōдан; **~geltlich** бѐсплатан; **~schieden** *Mensch* нѐодлӯчан; SPORT неѐдлӯчен; **≗schieden** N SPORT нѐрēшен резу̀лта̄т; **~schlossen** нѐодлӯчан

uner|bittlich неумѐљив; **~fahren** нѐискусан; **~freulich** нѐугодан; **~hört** *fig* дрзак; нечу̏вен; **~klärlich** необја̀шњив; **~lässlich** нѐизоста̄ван; **~laubt** недѐзвољен; **~müdlich** нѐумōран

uner|reichbar нѐдостӣжан; **~sättlich** незасѝт(ан); **~schütterlich** непоколѐбљив; **~schwinglich** недѐсежан; **~setzlich** ненадокна̀див; **~träglich** неподнѐшљив; **~wartet** неочѐкӣва̄н; **~wünscht** нѐжељен

un|fähig нѐспособан (**zu et** за нѐшто); **~fair** кѐјӣ нѝје фêр

Unfall M у̏дес; **~flucht** F бѐкство са мѐста нѐсрећē; **~station** F ста̏ница за хӣтнӯ пѐмōћ; **~versicherung** F осигура́ње за слу̏ча̄ј нѐсрећē

un|fehlbar непогрѐшив; **~förmig** бѐзобличан; **~frankiert** нѐфранкӣра̄н; **~freiwillig** прѝнудан; **~freundlich** нѐпријāтан; **~fruchtbar** нѐплодан

Unfug M глу́пōст

Ungar M Ма̀ђа̄р; **~in** F Мађа̀рица; **≗isch** ма̀ђа̄рскӣ; **~n** N Ма̀ђа̄рскā

ungeachtet (*G*) без ѐбзӣра на (*A*)

unge|bildet неѐбразова̄н; **~bräuchlich** неуобӣчајен; **~bunden** *frei* слѐбодан; **~deckt** непокрѝвен; *Scheck* без покрѝћа; **≗duld** F нестрпљивōст; **~duldig** нестрпљив; **~eignet** непрѝкладан; **~fähr** ADV отпри́ликē; **~fährlich** бѐзопа̄сан

unge|heuer ӧгр̄оман; **&heuer** N нѐма̄н *f*; **~hörig** недо̀личан; **~horsam** нѐпослӯшан; **~lernt** неквàлификова̄н; **~mütlich** нѐудобан; **~nau** нѐпреци̂зан; **~nießbar** нејѐстив; *Getränk* нѐпитак; **~nügend** нѐдово̄љан; **~pflegt** зàпуштен; **~rade** *Zahl* нѐпа̄ран; **~recht** нѐправедан; **&rechtigkeit** F нѐпра̄вда

ungern нѐрадо

unge|schickt нѐспретан; **~setzlich** незáконит; **~stört** нео̀ме̄тан; **~sund** нѐздрав; **~wiss** нѐизвестан; **~wöhnlich** нѐобичан; **~wohnt** нѐобичан; **&ziefer** N га̀ма̄д *f*; **~zogen** *Kind* невàспӣта̄н; **~zwungen** неу̀сиљен

un|gläubig неповѐрљив; нѐпобо̄жан; **~glaublich** неверо̀ватан; **~gleichmäßig** нѐравноме̄ран

Unglück N нѐсрећа; **&lich** нѐсрећан

Ungnade F нѐмило̄ст

un|gültig неваже̄ћӣ; **~günstig** нѐпово̄љан; **~haltbar** неодр̀жив; **~handlich** нѐпрактичан; **&heil** N нѐсрећа; **~heilbar** неизлѐчив; **~heimlich** стрáшан; **~höflich** нѐучтив; **~hörbar** нѐчӯјан; **~hygienisch** нехигѝјѐнскӣ

uninteressant незанѝмљив

Union F у̂нија

Universität F универзѝте̄т

unkennt|lich непрепознàтљив; **&nis** F незнáње

un|klar нѐјасан; **~klug** нѐразӯман; **&kosten** PL тро̂шкови; **&kraut** N кóров; **~leserlich** нѐчитак; **~lösbar** *Frage* нерѐшив

un|menschlich нељу̏дскӣ; **~merklich** нѐприметан; **~missverständlich** недво̀смислен; **~mittelbar** непо̀средан; **~möbliert** ненàмештен; **~modern** ста̏ромо̄дан; **~möglich** нѐмогӯћ; **~mündig** мало̀летан; **~nachgiebig** непопу̀стљив; **~nötig** нѐпотребан; **~nütz** бѐскористан

UNO F ОУН (Оганизáција уједи̂њених нáци̂ја)

unord|entlich нѐуредан; **&nung** F нѐре̄д

un|parteiisch непрѝстрас(т)ан; **~passend** нѐуместан; нѐзгодан; **~persönlich** бѐзличан; **~pünktlich** нѐтачан; **~rasiert** нѐобријан

Unrecht N нѐпра̄вда; **~ haben** не бѝти у прáву

un|regelmäßig нѐредо̄ван; **~reif** нѐзрео; **&ruhe** F нѐми̂р; **~ruhig** нѐми̂ран

un|schädlich нешко̀дљив; **~scharf** FOT ко̀ји̂ нѝје о̏штар; **~schätzbar** непроцѐњив; **~scheinbar** неупàдљив; **~schlüssig** нѐодлӯчан

Unschuld F нѐвино̄ст; **&ig** нѐвин

unser на̂ш; **~erseits** с на̂ше̄ стрáне̄; **~etwegen** због на̂с

unsicher нѐсигӯран; **&heit** F несигу́рно̄ст

unsichtbar невйдљив
Unsinn M бѐсмислица; **≈ig** бѐсмислен
un|sittlich нѐпристо̄јан; **~sterblich** бѐсмртан
Unstimmigkeit F неслáгање
Unsummen F/PL бȁснослове̄не сȳме *f/pl*
un|tätig дȍко̄н; **~tauglich** MIL нѐспособан; нѐподесан
unten до̏ле; **von oben bis ~** одо̏зго̄ на̏доле
unter под (*I*); *zwischen* мѐђу (*D*); *weniger als* мȁње̄ од (*G*); **≈arm** M по̏длактица; **~belichtet** нѐдовољно о̀свѐтљен; **≈bewusstsein** N по̏дсве̄ст *f*
unterbrech|en прекидати; **≈ung** F пре́кид
unter|bringen сме́штати; **≈bringung** F смѐшта̄ј; **~dessen** у мѐђувремену; **~drücken** потискивати; угњетáвати
untere(r) до̏њӣ
unter|einander јѐдно испод дрȳго̄г; мѐђу со̏бо̄м; **~entwickelt** неразвијен; **≈führung** F по̏двожња̄к; **≈gang** M про̏па̄ст *f*; *Schiff* по̀топ; *Sonne* за̏лазак; **~gehen** *Schiff* то̀нути; *Sonne* за̏лазити; **~geordnet** по̀дре̄ђен; **≈grund** M дно̏; по̀дзе̄мље (*a fig*)
unterhalb испод (*G*)
Unterhalt M издржáвање; **≈en** издржáвати; за̀бављати; **sich ≈en** разговáрати; **~ung** F ра̏зговор; *Vergnügen* за̏бава
Unter|hemd N потко̀шуља; **~hose** F га̏ће *f/pl*; **≈irdisch** по̀дземнӣ; **~kiefer** M до̏ња̄ вѝлица; **~kunft** F смѐшта̄ј; **~lage** F по̏длога; **~lagen** PL докумѐнта
unter|lassen не рáдити; **~legen** по̀дметати; **≈leib** M сто̀ма̄к; **~liegen** *verlieren* бити са̀вла̄да̄н; **≈lippe** F до̏ња̄ у̏сна; **≈miete** F по̏дстана̄рство; **≈mieter(in** F) M по̏дстана̄р(ка)
unternehm|en предузимати; **≈en** N *Betrieb* предузе́ће; **≈er** M предузетнӣк; **≈erin** F предузетница; **~ungslustig** предузимљив
Unter|offizier M по̏дофицӣр; **≈ordnen** подређивати; **~redung** F (слу̏жбенӣ) ра̏зговор; **~richt** M на̏става; *Schulstunden* ча̏сови; **≈richten** предáвати; подучáвати (**j-n in et** ко̀га из *G*); *informieren* обавештáвати; **~rock** M по̏дсукња
unter|sagen забрањивати; **~schätzen** потцењивати
unterscheiden рáзликовати (**sich** се)
Unter|schied M рáзлика; **≈schlagen** *Geld* проневерáвати; *Nachricht* прећуткивати; **~schlupf** M скро̀вӣште; **≈schreiben** потписивати; **~schrift** F по̏тпӣс; **~seeboot** N по̏дмо̄рница
unterste(r) на̏јнижӣ
unter|stehen бити ко̀ме по̀дре̄ђен се; **~stellen** по̀дметати; *annehmen* претпо̀стављати; **~streichen** подвлáчити; **~stützen** подржáвати; *finan-*

ziell потпома́гати; **⁀stützung** F по̏дршка; *Beihilfe* по̏тпора

untersuch|en MED прегле́дати; **⁀ung** F претражи́вање; *wissenschaftliche* истражи́вање; JUR ӣстрага; MED пре́глед; **⁀ungshaft** F ӣстра̑жнӣ за̀твор; **⁀ungsrichter** M ӣстра̑жнӣ су̏дија

Unter|tasse F та̀цн(иц)а; **⁀tauchen** V/I зарòнити *pf*; потòнути *pf*; V/T пото́пати; *fig v/i* изгу̀бити се *pf*; **~teil** N *od* M до̏њӣ дȅо; **~titel** M подна́слов; *Film* ти̏тл; **~wäsche** F до̏њӣ вȅш

unter|wegs на пу́ту; **~weisen** поуча́вати; **j-n in et ~weisen** упу̑ћивати кòга у нȅшто; **⁀welt** F по̏дзе̄мље; **~werfen** потчиња́вати; **~würfig** по̏ко̄ран; **~zeichnen** потписи́вати; **~ziehen** *Kleidungsstück* обла́чити испод нȅчега; подвргáвати (**sich** се)

un|trennbar не(раз)дѐљив; **~treu** нѐверан; **~tröstlich** нȅутешан

unüber|legt непрòмишљен; **~sichtlich** нȅпреглēдан; **~troffen** непрева̀зӣђен; **~windlich** несавла̀див

unum|gänglich нȅминōван; **~stritten** нȅоспōран; **~wunden** без уви́ја̄ња

ununterbrochen бȅспрекӣдан

unver|änderlich непромѐнљив; **~antwortlich** нȅодговōран; **~besserlich** непопра̀вљив; **~bindlich** нȅобавезан; **~bleit** бȅзолōвнӣ; **~daulich** несва̀рљив; **~fälscht** некриво̀творен; **~gänglich** непро́лазан; **~gesslich** нȅзаборāван; **~gleichlich** неупорѐдив

unver|heiratet *Mann* нео̀жењен; *Frau* нȅудāта; **~hofft** неочѐкӣван; **~käuflich** кòјӣ нйје на прòдају; **~kennbar** јединствен; **~letzt** непо̀врēђен; **~meidlich** нȅизбежан; **~mutet** неочѐкӣван; **~nünftig** нȅразӯман

unverschämt безòбразан; **⁀heit** F безобра̀злук

unver|schuldet без со̀пствене̄ криви̂це̄; **~sehrt** неòштећен; **~ständlich** неразу̀мљив; **~wüstlich** неунйштив; **~zinslich** бѐскаматнӣ; **~züglich** нȅодлōжан

unvoll|endet недо̀вр̄шен; **~kommen** неса̀вр̄шен; **~ständig** непо̀тпун

unvor|bereitet непри̏препремљен; **~eingenommen** непри̏страс(т)ан; **~hergesehen** непредви́див; **~sichtig** нȅопрēзан; **~stellbar** незамйслив

Unwahr|heit F нȅистина; **⁀scheinlich** неверо̀ватан

un|wegsam непро̀ходан; **~wesentlich** нȅбитан; нѐзнатан; **⁀wetter** N нȅврēме; **~wichtig** бȅзначāјан; **~widerstehlich** неодо̀љив; **~willkürlich** нȅхотичан; ADV нȅхотице̄; **~wirklich** нȅствāран; **~wirsch** мр̏зовō-

љан
unwissen|d нѐискусан; **≈heit** F незна́ње
unwohl нѐлагодан; **≈sein** N нѐлагоднōст
unzählig бѐзбро̄јан
unzer|brechlich несалòмив; **~trennlich** нѐраздво̄јан
Un|zucht F ра̏зврāт; **~züchtig** блу̏дан
unzufrieden нѐзадово̄љан; **≈heit** F незадовóљство
unzu|gänglich нѐприступачан; **~länglich** нѐдово̄љан; **~lässig** недопу̀стив; **~rechnungsfähig** неурачу̀нљив; **~reichend** ѝскудан; **~verlässig** нѐпоуздāн
üppig бу̏јан; *Mahl* ѝбилан
uralt пра̏стар
Ur|aufführung F претпремије́ра; **~enkel(in** F) M пра̏унук(а); **~großmutter** F пра̏баба; **~großvater** M пра̏деда; **~heber** M тво́рац
Urin M мо̀краћа
Urkunde F доку̀мент
Urlaub M *Jahresurlaub* го̀дишњӣ о̀дмор; **~er** M ту̀риста *m*; **~erin** F ту̀ристкиња; **~sreise** F путова́ње на о̀дмор
Urne F у̑рна
Urologe M уро̀лог
Ursache F у̑зрок; **keine ~!** не̂мā на чѐму!
Ur|sprung M поре́кло; **≈sprünglich** првòбитан; **~teil** N су̑д; JUR пре̏суда; **≈teilen** су́дити (**über et** о *L*); **~wald** M пра̏шума
USA PL САД (Сје̏дињене̄ Амѐричке̄ Др̏жаве)
USB-Stick M УСБ (мѐмōрија) *m*
usw. итд.; → und so weiter
Utensilien PL потре́пштине
utopisch уто̀пӣјскӣ

vage нѐјасан
Vanille F ванѝла
Vase F ва̂з(н)а
Vater M о̀тац; **~land** N о̀таџбина
väterlich о̏чӣнскӣ; о̀чев
Vaterschaft F о̏чӣнство
Vegeta|rier M вегетарија́нац; **~rierin** F вегетарѝја̄нка; **≈risch** вегетарѝја̄нскӣ
Veilchen N љубичѝца
Vene F ве́на
Venedig Вѐнеција
Venenentzündung F у̑пала ве́на̄
verabred|en угова́рати; **sich ~en** догова́рати се (**mit** *D* са *I*); **≈ung** F до̏говōр; *Treffen* са̀станак
verabschieden ѝспраћати; *Gesetz* доно̀сити; **sich ~** опра́штати се (**von** *D* од *G*)
ver|achten прѐзирати; **~ächtlich** прѐзрив; **≈achtung** F пре́зир
verallgemeinern уопшта́вати
veraltet за̀застарео
veränder|lich промѐнљив; **~n** ме́њати; **≈ung** F про̏мена

Veranlagung F у̀рођенā склȍнōст; *Steuer* прȍцена висѝнē по̀реза
veranlass|en: **et ~en** дáвати пóвода за (*A*); покрéнути *pf* иницијатѝву за (*A*); **j-n zu et ~en** навòдити кòга на (*A*)
veranstalt|en оргàнизовати (*im*)*pf*; **≈er** M органѝзāтор; **≈ung** F прѝредба
verantwort|en: **et ~en** одговáрати за *A* (*a* **sich für et**); **~lich** ȍдговōран; **≈ung** F одгово́рнōст; **~ungslos** нȅодговōран
verarbeit|en прерађѝвати; **≈ung** F прȇрада
Verb N глáгол
Verband M сáвез; MED зáвōј
verbann|en прогáњати; **≈ung** F прогнáнство
verbergen крѝти (*a fig*); сакрѝвати
verbesser|n побољшáвати; *berichtigen* ѝсправљати; **≈ung** F побољшáње
verbeug|en: **sich ~en** клȁњати се; **≈ung** F нáклон
ver|biegen савѝјати; **~bieten** забрањѝвати; **~billigen** појефтѝнити *pf*
verbind|en спáјати; *Wunde* превѝјати; **~lich** обавѐзујӯћӣ; **≈ung** F вȇза; CHEM једињéње
ver|blassen блéдети; блéдети; **~bleit** ȍловнӣ; **~blüfft** зàпањен; **~blühen** прецвѐтати *pf*; **~bluten** искрвáрити *pf*; **~borgen** V/T позајмљѝвати
Verbot N зȃбрана
Verbrauch M потрóшња; **≈en** трȍшити; **~er(in** F**)** M потрòшāч; **~ermarkt** M потрòшāчкō тр̏жӣште
Verbrech|en N злȍчин; **~er** M злȍчинац; **~erin** F злȍчӣнка
verbreit|en шѝрити; **≈ung** F распрòстрāњенōст
verbrenn|en V/I изгòрети (*a von Sonne*) *pf*; *Essen* загòрети *pf*; **≈ung** F MED опèкотина
verbringen *Zeit* провòдити
verbrühen (п)ȍпарити *pf* (**sich** се)
verbünd|en: **sich ~en** склáпати сáвез; **≈ete** M сáвезнӣк; F сáвезница
ver|büßen *Strafe* издржáвати кȁзну; **≈chromt** хрòмӣрāн
Verdacht M сýмња; **~ schöpfen** сýмњати
verdächtig сỳмњив; **~en** сỳмњичити кòга (**e-r Sache** за нȇшто)
ver|dammen прòклињати; **~danken** захваљѝвати (**j-m et** кòме *A*)
verdau|en вáрити; **~lich** свȁрљив; **≈ung** F вáрēње; **≈ungsstörung** F смéтње при вáрēњу
Ver|deck N *Auto* крȏв (кòјӣ се ȍтварā); **≈decken** покрѝвати; **≈derben** квáрити (се); **≈derblich** *Speisen* квȁрљив
verdien|en *Geld* зарађѝвати; *Lob* заслужѝвати; **≈st**[1] N зȃслуга; **≈st**[2] M зȃрада
ver|doppeln удвостручáвати; **~dorren** сýшити се; **~drängen** потискѝвати; **~drehen**

искрѐтати; *fig* ѝзвртати; **~dunkeln** замрачѝвати; **~dünnen** разблажѝвати; **~dunsten** испара́вати; **~dursten** у̀мирати од жѐђи; **~dutzt** забѐзе̄кнӯт; **~edeln** оплемењѝвати

verehr|en обожа́вати; **≗er** M обожа̀валац; **≗ung** F обожа́ва̄ње

vereidig|en за̀клињати; **~t** под за́клетво̄м

Verein M дру́штво

vereinbar|en догова́рати се; *Termin* угова́рати; **≗ung** F до̏гово̄р

ver|einfachen поједноставља̀вати; **~einigen** уједињавати (**sich** се); сједињавати; **≗einigung** F уједињѐње; → *a* Verein

ver|einzelt појѐди̇нӣ; **~eist** смр̀знӯт; **~eiteln** онемогућа́вати; **~eitert** за̀гнојен

verengen: **sich ~** сужа́вати се

vererb|en о̀стављати у на́следство; **≗ung** F на́слеђе

verfahren посту́пати; тро̀шити (при во́жњи); **sich ~** залу́тати *pf*; **≗** N TECH по̀ступак; JUR су̀дскӣ про̀цес

Verfall M про̏па̄ст *f*; *e-s Gebäudes* про̀пада̄ње; *e-r Fahrkarte* ѝстица̄ње ро̏ка ва́же̄ња; **~sdatum** N ро̏к (прѐста̄нка ва́же̄ња *od* у̏потребе̄)

verfass|en са̀стављати; **≗er** M а̀утор; **≗erin** F а̀уто̄рка; **≗ung** F POL у́став

verfaulen тру̏лити

ver|fehlen промашѝвати; не за̀тећи *pf* (**et** *A*); не стѝћи *pf* (**et** на *A*); мимоѝлазити се (**j-n** с *I*); **~fehlt** *falsch* про̀машен; **~filmen** екра̀низовати (*im*)*pf*; **~fluchen** про̀клињати

verfolg|en прога́њати; пра̏тити; **≗er** M прого̀нилац; **≗te** M бегу́нац; **≗ung** F про́гон

verfrüht преу̏рањен

verfüg|bar располо̀жив; **~en** распола́гати (**über** *A I*); **durch Gesetz ~en** за́коном регу̀лисати

Verfügung F решѐње; **j-m et zur ~ stellen** ста̏вити ко̀ме шта̏ на распола́га̄ње

verführ|en заво̀дити; **~erisch** заво̀дљив

vergangen про̏шлӣ; **≗heit** F про̏шло̄ст; GR про̏шло̄ вре́ме

Vergaser M KFZ карбу̀ра̄тор

vergeb|en опра́штати; *Amt* додељѝвати (**et an j-n** ко̀ме *A*); **~lich** у̏залӯдан

vergehen *Zeit, Gefühl* про̀лазити; **sich an et ~** огрѐшити се *pf* о нѐшто

Vergehen N прѐкрша̄ј

Vergeltung F о̏света

ver|gessen забо̀рављати; **~gesslich** за̏бора̄ван; **~geuden** у̏залӯд тро̀шити; **~gewaltigen** сѝловати (*im*)*pf*; **≗gewaltigung** F сѝлова̄ње

vergewissern: **sich ~** уверáвати се

ver|gießen пролѝвати; **~giften** тро̀вати; **≗giftung** F тро̀ва̄ње; **~gilbt** пожу́тео; **≗gissmeinnicht** N BOT споме́нак

Vergleich M по̀ређе̑ње; JUR спо̀разу̑м; **≈bar** упо̀редив; **≈en** по̀редити *(im)pf* (**mit** *D* са *I*)

Vergnüg|en N задово́љство; **mit ~en** са задово́љством; **viel ~en!** ле̑по се провѐди(те)!; **≈en**: **sich ≈en** за̀бављати се; **≈t** за̏дово̄љан; **~ungspark** M за̀бавнӣ па̏рк

ver|goldet по̀зла̄ћен; **~graben** VT закопа́вати; **~griffen** ра̏спрода̄т; **~größern** повећа́вати

Vergrößerung F повећа́ва̄ње; увеличава̄ње (*a* FOT); **~sglas** N лу̑па

Ver|günstigung F по̀властица; **~gütung** F (на)пла̂та

verhaften ха̏псити

Verhalten N пона́ша̄ње

verhalten: **sich ~** *Person* пона́шати се

Verhältnis N о̀днос; ве̏за (*a* *Liebesverhältnis*); **~se** PL прилике; **≈mäßig** ре̏латӣван

verhand|eln прегова́рати (**über et** о *L*); ра̀справљати; **≈lung** F пре̏гово̄ри *pl*; JUR су̏дскā ра̑справа

ver|hasst о̀мрзнӯт; **~heerend** у̏жа̄сан; **~heimlichen** прикри́вати; **~heiratet** *Mann* о̀жењен (**mit** *D* *I*); *Frau* у̏да̄та (**mit** *D* за *A*); **~hindern** спреча́вати; **~hindert** спре̂чен

Verhör N саслуша́(ва)ње; **≈en** саслуша́вати; **sich ≈en** по̀грешно чу̏ти

verhungern у̀мирати од гла̂ди

verhüt|en спреча́вати; *Schwangerschaft* ко̀ристити срѐдства за контрацѐпцију; **≈ung** F спреча́ва̄ње; контрацѐпција; **≈ungsmittel** N срѐдство за контрацѐпцију

verirren: **sich ~** залу́тати *pf*

verjagen растери́вати

Verjährung F за̀старело̄ст

verjüngen подмлађи́вати

verkatert ма̏мӯран

Verkauf M про̏даја; **≈en** продáвати; **zu ≈en** на про̏дају

Verkäuf|er M прода́вац; **~erin** F продава̀чица; **≈lich** на про̏дају

Verkehr M са̏обрāћа̄ј; *Kontakt* ко̀нтакт; *Geschlechtsverkehr* сно̏ша̄ј; **≈en** *Verkehrsmittel* са̀обраћати

Verkehrs|ampel F се̏мафо̄р; **~behinderung** F сме́тња у са̏обраћа̄ју; **~bericht** M и̏звешта̄ј о ста́њу на пу́тевима; **~büro** N агѐнција за ло̀кāлнӣ тури̏зам; **~chaos** N са̏обраћа̄јнӣ ха̑ос; **~insel** F пешачкō о̏стрво; **~mittel** N са̏обраћа̄јнō срѐдство; **~polizei** F са̏обраћа̄јнā по̀лӣција; **~polizist** M саобраћа́јац; **~schild** N са̏обраћа̄јнӣ зна̂к; **~sicherheit** F са̏обраћа̄јнā безбе́днō̄ст; **~stockung** F за̀сто̄ј у са̏обраћа̄ју; **~teilnehmer** M у̏чеснӣк у са̏обраћа̄ју; **~unfall** M са̏обраћа̄јнӣ у̏дес; **~zeichen** N са̏обраћа̄јнӣ зна̂к

ver|kehrt на̏опа̄к; *falsch* по̀-

грешан; **~klagen**: **j-n ~klagen** оптужи́вати ко̀га (**wegen** *G* за *A*)
verkleiden: **sich ~** прерушáвати се
ver|kleinern смањи́вати; умањи́вати; **~knüpfen** повези́вати; **~kommen** запу́штати; ADJ за̀пуштен; **~körpern** оличáвати; **~kracht** по̀свађан; про̀пао; **~kraften** савлађи́вати; **~krampft** у гр̑чу; *gehemmt* у̀кочен
verkriechen: **sich ~** сакри́вати се
ver|krüppelt *neg! Menschen* са̀кат *neg!*; **~kümmern** кржља́вити; **~künden** саопштáвати; *öffentlich* објављи́вати; **~kürzen** скраћи́вати; **~laden** то̀варити; MAR укрцáвати
Verlag M издава̄чка̄ ку̑ћа
verlangen захтéвати
Verlangen N по̑треба (**nach** *D* за *I*); за́хтев (**nach** *D* за *I*, *A*)
verlänger|n продужáвати; **≗ung** F продужéтак; **≗ungsschnur** F про́дужнӣ ка́бл
verlangsamen успорáвати
verlassen[1] напу́штати; ADJ на̀пуштен
verlassen[2]: **sich ~ auf** (*A*) о̀слањати се на (*A*)
verlässlich по̑уздан
Verlauf M то̑к
verlaufen про̀тицати; **sich ~** залу́тати *pf*
ver|legen преме́штати; *Termin* одгáђати (**auf** *A* за *A*); *Buch* издáвати; *et* зату́рати; ADJ сме́тен; **≗legenheit** F сме́теност; *Unannehmlichkeit* непријатност; **≗leger** M издава̀ч; **≗legerin** F издава̀чица; **≗leih** M изнајмљи́вање; слу̀жба за изнајмљи́вање; **~leihen** позајмљи́вати; *gegen Gebühr* дáвати на за̑јам; **~leiten** наво̀дити; **~lernen** забо̀рављати (на̀учено̄)
verletzen повређи́вати; *beleidigen* вре́ђати; **~d** увре̏дљив
Verletz|te M/F по̀вре̄ђенӣ; F по̀вре̄ђена̄; **~ung** F по̏вреда
verleumd|en клевéтати; **≗ung** F кле̏вета
verlieben: **sich ~** заљубљи́вати се (**in** *A* у *A*)
verliebt за̀љӯбљен
verlier|en гу́бити; **≗er** M гу̀битнӣк; **≗erin** F гу́битница
verlob|en: **sich ~en** ве̏рити се; **~t** ве̏рен; **≗te** M ве̏ренӣк; F ве̏реница; **≗ung** F ве̏ридба
verlockend прима̀мљив
verlogen ла̂жан; ла̀жљив
verloren и̏згубљен; **~ gehen** изгу̀бити се *pf*
verlos|en извла̀чити до̀бӣтнӣка жре̂бом; **≗ung** F лу̏трија
Verlust M губи́так
vermachen о̀стављати у на̏следство
vermehren умножáвати; **sich ~** намно̀жити се *pf*; BIOL размножáвати се
vermeiden избегáвати
Vermerk M бѐлешка
vermessen премерáвати
vermiet|en *Wohnung* издáвати; *Rad, Auto* изнајмљи́вати; **≗er** M станодáвац; **≗erin** F

станòдāвка
ver|mindern смањѝвати; **~mischen** мéшати; **~missen** недòстајати кòме; **≈misste** M нѐстао; F нѐсталā; **~mitteln** пòсредовати; **≈mittler** M пòсреднӣк; **≈mittlung** F TEL (телѐфōнскā) централа; **≈mögen** N *Besitz* ѝмовина; **~mögend** ѝмӯћан
vermut|en претпòстављати; **~lich** ADV по свôј прѝлици
ver|nachlässigen запòстављати; **~nehmen** сазнáвати; JUR, *Zeugen* саслушáвати; **~neinen** негѝрати *(im)pf*; **~nichten** уништáвати; **≈nunft** F ŷм; **~nünftig** рāзуман; **~öffentlichen** објављѝвати; **≈öffentlichung** F објављѝвāње
verordn|en наређѝвати; MED преписѝвати; **≈ung** F нáредба; MED ŷпӯт
verpachten дáвати у зáкуп
verpack|en пàковати; **≈ung** F амбалáжа
ver|passen пропýштати; **~pflanzen** пресађѝвати; **~pflegen** хрáнити (**sich** се); **≈pflegung** F хрáна
verpflicht|en обавезѝвати; **≈ung** F ôбавеза
ver|prügeln бѝти; **~putzen** малтѐрисати; F *aufessen* пòјести *pf*; **≈rat** M ѝздаја; **~raten** *Geheimnis* одáвати; изнѐверити *pf*
verrechn|en зарачýнати *pf* (**et mit** *D* нѐшто са *I*); **sich um** … **~en** прѐварити се *pf* у рачýну; **≈ungsscheck** M ôбрачӯнскӣ чȇк
ver|reisen путòвати; **~renken** MED ѝшчашити *pf*; **~riegeln** зàсунути *pf*; **~ringern** смањѝвати; **~rostet** зȁрђао
verrückt полýдео; **wie ein ≈er** кȁо лўдāк
verrufen ADJ на лôшēм глáсу
Vers M стȋх
ver|sagen *Motor* отказѝвати; *Person* не ѝспунити очèкӣвāно; **≈sager** M гỳбитнӣк; **~salzen** ADJ прȇслāн
versamm|eln окýпљати; **≈lung** F скŷп
Versand M слáње
ver|säumen пропýштати; **~schaffen** нàбављати; **~schärfen** заоштрáвати; **~schenken** пòклањати; **~scheuchen** → verjagen; **~schicken** слȁти; **~schieben** помéрати; *zeitl* одгáђати (**um** *A* за *A*; **auf** *A* на *A*)
verschieden рáзличит; **≈es** N рȃзно
ver|schimmelt бȗђав; **~schlafen** успáвати се *pf*; ADJ пȍспāн
verschlechtern погоршáвати (**sich** се)
verschleiern *fig* прикрѝвати
Verschleiß M трòшēње
ver|schleppen *Menschen* одвлáчити на сѝлу; *Angelegenheit* одуговлáчити; **~schleudern** продáвати у бèсцēње; **~schließen** закључáвати; **~schlingen** прòждирати;

~schlossen ADJ зàтворен
verschlucken гу̏тати; **sich ~** зàгрцнути се *pf*
Verschluss M затвàрāч; *Deckel* пòклопац
ver|schlüsselt шифровȃн; **~schmähen** прѐзирати; **~schmelzen** V/T стáпати (*v/i* се); **~schmutzen** пр̏љати; **~schnaufen** предàхнути *pf*; **~schneit** ADJ зàвејāн; **~schnupft** ADJ прѐхлāђен; **~schollen** ADJ нѐстао; **~schonen** штéдети; **~schönern** улепшáвати
verschreiben MED препѝсати *pf*; **sich ~** (нѐхотице) пòгрешно напѝсати *pf*
ver|schrotten дáвати у стȃрō гвȏжђе; **~schulden** скрѝвити *pf*; **~schuldet** ADJ зàду̑жен; **~schütten** прòсипати; затрпáвати; **~schweigen** прећуткѝвати
verschwend|en рàсипати; **≗ung** F рáсипнӣштво
ver|schwiegen ADJ повèрљив; **~schwinden** нѐстајати; **~schwommen** ADJ нѐјасан
Verschwörung F зȃвера
Versehen N нѐхāт; **aus ~**, **≗tlich** нѐхотицē
ver|senken *Schiff* потáпати; **sich ~senken** уду́бити се *pf*; **~setzen** *Beamte* пребацѝвати; *Möbel* премéштати; *Schüler* пребáцити *pf* у вӣшӣ рáзред; *Schlag* задáвати; *nicht erscheinen* не пòјавити се *pf*; **sich in j-s Lage ~setzen** стȃвљати се у нѐчијӣ пȍложāј; **~seucht** ADJ зàрāжен
versicher|n осигурáвати (**gegen** *A* против *G*); *beteuern* уверáвати; **≗te** M осигурàнӣк; F осигурàница; **≗ung** F осигурáње
Versicherungs|gesellschaft F осигурáвајӯћē дру̏штво; **~police** F полѝса осигурáња
ver|siegeln пѐчатити; **~silbert** ADJ пòсребрен; **~sinken** тòнути
versöhn|en: **sich ~en mit** (*D*) мѝрити се са (*I*); **~lich** помѝрљив
versorg|en *Familie* снабдéвати (**mit** *D I*); **≗ung** F снабдéвāње
verspät|en: **sich ~en** кàснити; **≗ung** F закашњéње
ver|sperren затвáрати; **~spielen** проигрáвати; **~spotten**: **j-n ~spotten** изругáвати се кòме
versprech|en обећáвати; **≗en** N обећáње
Verstand M рȁзу̑м
verständig|en обавештáвати (**j-d von et** *od* **über et** о *L*); **sich ~en** споразумéвати се
verständ|lich разу̏мљив; **≗nis** N разумéвāње; **~nisvoll** пу̑н разумéвāња
verstärk|en појачáвати; **≗er** M појачѝвāч; **≗ung** F појачáње
verstauch|en: **sich den Fuß ~en** угàнути *pf* нȍгӯ; **≗ung** F угану́ће
verstauen смéштати

Versteck N скро̏виште; **≗en** сакри́вати
verstehen разуме́вати; **sich ~** разу̏мети се (у *A*); сла́гати се са (*I*); би̏ти позна́валац (**auf et** *G*)
Versteigerung F лицита́ција
versteinert ока̏мењен
verstell|bar по̀мичан; **~en** преме́штати; *verrücken* поме́рати; *Weg* закрчи́вати; **sich ~en** претва́рати се
ver|steuern опо̀резовати *pf*; **~stimmt** MUS ра̀штимова̄н; **~stohlen** → heimlich; **~stopfen** запуша́вати; **~stopft** *Abfluss, Straße* за̀пушен; **≗stopfung** F MED за̏твор; **~storben** по̀ко̄јнӣ; **~stört** поме́тен
Verstoß M пре́ступ; **≗en** *j-n, et* о̀терати *pf*; **gegen et ≗en** гре́шити се о (*A*)
ver|streichen *Frist* ѝстицати; *Zeit* про̀тицати; **~stümmeln** оса̀катити *pf*; **~stummen** зане́мети *pf*
Versuch M по̏кушај; *Experiment* о̏глед; **≗en** покуша́вати; **~skaninchen** N за̏морчић; **~ung** F искуше́ње
ver|tagen одла́гати; **~tauschen** замењи́вати
verteidig|en бра́нити; **≗er** M бра̀нилац; *Fußball* о̏дбрамбенӣ ѝгра̄ч; **≗ung** F о̏дбрана
verteil|en де́лити; располе́лити *pf*; **≗ung** F по̏дела
verteuern поскупљи́вати
vertief|en продубљи́вати; **≗ung** F удубље́ње
Vertrag M у̏говор; **≗en** подно̀сити; **sich ≗en** сла́гати се; **≗lich** у̏гово̄ро̄м регу̀лиса̄н
verträglich прилаго̀дљив; *Medikament* подно̀шљив
Vertragswerkstatt F о̀вла̄шћенӣ сѐрвӣс
vertrau|en ѝмати повере́ња (**j-m** *od* **auf j-n** у *A*); **≗en** N пове́рење; **~ensvoll** повѐрљив; **~lich** повѐрљив; **~t** *eng verbunden* зна̑н; *gut bekannt mit et* у̏позна̄т
vertreiben протери́вати; *Ware* прода́вати (на̀велико); **sich die Zeit ~** прекраћи́вати вре́ме
vertret|en *im Amt* замењи́вати; *Interessen, Meinung, vor Gericht* засту́пати; **≗er** M *Stellvertreter* за̑менӣк; *Volksvertreter* за̏ступнӣк; *Landesvertreter* прѐдста̑внӣк; → *a* Handelsvertreter; **≗erin** F *Stellvertreterin* за̏меница; *Volksvertreterin* за̏ступница; *Landesvertreterin* прѐдста̑вница; → *a* Handelsvertreterin; **≗ung** F *Person* за̑менӣк; *Tätigkeit* засту̏па̄ње; деле́гација; филија́ла
Vertrieb M про̏даја; **~ene** M ѝзгна̄нӣк; F ѝзгна̄ница
ver|trocknen сасу́шити *pf*; **~tuschen** заташка́вати; **~übeln** у̏зимати за зло̏; **~üben** чѝнити; **~unglücken** стра́дати; **~unreinigen** пр̀љати; **~untreuen** проневера́вати; **~ursachen** у̀зроковати
verurteil|en осуђи́вати;

≈ung F о̏суда
ver|vielfältigen умножа́вати; **~vollkommnen** усаврша́вати; **~vollständigen** употпу-њавати; **~wackelt** нѐјасан
verwählen: **sich ~** TEL погре́шити *pf* бро̑ј
verwahr|en чу́вати; **sich ~en** огра́дити се
verwalt|en у̀прављати (*I*); **≈er** M у̀пра̄вн̄ик; **≈erin** F у̀пра̄вница; **≈ung** F у̏права; администра́ција
verwandeln преобража́вати; претва́рати
verwandt сро̀дан; **≈e** M ро̀ђа̄к; F ро̀ђака; **≈schaft** F ро̀дбина; сро̀дно̄ст (*a fig*)
Verwarnung F о̏помена
ver|wechseln бр́кати; **≈wechslung** F за̏мена; **~weigern** одби́јати; **≈weis** M *Tadel* у́кор; *Hinweis* у̏пута; **~weisen** ко̀рити; упу̀ћивати; **~welken** вѐнути; **~wenden** употребља́вати; *Zeit, Geld* ула́гати; **≈wendung** F у̏потреба; **~werten** утро̀шити *pf*; **≈wertung** F ко̀ришћење; **~wickeln** у̀плетати; **~wickelt** *kompliziert* за̀мр̄шен; **~wirklichen** оствари́вати
verwirr|t збу̏њен; **≈ung** F за̏буна
ver|wischen бр́исати; **~witwet** *Mann* обудо̀вео; *Frau* обудо̀вела̄; **~wöhnen** разма́зити *pf*; **~worren** збр̏ка̄н; **~wunden** рања́вати; **~wundert** за̀чӯђен; **≈wundete** M ра̀њен̄ик; F ра̀њеница; **~wüsten** пу̀стошити
verzählen: **sich ~** забро̀јати се
verzaubern *fig* очара́вати
Verzehr M у̏потреба; **≈en** јѐсти
Verzeichnis N по́пис
verzeih|en опра́штати; **≈ung** F о̏прошта̄ј; **≈ung!** опро̀стите!
verzerrt ѝскрӣвљен; изо̀блӣчен
Verzicht M одри́цање; **≈en** одри́цати се (**auf** *A G*)
verzogen ADJ ра̀зма̄жен
verzöger|n оте́зати (**et** са *I*); *Tempo* успора́вати; **sich ~n** задржа́вати се; **≈ung** F одуговла̀чење
verzollen ца̏ринити; **etwas zu ~?** ѝма̄те ли нѐшто за ца̏рину?
verzweif|eln очаја́вати; **~elt** о̏ча̄јнӣчкӣ; **≈lung** F о̏ча̄ј
Vetter M бра̏т од тѐткē (стри́ца, у̏ја̄ка); (да̏љӣ) ро̀ђа̄к
vgl. (**vergleiche**) упоре́ди
VHS → Volkshochschule
Video N *Film* вѝдео-фи̏лм; **~kamera** F вѝдео-ка̀мера
Vieh N сто̏ка; **~zucht** F сточа́рство
viel мно̏го; **~fach** многострук; **≈falt** F разно̀врсно̄ст
vielleicht мо̀жда
viel|mals мно̏го пу́та̄; **~seitig** многостран
vier чѐтири; **≈** F чѐтво̄рка; **≈eck** N четворо̀угао; **~eckig** четворо̀угаон; **~fach** четворо̀струк; **~hundert** чѐтиристо̄; **~mal** чѐтири пу́та; **≈taktmotor** M четворо̀тактнӣ мо̀то̄р; **~te**

че̏тврт̄и
Viertel N четвртѝна; *Stadtviertel* ква̀рт; **~ vor elf** пѐтнаест до једа̀наест; **~ nach elf** једа̀наест и пѐтнаест; **~finale** N четвртфина́ле; **~jahr** N ква̀рт̄ал; **~stunde** F пѐтнаест ми-ну́т̄а
vier|türig са че̏творо вра́та; **~zehn** четр̀наест; **~zig** четрдѐсе̄т
Villa F вѝла
violett љу̂бичаст
virtuell вѝртуе̄лан
Visitenkarte F по̀сетница
Visum N вѝза
Vogel M птѝца
Vokabel F ре̂ч
Vokal M само̀гла̄сни̂к
Volk N на́род
Völkerrecht N међуна́родно̄ пра̀во
Volks|fest N са́бор; **~hochschule** F на́родни̂ универзѝте̄т; **~lied** N на́родна̄ пе̏сма; **~musik** F на́родна̄ му̏зика; **≈tümlich** на́родан; **~wirtschaft** F еконо̀мија; **~zählung** F по́пис ста̀но̄вни̂штва
voll пу̂н; *ganz* чѝтав; **halb ~** по̏лупун; **~ und ganz** по̀тпуно; **~ laden** пу̏нити (до вр̂ха); **~ tanken** то̀чити (до вр̀ха); **~automatisch** по̀тпуно ауто̀матски̂; **~enden** доврша́вати; **~endet** са̀вр̄шен
Volleyball M о̀дбо̄јка
Vollgas N: **~ geben** да́вати (пу̂н) га̂с
völlig ADV по̀тпуно
volljährig пу̏ноле̄тан
Voll|kaskoversicherung F пу̏но̄ ка̏ско-осигура́ње; **≈kommen** ADJ са̀вр̄шен; **~kornbrot** N хле̏б од ѝнтегра̄лно̄г бра̂шна; **~macht** F пу̏номо̄ћ *f*; **~milch** F не̏обра̄но̄ мле́ко; **~mond** M пу̂н ме̏се̄ц; **~narkose** F пу̂на̄ нарко́за; **~pension** F пу̂н пансѝо̄н; **≈ständig** по̀тпун; **~versammlung** F ге̏нера̄лна̄ ску̏пштина; **~wertkost** F пу̏новре̄дна̄ здра̂ва̄ хра́на; **≈zählig** на бро̀ју
von од (*G*); по (*L*); о (*L*); *Herkunft, Passiv* од (*G*); *grüßen* **~ mir** са мо̀је̄ стра́не̄; **~einander** јѐдно од дру̏го̄г; **~seiten** (*G*) од *od* са стра́не̄ (*G*)
vor *prp örtl* испред (*G*); *zeitl* пре (*G*); до (*G*); **~ einer Woche** пре нѐдељу да́на̄; **zehn ~ drei** де̏се̄т до три̂
Vorabend M: **am ~** у пре̏двече̄рје; пре́тходно̄ ве̏че̄
voran на̀пре̄д; **~gehen** претхо̀дити; на̀предовати (*im*)*pf*; **~kommen** на̀предовати (*im*)*pf*
Vor|anmeldung F (пре́тходна̄) на̀јава; **~anschlag** M пре̏драчӯн; **~arbeiter** M во̂ђа ра̂дне̄ гру̂пе̄
voraus: **im ≈** уна̀пре̄д; **~gehen** претхо̀дити; **~sagen** предсказѝвати; **~sehen** предвѝђати; **~setzen** претпо̀стављати; **≈setzung** F пре̏тпоста̄вка; преду́слов; **~sichtlich** пла̀ни̂рани̂;

~zahlung F а̀ванс
Vorbedingung F преду́слов
vorbei *örtl* поред (**an** *D G*); *zeitl* про̏шао; **~fahren**, **~gehen** про̀лазити поред (*G*); **~lassen** пропу̏штати
vorbe|reiten припре́мати; **~reitung** F при̏према; **~stellen** резѐрвисати (*im*)*pf* (уна̀пре̑д); **~straft** вѐћ ка̀жња̄ва̄н
vorbeug|en спреча́вати (**e-r Sache** *A*); **sich ~en** на̀гињати се; **~end** пре̏вентӣван; **~ung** F превенти́ва
Vorbild N у́зор; **~lich** у́зоран
Vorder|... пре̑дњӣ; **~grund** M пр̑вӣ пла̑н; **~radantrieb** M по̏гон на пре̑дње̄ то̀чкове
vordrängen: **sich ~** гу́рати се
Vor|druck M форму̏ла̄р; **~eilig** брзо̀плет; **~eingenommen** при̏страсан; **~erst** на̑јпре̄; **~fahr** M пре̑дак; **~fahrt** F пр̀ве́нство про̏лаза; **~fall** M инци̏дент; **~finden** за̀тицати
vorführ|en дово̀дити (**j-n j-m** ко̀га пред ко̀га); демонстри́рати (*im*)*pf*; показѝвати; *Film* приказѝвати; **~ung** F демонстра́ција; *Film* приказѝва̄ње
Vor|gang M *Ereignis* до̏га̄ђа̄ј; *Hergang* по̏ступак; **~gänger** M прѐтходнӣк; **~gängerin** F прѐтходница; **~gehen** предња́чити; *verfahren* посту́пати; *Uhr* жу́рити; *geschehen* дога́ђати се; **~gesetzte** M претпо̀стављенӣ; F претпо̀стављенā; **~gestern** пре̏кјуче; **~haben** намера́вати (**zu** + *inf* да ...); **~haben** N на̑мера
vorhanden посто̀је̄ћӣ; **~ sein** посто̀јати
Vorhang M за̑веса (*a* THEA)
vorher пре то̀га; **~gehend**, **~ig** прѐтходнӣ; **~sage** F прогно́за; **~sagen** претсказѝвати; **~sehbar** предвѝд(љ)ив
vorhin ма̏лочас
vorig про̏шлӣ; **~es Jahr** про̏шле̄ го̏дине̄
Vor|jahr N пре́тходна̄ го̏дина; **~kehrung** F: **~kehrungen treffen** предузимати ме̑ре предострожности; **~kenntnisse** F/PL предзна́ња *n/pl*
vorkommen *sich ereignen* деша́вати се; *scheinen* чѝнити се
Vor|ladung F по̏зив; **~lage** F *Muster* у́зорак; **~läufig** при̏времен; ADV заса̀да; **~legen** *vorzeigen* показѝвати; *Gesetz* подно̀сити; *Buch* пре̏дстављати; **~lesen** чѝтати (гласно); **~lesung** F преда́ва̄ње; **~letzt...** претпо̀следња; **~liebe** F скло̏но̄ст (**für** *A* за *A*)
vor|liegen: **es liegt ~** ѝма̄ (*G*); **~mals** ра̀није; **~merken** *im Kalender* бѐлежити; *Zimmer* резѐрвисати (*im*)*pf*
Vormittag M: **am ~**, **~s** пре по́дне; **heute ~** да̀нас пре по́дне
vorn спре̏да; **nach ~** на̀пре̄д; **von ~** одна̀пре̄д; *zeitl* из поче́тка
Vor|name M и̏ме; **~nehm** о̏тмен
vornehmen: **sich ~** нау́мити *pf* (**et zu tun** да ...)
vornherein: **von ~** од са́мог

почѐтка
Vorort M прѐдграђе; **~zug** M прѝградскӣ вôз
Vor|rang M прѐднōст; **~rat** M зáлиха; **2rätig** у зáлихама; **~recht** N пòвластица; **~richtung** F нâправа; **2rücken** пòмицати нàпрēд; нáпредовати; **~ruhestand** M прѐвременā пéнзија; **~runde** F SPORT квȁлификационā ўтакмица; **~saison** F предсезóна; **~satz** M нâмера; **2sätzlich** нáмеран; JUR с прѐдумишљājем
Vor|schau F TV нȁјава прòграма; **~schlag** M прéдлог; **2schlagen** предлáгати; **2schreiben** прописѝвати
Vorschrift F прóпис; **2smäßig** по прóписима
Vor|schuss M предýјам; **2sehen** предвѝђати; **sich 2sehen** чýвати се
Vorsicht F ȍпрēз; **~!** пȁзи!; **2ig** ȍпрēзан
Vor|sitz M прéдседнӣштво; **~sitzende** M прéдседнӣк; F прéдседница; **~sorge** F предострóжнōст; MED превентѝва; **~sorgeuntersuchung** F прѐвентӣвнӣ прéглед; **~speise** F прѐдјело; **~spiel** N прѐдигра; **2spielen** свѝрати; *täuschen* глýмити; **~sprung** M ARCH ѝзбочина; *fig* прѐднōст; **~stadt** F прѐдграђе; **~stand** M ỳправа
vorstell|en *j-n* прѐдстављати; *Uhr* пòмерати унàпрēд; **sich ~en** *denken* замѝшљати; **sich j-m ~en** прѐдстављати се (*D*); **2ung** F прѐдстављање; прѐдстава (*a* THEA); *e-s Buches* прòмōција; **2ungsgespräch** N рȁзговōр за добѝјање рâднōг мȅста
Vor|strafe F вȅћ одлѐжана кȁзнā; **2strecken** ѝспружити *pf*; *Geld* позáјмити *pf* (нòвац); **~teil** M прѐднōст; **2teilhaft** пȍвољан; **~trag** M предáвање; **~tritt** M првéнство
vorüber → vorbei; **~gehen** прòлазити; **~gehend** прóлазан
Vor|urteil N прѐдрасуда; **~verkauf** M прѐтпродаја; **~wahl** F TEL пóзивнӣ брôј; **~wand** M ѝзговōр
vorwärts нàпрēд; **~ gehen** нàпредовати (*im*)*pf*; **~ kommen** нàпредовати
vor|weisen показѝвати; ȍдликовати се (*I*); **~werfen** бȁцати пред (*A*); *fig* пребацѝвати (**j-m et** кòме *A*); приговáрати; **~wiegend** ADV прéтежно; **2wort** N прѐдговōр; **2wurf** M прéкор; **~wurfsvoll** прéкоран; **2zeichen** N прѐдзнāк; **~zeigen** показѝвати; **~zeitig** прѐвременӣ
vor|ziehen *Vorhang* навлáчити; *Termin* помéрати; *Arbeit* ȍбављати рàније; *lieber mögen* вѝшē вòлети; **2zimmer** N прéдсōбље; **2zug** M прѐднōст; **~züglich** ȍдличан
vulgär вȕлгāран

W

Waage F вага; **≈recht** водораван
wach будан; **~ werden** будити се; **≈e** F стража; *Wachposten* стражарница; **~en** бдети
Wacholder M клека; *Schnaps* клековача
Wachs N восак
wachsam будан; **≈keit** F будна пажња
wachsen¹ V/I расти
wachsen² V/T воштити
Wachstum N раст
Wächter M стражар
wackel|ig климав; **≈kontakt** M губљење контакта; **~n** климати се
Wade F лист (на нози)
Waffe F оружје
Waffel F наполитанка
Waffen|schein M дозвола за оружје; **~stillstand** M примирје
wagen усуђивати се (да + *Verb*)
Wagen M *Auto* кола *n/pl*; BAHN вагон; *Einkaufswagen* колица; **~heber** M KFZ хидраулична дизалица
Waggon M вагон
Wahl F избор; POL избори; **zweite ~** ECON друга класа
wähl|en изабирати; TEL окретати; POL бирати; **≈er** M бирач; **≈erin** F бирачица; **~erisch** пробирљив
Wahl|fach N изборни предмет; **~heimat** F изабрана домовина; **~kampf** M изборна кампања; **≈los** не бирајући; **~recht** N изборно право
Wahnsinn M лудило; **≈ig** луд
wahr истинит; **das ist (nicht) ~** то је (није) тачно; **nicht ~?** зар не?
während PRP (*D*) за *od* у време (*G*); CJ док
Wahr|heit F истина; **≈nehmen** опажати; *nutzen* користити; **~sagerin** F пророчница
wahrscheinlich могућ; ADV вероватно; **≈keit** F вероватноћа
Währung F валута
Wahrzeichen N знамење
Waise F сироче
Wal M кит
Wald M шума
Wald|... шумски; **~brand** M шумски пожар; **≈ig** шумовит; **~sterben** N одумирање шума
Wall M бедем
Wallfahrt F ходочашће
Walnuss F орах
Walze F *Straßenwalze* ваљак
wälzen ваљати
Wand F зид
Wandel M промена
Wander|ausstellung F путујућа изложба; **≈n** пешачити; *in den Bergen* планинарити; **~ung** F излет; *Bergwanderung* планинарење; *Völkerwanderung* сеоба
Wand|schrank M плакар;

~teppich M тапѝсерија
Wange F ѐбраз
wanken колѐбати се
wann кàда; **seit ~?** òткад; **bis ~?** до кàда
Wanne F кáда
Wanze F стѐница; *Abhörgerät* прислушкѝвач
Wappen N грб
Ware F рŏба
Waren|haus N рŏбна кућа; **~lager** N склàдиште; **~sendung** F пошиљка рŏбе
warm тŏпао; **~ halten** држати на тŏплом; **~ laufen** загрéвати се
Wärme F топлòта; **~dämmung** F тŏплотна изолáција; **≗n** грѐјати
Wärmflasche F тѐрмофор
Warn|blinker M зàуставна сигнализáција; **~dreieck** N цр̏вени трòугао; **≗en** упозорáвати (**vor** *D* од *G*); **~schild** N знâк упозорéња; **~streik** M штрâјк за ŏпомену; **~ung** F упозорéње
Warte|liste F лѝста чѐкања; **≗n** чѐкати (**auf j-n** *od* **et** *A*); TECH одржáвати
Wärter M чу̀вар
Warte|saal M, **~zimmer** N чекаòница
Wartung F TECH одржáвање
warum зàшто
Warze F брàдавица
was штâ; **~ für (ein)** кàкав
Wasch|anleitung F упу́тство за прáње; **≗bar** кòји се мŏже прати; **~becken** N умиваòник
Wäsche F вѐш; *das Waschen* прáње; **~klammer** F штѝпаљка за вѐш
waschen прàти (**sich** се)
Wäsche|rei F периòница; **~schleuder** F центрифу́га; **~trockner** M машѝна са су́шењe вѐша
Wasch|korb M кóрпа за вѐш; **~maschine** F машѝна за прáње вѐша; **~mittel** N детѐрџент; **~programm** N прòграм за прáње вѐша; **~pulver** N прáшак за вѐш; **~raum** M умиваòница; **~salon** M сàлон за прáње вѐша
Wasser N вòда; **fließendes ~** тѐкућа вòда; **~ball** M вàтерполо; **≗dicht** непромòчив; **~fall** M слâп; **~hahn** M слàвина; **~kraftwerk** N хидроелектрàна
Wasser|leitung F вŏдовод; **~mann** M ASTR водòлија; **~melone** F лубѐница; **≗scheu** кòји не вŏли вòду; **~ski** M скѝјање на вòди; **~spiegel** M површѝна вòдē; нѝво вòдē; **~sport** M спŏрт на вòди; **~stand** M вŏдостај; **~stoff** M водòник; **~verschmutzung** F загађéње вòдē; **~waage** TECH либѐла; **~zähler** M вŏдомер
waten гáцати
Watte F вàта
WC N ВЦ
weben ткàти
Wechsel M прŏмена; **~geld** N сѝтан нòвац; **≗haft** *Wetter* промѐнљив; **~jahre** M/PL клѝ-

макс; **~kurs** M мѐња̄чкӣ кӯрс; **≗n** мéњати; **~strom** M наизмѐнична̄ стрӯја
Weck|dienst M слу̏жба за бу̑ђе̄ње; **≗en** бу́дити; **~er** M бу̏дӣлнӣк
weder: ~ ... **noch** ... нѝти ... нѝти ...
weg (кȍга) нȇма̄; *verschwunden* нѐстао; *weggegangen* о̀тишао; **~!** склȁња̄ј се!
Weg M пу̑т
wegbringen однòсити; у̏клањати
wegen (*D*) због (*G*)
weg|fahren V/T одвòзити; V/I отпутòвати *pf*; **~fallen** о̀тпадати; **~gehen** о̀длазити; **~lassen** пу̏штати (**j-n** кȍга) да ӣдē; *F* изо̀стављати; **~laufen** отр̀чати *pf*; *fliehen* бѐжати; **~nehmen** оду̏зимати; **~räumen** склȁњати; **~schicken** пòслати *pf*; **~schneiden** одсéцати; **~schütten** прòсипати; **~tun** склȁњати
Wegweiser M пу̑токāз
Wegwerf|... за једнòкратнӯ у̏потребу; **≗en** ба̀цати, одбацѝвати
wegziehen одвла́чити (на стра̑ну); одсељáвати се
weh → wehtun
wehen ду̏вати
Wehen F/PL тру́дови
wehmütig сѐтан
Wehr N бра́на
Wehrdienst M во̑јнӣ ро̑к; **~verweigerer** M кȍјӣ о̀дбија̄ да слу̏жӣ во̑јску
wehr|en: **sich ~en** бра́нити се
(**gegen** *A* од *G*); **~los** бȅспомоћан; **≗pflicht** F во̑јна̄ о̏бавеза
wehtun бòлети; нанòсити бо̑л (**j-m** кȍме)
Weib|chen N ZO жѐнка; **≗lich** жѐнскӣ
weich мȅк(ан) (*a Mensch*); *Ei* рȍвит
Weiche F BAHN скрéтница
weich|en *weggehen* одсту́пати; **≗spüler** M омекшѝва̄ч
Weide F па̏шња̄к; BOT вр̀ба
weigern: **sich ~** одби́јати
Weihnachten N Бо̏жић; **frohe ~!** срѐћан Бо̏жић!
Weihnachts|... бо̏жићнӣ; **~abend** M Ба̏дње̄ вȅче̄; **~baum** M (бо̏жићна̄) јȇлка; **~mann** M Дȅда Мра̏з
Weihwasser N свѐта̄ *od* благослòвена̄ вòд(иц)а
weil CJ јер
Weile F ӣзвеснō врéме; **eine ganze ~** прѝлично ду̑го
Wein M вѝно; BOT вѝнова̄ лòза; **~bau** M виноградáрство; **~berg** M вѝногра̄д; **~brand** M вѝња̄к
weinen пла̏кати
Wein|flasche F вȋнска̄ фла̏ша; **~glas** N вȋнска̄ ча̏ша; **~karte** F вȋнска̄ ка̑рта; **~keller** M вȋнскӣ пòдрум; **~probe** F дегустáција вѝна; **~traube** F зр̂но гро̑жђа; гро̑зд
weise му́дар
Weise F нáчин; **auf diese ~** на о̀ва̄ј (та̑ј) нáчин
weisen показѝвати
Weisheit F му̏дро̄ст; **~szahn**

M у̑мња̄к
weiß бѐо; **≈brot** N бѐлӣ хлѐб; **≈kohl** M, **≈kraut** N бѐлӣ ку̀пус; **≈wein** M бѐло̄ вѝно
weit *entfernt* да̀лек; *breit* ши̏рок (*a Kleidung*); *ausgedehnt* про̀стран; **~ verbreitet** распро̀стра̄њен; **wie ~ ist es von hier nach ...?** ко̏лико је далѐко о̀да̄вде̄ до (*G*); **von ~em** издалѐка; **≈e** F ширѝна; даљѝна
weiter|... да̀љӣ; **et ~ machen** шѝрити; **~fahren** во̀зити да̏ље; **~geben** да́вати да̏ље; **~gehen** ѝћи да̏ље; **~hin** (на)да̏ље; о̏сим то̀га; **~kommen** на́предовати (*im*)*pf*; **~machen** на̀стављати са (*I*)
weit|gehend у вѐликōј мѐри; **~läufig** про̀стран; ADV на̏широко; **~sichtig** далекòвид; **≈sprung** M ско̏к у̏да̄љ
Weizen M пшѐница; **~bier** N пшѐнично̄ пѝво
welch... ко̀јӣ; ка̀кав
welk у̀вео; **~en** вѐнути
Welle F та̀ла̄с
Wellen|bad N ба̀зе̄н са вѐшта̄чкӣм та̀ла̄сима; **~gang** M тала̀са̄ње; **~länge** F та̀ла̄сна̄ дужѝна (*a fig*)
wellig та̀ласаст
Welt F свѐт; **Dritte ~** трѐћӣ свѐт; **~all** N свѐмӣр; **~anschauung** F по̏глед на свѐт; **≈berühmt** свѐтски по̏зна̄т; **~geschichte** F свѐтска̄ исто̄рија; **~karte** F ка̑рта свѐта; **~krieg** M свѐтскӣ ра̑т; **≈lich** свѐтскӣ; свѐто̄внӣ; **~macht** F свѐтска̄ сѝла; **~markt** M свѐтско̄ тр̀жӣште; **~meister** M пр̀ва̄к свѐта; **~meisterschaft** F свѐтско̄ прве́нство; **~raum** M → Weltall; **~reise** F пу̑т око свѐта; **~rekord** M свѐтскӣ рѐкорд; **≈weit** ши̏ром свѐта
wem ко̀ме; **von ~** од ко̀га; **~ gehört ...?** чѝјӣ је ...
wen ко̀га
Wende F прѐокрет
wend|en прѐвртати; *Auto* (за)о̀кретати; **sich ~en** о̀браћати се (**an** *A D*); **≈epunkt** M прѐкретница; **~ig** о̀кре̄тан; **≈ung** F окре́та̄ње; за̀окрет
wenig ма̏ло; **~er** ма̏ње; **am ~sten** на̑јмање̄; **~stens** ба̏р
wenn *Bedingung* а̏ко; *Zeit* ка̀да; **selbst ~** ча̏к и а̏ко
wer ко̏
Werbe|agentur F рѐкла̄мна̄ аге̏нција; **~fachmann** M рѐкла̄мнӣ стру̏чња̄к; **~fernsehen** N пропа̀га̄ндни про̀грам; **≈n** пра̏вити рекла́му (**für** *A* за *A*); **~spot** M рѐкла̄мнӣ спо̏т
Werbung F рекла́ма
werden по̀стајати; *Passiv* бѝвати; **ich werde kommen** до́ћи *pf* ћу; **immer seltener ~** бѝти свѐ ре̏ђӣ
werfen ба̏цати
Werft F бродограѝлиште
Werk N дѐло; *Arbeit* по̀сао; *Fabrik* предузе́ће; **~meister** M ше̏ф радио̀нице; **~statt** F радио̀ница; **~tag** M ра̑днӣ да̑н; **~zeug** N а̏ла̄т
wert *würdig* вре́дан; **es ist nichts ~** нѝшта не вре́дӣ

Wert M вре́днōст; **im ~ von** (*D*) у вре́дности од (*G*); **2en** вреднòвати; **2los** бѐзврēдан; **~papiere** PL вре́дноснӣ папи́ри; **~sachen** PL драгòцености; **2voll** драгòцен
Wesen N суштѝна; *Geschöpf* бѝће; *Charakter* на́рав *f*
wesentlich сỳштӣнскӣ; **im 2en** у суштѝни
weshalb зашто
Wespe F ôса
wessen чѝјӣ
Weste F пр̏слук
West|en M за̑пад; **2europäisch** западноѐвро̄пскӣ; **2lich** за̑паднӣ; PRP за̑падно (**von** *D* од *G*)
Wett|bewerb M кòнкурс (*a* MUS); тàкмичēње (*a* SPORT); ECON конкурèнција; **~e** F о̏пклада; **2en** кла̏дити се (**um et** у *A*)
Wetter N вре́ме; **~bericht** M метеорòлошкӣ ѝзвештāј; **2fest** о̏тпōран на врѐменскē у́слове; **~lage** F врѐменскō ста́ње; **~umschwung** M про̏мена вре̏мена; **~vorhersage** F прогно́за вре̏мена
Wett|kampf M тàкмичēње; **~kämpfer(in** F) M тàкмича̄р(ка); **~lauf** M тр̏ка; **~rüsten** N тр̏ка у наоружа́њу; **~streit** M надмѐтāње
wichtig ва́жан; **2keit** F зна̏ча̄ј
wickel|n мòтати; *Säugling* (пре)пови́јати; **2raum** M со̏ба за препови́јање бе́бā
Widder M о́ван
wider про̏тӣв (*G*); **~legen** поби́јати; **~lich** ỏдвратан; **~rechtlich** противза́конит; **2rede** F при̏говōр; **~rufen** опозѝвати; **2ruf** M о̏пōзӣв; **~setzen**: **sich ~setzen** супрòтстављати се; **~spenstig** jỏгунаст; **~sprechen** противречити; **2spruch** M противречнōст; JUR при̏говōр; **~sprüchlich** противречан; **2stand** M о̀тпор (**gegen** *A* према *D*); **~wärtig** ỏдвратан; **2wille** M ỏдвратнōст (**gegen** *A* према *D*); **~willig** ADV преко вȍље
widm|en: **sich ~en** посвећѝвати се; **2ung** F по̏света
wie *Frage* ка̏ко; *Vergleich* ка̏о; CJ као што
wieder ỏпēт; **~ beleben** оживља́вати; **~ erkennen** препознa̍вати; **~ finden** по̏ново пронàлазити; **~ gutmachen** надокнађѝвати кòме не̏што; **~ sehen** о̀пēт се вѝдети (*im*)*pf*; **~ verwenden** ѝзнова употребља́вати; **~ verwerten** по̏ново кòристити
Wieder|aufbau M по̏нōвнā изгра́дња; **2bekommen** добѝвати на̏за̄д; **~belebungsversuch** M по̏кушāј реанима́цијē; **2bringen** вра̏ћати; **~gabe** F о́пис; репродỳкција; *Aufführung* интерпрета́ција; **2geben** *zurückgeben* вра̏ћати; *zitieren* цитѝрати (*im*)*pf*; *reproduzieren* репрòдуковати (*im*)*pf*; *ausdrücken* изража́вати; **~gutmachung** F *Unrecht* изми́рење; *Schaden* на̏докнада;

≈herstellen пòново успòстављати; *renovieren* обнáвљати

wiederhol|en понáвљати; **≈ung** F понáвљање; *Sendung* репрѝза

Wieder|kehr F пòвратак; **≈kommen** òпēт дóћи; **≈sehen** → wieder; **~sehen** N пōнōвнō вѝђēње; **auf ~sehen!** довиђéња!

Wiedervereinigung F пōнōвнō уједињéње

Wiederwahl F пōнōвнӣ ѝзбор

wiegen V/T мēрити; V/I бѝти тéжак

wiehern р̏зати

Wien N Бēч; **~er** M Бēчлија; **~erin** F Бēчлӣјка

Wiese F лѝвада

Wiesel N лȁсица

wieso зȁшто

wieviel → wie

wild дѝвљӣ

Wild N дѝвљāч; **~leder** N јèленскā кȍжа; **~nis** F дивљѝна; **~schwein** N дѝвљā свѝња

Wille M вȍља; **der letzte ~** пòследњā вȍља

willkommen добродòшао

Willkür F самòвоља; **≈lich** сȁмовōљан

wimmeln вр́вети (**von** *D* од *G*)

wimmern цвѝлети

Wimper F трȅпавица; **~ntusche** F мàскара

Wind M вȅтар

Windel F пȅлена

winden *Kranz* плèсти; *binden* увѝјати (**sich** се)

wind|geschützt у зáветрини; **~ig** ветрòвит

Wind|jacke F вèтрōвка; **~mühle** F ветрèњача; **~pocken** PL òвчјē бòгиње; **~schutzscheibe** F вȅтробрāн; **~stärke** F јачѝна вȅтра; **~stille** F зáтишје; **~stoß** M нáлет вȅтра; **~surfen** N јèдрēње на дàсци

Wink M знâк

Winkel M *F* ћȍшак; MATH ӯгао

winken мáхати (**j-m mit et** кòме *I*)

Winter M зѝма

Winter|..., **≈lich** зӣмскӣ

Winzer M виногрàдāр

winzig сѝћӯшан

Wipfel M вр̑х крóшњē

wir мӣ

Wirbel M ANAT пр̏шљēн; *Strudel* вр̀тлог; **~säule** F кѝчма; **~sturm** M вѝхор

wirken рáдити; дȅловати (**auf** *A* на *A*)

wirklich ствâран; ADV зàиста; **≈keit** F ствâрнōст

wirk|sam ефѝкасан; **≈ung** F дéјство; **~ungslos** бȅзуспешан

wirr *Geschichte* зàмр̄шен; *im Kopf* збӯњен; **≈warr** M збр̏ка

Wirt(in F) M гостиòничāр(ка)

Wirtschaft F прѝвреда; *Gastwirtschaft* гостиòница; **≈en** вòдити газдѝнство; **≈lich** прѝвреднӣ

Wirtshaus N кафàна

wisch|en бр́исати; **≈lappen** M кр̀па за бр́исање

wiss|begierig знȁтижēљан; **~en** знȁти; **~en lassen** јáвљати (**j-n et** кòме нѐшто); **≗en** N зна́ње

Wissenschaft F нàука; **~ler** M нàучнӣк; **~lerin** F нàучница; **≗lich** нàучнӣ

witter|n њу́шити; **≗ung** F њу̂х; *Wetter* вре̂менскӣ у́слови

Witwe F удòвица; **~nrente** F удòвичкā пéнзија; **~r** M удо́вац

WLAN N IT вâј-фâј *m*, бèжичнӣ ѝнтернет

Witz M вѝц; **~bold** M шаљѝвџија; **≗ig** шàљив

wo гдȅ; **~anders** нѐгде дру̏где; **~bei** при чѐму

Woche F сѐдмица

Wochen|arbeitszeit F рáднō вре́ме у сѐдмици; **~ende** N вѝкенд; **~endhaus** N вѝкендица; **≗lang** ADV нѐдељама; **~tag** M → Werktag

wöchentlich сѐдмично

wo|durch чѝме; **~für** за штȁ

wo|gegen против чѐга; **~her** ȍдāклē; **~hin** ку̏дā

wohl[1] *adv* дȍбро; *durchaus* свȁкāко; *zwar* доду́шē; **sich nicht ~ fühlen** не ȍсећати се дȍбро; **~ oder übel** хтȅо не хтȅо

wohl[2] *vermutlich* вероватно; *etwa, ungefähr* отпрѝлике

Wohl N дȍбробит; **auf Ihr ~!** у Ва̏ше здрâвље!; **≗habend** ѝмӯћан; **~stand** M благостáње; **~tat** F доброчѝнство; **≗tätig** дȍбротвōран; **~tätigkeits...** дȍбротвōрнӣ; **≗tuend** кòјӣ прѝјā; **≗wollend** благонáклон

Wohn|anlage F стàмбенā чѐтврт; **≗en** станòвати (*a im Hotel*); **~gebiet** N стàмбенā ȍбла̄ст; **~gemeinschaft** F зȁједничкō станòвање; **≗haft** нàстањен; **≗lich** у̀добно срȇђен; **~mobil** N кàмпинг-бу̏с; **~ort** M мȇсто станòвања; **~sitz** M пребѝвалӣште; **~ung** F стâн; **~wagen** M кȁмп-прѝколица; **~zimmer** N днȇвнā сȍба

wölben засвођáвати

Wolf M ву̑к

Wolke F ȍблāк

Wolken|bruch M прòвала ȍблāка; **~kratzer** M нȇбодер; **≗los** без ȍблāка

wolkig ȍблачан

Woll|decke Fву̏ненō ћѐбе; **~e** F ву̏на

wollen хтȅти

wo|mit (са) чѝме; **~möglich** мòжда; **~nach** по чѐму; **~ran** на штȁ; по чѐму; од чѐга; **~rauf** на чѐму; након чѐга; **~raus** из чѐга; **~rin** у чѐму

Wort N рȇч; **in ~en** ре́чима

Wörterbuch N рȇчнӣк

wörtlich дóслōван

wort|los ADV без ре́чӣ; **≗schatz** M фȏнд ре́чӣ

wo|rüber о чѐму; над чѝме; **~rum** о чѐму; **~runter** под штȁ; испод чѐга

wo|von о чѐму; **~vor** пред чѝме; **~zu** чѐму

Wrack N ȍлупина

Wucher M зеленáштво; **≗n** *Pflanze* бу̏јати; **~ung** F MED ѝзраштāј

Wuchs M pâст; *Gestalt* стâс
Wucht F снáга; **≗ig** снâжан
wühlen рòвати
wund рањен; **sich ~ reiben** гу́лити (се); **≗e** F pâна
Wunder N чу̑до; **≗bar** чу̏десан; **≗n: sich ≗n** чу̏дити се (**über** *A* око, због *G*)
Wundstarrkrampf M тѐтанус
Wunsch M жѐља; **auf ~** по жѐљи
wünschen жѐлети; **~swert** пòжēљан
Würd|e F достојáнство; **≗evoll** достојàнствен; **≗ig** дóстōјан (**e-r Sache** *G*); **≗igen** удостојáвати
Wurf M хи̏тац; ZO òкот
Würfel M кȍцка (*a* MATH); **≗n** бàцати кȍцку; GASTR и̏сецкати на кȍцкице; **~zucker** M шѐћер у кȍцкама
würgen дáвити; и̏мати *od* изазѝвати ȍсећōј мучнѝнē
Wurm M цр̂в; **≗stichig** *Holz* црвòточан; *Obst* цр̀вљив
Wurst F кобàсица
Würstchen N вѝршла
Würze F зàчин
Wurzel F кȍрēн
würz|en зачињáвати; **~ig** ароматичан
Wüste F пу́стиња
Wut F бêс
wütend бéсан

X, Y

X-Beine N/PL нȍге у ѝкс
x-beliebig прȍизвōљан
x-mal бȅзбрōј пу́тā
Xylophon N ксѝлофон
Yacht F јàхта
Yoga N јóга

Z

Zacke F зу́бац; шпи̏ц
zäh *Fleisch* жѝлав; **~flüssig** гу̑ст
Zahl F брôј; *Ziffer* брôјка; **≗bar** плàтив; **≗en** плáћати; **bitte ≗en!** да плâтӣм!
zähl|en брòјати; *gehören* убрáјати (се) (**zu** *D* у *A*); **≗er** M TECH бројач; MATH брòјилац
Zahl|karte F у̀платница; **≗los** бȅзбрōјан; **≗reich** брôјан; **~ung** F плáћāње
Zählung F пребројáвāње
Zahlungs|anweisung F нáлог за у̏плату *od* ѝсплату; **~bedingungen** F/PL у́слови плáћāња; **≗unfähig** нѐликвѝдан
zahm пи̏том
zähmen крòтити
Zahn M зу̂б; зу́бац; **~arzt** M зу̀бāр; **~ärztin** F зу̀бāрка; **~bürste** F чѐткица за зу̂бе;

~ersatz M протéза; **~fleisch** N дȇсни *pl*; **~pasta** F пȁста за зу̑бе; **~rad** N зупча̀нӣк; **~schmerzen** M/PL зубо̀боља; **~stein** M зу̑бнӣ камéнац; **~stocher** M ча̏чкалица; **~techniker** M зу̑бнӣ тѐхничар; **~technikerin** F зу̑бна̄ тѐхничарка

Zander M сму̑ђ

Zange F клѐшта

zanken: **sich ~** сва̏ђати се

Zäpfchen N ANAT рѐсица; MED чѐпић

Zapfen M TECH чѐп; *Tannenzapfen* ши̏шарка

Zapfsäule F бѐнзӣнска̄ пу̑мпа

zappeln копр̀цати се

zart *weich, fein* мȅк(ан); *schwach* нȇжан

zärtlich нȇжан; **≈keit** F нȇжно̄ст

Zauber M чаро̀лија; *Reiz* ча̑р *f*; **~ei** F ма̀гија; **≈haft** ча̏робан; **~künstler** M мађио̀ничар; **≈n** ча́рати

Zaum M у̏зда

Zaun M о̏града

z.B. (**zum Beispiel**) нпр. (на пример)

Zeche F *Rechnung* ра̀чӯн; *Grube* ру̑днӣк

Zecke F кр̏пељ

Zehe F но̏жнӣ пр̑ст

zehn дȅсе̄т; **≈** F дѐсе̄тка; **≈kampf** M десето̀бој; **~te** дѐсе̄тӣ; **≈tel** N десѐтина

Zeichen N зна̑к; **~block** M бло̏к за цр̏та̄ње; **~setzung** F интерпу̀нкција; **~trickfilm** M цр̏та̄нӣ фи̑лм

zeichn|en цр̏тати; **≈er** M цр̀та̄ч; **≈erin** F црта̀чица; **≈ung** F цр̏теж

Zeigefinger M ка̀жипрст

zeigen показѝвати

Zeiger M (с)ка̀за̄љка (*a Uhr*)

Zeile F рȇд

Zeit F врéме; дȏба; **eine ~ lang** ѝзвесно врéме; **keine ~ haben** нéмати врȅмена; **~abschnitt** M раздо̏бље; **~alter** N вȇк; **~angabe** F пода̏так о врȅмену; GR прѝлог за врéме; **~arbeit** F ра̑д на о̀дре̑ђено̄ врéме; **≈genössisch** са̀временӣ; **≈ig** ра̑нӣ

Zeit|karte F мȅсечна̄ *od* го̀дишња̄ *od* сѐзо̄нска ка̑рта за пре́воз; **≈lich** врȅменскӣ; REL про́лазан; **≈los** бѐзвремен; **~lupe** F у̀спорен тȅмпо; **~not** F врȅменска̄ сти̏ска; **~punkt** M трену́так; **~raum** M пери̏од; **~schrift** F ча̏сопӣс

Zeitung F но̀вине

Zeitungs|artikel M но̀вӣнскӣ чла̏нак; **~kiosk** M кѝоск за но̀вине; **~verkäufer** M продáвац но̀вӣна̄

Zeit|unterschied M врȅменска̄ ра̏злика; **~verlust** M губи́так на врȅмену; **~verschwendung** F ѝзгубљено̄ врéме; **~vertreib** M ра̏зонода; **~wort** N гла̏гол

Zell|e F ћѐлија; TEL го̀во̄рница; **~stoff** M целуло́за

Zelt N ша̏тор; **≈en** ка̏мповати (у ша̀тору); **~lager** N (ша̀торскӣ) ка̏мп

Zensur F *staatliche* цензу́ра; *Note* о̏цена
Zentimeter M *od* N цѐнтиметар
zentral цѐнтра̄лан; **𝔖e** F центра́ла; **𝔖heizung** F цѐнтра̄лно̄ гре̏ја̄ње; **~isieren** централѝзовати *(im)pf*; **𝔖verriegelung** F KFZ цѐнтра̄лна̄ бра̏ва
Zentrum N цѐнтар
zer|beißen скр̏ц(к)ати; изује́дати; **~brechen** V/T разби́јати (*v/i* се); **~brechlich** лòмљив; *Person* кр̏хак; **~drücken** гње́чити
Zeremonie F церѐмо̄нија
zer|fallen ра̏спадати се; ру̏шити се; **~fließen** разли́вати се; **~fressen** ADJ разгрѝзен; нагрѝзен; **~gehen** тòпити се; **~hacken** сѐћи; **~kleinern** сѝтнити; **~knirscht** пòкӯјен; **~knittert** ѝзгужва̄н; **~knüllen** гу̏жвати; **~kratzen** изгрѐбати *pf*; **~legen** раскла́пати; **~lumpt** ѝзношен; **~platzen** пу̏цати; **~quetschen** гње́чити; **~reißen** V/T це́пати; рàстргати
zerr|en ву́ћи; MED истéзати; **𝔖ung** F MED истегну́ће
zer|rüttet упрòпа̄шћен; **~sägen** истестерѝсати *pf*; **~schlagen** разби́јати; **~schmettern** смр̀скати *pf*; **~schneiden** сѐћи; **~setzen** разје́дати; **sich ~setzen** рàспадати се; **~splittern** V/I рàспрснути се *pf*; **~springen** рàспући се *pf*
Zerstäuber M распршѝва̄ч
zerstör|en разàрати; **~erisch** ра́зоран; **𝔖ung** F разáра̄ње
zerstreu|en разнòсити; **~t** *fig* рàсеја̄н; **𝔖ung** F рàсеја̄но̄ст
zer|trampeln га̏зити; **~treten** га̏зити; **~trümmern** смр̏вити; **~zaust** чу̏пав
Zettel M цѐдуља
Zeug N *Sachen* ства̑р; *Kram* тричàрија; **dummes ~** глу́по̄ст(и *pl*) *f*
Zeug|e M свѐдок; **𝔖en** V/I свѐдòчити (**von** *D* о *L*); **~enaussage** F ѝзјава сведòка; **~in** F сведòкиња; **~nis** N по̏тврда; *Schule* сведочàнство
z.H(d). (**zu Händen**) на ру̑ке
Ziege F кòза
Ziegel M цѝгла; *Dachziegel* цре̑п
Ziegen|bock M ја̏рац; **~käse** M ко̏зјӣ си̑р
zieh|en V/T ву́ћи (**an** *et A*); ва̏дити (*a Zahn*); *Strich* повла́чити; V/I òдлазити; **es ~t** ву́че̄ про̏маја; **sich ~en** протéзати се; **𝔖harmonika** F хармòника; **𝔖ung** F *der Lottozahlen* извла́чење
Ziel N ци̑љ (*a* SPORT); *Zweck* сво̏ха; *Reiseziel* òдредӣште; **𝔖en** нишáнити (**auf** *A* у *A*); **~scheibe** F мéта
ziemlich по̏велик; ADV по̏прӣлично
zierlich не̂жан
Ziffer F бро̑јка; **~blatt** N бројчàнӣк
Zigarette F цигарѐта
Zigaretten|automat M аутò-

mā̄т за цигаре̏те; **~etui** N ку̏тија за цигаре̏те
Zigarre F цигáра
Zigeuner M *neg!* Ци̏ганин *neg!*; **~in** F *neg!* Ци̏ганка *neg!*
Zimmer N сȍба; **~mädchen** N сȍбарица; **~mann** M тѐса̄р; **~pflanze** F сȍбна̄ бѝљка; **~schlüssel** M кљу̑ч од сȍбе̄; **~temperatur** F сȍбна̄ температýра
zimperlich преосѐтљив; **&keit** F пренемáга̄ње
Zimt M ци̏мет
Zinke F зу̑бац
Zinn N ка̏ла̄ј
Zins|en M/PL ка̏мата *f*; **~satz** M ка̏матна̄ стȍпа
Zipfel M вр̑х; *e-s Kleidungsstücks* ру̑б
zirka отпри́лике
Zirkel M ше̑ста̄р; *fig* кру̑г
zischen си̏ктати
zitieren цити́рати (*im*)*pf*
Zitrone F ли̏мӯн; **~nlimonade** F лимунáда; **~npresse** F цѐдиљка за ли̏мӯн; **~nsaft** M ли̏мӯнов со̑к
zittern др̏хтати (**vor Kälte** од хладнȍће̄)
zivil цѝвӣлан; **in &** у циви́лу; **&bevölkerung** F цѝвӣлно̄ ста̀но̄внӣштво; **&dienst** M цѝвӣлна̄ слу̏жба; **&isation** F цивилизáција; **~isiert** цивѝлизова̄н
zögern оклéвати
Zoll M ца̏рина (*a Abgabe*); **~abfertigung** F ца̏рињење; **~amt** N царѝна̄рница; **~beamte** M ца̏ринӣк; **~beamtin** F ца̏риница; **~erklärung** F ца̏ринска̄ декларáција; **&frei** ослȍбођен ца̏рине̄; **~kontrolle** F ца̏ринска̄ контрóла; **&pflichtig** пȍдложан ца̏рини
Zone F зóна
Zoo M зоȍлошкӣ вр̑т; **~logie** F зоолȍгија
Zoom N зум-објѐктӣв; грȍпла̄н
Zopf M плетѐница
Zorn M гне̑в; **&ig** ки̑ван
zu PRP (*D*) к(а) (*D*); *geschlossen* за̀творен; ADV *im Übermaß* пре̏више; пре-; **~ lang** пре̏дуг(ачак); **~ viel** пре̏више; **~ wenig** прѐмало; CJ **um ~** да би
Zubehör N при́бор
zubereit|en припрéмати; **&ung** F при̏према
zubinden завéзати *pf*
Zucchini PL ти̏квица
Zucht F у̏зго̄ј
zücht|en узга́јати; **&er** M узга̀ја̄ч; **&erin** F узгајатѐљица
zucken тр̏зати се
Zucker M шѐћер; **~dose** F ку̏тија за шѐћер; **&krank** шећѐра̄ш; **&n** шѐћерити; **~rohr** N шѐћерна̄ тр̀ска; **~rübe** F шѐћерна̄ ре̏па
zudecken покри́вати (**mit** *A I*)
zudringlich намѐтљив
zuerst на̑јпре̄; *als erster* (као) пр̏вӣ
Zu|fahrt F при́лаз (*a zur Autobahn*); **~fall** M слу̏ча̄ј; **durch ~fall** пу̏кӣм слу̏ча̄јем; **&fällig** ADV слу̏ча̄јно; **~flucht** F прѝбежӣште

zufolge (*D*) према (*D*)
zufrieden за̏довољан (**mit** *D I*); **~ stellen** задовољавати; **~ stellend** задовољавајӯћӣ; **≗heit** F задово́љство
zu|frieren замрза́вати; **~fügen** нано̀сити (**j-m et** ко̀ме нѐшто); **≗fuhr** F до̏воз; **~führen** дово̀дити
Zug M BAHN во̑з; *Luftzug* про̏маја; *beim Rauchen* ди̑м; *Schluck* гу̑тља̄ј; *beim Spiel* по̏тē3
Zu|gabe F THEA би̑с; **~gang** M при̏ступ; **≗gänglich** при̏ступачан; **≗geben** (при)дода́вати; *gestehen* призна́вати; **~gehörigkeit** F при̏падно̄ст
Zügel M у̏зда; **≗los** ра̏зуздан; **≗n** обузда́вати
Zuge|ständnis N у̀ступак; **≗stehen** призна́вати
Zugführer(in F) M BAHN во̏зово̄ђа
zugig про̏ма̄јан
zügig бр̑з
zugleich исто̀времено
Zugluft F про̏маја
zugreifen хва̏тати се (*G*); **greifen Sie zu!** у̀змите!
zugrunde: **~ gehen** про̀падати; **~ richten** руини́рати (*im*)*pf*
Zugschaffner(in F) M конду̀кте̄р(ка) (у во̀зу)
zugunsten (*D*) у ко̑рист (*G*)
Zug|verbindung F жѐлезничка̄ вѐза; **~verkehr** M жѐлезничкӣ са̏обраћај; **~vogel** M пти̏ца сѐлица
Zuhälter M подво̀да̄ч
Zuhause N ку̏ћа
zu|heilen зара́стати; **~hören** слу̏шати; **≗hörer** M слу̏шалац; **≗hörerin** F слу̏шатељка; **~kleben** ле́пити; **~knöpfen** ко̀пчати
Zukunft F буду́ћно̄ст
zukünftig бу̏дӯћӣ; ADV убу̀дӯће
Zulage F до̀плата
zu|lassen *erlauben* дозвољавати; *zu et* при́мати; *Tür* о̀ставити за̀твореним; *Auto* о̀ставити за̀кључаним; **~lässig** до̀пуштен; **≗lassung** F допу́шта̄ње; KFZ са̏обраћа̄јна̄ до̏звола; **~lasten** на ште̏ту; **≗lauf** M при́лив; **~letzt** на̏поко̄н; *als letzter* по̀следњӣ
zuliebe (*D*) за љу̑бав ко̀ме
zu|machen затва́рати; закла́пати; **~mindest** ба̏рем; **~muten** захте́вати (**j-m et** од ко̀га нѐшто); **≗mutung** F безобра̀злук; **~nächst** на̏јпре̄; **~nähen** зашивати; **≗nahme** F по̏ра̄ст; **≗name** M пре̏зиме
zünden па̏лити
Zünd|holz N ши̏бица; **~kabel** N ка̏бел за ста̑рт(ова̄ње); **~kerze** F TECH све̏ћица; **~schlüssel** M ко̀нтакт-кљу̑ч (за па̀ље̄ње ко̏ла̄); **~ung** F па̀љење
zu|nehmen повећа́вати се; поја́ча́вати се; *dicker werden* го̀јити се; **≗neigung** F скло̀но̄ст (**zu** *D* ка *D*)
Zunge F јѐзик
zunichte: **~ machen** уништа́вати
zunutze: **sich ~ machen** искори̏шћа́вати

zuordnen сврстáвати (**zu** *D* у *A*)
zupfen чу̀пати
zurechnungsfähig урачу̀нљив
zurecht|finden: **sich ~finden** снàлазити се; **~kommen** ѝзлазити на крâј (**mit** *D* са *I*); **~machen** припрéмати; **sich ~machen** сређѝвати се
zureden наговàрати (**j-m zu et** кòга на *A*)
zurück на̏за̄д; *wieder da* (пòново) тŷ; **~behalten** задржáвати; **~bekommen** добѝјати (на̏за̄д); **~bleiben** заòстајати; **~bringen** врâћати; **~drängen** потискѝвати; **~erstatten** врâћати; **~fahren** V/I путòвати на̏за̄д; V/T вòзити (на̏за̄д); **~fordern** трáжити на̏тра̄г; **~führen** вòдити на̏за̄д; *fig* свòдити на (*A*); **~geben** врâћати; **~geblieben** ADJ заòстао; **~gehen** врâћати се; *abnehmen* òпадати; **~gezogen** ADJ повýчен
zurückhaltend (с)у̏здржа̄н
zurück|kommen врâћати се; **~lassen** òстављати (иза сèбе); **~legen** *Ware* òстављати на стрâну; *Weg* преваљѝвати; **~lehnen**: **sich ~lehnen** наслòнити се *pf*; **~nehmen** у̀зимати на̏за̄д; *fig* повлáчити рêч; **~rufen** позѝвати (на̏за̄д); опозѝвати; **~schicken** слâти (на̏за̄д); **~schlagen** одбѝјати; **~setzen** *Auto* помéрати у̀на̏за̄д; **~stellen** *Uhr* врâћати (у̀наза̄д); *aufschieben* одлáгати; **~treten** одсту́пати; POL дâти *pf* òставку; **~weisen** одбѝјати; **~werfen** ба̏цати (наза̄д); забàцити *pf*; **~zahlen** врâћати нòвац; **~ziehen** повлáчити (**sich** се)
zurufen довикѝвати
zurzeit тре̏нӯтно
Zusage F прѝстанак; обећáње; **&n** обећáвати (**j-m et** кòме нêшто); *bei e-r Einladung* потврђѝвати дòлазак; *gefallen* дòпадати се (**j-m** кòме)
zusammen зȁједно; **&arbeit** F сарáдња; **~bauen** склáпати; **~binden** вéзати (*im*)*pf*; **~brechen** сру̑шити се; клòнути; *Verkehr* дòћи *pf* до зáстоја; **&bruch** M слôм; MED кòлапс; **~drücken** притѝскати; стѝскати; стéзати
zusammen|fallen *zeitl* поклáпати се; **~fassen** *fig* резимѝрати (*im*)*pf*; **&fassung** F резѝме̄; **~gehören** *Dinge* прѝпадати (јѐдно дру̑го̄м); **~halten** др̀жати (се) ску̏па; **&hang** M вȅза; **~hängen** бѝти пòве̄за̄н са (*I*); **~hängend** пòве̄за̄н
zusammenklapp|bar на склáпање; **~en** склáпати
zusammen|kommen са̀стајати се; **&kunft** F са̀станак; **~leben** жѝвети ску̏па; **~nehmen** са̀купити *pf*; **sich ~nehmen** прѝбрати се; **~passen** слáгати се; **~rechnen** сабѝрати; **~setzen** са̀стављати; **&setzung** F сáстав
zusammen|stellen са̀стављати; **&stellung** F са̀став;

≈stoß M сӯдар; **~stoßen** сӯдарати се (**mit** *D* са *I*); **~stürzen** стропошта́вати се; **~treffen** сусретати се; *Ereignisse* подударати се; **~zählen** сабѝрати; **~ziehen** саку́пљати; пресѐлити *pf* се у jѐдан стан
Zu|satz M дода́так; **≈sätzlich** до̏да̄тан; ADV до̏да̄тно; **~satzstoff** M до̏да̄тнӣ са́стојак
zuschau|en посма́трати; **≈er** M глѐдалац; **≈erin** F глѐдатељка; **≈erraum** M пу̀блика
zuschicken сла̑ти
Zuschlag M BAHN до̏плата; **≈en** *Tür* залу́пати
zu|schließen закључа́вати; **~schneiden** кро̀јити; **~schnüren** увезѝвати; **~schrauben** завѝјати; **≈schrift** F о̏дговōр; **≈schuss** M фина̀нсӣјскā по̏тпора; **~schütten** затрпа́вати; **~sehen** → zuschauen; **~sehends** вѝдно; **~senden** → zuschicken; **~setzen** дода́вати; сале́тати (**j-m** ко̀га); *Krankheit* пого̀дити (**j-m** ко̀га)
zusicher|n га̀рантовати (*im*)*pf*; **≈ung** F гара̀нција
zuspitzen: **sich ~** *Situation* заоштра́вати се
Zustand M ста́ње (*a Situation*)
zustande: **~ kommen** остварѝвати се
zu|ständig на́длежан; **~stehen** слѐдовати (**j-m** ко̀ме); **~steigen** у̏лазити
zustell|en *Post* до̀стављати; **≈er** M доста̀вљач; **≈ung** F ѝспорука
zustimm|en сла́гати се са (*I*); прѝстајати (**e-r Sache** на нѐшто); **≈ung** F прѝстанак
zu|stopfen кр̀пити; запуша́вати; **~stoßen** *j-m* деша́вати се; **≈strom** M прѝлив; **≈tat** F са́стојак; **~teilen** доде́лити (**j-m et** ко̀ме *A*)
zutrau|en: **j-m et ~en** сма́трати ко̀га спо̀собнӣм за (*A*); **~lich** пове̏рљив
zutreffen потвр̀дити се *pf*; одно̀сити се (**auf** *A* на *A*); **~d** та̏чан
Zutritt M прѝступ (**zu** *D D*)
zuver|lässig по̏узда̄н; **≈sicht** F у̏зда̄ње
zuviel → zu
zuvor пре̑ (то̀га); **~kommen** предуxѝтрити *pf* (**j-m** ко̀га); **~kommend** предусре̏тљив
Zu|wachs M ECON пр̀ира̄ст; **≈wachsen** зара́стати; **~wanderer** M досѐљеник; **≈weisen** додељѝвати; **≈wenden** окре́тати (се); **~wendung** F дота́ција; **≈wenig** → zu; **≈wider** про̏тӣван (*D*); о̏двра̄тан; **≈widerhandeln** кр̀шити (*A*); **≈winken** ма́хати (**j-m** ко̀ме)
zuziehen *Vorhang* навла́чити; **sich ~** *Krankheit* наву́ћи *pf* на сѐбе
zuzüglich уз дода́так (*G*)
Zwang M пр̀инуда; *Gewalt* сѝла; **≈los** *Beisammensein* неу̏сиљен
Zwangs|arbeit F пр̀инудан ра̑д; **~lage** F диле́ма; **≈läufig** нѐизбежан; **~räumung**

F прӣнуднō исељéње
zwanzig двáдесēт
zwar додýше; **und ~** и тô
Zweck M свр̏ха
zweck|los без свр̏хē; **~mäßig** свр̏сисходан
zwei двâ; **2** F двôјка; **2bett-zimmer** N двокрèветнā сòба; **~deutig** двòсмислен; **~fach** двòструкӣ
Zweifel M сýмња; **2haft** сỳмњив; **2los** ADV несỳмњиво; **2n** двòумити се; сýмњати (**an** *D* у *A*)
Zweig M грáна; **~geschäft** N, **~stelle** F филиjáла
zwei|hundert двèста; **~jährig** двогòдишњӣ; **~mal** двâ пýта; **~motorig** са двâ мотóра; **~reihig** *Jacke* двòредан; **~seitig** двòстран; **2sitzer** M двòсед; **~sprachig** двојèзичан; **~spurig** *Straße* са двê (сāобраћāјне) трȁке; **~stöckig** двòспратни
zweit: **zu ~** ỳдвоје
Zwei|taktmotor M двòтактнӣ мòтōр; **2te** дру̏гӣ; **2teilig** *Kleid* из двâ дêла; **2tens** као дру̏гō
zweit|rangig од другорáзреднōг знȁчāја; **2wohnung** F дру̏гō пребѝвалӣште
Zwerchfell N ANAT дијафрàгма
Zwerg M патýљак
Zwetschge F шљѝва
zwicken штѝпати
Zwieback M двòпек
Zwiebel F цр̑нӣ лу̏к; *Blumenzwiebel* лу̏ковица
zwie|lichtig су̏мрāчан; **~spältig** контровèрзан
Zwilling M блѝзанац
zwingen: **j-n ~** присиљáвати кòга (**zu** *D* на *A*)
zwinkern намигѝвати
Zwirn M јâк кòнац
zwischen (*D*) између (*G*); **2deck** N међупàлуба; **~durch** пòвремено; **2fall** M инцѝдент; **2händler** M тр̀говачкӣ пòсреднӣк
Zwischen|landung F међуслéтање; **ohne ~landung** дирéктно; **~raum** M међупрóстор; **~ruf** M ỳпадица; **~zeit** F: **in der ~zeit** у међу̏времену
zwitschern цвркỳтати
zwölf двáнаест; **2fingerdarm** M дванаестопàлачнō црéво
Zylinder M цилѝндар; **~kopf** M глáва цилѝндра
zynisch цѝничан
Zypern N Кѝпар
Zypresse F чèмпрес

Anhang

Zahlwörter | Бројеви

Grundzahlen | Основни бројеви

Nur die Zahlen jѐдан und zum Teil два̑ unterscheiden nach Geschlecht, alle anderen haben eine Form für alle drei Geschlechter.

0	ну̑ла *Null*
1	јѐдан *m*, је́дна *f*, јѐдно *n* *ein(s)*
2	два̑ *m*, *n*, две̑ *f* *zwei*
3	три̑ *drei*
4	чѐтири *vier*
5	пе̑т *fünf*
6	ше̑ст *sechs*
7	се̏дам *sieben*
8	о̏сам *acht*
9	де̏ве̄т *neun*
10	де̏се̄т *zehn*
11	једа̀наест *elf*
12	два́наест *zwölf*
13	три́наест *dreizehn*
14	четр̀наест *vierzehn*
15	пѐтнаест *fünfzehn*
16	шѐснаест *sechszehn*
17	седа̀мнаест *siebzehn*
18	оса̀мнаест *achtzehn*
19	девѐтнаест *neunzehn*
20	два́десе̄т *zwanzig*
21	два́десе̄т јѐдан *einundzwanzig*
22	два́десе̄т два̑ *zweiundzwanzig*
23	два́десе̄т три̑ *dreiundzwanzig*
30	три́десе̄т *dreißig*
40	четрдѐсе̄т *vierzig*
50	педѐсе̄т *fünfzig*
60	шездѐсе̄т *sechzig*
70	седамдѐсе̄т *siebzig*
80	осамдѐсе̄т *achtzig*
90	деведѐсе̄т *neunzig*
100	сто̑ *hundert*
101	сто̑ јѐдан *hundert(und-)eins*
102	сто̑ два̑ *hundert(und)zwei*
200	две̑ста, две̑ сто̏тине *zweihundert*
300	три̑ста, три̑ сто̏тине *dreihundert*
400	чѐтиристо̄, чѐтири сто̏тине *vierhundert*
500	пе̑тсто̄, пе̑т сто̏тӣна̄ *fünfhundert*
600	ше̑стсто̄, ше̑ст сто̏тӣна̄ *sechshundert*
700	се̏дамсто̄, се̏дам сто̏тӣна̄ *siebenhundert*
800	о̏самсто̄, о̏сам сто̏тӣна̄ *achthundert*
900	де̏ве̄тсто̄, де̏ве̄т сто̏тӣна̄ *neunhundert*
1000	хи̏љаду *tausend*
2000	две̑ хи̏љаде *zweitausend*
3000	три̑ хи̏љаде *dreitausend*
4000	чѐтири хи̏љаде *viertausend*
5000	пе̑т хи̏ља̄да̄ *fünftausend*
10 000	де̏се̄т хи̏ља̄да̄ *zehntausend*
100 000	сто̑ хи̏ља̄да̄ *hunderttausend*
1 000 000	милѝо̄н *eine Million*

Ordnungszahlen | Редни бројеви

1. пр̑вӣ *„erste*
2. дру̏гӣ *zweite*
3. тре̑ћӣ *dritte*
4. че̏тврт̄и *vierte*
5. пе̄тӣ *„fünfte*
6. ше̂стӣ *sechste*
7. се̂дмӣ *sieb(en)te*
8. о̂смӣ *achte*
9. де̏ве̄тӣ *neunte*
10. де̏се̄тӣ *zehnte*
11. једа̀наестӣ *elfte*
12. два́наестӣ *zwölfte*
13. три́наестӣ *dreizehnte*
14. четр̀наестӣ *vierzehnte*
15. пѐтнаестӣ *fünfzehnte*
16. шѐснаестӣ *sechzehnte*
17. седа̀мнаестӣ *siebzehnte*
18. оса̀мнаестӣ *achtzehnte*
19. девѐтнаестӣ *neunzehnte*
20. два́десе̄тӣ *zwanzigste*
21. два́десе̄т пр̑вӣ *einundzwanzigste*
22. два́десе̄т дру̏гӣ *zweiundzwanzigste*
23. два́десе̄т тре̑ћӣ *dreiundzwanzigste*
30. три́десе̄тӣ *dreißigste*
40. четрдѐсе̄тӣ *vierzigste*
50. педѐсе̄тӣ *fünfzigste*
60. шездѐсе̄тӣ *sechzigste*
70. седамдѐсе̄тӣ *siebzigste*
80. осамдѐсе̄тӣ *achtzigste*
90. деведѐсе̄тӣ *neunzigste*
95. деведѐсе̄т пе̄тӣ *fünfundneunzigste*
100. сто̂тӣ *hundertste*
101. сто̂ пр̑вӣ *hundert(und)erste*
102. сто̂ дру̏гӣ *hundertzweite*
200. две̂сто̄тӣ *zweihundertste*
300. три́сто̄тӣ *dreihundertste*
400. че̏тристо̄тӣ *vierhundertste*
500. пе̑тсто̄тӣ *fünfhundertste*
600. ше̂стсто̄тӣ *sechshundertste*
700. се̏дамсто̄тӣ *siebenhundertste*
800. о̏самсто̄тӣ *achthundertste*
900. де̏ветсто̄тӣ *neun„hunderste*
1000. хи̏љадитӣ *tausendste*
2000. две̂ хи̏љадитӣ *zweitausendste*
3000. три̑ хи̏љадитӣ *dreitausendste*
5000. пе̑т хи̏љадитӣ *fünftausendste*
100 000. сто̂ хи̏љадитӣ *hunderttausendste*
1 000 000. милио̀нитӣ *millionste*

Kalender | календар

година	Jahr
месец	Monat
викенд	Wochenende
радни дан	Wochentag
седмица	Woche
датум	Datum
дан	Tag
недеља	Sonntag
понедељак	Montag
уторак	Dienstag
среда	Mittwoch
четвртак	Donnerstag
петак	Freitag
субота	Samstag
јануар	Januar
фебруар	Februar
март	März
април	April
мај	Mai
јун	Juni
јул	Juli
август	August
септембар	September
октобар	Oktober
новембар	November
децембар	Dezember